西方詮釋學史

潘德榮　著

序

　　詮釋學於二十世紀八〇年代初期引入中國大陸，而今無疑已成為一門顯學。不僅有為數不少的譯著問世，國內學者出版的研究性論著也頗為可觀。在人文社會科學的眾多研究領域，詮釋學都受到了極大的關注。如上海譯文出版社出版的「詮釋學與人文社會科學」叢書，涉及的領域包括了哲學、神學、文學、法學、中國傳統經學等學科領域；更有一些學者倡言建構中國詮釋學以及馬克思主義詮釋學[1]。

　　我們為何會對詮釋學如此感興趣？除了它所具有的理論價值外，我以為：一、乃是因為它與我們非分析性的中國傳統思維方式有著相通之處。尤其是伽達默爾汲取了古代希臘的「實踐智慧」（phronesis）之觀念而建立的詮釋學體系，與我們的哲學傳統實有異曲同工之妙；二、它對於人們社會生活具有實踐的意義。詮釋學本身有著一種強烈的實踐傾向，它不是起源於哲學，而是發萌於宗教、法律經典的解釋以及修辭學，活躍於其中的是被運用的語言，所揭示的意義從說服（修辭學）與強制（宗教、法律解釋）兩個方面，直接規定了人們的行為規範。詮釋學對於社會生活的干預性，乃是哲學社會科學理論所應持有的積極態度。

　　雖然我們愈來愈頻繁地使用「詮釋學」一詞，而當我們討論與詮釋學相關的論題時，卻發現很難進行實質性的對話。這是因為我們對自己所津津樂道的詮釋學之理解仍是模糊不清的。之所以形成這種狀況，當然與我們對這一領域的研究尚不夠深入有關；但其更重要的原因，卻是這門學科領域本身的特徵使然。它至今還像一片泥濘的沼澤地，不過它更像一面頗具號召力的旗幟，在這一旗幟下，觀點與立場相異的諸種學術流派攏聚在一起，探討共同的話題：何謂「詮釋」？其盛況在近現代只有實證主義崛起之時能與之相媲美。然而，當我們說，「詮釋學認為……」或「從詮釋學的觀點看……」時，已表明我們在很大程度上誤解了這門學科。西方哲學、歷史學、文學研究中大多數流派都在不同程度發展出了自己的詮釋理念，從來也沒有存在過那種所謂公認的、普遍適用的詮釋學原則。康德站在知識論立場對傳統形而上學所作的批判也完全適用於詮釋學。詮釋學領域幾乎成了「非確定性」、「相對性」的知識之避難所。儘管海德格爾堅持認為詮釋學的知識甚至比數學知識還要「精確」[2]，不過誰也沒有認真看待這樣一種辯解。事實上，不僅是詮釋學的「基本」原則、它所指向的研究領域是模糊的，而在中國，甚至連「詮釋學」這一名稱[3]，都給人留下了「非確定」的印象。

其情形正如特雷西（D. Tracy）所說的那樣：「任何一部經典文本在它自己的創作與生產以及人們先前對它的接受與解讀方面，無不帶有其多元而含混的全部效應。」【4】

本書名之爲「西方詮釋學史」，不過眞正要回答的問題卻是「詮釋學是什麼」。在我看來，盡可能完整、準確地把握一門學科的最有效方法，就是了解它的歷史，從對它的起源、發展及其在歷史過程中所展現的各種形態之描述中來把握其特徵。儘管我力圖盡量「客觀」地描述詮釋學的歷史，但是，由於掌握的資料之局限性，特別是因爲我們總是基於某種詮釋學立場進行描述，因此，我所勾勒的「詮釋學史」究竟具有多大程度的「客觀性」，只能有待讀者諸君來評價了。

內容涉及「詮釋學史」的西語著作，我所讀過的有以下幾本：姆斯那（Franz Musner）的《詮釋學史：從施萊爾馬赫到當代》【5】；費拉瑞斯（Maurizio Ferraris）的《詮釋學史》【6】；庫爾特（Ronald Kurt）的《詮釋學——社會科學導論》【7】；格朗丹（Jean Grondin）的《哲學詮釋學導論》【8】；布萊希爾（Josef Bleicher）的《當代詮釋學》【9】。姆斯那、布萊希爾的著作與帕爾默（Richard Palmer）所著《詮釋學》【10】一書的內容各有側重，但時間跨度相仿，主要分析現當代詮釋學；費拉瑞斯則在第一章第一節中專門簡述了詮釋學的起源，時間追溯到古代希臘。中文的有關著作，已出版了洪漢鼎的《詮釋學——它的歷史和當代發展》（人民出版社，2001年）。此外，還有拙著《詮釋學導論》（臺灣五南圖書出版公司，1999年）。所有這些著作的重點都在自施萊爾馬赫以後的現代詮釋學。本書乃是在上述研究成果的基礎上寫成的。

我國的詮釋學研究所注重的是伽達默爾一脈的本體論詮釋學領域，這種狀況，在我看來有點類似於「別子爲宗」。有鑒於此，本書所展開的研究是返回西方詮釋學的最初源頭，確定了以方法論作爲主線來梳理詮釋學史。最後的「餘論」部分乃是我對詮釋學的一些重要問題之思考，也可以說是對西方詮釋學的批判性反思與回應。

Contents
目録

導　論

　　「何謂詮釋學」？這一問題只能從詮釋學的發展史中找到答案。但是，「何謂詮釋學史」？對此一問題的回答又取決於對前一個問題的回答。我們必須首先說明「何謂詮釋學」，才能沿著詮釋學這一方向釐清它的歷史。兩者都以對方為自身的前提，此中便存在著一個詮釋的循環問題。關於詮釋循環的合法性，施萊爾馬赫和海德格爾已做了充分的說明。儘管我們有時將「循環」理解為首尾相接的封閉圓環，但正如我們在海德格爾《存在與時間》中所看到的，「循環」事實上是有其開端的，這就是他的理論特別強調的理解的「Vor-struktur」（前-結構）。詮釋的循環特徵從根本上說出現在理解的過程之中。我們必須找到一個開端，以便展開我們的研究。

　　在此，我將「何謂詮釋學」這一問題作為開端，並不意味著這一問題比勾述「詮釋學史」更為重要，或者具有優先權；毋寧說，它是已經存在於我們的理解之「前結構」中的東西。我對於詮釋學史的描述，將以此作為基礎和所從出發的起點。這就是本書「導論」要闡述的內容。它包括以下幾個方面：

　　一、詮釋學的定義；
　　二、詮釋學的三個向度；
　　三、詮釋學的形態分類。

一、詮釋學：概念翻譯及其定義

　　德語Hermeneutik（英語Hermeneutics）的譯名至今尚未統一。哲學界有詮釋學、解釋學、釋義學等譯法，文學界大多將其譯為闡釋學。本書採用「詮釋學」一詞，乃出於以下考慮：其一，「詮」字自古就有「眞理」義[1]；其二，「詮」與「道」相關，據段玉裁的《說文解字注》：「詮，就也。就萬物之指以言其徵。事之所謂，道之所依也。故曰詮言。綜而言之，「詮釋」所指向的乃是眞理之整體，亦即「道」，因而以「詮釋學」對譯Hermeneutics，顯然更為契合Hermeneutics之旨歸。

　　關於詮釋學的定義，詮釋學界至今仍未達成共識。在一些哲學辭典上我們所看到是以下不同的表達：

　　(1)《韋伯新國際辭典》（第三版）：「詮釋學研究的是詮釋和解釋（interpretation and explanation）之方法論原則；特別是對《聖經》詮釋的一般原則之研究。」[2]

　　(2) 德國《哲學小辭典》對詮釋學做了這樣的概括：詮釋學是一種歷史的理解及其前提的哲學派別，它相當於古希臘哲學中的詮釋技藝（hermeneutike

techne），是作爲（首先是神學與《聖經》的）文本解釋的規則之體系的理解藝術【3】。

（3）在德國權威辭書《哲學史辭典》「詮釋哲學」的條目下，作者舒爾茨（G. Scholtz）宏論古今，洋洋萬言，惟獨沒給出一個明晰的定義。或者，可以說給出了一個很難稱爲定義的定義：詮釋哲學標明了哲學自身中的一個領域，這一領域是通過馬克思主義爲一方面的，和盎格魯撒克遜語的語言分析與科學理論爲另一方的變種（Spielarten）而顯露出來，它是使《哲學史辭典》得以完成的一種哲學方向【4】。

（4）伽達默爾在爲《哲學史辭典》撰寫的「詮釋學」辭條中指出：詮釋學是宣告、翻譯、說明（Erklären）和解釋的藝術【5】。

（5）馮契主編的《哲學大辭典》：詮釋學在廣義上指「對於文本之意義的理解和解釋的理論或哲學。……狹義指局部解釋學、哲學解釋學等等分支、學派。」【6】

此外，詮釋學經典作家也給出了自己的定義：

（6）海德格爾：「此在的現象學就是詮釋學。」【7】

（7）利科爾（P. Ricoeur）：詮釋學「是關於與『文本』的解釋相關聯的理解程序的理論」【8】。

上述對詮釋學的定義基本上著眼於它的方法論意義，只有定義6（海德格爾）具有方法論與本體論的雙重意涵，不過它指向的僅僅是海德格爾的詮釋學，不具有普遍意義。定義3則給人以一種似是而非的感覺。困難在於，即便我們知道了詮釋哲學是馬克思主義哲學和英美哲學的變種，也還是不清楚這個「變種」後的東西究竟是什麼？況且「變種」一說尚缺乏足夠的證據，在馬克思主義經典作家的論著中，很少有關於詮釋學的論述；同樣，在傳統的詮釋學文獻中，也未發現它與馬克思主義有著某種淵源關係的痕跡。

帕爾默（R. Palmer）曾對詮釋學歸納出6個現代定義，按照時間順序排列如下：

（1）《聖經》註釋學理論：《聖經》詮釋的原則；

（2）一般語文學方法論：擴展到其他非《聖經》的文本；

（3）所有的語言之理解的科學：施萊爾馬赫的一般詮釋學；

（4）精神科學（Geisteswissenschaften）的方法論基礎：作爲理解人的藝術、行爲和作品的科學的狄爾泰詮釋學；

（5）生存（existence）與生存之理解的現象學：海德格爾對人的此在與生存的現象學說明。伽達默爾繼而以「能被理解的存在就是語言」之思想將它發展爲語

言詮釋學；

(6) 一種詮釋的體系，它既重新恢復又摧毀傳統，人們藉此深入到隱藏在神話和符號背後的意義：利科爾關於詮釋規則的理論，這些規則適用於對「特殊的」原典（比如夢、神話符號）的解釋【9】。

據帕爾默，上述每一定義都不僅指向一個歷史階段，而且暗示著一個重要的詮釋學問題。

在舒科爾（L. A. Schökel）看來，對「解經學」（Exegesis）、「解經方法」（exegetical method）和「詮釋學」加以區分有助於我們理解「詮釋學」：「解經學」乃用於理解與解釋一個文本；「解經方法」是在文本詮釋中的體系化的程序之方式；「詮釋學」乃是文本的理解與解釋活動的理論【10】。

通過上述分析，我們清楚地看到了這樣一個事實：迄今為止，根本不存在一般意義上使用的「詮釋學」定義。呈現在我們面前的是一些在不同時期發展出來的、形態相殊的詮釋學。雖然詮釋學的主旨是意義的理解和解釋，但我們卻不能簡單地將詮釋學定義為關於理解與解釋的理論。在某種意義上，語言學、語義學、甚或哲學等都可以看作是關於理解與解釋的理論。這樣的定義，既忽略了詮釋學之理解的歷史性特徵（這是詮釋學最重要的、也是最初被揭示出來的特徵之一），又沒有反映自海德格爾以來的詮釋學家試圖在詮釋學方法論和本體論上的突破所作的努力。

為此，我認為有必要重新定義「詮釋學」。綜合上述諸多定義，我們可以將詮釋學暫行定義應為：**詮釋學是（廣義上的）文本意義的理解與解釋之方法論及其本體論基礎的學說。**

二、詮釋學的三個向度

詮釋學是關於理解與解釋的理論，而所有的理解與解釋都是指向「意義」的。就此而言，「意義」乃詮釋學的核心概念，追尋「意義」的理解是詮釋學理論各種體系的共同出發點。由此出發，展開了詮釋學研究的三個向度：

1. 探求作者之原意

現代詮釋學形成之初的宗旨就是追尋作者的原意，此乃因為它是從《聖經》註釋學發展而來，而在《聖經》註釋中力圖理解上帝（作為《聖經》的創作者）之原意已成為人們根深柢固的信念。這一詮釋方向的第一個形態就是施萊爾馬赫（Schleiermacher）的一般詮釋學。其方法論原則包括兩個方面。首先是對文本

語法分析，以求得文本的字面意義。由於文字本身可能產生理解上的歧義性，因此還須進一步進行心理的分析，從作者的時代背景、語言系統以及作者的經歷入手，再現作者創作作品時的心理狀態，並「設身處地」地在多義的文本解釋中確定符合作者原意的解釋。在施萊爾馬赫之後的狄爾泰（Dilthey），緊緊抓住人們的「體驗」（Erlebnis）的共同性，主張借助於施萊爾馬赫所說的「心理移情」方法，挖掘出深藏在文本字面意義背後的作者意圖。然而，由於「體驗」本身具有個別性，乃是個人的獨特體驗，如此，下列問題的提出就動搖了心理學的分析方法可靠性：一是如何確定深藏於作者心理活動深處的「原意」？二是讀者是否能真正做到排除己見而全身心進入作者的心理狀態，「設身處地」的站在作者的立場上思考問題？第三，通過「心理移情」的方法而得到的解釋是否就是單一的、符合作者原意的解釋？事實上，我們對於上述三個問題都無法給予肯定的回答。由此，人們將心理學引入詮釋學，本意是加強對原意的理解確定性，其結果卻是適得其反。正是因為心理學的介入，使理解理論中原本相對的東西進一步滑向了為後人所詬病的「相對主義泥潭」。

2. 分析文本的原義

這一研究方向堅持文本的獨立性與文本意義的客觀性，認為「意義」只存在於文本自身的語言結構中。代表這一詮釋方向的詮釋學家有貝蒂（E. Betti）和利科爾。為揭示文本原義，貝蒂制定了一套詮釋的規則，在詮釋方法論上有獨特的建樹：第一，詮釋的客體之自律性（Autonomie）原則。這就是說，「含有意義的形式」，即被理解的「文本」是獨立存在的。它的意義不僅不依賴於理解者，而且不取決於它的作者。它的意義存在於它的內在結構之中。第二，整體原則（Kanon der Ganzheit）。這一原則所指向的是意義整體之預見。唯有通過對意義整體的預期性認識，才可能確定單一的意義，從而進一步達到意義整體之確定。整體性原則要求闡明一切參與構成含有意義的形式的因素，由於這些因素是服務於整體意向的，它們就會和諧一致地實現整體意義。第三，理解的現實性原則（Kanon der Aktualitat des Verstehens）。這一原則所指向的乃是闡釋者的主體性，詮釋乃是主體的個體性之展開。它要求主體體驗、認知客觀網路關係中的意義，在主觀中完成客觀意義的重構。最後，詮釋意義之和諧原則（Kanon der hermeneutischen Sinnentsprechung）。貝蒂區分了「法理的探究」（quaestio juris）和「事實的探究」（quaestio facti），具體的主體性在它們之間起著一種協調作用，旨在使「法理的探究」中表現為主體間的主觀因素和「事實的探究」中所表現的客觀性相互吻合，使闡釋者自己當下的具體性與整個詮釋的效果融為一體【11】。

利科爾詮釋學的核心與基礎就是「文本」，按照他的理解，文本乃是「任何由書寫所固定下來的任何話語」【12】，而不是語言。如果說，語言是一種「超時限」系統，它沒有主體，缺乏語境，只是爲交流提供符號條件的話，那麼話語則是現實地實現了的語言，它有特指的言談主體和言談對象與語境，並實現了語言符號的交流【13】。正是因爲話語是轉瞬即逝的言說行爲，才需要將其固定爲文本。而話語一經固定，就被賦予一系列新的、更爲優越的特徵。正是固定化才使文本遠離了言談話語的實際情境和所指的對象，在這個意義上，固定就意味著「間距化」。間距化表明了意義超越事件以及所表達的意義與言談主體的分離，這意味著文本的「客觀意義」不再是由作者的主觀意向所規定的，同時也表明了文本已擺脫了言談者和言談情境的束縛，「文本從口頭情境中解放出來才引起了語言和語境的關係、語言與各種有關的主觀性（作者的主觀性、讀者的主觀性）之間的關係的眞正大變動。」【14】在這裡，談話中指稱向著顯示行爲的運動被截斷了，對話所依賴的那個特殊情境也因之退隱了，展現在讀者面前的，只是文本自己所展示的「視界」，它構成了文本的語境。這就是文本的理解與解釋的語境。通過理解與解釋，被文本中斷的各種關係以一種新的形式重新又展現出來。

3. 強調讀者所悟（接受）之義

這是伽達默爾所開啓的詮釋學方向，它所從出發的基礎乃是理解的語言性。在伽達默爾看來，人首先不是使用語言去描述世界的，而是世界體現在語言中。如此，通過語言以及對語言的理解，就不再是主體作爲純粹的旁觀者去認識特定的文本，而是眞理與意義的顯示或展開過程。換言之，文本的意義不是先於理解而存在於文本之中，它事實上是讀者在自己的視界中所領悟到的意義，或者確切地說，是理解主體自身的視界與特定的歷史視界的融合而形成的新的意義。文本（一切歷史流傳物）在它所賴以產生的歷史視界中的含義與在理解主體的視界（我們的當下視界）中所蘊含的意義是不同的，在理解中，這兩個視界融而爲一，成爲一個更爲廣闊的視界。它乃是包容了歷史和現代的整體視界。理解，從根本上說，就是「視界融合」。在這個視界中，文本呈現出不同於以往被理解到的意義。它是歷史的產物，攜帶著它固有的歷史性進入了讀者的當今視界，並在讀者的視界中獲得了現實的意義。而在歷史和現代的整體視界中所獲得的理解更具普遍性意義，一切特殊的東西都在整體中被重新審視，特殊視界中所包含的不眞的前判斷，將根據這種更全面的視界被修正，從而達到歷史視界與我們的視界之一致性，這種一致性就是普遍性的根本保證。在這個過程中，一切理解的要素、進入理解的諸視界持續地合成生長著，構成了「某種具有活生生的價值的東

西」，正是因爲它們是在一種新的視界中被理解到的。當然，這並不是說，業已達到的視界融合是理解的終點，相反的，它只是人類理解過程的一個階段，就此而言，新的視界同時又是我們將所從出發的傳統，成爲我們將展開的新的理解過程之前判斷，理解正是這樣一個過程，它在不斷的自我揚棄中實現自身。視界在理解中變化著，這不僅是指我們自己的視界總是在理解中轉化爲新的視界，同樣地，歷史視界也不會由於我們的某一次理解而被固定，它必將隨同我們視界的變化而變化，在新的理解過程中被重新理解。據此，伽達默爾堅持認爲，人們所能理解到的既非作者原意，亦非所謂文本自身的原義，而是在讀者的視界與作者（文本以及歷史）的視界之融合的基礎上所展現的新的意義，文本的意義之所以會持續增長的奧祕就在於此。

　　須說明的是，上述分析只是提供了不同的詮釋學研究方向的大致線索或主要傾向，事實上，它們並不純粹地限於某一方向。我以爲，可將作者原意、文本原義與讀者接受之義理解爲詮釋學的三大要素，它們是任何詮釋學理論都必須正視的，只是側重點不同而已。施萊爾馬赫詮釋學的第一部分便是與文本意義有關的語法解釋，第二部分的心理學規則（心理移情）指向的是作者原意；利科爾強調文本原義，也曾斷言，我們通過文本所理解到的是一個放大了的自我；伽達默爾對視界融合、（文本與讀者的）對話之分析，也已說明了作者與文本對於理解的作用。因此，在我看來，現代詮釋學眞正研究的是詮釋學三要素之間的關係，並從中找到一個支撐點，這個支撐點規定了某一詮釋體系的特徵。

　　問題在於，就我們現在所見到的各種詮釋學體系，無論是沿著什麼方向發展的，雖說不是完美無缺，甚或有重大缺陷，卻也明白無誤地展現出其自身的合理性；這個意思也可以反過來表達：任何一種詮釋學體系，儘管有其不可忽視的合理性，也都包含有自身的不足與片面性，這種片面性，在人們從三大要素中尋求某一要素作爲支撐點時就已經產生了。因此，對於前述三個向度的詮釋學，應這樣理解它們的關係：它們不是截然對立的，不是某種詮釋觀念對另一種的克服，或者後者是對前者的超越，毋寧說，它們是互補的，雖然某一體系可能較之於別的體系更完善一些【15】。最爲理想的情況，是我們能建構一種新型的詮釋學，它能打通上述三類詮釋學，使詮釋學的三要素都得到應有的重視與合理的安頓。這是一項艱巨的任務，也許我們現在還無力完成這項工作，但卻可以爲此而提供一些建設性的思考。

　　當我們圍繞著詮釋學的三要素來考察詮釋學體系時，是著眼於理解的鵠的——意義的。在當代詮釋學家的思考中，作者原意的因素，因其事實上難以求得，已逐漸淡化，基本上退出了人們的視野。德國詮釋學自海德格爾以後，對

於作者方面的考慮，已然是若有若無的了。而利科爾的「間距理論」，基本上將作者逐出了詮釋學領域【16】。與此相似，特雷西在論述闡釋活動的要素時，認爲這種活動是「由文本、闡釋者以及它們之間基於追問而發生的相互作用」所組成【17】。顯然，在這些體系裡，作者的意圖對於詮釋學的意義理論而言，基本上屬於可以忽略不計的因素。如此一來，施萊爾馬赫、狄爾泰以及赫施（E. D. Hirsch）等追尋作者原意的詮釋理論在詮釋學研究中竟然變得毫無意義了。然而，這與我們在讀他們的著作時所得到的印象是完全不同的。在我們看來，準確的重構文本的作者原意雖不可能，但這並不意味著，我們就根本不可能在某種程度上理解作者原意，也不意味著理解作者原意的嘗試根本無助於對文本的理解。事實上，盡可能深入地把握作者，乃是理解文本的一個積極因素。

基於此種思考，我們回過頭來探索理解的本質，可以得到這樣一個結論：一切從理解中產生的意義，都不是純粹的作者原意、文本原義或讀者所悟之義，而是這三層意義的綜合。無論人們怎樣拒斥作者原意，甚至將其視爲令人難以自拔的「泥潭」，「原意」在理解與解釋過程中總是或隱或顯的起著不可忽視的作用。當然，人們可以立足於理解活動的三要素、特別是強調其中的某一要素來探索詮釋現象，但如果考慮到上述原因，更有效的途徑則可能是立足於詮釋活動的過程來解析理解的本質。人類的理解與解釋的歷史表明，由於理解過程中三個要素的相互作用，意義本身呈現爲此三要素的綜合整體。

三、詮釋學的形態分類

詮釋學發展至今，已形成了多種多樣的理論體系。關於它們的類型歸屬至今仍是一個頗有爭議的問題。

帕爾默認爲有三種不同的解釋學範疇：

1. 局部（Regional）詮釋學

是指任何原文註釋或翻譯的規則和方法的詮釋學。解釋對象是法律、《聖經》、文學、夢境和其他形式的原文，其規則包括古代隱喻的解釋體系、自文藝復興以來的語言學和歷史學的說明以及文本翻譯的規則體系。如在《聖經》解釋中，區別出字面的與隱喻的解釋，前者是在當時歷史景況中公開顯現的意義，後者則深入到文本的文字所暗含的寓意。

2. 一般詮釋學

其性質依然是方法論的，目的是建立以連貫一致的理解的哲學爲基礎的普遍

的理解方法論。局部詮釋學古已有之，但一般詮釋學卻是在施萊爾馬赫那裡才獲得了比較系統的表達，經由伯克（Boeckh）和狄爾泰推動，在義大利的貝蒂（E. Betti）那裡才形成了完整的解釋規則之體系。美國的赫施（D.H. Hirsch）之詮釋學也屬此脈。

3. 哲學詮釋學

它本身不是詮釋的方法論體系，而是對方法論、對理解中意識形態的作用以及不同形式的解釋的範圍和假定等等的研究，屬於詮釋學的反思性「抽象」層次。當代詮釋學的主流便是哲學詮釋學。其主要領域有二：(1)科學哲學與社會學哲學，包括思維機器和日常語言分析的分析哲學。哲學學科的結論可能與方法論有關，但它們並不研究方法論；(2)人文學科的哲學詮釋學。它以海德格爾、伽達默爾、利科爾和德里達的詮釋學爲代表，根據現象學的傳統以及對客觀知識的批判，對文本的解釋條件進行反思。帕爾默本人對哲學詮釋學頗爲讚賞，認爲它對「工具主義的理性、客觀化的方法論以及實證主義的幻想，都有潛在的批判力量和激勵的力量，相比之下，貝蒂的著述則毫不新穎，更缺少激勵的東西。」【18】

與帕爾默對詮釋學所作的劃分不同，一些德國哲學家試圖從另一個角度概括詮釋學。一般來說，他們不把自亞里斯多德到文藝復興時期的解釋理論稱爲詮釋學，它的解釋規則是純粹技術性的，常被當作詮釋學中「技術」部分和技術詮釋學的萌芽。相對於現代詮釋學來說，它處於一種「前詮釋學」狀態，有人稱之爲「古典詮釋學」。因此，他們對詮釋學的劃分主要是自施萊爾馬赫以降的各種現代詮釋學形態。在詮釋學的文獻中，我們經常接觸到「詮釋學」、「詮釋哲學」、「哲學詮釋學」等概念，它們實際上標誌了不同的詮釋學形態，雖然它們在很多場合被誤作同義詞來使用。以下分述之。

1. 技術詮釋學

在始初的意義上，詮釋學是研究如何最簡便的解釋與回答問題的學問。希臘語 hermeneuo 的意思是宣告、翻譯和解釋。在此，一切「詮釋的技術」都是解釋藝術。而希臘語的「技術」一詞實際上意指某種「能力」，這種能力包括了人的天賦、訓練和知識，人們據此來完成某項任務。格榮德（K. Grunder）認爲，在古希臘對荷馬史詩和猶太教文獻的解釋中，已出現了技術詮釋學的萌芽，它通過對解釋的正確形式之反思表現出來。從根本上說，技術詮釋學只有在這樣的情況下才會產生，即在詮釋者不再是神的信使或預言家，而是作爲世俗化的知識的傳達者，從而有可能討論正確的解釋方式的時候，才會形成詮釋的藝術。毫無疑

問，此種詮釋的藝術和規則具有類似邏輯學的特徵。這就不難理解，為何在丹豪爾（J. Dannhauer）的構想中，把詮釋學視為邏輯學的一個組成部分。直到十八世紀，人們在闡明邏輯學時還附帶著「詮釋學」。這種詮釋學很難說是「哲學的」，或者說，只是在極有限的意義上它才是哲學的，就像我們稱亞里斯多德的邏輯學是「哲學的」一樣。它在本質上是技術詮釋學，因為它並不探究一般的理解問題，而是旨在為文本的理解和解釋指出一個正確的方向，提供理解的規則。

在施萊爾馬赫那裡，情況有所不同。他首先把詮釋學當作一種「科學」，偶爾也稱之為「哲學的」。這是因為，在他那裡理解與解釋的藝術是與對此藝術的反思聯繫在一起的。但他的一般詮釋學本質上仍是技術詮釋學，他認為詮釋學乃是「藝術規則」和「技術原則」的學說。比如說，在倫理學中，表現為人類行為理解理論的證明方法。與以往的詮釋學不同，它不再是純粹的「觀察到的材料之組合」，而是從哲學出發，追求著這個系統的內在秩序。一般來說，傳統的詮釋學著眼於「語法的闡釋」，它植根於語言，表達了意義的「一般性」。然而就「闡釋的技術」而言，卻不得不考慮到作者和解釋者的「技術的能力」。由於個體的能力表現為一定的風格，它自古代起就被當作人類靈魂的鏡子，這樣，在施萊爾馬赫的技術詮釋學中，又包括了心理學的內容。因而，「技術的闡釋」又被稱為「心理的闡釋」。綜上所述，我們可以說，技術詮釋學在施萊爾馬赫那裡已表現為「語法—心理」的詮釋學。

自施萊爾馬赫以後，技術詮釋學開始走下坡路，人們甚至懷疑，詮釋學的這種形式是否已經過時或已經死亡了。舒爾茨對此提出了不同的見解，他認為，技術詮釋學對於我們的理解和解釋是不可或缺的。貝蒂的著作再次體現了它的生命力，完善並發展了技術詮釋學。在理解中，我們不僅要從上下文的聯繫中獲得一般的語詞意義，還要注意到作者的意圖和什麼是他所認為的重要的東西。此外，現代思維中還出現了一種新的模式，即允許對文本有意作某種「誤解」。沿著上述路線發展下去，可以預料，技術詮釋學有朝一日必將重放光明【19】。

2. 哲學詮釋學

哲學詮釋學的任務，是探索語言、符號與象徵的理解和解釋之可能性與基礎。當然，技術詮釋學或「藝術規則」與理解的可能性亦並非毫無關係，事實上，當技術與知識聯結在一起時，「技術規則」在一定程度上就已經是「哲學原則」了。不過，這種「原則的知識」不是源於哲學，而是從別的科學領域中移植過來的。比如說，在施萊爾馬赫那裡，是從辯證法、倫理學和心理學中尋找理解何以可能的答案的。因此，技術詮釋學雖然包含著某些哲學的因素，卻不能在整

體上稱爲「哲學的」。

確定哲學詮釋學的形成年代並不容易，因爲詮釋學中的哲學成分是逐步增加的。在阿斯特（Ast）和施萊爾馬赫那裡，我們已發現了哲學詮釋學的蛛絲馬跡；在伯克（Boeckh）和德羅伊生（Droysen）的講座中，已把「詮釋學」、「闡釋」當作他們的「百科全書」中研究理解方法的那一部分。伯克更把「人們應當理解什麼」、而不是「人們應當怎樣理解」作爲詮釋學的基礎，但就其出發點是給出正確理解的規範性原則而言，仍屬技術詮釋學。

雖然狄爾泰從未撰寫過有關詮釋學的專著，但一直毋庸置疑地被稱爲他那個時代最偉大的詮釋學家。他的詮釋學體系，是他在闡述精神科學的過程中形成的。由於當時的歷史狀況，狄爾泰最初到達的只是技術詮釋學。後來他把注意力轉向了詮釋學的認識論基礎問題。他不再追問：人應該怎樣理解？而是探索個體生命表現的解釋之可能性。他贊同施萊爾馬赫把詮釋學置於心理學的基礎之上，因爲「心理」代表了理解中的「一般人類本性」，惟在這一點上，作者和解釋者才得以相互溝通。如果我們把狄爾泰的學說作爲哲學詮釋學形成的標誌，那麼哲學詮釋學可以這樣定義：它是以精神科學爲出發點來研究理解與解釋的可能性和基礎的理論[20]。

伽達默爾申明，他的《眞理與方法》本質上屬於哲學詮釋學[21]。在這本書中，哲學詮釋學眞正超越了作爲方法、規則的技術詮釋學。哲學詮釋學與技術詮釋學有兩個根本區別：第一，技術詮釋學承認在文本中存在著「最初的意義」，理解與解釋的過程就是不斷接近它的過程，伽達默爾拒絕這一點，他認爲在對話中具體展開的意義是永遠開放的，而不是「接近」絕對眞理；第二，技術詮釋學承認存在著「闡釋的一般規則」，人們可藉此揭示「意義」，但在伽達默爾看來，這種所謂的「標準」根本無法包容歷史性和相對性。以此觀之，技術詮釋學與哲學詮釋學有否淵源關係，尚是一個懸而未決的問題[22]。

3. 詮釋哲學

在《哲學史辭典》「詮釋哲學」的條目下，作者宏論古今，洋洋萬言，惟獨沒有給出一個明晰的定義；或者，可以說給出了一個很難稱之爲定義的定義：詮釋哲學標明了哲學自身中的一個領域，這一領域是通過馬克思主義爲一方的和盎格魯撒克遜語的語言分析與科學理論爲另一方的變種而顯露出來的，它是使《哲學史辭典》得以完成的這樣一種哲學方向[23]。這段頗爲費解的話可以這樣理解：西方「馬克思主義的振奮人心的意識形態批判」（伽達默爾語）推動了詮釋學問題在社會科學的邏輯領域裡的進一步發展、深化，因爲這種批判與詮釋學對

社會科學存在的樸素客觀主義的批判相一致。這是與詮釋哲學相關的一翼；另一與之相關的一翼是語言分析理論與科學理論。詮釋哲學便是這兩者之間的第三翼。但是，儘管我們現在知道了推動詮釋哲學產生的兩個因素，或者如《哲學史辭典》所說，詮釋哲學是馬克思主義哲學和英美哲學的變種，也還是不清楚這個「變種」究竟是什麼？我們只能說，作為一種哲學，它處於馬克思主義哲學和英美哲學之間，至關重要的是，它代表了哲學概念史研究的方向。這一點，與伽達默爾所說的詮釋學向度是一致的，即語詞並非是具有固定意義的符號，意義伴隨著人們的生活以及對生活的理解而流動、變化與深化。

　　若從詮釋學本身的角度來加以說明，可能更為清晰：技術詮釋學提供理解文本的方法、規則，哲學詮釋學反思理解與解釋及其條件，詮釋哲學則是生命世界的現象學。伽達默爾認為，海德格爾的理論就是一種詮釋哲學。康德說，「純解釋」的意義是與真實的、模寫的知識相對立的。這一觀點可視為詮釋哲學的濫觴。如果說，技術詮釋學的目的在於不斷地「接近」文本的「原意」，那麼詮釋哲學正好相反，它旨在從闡釋過程中獲得有別於「原意」的新的意義。尼采的話在一定程度上表明了詮釋哲學的境界：不存在事實，而只有解釋。狄爾泰也曾表示過類似意見：宗教、藝術、形而上學提供了一個「闡釋的世界」。在這裡，儘管不再有「科學的」真理，但仍是「客觀的」，因為它們展現了一個奧祕無窮的生命世界，一切都化為生命的自我解釋。這個世界在整體上不是作為事實的模寫之確證，而是「闡釋」自身。因此，在原則上允許多種可能的闡釋存在，而無須辯明它們是不是「真理」。

　　上述對於詮釋學形態的各種劃分，自有其合理性。至於其不足之處，根據我們的進一步思考，在帕爾默的劃分中有以下兩點：第一，他所說的古已有之、延續至今的「局部詮釋學」是缺乏依據的。雖然「詮釋學」一詞古已有之，但它於那時並未被當作一種獨立存在的學科之名稱，學科的、亦即現代的意義上的「詮釋學」始於浪漫主義運動時期、特別是施萊爾馬赫的詮釋理論。第二，他所說的「一般詮釋學」涵蓋了狄爾泰和貝蒂的詮釋學，其含義是不準確的。學術界已將「一般詮釋學」視為施萊爾馬赫詮釋學的特有標誌，狄爾泰與貝蒂詮釋學雖然有著帕爾默所冠以的「一般」的性質，但它們在本質上是哲學的詮釋學學說。換言之，施萊爾馬赫詮釋學主要指向的是詮釋的方法規則體系，而在狄爾泰與貝蒂那裡更多的是關於詮釋方法論的思考。即便不考慮這一層理由，用一個專有名稱來標記包含了不同的詮釋理論的作法，也終是不妥。

　　舒爾茨的劃分勾畫出了一幅現代詮釋學的譜系平面圖，雖然比較清晰，不過亦存在語焉不詳之處，其中某些地方在筆者的轉述中已有所論及。

　　我在此提供另一種劃分：即前詮釋學、認知性詮釋學與本體論詮釋學【24】。這種分類既顧及了詮釋學本身發展各階段的歷史過程，又出於對這些階段的不同詮釋學形態的主要的、基本的整體特徵之考慮。我以詮釋學作爲獨立的學科形成爲參照座標，從時間上說，就是把從古希臘起、直到浪漫主義運動之前有關詮釋問題的論述劃入「前詮釋學」，它是詮釋學萌芽狀態，可以說，現代詮釋學的諸多理念、特徵，在這裡已見其端倪，只是尚未形成理論體系；「認知性詮釋學」主要是指從施萊爾馬赫一般詮釋學到狄爾泰的體驗詮釋學，貝蒂、赫施等人的學說可視爲這一學脈的延伸。他們的詮釋學雖各有側重，但總體上說，都具有認知的性質，旨在通過制定詮釋的方法規則或建構理解方法論來把握作者的原意和文本原義。他們所追求的類似於自然科學中的眞理概念，是自然科學關於客觀知識的信念在精神科學領域中的翻版；本體論詮釋學始於海德格爾，伽達默爾更爲徹底的意義理論則是其主要代表。他們將意義設爲本體，視「理解」爲此在的存在方式，而非針對精神現象這種獨特的理解對象之認知方式。因此，詮釋活動不再具有認知的作用，而是意義自身的呈現，所謂眞理，也不是與對象符合一致的認識，而是在意識中眞實地呈現出來的東西。

　　希望這種劃分，能夠使讀者更爲清晰明瞭地把握詮釋學的歷史發展與總體特徵。關於此一劃分的詳細說明，本書的整個撰寫計畫就是按照這種劃分所提供的線索展開的，讀者可以從本書的章節目錄中可看出這一點，在此無須贅述。

　　以上只是對詮釋學各形態做了大體的劃分。從詮釋學發展史來看，現代詮釋學中的每一位有代表性的詮釋學思想家都有著獨特的詮釋學體系。按照時間的順序，它們依次爲：施萊爾馬赫的「一般詮釋學」、狄爾泰的「體驗詮釋學」、海德格爾的「此在詮釋學」、伽達默爾的「語言詮釋學」。在此之後，影響比較大的詮釋學家有：貝蒂、哈貝馬斯、赫施、利科爾和德里達。他們（包括伽達默爾在內）的理論活動之活躍階段大致處於同一時期，他們的詮釋學體系可以說是相互激蕩的產物；互相之間的批評與反駁，是其體系形成的主要動力之一。值得注意的是，舒爾茨所描述的詮釋學之三種形態的特點，都不同程度地滲透在現代詮釋學的每一體系中，我們很難把某一詮釋學體系完全歸入一種詮釋學形態。比如施萊爾馬赫和貝蒂的詮釋學具有很強的技術性，但在他們的學說中對方法論和本體論的反思也占有不小的比重；反之，在海德格爾的理論中，對形而上學的思考是其要旨，但他對方法原則之分析（如理解的循環問題）也有著不容忽視的意義。

上篇｜古典詮釋學

第一章

古代希臘：從神蹟到智慧

「猶太人是要神蹟，希臘人是求智慧。」

（《聖經·哥林多前書》1章22節）

一、詮釋學的詞源與含義

本書將古代希臘至文藝復興這一歷史階段有關詮釋學的思想劃歸於古典詮釋學階段，本篇所討論的就是這一階段的內容。這裡所談論的「詮釋學」，與現代意義上的詮釋學有很大的區別；而且從總體上看，包括完備的聖經註釋學體系在內，它也並非是「詮釋學的」。可是現代詮釋學恰恰又是從中發展出來的，故將此一階段的形形色色的詮釋思想統稱爲「古典的」（或「前」）詮釋學。它作爲詮釋學的起源，已內在地包含了諸多詮釋學的因素。這些因素散見於不同的時代、不同的作者論著中，須經過認真的梳理才能使我們看清其理論脈絡。這項工作顯然是必要的。通過對理論的源頭之梳理，有助於我們清晰地把握其實質，已成爲學界共識，因爲理論之特徵在其源頭上往往以一種更爲直截的方式表現出來。

從詞源上考察「詮釋學」（Hermeneutik, Hermeneutics），至少可以追溯到古希臘的文獻中。而詞源學的訴求，則主要體現在神祇的名稱上，神祇的名稱「代表了事實的不同構成部分的擬人化和代用」，詞源分析和神的名字的含義在希臘作品中得到廣泛的、甚至規律性的運用[1]。西方詮釋學家將希臘神話中諸神的信使之名「Hermes」（赫爾墨斯）當作動詞「hermēneuein」（詮釋）和名詞「hermēneia」的詞根。雖然，據凱倫依（Kerenyi）考證，「hermēneia」一詞與上帝的使者「Hermes」只是發音相似，而無語言學和語義學上的關聯，因而我們現在看到的「詮釋」一詞的詞源學意義上解釋是後來重建的[2]。然而就詞形而言，「hermēneuein」和「hermēneia」與「Hermes」顯然具有一種派生的關係，雖然我們無法確定哪個詞是原初的或派生的[3]。儘管我們現在無法確定其詞源學上的根據，我們仍然可以對這樣一個問題進行深入的思考，這個問題顯然對於詮釋學來說更爲重要：人們爲何將「詮釋」與「Hermes」聯繫在一起？在我看來，這本身就是一種對「hermēneia」的再詮釋，換言之，就是以人們所熟知的神使「Hermes」之職能來詮釋「hermēneia」。

在希臘神話中，赫爾墨斯被描述成足蹬雙翼靴的神，其職責是將上帝的旨意傳達給人類。由於神的語言不同於人類，因此，他還須首先將神的語言翻譯成人的語言；不僅如此，他必須加以必要的解釋，因爲神諭在很多情況下只是一種隱喻，凡人難窺其奧妙。按照伽達默爾的說法，**詮釋學的基本功績就是將一種意義關聯從另一個世界轉換到自己的生活世界**[4]。當然，深奧莫測的神祇一般人無緣得見，某些受到神的寵愛之人以及「hermeios」（德爾菲神廟發布神論的僧侶）就成爲神在塵世的代言人。他們能與神溝通的異稟乃是爲神所賜，赫西俄德

曾這樣吟唱：「曾經有一天，當赫西俄德正在神聖的赫利孔山下放牧羊群時，繆斯教給他一支光榮的歌（即《神譜》——作者註）。……並把一種神聖的聲音吹進我的心扉，讓我歌唱將來和過去的事情。」【5】荷馬在《伊利亞特》中稱，「卡爾卡斯，釋辨鳥蹤的裡手，最好的行家。他通古博今，明曉未來，憑藉福伊波斯・阿波羅給他的占卜之術，把阿開亞人的海船帶到了伊利昂。」【6】雖然他們有可能見到神的化身，但是神與之交往更多的是通過神蹟或夢境。神蹟人人得見，夢亦人人會做，只是常人不辨其寓意而已。我們看到，在希臘神話中，諸神常常親自通過神蹟或夢將自己的旨意傳達給人，唯有赫爾墨斯專司神使之責，代其他諸神送達神意，偶爾也遞交神的禮物【7】。在這種情況下，他只負責傳達與解釋，尤其是對於不容置疑、不可抗拒的至上神宙斯的旨意，只能如其所說地宣示，絕不能攙雜自己的意見。就此而言，hermēneuein本身就含有客觀性的要求。

M. Ferraris贊同Kerényi的觀點：「柏拉圖是將詮釋學說成一種特殊技藝的第一個人。他確實在那些地方提到詮釋學，並總是將神的領域作為他的起點，……總是思考某種更高的東西或從事詮釋的神學家。」【8】事實上，在柏拉圖那裡，詮釋學仍與占卜術同屬一類，在他看來，詩人不是通過某種深思熟慮的藝術性理解來解讀神意，而是借助於神的力量來理解啟示的。只在後希臘時期，「詮釋」一詞才表示「有學識的解釋」。但這種有學識的解釋是與《聖經》註釋聯繫在一起的。

從思想史的角度看，亞里斯多德是首次使用這個詞的人，「Peri Hermene-ias」（詮釋篇）曾是他的《工具論》的一部分。如前所述，這很難稱其為詮釋學，觀其內容，則屬於語法學，它研究的是語詞的性質和語言的邏輯，語句的邏輯結構，因此是一種理解語句的輔助工具。其後，它主要運用於《聖經》和古羅馬法典的解釋。對這兩者解釋的實質是相同的，一個明顯的事實，《聖經》在中世紀的歐洲同樣具有法律的權威效用。伽達默爾認為，我們所說的現代意義上的詮釋學是源於現代科學傳統的，就此而言，當是笛卡兒首先提出了現代意義上的詮釋學概念的。他在1637年出版的《談談方法》（*Discours de la methode*）和1641年出版的《關於第一哲學的沉思》（*Meditationes de prima philosophia*）書中，已開始在與現代方法論概念和科學概念相平行、對立的意義上引用了詮釋學的概念【9】。把「詮釋學」作為著作標題的，應首推丹豪爾（J.C.Dannhauer），他於1654年發表了題為《聖經詮釋學或聖經文獻學解釋方法》（*Hermeneutia sacra, sive methodus exponendarum sacrarum litterarum, Strassburg*, 1654）一書【10】。此後，人們才區分了神學的詮釋學和法學詮釋學。

帕爾默（R. Palmer）曾對hermēneuein作過深入的分析，他指出了這個動詞的

三層含義：

1. 表達（to express）

它與赫爾墨斯的「宣示」（announcing）功能相關。hermēneuein的最初形態「hermē」之詞形與拉丁詞「sermo」（言說）和「verbum」（語詞）相近，因而，最初的詮釋行為主要是指「言說」（to say），是一種大聲宣告以及斷言（to assert），用以表達神的主張。作為「表達」的「言說」與純粹通過語詞的「言說」是有區別的。質言之，「表達」不僅意指「言說」，而且它本身表明了一種言說方式，其中包含了演說的風格（style）、音調等因素。就此而言，表達正就是詮釋。在帕爾默看來：「在柏拉圖的《愛奧尼亞篇》中，年輕的詮釋者吟誦荷馬詩作，並通過抑揚的聲調『詮釋』（interprets）它，表達它，甚至精妙地解釋（explaining）它，傳遞了比荷馬所了解或理解到的更多的東西。」【11】

2. 解釋（to explain）

這是詮釋所強調的理解之推論性方面。語詞說出某種東西，表現著某種東西，這種表現是一種詮釋。然而，它本身還需要解釋，通過解釋，將其帶入一種意義關聯，這也是一種詮釋。用帕爾默的話說，「意義是一個語境關聯問題；解釋過程提供了理解的場所。一個事件惟在某種特殊的語境關聯中才具有意義。進而言之，基督唯有在他的死關乎救世主降臨的希望時，才使得這一歷史事件與聽眾個人的希望和意圖相關。」【12】此即表明了：關係決定意義。而「解釋」本身乃與語境關聯相關，在某種「視界」中進行解釋，這是一項理性化的工作【13】。

3. 翻譯（to translate）

當文本是一種外來語時，文本的世界和讀者的世界兩種視角的矛盾就凸顯出來。在翻譯時，人們將異國的、陌生的、或不可理解的東西攜入他們自己的語言媒體中，此時翻譯就成為詮釋的一種特殊形式。翻譯者有如赫爾墨斯，成為此一世界與另一世界之間的中介，傳達著不同的世界之資訊。通過對翻譯的反思而使我們清醒地意識到，「語言本身包含著涵蓋了世界的詮釋，……語詞事實上塑造著我們的世界觀，甚或我們的知覺能力。語言顯然是文化經驗的儲存庫；我們存在於其中，並以此為介體；我們通過語言的眼睛來觀看。」【14】以此觀之，於翻譯而言，最重要的問題根本不是如何選擇合適的對應語詞，而首先是對於文本的世界之理解，缺乏這種理解，任何對於文本的翻譯與解釋都是無稽之談，就像人們通過翻譯機器而翻譯出來的東西一樣滑稽可笑。

我們所說的「詮釋」必須在這樣一個廣泛的意義上來理解，它最終指向的是

對語言的理解與解釋。如果我們的整個經驗世界都必須在語言中形成，並通過語言表達出來，那麼詮釋學的領域確實是包羅萬象的。這一點，只是在當代詮釋學中才清晰地被表達出來。從歷史上看，人們最初關注的是《荷馬史詩》和《聖經》的詮釋問題，焦點是對於神的信仰；在浪漫主義運動後始擴展到整個精神科學；時至今日，我們才開始頻繁地談論自然科學中的語言與詮釋問題。

二、古典時期的神話與經典之確定

(一) 神的世界與人的世界

　　遠古的神話對於人類的文明與文化的形成，有著深刻的影響。神話雖然不是一種知識體系，卻也是初民把握世界的方式，是初民對其生存環境和生活方式的直觀把握。神話的直接衍生物就是信仰，而信仰則是原初民族的精神生活的最高形式。當我們從神使赫爾墨斯的職能來理解詮釋學的起源及其意涵時，就已經表明了詮釋學與神話的密切關聯。毫無疑問，這裡主要是指古代希臘的神話。希臘神話對於古代希臘，乃至整個西方文化有著極為重要的、特殊的意義；希臘神話以及對神話的解釋，實際上起著訓諭的作用；於其時，它可以說是教化的主要手段，乃是以神的名義提供了一套社會的行為規範要求與價值尺度。正如凱倫·阿姆斯壯所言：「神祇的神聖世界——誠如神話中所詳述的——並非只是人們應該嚮往的理想，而是人類自身存在的原型，我們處於天國下方世界的生命，就是依照這個原始的形態而模鑄的。」【15】

　　W·史密特神父（Father Wilhelm Schmidt）曾在1912年出版的*The Origin the Idea of God*（《一神的觀念之起源》）提出，原始的一神教之信仰先於人類對多數的神祇之崇拜而存在【16】，然而這一觀點並未被廣泛接受。就我們所知的希臘神話發展史，神話來源於神化，首先是自然現象的擬人化與神化。在赫西俄德的《神譜》裡，最初的神祇都是自然現象，大地、天空、星辰、河海等均被賦予神性，演化成人格化的神靈。在《神譜》中所描繪的已然是一幅諸神並存的圖像。依據《神譜》，最先產生的是卡俄斯（混沌），其次產生的是蓋亞（大地，為母性神），由大地生出了烏蘭諾斯（天空，為父性神）。這是一個單性繁衍的過程，關於這個過程，赫西俄德未作說明，因此我們不清楚這一過程因何發生以及如何發生，這些神靈在這一階段的各自所具有的獨立意義是什麼。卡俄斯或許是人們對無法想像的終極起源的一種假設，然而《神譜》將蓋亞置於烏蘭諾斯之前，則很可能是出於對母系社會的模糊記憶。此後諸神的誕生就比較易於理解

了，它類似於人類本身的繁衍方式。在蓋亞與烏蘭諾斯婚姻中產生了諸神的第二代，依此類推到第三代……。饒有趣味的是，《神譜》中的至上神並不是最古老的神，而是第二代神宙斯；並且，宙斯雖然是男性神靈，卻能夠生育子女，他的女兒雅典娜就是從他的頭顱中誕生的。有論者指出，宙斯只有通過從自己的頭顱中生出女兒的方式才能確定自己永恆的權力，確立他在眾神中的統治地位【17】。此中也透露了這樣的資訊，即，在希臘神話形成的時代，父權與君權已經確立。

荷馬史詩與《神譜》將宙斯視爲至上神，從神話的角度爲塵世的君權與父權至上性提供了合法性的證明，惟其如此它才能在古代希臘得以廣泛的流傳、並保存下來。理解到這一點是非常重要的。因爲所有的神話，只有當它折射了創造它的民族發展史、歷史的重大事件時，才具有意義。這就是遠古神話與現代神話的根本區別之所在。遠古神話是初民對其所信的對象之描述，因此它蘊涵了初民眞實的生活世界。而現代神話則是人們出於現實目的的純粹虛構。正因如此，人們將荷馬的詩作稱爲「史詩」。《神譜》也是雙重意義上「歷史」，它描述了諸神的起源與譜系，同時也以作者所理解到的方式勾述了被神化的人類起源與發展階段。

奧林波斯山上的諸神首先創造了黃金種族的人類，他們爲神所眷顧，像神靈那樣生活，衣食無憂，永不衰老，死亡時像熟睡一樣安詳。此後創造的是白銀種族，他們遠遠沒有黃金種族那麼優秀，需要一百年才能長大，而作爲成人的經歷又非常短暫，且因其愚昧無知而始終與悲傷相伴。又因其不能避免犯罪和彼此傷害、不願意供奉神靈而爲宙斯所拋棄。以上兩個是種族奧林波斯諸神所創造的。第三代人類即青銅種族則是宙斯的創造物。他們可怕而強悍，不食五穀，心如鐵石。他們用自己的手毀滅了自己，爲黑死病所征服，沒有留下姓名。其後宙斯又創造第四代種族，即半人半神、高貴公正的英雄種族。他們一部分人死於戰爭，一部分人最後被宙斯安置在幸福島上，無憂無慮地生活著。宙斯創造的第五代人類被成爲黑鐵種族（《神譜》作者就是其中一員）。這些人白天疲於勞作，晚上不斷死去。他們不守信義、不畏懼神靈、惡語中傷高尚者、崇拜作惡者。總之，他們犯下了人們可以想像到的所有的罪惡。待到這一種族「初生兒鬢髮花白」（意指墮落到極點），也將被宙斯所毀滅。

黃金種族像神靈一樣，這個種族被埋葬後成爲大地上神靈，是凡人的守護者。它們爲何被埋葬，乃是一個不解之謎。然而無論如何，從黃金種族到黑鐵種族的過程，較之於永恆、高貴的神靈，人類則表現爲持續地墮落與沉淪。用內斯契科的話說：「人類起源神話的原型，如果我們用希臘文以外的敘述進行重建，實際上講述了人的存在的持續貶黜。人類所面臨的種族每況愈下，代表每個種族

的金屬也愈來愈失去最初的名貴」【18】。在《神譜》作者看來，黑鐵種族的狀況和命運正是現實的人類的狀況和命運，終究難免覆滅的下場。可是人們並不甘心於這樣的結局，他們終於從猶太人的信仰中找到了出路。人們顯然更樂於相信這一點，人類爲神所創造，並通過神而被拯救，升入天國，獲得永生。這應當是基督教信仰在西方大行其道的重要原因【19】。

毋庸置疑，神話原本是爲了人而創作的，意在借助神聖的訓示教會人們如何生活，其中包括了對於神的信仰、道德規範和人們社會生活的律則。事實上，只有與人的存在狀態密切相關的神話才可能得以廣泛地傳播與持久地流傳下去。亞里斯多德在其哲學體系中也設立了神的至高無上的位置。他所謂的神即理性，以爲理性乃是自身不動而推動者，它創生萬物，「生命本爲理性之實現，而爲此實現者唯神；神之自性實現即至善而永恆之生命。」【20】理性之本性雖爲至善，但必須通過思想活動才能臻於至善。思想的對象差異萬千，惟當理性思考思想自身時，方能抵達至善的最高境界。正因如此，「默想〈神思〉（即對神本身的思考——引者註）爲唯一勝業」【21】。這種沉湎於思想本身，在思辨的王國中流連忘返不能爲人分憂解難、不能傾聽人的祈禱並顯示啓示的神，幾乎沒有宗教意涵，也很少有人具有理解這樣神的智慧，自然少有信徒，更遑論廣泛傳播了。

希臘神話中的神則是人格化了的神，有著與人同樣的喜怒哀樂、七情六欲。諸神憑著自己的喜好捲入了特洛伊戰爭，他們固然強大，卻也不是神聖不可侵犯。當女神阿芙羅底忒現身於戰場救援她的兒子埃內阿斯時，甚至被狄俄墨得斯所傷。荷馬這樣吟唱到：狄俄墨得斯向阿芙羅底忒「投出犀利的槍矛，直指女神柔軟的臂腕。銅尖穿過典雅女神精心織製的、永不敗壞的裙袍，毀裂了皮膚，位於掌腕之間，放出涓涓滴淌的神血。」【22】有權勢者如天后赫拉也不能倖免，被半人半神的英雄赫拉克勒斯「用一枚帶著三枝倒勾的利劍」射中右胸，傷痛鑽心【23】。即便是至上神宙斯，也會爲私情所動：塞提斯爲了兒子阿基琉斯而向父親宙斯求情，她緊緊抱住宙斯的膝蓋，所說的話「極大地煩擾了宙斯的心境」，儘管幫助阿基琉斯有悖於命運女神的安排，會「引來災難性的麻煩事」，宙斯還是勉爲其難地應允了塞提斯的請求【24】。對於人來說，這種滲透了人性的神顯然更有魅力，它的歷史也充滿了激情。正因如此，希臘神話在歷史上不斷被搬上舞臺，甚至在今天仍擁有大量的讀者【25】。

(二) 經典的確立

如前所述，神話實質上是以神的名義提供了人的行爲準則與價值規範。神與人的中介就是語言，包括言語和文字。雖然神蹟常以非語言的形式顯示出來，但

也必須通過語言來理解。神與人的關係乃通過語言的形式而得以維繫。換言之，諸神通過語言來頒布神意，以使人們有所適從。在當時的歷史條件下，口頭的表達（言語）無疑是神、人交往的最重要、最便捷的方式【26】。這一點在《聖經》中也表現得非常明顯。上帝通常是「說」出他的旨意，全部《聖經》（據德文譯本，斯圖加特1982年版）只有兩次言及上帝「寫」下的東西：在Mose／Exodus（出埃及記）31:18和Mose／Deuteronomium（申命記）10:1-5中記載上帝兩次於「Bundesgesetz」（法版）上用手指寫下「Zehn Gebote」（十誡）【27】。

適於吟唱的詩歌當然是一種口頭的表達，然比起誦念經文，它更具有感染力，它賦予神話敘事一種藝術的形式，從而使它更易於獲得聽眾以及被聽眾所接受。希臘神話具備了可接受與可流傳的基本要素，也許是一種偶然。這無非是說，我們不作這樣的設想，即神話的作者爲了使自己作品能夠被接受、並得以流傳而刻意賦予神話以這樣的內容與形式。可以確定的事實，就是具有教化作用和適於吟唱的神話幸運地流傳下來，經久不衰地爲世人所傳誦。

我們今天所能讀到的《伊利亞特》和《奧德賽》兩大詩史是歸之於荷馬名下的最重要的作品。荷馬在歷史上是否真有其人，在西方學界尚有爭議。但希臘人的回答是肯定的，不過對於他是何方人士、生活年代，亦無定論。既然我們難以鑒別種種考據的真僞，就將諸多分歧存而不論，而採用學界通行的說法。荷馬是希臘人，兩大詩史是荷馬博采流傳於民間的神話傳說提煉而成。其形成的時間約在西元前八世紀。因爲其時距特洛伊戰爭尚不太久遠，希臘人對戰爭的記憶仍較清晰，而在西元前七至西元前六世紀，阿爾基洛科斯、阿爾克曼、福薩等人已經引用了荷馬詩史中的話，因此將荷馬史詩成型時間定在西元前八世紀比較有說服力。赫西俄德是荷馬之後的另一個重要的史詩作家，以長詩《工作與時日》和《神譜》著稱於世。其創作時間也當在西元前八世紀，這一時代與《工作與時日》中所描述的社會狀況相吻合。

長篇史詩得到希臘民族的青睞，被世代傳誦而未消逝於歷史的長河之中，其主要原因有以下幾點：

1. 詩歌的藝術價值及其有效性

史詩與詩人得到希臘人的青睞，與希臘人的藝術趣味有著密切的關係，抑或是因爲史詩而培育了希臘人的審美趣味。無論如何，在西元前六世紀，荷馬已成爲雅典人所熟悉的詩人，到了西元前五世紀，詩歌成了家喻戶曉的藝術形式。繆斯與阿波羅本身是神界的詩人與歌手，《伊利亞特》中這樣描述道：神們「聆聽阿波羅彈出的曲調，用那把漂亮的豎琴，和繆斯姑娘們悅耳動聽的輪唱。」【28】

繆斯用歌聲述說神的歷史與豐功偉業，「從她們的嘴唇流出甜美的歌聲，令人百聽不厭；她們純潔的歌聲傳出來，其父雷神宙斯的殿堂也聽得高興，白雪皚皚的奧林波斯山峰、永生神靈的廳堂手繚繞著回音。」【29】她們歌頌的是「萬物的法則和不懈眾神的美好生活方式」，她們吟唱取悅了諸神，連宙斯也屈服於這美妙的詩歌語言之魅力。其歌聲的不朽與神聖是不容挑戰的，據《伊利亞特》，繆斯曾阻絕了薩慕里斯的歌聲，因為後者揚言「即便是繆斯姑娘，帶埃吉斯的宙斯的女兒，倘若和他賽歌，也會敗在他的手下。憤怒的繆斯將他毒打致殘，奪走了他那不同凡響的歌喉，使他忘卻了歌唱的本領。」【30】

我們注意到，赫西俄德在描述繆斯時頻繁地使用「甜美的歌聲」一詞，這不是一句普通的讚美之詞，事實上，歌聲惟其「甜美」才具有它的魅力和有效性。繆斯的甜美吟唱使宙斯感到愉快喜悅，歌手巴西琉斯甜美的歌聲，能使「因心靈剛受創傷而痛苦」的人「立刻忘了一切憂傷，忘了一切苦惱。繆斯的禮物就會把他的痛苦抹去。」【31】有論者指出，甜美與有效性之關聯甚至體現在古代的政治語言中：「E. Havelock認為，司法決策最初以詩歌的形式表現」【32】，歌唱與審判的雙重相似形，即甜美與有效，是這兩者之間的基本關係。兩者相比，歌唱可能更勝於審判：「當國王做出正確決斷，使神的秩序在人類歷史中得到繼承和發揚時，詩歌語言就會借此歌頌奧林波斯的秩序降臨人間。在這種情況下，歌唱毋庸置疑地優越於審判，因為歌唱對審判的結論和方式進行最後的審判。」【33】因為詩歌因神的啟示而成，代表著神意。詩歌中所讚頌的，也是為神所贊許、並通過傳誦而獲得了神聖性和永恆性，成為後世之典範；反之，詩歌中所鞭笞的，就是忤逆神意的，當遭臭萬年。在此意義上，詩歌體現了神的最終判決。

「甜美」所產生的效用性不僅體現在詩歌中，也體現在言語中。荷馬在《伊利亞特》中稱奈斯托耳嗓音清亮，「談吐比蜂蜜還要甘甜」。因此人們樂意傾聽他的意見，尊重他的言談。這裡所關注的不是他的「談吐」是否真實，而是這位睿智的老人甘甜的談吐可以平息人們心中的憤怒，聽從他的勸告【34】。

希臘神話雖然已表現出了高超的藝術性，然就其思想而言，尚未提升為一種理論的形態。這就是說，它更多是直觀的描述，而未能展開理論性的概括。讓我們做這樣的設想：赫西俄德告誡人們要「傾聽正義」，認為「正義最終要戰勝強暴。」【35】假如我們向他請教何謂「正義」，他的回答不會是一個關於「正義」的定義，而是列舉出一系列被他認為是「正義」的行為：不以暴力攫取財物；不取不義之財；邀請朋友進餐；答應給朋友的報酬要兌現，如此等等【36】。准此，詩歌中所表現出來的「甜美」性就獲得了普遍性的意義。在我看來，「甜美」——在美學的意義上——完全可以引申為作品的藝術價值判斷標準，在更廣泛的

意義上理解「甜美」，它就是作品的語言優美、情節感人、整體結構合理等等，只有這樣的作品才能為人們喜聞樂見，並與之產生共鳴，起到娛樂與教化的作用，且久遠地傳誦下去。

事實上，此後的希臘哲學家正是在這種意義上論斷作品，並且給予了荷馬史詩以極高的評價。亞里斯多德這樣寫道：「和其他詩人相比，荷馬真可謂出類拔萃。儘管特洛伊戰爭本身有始有終，他卻沒有試圖描述戰爭的全過程。不然的話，情節就會顯得太長，使人不易一覽全貌；若控制長度，繁蕪的事件又會使作品顯得過於複雜。」【37】他認為，「在語言和思想方面，這兩部作品（指《伊利亞特》和《奧德賽》——引者註）也優於其他史詩。」【38】他善於組織完美的情節，以作品中的人物身分說話，並能夠合理使用詩歌創作的技巧而使詩歌的形式得以完善。亞里斯多德並不否認其他的詩人也可能有此才能，但是，「特別應當指出的是，在史詩詩人中，唯有他才意識到詩人應該怎麼做。」【39】以此觀之，荷馬史詩被確立為經典絕非偶然，它的藝術價值在古代希臘就已經得到高度的肯定，即使在兩千多年以後的今天，人們仍然可以感受到其震撼人心的力量。

2. 詩歌神授的觀念

希臘人相信，詩是神賜予人的禮物，源出於神。詩乃是神借助於吟詠詩人之口「讚頌可敬的神的種族」。赫西俄德稱他所作的《神譜》是繆斯教會的，「她們吩咐我歌頌永生快樂的諸神的種族，但是總要在開頭和收尾時歌唱她們——繆斯自己。」【40】荷馬的《伊利亞特》的開篇就這樣寫到：「歌唱吧，女神！」這裡所說的女神就是繆斯。《奧德賽》的第一句話則是：「告訴我，繆斯，那位聰穎敏睿的凡人的經歷，在攻破神聖的特洛伊城堡後，浪跡四方。」詩歌為神所創而具有神性，而這種神性使人們相信詩歌中的敘事之真實性。在這個意義上，詩即史：「她們（指繆斯們——引者註）用歌唱齊聲述說現在、將來和過去的事情。」【41】這裡的「將來」一詞是值得推敲的。如果說「現在」與「過去」的事情可以理解為真實地發生了的事情，「將來」的事情何以是真實的？在《神譜》中已隱晦地給出了答案。赫西俄德明確地說：繆斯曾「從一棵粗壯的月桂樹（中譯本譯為「橄欖樹」——引者註）上摘給我一根奇妙的樹枝」。在希臘神話中月桂屬於執掌占卜的太陽神阿波羅，詩人獲得這根「奇妙的樹枝」（權杖之喻），意味著被阿波羅賦予占卜之才能，成為神諭之闡釋者。而神的預言之真實性確實是無可置疑的，所指向的是將來必定發生的事情。神賦予詩人以吟詠的才能，其任務就是傳達神的話，即便他自己沒有完全明白神所述說的東西，也依然可以如此吟唱，而人們則必須相信他所吟唱的一切：「我將告訴你波濤洶湧的大海的節

律，雖然我沒有航海和駕船技術，因為我還從未乘船到過寬廣的海域……不過我還要把持盾者宙斯的心願告訴你，因為文藝女神已教會我吟唱奇妙的歌。」【42】

神賜予了詩人們「美妙的語詞」，詩人的吟唱顯然是對神的吟唱的模仿，似乎只是紀錄了神的詩歌。但是，兩者之間存在著一個重大的、卻又容易被忽略的區別。在《神譜》中，繆斯吟唱的是「現在、將來和過去的事情」，而接下來她們吩咐赫西俄德歌唱的只是「將來和過去的事情」。「現在」的缺失，於人而言具有一種深層的含義：「現在」乃是虛幻的，人類現時的存在狀態轉瞬即逝，只是通向未來的、永恆的世界的過渡環節，因此人類無須把握、也不可能把握「現在」。如呂達爾（Jean Rudhardt）所分析的那樣：繆斯讓人僅僅敘說未來和過去，「彷彿人類的精神可以掌握他們所希望和恐懼的，或他們已經經歷過的，但絕不是他們正在生活和永恆如是的；彷彿只有永生才能把握正在消逝的瞬間，只有神才能把完全的充實賦予現在。」【43】拋開神的因素，「現在」乃是赫西俄德生活於其中、又不願正視的時代，這就是宙斯所創造的第五代人類、即黑鐵種族生活的時代。這個時代的人類辛苦勞作、疾病纏身、善惡交雜、父子反目、兄弟扞格、對神靈不恭不敬，他們沉陷於「深重的悲哀之中，面對罪惡而無所求助」，最後死於黑暗【44】。以至於赫西俄德發出這樣的悲歎：我但願不是生活在屬於第五代種族的人類中間，但願或者在這之前已經死去，或者在這之後才降生。以此觀之，「現在」的缺失所表明不是「遺忘」，而是作者對現實社會之不滿，從根本上否定了它存在的合法性。

詩人乃是繆斯與阿波羅選擇出來、賦予以通神稟賦的特殊的人。詩人與神的密切關係最有力的體現，就是在《神譜》第一段中所敘述的：繆斯在赫利孔山下選中赫西俄德，親自授予他神聖的族譜和月桂枝。在《神譜》將詩人描述為神賜給人類的神聖禮物，「正是由於繆斯和遠射者阿波羅的教導，大地上才出現了歌手和琴師。」他們肩負著繆斯和阿波羅的雙重使命，由於為神所青睞而獲得了世人的尊崇。其中荷馬、赫西俄德最為希臘所稱道，在西元前五世紀，希臘人已將他們稱為民族或民眾的老師。

3. 史詩的教化意義

《工作與時日》的主題非常明確，它以神的口吻告知人們何謂「正義」之舉，其中不乏生活的智慧。詩中說，世上有兩種不和之神，「一種天性殘忍，挑起罪惡的戰爭和爭鬥」，另一種對人類友善，「她刺激怠惰者勞作，使人們羨慕他人勤勞致富而變得熱愛工作。」而前者則是挑起人們嫉恨而引發爭端【45】。它告誡王公大人：「王爺們！請你們也要好好考慮這個懲罰。永生神靈就在人類中

間，且時刻注意那些不考慮諸神的憤怒而以欺騙的判決壓迫別人的人們。須知，寬廣的大地上宙斯有三萬個神靈。這些凡人的守護神，他們身披雲霧漫遊在整個大地上，監視著人間的審判和邪惡行為。」其中有正義女神，誰只要傷害它，歪曲正義而做出了愚蠢的事，就會遭到報應【46】。在赫西俄德描述中，人世間的所有災難皆因普羅米修斯欺騙宙斯而起【47】。而《工作與時日》的後半部分所談的都是源於生活經驗的智慧，神在這裡只具有象徵性的意義，詩文更像是一個飽經滄桑、老於世故的老人對青年人的諄諄告誡。其內容包括如何待人處世、何時成家立業、何時耕作儲藏等等。

詩的教化作用的另一個重要方面體現在它被吟唱時的音樂中。在古代希臘，「詩」即「歌」（荷馬稱詩為aoidē，意為「歌」），柏拉圖則用mousikē泛指音樂和詩【48】。亞里斯多德認為，音樂的用途主要有三種：即倫理的（ethische）、實踐的（praktische）和振作精神的（enthusiastische）的作用，詳言之，其作用依次為：(1) 道德教化（der sittlichen Bildung），亦即教育民眾。在古代希臘，詩的聽眾乃是整個民族，因此，詩歌成了廣泛的民眾教育之形式；(2) 淨化（Katharsis，意指內心、道德與宗教的淨化）。這是音樂作為順勢治療的淨化（homöopathischen Reinigung）之功用，如愉悅人的心情、平復人的憤怒等，皆有治療之效果；(3) 休閒。音樂可以給人以美的享受，使人放鬆，可以讓人們在疲乏的工作之後恢復精力（振作精神）【49】。

希臘人以其獨特的審美素養審視流傳下來的大量詩歌，而確立了荷馬史詩等優秀詩作為經典作品。其理由不言自明，正如人們所概括的那樣：「由於兩大詩史是整個古典時期希臘教育和文化的基礎，而且迄至羅馬帝國時代和基督教傳播時期，它又成為仁愛教育的支柱，所以荷馬又是最有影響的人物之一。希臘人把詩史不僅看作是文學作品，也不僅是希臘團結與英雄主義的象徵，而且是從中取得倫理甚至實踐準則的久遠源泉。」【50】不過這一權威的定論似並不全面，它遺漏了一項非常重要的因素，即希臘人實際上首先將史詩視為他們民族的歷史，相信史詩所敘述的是他們祖先真實的歷史。

荷馬史詩本為吟詠詩人口頭流傳的詩歌，史詩中所說的詩人（aoidos）之原義即為「歌手」。我們現在所看到的定本是在亞歷山大時代確定的【51】。一般認為，希臘直到西元前九或前八世紀初才有了一套拼音文字系統，現今發現的用拼音文字書寫的銘文約在西元前730年。據此，如果荷馬寫作《伊利亞特》的年代是在西元前750年以後，其創作或有可能得益於文字的幫助。但考慮到在拼音文字形成之初，尚未完善，更談不上普及，加之荷馬本人被疑為盲人【52】與文盲，因此，他借助於文字來創作史詩式的鴻篇巨制之可能性微乎其微。此外，我們還

應當注意到這一點，在希臘人那裡，較之文字，他們更爲重視口頭的表達。柏拉圖就對文字頗有微詞，而讚賞對話。他認爲文字表達是不清晰的，如果讀者有什麼問題要追問的話，它總是只能自我重複，而不能解疑。雖說文字有助於記憶，但是通過文字這種陌生的符號（fremde Zeichen）記憶一個書寫文本（Schrift-stück）乃是外在的，無法使我們記取眞理。而只有在對話中才能達到對眞理的理解，且形成對於這種理解了的眞理之記憶【53】。基於上述考慮，我以爲將荷馬史詩視爲口傳的詩歌應更爲可信，它最初是口傳的文本，屬於一種吟誦傳統。從荷馬史詩的創作直至亞歷山大時代的傳唱過程中，逐漸產生了一些抄本【54】。這些從內容、形式、品質上均不相同的抄本，就成了荷馬史詩文字文本的雛形。後又經過亞歷山大時代學者們的精心整理、校訂，才成爲我們今天看到的、令人歎爲觀止的藝術珍品。

綜上所述，我們不難看出，荷馬史詩等作品，首先是因爲它們的內容（具有教化意義）和形式（很高的藝術性、亦即審美價值）以及廣泛的影響（爲民眾所信賴並接受）而受到學者們的關注，繼而因學者的關注而整理出了作爲定本的文字文本，此舉進一步強化了荷馬史詩的權威性，最終被人們確立爲經典。

與荷馬史詩不同，西方思想史上的另一部重要經典《聖經》之確立的主要依據是信仰，首先是對《希伯來聖經》（即希伯來正典）的信仰。雖然基督教也將希伯來正典確定爲經典，稱之爲《舊約》，但是它肯定不是基督徒所寫，而是猶太教的聖典。其中有一些段落是用阿拉米文【55】撰寫的，其他所有的經文都是希伯來文寫成的，時間跨度約在西元前1200年至前100年。由此可以想見，《舊約》應該是不同的作者在不同的時代寫成的，後經編輯加工而成，其前身也是口耳相傳的傳說。希伯來語的《舊約》在亞歷山大時代被翻譯成希臘語【56】，是爲「七十子希臘文本聖經」（Septuagint），不過這個譯本要等到幾個世紀以後才能以完整的形式出現。其時希臘語被廣泛使用，由於猶太民族的式微，希伯來語在日常用語中已經徹底消失【57】，漸漸被遺忘，實有必要將《舊約》譯爲希臘語。「七十子希臘文本聖經」出現後，連猶太人所讀的《舊約》也多爲希臘語文本了。

《舊約》顯然是多種文學體裁的文本，它包括了歷史敘事、律法、詩歌、故事、預言等類型，貫穿於其始終的主旨則是對上帝的信仰。雖然在《舊約》、特別是在《創世記》中有著類似於希臘神話的東西，但其本質上不是神話，而是一種宗教信仰，並且具有了一神教的特點。與希臘神話不同，《創世記》去除了神的起源以及神聖家族的描述，其崇拜對象是唯一的神——耶和華。《舊約》之內容排除了祖先崇拜、撫慰亡靈、巫術占卜則被禁止【58】。較之希臘神話的諸神，

上帝耶和華更爲權威。他不是被創造出來的，相反地，他乃是一切創造之根源。他精心設計了創造的秩序與被創造物的等級，其創世秩序的最高點就是人，人也理所當然地成爲創造物中的最有靈性者。這也是不言而喻的。因爲人是上帝按照自己形像創造出來的，他們也因此被上帝委以治理大地、管理飛禽走獸的重任，使一切都井井有條，全不似希臘神話世界中迷亂紛爭的景象。上帝是至善至美至智的，他的計劃也是完美無缺的，它一步一步地將人類引向永恆的天國。甚至人類的墮落也是他爲了考驗人類而設計的：沒有罪惡與懲罰，人們就不知何謂善與美。人們有時抱怨上帝對於埃及人、對於不信上帝者、對於信仰動搖者的懲罰過於血腥與殘忍，是因爲他們並未理解上帝的用心良苦。

　　宙斯雖爲希臘神話世界的至上神，卻時常受到多重因素的制約，尤其是他也不能抗拒命運的安排；但是希伯來人的上帝是唯一的，其權威是絕對的，他的意志不容忤逆。《舊約》稱：「我是耶和華，在我以外並沒有別的神。除了我以外再沒有神。」【59】這個唯一的神對以色列人情有獨鐘，有如慈父：「以色列年幼的時候我愛他，就從埃及召出我的兒子來。……我原教導以法蓮行走，用膀臂抱著他們，他們卻不知道是我醫治他們。我用慈繩愛索牽引他們。」【60】這便是以色列人的信念之核心，並在他們經歷了許多磨難的兩百年後重又被凸顯出來：「主耶和華如此說：當日我選擇以色列，向雅各家的後裔起誓，在埃及地將自己向他們顯現，說：我是耶和華你們的神。那日我向他們起誓，必領他們走出埃及地，到我爲他們察看的流奶與蜜之地，那地在萬國中是有榮耀的。」【61】以色列人受到耶和華特殊的寵愛，因此而堅信耶和華，原在情理之中。不過，希伯來聖典何以能產生如此深遠、普遍的影響，爲後世眾多民族所接受呢？眾所周知，歷史上的希伯來人從未強盛到能夠向其他民族強制推行他們的信仰的程度。希伯來聖典之所以被重視，除去我們所津津樂道的社會原因外，另一個重要因素，就是這種信仰本身較之於希臘神話所表達的信仰，更值得人們信賴。有論者作過這樣的分析：「E. A.斯派澤（E. A. Speiser）在其《創世紀》評論中指出，《聖經》中獨特的世界觀的出現，很可能源於早在西元前第二個千年期便出現在美索不達米亞的宗教的幻滅。斯派澤評論說，美索不達米亞的多神教使得『天界長期優柔寡斷，俗界連續動盪不安』，而且它專注於諸神的預言及對諸神的儀式性撫慰，因而，他認爲，以色列的傳統源自亞伯拉罕的一個發現，即，僅僅通過信奉獨一無二的神，便可獲得可靠的、不偏不倚的、普遍公正的標準——所以此神是人類唯一最高的倫理意志。」【62】此言甚是。在希臘的神話世界裡，不惟諸神不和，爾虞我詐，詭計百出，連人世間的紛爭也因之而起。以此觀照希伯來人的信仰，這樣的結論當不無道理：古代以色列人有著成熟的民族意識。他們已意識到自己的

價值觀、生活方式與其他民族的不同。一般巴勒斯坦農民關心的是風調雨順，企盼好的收成。質言之，關心的是他們眼前的生活狀態。而以色列人的心思則集中於與上帝的交往、合作的經歷，尋求生命的奧祕與最終歸宿[63]。此一追求顯然具有永恆、開放的性質，直至今天，每一時代的人都可以根據自身的生命經驗而得到自己獨特的答案。這也是它的魅力所在。

在《舊約》中也殘留著多神的痕跡：「神站在有權力者的會中，在諸神中行審判，說：『你們審判不秉公義，徇惡人的情面，要到幾時呢？』……你們仍不知道，也不明白，在黑暗中走來走去，地的根基都搖動了。我曾說：『你們是神，都是至高者的兒子；然而你們要死，與世人一樣；要仆倒，像王子中的一位。』」[64]這很像是耶和華對希臘諸神的審判；就理性層面講，是耶和華代表至善、至美、至智的完美性對於一切非完美的東西的審視與審判。其結果，就是唯一的至上神取代了諸神，並以其絕對的權威對人進行公正無私的審判。雖然希臘的諸神信仰在那個時代具有政治上、文化上的優勢，而當人們發現了更值得信賴的信仰時，希臘諸神也不得不退位了。事實上，耶和華已宣布了諸神的死亡。

如果我們的分析是正確的，那麼《希伯來聖經》被基督徒所接受，被當作他們的《舊約》而納入《聖經》之中，也就很容易理解了。也正由於基督教採納了《希伯來聖典》，它才具有了廣泛的普世意義。它甚至對阿拉伯世界的《古蘭經》也產生重大的影響。《古蘭經》中的真主明確地說：「我曾以那部經典（即《希伯來聖經》——引者註）為以色列後裔的嚮導。我曾以他們中的一部分人為表率，當他們忍受艱難，確信我的跡象的時候，奉我的命令去引導眾人。」[65]真主告誡阿拉伯人，現在他將《古蘭經》賞賜給他們，他們應毫不猶豫的接受。據此，上帝與真主實是同一個神，《希伯來聖經》與《古蘭經》記載的都是他的話語。以色列人的式微表明真主已拋棄他們[66]，並通過傳授《古蘭經》而將弘道之使命授予阿拉伯人。在此意義上，《古蘭經》與《聖經》同出一源，因此在其表述中亦有頗多相近之處。

三、從神蹟到智慧

我們今天所談論的詮釋學，起源於對古代經典的詮釋、特別是對於《荷馬史詩》與《聖經・舊約》的詮釋。顯然，這些古代經典總體上說是排斥理性的，其依據乃是神蹟，而神蹟不是需要人們去理解、以便通過人的理性做出判斷與選擇的。它們所需要的只是順從，而其神奇無比的威懾力又使人不得不屈從，忤逆神意必將招致滅頂之災。

到了希臘化時代，理性崛起，民智大開，單憑神蹟顯然已不足以服眾。人們固然需要信仰，但更需要一種對所信的東西之合理解釋。這就需要對經典進行理性的反思。這項反思工作適逢其時地展開了，並取得了豐碩的成果。而其直接的起因是對古代經典的翻譯、整理工作。這是一項艱難而又規模宏大、曠日持久的工程，吸引了亞歷山大時代的眾多學者。這項工作在理性層面上推動了兩個研究領域的發展：

1. 語言學研究

其中包括對語詞、範疇之定性分析和語法規則的制定。在日常生活的語言環境中，也許人們並不會注意到語言學；惟當我們處理以陌生的語言寫成的文本時，它的重要性才真正宣示出來。對於亞歷山大時代的學者來說，希臘神話的語言顯然具有陌生性。可以肯定，在其長期的歷史流傳過程產生的諸多不同版本的神話、所使用不同方言有異於當時通行的語言；而希伯來聖經更是年代久遠的外語作品。人們在翻譯、修訂這些經典時所遇到的困難是不難想見的，由此也積累了豐富的語言知識。只有在這時，從理論的高度來把握語言現象、形成系統的語言學才成為可能，它也確實應運而生了。博學的亞里斯多德為此做出了不可磨滅的貢獻。我這裡主要是指他的De Interpretatione（詮釋篇）。該書對語詞的類別、定義、命題、邏輯推論的格式已做出了經典性的說明，毋庸置疑地成為語言學的真正發源地；

2. 對神的概念、信念之反思

由於經典不是純粹的文學作品，在其本來的意義上，更是人們的世界觀念之表達，對神的描述直接包含著人們的信仰和價值取向，亦即為他們所肯定的道德規範與行為準則，當然也包括為他們所否定的東西。這無疑是一項更為困難的工作，其首要的問題則是神的存在之合理性證明。神是否存在？這一問題在流行於古希臘時代不同的信仰者那裡是沒有分歧的。於其時，宗教信仰絕非個人之事。人們相信，神祇對於一個民族、城邦具有極為重要的意義。它們的存亡興衰皆取決於神的態度，而神的態度則取決於人們對他們的態度。由於對神不恭不敬的「無神論」必然會引起神的憤怒而殃及整個民族或城邦，所以無神論者（以及異教徒）無異於社會公敵。神的存在無疑得到了普遍的承認，差別惟在於對神的理解及其證明方式。

在虔信的信徒那裡，神的存在之證明途徑是神所顯示的神蹟。由於神很少現身說法，大多數信徒無緣一見，就要靠神的使徒來指引。而使徒所依據的仍然是神蹟。如《聖經·哥林多後書》所言：「我在你們中間，用百般的忍耐，藉著神

蹟、奇事、異能，顯出使徒的憑據來。」【67】顯出「使徒的憑據」也就是顯出上帝存在的憑據。《哥林多後書》屬於《新約》中的篇章，《新約》可視爲《舊約》所事奉的上帝之持續證明。但是，要顯出「憑據」已經說明了《舊約》與《新約》在證明方式上的變化。在《舊約》中，神具有很強的暴力傾向，他訓示和懲戒的對象是作爲整體的民族，常常通過對異教信徒的血腥懲罰而證明其權威性與正確性，給人以恐怖之感而使人屈服，而種族滅絕是其最爲極端的手段【68】。而在《新約》中，代表上帝的耶穌之形像則是一個強與弱的混合體。他的「強」體現在其信仰上的堅定與高尚的心靈，因此會有愈來愈多的人追隨他；而在政治上則明顯地處於弱勢，《新約》中記載的神蹟多在耶穌爲人治療各種不治之症（如痲瘋病、癱瘓者、盲人、萎縮的手等）、使饑餓的人得以飽餐等。他的心是無比寬容的，甚至告誡人們要愛仇敵。但是他的至善卻給他帶來了諸多不幸，最後的結局竟然是被捕，被審判、被處以極刑。如果不是有事先曾預言的復活之舉，他的死幾乎成了人間最大悲劇與冤案。且不論耶穌有否神力來強迫人們接受他的信仰，他事實上沒有採用強制性的手段使人屈服。他與他的使徒對上帝存在的證明是通過神蹟而使人們對此深信不疑，使人能夠眞正心悅誠服地選擇這種信仰。其說服的對象，乃是作爲個體的人，而非整體意義上民族。概而言之，《新約》乃以一種非理性的方式（以神蹟爲憑據）來滿足人們理性證明的要求，雖然其理性的成分依然是相當微弱的。准此，我們就不能排除這樣一種可能性，由於受到了希臘理性主義的影響，才從猶太教中產生了基督教信仰。

如果說，基督徒對神的理解與接受立足於個人的體悟的話，那麼在古希臘哲人那裡，對神的探索則完全站在理性的立場上展開的。希臘神話的諸神遊戲於天界和人間，或觥籌交錯，沉湎於聲色；或好勇鬥恨，攪得天昏地暗，雖然其品行不端卻又不乏可愛之處，但無論如何是不可信賴的。因爲他們的所作所爲使其失去了神應有的尊嚴，其權威性甚至會受到人類的挑戰，且不說他們之間的爭執了。依迪絲·漢密爾頓曾說：「如果荷馬的著作確實是希臘人的聖經，他敘述的那些故事也被希臘人當作精神領域的眞理所接受，那麼我們只能得出這樣的結論——希臘人大體上來說是天眞的，甚至是孩子氣的，他們對道德的行爲處之漠然。」【69】這些話不無道理，不過僅限於神話本身而論。在嚴格的意義上，希臘神話並非宗教神學之著作，其中沒有類似於聖典、教規戒律的敘述。但這並不表明希臘人對「道德的行爲處之漠然」，其道德取向實際上寓於神話敘事過程的貶褒抑揚之中。這裡面就包含了諸多不確定的因素，也給理性的反思留下了廣闊的空間。

就宗教意識而言，希臘人可能是「天眞」的，而希伯來人則是早熟的。在

《舊約》中去除了很多神話的成分，直接以至上神的名義頒布律法信條，自然更適於作爲宗教聖典。然就理性的層面而言，希臘人像追尋眞理一樣探索神，所達到的程度遠高於西方古代世界的其他各民族。其中最具有代表性的無疑是柏拉圖和亞里斯多德。

柏拉圖並未確立一種指向特定信仰的神學體系，也未擬定嚴格的宗教戒律。他更感興趣的是對神的存在提供證明，對於宗教信仰而言，這也許是更爲根本的東西。此一證明所從出發的基點就是靈魂不死的觀念。顯然，唯有靈魂不死，信仰以及一切精神世界的構造才能獲得其永恆的意義和價值，而人類夢寐以求的東西——未來與希望——便寓於其中。人是靈魂與軀體的統一體，軀體存在的暫時性、其生滅變化是有目共睹的事實。如果人之死亡眞正是神形俱滅，一切關於未來的思考便不啻癡人說夢。

人們已知道自己的軀體從何而來，向何而去，對於靈魂，則不甚了了。柏拉圖對此的說明頗爲奇特，他沒有直接的闡明靈魂爲何物，而是講述了一則引人入勝的故事，敘述的是勇士厄洛斯死而復生，並受神的委託向人類傳遞另一個世界的消息。他的靈魂離開軀體後，經歷了許多我們聞所未聞的事：法官坐在天地之間審判亡靈，正義者從右邊升天，不正義者從左邊入地；被告知，生前所行的每一件壞事都要受到十倍的懲罰；生前的所作所爲皆出於靈魂的選擇，命運女神拉赫西斯曾宣布，「不是神決定你們的命運，是你們自己選擇命運」；靈魂做出選擇後，拉赫西斯給每個靈魂派出一個監護神，「以便引領他們度過他們的一生完成自己的選擇。」如此等等。這一切結束後，亡靈們夜宿於阿米勒斯河（冥河）之畔，當他們喝了冥河之水後便忘記了一切昏昏入睡。到了半夜，雷聲隆隆、天搖地動，「所有的靈魂便全被突然拋起，向流星四射，向各方散開去重新投身。」【70】由於厄洛斯事先被禁止喝冥河的水，復活後才能記得所發生之事。故事結束時，柏拉圖說了這番話：「這個故事就這樣被保存了下來，沒有亡佚。**如果我們相信它，它就能救助我們**，我們就能安全渡過勒斯之河，而不在這個世上玷污我們的靈魂。不管怎麼說，**願大家相信我的如下忠言：靈魂是不死的**，它能夠忍受一切惡和善。讓我們永遠堅持走向上的路，追求正義和智慧。這樣我們才可以得到我們自己和神的愛。無論是今世活在這裡還是在死後（像競賽勝利者領取獎品那樣）得到報酬的時候。」（引文中的重點號爲作者所加）【71】

這一故事的寓意的確是意味深長的。它向人們傳達了一系列重要的資訊：靈魂是不朽的，外在的軀體之生滅只是靈魂駐所的更換，其方式就是「重新投生」；靈魂在「投生」之前要面臨公正的審判，神將嚴厲地懲罰罪惡、褒獎善行；此後要面對的就是選擇，這一選擇將決定靈魂投生後的生活方式，這意味

著，自己的命運不是神、而是我們自己決定的，行惡而受懲罰的責任完全要由自己來承擔。由於柏拉圖採用的是神話敘事的方式，此故事就具有不容懷疑的「眞實性」。我們之所以對自己的前生和死後的靈魂之經歷一無所知，乃因爲我們喝了冥河之水而「忘記」了。不過，被忘記的東西確實曾經發生過，因此它們就不會因「忘記」而煙消雲散，而是以一種隱蔽的方式存在於靈魂中，經過適當的誘導就會重新回憶起來。依據柏拉圖，我們在出生時已擁有了所有的知識，而不是通過教育習得的，教育過程無非是使人回憶起原先已經擁有、而當下已然忘卻的知識而已【72】。最難回憶起的就是善的理念，它是一切知識與眞理之源，似乎只有少數眞正專心致志於「眞實存在」的哲學家能夠辨認出它。

雖然柏拉圖絲毫不懷疑故事的眞實性，堅定地相信其中所表達的信念，但是卻無法肯定人們也會同樣地接受這些信念。於是，他未採用在宗教神學中慣用的表達方式，即以宣布神意的口吻來頒布具有強制性的信條，而是勸說人們運用自己的智慧做出明智的**選擇**：「如果我們相信它，它就能救助我們。」只有靈魂不朽，我們才有希望在世上活著的某個時刻領悟善的理念。正因如此，柏拉圖說：「願大家相信我的如下忠言：靈魂是不死的。」並勸說人們持之以恆地追求正義和智慧，方能得到神的愛。因爲神本身是至善的，其所愛的就必定是善人；而爲神所愛者，神必賜福於他。由此可見，在柏拉圖那裡，最重要的問題不是斷定神的存在，而是要使人們明白，相信神的存在、靈魂不死對人是有益的，做出這樣的選擇無疑是明智的。在這個意義上，他的神話敘事，與其說是敘述神異的故事，不如說是闡明人生之哲理，是通過神話而達到對人生的理性反思。

亞里斯多德對神的理解與柏拉圖實爲異曲同工。亞里斯多德認爲，關於神的知識乃是某種科學知識：「顯然有三種（理論的）科學：物理學、數學、神學。理論科學是所有科學中最高的種類，在它們中間，神學又是最高的；因爲它論述的是所有存在者（Seienden）中最崇高的東西（dem Ehrwürdigsten）。」【73】這個最崇高的東西亦即作爲最後的本原性的東西，在《神譜》中被稱之爲「混沌」，在阿那克西曼德那裡叫做「阿派朗」（τòἄπειρου，即無限，兼有本原與屬性雙重含義），而在亞里斯多德那裡，則是被稱爲「神」的理性。亞里斯多德最後的結論不是根源於觀察，而完全是理性的推論。他從運動的角度將存在者分爲三類，名之爲三種「實體」：第一類是地球上的萬物，人們可感知其變化，是變化的實體；第二類是指地球以外的天體，屬於可感知的永恆實體；第三類是天體以外的永恆實體，是不可感知的最高存在。此處「永恆的」與「最高的」含義，就是其自身不動（永恆）而推動萬事萬物的運動變化，因此是「最高的」，是一切運動變化最根本的原因與目的。據亞里斯多德，理性（Vernunft）

是最具有神性的東西（das Gottlichste），它思考著最神聖與最高貴的東西而自身卻不變【74】。而「最神聖與最高貴的東西」就是理性本身，此即表明了亞里斯多德的「理性」與一般意義上思想活動之區別：思想活動爲外在的事物經由感官而引起，不免流於臆想，不足爲訓；理性的目標乃是至善（das Beste），而至善原本不是見之於感官的存在物，它只存在於理性之中，因此理性只有通過對自身的沉思才能彰顯內在於它的至善，其表現形態就是我們關於理性、亦即「神」的知識。由此出發，我們就不難理解亞里斯多德對於神話的解說：「我們遠古的祖先以爲天體是諸神，神性的東西環擁著整個自然。他們將此以神話的方式傳於後世之傳說中。以後爲勸誡民眾遵循禮法與普遍至善（das allgemeine Beste），以神異故事的方式擴充了古代傳說；他們以人或者其他有生命之物的形態描述諸神。……若我們去除後世附會之言，僅僅取其最初的東西本身、亦即諸神源初的本質（die ersten Wesen），就會於其中發現神之本意。……顯而易見，這便是我們的祖先和最早的先驅之觀念。」【75】不過祖先的觀念（認識）駐足於天體星辰，雖然天體是永恆的，並且萬物之動變皆由此而生，但是它們本身亦在運動，必定要由其他的推動者致使其動。由於天體位於運動者序列的最高層次，故能夠使之運動的必然是無形無相、不可感知、自身不動而推動萬物的才是原動者，它便是理性，是神，是最高的實體。

綜上所述，亞里斯多德無疑將神視爲一種純粹的理性，神是理性的行爲本身，他所沉思的正是自己，因此既是思維的主體又是其客體。他並未創造世界，也不出席末日審判，而只是擬定了致使世間萬物得以運動發展的法則。希臘哲人論神雖各有所持、觀點各異，但其思維理路大抵如此。與其說它們闡發的是宗教學說，不如說是高度思辨的哲學體系。他用「本原」、「實體」、「理性」等艱深的哲學術語取代了關於神的感性論述，如前所述，這樣深奧的神的觀念常人很難理解，自然少有信眾。但是其影響是深遠的，當然不是通過普通信徒、而是通過神學家們同樣深奧的神學著作而影響後世。亞里斯多德的學說經阿奎那的闡發，竟成爲基督教神學的理論支柱，在很大程度上影響了中世紀的經院哲學，不惟如此，其學說對中世紀阿拉伯哲學也具有不可忽視的作用。具有神學背景的阿爾法拉比（Al Farabi，約西元875～950年）在邏輯、物理學、倫理學領域追隨亞里斯多德，將亞里斯多德《形而上學》中高揚的神聖理性視爲理智的最高能力；阿維洛伊（拉丁名Averroe，阿拉伯名Ibn Rushd，西元1126～1198年）直接稱亞里斯多德爲眞主所造就，他的「學說是最高的眞理」【76】。

柏拉圖與亞里斯多德的理性神學理論乃是希臘理性主義神論的一個縮影，在這裡，我們清楚地看到了對於神的理解從神蹟到智慧的轉化，這一轉化對後世神

學產生了重大的影響。無論是什麼宗教信仰，無論這些信仰在其本質上具有多麼強烈的非理性傾向，但是其闡發過程卻基本上被理性化了。實際上，在他們那裡，希臘神話中的神譜已被消解，所存留的只是神的名稱，甚至上神就是理性。柏拉圖坦言，神是至善的，既然如此，神就不可能是傳說中的諸神，荷馬史詩中說的「宙斯混吉凶，隨意賜凡夫」也不可信，特洛伊戰爭愈戰愈烈愈慘也不是神的挑唆和懲罰的結果【77】。希臘哲人似乎並不關心神是否存在，而是旨在闡明，如果諸神存在，他們應當是什麼樣子。對神的描述應當有益於對所有社會成員、特別是對年輕人的教育與教化【78】。

四、語言學與語文學以及修辭學

希臘理性主義與翻譯、整理古代經典的理論活動相互激盪，催生了語言學和語文學；而在政治、宗教等社會生活領域中語言性活動，如在慶典與祭祀時的詩歌吟誦、在公眾場合的演說與論辯，經由理性的反思而發展出了修辭學。語言學與修辭學則成為滋生《聖經》註釋學的沃土。此三者乃是詮釋學之形成的思想資源。

柏拉圖曾說，詩人是諸神的解釋者【79】，這應當是希臘人較為普遍的看法。由於神與人所講的是不同的語言，因此當赫爾墨斯將神意傳達給人類時，首先要將神的語言翻譯為人的語言。此時人的語言便成為神意之載體。問題在於，通過翻譯人只能知曉神所說的話語，卻很難把握其寓意，而當神以隱喻的方式——這也是神所慣用的方式——或神蹟來表達時，神意便尤為深不可測。縱然有通神者的解釋，也不免令人疑竇叢生。在《伊利亞特》中就有這樣例子。當通神者普魯達馬斯根據蒼鷹飛行的蹤跡辨別其徵兆時，使特洛伊人的統帥赫克托耳不甚厭煩，後者說：「你卻要我相信飛鳥，相信它們，振搖著長長的翅膀。告訴你，我不在乎這一切，壓根兒不理會這一套——不管它們飛向右面，迎著黎明和日出，還是飛向左面，對著昏暗和黑夜。……我們只相信一種鳥跡，那就是保衛我們的家園！」【80】柏拉圖的立場與此頗為相似，在他看來，無論是承載神意的資訊載體還是對神意的解釋，都是無法確定和證明的東西，即便是資訊傳達者赫爾墨斯也不能保證完全理解了神的旨意，更何況凡間的解釋者。因此，詮釋學作為一種技藝，根本不及認識論【81】。的確，柏拉圖輕視詮釋學，並且對修辭學也持有不屑一顧的態度，聲言「真理是不會因口才高低而有任何改變」【82】，儘管他自己在對話中十分講究修辭（比如援引大量精彩的比喻）。因而，如果當我們將語言學和修辭學視為前詮釋學的組成部分，視為現代詮釋學的源泉，那麼亞里斯多德

對詮釋學的貢獻顯然遠遠勝於其他希臘哲人【83】。

(一) 語言學和語文學

前詮釋學在最初的語言學中已初見端倪，因此，它幾乎有著與語言學同樣悠久的歷史，在某種意義上，我們可把亞歷山大時期的語言學看作是現代技術詮釋學的雛形。

人們對語言的研究始於古代希臘，古斯多夫把語言學的誕生確定在西元前三世紀，「這是一個從古希臘世界向希臘化文化轉變的時期，在這個時期……希臘的文明一下子就創造出了『古典主義』、『文藝』和羅馬人稱之為更人性的文化的東西」【84】。這一時期所完成的一項重要工作，就是亞歷山大時代的學者們編訂荷馬的著作。其時距特洛伊戰爭已有千年之久，在這漫長的歲月裡，其故事在不同的區域流傳，產生了各種各樣的傳說，其中某些傳說以文字形式記錄下來，形成了不同的神話文字文本，又逐漸趨於一致，最後經亞歷山大時期的學者們的整理而確定為定本。當然，他們的「工作並不限於確定文本，而且還進一步依靠將語文學、語法學和考訂學結合起來的技術重新實現意義：恢復與過去的精神世界聯繫，理解長期被遺忘了的語言用法……重新進入到文本之中。」【85】只在這時，語言學才發展到其成熟階段，「才獲得連續性和穩定性」。

這一階段的語言研究水準在亞里斯多德的著作中得到了充分的反映。這位古希臘哲學家中最博學的學者，可能是人類歷史上第一位系統闡述語言學的哲學家。他的研究成果比較集中地反映在《範疇篇》（*Categoriae*）和《解釋篇》（拉丁譯本為*De Interpretatione*，希臘文為Peri Hermeneias，但從詞源意義上說，譯為《詮釋篇》可能比較妥當）中，在某種意義上，它們可視為語言學的最初著作。在《範疇篇》中，已出現了「語法家」一詞【86】，其時語言研究的狀況亦可從中略見一斑。在這個小冊子中，亞里斯多德已論及了概念的劃分和概念間的從屬關係，並分析了語言的一些基本性質。在他看來，「言語和意見的本性無論如何是不能改變的。」言語本身無所謂對錯，只在參照它所描述的對象時，我們才能對它做出判斷，然這種判斷僅就語言與所發生的事實之關係而言，語言「本身卻在各方面都維持不變」【87】。質言之，言語一經說出，就具有一種為它自身的結構所規定的、固定的意義。在這裡，亞里斯多德實質上表達了一個極為重要的、並為現代的詮釋學家們在不同程度上所堅持的思想，這就是語言意義的共同性和客觀性。亞里斯多德在分析語言時，常常和語言的發音即有聲語言聯繫起來，他認為語言是通過長音節和短音節來測量的，因此語言是一個數量，而且是一個分離的數量，每個音節和其他的音節總是分開的，其部分與部分之間沒有共

同的邊界【88】。與書寫文字相比，亞里斯多德更重視口語，他在《解釋篇》中寫道：「口語是心靈經驗的符號，而文字則是口語的符號」，雖然人們說話的聲音不盡相同，「但這些聲音所直接標誌的心靈經驗，則對於一切人都是一樣的，正如我們的經驗所反映的那些東西對於一切人也是一樣的。」關於名詞，他說，「所謂一個名詞，我們的意思是指一個由於習慣而有其意義的聲音，它是沒有時間性的，它的任一部分離開了其他部分就沒有意義」【89】，但不是任何有意義的聲音都能成爲名詞，「不分節的聲音，像畜生所發出的那些聲音，是有意義的，但其中沒有一個能構成名詞。」【90】因爲不分音節就不可能符號化，而符號化則是構成名詞的前提。一個詞若在其本身的意義之外尙帶有時間的概念，被稱爲動詞。與名詞一樣，動詞的任一部分也沒有任何獨立的意義。只有句子才具有一種獨立的意義，「每一句子之所以有其意義，並非由於它是身體的某一機能所藉以實現的一種自然工具，而是如我們所指出那樣由於習慣。」【91】

以上我們僅簡略地勾畫了亞里斯多德關於語言學的某些觀點。應當承認，他（以及他的追隨者亞歷山大學派）在制定語法範疇和規則上確實做出了偉大的貢獻，其中所概括的不少語言規則直至今天仍是適用的。按照伽達默爾的說法，亞里斯多德語言學之基礎便是現象學【92】，是構造語言現象之規則的理論。從中也不難看出，他的論述已包含了許多重大的詮釋學問題的萌芽。除了上面提到的語言意義的客觀性，亞里斯多德還涉及了部分與整體的關係問題，他指出，在複合詞中，「部分對於整體的意思是有所貢獻的」，雖然這裡的「部分」不具有獨立的意義；他重視有聲語言，是因爲它處於一種特定的對話情境之中，較之書寫文字，它更具有語言意義的確定性。這些思想後來直接反映在施萊爾馬赫的詮釋學體系中，成爲他的詮釋學方法論中的主要方法。

按照當代詮釋學的觀點，與詮釋學關係更爲密切的應當是語文學（Philology）。雖然，「語文學」這一術語——若不作嚴格區分的話——被認爲是學術界逐漸棄置不用的語言學之舊名【93】，但是，就詮釋學而言，這種說法恐有失精當。誠然，語言學和語文學研究的都是語言現象，但語言學傳統的首要任務是語法學，而語文學則側重於文獻的歷史性。語文學的詞源考證可追溯到柏拉圖所使用的「Φιλόλογος」（以及「Φιλόλογία」），然其時尙未成爲確定的術語。「Φιλόλογος」是「Φιλό」（喜好）與「λόγος」（語言、理念、邏各斯）組成的複合詞，意爲通過強調「Φιλό」因素——哲學對話與研究中所要求的「樂趣」甚或「激情」——而擴充「λόγος」的含義。到了西元前三世紀，這一概念已與哲學密切相關【94】。在西元三世紀，詩人索派特（Sopater von Paphos）可能是首次將「Φιλόλογείν」當作「Φιλόσοφείν」（哲學探究與論辯）的同義詞來使

用的人。而在那一時代的拉丁語文獻中，也已多次出現這個詞，「philologia」意爲「科學的研究」或「教化」，而「philologi」指的是「學者」、「有教養的人」。與「語文學家」相對的，Artemidor和Justin稱之爲「未受過教育的門外漢」。間或亦有人（如Clemens von Alexandria）稱「語文學家」爲「喜好神的話語之人」。在語法學家弗里尼庫（Phrynichos）、普魯克斯（Polux）等人那裡，「Φιλόλογος」和「Φιλόλογία」才作爲術語被確定下來，並回覆到其源初流行的詞義——喜好「λόγος」以及「學識淵博」【95】。

希臘化時代，由斐拉德爾菲（Ptolemy Philadelphus）建立的亞歷山大博物館在語文學的形成中起過極爲重要的作用。這個巨大的圖書館曾擁有二十萬至四十九萬卷藏書，它不僅是一個規模宏大的圖書館，而且具有語文學與文學研究院的特徵。它的一些管理人員是著名的學者，任務是搜集和校訂手稿。在精確校驗古老的版本和校訂訛誤的過程中，孕育了歷史—語法學，並逐步加以精確化和細化，形成了一套歷史—語法學的基本規則【96】，可視爲語文學的雛形。

歷史—語法學方法的目的是確定古代文獻的文字意義。由於時間間距的疏遠化作用，語言本身的演化使得古老的文獻變得難以理解、甚或不可理解。歷史—語法學的作用就在於，通過回歸到歷史的語境和語言表達方式探詢其原義，以當下通行的語言替換含義不再清晰的古代語言，以使不可理解的東西成爲可以理解的。顯然，此時尚未形成對於「時間間距」的意識（我們將在有關伽達默爾的章節中展開對這一問題的討論），事實上，時間間距已被視爲語言表達習慣的轉換問題，並且通過語詞的替代解決了的問題。由此，歷史—語法學方法之作用就不僅是理解古代文獻的方法，而且還是將古代文獻引入讀者時代的方法，重新恢復了文本在當代不可更改的有效性和規範性【97】。

現代傳統意義上的語文學始於十八世紀。F. A.沃爾夫（F. A. Wolf）自1785年起開始講授「Encyclopaedia philologica」（百科全書式語文學），並試圖將希臘語與拉丁語世界的語文學發展成爲系統的「哲學—歷史學的科學」（philoso-phisch-historischen Wissenschaft）。在他建立新的語文學學科時，並未將其回置於這一概念的源初意義的基礎之上，而是重新定義了語文學：語文學「乃是歷史的與哲學的知識之典範，通過它，我們才得以借助遠古世界的民族或古代民族（die Nationen der alten Welt oder des Altertums）流傳下來的著作而從一切可能的方面認識這些民族。」【98】在他那裡，語文學顯然不僅僅是理解所謂「非科學」東西的原則之集合，而且還是奠定這些原則的自主性之基礎。

儘管這一定義在學界尚存爭議，但它無疑開啓了一個語文學研究的新時代，它所追問的問題，即語文學和古代知識的關係問題，直至今日仍然備受關注。

正如我們所看到的，伽達默爾詮釋學就特別重視語文學【99】。他斷定：「語文學在其文本中意指眞理，即在文本中發現眞理。……唯有語言性的流傳物才能對存在於其中的東西做出持久與完美的解釋，它不是對以前的文獻和文物之純粹的解釋，而是允許直接從源泉出發創造文獻和文物，或者更確切地說，依據源泉來衡量它們後來的衍生物。所有這一切都不是自然科學的、而是語言─精神的圖像（sprachlich-geistige Bilder）。」【100】伽達默爾贊同施萊爾馬赫提出的與語文學關係密切的個性概念，以此反對「歷史哲學的先天構造（die apriorische Konstruktion）」，也爲歷史科學提供一種方法論上的指南：不是「從某種終極狀態出發……去思考世界史的關聯。終極狀態有如歷史的終結、世界史的末日。毋寧說，對於歷史科學而言，並不存在任何歷史的終結和任何外在於歷史的東西。因而，對於普遍歷史全部過程之理解只能從歷史流傳物本身那裡獲得。這正是語文學的詮釋學所要求的，即唯有從文本本身出發，文本的意義才能被理解。」【101】由此，歷史科學進入了語文學的「航道」，其基礎便是詮釋學。

綜觀語言學與語文學，它們作爲詮釋學的活水源頭，融入了現代詮釋學，都成爲詮釋學不可或缺的構成要素，但兩者作用是不同的。總而言之，語言學所指向的是詮釋學的技術性與客觀性層面的東西，旨在揭示語言性文本的客觀意義；而語文學，就追尋文本的客觀意義而言，乃是語言學方法（主要指語法學）輔助性手段。但是，從純粹的語法學中並不能產生詮釋的意識，語文學的作用在於，它作爲揭示語言的客觀意義的輔助手段將人們引向了對於語言本身的思考：語言所標誌的領域就是存在，古代文獻就是我們的傳統得以形成的源泉，回溯到源泉，意味著回到「古典作家之本源的、未經歪曲的眞理」。其新鮮的活水乃因著我們的理解而從不可見的深處不斷流淌出來、並按照我們所理解的方式構成著我們的傳統【102】。正是在這個意義上，伽達默爾說語文學「允許直接從源泉出發創造文獻和文物」，給出一幅「語言─精神」的圖像。

(二) 修辭學

詮釋學的第二個思想來源是修辭學（rhetoric）【103】。修辭學孕育於古代希臘哲學，在希臘語中爲「téchne rhētorikē」。「rhētorikē」一詞首見於柏拉圖的《高爾吉亞篇》和《斐德羅篇》【104】，拉丁語寫成「ars oratoria」，指的是「演講藝術」（Redekunst），其中包含了演說、說服他人、清晰傳達等各種規則。柏拉圖本人雖然精於此道，但又明確地反對修辭學本身。他的觀點比較集中地反映在《斐德羅篇》中。他曾不無揶揄地說，「他們（指那些談論修辭學的人。──引者註）認爲演說家根本就沒有必要去考慮什麼是正義或善良的行爲，也用

不著關心正義或善行是出自人的天性還是他的教育。他們說，在法庭上沒有人會去理會事情的眞相，而只會注意陳述是否有理。要把話說得使人聽起來完全有理，就要使用各種語言技巧去自圓其說。在控告和辯護中，如果事實與這種合理性不符，那就不必按照事實陳述，而要用聽起來有理的話語來取代陳述事實，無論你在說什麼，首先應當注意的是這種合理性，要自圓其說，根本不用去管什麼眞相。只要你在講話中自始至終遵循了這個原則，那麼你就完全掌握了這門技藝。」【105】在柏拉圖看來，修辭藝術「只是一種用語詞來影響人心的技藝」，與烹調術、裝飾術、詭辯術等同屬一道，而與眞理毫無關係，因爲「眞理是不會因口才高低而有任何改變的」【106】。柏拉圖崇尚的是眞理，然而不分善惡的演說家則在愚弄同樣不辨善惡的民眾，把邪惡吹捧成眞正的善，其惡果自然不難想見。若從眞理出發，那麼這種語言的技藝實際上根本不是技藝，或者說是一種「可笑的技藝」。因爲「所有偉大的技藝都需要有一種補充，這就是對事物本性的研究。」不掌握事物本性之眞理，就不可能有所謂的「技藝」【107】。

在修辭學問題上，亞里斯多德雖然與其師柏拉圖的觀點大相徑庭，其所從出發的起點卻有共同之處。這些共同點部分地出於柏拉圖的影響，部分地屬於那個時代的學者對於修辭學的共識。在他們看來，修辭藝術的要旨在於影響聽眾的情緒與意見；如果在法庭上，就是要影響陪審員的判斷。爲了達到自己的目的，演說者大談題外話，使聽眾產生「憤怒、嫉妒或憐憫的情感」，以此影響陪審員改變他們的判斷尺度，做出有利於自己一方的判決。有鑒於此，柏拉圖從根本上反對修辭學。但在亞里斯多德看來，修辭學雖然不正確，卻也是必須的。因此他主張改造修辭學，通過必要限制，使論辯依據事實本身展開【108】。柏拉圖與亞里斯多德都認爲，與辯證法對應的修辭學低於探討事物本原的科學，如果人們找到了本原，就無需修辭學或辯證法【109】。區別在於，前者致力於探索事物之本原，捨棄修辭學，而後者則將修辭學視爲有助於人們接受眞理必要的輔助方式。

亞里斯多德對修辭學進行了系統的研究，存世的論著也不少。除了散見於各處的論述之外，專門討論修辭學的著述有《修辭術》、《亞歷山大修辭學》。修辭學是一種運用語言的藝術，在這個意義上，他的《詩學》也可以視爲修辭學的著作，因爲最先推動語言藝術發展的正是詩歌，詩論中的風格、吟誦、諷喻（隱喻）等重要論題與修辭學實出一源。亞里斯多德將修辭學定義爲：在每一事例上發現可行的說服方式的能力【110】。相對於其他的技術，修辭學更具有普遍性。詳言之，各種其他技術——如算術之於數目、醫術之於健康以及其他類似的技術和科學——「只在其對象範圍內」才有教導和說服的功能，而修辭學則適用於所有的事物對象。

在亞里斯多德看來，修辭學本身不是科學，也不屬於任何一種科學，因為其結論是從已經約定俗成的東西中得出的，而非對於事物本原的探索。若將它當作科學來追求，無疑摧毀了它的本性。修辭術之核心就是「說服力」，這種「說服力或者是直接憑藉自身，或者是由於顯得為諸如此類的事實所證明」【111】。與以往的修辭學僅僅局限於「花言巧語」、不著邊際的議論達到「說服」的目的相比，亞里斯多德更注重「說服」的技術性層面的東西，亦即「推理論證」，通過推理（比如說三段論推理），使那些尚未擁有精確的科學知識之人也能輕易看穿某些不正當的論證，而不為似是而非的言辭所迷惑。

具有說服力量的論證包含了以下三種形式：「第一種在於演說者的品格，第二種在於使聽者處於某種心境，第三種在於借助證明或表面證明的論證本身。」【112】其中第二種形式乃為以往的修辭學所固有。人們在不同的心境中所做出的判斷是不同的，演說者應通過自己的語詞、語調將聽眾引入某種情感、心境之中，使之與當下的演說產生一種共鳴，聽眾自然更易於接受演說者的論證。第三種方式指通過關於每一事例的說服論證來證明真理或表面的真理。這種方式就是亞里斯多德賦予修辭學的、獨特的「推理論證」方式，其結論中並非必然地包含著「真理」，但這種論證本身卻具有「合理性」，這便是它的說服力量之所在。此兩者對當代詮釋學、尤其是對伽達默爾詮釋學產生了重要的影響。事實上，正是由於伽達默爾的宣導，著眼於「說服力」的亞里斯多德修辭學傳統才得以在今天重光再現。

現在我們進一步討論亞里斯多德所說的論證的第一種形式，即「演說者的品格」。在我看來，伽達默爾詮釋學忽略了這一內容，無論如何是一個重要的缺憾。亞里斯多德曾指出：「事情並不像有些修辭術編纂者在他們的『修辭術』中所講的那樣，演說者的善良品格無補於其說服力，其實基本上可以說**演說者的品格具有最重要的說服力量。**」（重點號為引者所加）【113】。對於演說者品格的信賴，無疑會使聽眾對其演說的內容首先產生信任感，甚至對「那些不精確和有疑義的地方也毫無保留地相信」。這種說法雖有誇張之嫌，卻也不無道理。演說者優秀的品格令人更樂意相信他的陳述之真實性，此乃不爭的事實。因為對演說者品格的判定已經包含了對他以往的所言所行之「論證」，這是先於演說本身的「說服論證」，其結論直接影響著聽眾的心境。從這一點出發，就給演說者提出了更高的要求，就是說，他不僅要善於言辭，而且首先應當成為高尚的人，具有優秀的品格，他的演說才更具有「說服力」。反之，一個卑劣肖小之徒，無論他所說的如何精彩動人，甚或確實說出了某種真理性的東西，在演說的當下場合也令人難以置信。

　　若對此一現象進行深入的分析，就會發現其中所隱含的、爲迄今的詮釋學所忽略的一個重要問題。演說者須以自身的品格作爲其演說的眞實性之擔保，方能取信於聽衆；爲取信於聽衆，演說者就必須按照聽衆所認同的優秀品格完善自己，因爲其品格優秀與否，能否贏得聽衆的信賴，完全取決於聽衆評判標準；被判定爲具有優秀品格的人，復又成爲衆人行爲的典範。在這裡我們看到了演說者與聽衆處於一種互動的良性循環之中，其基本取向是向上、向善的，由此而提升了整個社會的道德水準。但是，這只是一種理想狀態的描述。事實上，我們也看到了演說者與聽衆處於惡性互動的情況【114】，正因如此，對於演說本身也應提出眞實性、甚或眞理性的要求，換言之，修辭學雖然不研究眞理，但是卻應當以眞理性爲其前提。

　　一旦我們對修辭學提出這一要求，又把我們引向了這一問題的起點：即柏拉圖對修辭學本身存在的合理性與必要性的質疑。如果修辭學本身與眞理性無涉——它既不能保證其前提的眞理性，又不能通過修辭的方法得到或證明眞理——我們爲什麼需要修辭學？如果我們找到了本原、眞理，我們是否還需要修辭學？依據亞里斯多德，對前一問題的回答是肯定的，而對後者則是否定的。以我之見，無論是柏拉圖還是亞里斯多德，對於修辭學存在的意義與合理性之理解都有失偏頗。柏拉圖站在認知主義的立場，以爲修辭學只有蠱惑人心之能事而無益於發現與證明眞理，將其棄之如蔽屣，忽略了修辭方法對於眞理的「說明」作用，即通過「說明」使眞理明晰化而爲人們所理解與接受；亞里斯多德已經意識到了修辭學的實踐性品格，認爲可以將它納入「政治學」的框架【115】，也充分論證了修辭中所展現的「說服力量」在實踐層面上的影響力，但是最終卻得到了這樣一個結論：如果我們把握了眞理，也就無須理會修辭學。這表明修辭學問題在他那裡仍然是模糊不清的，也就是說，他的整個立足點依然是認識論的。從根本上說，修辭學所關涉的並不是認識問題。它所指向的是一種思想表達與說服他人的能力。傳統認識論的對象是自然的世界以及對象化、客觀化了的主體，追求的是關於對象的「客觀知識」或眞理，認知主體所獲得的知識乃內在於主體，並不直接作用於認知對象；修辭學的主旨在於通過說服影響聽衆，直接改變著聽衆的觀念。我們可以這樣表達認識論與修辭學的關係：修辭學乃聯結認識論意義上的「眞理」與接受者（聽衆）的橋樑。修辭學雖然與「眞理是什麼」這一問題無關，卻與「眞理」的傳達和接受密切相關。這意味著，若我們囿於認知主義的立場就不可能恰當地評價修辭學的意義。把修辭學納入認識論的領域來考慮，以能否獲得與證明眞理爲衡量標準，就必然會得出亞里斯多德的結論：把握了眞理就不需要修辭學。亞里斯多德的結論只有在這種情況下才是正確的：即假設所有的

人都已經把握了所有的真理。這種假設難道有絲毫的可能性嗎？如果不可能的話，那麼修辭學就是必需的。真理是什麼？演講者是否一定把握了真理？都是懸而未決的問題。修辭學也不探討這些問題，它所專注的是能夠影響聽眾的諸因素，按照亞里斯多德的見解，其中包括演說者的品格、引發聽眾的某種情緒、從約定俗成的東西推導出有利於自己的結論之方式。因而，我們並不能用真理性、道德性去規範修辭學，如果我們需要它，就必須承受它可能產生的負面影響。在我看來，它本身就是一柄雙面利刃之劍，既服務於真理，又可能傷害真理。只有通過對真理本身的洞察，並且對真理形成普遍共識，才有可能將它的負面影響降到最低限度。

由於伽達默爾本體論的詮釋學之興起，修辭學的意義才真正凸顯出來。其前提是從認識論到詮釋學的語境之轉換。與通過直觀地觀照認知對象以獲得客觀知識的認識論不同，本體論詮釋學關注的是人本身、亦即此在的存在狀態。認知對象在認識活動之前已然存在，並且不會因我們的認識而有所改變，因爲它有著不依賴於認知主體的獨立本質；而在此則是在理解過程中形成、且隨著理解的深化不斷地形成著。修辭學在這一過程中的作用在於，它通過自身的說服力量使聽眾能夠理解與接受某種觀念，就此而言，它參與著此在的形成，成為結構此在的因素，並由此而獲得了其本體論的意義。正是在這個意義上，伽達默爾才有理由宣稱：修辭學對於社會生活的具有根本性的作用，其存在性是普遍、無界限的，即便是科學，也只有通過修辭學才成為生活的一種因素。甚至可以進一步說，它「相對於現代科學具有初始性」，因爲一切具有實際用途的科學都依賴於修辭學【116】。

如上所述，修辭學是一種使語言具有「說服力」的運用語言的方式。不過在伽達默爾看來，僅僅理解到這一點是不夠的，我們應特別注意這種語言運用技巧包含著兩個前提條件：「首先，只有把握了真理（即理念）的人，才能無差錯地從一種修辭學論證中找出可能的僞證；其次，他必須對他試圖說服人的靈魂具有淵博的知識。」【117】這表明，修辭學乃是服務於真理的。但是，正由於各種學說都無不將自己的理念視爲真理，並且，也由於真理本身並非修辭學探討的領域，人們在談論修辭學時，則側重於運用語言的技巧及其作用的意義。修辭學雖然也涉及書面語言的運用，但主要針對的是言說的當下效果，如伽達默爾所言，惟在言說中才能實現修辭學。從中不難看出，修辭學所由出發的基礎乃是言談者；與此相反，詮釋學的著力點在人的閱讀行爲，因此，它是站在讀者（包括聽眾）的立場上，探討文本或話語理解的可能性及其規則。用現代術語來表達，修辭學著眼於資訊（通過語言）的傳達，詮釋學則側重於資訊的接受與解讀。如

此，就形式而言，兩者的思維方式是逆向而行的。要而言之，修辭學：言說者（作者）→聽眾（讀者）；詮釋學：作者（言說者）←讀者（聽眾）。對於修辭學來說，重心在於言談者的語言如何對聽眾產生更大的影響或說服力；而詮釋學則重在通過對語言以及作者境況的把握，更好的理解作品的意義。

修辭學與詮釋學，雖在形式上看來是逆向而行，在內容上則是「完全相互滲透的」。然由於現代修辭學已發生了實質性的轉變，人們對它們的這種「相互滲透的感覺就消失了，而詮釋學就只能依靠自身。」【118】不過伽達默爾的這一表達並不太確切，詮釋學並不是只依靠自身，它已經將古代修辭學的因素納入了自身之中。正如伽達默爾自己所闡明的詮釋理念：「修辭學最古老的傳統以來就一直是一種真理主張的唯一創導者，這種主張保衛可能的、似乎是真的、能說服日常理性的東西。它與科學的要求正好相反，這種要求認為只有能夠被證明和被檢驗的東西才能被接受為真理！令人信服並具有說服力，但是不能證明——這顯然是理解和解釋的目的和手段，正如它們是演講和說服藝術的目的和手段。」【119】毫無疑問，詮釋學汲取了源於古代修辭學所宣導的「說服力」，這不僅是因為有了「說服力」，詮釋學作為一種理論，才易於為人們所接受；更重要的是，只有被接受的理論，才能產生實際的影響，成為人們的生活中的一種社會因素。就此而言，「說服」表達的正是理論干預社會生活的要求，這也就是詮釋學內在的實踐性之要求。准此，我們就不難理解伽達默爾的如下斷言：作為理解藝術（詮釋學）的理論工具在很大程度上是從修辭學借用過來的【120】。

詮釋學第三個重要的思想資源是聖經註釋學，它是在綜合了語言學（主要是語法學）和語文學以及修辭學諸因素的基礎上發展出來的、用於聖經解釋的方法論體系。從形成的時間上看，聖經註釋學遲於前述形成於希臘的學科，它橫跨了整個中世紀，銜接著現代詮釋學，對其形成有著直接的影響。確切地說，現代詮釋學乃孕育於聖經註釋學中。我們將在下面幾章專門討論聖經註釋學，用以釐清中世紀的前詮釋學形態。

第二章

屬靈的語言與屬人的語言

　　如前所述，作爲詮釋學的思想來源之一的語言學發萌於古代希臘，這一時期所完成的一項重要工作，就是亞歷山大時代的學者們編訂荷馬的著作。當然，他們的「工作並不限於確定文本，而且還進一步依靠將語文學、語法學和考訂學結合起來的技術重新實現意義：恢復與過去了的精神世界的聯繫，理解長期被遺忘了的語言用法……重新進入到文本之中。」[1] 只在這時，語言學才發展到其成熟階段，「才獲得連續性和穩定性」。這一階段的語言研究水準在亞里斯多德的著作中得到了充分的反映。他的研究成果比較集中地反映在《範疇篇》和《詮釋篇》（De Interpretatione，希臘文爲Peri Hermeneias）中。在《範疇篇》中，已出現了「語法家」一詞[2]。他所概括的不少語言規則直至今天仍是適用的，並已包含了許多重大的詮釋學問題的萌芽，如語言意義的客觀性，心靈、言語與文字的關係，部分與整體的關係問題等等。

　　由於古希臘學者頗有成效的工作，建立了一座通向古典神話時代的橋樑，人們通過語言的中介恢復了他們與那個陌生的、充滿激情的精神世界之聯繫。他們爲自己的發現而歡欣鼓舞。這裡所包含的不僅是一種理解，而且直接就是崇敬，因爲那個世界充盈著創造性衝動和生命力，而這正是他們所缺乏的。或者說，是他們逐漸喪失的。正是在此情況下，希伯來文的《聖經》被翻譯成了希臘文，並被確定爲《聖經》的正典；正是在《聖經》的翻譯和解釋過程中，建立了《聖經》註釋學。此爲現代詮釋學的另一個來源。我們現在所說的《聖經》註釋學（exegesis）所指向的是這樣一個特殊領域：基督教信徒對於《聖經》的解釋及其解釋的方法論。它與一般的解釋活動不同之處在於，其前提是對於基督教上帝之「信仰」，堅信《聖經》的眞實性和眞理性。《聖經》本身是一個語言性的文本，對它的研究必然涉及到語言，在這個意義上，解讀《聖經》就已包含了對於語言學、語文學的研究。事實也是如此，在解經過程中，它們與《聖經》註釋學一起獲得了長足的發展。但是，它們雖然在《聖經》註釋過程中融爲了一體，但其作用卻是不同的：「語文學（la philologie）是力圖確立由傳統流傳下來的文本，並力圖重新實現文本的意義；解經學（l'exegese）則除此之外還力求譯解隱藏在字面意義背後的意義；語文學主要是進行考訂工作，以便將繼承下來的東西忠實地傳給後代，而解經學卻力圖重新喚起一種靈感，這種靈感超出文本範圍，要求對世界（在信仰的指導下）有一個完整的理解，並對服務於這種理解的文字有一個完整的理解。」[3]

　　雖然，一般認爲《聖經》註釋學當產生於《聖經》全書形成之後，但嚴格意義上講，它始於亞歷山大時期的猶太教聖典（即《舊約》）的解釋。於此，斐洛的隱喻性解釋具有特別重要的意義，對後世釋經者具有深刻的影響；而保羅、

以及其他福音書作者的解釋，則構成了《新約》的主要內容。在此意義上，《新約》本身就是對《舊約》之追溯性的理解與解釋，並且，正是因爲這種解釋的權威性而成爲經典。正如《新約》所言：「我們所領受的，並不是世上的靈，乃是從神來的靈，叫我們能知道神開恩賜給我們的事。並且我們講說這些事，不是用人智慧所指教的言語，乃是用聖靈所指教的言語，將屬靈的話解釋屬靈的事。」【4】

一、神的存在與語言

古希臘史詩是一種神話敘事，按照希臘人的理解，所敘述的是過去、將來和現在的眞實事情。其眞實性在於，史詩源出於神之口。然而神的語言並不同於人的語言，由此而在理解過程中形成了因語言阻隔而產生的張力，赫爾墨斯對於神的話語之翻譯和詮釋則起著居間協調、消除張力的作用。進而言之，並非僅僅是神的語言與人的語言是不同的，事實上人們自己也在使用著各不相同的語言，也會同樣因爲語言的阻隔而在人們之間形成理解的張力。關鍵在於，即便是對於神的語言的理解，也是通過人的語言實現的，換言之，「屬靈的話」終究要轉換成「人智慧所指教的言語」才能被理解。因此，所有的問題都最終歸結爲對人的語言之理解問題。就此而言，所謂「神的語言」所表達的只是一種基於信仰的態度，也是一切詮釋活動所從出發的起點：我們願意相信神聖的經典所敘述的東西是「眞實」、「眞理」。在這裡，因語言上的差異而形成的張力，一方面成爲人們理解的障礙，另一方面卻賦予解經者以更爲廣闊的解釋空間。

我們從柏拉圖那裡已經看到了這種解釋空間的擴張，他曾說：「神和一切屬神的事物，無論如何都肯定是處於不能再好的狀態下。」【5】即便是神也不可能改變自己的這種至善性。因此「如果詩人們描寫尼俄珀的悲痛——埃斯庫洛斯曾用抑揚格詩描寫過——或者描寫佩洛匹達的故事、特洛亞戰爭的事蹟，以及別的傳說，我們一定要禁止他們把這些痛苦說成是神的旨意。如果要這麼說，一定要他們舉出這樣說的理由，像我們正在努力尋找的一樣——他們應該宣稱神做了一件合乎正義的好事，使那些人從懲罰中得到好處。我們無論如何不能讓詩人把被懲罰者的生活形容得悲慘，說是神要他們這樣的。但是我們可以讓詩人這樣說：壞人日子難過，因爲他們該受懲罰。神是爲了要他們好，才懲罰他們的。假使有人說，神雖然本身是善的，可是卻產生了惡。對於這種謊言，必須迎頭痛擊。假使這個城邦要統治好的話，更不應該讓任何人，不論他是老是少，聽到這種故事（不論故事是有韻的還是沒有韻的）。講這種話是瀆神的，對我們有害的，並從理論上是自相矛盾的。」【6】對於柏拉圖而言，神只是象徵著盡善盡美東西的一

種符號，而唯一盡善盡美的東西就是「理念」。對經典的解釋必須符合關於神的「理念」，否則就是褻瀆神靈。在這種情況下，真正重要的工作就是闡明「理念」，正是它決定了我們應當如何解釋「真理」。

我們通常注意到了希臘哲學對於基督教教義之形成的影響，在這裡我們要進一步指出，《聖經》解經傳統與柏拉圖對古希臘神話之解釋方法論也有著某種淵源關係。

何謂「真理」？《新約》以耶穌口吻做出了確定的回答：「我就是道路、真理、生命。」【7】這句話字面含義並不難理解，但是，即便我們了解了它的字面含義，我仍無法清晰地描述「真理」是什麼。這一問題仍是一個有待解釋的問題，可以說，整部《聖經》要解釋的就是這一問題。《聖經‧舊約》描述的是上帝與猶太民族的關係，敘述了上帝如何創造世界、選中猶太民族並與之立約（舊約）、預言重新立約（新約）等等。上帝的真理性在於：他的預言將必然的實現，並以此種方式顯示出自己是唯一的、至上的神。《聖經》中記載了某些已經實現了的預言，這些預言及其實現構成了猶太人的歷史，這個民族曾因其對上帝之信仰的猶疑、徬徨、反叛而受到嚴厲的懲罰。但上帝實施這些懲罰的真正用意是規勸，以免使他們偏離正道，因為他們是上帝所選中、所鍾愛的民族。因而，對於「我就是道路、真理、生命」的理解，就不純粹是語言的理解問題，而是通過這個民族的整個生命歷程才得以證成的。對於虔信者而言，顯然沒有比這一切更具有說服力的證據了。在此基礎上，進一步推論出上帝尚未實現的預言也必將在歷史的某個時刻實現，既符合神意，也合乎屬人的智慧所要求的合理性。

如果上帝時時現身，直接向人們做出某種預言、指示某種奇蹟，人們關於上帝的所有歧見自然會煙消雲散，從而堅定地追隨上帝而抵達他所允諾的樂土。倘若如此，一切解釋也就成為多餘的贅言。然事實恰恰相反，據《舊約》的《創世記》，人類最早的祖先亞當、夏娃、該隱、挪亞、亞伯蘭（亞伯拉罕）等曾有幸聆聽到上帝的教誨。此後，摩西是唯一的例外，據《出埃及記》和《利未記》記載，上帝曾頻頻與摩西相遇，面授機宜，神的旨意通過摩西而曉諭眾人。上帝顯然是刻意避開他人：「摩西走進會幕的時候，雲柱降下來，立在會幕的門前，耶和華便與摩西說話。」【8】上帝以雲柱遮擋了人們的視線，使人們不得見其真容。不過，耶和華也曾直接曉諭亞倫【9】、約書亞【10】、大衛【11】等族長。這便是問題之所在：絕大多數的人乃與上帝緣慳一面。及至《新約》成書時代，上帝已全然隱去，不再顯現，因而「從來沒有人看見神」【12】。人們只是偶然聽到上帝從天上、從「雲彩裡」發出的聲音【13】，被告知要聽從耶穌。耶穌成為上帝在世間的代言人，他所傳達的就是上帝之「Word」（語詞、話語，中譯本譯為

「道」）。

顯然，「Word」在《新約》中具有本體論的意義：「太初有道，道與上帝同在，道就是上帝。」【14】這裡所說的「道」，在希臘中爲「λόγος」（邏各斯），在英語和德語譯本中分別爲「Word」、「Wort」。上帝就是「道」，是「邏各斯」，亦即上帝的話語。說上帝創造世界，也就等於說是「邏各斯」或上帝的「話語」創造世界。最初上帝是通過「言說」創造世界的【15】，他的話語就是實在，就是世界萬物必須遵行之道；當上帝隱身時，便由耶穌代爲宣示上帝之言。

正因如此，對於信眾來說，他們所能感受的上帝只是一個語言性的存在，他隱身於他的語言之中，其在場性和眞實性乃通過他的語言而得以確證。耶穌無非是上帝之「道」所化成的肉身，他在其本質上就是「道」【16】。道成肉身的意義在於使得不可見的上帝之道成爲可以視見【17】、理解、遵從之道。這樣我們就不難理解，爲何耶穌宣稱自己就是道路、眞理與生命了。《聖經》記載了上帝和耶穌的話語，是爲以經載道。耶穌現身說法，通過他的解說使人們「明白聖經」【18】，亦即明白上帝之道。就此而言，《新約》對於《舊約》就具有一種追溯力，可視爲耶穌對《舊約》的詮釋，上帝之道便在這種詮釋中呈現出來。因此，遵從耶穌所言也就是遵從上帝之「道」，而不信他的人，就是罪人【19】。

耶穌受難後三日又復活，在世間做了短暫停留就被接回天國。此後，人們了解上帝的旨意唯一的管道就是《聖經》。只有在這個時候，《聖經》詮釋才獲得了實質性的意義。當然，這是就基督教信仰而言。而對於猶太教信徒，這一過程則始於《舊約》時代的結束。其實質是相同的。詳言之，當神不再現身說法、他們的話語以文字或口頭流傳的傳說被固定下來成爲人們理解的對象時，詮釋才是必要的。

此時人們面對只是神的話語。雖然，宗教的首義是對神的信仰，一如摩西十誡第一條誡律所申明的那樣，因而人們必須無條件地相信並接受神聖的經典的所有敘述，因爲那是神的話語，但是，對經典的理解與解釋本身是一項理性的工作，無論其前提是信仰（比如信徒解讀《聖經》）還是理性（如無神論者分析宗教典籍）。可以肯定的是，《聖經》解釋的基點是信仰，但同樣可以肯定的是，這種解釋是在理性的層面上展開的，就此而言，《聖經》解釋與柏拉圖對希臘史詩的解釋如出一轍：對文本做出與神意亦即眞理符合一致、和諧圓融的解釋。

這項工作困難重重。由於神蹟可遇而不可求，人們對於神的了解完全依賴於對神的語言的理解，而對神的語言的理解又是完全通過人的語言爲中介完成的，如此，對人的語言之理解的全部困難便重現在對神的語言之理解的過程中。

是的，一個信徒可以說，他絕對聽從神的吩咐，問題在於，神究竟說了什麼？即便我們承認《聖經》所記載的確實是上帝的話語，我們怎樣才能確定我們所理解的是上帝的旨意呢？一個明顯的事實，猶太教所本的《舊約》[20]，同時也是基督教的聖典，誰的理解更爲正確呢？如果我們進一步考察《聖經》形成過程中的語言變化，就更難說清楚「神究竟說了什麼」了。

二、《托拉》（舊約）理解中的語言問題

在《新約》成書之前，猶太教先知已開始了對猶太教聖經（後來被基督教稱爲《舊約》）之解釋。猶太教的聖經被稱爲「塔拿克」（Tanakh），由三個部分組成，即：托拉（Torah、律法書）、先知書（Nevi' im）與作品集（Ketuvim）。其中《托拉》在猶太文獻中有時指《舊約》前五章，亦即《摩西五經》[21]，有時指全部的《舊約》篇章。《托拉》有兩部，一爲成文《托拉》（Torah Shebiktav），另一是口傳《托拉》（Torah Shebe' al neh）。成文《托拉》包含六百一十三條誡命，學習它的目的是使信衆能胸懷律法，按照神的教誨行事。對猶太教徒而言，成文《托拉》的律令是永久的、不得更改的。在他們看來，基督教的《聖經》是偽造的《托拉》。成文《托拉》可以偽造，但口傳《托拉》卻無法偽造，並且，由於基督教會並不承認口傳的《托拉》，它無疑成了猶太人區別於其他信仰的標誌。所以猶太教堅持這樣的做法：《托拉》的話凡是書面的不得口頭引述，凡口傳的話不得見諸文字[22]。

支撐口傳《托拉》的是口語。猶太人的語言是希伯來語，它在歷史的過程中已有過幾次嬗變，在九至十八世紀期間，由於希伯來人通用的口語日漸衰亡，退出日常交流的舞臺，口傳《托拉》成了名副其實的宗教語言。《舊約》大部分使用的是西元前三世紀以前的古典希伯來語，《密西拿》（Mishnah）使用的是西元二世紀的希伯來語。前者多借用迦南語及阿卡德語，後者許多名詞源自阿拉米語、希臘語、拉丁語、和波斯語。我們還知道，從以色列人的祖先在埃及定居（約西元前1700～1250年）到摩西帶領他們出走埃及，計有約四百五十年時間與埃及人雜處，約西元前550年，淪爲巴比倫之囚，而在其他時間裡，大都居無定所，四處流浪。綜合以上諸因素，猶太人的口語還能像他們的祖先那樣純粹、未受到其他語言的影響嗎？我們可以從現代希伯來語的狀況來推知那時的情況：現代希伯來語是以《聖經》語言爲基礎、並對其進行了爲適應現代需要的革新而形成，它不同於西歐猶太人和東歐猶太人的語音[23]。古代希伯來人的語言發音也應與此類似。准此，古代拉比們用什麼來擔保他們口傳的《托拉》準確性？進而

言之，如果我們考慮到不可避免的記憶失誤，口傳《托拉》的可信度更是大打折扣。在這種情況下，將口傳的東西用文字記錄下來應該是更好的選擇。

可是猶太人為何堅持用口語的形式傳播口傳《托拉》呢？除了口傳《托拉》不容易偽造外，以下說法似更有說服力：「從反對將口傳《托拉》形諸文字之中，我們可以看到它的重要作用之一。成文《托拉》的律令是永久的，也是不可更改的：只有當形式使其無法履行時——祭典無法舉行以及人民被虜，耕地法不能推行——它們才被暫時地擱置起來，直到能重新履行。而口傳《托拉》，因為未形諸文字而處於一種靈活的狀態，倒可以使成文的律例隨時代形勢的變遷而得以變通。換言之，口傳《托拉》避免了社團的宗教立法因缺乏發展而一成不變。」【24】如此，宗教領袖就有權利通過口傳《托拉》制定新的律法，以應對時勢之變，同時也使成文《托拉》獲得恆久的生命力。事實上，只要《托拉》可以通過重新詮釋以適應新的、偶然發生的情況，就永遠不會過時。這意味著，不變的只是經文，而對其意義的解釋則隨著時代的變化而更新，與時俱進。但是，如此一來，聖典的本真意義何存？

在西元一世紀羅馬人統治下，猶太教又一次陷入困境，它只能在希臘思想和羅馬的武力之夾縫中生存。其時猶太人已分裂為多個派系，由於他們在政治上備受壓制、又無力與羅馬人抗衡，而對《舊約》所記載的彌賽亞預言和但以理預言報有熱切的期望。法利賽人熱衷於口傳律法（托拉），撒都該人強調聖殿和祭司制度，其他的一些派別也都在宗教上和哲學上固執己見。

歷史上發生的一個重大事件終於改變了這一切。西元70年，反抗羅馬的起義爆發，羅馬軍團圍困耶路撒冷，徹底摧毀了這座城市，聖殿被化為灰燼，居民被驅逐出城，並下令禁止猶太人進入耶路撒冷。由於聖殿已毀，撒都該人也已銷聲匿跡，法利賽人的口傳《托拉》的傳統漸而成為猶太教的重心。自此，悉心研讀經典、虔誠禱告、廣行善事便取代了聖殿獻祭和朝聖。通過這種方式，猶太教才得以延續下來，信眾們可以在任何時間、地點以及任何文化環境中奉行猶太教。拉比們也一改口傳《托拉》不得形諸文字的作法，將口傳律法記錄下來並加上註釋（成文於西元二世紀末三世紀初，被稱為《密西拿》），其後又對《密西拿》進行評注與解釋，形成評注專輯，被稱為《哥馬拉》（Gemara）（成文於西元三至六世紀），其後再加上中世紀拉比們對《哥馬拉》的評注，最後結集成為《塔木德》（Talmud）。口傳《托拉》由此也變成了另一部書寫《托拉》。

口傳的傳統並不能確保聖典之本真的唯一的真理，而基於用文字記錄下來的《聖經》而理解上帝之諭旨的情況也與之難分伯仲。其主要原因在於文字本身。希伯來語屬於西閃語支，使用的是閃語文字系統。《舊約》絕大部分篇章是用

這種文字書寫的，只有少量最晚的部分改用了耶穌家鄉語的阿拉米文。閃文有二十二個字母，書寫方法是從右至左。希伯來古代文獻中的語詞通常由三個音節符號組成，比如，「mlk」意指「國王」。有論者認為，「希伯來語同阿拉伯語一樣，書寫時只寫輔音而不寫母音」[25]，這其實是一種誤解。早期文字均為音節符號，其音值是輔音與母音拼讀而成，其情形有如漢字。希臘文是世界上第一個成熟的拼音文字系統，其輔音取自閃文字元，又採用了其他文字體系中一些字元作為母音，自此才有了母音、輔音之別。正是因為在希臘文中閃文字元全部化為輔音字母，在後人看來，似乎希伯來古代文獻都是用輔音字母寫成的。古代希伯來人如何閱讀、理解這些文本，我們留待後面詳加討論。現在的問題是，後人閱讀古代文獻時，這些字元專司輔音之職之後已失去了它標誌的母音，而它們與不同的母音拼讀後會得到不同的發音。其結果顯然是災難性的，上帝的信徒甚至不知道如何正確稱呼上帝的名「YHWH」[26]（希伯來語）。在西方語言中已出現了不同的拼寫方法，如：Yahveh、Yahweh、其拉丁化形式在英語中為Jehovah。在漢譯《聖經》文獻裡也有「耶和華」、「雅赫維」、「亞衛」、「雅威」幾種不同的譯法。而在德文現代語譯本[27]中，凡出現「耶和華」的地方則以「Herr」（主）代之，然此舉至多也只是避免誤讀神的名，至於上帝的名字是什麼，仍是一個懸而未決的問題。連至關重要的上帝名稱都變得如此模糊不清，就更不必說其他的概念了。以前述「mlk」為例，可以當這些字元化為拼音文字系統的輔音字母後，可以與不同的母音拼讀，代表不同的語詞，其發音各不相同，意義亦相異：melek（國王），mōlēk（統治），mālak（他統治），malkāh（皇后），māləka（他們統治）等等[28]。在這種情況下，出現在某一語句中的「mlk」所指代的語詞是什麼，就不是它自己所能標明的，而是須通過其上下文的關聯（context）才能確定。這就涉及到現代詮釋學所提出的循環詮釋之方法。在此意義上，詮釋學的經驗始終伴隨著人們的閱讀與理解，它的普遍性是毋庸置疑的。縱然如此，我們也不能認為它一勞永逸地解決了文本理解中的所有問題，事實上，一切成功的解釋只是從某一特定視角出發而得出的、比較合理的解釋，絕非唯一正確的解釋。正因如此，在《聖經》解釋過程中才形成了諸多流派，至今也無定論。

以上我們從語言的兩個方面——即口語與文字——闡述了《聖經》理解過程中所必然產生的歧義性。它成為人類尋求唯一的真神之努力的莫大障礙，語言的歧義性使統一的宗教之分裂在所難免。然而，人們在此所遇到的困難並非僅限於語言的障礙，與之交織在一起的，還有人的智慧所要求的思想一致性問題。

三、神思與人思

《舊約‧創世記》（中譯本）的開頭（1～2節）多次出現神「說」的字樣，對照德譯本，這裡用的大多是神「命令」（befahl），有時用神「思」（dachte）【29】。這些詞的選用顯然是出於語言表達習慣的考慮，對於經義的表達來說可能無關宏旨，但是這種修辭方面的考慮所引出的問題卻發人深省。嚴格地說，神在創世之初並無可與之言說的對象；即便「說」，也只是自言自語，將自己所思的說出來，因而「說」的本質就是「思」。人們則通過上帝所「說」的來了解上帝之「思」。就此而言，世界被創造的全部奧祕便在於上帝之「思」。如果認為《聖經》所述是真實的，其中就包含了「神思」與「人思」的重大差別：神之「思」等同於神之「言」，等同於「真理」。它之所以是真理，乃在於上帝之「言」所具有的無可置疑的真實性，其中的預言部分必將成為現實。而人之「思」則不等同於人之「言」，所思者也並非一定是真實的。上帝之「思」或「言」具有創化世界的本體論意義，世界是因著他之所思而被創造出來的，世間萬事萬物及其秩序源出於他的安排。按照斐洛的解釋，上帝在創造宇宙前並沒有時間，時間是隨著他而得以產生，能夠證明這一點的，只有通過對神的預言正確理解以及預言的實現。已經實現了預言為人們的信仰提供了基礎，而信眾們真正關注的卻是尚未實現、且必將實現的預言。從根本上說，神的預言不是基於對未來的正確把握，我們不能說神「知道」將發生什麼——這種說法可能引起這樣的誤解，即世界本有其發展的規律，神比我們更清楚地意識到這些規律，才做出了正確的預言，而只能說，因為神這樣預言了，事情才必然這樣發生。正因如此，我們也就不難理解，為何宗教領袖們如此注重對神的預言之解釋，信眾又為何那麼關注《舊約》的《以賽亞書》（11：1～10）、《但以理書》（9：24～27）關於彌賽亞亦即基督的預言了。

誠然，人也可以預言，在預言中指出將要發生的事。如果以後發生的事印證了這個預言，也就證明了此一預言的正確性。但是如果人沒有這樣預言或者做出錯誤的預言，這個事件也同樣會發生。即便我們假設有某人特別睿智，所做出預言無不一一實現，與神的預言仍是不可同日而語的。其理由在上面已經說明。質言之，人的預言只是根據自己所把握的知識而對未來的預測，而神的預言所透露的資訊是神之思，是神意，一切已經發生了的和未來將要發生的東西都是他在運思中所設定的，正如《舊約‧創世記》所言：「神說：『要有光』，就有了光。」【30】而在人的預言之外還有著不可抗拒的必然性，即被唯物主義者稱為「客觀規律」、而有神論者稱之為「神意」的東西。

　　由於神的「思」、「言」具有根源性發生的意義，因此它與眞實是絕對同一的，更確切地說，它本身就是眞實，人們所謂的眞實發生了的事物，只是它以我們的感官可以感覺到的方式之顯現。神根本不需要其他的證據證明自己，他的預言本身就是證據。可是對於人而言，證據卻是必不可少的，他們需要證據來說服自己、進而說服他人信仰上帝。尋找證據關鍵在於找出預言和已經發生的事件之關聯，而全部《聖經》所記載的就是神的預言及其實現的證據。可是人們最終還是將耶穌——《舊約》中預言的彌賽亞——送上了十字架。

　　問題出在哪裡？難道《舊約》所預言的彌賽亞不是出自神的口？甚或可以由此推論出整部《舊約》是荒誕不羈的虛言？猶太教本於《舊約》，《舊約》預言彌賽亞降世，「他必在大衛的寶座上治理他的國，以公平公義使國堅定穩固，從今直到永遠。萬軍之耶和華的熱心必成就這事。」[31]耶和華的靈將住在彌賽亞身上，「使他有智慧和聰明的靈、謀略和能力的靈、知識和敬畏耶和華的靈。他……以口中的杖擊打世界，以嘴裡的氣殺戮惡人」[32]，將重建耶路撒冷[33]。猶太教本來就不信奉《新約》，更何況耶穌的行止與《舊約》所描述彌賽亞大相徑庭，他非但未能拯救世界，連自己也慘遭酷刑、死於非命，當然不承認耶穌就是基督。因此，猶太教堅信神所預言的彌賽亞另有他人，並一直期待著他的降生。在他們看來，錯誤的不是神的預言，而是人們對預言的理解。與此相反，基督教徒視耶穌爲上帝的獨生子，是彌賽亞，如果認爲《新約》的表述不足爲據（因爲猶太教並不承認《新約》的合法性），人們可以從《舊約》中尋找證據。經過對經文的悉心研究還眞有了驚人的發現，《舊約》有關彌賽亞的事件之預言與《新約》對於耶穌的描述能相互印證的地方竟有三十餘處[34]。

　　我們在此並不想論斷猶太教與基督教在解說彌賽亞預言問題上的得失，只是旨在指出，人是基於人的智慧來理解《聖經》的，由於各自的立場、知識結構、生命體驗之不同，在理解過程中產生分歧在所難免。此中便產生了一個深刻的矛盾。《聖經》是用屬靈的語言述說屬靈的事，聖靈來自於上帝，是上帝之靈。由於上帝是至眞至善至美的，聖靈以及得到聖靈的啓示而寫下的《聖經》亦應如此，其意義必定是和諧圓融、無滯無礙的。但人們發現，對於經義理解上的分歧更多是出於經文語言表達本身的矛盾：比如：《舊約》申明，「若有別害，就要以命償命，以眼還眼，以牙還牙，以手還手，以腳還腳，以烙還烙，以傷還傷，以打還打。」[35]與《舊約》那種疾惡如仇、睚眥必報相比，《新約》表現出的是一種廣博之愛：「你們聽見有話說：『以眼還眼，以牙還牙。』只是我告訴你們：不要與惡人作對。有人打你的右臉，連左臉也轉過來由他打。有人想告你，要拿你的裡衣，連外套也由他拿去。……要愛你們的仇敵，爲那逼迫你們的

禱告。」【36】再如：《舊約》稱男嬰於出生後第八日受割禮爲「立約的記號」
【37】，但《新約》時代的基督教卻不再行肉體上的割禮，而是在信仰的意義上接
受「脫去肉體情欲的割禮」【38】；《舊約》中稱摩西准人離婚【39】，而《新約》
則不允許離婚，理由是：夫妻是神「配合」的，乃爲一體，故不可分開【40】。如
此等等，不一而足。

　　上述所引的例子就其語言表達本身而言直截明白，並不難懂，然而卻是明顯
的相互矛盾。就人的智慧而言，或可以接受令人難以置信的神蹟之敘述，甚或可
以說，惟其神異，非人之所能，才表現出神的大能。有些描述，人們也無法接
受，如宣導「博愛」的耶穌居然這樣說：「你們不要想，我來是叫地上太平，我
來並不是叫地上太平，乃是叫地上動刀兵。因爲我來是叫人與父親生疏、女兒與
母親生疏、媳婦與婆婆生疏。人的仇敵就是自己家裡的人。」【41】這種說法實
在有悖常理，但是如果人們結合關於耶穌的另一則描述，便能理解耶穌所言之寓
意：耶穌與眾人說話時，被告知他的母親與弟兄站在外邊要與他說話。耶穌說：
「『誰是我的母親？誰是我的弟兄？』就伸手指著門徒說：『看哪，我的母親，
我的弟兄。』凡遵行我天父旨意的人，就是我的弟兄、姐妹和母親了。」【42】
在耶穌看來，耶和華所應允的王國在天上，而根本不是塵世，因此要求世人拋棄
塵世中的一切以全身心地追隨上帝。而世人最難割捨的正是親情，因而耶穌在這
個意義上說自己的家人是「仇敵」。這類解說當能自圓其說，人們亦能理解與接
受。

　　但是，人無論如何不能接受相互矛盾的說法，這不僅是因爲人的理性從根本
拒斥相互矛盾的觀念，而且更令人困惑的是因爲這實際上使人處於一種無所適
從的境地。設若一個基督教徒被別人打了右邊的耳光，按照耶和華的旨意就必須
打還，而遵循耶穌的指示則要將臉的左邊轉過去由他打。在這種情況下，信眾究
竟應該聽從誰的教導？然而無論人們做出什麼樣的選擇，都意味著在耶和華和耶
穌之間必有一者是錯誤的。根據常識，兩個相互矛盾的觀念，有可能一錯一對，
也可能兩者皆錯，但絕不可能兩者皆對。但是，此種推論只能適用與人的思想或
言說。因爲對信眾而言，凡是神所說的都是正確的，是眞理，他們堅信「聖靈所
指教的言語」之無誤無謬性，這是一切理解之前提，如果在推論中出現悖謬的東
西，問題不在神之「言」，而在於人們沒有用聖靈所指教的言語、而是用人智慧
所指教的言語解釋屬靈的事。

　　然而，人們所使用的只是人的語言，他們能從那裡得知「聖靈所指教的言
語」呢？或許可以這樣回答：從基於啓示而產生的靈感中獲知這一切。但是，事
實上每一個人、每一宗教派別都可以宣稱自己的理解來自於神祕的啓示，並且，

每一種解說又必須以人的語言表達出來，如果情況正是這樣，那麼人們就並沒有在解決此一問題的努力中取得任何實質性的進展，換言之，它又回到了自己的起點：對於人的語言之理解。

如果人們堅信《聖經》的眞實性與眞理性、聖靈的話語無誤無謬性、神的思想和諧一致性，就必須通過人的語言合理地解釋其中某些相互抵牾、矛盾的陳述，因爲對神意的解說原是爲了人的，它只是在人的理性所能接受的範圍之內才具有說服力。正如我們在此前曾指出的，《聖經》解釋本是一項理性的工作，旨在爲《聖經》提供合理性的證明。而人們從字面意義上理解《聖經》時已經發現了諸多相互矛盾之處，如果對這些地方沒有合理的解釋，就必然會動搖人們的信仰。聖經註釋學形成與發展的眞正動力就在於這種信仰與解釋以及不同的解釋之間的矛盾所產生的張力。

從字面意義上理解《聖經》的方法，因其無法解決上述問題而難以爲繼，人們必須尋求新的方法。此一努力的第一個嘗試就是將《聖經》的陳述性敘事話語轉化爲「隱喻」（Metapher，隱喻、比喻）。

第三章

斐洛：從敘事到隱喻

斐洛（Philo of Alexandria，約西元前15／10至約西元50年）一生著述甚豐，在西方哲學史與宗教史上占據著重要的地位。他的大部分著作被保存至今，其中某些在西元第四、五世紀就已經譯爲拉丁文和亞美尼亞文，他的思想受重視的程度亦可由此略見一斑，因此被譽爲「中世紀哲學——猶太哲學、阿拉伯哲學、更重要的是基督教哲學的奠基人」[1]。斐洛希望通過希臘哲學解釋猶太聖經《舊約》，認爲希臘哲學與《舊約》在表達眞理方面殊途而同歸。在他看來，柏拉圖哲學與《舊約》所載摩西的教導同樣源出神聖的啓示，因而它們即便不完全相同，在其根本上也是相似的[2]。正如黑格爾所言：「他（即斐洛——引者註）特別擅長柏拉圖派的哲學，此外他更以引證猶太聖書並加以思辨的說明出名。他把猶太族的歷史當作基礎，加以註解。但是歷史上的傳說和敘述，在他眼睛裡都失去了直接的現實意義，他甚至從字句裡找出一種神祕的、寓言式的意義加到歷史上去，在摩西身上他找到了柏拉圖；——他的這些努力，與亞歷山大里亞派在希臘神話中認識哲學原理的那種努力是相同的。因此他的一些著作只是一些寓言式的神祕解釋，例如關於創世史的解釋。但是他的思想中包含著精神的本性，這種精神的本性雖然並沒有得到思維的把握，卻已經表現出來了；……由於有了哲學的精神，猶太人不得不在他們的聖書裡去找更深刻的意義，正如異教徒在荷馬詩史和民間宗教裡尋找深意一樣，並且把他們的宗教作品說成一個完美的神聖智慧的系統。」[3]

斐洛是生存於希臘思想與羅馬武力的夾縫之中的猶太人。許多猶太人在耶路撒冷於西元前607年被摧毀後失去家園四處流散，他們執著地堅守自己的信仰，不願信奉希臘人所敬奉的諸神，勢必造成民族間的抵牾。與其他許多生活於亞歷山大城的猶太人一樣，斐洛的母語不是猶太語，而是希臘語，因此他是根據希臘語的七十子譯本學習希伯來聖經亦即《舊約》的。作爲猶太人，斐洛對猶太聖經《舊約》深信不疑；同時他又深受希臘哲學、特別是柏拉圖哲學的影響。他確信《舊約》經文蘊涵著哲學，甚至認爲摩西具有很高的哲學家的智慧。因此斐洛以希臘哲學詮釋《舊約》亦在情理之中。當然也不排除這樣一種可能性，斐洛在解釋《舊約》時注入希臘精神也是爲了使《舊約》能夠見容於當時社會的主流思想，在柏拉圖哲學與當時的希臘宗教之間，或者說在理性主義與信仰啓示之間實現一種調和。他嘗試用理性的方式將外族人引向上帝，化解與其他民族的信仰衝突。斐洛希望用一個終極的眞理概念把希臘哲學和猶太教教義結合在一起，對基督教產生了深遠的影響，被視爲基督教哲學的創始人。他對於猶太教影響則是間接的，通過他，柏拉圖主義被猶太教所接受；此外，「斐洛還是一神教神祕主義的先驅，在中世紀和近代早期間，這一主義在『喀巴拉』（Kabbalah，猶太神祕

哲學）中結出了猶太之果。」【4】由於斐洛所代表的亞歷山大城的猶太人因遭集體迫害與戰爭多被殺戮，而在斐洛去世以後，雖然猶太人不太看重他的思想，但基督徒卻比較推崇他，維切利的優西比烏斯（Eusebius of Vercelli，Saint，西元四世紀初～370 / 371）和其他教會教會領袖均認定他已經歸依了基督教。基督教徒成了他的思想的傳承者，他的作品因此有四分之三被保留下來【5】，這也是一個奇蹟。不過就他與詮釋學的關係而言，在詮釋學史的論著中關於他的論述確實著墨不多，儘管如此，他對詮釋學的影響確是不容忽視的，其主要觀點表現在對語言的作用和詮釋方法兩個方面的論述中。

一、語言與修辭

斐洛認為，當心靈受到激勵與引導時，便會從自身運動中，或者從外部經歷獲得的各種印記中孕育並分娩出思想。思想乃屬於心靈自身的領域，它留在黑暗之中，無人得見，直到被光所照耀，才能顯明出來。這光就是基於語言的表達，它屬於所有的人。「表達」就是發出聲音、說出話語，解釋我們的思想；不僅如此，它還出來與心靈的推論會合。正是在這個意義上，話語是心靈的兄弟【6】。正如斐洛擅長於用隱喻解釋方式詮釋經典一樣，他也習慣於用同樣的方式表達自己的思想。「兄弟」乃是對話語（logos）與心靈密切的親緣關係之形容，心靈分娩思想的說法亦是如此。然這種比喻卻道出了斐洛的一個重要觀點：話語先於思想。或更確切地說，話語是思想的助產士：「這樣說是極為貼切的，話語出來迎接思想，甚至大步奔向他們，急不可待地要領會它們，詮釋它們。」【7】話語就其本性而言便是表達，並力圖表達出來，因此斐洛言其大步迎向思想。然而，並非所有的人都具有同等的表達能力，也不是某一特定的人在敘述任何對象上都具有同等的表達能力。某些人——斐洛稱其為誇誇其談者——說話絮絮叨叨，既無聊又冗長，枯燥乏味，毫無生氣，人們避之惟恐不及；而另有一些人的表達清晰準確，流暢自然，為人們所喜聞樂見。但是，如果我們將這種表達上的差別僅僅視為言說者駕馭語言的能力上的差別，就依然沒有真正明瞭語言的本質及其與被言說對象的關係。論及這一問題，以下三點不可不察：

1. 清晰的表達基於清晰的認識

只有先對心裡的概念進行認真的反思，並對所要敘述的事物有了全面的了解，或者經過努力完全領會了所要表達的思想，才能生動、恰當、有效地將主旨闡述清楚。反之，人們的表達就會磕磕巴巴，詞不達意；或者，其表達雖然流利而又滔滔不絕，但言之無物，全然是不知所云的無病呻吟。言者支支吾吾，語為

不詳；聽者「耳朵發痛，心生厭煩」【8】。

2. 言說者的品格與所表達內容有某種內在的關聯

斐洛這樣說道：「一個卑鄙之人的話語，根本不會去嘗試詮釋神聖誡命。他本人的敗壞會損壞它們的美，反過來，一個高貴人的口裡絕不可以說出卑鄙而淫穢的思想，神聖、潔淨的話語只能永遠表達聖潔的事。據說有一個管理得非常出色的城邑流行以下這種風俗。如果某個生活放蕩、不受尊敬的人想要向元老院或民眾提建議，他不能自己做這樣的事，只能按行政官員的要求把他的動議的主旨傳授給某個純潔無瑕的人。然後，由這個人站起來把說給他聽的建議複述出來。」【9】

3. 語言與表達的界限是上帝

如上所述，表達的前提是對於被表達的對象之認識，而上帝是不可知的，他處於幽暗之中【10】，即便當摩西蒙恩得以親耳聆聽上帝教誨時，也不得見面。當摩西求告上帝，使他能認識上帝，上帝說：「看哪，在我這裡有地方，你要站在磐石上，我的榮耀經過的時候，我必將你放在磐石穴中，用我的手遮掩你，等我過去；然後我要將我的手收回，你就得見我的背，卻不得見我的面。」【11】上帝之所以這樣做，是因為凡是看見上帝的面的都不能存活【12】。在斐洛看來，這就等於上帝自己宣告了他是不可知的，人們甚至不知道上帝的名字，對此，斐洛寫道：「當萬物的這位最高也是最老的祖先之聖言本身沒有我們能夠使用的名時，不要以為他不可描述乃是一種難以忍受的冷酷說法。確實，如果他是不可描述的，他也就不可想像，不可理解。」【13】上帝的本質不可知曉，他本是難以名狀的。最幸運的人也只能見其背影，無緣得見其面。事實上，「上帝遠離所有受造物，對他的理解與人類一切思維能力相距非常遙遠」。【14】此即意味著，上帝是話語的界限，是人類知識的界限。其深層的原因是：「因為按照希伯來人或猶太人的觀念，一個名稱所表示的，是被稱謂的那個物或人的最內在的本質。然而，上帝乃是人類思想想像不到，人類的語言表達不出的某種東西。」【15】因此，斐洛堅持認為上帝必定是無名的，或者更確切地說，其名稱必然不示於人，我們只是知道他存在著（就像摩西從上帝隱隱約約的「背影」直覺到上帝的存在是一個確定的事實，但永遠無法通過論證來證明），卻無從得知這種存在是什麼。換言之，假如有某個人能認識上帝的本質，那麼他就與上帝一樣地無所不知、無所不能，此即意味著他與上帝已處於同等的地位。這顯然是不可能的。所以《聖經》中關於上帝的一切描述都是類比的說法，是一種隱喻，而「緊跟在神後面的一切東西都是善人所能領會的，唯有他本身是不能領會的，也就是說，是不能沿著直

線直接達到的，否則，他的性質也就可以通過某種方式加以領會了。人所能領會的只是跟隨他、看護著他的各種權能，而從他所成就的事業來看，這些顯然不是他的本質（essence），只是他的實存。」【16】

從斐洛對言語與表達的上述論述中，我們可以清晰地看出他在語言運用上的雙重標準：在日常生活的表達範圍內，他主張通過對被表達對象的全面認識來清晰、恰當地闡述對象；在論及神聖的領域時，他主張依據對上帝的創造物之「直覺」來間接地領悟上帝之聖言，即《聖經》，因為在人身上沒有賴以「注視」上帝的任何器官。這就不難理解斐洛為何拒斥修辭學了，顯而易見，無論從上述的哪個標準出發，修辭學都是華而不實的裝飾物，尤其是在人們談論上帝時，其作用更是負面的。

從詮釋學史的角度看，斐洛顯然繼承了柏拉圖的反修辭學傳統，他的詮釋思想與柏拉圖同屬一脈，其基本觀點是「智慧」、「美德」、「行」勝於「知識」、「言」、「論辯技藝」：「一旦自我啟示的智慧之光在我們沒有預見也沒有期盼的情形下突然照在我們身上，當那種智慧開啟了靈魂裡關閉的眼睛，使我們不再只是聽、知、識，更是面對面地看見知識，使我們的心靈擁有最敏捷的感覺即視覺，取代較為遲緩的聽覺，到了那個時候，耳朵和辭彙的應用就不再有益了。」【17】因此，人們固然應當研讀聖賢著述，探究關於古人的知識，以及他們的風俗習慣、箴言和故事，但是在我們從自我啟示中獲得了智慧後，就必須立即將所有這一切由教訓而來的知識廢除，這些知識本身也必定會自動衰弱、消退。獲得智慧的人是無法忍受他人的指導的【18】。

摩西在斐洛那裡被置於一種典範性的地位，斐洛融合希臘哲學與猶太《聖經》的一個重要標誌，就是他將摩西視為「達到了哲學的最高峰」之人【19】。在斐洛看來，摩西直接由啟示把握了智慧，而「智慧」，依據《舊約》所述乃是上帝最初創造的東西【20】，即上帝之「長子」，通過他，上帝的活動顯現於世界之中。摩西沒有演講的天賦與辯才，他曾說：「主啊，我素日不是能言的人，就是從你對僕人說話以後，也是這樣，我本是拙口笨舌的。」【21】上帝指示摩西找他的兄弟亞倫（他受過論辯的全面訓練），讓亞倫替他向百姓說話，上帝對摩西說：「你要以他當作口，他要以你當作神。」【22】亞倫能言善辯，被當作摩西的「口」；摩西的心裡刻寫著真正的智慧，因此被當作亞倫的「神」。「口」與「神」相比，孰輕孰重，一目了然。如斐洛所言：「心靈就是話語的源泉，話語則是心靈的流溢。心裡所有的思想，就像從源泉裡流出來的溪流，湧上來，借著話語說出來，叫眾人知道；話語就是把悟性在自己的議院裡所形成的計畫表達出來。而且，話語就是神諭的代言人和先知，而悟性則在深不可測、難以企及的深

處不停地說著神論。」【23】

　　語言以及使用語言的人與演說技藝，都是表達被領悟到的神論之工具。而在此處最爲關鍵與重要的是對神論的領悟，領悟神論靠的是智慧之光，是敏銳的心靈。摩西憑藉神的啓示把握了智慧，在此智慧中直觀到眞理亦即神論，因此，對他而言，語言的解說是多餘的，只有在將他所領悟的神論傳達給信徒時，才需要「口才」，因爲他人不具有與他同樣高的智慧或悟性。摩西擁有了智慧以及由之而來的所有美德，而智慧與美德遠勝於任何雄辯。按照斐洛的看法，「如果一個人心靈裡武裝了全部的美德，雖然沒有受過修辭上的任何訓練，但只要他靜靜地一言不發，就可以穩操勝券，不需要任何風險就可贏得獎牌。……同樣的道理，那些對美德孜孜以求，在生活中身體力行的人往往拙於表達，而那些在演講技藝上受過全面訓練的人，往往不能把所學的高深教訓在內心裡沉澱下來。如果我們發現這些人控制不住自己的舌頭，喋喋不休地說個沒完，表現出一種傲慢、放肆的姿態，那是一點兒也不奇怪的。然而，他們只是表明了自己的無知和愚蠢而已，他們的學習過程中一直就伴隨著這樣的無知。」【24】

　　斐洛事實上將語言置於一種從屬於心靈與神論的地位，與柏拉圖一樣，他也常常在否定的意義上來理解語言以及修辭學——即運用語言的技巧。他將修辭視爲「詭辯的把戲和騙局」，並宣稱：「其實所謂的辯才不過是對看似可能之事的似是而非的推測而已。」【25】

二、從敍事到隱喻

　　遠古時代的偉大經典，一直被視爲一種神話敍事，人們堅信，它們所描述的是「眞實的」故事，是歷史上眞實發生的事件。及至斐洛時代的前數百年，希臘哲學家們大都改變了將神話作爲敍事的看法，其原因，主要有二：其一，希臘神話中關於眾多神祇、妖魔鬼怪的描述，在理智大開的希臘人眼裡已顯得荒誕不經，諸神的不軌行徑也令人不齒，簡直令人作嘔，難爲眾生之楷模。而《舊約》中的耶和華，儼然一副暴君模樣，動輒誅殺不合己意的人甚或民族，實難以服眾。其二，作爲經典的文本之間在內容上多有相互抵牾之處，或者其表述與讀者的時代觀念形成劇烈的衝突。據《聖經》記載，伊甸園中種植了生命之樹與知善惡樹。上帝告誡人，所有其他樹的果實都可以吃，惟獨知善惡樹的果實不可吃，如果吃了，人就會死亡。但是蛇告訴夏娃，「你們不一定死，因爲神知道，你們吃的日子眼睛就明亮了，你們便如神能知道善惡。」【26】究竟誰在撒謊？這一問題留待基督教神學家們去研究，我們眞正關注的，是上帝爲何不允許人類知善

惡，不允許人類擁有知識？難道人類就應當不知羞恥善惡，渾渾噩噩地終其一生？人類難道不應該感謝那條被詛咒的蛇嗎？根據上帝賦予人類的理性來作判斷，蛇所說的應當是實話，並且，因爲人類的始祖吃了知識之果，眼睛明亮了，才成就了人類的文化與文明，不再與禽獸爲伍，才能有能力探索存在者的存在乃至努力領悟上帝本身。事實上，蛇施與人類始祖的誘惑——知識——至今還誘惑著我們。不過，所有這類的理解，都與《聖經》的字面意義背道而馳。

蛇能開口說話，已屬無稽之談，所談之事，雖與神意不合卻又如此令人信服，更是大謬不然。抑或被視爲神聖之經典的《聖經》本爲奇談怪論，不足爲信？還是我們從根本上誤解《聖經》的性質，從而徹底誤解了它的要義？斐洛的回答是後者。他否定了《聖經》的敘事性質，但肯定了《聖經》確是聖言。聖言所述不是眞實發生的事情，或更確切地說，其主旨並不在所描述的事情，而是借助於這些文字符號來表達深奧的神意。由於上帝無形無像，也不可想像與言說，只能以人類可以想像與言說的形式表達出來，這種形式就是隱喻，通過可以理解的東西將人們引向不可理解與言說的神旨。可見，經典的隱喻性理解，不僅可以避免經典的字面意義給人們帶來的困惑與猶疑，而且使人們從中引申出某種哲學觀念和道德信念，借助於它們，人們的心靈得以淨化與昇華，走向神性。

《聖經》解釋從對神話敘事的說明轉向對隱喻的詮釋，無疑給詮釋者留下了廣闊的解釋空間，以通過一種新的詮釋來化解存在於古代文本與詮釋者的觀念之間的衝突。隱喻解經法並非斐洛首創，它有著古老的淵源，早在智者和斯多噶學派就被廣泛的應用。隱喻解釋提供了一個通過重新詮釋傳統文本去適應發展了的時代智力的方法。在西元前525年前後，隱喻解經法已經初露端倪。其時，或許因受到色諾芬攻擊荷馬史詩中萬神殿的不朽性的刺激，特根納斯（Theagenes of Reggio）借助於隱喻閱讀（allegorical reading）的方法爲古代諸神的貪欲和火爆脾氣行爲進行辯護。「隱喻」一詞的首次出現，是在西元前三世紀斯多噶學派的克里尼雪斯（Kleanthes，西元前313～232年）的著作中。西元前二世紀，亞歷山大城的猶太人阿裡斯托布魯（Aristobulus）就已經將摩西五經故事視爲哲學體系的象徵。在帕加馬（Pergamon）（它的圖書館建於前三世紀初），隱喻方法主要是由克拉特斯（Crates of Mallus，約西元前200～140年）在斯多噶學派哲學基礎上發展起來的。其推動力來自於兩個方面：一方面，乃出於理性與道德的要求，古代文本必須去適應發展了的文化和思維能力；另一方面，通過對文本的隱喻解讀而得到的結論，具有某種權威性，並且被認爲是符合古代文本的根本宗旨的，這些結論的正當性乃通過理性的解說過程得以證明。隱喻解經法的典型例子是把英雄和眾神解釋爲自然力或抽象概念【27】。

　　就文本本身而言，可分隱喻性的作品和非隱喻性的作品（即指作者原本是以陳述性的、而非隱喻性的方式創作的作品），解釋它們的方式也因此有所區別。對於隱喻性的作品，必須用隱喻解釋方法來詮解。而對非隱喻性的作品的解釋，則有兩種方法：一是嚴格按照文字的字面意義進行解釋，並以此作爲作者的原意；二是通過隱喻解釋方法進行詮解，將非隱喻性的東西當作隱喻性的東西來處理，以引申出新意。以此觀之，事實上任何文本都可以運用隱喻解釋方法進行詮解。隱喻解釋方法的基本主張就是：「在一篇隱喻中，全然不是它顯出的東西，關於一個主題的故事，事實上可能是有關另一個主題的，但是，之所以要那樣講故事，是因爲它的創作者意欲使它對讀者產生刺激，使之在完全不同的實在空間維度中進入思考某物的新方式。」【28】當然，斐洛並不完全排斥對文本進行字面意義的解釋，他認爲理解《聖經》的字面意義與其隱喻意義都是必要的，前者是《聖經》之體，後者是《聖經》之魂【29】。只有正確地理解字面意義，才能循此而發現隱含於其中的深奧的隱喻意義。

　　作爲崇拜希臘哲學的虔誠的猶太教徒，斐洛將《舊約》視爲對宗教眞理與哲學最好表達，而摩西則達到了哲學的頂峰。在斐洛看來，在摩西扮演神的詮釋者的書卷裡，他所說的話，若從字面意義上看，確實是與眞實情形大相徑庭的。由此可見，「（摩西）所提出的命題沒有一個是從字面意義上意指的，從而採取哲學家們極爲珍愛的寓意解釋。我們的討論必須從這樣的解釋法則開始。」【30】他這裡所說的「哲學家」就是指那些人，他們既不贊同將《聖經》所記述的故事當作神話敘事、亦即當作曾經發生過的眞實的歷史事件來解釋，也不接受某種流俗之見的解釋，而是力圖追索其字面意義背後的深刻寓意，或者說，神的眞正旨意。斐洛無疑是這樣的「哲學家」。

　　斐洛就是這樣的哲學家，是隱喻解經法的堅定擁護者和實踐者，堅信「對於經上所說的話，我們不可不經思考就輕率地接受它的字面意思，如果這樣做，律法就會顯得極爲荒謬。我們要仔細考察它從比喻意義上所傳達的意思，字面後面的深刻含義，這樣才能獲得某種知識。」【31】事實上，他幾乎對《舊約》中出現的每一內容，所涉及的每一件事，都進行了隱喻性的詮釋，正如他所說：「我要盡我所能做出清楚的解釋，闡明其內在隱晦的哲學思想。」【32】由於他對哲學具有濃厚的興趣，以至於在詮釋《聖經》的過程中使自己也達到了哲學家的程度，成爲我們在現代意義上能夠稱爲「哲學家」的第一位猶太人。他的哲學被視爲柏拉圖主義和斯多噶主義的混合體，而對他的哲學思維影響最大的是柏拉圖主義，尤其是柏拉圖的理念論。因此，「他必然會遇到調和他所接受的希臘哲學觀念和理念與他作爲一個猶太人從祖宗那裡繼承來的聖經宗教和道德的關係問題。此

外，他也面臨著這樣的問題，即：以一種即使他信奉的那位哲學家滿意，又不否認他和他的猶太同胞們共同分有的信仰的方式，處理在《聖經》文本中那些以不同方式、因不同緣由出現的令人不快且難以接受的陳述和段落。他是幸運的，因為他使用的隱喻解釋方法得心應手，他將其作為完美的工具，以極其嫻熟的技藝來掌握，從哪怕最不相同的《摩西五書》的片斷中抽引出哲學觀念。」【33】

理解隱喻，所需要的是「沉思」。在斐洛看來，「沉思」不僅僅是指人在靜靜的思索，而且直接就是一種生活方式——沉思生活，唯有通過這種方式，才能領悟到隱喻中隱含的神諭。他對艾賽尼派信徒的沉思生活做了詳盡的描述，可視為通過沉思理解隱喻、達到「靈修」目的之典範。這些人離群索居，在野外荒涼的園子或鄉村度日。他們認為，沉思哲學應在白天，滿足身體需要應在晚上，所以全部白天的時間用作靈修，直到太陽落山后才進飲食（特別渴望學習智慧的人甚至三天后才進食）。在白天，「他們誦讀《聖經》，從祖傳哲學中尋求智慧；他們把《聖經》看作一個巨大的比喻，認為字面的經文只是某些隱蔽之事的符號，要通過研讀才能揭示文字背後的真正含義。」【34】對於他們而言，「整部律法書看起來就像是一個活生生的受造物，直接指令是給身體的，給靈魂的則是儲存在措詞裡面的隱祕含義。正是在這種含義中，理性靈魂開始沉思與自己同樣的事，通過經文就如同通過鏡子一樣看見律例的眩目之美，展開、除去象徵性的覆蓋物，展現出思想，把它們置於日光之下，使那些只需稍稍點撥就通的人能夠通過外在的、可見的東西辨別裡面隱藏的事。」【35】這種生活就是沉思的生活，它在根本上就是一種「靈魂的生活」，借助於這種生活方式，他們成為天國的公民。

三、隱喻的詮釋

《聖經》解釋的終極目標是確定經典文本的某種單一意義。斐洛是融合希臘語文學和希伯來傳統第一個重要代表，在他那裡，《聖經》的解釋從歷史的（文字的）意義轉向了單一隱喻意義。他將隱喻解釋和語文解釋結合起來，不過隱喻之意僅僅對於信仰者來說才是可能達到的，它所要求的，不惟是智力上努力，而且還須是靈魂與精神上的努力，並且，神聖文字的真實旨意，歸根結柢只有通過信仰行動能被獲得。由此出發，《聖經》便不再是通過語言的解析便可以理解的文本，它變成了一套隱祕意義的「密碼語言」，在這種密碼語言背後的隱祕意義，必須借助宗教的體驗和為神喻喚醒的靈感來領悟。

斐洛提到了隱喻的「解釋法則」，並認為這是一種「科學的」解釋方法。我

們也可以從他流傳至今的著作中讀到大量的隱喻性詮釋的示例，但我們確實找不到他對此一法則的系統表述。隱喻，以今人眼光視之，自古代希臘起就屬於修辭的一種形式，其主要功能是增強言語的說服力。而斐洛是反對修辭學的，因此，我們就應當從其他方面思考他所宣導的隱喻。在我看來，斐洛運用隱喻解釋方法旨在賦予《聖經》以新的意義。其基本途徑是「聯想」，通過對《聖經》所敘述的事物之聯想，找出可以類比的哲學觀念，從而將哲學引入《聖經》之中。某種哲學觀念，由於得到了《聖經》認可而獲得其真理性和權威性；另一方面，《聖經》也因其被哲理化而提升為哲學，其中所宣示的信仰經由理性的證明更顯示其合法性與合理性。在斐洛從猶太教的立場出發，融合希臘哲學而建立基督教神學的過程中，隱喻性詮釋的方法論顯然起到了關鍵性的推動作用。以此觀之，「隱喻解釋」如同潤滑劑，通過它，不惟《聖經》某些章節之間的意義衝突被化解了，某些從字面意義上特別難以理解或者難以接受的表述也通過這種曲折的方式與人們的信念相互融洽起來，而且順利地完成了向著理解隱祕的神意之轉化。其中重要者有以下幾個方面：

1. 將希臘哲學的概念植入《聖經》詮釋：上帝與邏各斯

如前所述，在斐洛看來，上帝是不可見、不可知的。若是如此，人們關於上帝的觀念從何而來？人們又如何追隨上帝？為此，斐洛援引了希臘哲學的「Logos」（邏各斯）概念來解決這一難題。根據目前所掌握的資料，在哲學家中，可能是赫拉克利特首先提出了邏各斯這一概念，其含義與努斯（nous，心靈）比較接近，都是指向一種理性的存在。在斐洛那裡，邏各斯用於特指上帝的思想，而努斯則指向人的心靈。有論者指出，邏各斯在希臘語中的含義很廣泛，但是其中恰恰不包含被後人普遍認可的「語詞」的意思。不過在斐洛那裡，「邏各斯的主要含義並不限於指『超驗上帝的神聖思想』（這話摘引於他的一個定義）。在其他事物中，邏各斯意指語詞或言說中所表達的心靈之思想。它是在上帝自身的絕對實在之內、宇宙的自然秩序之內，以及人本身之內呈現出來的某種東西」[36]。但是，在這裡涉及的主要是上帝的邏各斯，開首字母大寫的邏各斯。

上帝本身雖然不可知，但作為上帝的神聖思想卻通過「聖言」表達出來，而聖言就是神之思，也就是神的創造活動，這一點，在《聖經‧創世記》中有明確的記載，《聖經‧詩篇》也載有類似的話[37]。根據《聖經》的描述，人們可以想像這樣的圖景：在這一極，是無可措思、難以名狀的神，是絕對的主體；而在那一極，是被創造出來的世界，是神的思或言所創造出來的一切。「神說有，就有」，於基督徒而言是一個毋庸置疑的事實。但是，問題在於，當神說「有」，

為什麼所產生是這樣一個世界，而不是另外一個樣子的世界？是這樣一種秩序而不是另一種秩序？這說明在神之思中已經形成了一個具體的圖像，世界就是按照這個圖像被創造出來的。此一圖像我們可以稱之為神的思想，它是神思中產生的結果，斐洛把它叫做「邏各斯」。就此而言，邏各斯就是上帝與被創造物之間的中介【38】。邏各斯源出於上帝，是從上帝的本質中流溢出來的思想，它所表徵的實質上就是上帝自身形像（eikōn），一種人類能夠把握的上帝之形像，這種形像通過上帝印在整個宇宙上的「道」（＝邏各斯）顯現出來。我們習慣於從日常生活的經驗來理解事物，對於邏各斯作為中介的理解，我們似可以作這樣的類比，即有思維能力的主體（人），這是創造的源泉，當他通過思考而擬定了某個計畫，亦即產生了具體的思想（＝邏各斯），進而在實踐中實現這個計劃，成功地產生了某個結果（被創造物）。這種類比有助於我們對邏各斯的理解。但是，如果僅僅這樣來理解這一概念，按照斐洛的看法，就已經將它簡單化了。斐洛在其《「創世記」問答》（II.47）中宣稱，「對上帝而言，一切都是可能的，他的創造，完全不需要時間」（重點號為引者所加）。斐洛寫到：「當他（指上帝——引者註）創造宇宙時，並沒有時間與他合作，時間本身也是隨著世界的受造才出現的，神一開口，事就成了，兩者之間沒有任何間隔，或者更確切一點說，他的話語（logou）就是行為。」【39】因此，邏各斯只是在邏輯上先於天地萬物而生。上帝是永恆的，所謂永恆也就是包含了過去、現在和將來。其中就蘊涵了他的不朽性與不變性，永恆地如其所是地那樣完美無缺，所以也沒有時間性。邏各斯作為上帝的思想，也具有與上帝同樣的性質。

邏各斯由此而處於一種非常特殊的地位。從邏輯上說，它是上帝之思的產物，是聖言與聖思。就此而言，它是受造的，是所有受造物中「最年長的」。因此它依賴於上帝而存在，不能被視為一種自我獨立的存在，但是它又與上帝一樣的永恆、並且如上帝那樣包容一切；相對於上帝，它是形像（eikōn），相對於物質世界，它是觀念形式（idea）。正如斐洛所指出的：「凡是有死的東西，都不能照最高的太一和宇宙之父的樣子造成，僅僅是照第二位上帝，即他的邏各斯的樣子造成」【40】。如此，邏各斯就成了第二位的神，是上帝的形像，就上帝借助於它來創造世界而言，它乃是上帝的工具。這樣一種觀念，為以後基督教建立三位一體說提供了思想資源，助長了三位一體教義的發展。在《新約》中有這樣的表達：「願主耶穌基督的恩惠、神的慈愛、聖靈的感動，常與你們同在。」【41】我們不清楚這種表達是否直接受到了斐洛學說的影響，但是後世許多基督教神學家的思想，特別是奧利金的三一神學之核心邏各斯基督論，都在不同層度上受惠於斐洛的邏各斯思想。

　　由於邏各斯是神與宇宙萬物之間的中介，也就成了溝通神與人的橋樑。在所有受造物中，唯有人是上帝按照自己的形像（邏各斯）造成的，此即決定了人優於其他一切受造物。據斐洛，人與其他受造物的最大差別在於，人具有不朽的靈魂：上帝「從天上將自己的神性吹到了他裡面。不可見的神把自己的像印在不可見的靈魂上，目的就是讓陸地上、塵世中也分有神的形像。但是，原型本身是不可能有可見的形式的，甚至連他的形像也不可能被人所見。靈魂既留下了原型的印象，如今它所擁有的觀念就不可能是可朽的，而是不朽的。」【42】人分有了神的形像，也就是分有了邏各斯，分有了屬於神性的理性。在斐洛看來，生命的最高形式就是心智和理性。但是在另一方面，人又是血肉之軀，有其固有需要、欲望，即可能引發世間一切罪惡的東西。人的靈魂只有通過理智生命的生活，與邏各斯相交，才能認清邏各斯，清除罪惡，認識與追隨上帝，成爲眞正意義上的上帝的子民。

　　從斐洛的著述中，或許可以得出這樣的結論：邏各斯與摩西有著某種特殊的關係，甚至可以說，摩西在某種程度上就是邏各斯的化身。在《聖經》中，摩西作爲上帝的代言人，站在上帝和人們中間，傳達上帝的旨意，這個位置正是邏各斯所處的位置。通過以希臘哲學的概念解說《聖經》，將《聖經》視爲某種哲學理念的隱喻表達，斐洛將希臘哲學與猶太教信仰結合在一起。此一結合，在思想上，爲猶太教教義律法體系向著宗教神學的發展提供了思想動力，並將其提升爲繼希臘哲學之後的一種新的哲學形態；在實踐上，推動了猶太教向基督教的轉化。

2. 隱喻解釋與神祕主義

　　刻意追求隱喻解釋並不必然地導向神祕主義。但是，由於猶太傳統中本身固有的神祕主義傾向，同時，斐洛的個性中本來就具有神祕的一面，其思想中也含有神祕的因素，如此，某些希臘哲學流派中神祕主義因素與他很容易產生一種共鳴。對於斐洛來說，隱喻解釋正是一種非常合適的方法，通過這種方法，將神祕主義合法地融入被他理性化了的《聖經》詮釋中。不惟如此，通過隱喻解釋，同時可以將他所見所聞中的所有被他認爲好的東西納入他的猶太信仰中。在此意義上，斐洛是猶太傳統中的第一個有影響的神祕主義者和第一個眞正的神學家。

　　神祕主義的基礎是神祕的個人體驗，這種體驗將人們引向了神祕深奧的神意。但不是每個人都會產生這種神祕的體驗，因此也不是所有的人都有能力進行隱喻解釋，只有少數的精英，即在智力和精神方面優秀的猶太人，才能做到這一點。它不僅需要解釋者具有眞誠的虔敬之心，而且還要具備豐富的學識，是自然

科學家。這樣的人當然爲數極少，斐洛自認爲就是這樣的幸運之人。他告訴人們，如果他們準備接受上帝的恩惠，在其身體中甚至可能存在片刻的神祕高升。他自己就曾經有此體驗，這種狀態，被稱爲「清醒的陶醉」，就是指靈魂被上帝攫取而使人達到一種「迷狂」。其時，恩惠充溢了靈魂，那靈魂因歡愉而翩翩起舞。而未受啓蒙的靈魂將其視爲忘乎所以的瘋狂，形同醉酒【43】。最有說服力的例子當時《聖經》的翻譯。《舊約》希臘譯本的譯者們（七十子譯本）在被隔離的情況下翻譯《聖經》，他們在語詞豐富的希臘語中選擇「可在字義上對應」希伯來語的語詞，其選擇的語詞居然能完全的一致，逐字相同，像是由一位不可見的提示者對每位翻譯者口授其辭。這是因爲翻譯者們的寫作處於受感的狀態，扮演著摩西的角色，與摩西的精神一起前進之故。甚或有這種可能性，翻譯者自己也不知道自己所寫下的東西，是神借助於他們的手記錄了神的言語。

斐洛所描述的那些過「靈魂生活」人也充滿了神祕的色彩：他們在遠離鬧市的地方建造了極其簡單的房子，「每座房子裡都設有一個視爲神聖的房間，叫做聖所或者密室（祈禱室），他們把自己關進密室裡禱告，以逐步了解神聖生活的奧祕。他們進入密室時，不帶任何東西進去，水、食物或者別的生活必需品，一樣也不帶，只帶借眾先知之口傳下來的律法和神諭，還有詩篇和一些培養、完善知識和虔誠的書卷。他們時時紀念著永生的神，對此從未曾忘記，甚至在睡夢中所看見的也唯有神高尙的美德和權能。確實，有許多人就是在酣睡的時候說出他們神聖哲學的榮耀真理的。」【44】理解深奧的神諭靠的就是個人的體驗與神的這種神祕溝通，隱喻之意義只有在神靈附體時才容易見到，它對於多數人而言仍然是晦澀不明的。因此，發現《聖經》的隱祕意義，與解釋者的聰敏才智沒有什麼關係，所需要的是對附身於解釋者的神聖精神的感受能力。爲了提升自己的感悟能力，人們應當向上帝求告，請上帝激勵他們，不厭其煩地爲他們的眼睛塗抹膏油，直到他們能夠看見聖言的神祕之光。這種表達使人們很容易聯想到巫術，但是斐洛不是巫師，這只是因爲他除了神祕主義的一面，還有著非常理性化的另一面。

由此出發，斐洛的《聖經》解釋雖常常出人意料，卻又似不無道理。他不是廢除《聖經》文本直陳己說，而是本著《聖經》的字面含義演繹發揮，並通過將《聖經》隱喻化而使自己發揮出來的思想合法化。但是，這樣一種看法可能更符合斐洛的經義詮釋，即，他借著《聖經》的言語作爲引子，闡述他自己所認爲的真理。比如，他賦予數字以特殊的神祕含義，就在解釋《聖經》時每每著力發揮此義。耶和華曉諭摩西說：「利未人是這樣：從二十五歲以外，他們要前來任職，辦會幕的事。到了五十歲要停工退任，不再辦事。」【45】按常理解說，此語

並不難懂。二十五到五十歲的人在智力和體力上都處於工作的最佳時期，自然最適合「辦會幕的事」。而在此之前可謂少不更事，在此之後則精力衰退。然斐洛對此卻是這樣解說的：「要記住，數字五十是完全的，而二十五則是半完全，並且正如某位古人所說的，開端就是整個的一半。我們注意到，他命令利未人從半完全開始做工，擔任聖職，表明積極的順從；同時又命令完全的人不再做事，只要謹守他經過勞苦實踐所獲得的東西就可以了。……完全的人就是神的道和約的看護者。此外，他還清楚的指出，這樣的人就是最好的說話者，典章和律例的制定者。」【46】在他看來，「五十是最神聖的數位，深深地植根於自然之中，是由直角三角形的平方形成的，而直角三角形就是整個宇宙產生的源頭。」【47】

斐洛關於「七」的神祕性思想來自於畢達哥拉斯學派，而《聖經》中諸多關於「七」的描述也與此相互印證，在《聖經》記載中，許多重大的事件之都與「七」相關：上帝吩咐挪亞，「凡潔淨的畜類，你就要帶七公七母」，進入方舟（《創世記》7：2）；「神賜福給第七日，定為聖日」（《創世記》2：3），所以一個星期的第七天被定為禮拜天，因為這一天是最神聖、最喜慶的日子；在為人們誤犯的罪所作的贖罪獻祭中規定，「受膏的祭司要取些公牛的血帶到會幕，把指頭蘸於血中，在耶和華面前對著幔子彈血七次」【48】，便可贖罪；如果人們行事違背上帝的意願，上帝「就要按你們的罪加七倍降災與你們」【49】。如此等等，不一而足。所以斐洛視「七」為神聖的、貞潔的數字，認為全身心地致力於尋求、思索自然真理的人都尊敬七，也尊敬七的平方數，因而過著沉思的靈修生活的人們應當在七七四十九天后聚會。

3. 精神的「糧」與美德

斐洛將《聖經》視為隱喻而不是事實的描述，便為神祕主義的理解大開方便之門；然其解說過程又是充分理智化的，這就使得斐洛能夠以理智的方式闡述其神祕信仰，並且通過隱喻解釋的方式將一切被他所肯定的「美德」、社會規範納入他的《聖經》解釋中，使之獲得一種權威性和合法性。通常被人們視為對立的神祕主義與理智，在斐洛對經義的隱喻解說中卻毫無窒礙地結合在一起。威爾遜在分析斐洛對《出埃及記》的詮釋中已充分注意到了這一點，他指出：「在《出埃及記》中提到的這種神祕的上天食物（指《聖經·出埃及記》16：14中所說「野地面上有如白霜的小圓物」——引者註），是『那聖言，一切種類的教諭和智慧，都從它那裡源源不斷地流出』。他（指斐洛——引者註）稱邏各斯為『上天的養料』，它是『靈妙的智慧』，注入喜愛沉思的心靈之中。邏各斯的餵養功效是倫理性的，也是神祕性的和理智性的，因為正如斐洛所說，『這種神聖

的聖餐填充著這樣的靈魂，它具有洞察力，如同有著光亮和甘露，閃現出眞理的光輝，並以甜蜜的說服力，將甘霖賜予那些饑渴高尚品性的人」（《論飛躍與發現》137～139）。」[50]饑腸轆轆的以色列人口出怨言，抱怨上帝，於是野地面上就出現了「如白霜的小圓物[51]」，以色列人並不認識此物，摩西告訴他們，「這就是耶和華給你們吃的食物」（《聖經·出埃及記》16：15）。在斐洛看來，如果解經者將這種潔白如霜的「小圓物」當作可以果腹的某種食物（一般說來，在野地上出現的當是果蔬菌菇一類的東西），費盡心機地想確認這種東西爲何物，就已偏離了神諭之大旨。此種「小圓物」，「日頭一熱，就消化了」[52]，據此描述，「小圓物」似爲露珠，但《聖經》中又明確的說，在「露水上升之後」才出現了「小圓物」，因此「小圓物」絕非「露珠」。那麼這等神祕之物是什麼呢？就是「邏各斯」、「上天的養料」，這種聖餐將神性的智慧注入到人的心靈之中，使心靈得以領悟上帝，堅定對上帝的信仰。在斐洛看來，人們百思不得其解的「小圓物」本來就是一種隱喻，它的眞正含義是「邏各斯」。斐洛就是以此方式表達出了他那種既神祕而又理智的信仰。

由於「糧食」在其直接意義上是供人們食用而進入並滋養著人們的身體的，因而擅長於隱喻解釋的斐洛總是不失時機地在相關段落中引申到精神的食糧對於靈魂的滋養。《聖經》上說：「你們要吃陳糧，又因新糧挪開陳糧。」[53]按照斐洛理解，「陳糧」喻指「經過時間的歷練變得可敬的學識」，人們是不能排除的，相反，「我們應當致力於研讀聖賢們的著作，聆聽從那些了解古代風俗習慣的人口中說出來的箴言和故事，始終尋求關於古代的人和事的知識。因爲知曉一切實在是一件美妙的事。」這就是「吃陳糧」的含義。但是，一旦在我們的靈魂中綻開了爲神所開啓的自我啓示之智慧（新糧），就必須將舊有的知識廢除，此所謂「挪開陳糧」[54]。

在解說作爲獻祭品的「糧」時，斐洛的想像力直叫人歎爲觀止。他綜合《聖經》經文對作爲素祭的祭品之要求概括爲四點：

(1) 應把地裡的初熟之果送到耶和華的神殿裡（《聖經·出埃及記》23：19）。獻祭品應是「初熟之果」，乃因爲在時間上和價值上都是第一的東西都屬於耶和華，不可留給自己。初熟之果是「新」的，亦即「興旺的或有力量的」，並且是立即奉獻給上帝的，那些「過了些時日才獻祭」的人，未將最好的東西作爲獻祭品的人，都是對上帝的不敬，隨時都可能被帶到審判台前。祭品當是「新」的東西，此乃告誡我們不可守著虛幻的過去，迷戀於舊世的時代，要認識到神具有超越時間、即刻發動的權能。人們要「接受新的、鮮活的、富有青春之生機的思想」，那些過時的寓言只是代代相傳的謊言，虛假意見。對於上帝而

言，沒有什麼古老或過去之說，一切都是新生的，都是永恆的存在著的。對於人而言，新的或初熟的果其實就是「從眞實、誠摯的心中發出來的由衷的感恩話語」，表明對神的順從和愛戴。

(2) 作爲祭品的初熟之物必須是「烘過的」（《聖經・利未記》2：14）。完全成熟的穀穗是「烘過的」，正因如此，它才不鬆垂、萎軟，有如金子在火爐中錘煉後才能合格。此乃喻指人的靈魂必須經過理性的大能之提煉，「追求成熟美德的年輕志向必須經過理性的不可抗拒的大能才能變得堅定而穩固。實在的，理性不僅能使靈魂所獲得的原則變得剛硬，免得它們鬆弛、消散，而且還有力量使非理性的情欲衝動變得虛弱。」如此，作爲惡人的根基的邪惡和情欲，被理性的力量所征服，亦會改惡向善，追隨上帝。

(3) 祭品要「切成片」（亦即《聖經・利未記》6：21中所說的：祭品「烤好了，分成塊子。」）。此乃喻指「對目前的事物做出劃分和歸類，對每一個深入觀察，仔細分辨，做出細緻入微的分析。同樣，我們也必須訓練我們的理性，它若是在混亂不堪的洪流裡漂浮，就只能產生模稜兩可的判斷；它若被分爲幾個適當的要點，各個要點配以適當的論證和論據，就會像一個有生命的活物，由各個獨立部分組成，一旦組合起來就會成爲一個和諧的整體。」

在解說燔祭時我們也看到了斐洛類似的發揮。《聖經》這樣描述了對燔祭牲的要求：「那人要剝去燔祭牲的皮，把燔祭牲切成塊子」（《聖經・利未記》1：6）。按照斐洛的理解，剝去燔祭牲的皮的含義，「……先是爲了使靈魂赤裸裸地顯現出來，沒有任何虛假的、無聊的猜測覆蓋在它上面，其次是爲了按要求把它分成各部分。它是整體的美德，可以看作一個屬，然後再把它分成各大類：謹愼、節制、勇敢和公正。」

(4) 「切片」之後是「碾碎」，把「嗎哪」碾碎後做成餅（《聖經・民數記》11：8）。「嗎哪」是天上之糧，它其實是各種思想，是天上派來的美德的講道，用以餵養我們的靈魂。如果說「切片」喻指我們應將呈現在我們心靈中的思想進行劃分、歸類，那麼「碾碎」就是我們必須「守著」它們慢慢研磨，做成「隱蔽的」餅。人們應當細嚼慢嚥，細細品味，完全吸收其營養，並持之以恆地實踐、訓練我們在心靈中所掌握的東西，成爲眞正的天國之公民【55】。

美德來自於精神的食糧（嗎哪），而沉思就是咀嚼、消化用嗎哪做成的「隱蔽的餅」。由此出發來理解美德，美德就被賦予以特殊的意義。斐洛在《論美德》中闡述了摩西所描述的諸美德中四種美德：勇敢、虔誠、仁愛和悔改。斐洛所稱的「勇敢」，非常人所理解的殺人如麻、戰功卓著的勇士之所爲；也非生性魯莽的匹夫之勇。在斐洛看來，這些只能叫做「野蠻」，是精神上的紊亂失調和

無知的表現，而非「勇敢」。作爲美德的勇敢是「提出卓越的見解，堅定不移地思想著眞正有益的事情，力圖恢復每個人在日常生活和國家公共生活中已然喪失的東西，爲政體做出了最大的貢獻。」【56】以此觀之，眞正的勇敢乃出於神性、亦即健全的理性。一個人，哪怕他年事已高，體弱無力，但是只要在他的靈魂（或者說心智）中充滿高尚的情操和堅定的勇氣，能夠堅定不移地按照美德之要求行事，就依然健康而又年輕，所言所行就是勇敢的。因此，諸如自我節制，遵循律法等，根本不是怯懦，恰恰相反，它們表現出的正是大無畏的勇氣。

斐洛對「悔改」也給予了高度評價：「在各種價值中，悔改雖不算首要的、最高的價值，但也僅次於最高，占據著第二的位置。因爲要說絕對無罪，也唯有神才如此，或者某個聖人也可能如此；人若能從罪惡狀態轉變到無可指責的純潔狀態，就足以表明他是有智慧的，對他有益的東西並不是完全無知的。」【57】智慧本源於神，先於宇宙和人而被創造出來。【58】能悔改的人已經表現出了心靈虔誠，他們原先失明的眼睛重新恢復視力，看到神性的光輝，重新歸依上帝。「悔改」也是勇敢的表現，是勇敢的拋棄邪惡，義無反顧地向著美德走去，使人變成溫和、節制、謙恭、仁愛、友善公正的情操高尚之人，因此是值得稱頌的。

綜觀斐洛的解經方法，在其對於《聖經》詮釋與發揮中，隱喻解釋是最基礎的方法，並被廣泛地加以運用。雖然，他並未廢除文本本身通過語法解釋出來的意義，但是這只是他通向隱喻意義的一個輔助手段，換言之，他雖然看到了《聖經》在其形式上有兩種含義，即字面意義和隱喻意義，但是他所追尋的只是隱喻意義，也就是神諭的隱祕旨意。因此，揭示隱喻的意義不是在文本的字面意義之外引申出的另一種意義，而是上帝之言唯一的眞實寓意。以我們現代人眼光來看，這種隱喻解釋具有一種積極的意義：它實現了在文本的字面意義和現實的個人與社會生活調解。這就是說，它使人們在自己的生活中形成的信念、道德規範與遠古流傳下來的教義之間達到了一種協調，通過對《聖經》的重新解釋，將人們業已形成的生活信念與準則融入《聖經》信仰之中。另一方面，隱語性的解釋使得那些打上了神話烙印的經典迅速地被世俗化，消除了文本的歷史規定性與讀者的當代性之時間間距，使經典神祕晦澀的寓意變成了後代人的理性能夠理解與接受的東西。

第四章

從舊約到新約——詮釋與經典

斐洛、保羅與耶穌大致生活於同一時代，在思想與語言表達上都頗爲相似。這種相似性表明，其時《新約》雖未問世，但是其時代精神的風貌已經發生了變化，並且對這種變化也已達到了相當大的程度上的共識。耶穌、斐洛、保羅在基督教的形成史上都起到過非常重要的作用。雖然沒有文獻證據表明他們有過交往，但他們在思想上曾有過相互的影響應當是可能的。斐洛對於《舊約》的隱喻式詮釋對《新約》的形成起著承上啓下的作用，但是他的詮釋本身未成爲《聖經》的組成部分。雖然他在西元四世紀被一些宗教領袖認定爲歸依了基督教，但是在《新約》成書時代尚沒有將其視爲基督徒。這可能是《新約》中未沒有關於他的著述的重要原因。本節的副標題是「詮釋與經典」，主要是分析通過對《舊約》的詮釋與發揮而形成《新約》的過程。對經典的詮釋本身構成了經典，並且由此而創立了基督教，奠定了基督教的基本教義，這足以表明詮釋活動在人們精神生活中的創造性意義及其創造力。

一、耶穌與《新約》

上文我們已就斐洛的思想進行了探討，他通過隱喻化的方式將希臘哲學引入《舊約》解釋，通過這種解釋，催化了《新約》思想的形成。而耶穌則是基督教的創始人，是一個充滿了神性的人。按照《新約》的記載，其母瑪利亞乃「從聖靈懷了孕」，連「耶穌」之名也是上帝所起的。當人們尋找耶穌時，有一顆星在前面爲他們引路，這顆星在耶穌的上方停住了，使人們認出了耶穌[1]。耶穌受洗時，「天地爲他開了……從天上有聲音說：『這是我的愛子，我所喜悅的』。」[2]以後耶穌曾多次顯示神蹟，都足以表明耶穌不同凡人的神性。他從「聖靈」而生，可以被視爲不可見的「聖靈」之具體化了的可見形式。

但是，另一方面，耶穌又是由人所生，因之也就有了人性化的東西。我們注意到，耶穌曾被聖靈引至曠野，接受魔鬼的試探。聖靈爲何要通過魔鬼「試探」耶穌？這一問題留待神學家去討論，我們關注的是耶穌如何通過了這些「試探」。對於魔鬼提出的問題或者誘惑，耶穌總是這樣開始了他的回答：「因爲經上記著說……。」[3]他的回答始終是引經據典，表明他是非常熟悉《舊約》的，而他對《舊約》的熟練運用與他幼時的刻苦學習密切相關。耶穌十二歲時，曾隨父母到耶路撒冷守逾越節。守節期滿，父母回去，但耶穌卻未隨行。父母急切回到耶路撒冷尋他，「就遇見他在殿裡，坐在教師中間，一面聽，一面問。凡聽見他的，都稀奇他的聰明與他的應對。……耶穌的智慧和身量，並神和人喜愛他的心，都一齊增長。」[4]耶穌「身量」的增長，是身體生長發育的自然

過程，而其智慧與心的增長，則是通過後天習得的，縱然是天賦異稟，聰慧超人，也只是今人所說的「神童」（此處的「神」當是形容詞）而已，而不能謂之「神」。所有這些，都已表明，當時很多人，特別是猶太人並沒有將耶穌認作救世主。耶穌在曠野中被「試探」的情節甚至暗示了，耶穌自己也沒有認為他就是人們所期盼的彌賽亞，他引證《舊約》作為回答，而不是自己來宣布神意。說到「人子」（或「神的國」）來臨的日子，耶穌坦言：「子也不知道，惟有父知道。」【5】所以告誡人們要「警醒」，以免上帝降臨之時人們卻睡著了。這也許可以理解為其時耶穌也未斷定自己就是基督。彼得曾明確承認耶穌為基督，而在耶穌被捕後又三次不認主【6】，實是表達當時人們的猶豫與徬徨之絕好寫照。及至耶穌受難之時，他還在十字架上痛苦呼喊：「我的神，你為甚麼離棄我？」【7】耶穌就在這喊叫聲中斷氣了，其情其景，慘不忍睹。若以此論斷耶穌，他哪有「神」的氣象？這種描述，在後來的《路加福音》與《約翰福音》中不見了，代之而起的是一種使信眾們更容易接受的表達：「耶穌大聲喊著說：『父啊，我將我的靈魂交在你手裡！』說了這話，氣就斷了。」【8】而在《約翰福音》中則更為簡單，耶穌臨終的話只是「成了！」【9】，以他的死驗證《聖經》上的預言，又通過復活堅定信眾們的信念。唯有如此，耶穌的死才被賦予一種積極、肯定的意義，這一事件才能被理解為出於耶穌自己的安排：「耶穌……就明說『我實實在在地告訴你們：你們中間有一個人要賣我了。』門徒彼此對看，猜不透所說的誰。有一個門徒，是耶穌所愛的，側身挨近耶穌的懷裡。西門彼得點頭對他說：『你告訴我們，主是指著誰說的。』那門徒就勢靠著耶穌的胸膛，問他說：『主啊，是誰呢？』耶穌回答說：『我蘸一點餅給誰，就是誰。』耶穌就蘸了一點餅遞給加略人西門的兒子猶大。他吃了以後，撒旦就入了他的心。耶穌便對他說：『你所作的快作吧！』」【10】顯然是耶穌自己決定由猶大來出賣他，並催促他「快作」，以自己的死，以及隨之而來的復活來彰顯上帝。倘若如此，耶穌在臨死之前就不該表達那種悲憤之情，甚至不能說是慷慨就死，而是借助於死與對死亡的超越，顯示一種永恆的真理，即耶穌之道。

以此觀之，《新約》四福音書實質上提供了一種歷史的畫卷，展示了耶穌作為神聖之人的成長歷史，同時也是他通過不斷地自我昇華而顯露其神性的歷程，而愈是後出的福音，其神性也就愈是彰顯。耶穌受洗是一個至關重要的轉捩點，惟在此後，耶穌才具有了神異的大能，被視為上帝的獨生子，是「道」得以顯現的肉身。顯然，當《約翰福音》中說「道（希臘文為「λόγος」，英譯為「the Word」、德譯為「das Wort」，直譯為「語詞」）成了肉身」時，這裡的「肉身」並不是指耶穌在生物學意義上的軀體，他的軀體無異於常人，由於長期的苦

行,他的身體甚至不如一般意義上的健康之人。「肉身」無疑是一種比喻,喻指(1) 借助於此「肉身」的言說與神異大能顯示出「道」和真理;(2) 或者進而言之,它直接就是「道」與真理的顯現形式。不過確切地說,耶穌的大能並未直接宣示真理,而只是證明了他自己的神性,使人們相信他是受上帝差遣而來,相信他所言說的就是真理。

在《聖經》中我們看到,耶穌的言說方式主要有兩種:隱喻與宣示。在《馬太福音》、《馬可福音》、《路加福音》中,有不少關於隱喻的記載。不過在最後出現的《約翰福音》中,隱語的用法就比較少了,而主要是以神的身分直接宣示真理。在分析斐洛思想時,我們曾特別指出了他的採用隱喻解釋方法來解讀《聖經》,意在揭示隱祕的神意,使人的理性能夠理解並接受神的諭旨。就此而言,在福音書中的隱喻式表達,其用意正與之背道而馳。福音書中記載了耶穌對於採用隱喻方式的用意之說明:「門徒進前來,問耶穌說:『對眾人講話為什麼要用比喻呢?』耶穌回答說:『因為天國的奧祕,只叫你們知道,不叫他們知道。……所以用比喻對他們講,是因為他們看也看不見,聽也聽不見。』」【11】而另一則對話更是奇特:「無人的時候,跟隨耶穌的人和十二個門徒問他這比喻的意思,耶穌對他們說:『神國的奧祕只叫你們知道;若是對外人講,凡事就用比喻,叫他們看是看見,卻不曉得;聽是聽見,卻不明白。』」【12】照此說來,耶穌所說的隱喻便成了基督教內部的「行話」,目的是不讓「外人」知曉「神國的奧祕」的祕密。這種表達又似乎有違耶穌作為基督的理念,即救贖的普世性。不過,如果考慮到耶穌傳道時的處境,這樣的說法也就在情理之中了。耶穌曾吩咐門徒,不可對他人說他是耶穌,以及他被出賣,並最後被釘在十字架上,都說明基督教在當時還並未被當權者視為合法的宗教組織,且屢遭迫害,處境險惡。因此,在有外人的場合用隱喻,不失為明智的權宜之計。但是若從教義學上來思考這一問題,耶穌對使用隱喻的說明卻蘊涵著更為深刻的寓意。對於同樣的隱喻表達,為何只有信徒們能領悟其真實含義,而「外人」則難見其精奧呢?關鍵的因素便是信仰。換言之,只有對上帝虔誠的信仰,才能夠理解神言以及所有的「啟示」的真正奧祕。對於宗教而言,人們不是因為理解了才去信,而是信了以後方能理解。《聖經》中曾記載,在耶穌行異能驅趕了汙鬼之後,全城的人「央求他離開他們的境界」;當眾人稱頌耶穌為啞巴驅鬼而使啞巴開口說話時,法利賽人卻說「他是靠著鬼王趕鬼」【13】。這表明,沒有堅定的信仰,就很可能將耶穌的神奇異能視為巫術,而無法領悟這些異能所隱含的一個重要消息:耶穌是上帝遣來的救世主。

耶穌曾預言自己死而復活,且這一預言得以應驗,乃是《新約》記載的最大

奇蹟。無論如何，耶穌復活後屢次向門徒現身，時間長達四十天之久，對於確立他作為救世主的地位，起了非常重要的作用。在《約翰福音》中明確的表達了這一點，「記這些事，要叫你們相信耶穌是基督，是神的兒子，並且叫你們信了他，就可以因他的名而得生命。」【14】將耶穌解釋為基督應該說是那個時代眾多基督徒的看法，在後來也成了教會的正統教義。在耶穌死後，其門徒四處傳播基督教信仰。有些虔誠的信徒開始收集並整理耶穌基督的神蹟之見證，產生了多種「福音書」。於其中，《馬可福音》、《馬太福音》、《路加福音》和《約翰福音》四福音書，在耶穌死後兩百年被教會確立為正典，編入《聖經》而得以流傳，而其他的「福音書」漸而散佚，被淡忘了，保留下來了只有一些殘篇。《新約》奠定了耶穌高於包括摩西在內的其他一切先知的地位，因而獲得了一種權威性，憑藉這種權威，使得人們能夠擺脫他們所承繼的猶太教之束縛，而建立基督教。

　　毫無疑問，耶穌所從出發的起點是《舊約》，他也曾依據《舊約》來應對魔鬼的試探，援用《舊約》經文告誡信徒，但是，他更多的是順應新的社會境況而闡發新的理念，這便是「基督的律法」。若非如此，耶穌至多只是一個經師或使徒，而不能成為基督教精神的奠基人。耶穌沒有否定《舊約》的律法，而只是指出了《舊約》與《新約》不同的適用性。當人們提出這樣的問題，為何約翰的門徒要禁食，而耶穌的門徒卻不用禁食？耶穌答到：「沒有人把新布補在舊衣服上，因為補上的反帶壞了那衣服，破的就更大了；也沒有人把新酒裝在舊皮袋裡，若是這樣，皮袋就裂開，酒漏出來，連皮袋也壞了。惟獨把新酒裝在新皮袋裡，兩樣就都保全了。」【15】新的時代需不惟要對經典予以重新詮釋，而且更需要新的律法。事實上，對《舊約》的重新詮釋也構成了《新約》之內容，是舊有律法在新的時代之應用。《舊約》所載的律法是應當遵循的，耶穌在其登山寶訓的如此教導信徒們：「無論何事，你們願意人怎樣待你們，你們也要怎樣待人，因為這就是律法和先知的道理。」【16】概括此中的精神要義，可以理解為：己所欲，施於人。或者用否定的方式來表達，便是：己所不欲，勿施於人。耶穌言其是「律法和先知的道理」。但是，如果我們細審摩西十誡，其誡律雖然與耶穌的律法並不抵牾，然其於道德方面的要求則有很大的區別。摩西十誡，旨在懲惡，手段是以惡止惡，「以眼還眼，以牙還牙」。雖然，通過這種方式可以維持社會所必須的正常的生活秩序，也能間接地使人明白己所不欲、勿施於人的道理，不過全然是以否定的方式來理解的。如果人不想被偷盜、被殺害，就不能去偷盜、去殺害他人，否則就會受到同等的懲罰。人們只是出於對懲罰的畏懼而不敢違背誡律。與之相反，耶穌的教導則是一種正面的引導，由此而提升人們道德水準，

這是一種內在的心靈的提升，要達到的是對善的自覺與執著，而不是因畏懼懲罰才不敢作奸犯科。所以，耶穌的律法表現出一種博大的仁愛，以這種「仁愛」感化人們：「你們聽見有話說『以眼還眼，以牙還牙。』只是我告訴你們：不要與惡人作對。……你們聽見有話說：『當愛你的鄰舍，恨你們的敵人。』只是我告訴你們：要愛你的仇敵，為那逼迫你們的禱告。這樣，就可以作你們的天父的兒子。因為他叫日頭照好人，也照歹人；降雨給義人，也給不義之人。」【17】在這裡，「有話說」的引語見於《舊約》，耶穌的教導顯然與之不同。他對基督徒提出了更高的要求，其中的道理顯而易見，僅僅愛那些愛自己的人，是「稅吏」也能做到的，但是，基督徒要遵循上帝的旨意愛所有的人，一如他「叫日頭照好人，也照歹人」。

「律法本是藉著摩西傳的，恩典和真理都是由耶穌來的。」【18】此語出自《約翰福音》，它表明了從《舊約》到《新約》在教義上的一個重大轉折。登山寶訓有云：「莫想我來要廢掉律法和先知；我來不是要廢掉，乃是要成全。我實在告訴你們，就是到天地都廢去了，律法的一點一畫也不能廢去，都要成全。……我告訴你們：你們的義若不勝於文士和法利賽人的義，斷不能進天國。」【19】耶穌多次以這樣的口吻說，「我告訴你們……」，所述的內容都與《舊約》的律法有所不同，但是，這不是要廢除舊有的「律法和先知」，而是要「成全」它們。如果說，摩西的律法意在懲惡，那麼耶穌的律法便是旨在揚善，通過提升、淨化人的心靈，將借助於懲惡而從外部約束人的行為，轉向一種通過心靈的提升而實現內在自覺的自我約束，試圖以更為理想的方式抵達摩西律法所要達到的目標：消除罪惡。在這個意義上，耶穌的律法「成全」了「律法與先知」，以一種新的形式宣示了天國的資訊。雖然耶穌與摩西有著共同的信仰目標，但所行的路徑又有不同，如前所述，摩西著力於懲惡，懲罰的施與者猶如怒目金剛，劍拔弩張，而被懲罰者無不觳觫顫慄，驚恐哀號。似此，順從者乃出於恐懼而無奈地順從之。然而，耶穌著眼於揚善，而揚善之過程本身便是施與「恩典」、宣示「真理」的過程，「恩典」的施與者與接受者皆大歡喜，追隨者無不出於「感恩」之情而追隨之。至此，我們亦不難理解，為何在《新約》的作者那裡，認為耶穌的律法「勝於文士和法利賽人的義」了：「如今耶穌所得的職任是更美的，正如他作為更美之約的中保。這約原是憑更美之應許立的，那前約若沒有瑕疵，就無處尋求後約了。所以主指著他的百姓說：『日子將到，我要與以色列家和猶大家另立新約』。」【20】

耶穌的律法獲得更多信徒的認同，記載耶穌的言行之四福音書被視為《新約》，成為《聖經》的組成部分，就是最好的證明。帕爾默將「詮釋」一詞析為

三義，即表達（宣示）、解釋和翻譯。【21】就《新約》中的四福音書而言，主要涉及到的是「詮釋」的宣示與解釋功能，由於耶穌被認定爲基督，他的話語被視爲「聖言」，因此在其詮釋中「宣示」的成分遠大於「解釋」，這可以說是基督教詮釋學史上的一個特例了。

二、皈依者保羅

保羅，又名掃羅，猶太人，生於小亞細亞半島上的西西里地區的塔爾蘇斯城（亦譯爲「大數」），屬於羅馬公民，曾在著名的猶太教拉比迦瑪列門下按照猶太教「嚴緊的律法受教」。他也深受希臘文化的薰陶，熟悉希臘哲學，擅長運用隱喻。在《腓立比書》中，保羅自述道：「我第八天受割禮，我是以色列族、便雅憫支派的人，是希伯來人所生的希伯來人。就律法說，我是法利賽人；就熱心來說，我是逼迫教會的；就律法的意義上說，我是無可指摘的。只是我先前以爲與我有益的，我現在因基督都當作有損的。不但如此，我也將萬事當作有損的，因我以認識我主基督耶穌爲至寶。我爲他已經丟棄萬事，看作糞土，爲要得著基督，並且得以在他裡面，不是有自己因律法而得的義，乃是有信基督的義，就是因信神而來的義，使我認識基督，曉得他復活的大能，並且曉得和他一同受苦，效法他的死，或者我也得以從死裡復活。」【22】保羅的這一段自我表白，不僅袒露了他作爲一個歸依者的心路歷程，而且旗幟鮮明地捍衛耶穌的道。

在諸使徒中，保羅的歸依具有典型的意義。保羅和耶穌都同時曾在耶路撒冷，但是兩人可能未曾謀面。不過，他在耶路撒冷耳聞許多關於耶穌的傳說，耶穌的信徒與日俱增，甚至許多祭司也信從了耶穌之道，便以爲耶穌對猶太教產生了威脅，爲維護猶太教而開始參與對基督徒的迫害。當基督徒司提反因傳道而受到迫害，被推到城外被人們用石頭砸死時，「掃羅也喜悅他被害」。他「殘害教會，進各人的家，拉著男女下在監裡」。更有甚者，他還「去見大祭司，求文書個大馬士革的各會堂，若是找著信奉這道的人，無論男女，都准他捆綁帶到耶路撒冷。」【23】

正是保羅在前往大馬士革的路上親歷了所發生的異象——天上發光，他仆倒在地，聽到耶穌的告誡，失明三日，聽從耶穌的指點後得以復明——使他毅然決然地跟從了耶穌。他的歸依，無論是對於保羅本人、還是對於基督教，這都是一個重大的轉折。作爲使徒的保羅，一改其以往仇視基督教的作法，而成爲這個宗教強有力的支持者、傳道者，他被聖靈充滿，甚至能像耶穌那樣大行奇蹟【24】。對於基督教而言，他歸依後曾在羅馬帝國東部作三次傳教性的漫遊，在小亞細

亞、希臘、敘利亞和巴勒斯坦等地都留下了他的足跡，對於基督教的發展發揮了極為重要的推動作用。雖然其傳教活動在猶太人圈子裡屢遭挫折，飽受譏刺，有時甚至都有生命危險，但是他在非猶太人的社會裡卻大獲成功，信徒眾多。由於他熱心傳道，卓有成效地傳播基督教信仰，使基督教由一種猶太教教派轉變成了世界性宗教。「我是外邦人的使徒」[25]，保羅如是說，也如是行。他立志在外邦爭取信徒：「特因神所給我的恩典，使我為外邦人作基督耶穌的僕役，作神福音的祭司，叫所獻上的外邦人，因著聖靈，成為聖潔，可蒙悅納。……我立了志向，不在基督的名被稱過的地方傳福音，免得建造在別人的根基上。」[26]

不惟如此，他的思想對基督教神學還產生了深遠的影響。在《新約》的《使徒行傳》中，一半以上的篇幅記載的是他的事蹟，在《新約》總共二十七部書中，有十四部是他、或者以他的名義撰寫的，可見保羅顯然是《新約》最為重要的作者。由於他與各地教會的通信被收入《新約》，成為聖典，因而持久地影響著整個基督教世界，後世許多重要神學家——包括奧古斯丁、阿奎那、路德和加爾文在內——都深受他的著作的深刻影響，他對於基督教的形成與發展所起到的推動作用，是耶穌的所有使徒中無人能夠企及的。

在《新約》諸書的排序中，四福音書被排在前面，不過按照成書的時間，保羅的書信是現存最早的基督教文獻，當寫於四福音書之前。保羅著述，特別是《希伯來書》與斐洛的表達風格極為相似。他的思想，就其來源來說，融合了猶大猶太教和希臘猶太教的成分，有明顯的啟示派特點。就耶穌、斐洛、保羅三者對於基督教信仰的關係而言，可以做出這樣的概括：斐洛對《舊約》的隱喻式詮釋為基督教理念的形成提供了思想資源，他是一位深刻的哲學家，以其思想影響眾人，並歡迎歸依者；而耶穌是基督教基本教義的確立者和教會組織的奠基者。在基督教中，他降生於世無疑是上帝的顯現，除卻上帝通過耶穌而顯現自己，人們根本不可能認識上帝。耶穌是這樣告誡信徒的：「我就是道路、真理、生命，若不藉著我，沒有人能到父那裡去。你們若認識我，也就認識了我的父。」[27]而保羅則是實踐者，是一位熱情的傳教士，在各種場合積極爭取歸依者，成為猶太教向基督教的轉折與基督教信仰的傳播過程中的關鍵性人物。

保羅的「實踐」便是傳教活動，這是他作為耶穌的使徒之身分所規定的。然而傳教本身亦是一項理論性的活動，要針對聽眾的現實處境闡明教義，這也是他的著述基本上是以「書信」的形式載於《新約》中的原因。出於對聽者現實處境的考慮，保羅的對基督教教義闡述屢屢有新的發揮，這使得他的理論與斐洛、耶穌的教義時而有所不同，甚或有著重大的區別。他的觀念顯然被為數眾多的信眾接受了，否則在《新約》中也不會有這麼多的篇章出自他的手筆，在《使徒行

傳》中也不會有如此大的篇幅記載他的事蹟。

　　一個顯而易見的區別，就是他們在對待《舊約》律法的態度上之差異。他們雖然都傾向於用《聖經》文字的隱喻性、啓示性意義來理解人的救贖與天國奧祕，且都採用了大量隱喻闡發基督教的教義。區別在於，耶穌不僅沒有直言捨棄舊有律法，而且堅稱律法不可移易一字，他的訓條乃是爲了「成全」律法；斐洛也肯定了這一點，堅持信徒要忠實於誡命，曾批評亞歷山大城的猶太人僅僅爲著隱喻性的啓示便拋棄律法。他認爲律法是必須的：「律法熱切而謹慎地想要訓練靈魂，使它擁有大無畏的勇氣，所以制定了各種各樣的法則。」[28]他還將律法與理性聯繫在一起，賦予其一種永恆性：「健全的理性就是一種永遠正確的律法，這律法不是刻在這個人或那個人身上，不然，人死了，律法也就消失了；也不是刻在羊皮紙或板皮上，不然，就像它們一樣是無生命的；它乃是有不朽的自然刻在不朽的心靈裡，永遠不會磨滅。」[29]與之不同，保羅公然宣揚取消律法，主張「因信稱義」：「在這因信得救的理還未來以先，我們被看守在律法之下，直圈到那將來的眞道顯明出來。這樣，律法是我們訓蒙的師傅，引我們到基督那裡，使我們因信稱義。但這因信得救的理既然來到，我們從此就不在師傅的手下了。」[30]在保羅那裡，這一點是理所當然的：「耶穌超越摩西」──如《希伯來書》第三章的標題所示。其理由也很簡單，耶穌是上帝的兒子，是神；摩西則是先知，是神的僕人：「摩西爲僕人，在神的全家誠然要盡忠，爲要證明將來必傳說的事。但基督爲兒子，治理神的家」[31]。因此耶穌必然高於摩西，耶穌的律法必然高於摩西的律法。耶穌是「更美之約」（即後來的《新約》，保羅在世時，《新約》尚未成書，他說的「更美之約」，或可視爲對《新約》的預言）的擔保人。前約肯定是有瑕疵的，否則就無須制定後約。「既說到新約，就以前約爲舊了，但那漸舊漸衰的，就必快歸無有了。」[32]

　　在基督教歷史上，保羅堪稱基於傳教的實踐而推動教義與教會組織的改革之典範。若不廢止舊有的律法，基督教的向非猶太民族傳播就會遭遇到巨大的阻力，這阻力並非完全來自於對於上帝的信仰之懷疑與拒斥，事實上主要的不是針對信仰本身，而是某種外於信仰的東西。因爲接受了基督教信仰，就意味著要無條件接受它的誡律，一旦接受這些誡律，就必須改變人們現有的生活方式，遵循誡律所規定的一切，包括飲食習慣、習俗、禮拜儀式與割禮等。爲了適應傳播信仰的需要，爭取廣大信衆，廢除舊有律法已是勢在必行。但這樣作法又必然遭到虔誠的猶太教徒強烈的反對，保羅傳教時幾次身處險境，便與此密切相關。即使在基督教內部，早期的基督教領袖中也有一些人與保羅發生了嚴重的分歧。不過可以肯定的是，保羅的觀念在那時被更多的人接受了，否則基督教也不會迅速地

傳遍整個羅馬帝國。

保羅所面臨的問題，首先是《舊約》與耶穌基督的教義之衝突。耶穌講述的是當下發生的事情，但是被當作《舊約》所預言的事件的實現與驗證。就此而言，《新約》在本質上是《舊約》的延續及其真理性的證明，耶穌的使徒同樣是《舊約》的解釋者，是猶太教的辯護者，此中表現出了新、舊兩約之間的連續性；然而，就耶穌所闡發的不同於《舊約》的義理而言，在新、舊兩約間出現了很大的斷裂。保羅堅持「因信稱義」，在某種程度上緩解了兩者的衝突。

保羅作「因信稱義」說，凸顯了「信」對於基督教信仰的核心意義，僅此而言，也並非是一種獨特的創見。正如我們所看到的，在本於《舊約》的猶太教信仰中，對耶和華的「信」同樣是一個至關重要的因素。不過在猶太教裡，將遵守律法作爲對上帝的「信」之必不可少的基本保障。而保羅提倡「因信稱義」，並未否定信仰中「信」的這一層含義，使得「因信稱義」說與猶太教信仰實際上有著一種意義上的關聯，卻對舊有律法形成了強烈衝擊。如果「因信」便能夠「稱義」，律法就成了基督徒可有可無的東西，成爲可以選擇的、而非必要的規定。從「因信稱義」出發，就可以自然而然地得出以下結論，這便是保羅所說的：「信心軟弱的，你們要接納，但不要辯論所疑惑的事。有人相信百物都可吃，但那軟弱的，只吃蔬菜。吃的人不可看輕不吃的人，不吃的人不可論斷吃的人；因爲神已經接納了他。……守日的人是爲主守的；吃的人是爲主吃的，因他感謝神；不吃的人是爲主不吃的，也感謝神。」[33] 他將律法視爲外在的東西，而眞正實質性的卻是內在心靈中的「信」：「你若是行律法的，割禮固然於你有益；若是犯律法的，你的割禮就算不得割禮。所以那未受割禮的，若遵守律法的條例，他雖未受割禮，豈不算是有割禮嗎？……因爲外面作猶太人的，不是眞猶太人；外面肉身的割禮，不是眞割禮。唯有裡面作的，才是眞猶太人；眞割禮也是心裡的，在乎靈，不在乎儀文。」[34]

可以說，「因信稱義」的原則滌除了基督教向「外邦人」傳播、推廣的障礙。只要人們相信耶穌基督，就可以稱爲基督徒，就可以獲得拯救，猶太教的律法也不再成爲束縛外邦人的桎梏。如果外邦人歸依基督教，不需行割禮，守安息日，遵守律法的要求，因爲人們得以拯救的一切乃根源於上帝的恩典，而得到這種恩典惟出於對上帝的「信」，並因之而與上帝建立一種融洽的關係。反過來說，僅僅在形式上遵守律法卻並不能得到解救；不惟如此，如果人們以神的名義強行推行律法，將自己的律法強加於相信上帝的外邦人，對未遵守自己的律法的外邦人施以暴行，就無異於犯罪，因爲它違背了神的旨意。

如果我們將上述保羅對於律法的見解僅僅當作有利於向外邦人傳播基督教的

權宜之計，就仍未理解他通過變革猶太教神學而奠定基督教神學的深刻意義。固然，保羅主張：人們獲得上帝的恩典，並不是出於堅守律法，而是出於信，此所謂「因信稱義」；據此，人們也就並不需要取消律法，換言之，基督教信徒們依然可以選擇遵循律法的生活，而只是要將「信」置於律法之上。但是，這並不是保羅真正要創導的，他的本意卻是要取消律法。其原因就在於，在保羅看來，(1)雖然律法與「信」原本為了同一個目標，即進入上帝所應許的天國，差別惟在於進取之路徑的不同，但是，這兩種不同的進路之選擇，卻蘊涵著對於基本教義之思考上的重大差異。保羅這樣寫道：「**凡以行律法為本的，都是被咒詛的**，因為經上記著：『凡不常按照律法書上所記一切之事去行的，就被咒詛。』沒有一個人靠著律法在神面前稱義。這是明顯的，因為經上說：『義人必因信得生。』**律法原不本乎信，**……基督既為我們受了咒詛，就贖出我們脫離律法的咒詛，因為經上記著：『凡掛在木頭上都是被咒詛的。』」（著重號為引者所加）【35】「律法原不本乎信」，事實上，恰恰是因為「不信」才頒布了律法。此一「不信」包含了兩個方面：其一，耶和華因猶太人屢屢冒犯所立的約而表現出來的不信；其二，在猶太人這一邊，則對耶和華作為唯一的「神」之不信，所以總是在猶豫徬徨，時不時地偏離上帝之道。律法所指向的是「被咒詛」的人，通過懲罰來約束其行為。被咒詛的人，出於對懲罰的恐懼而遵行律法，仍不能稱為「義人」；反之，人若有信，就必然按照上帝之意行事，乃成為「義人」，便能得到神的恩典，又何須律法嚴加管束。比較律法與信，對於基督教信仰而言，兩者孰輕孰重，一目了然。進而言之，(2)律法非但不能起到約束人的行為規範的作用，使人積極向善，歸依基督，反而產生了極大的消極影響，他這樣寫道：「因為神應許亞伯拉罕和他後裔必得承受世界，不是因律法，乃是因信而得的義。若是屬於律法的人才得為後嗣，信就歸於虛空，應許也就廢棄了。**因為律法是惹動憤怒的，哪裡沒有律法，那裡就沒有過犯。**」（著重號為引者所加）【36】律法本身並不是罪，「只是非因律法，我們就不知何為罪。非律法說，『不可起貪心』，我就不知何為貪心。然而罪趁著機會，就藉著誡命叫諸般的貪心在我心裡發動，因為沒有律法，罪是死的。我以前沒有律法，是活著的；但是誡命來到，罪又活了，我就死了。那本來叫人活的誡命，反倒叫我死。」【37】倘若如此，律法與教唆犯也就一般無異了，這種律法理當廢止。

不過，要想廢止律法也絕非易事，更何況任何宗教都要有自己的律法規定教徒的行為，因而保羅在傳教中表現出了相當大的靈活性。他這樣告訴人們：「我雖是自由的，無人轄管，然而我甘心做了眾人的僕人，為要多得人。向猶太人，我就作猶太人，為要多得猶太人；向律法以下的人，我雖不在律法以下，還是作

律法以下的人，爲要得律法以下的人；向沒有律法的人，我就作沒有律法的人，爲要得沒有律法的人。其實我在神面前，不是沒有律法；在基督裡面，正在律法之下。向軟弱的人，我就作軟弱的人，爲要得軟弱的人。向什麼樣的人，我就作什麼樣的人。無論如何總要救些人。凡我行的，都是爲福音的緣故，爲要與人同得這福音的好處。」[38] 在他看來，無論是猶太人還是其他民族的人，是有律法的人還是沒有律法的人，只要歸依了耶穌，就都可以包容在具有普世性的基督教信仰中：神只有一位，「你們因信基督耶穌，都是神的兒子。並不分猶太人、希臘人、自主的、爲奴的、或男或女，因爲你們在基督耶穌裡都成爲一了。」[39]

保羅向什麼樣的人傳道，就作什麼樣的人，顯然不能被僅僅視爲一種爲便於布道而曲意逢迎的作法；而是表達了一種新的律法觀念，並且是這一新觀念的身體力行。人們可稱這種觀念爲消除律法，但確切地說，是通過詮釋重新制定律法。在他看來，全部的舊有律法之精神要義，若以一言蔽之，便是「愛人如己」：「因爲愛人的就完全了律法。像那不可姦淫，不可殺人，不可偷盜，不可貪婪，或有別的誡命，都包在『愛人如己』這一句話之內了。愛是不加害於人的，所以愛就完全了律法。」[40]「愛人如己」一語源出於《舊約》的《利未記》（19：18）中，但此處的「人」之所指，只是自己的弟兄、鄰舍、本國的子民。在保羅那裡，則本著耶穌基督的精神賦予「愛人如己」以一種普世性的意義，所愛之人甚至包括了自己的敵人。使徒用仁愛之心傳播福音，感化世人；信徒們「愛人如己」，就根本不會違背律法而傷害他人。在這個意義上，「愛人如己」便是沒有誡命的律法。

保羅的「因信稱義」說顯然更容易爲非猶太人的民眾所接受，因爲他們本來就不受這些律法的約束。由於他們沒有律法，順著自己的本性而爲，「自己就是自己的律法」，也就不會因違背了摩西的律法而受到審判，更不會依據律法而定罪。至於猶太人，既然從律法中得到教訓，深信自己是「黑暗中的光」，是「在律法上有知識和眞理的典範」，就必須遵循律法，不然便是犯罪。照此說來，他之有罪，並不在於他做了什麼，而在於明知誡命、且又聲稱堅信誡命的眞理性，卻行了違背誡律之事，廢了自己所許之願。如若他脫離了律法，按照心靈、而不是按照律法的儀文行事，一心侍奉耶穌基督，活在「基督」裡，也就不存在違背誡律之罪了。或者，進而言之，只要人們接受了耶穌基督，他們所犯之罪就會得到寬恕，因爲耶穌已用自己的生命爲人贖了罪。如此，對耶穌的不信便成了眞正的罪惡，一種不可饒恕之罪。

由此出發，保羅「因信稱義」說中所蘊涵的這一層含義也就容易理解了：「『我要滅絕智慧人的智慧，廢棄聰明人的聰明。』智慧人在哪裡？文士在哪

裡？這世上辯士在哪裡？神豈不是叫這世上的智慧變成愚拙嗎？世人憑自己的智慧，既不認識神，神就樂意用人所當作愚拙的道理拯救那些信的人，這就是神的智慧了。猶太人要的是神蹟，希臘人是求智慧；我們卻是傳釘十字架的基督。」【41】人們原本不需要人的智慧與聰明，這在《舊約》中已經有了明確的表達：「耶和華知道智慧人的意念是虛妄的。」【42】保羅所述與《馬太福音》中記載的耶穌的觀點是一致的：「父啊，天地的主，我感謝你！因為你將這些事向聰敏通達之人就隱藏了起來，向嬰孩就顯出來。」【43】因為在天國裡的，正是小孩這樣的人。神性並不同於與人性，且是人的聰明才智所不能認識的；以人的智慧去理解神，無異於緣木求魚，於事無補。而那些智慧人、文士、辯士等所謂的飽學之士，自恃人的智慧與理性來解說神，豈不是南轅北轍，愈行愈遠？倒不如那些孩童，本著赤子之心，無塵世之俗見，不知律法誡命，順從自己的本性而行事，更易於歸依上帝【44】。

　　概而言之，保羅「因信稱義」的信條標誌著基督教神學的一個重要的轉折：返回宗教最為原初的基點——信。哲人康德有云：「我必須揚棄知識，以便為信仰留出位置。」（Ich mußte also das **Wissen** aufheben, um zum **Glauben** Platz zu bekommen.）【45】於康德而言，上帝以及靈魂不朽等信仰的東西能不能證明，是無關緊要的，關鍵是人們有沒有被稱為「信仰」的東西。用此語來說明保羅心路歷程倒也貼切：要捍衛基督教信仰，就必須揚棄除信仰以外的所有知識，包括對於律法誡命的知識。《舊約》本是出於信而成，但因其制定了律法，試圖通過外部的力量對人的制約來實現天國的理想，其後，又由於在解經過程中援入希臘理性為《舊約》提供合法性的說明，使得這種「信」變成了基於人的理性可以接受的東西，這在保羅看來，已經背離了猶太教—基督教的根本旨意。他提出「因信稱義」，毋寧是一種回歸，回歸到斐洛所主張的、出於人的心靈之內在體驗之「信」。如果有了對於耶穌基督的信仰便可得以免除罪孽，進入所許諾的天國，這對於人來說，確實具有極大的吸引力。保羅神學之所以如此成功，被定為基督教正統教義，當是不難理解的問題了。

第五章

奧利金：信仰與知識

奧利金（Origen，約西元185～254），早期希臘教會最有影響的神學家與《聖經》學者，基督教教父代表人物之一，被哲羅姆[1]（Jerome，Saint西元347～419／420）譽爲使徒之後早期基督教的最偉大的導師。雖然他對基督教教義的解釋引起了頗多的爭議，但無疑是《聖經》詮釋史上的一位極爲重要的思想家。斐洛認爲希臘哲學的一神概念與希伯來傳統的上帝頗有相似之處，以希臘哲學來解猶太《聖經》，將柏拉圖視同摩西，爲基督教信仰提供了一種更有說服力的哲學敘述方式。他的理念影響了使徒之後的基督教教父，在他們的、尤其是奧利金的基督教神學中，深深地打上了希臘哲學的烙印，具有很強的哲學思辨性。

奧利金生於亞歷山大裡亞的一個富裕的基督徒家庭，因此他受到較好的早期教育。一方面，其父勒奧尼德（Leonides）[2]是虔誠的基督徒，曾親自爲他講授《聖經》知識。奧利金秉承家學，於《聖經》文本爛熟於心，加之他聰慧過人，勤於思考，對於《聖經》以及基督教教義有著深刻的理解；另一方面，奧利金也受到了良好的希臘式教育。據教會史家優西比烏（Eusebius，約西元260～340）所記，奧利金曾就學於著名的教父克雷門（Clement of Alexandria，西元150～215），並繼他之後擔任教理學校的校長，還曾就學於新柏拉圖哲學創始人阿摩尼烏·薩卡斯（Ammonius Saccas，西元175？～242）[3]，較全面地把握了希臘文學、語言學（特別是語法學）、數學、天文學等等方面的知識。因此，奧利金的思想發展始終處於基督教與希臘文化傳統的雙重背景之下，也因之具有雙重特徵：作爲基督教神學家，奧利金立足於《聖經》，此一點構成了他的信仰之基礎，且終生不渝；作爲哲學家，他繼承了希臘理性主義傳統，執著於對知識的追求。奧利金集此雙重身分於一身，將《聖經》詮釋知識化，始開系統的《聖經》詮釋之先河，並通過這種詮釋而建構了一個基督教神學體系。

一、經典校勘與教義研究

奧利金勤於著述，可能是早期基督教最多產的神學家。據說撰有著述八百餘種，但流傳於世的卻不多[4]。在基督教神學發展史上，教父的著述起到了至關重要的作用。按照傳統的劃分，以尼西亞會議（councils of Nicaea，西元325年，由東羅馬帝國皇帝君士坦丁一世召開）爲時間節點，在此之前的教父稱爲「尼西亞前教父」，此後的稱爲「尼西亞後教父」。由於所處的時代、所面對的社會境況不同，兩者的任務和神學思想特徵也表現出了很大的差異。在「尼西亞前教父」時代，基督教在社會上尚是被壓制的、非主流的宗教，時有迫害基督徒的事件發生，以至於一批一批的殉道者前赴後繼，爲自己的信仰而被殘害至死。

因此，這一階段的教父之著述，多為(1) 詮釋《聖經》文本，並宣揚耶穌基督的福音；(2) 反駁異教的攻擊，竭力「護教」，以求得被社會認同的合法地位。而「尼西亞後教父」時代，基督教已被確立為正統，成為羅馬帝國的國教，吸引了更多的學者參與其中，並能夠無所顧忌地潛心於基督教神學理論研究，除了繼續駁斥異端之外，還力圖在理論上證明、闡述基督教信仰的基本命題之真理性，確立正統教義，因此在理論水準上有了長足的進展，理論形態也更為精緻、更為系統化。奧利金屬於「尼西亞前教父」，對於《聖經》的版本研究可稱為後世之楷模。

(一) 經典校勘與解經

奧利金可能詮解了所有的《聖經》篇章【5】，由於在那一時代，現今通行的基督教《聖經》尚未確定（作為基督教正典的《聖經》之確立，是在尼西亞會議之後）【6】，因此他的釋經範圍甚至包括了一些被後世稱為「偽經」的文本。

釋經的一個重要前提就是作為經典的文本本身的可靠性。奧利金是否從一開始就意識到了這一點，尚不得而知，我們要指出的是這一事實，即他的學術生涯正是始於此：《聖經》文本研究與校勘希臘文的《舊約》，以便提供一個可靠的經典文本。奧利金是第一次用「正典」來指稱《聖經》、將《聖經》作為信心和行為之準則的教父，他在對《馬太福音註釋》第二十八章的詮釋中宣稱，凡不包括在正典《聖經》中的著作，任何人都不得用來當作信仰的證據。因此，他堅持不懈地進行《聖經》文本的校勘與研究，經過二十年的努力，完成了著名的《六文本合參》（Hexapla），成為《聖經》版本研究史上的一座里程碑。

在亞歷山大里亞時代，史稱七十子譯本的《舊約》希臘文本已經問世，這個譯本被認為是受到了神的啟示而成，因此獲得了權威性的意義。七十子譯本完成於西元前三～二世紀，其時距奧利金生活的時代已有三、四百年，人們不難想見，在這樣一個時間跨度內必定會產生某些變動的因素，這些因素也必然會引起人們對《聖經》的重新思考。首先是神學觀念上變化，特別是在基督教產生後，基督教經典對《舊約》追溯力影響著人們對《舊約》的理解，為了能使《舊約》與《新約》達到意義上的一致性、連貫性，在解經時做出一些必要的調整已在所難免；其次，由於語言本身的變遷、發展，語詞的更新，並由此而造成了表達方式上的變化，也直接影響了對《聖經》的理解；最後，人們的神學立場不同，必然形成了對《舊約》的不同理解。

出於上述原因，當時出現數個《舊約》希臘文譯本並存的情況亦在情理之中了。其一，當然是最著名的七十子譯本，被教會確立為正典。其二，猶太人用

希臘字母拼寫的希臘文譯本。爲了抵制七十子譯本，它被猶太教放棄了，就是說，不再使用所有的希臘文本的《舊約》，而返回希伯來文《舊約》，以表示其正統性。到了西元二世紀，許多猶太人已不熟悉希伯來語，爲此而產生了第三個譯本，即阿奎那[7]譯本，將希伯來文的《舊約》直譯成希臘語，通過直譯，一方面保留了希伯來《舊約》的原義（甚至在語法結構上都類似於希伯來語），另一方面也使不懂希伯來文的猶太人理解《舊約》。其四，西馬庫斯[8]譯本。它被認爲是明晰、客觀、注重文本文義脈絡的譯本。第五，迪奧多蒂翁[9]譯本，這是一個七十子譯本的修訂本，它依據希伯來本的《聖經》對七十子譯本做了補充，收入了希伯來本中的一些不見於七十子譯本的篇章，因此在形式上更爲完整，並且對於經文做出了富有啓發意義的評鑒，對後世基督教的各種《聖經》版本都產生了重要影響。奧利金對上述五個《舊約》譯本與希伯來文本進行了細緻深入的校勘、比較研究，完成了六文本合參的《舊約》[10]。此後，奧利金又發現了兩個譯本，並將它們納入原先的四文本合參的《舊約》中，終於形成了六文本合參的《聖經》版本。這一版本的成書過程歷時二十年，傾注了奧利金的大量心血，然因戰亂和基督教內部的教義分歧而未能完整保留下來，殊爲可惜。

在編撰《六文本合參》期間，奧利金還孜孜不倦地從事《聖經》註釋工作。根據優西比烏的說法，奧利金完成了全部《聖經》的註釋工作。關於這類作品，流傳至今的尚有：《馬太福音註釋》（共二十五卷，現存八卷），《約翰福音註釋》（共三十二卷，現存八卷），《羅馬書註釋》（共十五卷，現存十卷），《創世記註釋》（存世的只有一些殘騙），《雅歌註釋》（共十卷，現存四卷）。此外，還有很多簡短的旁注（Scholia），用於解釋那些難以理解的章節和段落，於今也只存有零星片段。

(二) 教義研究

奧利金在教義研究方面的代表作爲Peri Archon（拉丁文譯本名爲De Principiis，英譯本爲On First Principles，中譯本標題爲《論首要原理》[11]）。「Archon」的希臘語詞根爲「ἀρχή」，有起因、本源、基礎、原則、要素等數種含義[12]，人們將其譯爲「First Principles」或「首要原理」，涵攝了「ἀρχή」一詞之諸義，頗爲精當。該書共四卷。第一卷討論了上帝、基督、聖靈、天使、被造之物等論題；第二卷論述了世界及其開端與起因、正義與神性、耶穌復活與末日審判、靈魂（Anima）、世界與理性的創造運動等；第三卷闡述了自由意志、惡與善的對立、三重智慧說等等；第四卷是對先前所論述的有關教父、聖子、聖靈等教義的概要總結。

　　顯然，奧利金著述活動的初衷並不是闡發一種基督教神學體系，他的目標是完成一項更爲基礎性的工作，即版本校勘與釋經。雖然釋經的前提是可靠的版本，不過校勘版本，對不同版本之辨析與取捨，卻又以對經文的理解與解釋爲前提，因此這兩項工作——版本校勘與釋經——事實上是交織在一起的。若再深究下去，對經文的理解複又依賴於先在的信仰和所接受的教義。從版本校勘工作入手，悉心研究經典，詮釋經文，漸而深入到對基本教義的思考，這種思考進而推進了釋經，奧利金的整個學術生涯便表現出了這樣一種詮釋的循環。

　　奧利金對於基督教教義探究的最引人矚目之貢獻，是他的「三位一體」理論。他在《論首要原理》以及《與赫勒克利得斯的對話》（Dialogue with Hera-clides，約著於西元246～248年）詳細探討了這一論題。雖然在《聖經》中已經有了聖父、聖子和聖靈的名稱，但在最初的基督徒那裡並沒有「三位一體」的觀念，儘管他們也是以聖父、聖子、聖靈的名義受洗。「三位一體」觀念的提出與證明，本身就是一個非常複雜、且高度哲學化的問題，它顯然受到了希臘哲學的影響，可以說是將希臘哲學與福音的眞理融爲一體的範例。論及基督教神學與希臘哲學的淵源關係，最重要的當然是柏拉圖和亞里斯多德的哲學，眾所周知，他們的哲學構成了中世紀神學——奧古斯丁主義和湯瑪斯主義——的兩大理論支柱。

　　就「三位一體」觀念而言，(1) 首先應當指出的是柏拉圖的理念論。他將理念視爲永恆、單一、不動的絕對存在，理念是所有被創造物的本原與原型，萬物皆由此而出，而其本身又是不可視見的、超驗的（transcendent）。理念的超驗性、絕對性顯然非常適用於對上帝之存在的證明。對於基督教教父——比如克雷門——來說，這一點是理所當然的：所有的眞理都是神的眞理，希臘哲學僅僅是讓人們理解與接受福音眞理的準備，甚至認爲柏拉圖是摩西的化身。在這裡「超驗性」概念事實上構成了理解「三位一體」觀念的基礎，換言之，沒有「超驗性」概念，「三位一體」甚至是不可想像的。(2) 應提到的是希臘哲學中關於本質與屬性的理論探討。在希臘語中，「ousia」一詞意爲具體的存在（substantia，被造之物，實體）或一般的存在（essentia[13]，神性的東西）。在不同哲學家那裡，其含義是不同的，或者說是不確定的。在柏拉圖的早期對話裡，作爲哲學概念的「ousia」有時指向「Sache（實體，個別之存在）」[14]，有時意爲「We-sen（本質）」[15]。而這種「本質」，既有別於「非存在」（因爲「本質」是一般意義上的存在），也不同於「生成」（因爲「本質」是永恆不變的）。在亞里斯多德的著述中，這個詞的含義也未確定，比如在他的《範疇篇》中，該詞有時指具體的存在（個別事物），有時泛指「存在」。「essentia」作爲一般的存在

的，所指向的是「本質、本性、本體」。被亞里斯多德稱爲第一哲學（prote phi-
losophia）的主要內容包含了兩個方面：(i) 研究存在的原則、第一原因和本質屬
性；(ii) 研究超驗的、永恆不變的存在及神學。這兩個方面都旨在闡明哲學的根
本問題，即對於作爲一般的存在之「essentia」探索，當然也就包括對神的「es-
sentia」的思考。

如前所述，「ousia」一詞內在包含的「essentia」與「substantia」兩層含
義，其區分在希臘哲學家那裡是模糊不清的，事實上，「essentia」常被當作拉丁
語詞「substantia」的同義詞來使用。這樣一種狀況，給後人理解內在於「ousia」
的「essentia」與「substantia」之關係造成了極大的困難和混亂。其含義之確定，
主要是通過神學的研究，或者說出於神學的需要而實現的【16】。兩希文明之融
合的特徵，在基督教那裡表現爲將希臘哲學納入神學的框架來思考，使哲學成爲
神學的論證工具，或者採用更爲流行的形像說法，使哲學成爲神學的婢女。由於
「三位一體」觀念超出了人們的感性經驗，以及神的三位性與一體性之關係及其
在信仰上造成的衝突，因此對於常人而言，實在殊難理解與接受。雖然基督教教
父可以將之作爲信條而要求信徒無條件的接受，但是更理智的作法顯然是爲之
提供一種理性的證明，使更多的人在理解的基礎上堅定自己的信念。將「essen-
tia」與「substantia」作爲一個關聯整體的思考似乎爲這種證明找到了一條出路。
「essentia」作爲一般的存在、純粹的本質，乃爲本原的、最高的存在與事物的眞
理，而「substantia」是「essentia」得以寓於其中的實體，正因如此，後來奧古斯
丁說，「essentia」只是對神而言，也只有「essentia」能指稱處於永恆不變狀態
的神【17】。

首先提出「三位一體」（Trinitas）教義的是教父德爾圖良（Tertullian，約西
元160～230），他用「essentia」來說明神性，它是聖父、聖子和聖靈所共有的同
一本質。在他看來，聖父、聖子和聖靈三個實體（substance）合而爲一，成爲一
個三一體（Trinity），於其中，依次構成了三個位格（three Persons）。此三者之
區別，並不在於其品質（condition），而在於它們的地位：不在於其實質（sub-
stance），而在於其形式；不在於其大能，而在於其面向。它們在其本質上同屬
一道，只是因層次、形式和面向之不同而分別名之爲聖父、聖子和聖靈【18】。
「essentia」與「substantia」在此得以區分出來，前者指向共同的神性，後者意指
此共同神性的三個位格（substantia/person），或者說，三種存在方式。神在「es-
sentia」的意義上爲「一」，而在「substantia」的意義上爲「三」，神本身就是
這樣的Trinitas（三一體）。

奧利金接受了德爾圖良「三位一體」觀念，但賦予其以新的意義。在德爾

圖良那裡，「三位一體」的側重點在於「一」，在於神性之同一，三個位格的獨立意義未能得以彰顯。奧利金援用了「hypostasis」（實體）概念來說明三位性、特別是耶穌屬人和屬神的本質之統一的位格。「hypostasis」的含義與「ousia」一樣的複雜、多變。它很難定義，在希臘語文獻的語境關聯中，其含義可以在對立於「顯像」（Erscheinung）或「名稱」（Name）、或平行於「生成」（Werden）或「狀態」（Gestalt）、或區別於「ousia」（Wesen / Sein，本質 / 存在）的意義上使用，它常用於技術─自然科學的論述，而較少地在日常用語或作為《聖經》用語來使用。這一概念起先並未引起人們特別的注意，柏拉圖和亞里斯多德從未在哲學的意義上使用過這一概念【19】，在《新約》中，它只出現過五次。最初將「hypostasis」這一術語引入自然哲學領域的是波塞多尼奧（Poseidonios，約西元前135～51），他將「hypostasis」理解為「原初存在」（Ursein），乃是居於「ousia」和單一本質的諸特性（Eigentumlichkeiten des Einzelwesens）之間的東西，並在單一事物中自我顯現出來【20】。德爾圖良用「substantia」來描述「hypostasis」，將其譯為拉丁語的「origo」（本原）或「genitura」（生成）。

　　奧利金用日漸流行的「hypostasis」來指稱基督：「在我們將神的智慧稱為基督時，不要以為我們是意指某種非人格的東西，比如說，不是將他理解為具有智慧的生命存在（living being）（此處的being，在希臘原文中為hypostasis──筆者注），而是理解為某種使我們聰明的東西。……聖子就是聖子的智慧之實體性的存在（hypostatically existing）。」【21】奧利金雖然接受了「三位一體」觀念，但是認真說來，他比較強調的是三位中「聖父」與「聖子」兩個位格，而對於「聖靈」的獨特意蘊之考慮，則是輕描淡寫，似有若無。這一點也映射出了當時的基督教神學的理論特徵：包括奧利金在內的早期基督教教父關注的焦點是聖父與聖子的關係問題，而沒有專門展開關於聖靈的探討。直至奧古斯丁，這種情況才發生了實質性的轉變。

　　由於亞里斯多德並未嚴格區分「hypokeimenon（hypostasis）」與「ousia」的含義，沿用其說的奧利金在表達「三位一體」觀念時所表現出來的混亂也就在所難免了：由於沒有區分「hypostasis（substance）」和ousia（Sein / being），使奧利金表達基督教「三位一體」觀念陷入了一種困境，如果將hypostasis視同ousia（Sein），聖父、聖子和聖靈作為神的三個位格就成了三個獨立存在的神，這就有悖於基督教的一神教義；如果不在ousia（Sein）的意義上理解hypostasis，它所指向的三個位格的個體性存在的特殊意指會被削弱，也就是父、子和靈作為個體性存在的意義會被遮掩，以至於人們以為他們不是三個真實的個體，只是三

種不同的表象，這就沒辦法將基督教的獨一神論（位格的神）與猶太教的獨一神論區別開來【22】。

為此，我們在奧利金那裡看到了一些不甚協調的表達，一方面，他堅信：「存在著三個實體（hypostases），亦即聖父、聖子和聖靈」【23】，認為聖父與聖子同在，宣稱神就是聖靈【24】，對於三個位格平等視之，沒有大小或高下之分；而另一方面，「奧利金應用與解釋邏各斯的觀念，有一個主要目的，在於展示超越世界的神通過道成肉身如何與時空歷史建立關係的價值。因此，邏各斯雖然永恆並與父神同等，無論如何都必須次於父神，……他主張，父神是所有神性的源頭，因此子與聖靈都從父神得到神聖的存在與良善。」【25】因而，在「三位一體」中，聖父便是首位的，而聖子與聖靈則是次位的。雖然聖子（＝邏各斯）與聖靈遠遠地超越了其他一切受造之萬物，但是，聖父對於此二者的超越，更大於它們對於萬物之超越。倘若如此，立刻就引發了一系列的問題，首先是這兩種相互矛盾的表述之協調問題；其次，也是更為棘手的問題：如何理解作為「一體」的、在「essentia」意義上的「神」與作為第一位格的聖父之間的關係。

這些表現在基督教神學中的問題，歸根結柢乃是因為借助於希臘哲學闡述基督教教義而產生的問題。在這個意義上，希臘哲學對於基督教神學猶如一柄雙面利刃之劍。由於作為哲學概念的「hypostasis」本身具有「substance」（實體）、「essence」（本質）和「underlying reality」（第一實體）諸義，用以描述「三位一體」觀念時，若不是特別注意其含義上的區別的話，必然會引起表達上的混亂。這樣闡述顯然缺乏必要的說服力，這可能是奧利金關於「三位元」的等級說一度被視為異端的重要原因。這種混亂，在拉丁語的基督教語境中，通過波伊提烏（Boethius, 西元？～524年）才得以結束，他明確地闡明了兩者的關係：「雖然本質（essentiae）無所不在，然而它們只存在於個體的和單一的實體（substant）之中」（essentiae in universalibus quidem esse possunt，in solis vero individuis et particularibus substant）【26】。這種觀點被教會所採用，成為基督教的正統教義。

二、信仰與知識

保羅倡言「因信稱義」，因此在他的隱喻性解釋中少有知識的成分。他的比喻方法簡單直截：「因為律法上記著，亞伯拉罕有兩個兒子，一個是使女生的，一個是自主之婦人生的。然而那使女所生的，是按著血氣生的；那自主之婦人生的，是憑著應許生的。這都是比方，這兩個婦人就是兩約。一約是出於西奈山，

生子爲奴，乃是夏甲。這夏甲二字指著阿拉伯的西奈山，與現在的耶路撒冷同類，因耶路撒冷和她的兒女都是爲奴的。但那在上的耶路撒冷是自主的，她是我們的母。……弟兄們，我們是憑著應許作兒女，如同以撒一樣。當時，那按著血氣生的，逼迫了那按著聖靈生的，現在也是這樣。」【27】通過類比，保羅得出基督徒是因了「應許」而生，他們受到「逼迫」，恰恰證明了他們是「自主之婦生的」，是「按著聖靈生的」。這樣的隱喻性解釋，與其說是「解釋」，不如說是「宣告」。

與此不同，奧利金取法斐洛，試圖對於《聖經》做出能夠見容於理性的解釋。「兩希文明」之融合，始於西元前二世紀，在那時，希伯來文化已經開始吸收哲學的方法和希臘語的文化遺產。但是這種「融合」在基督教形成過程中才獲得了實質性的進展，其宗旨乃是基督教福音的眞理與希臘哲學的融合，其形式表現爲信仰與知識之結合。在這一過程中的第一個重要的代表人物，毫無疑問是斐洛，他兼具猶太哲學家和基督教神學家雙重身分，可以說是在雙重的——在西方哲學史和基督教神學的——意義上將基督教信仰和哲學理性結合在一起的思想家。斐洛所開啓的方向在奧利金那裡被進一步發揚光大，奧利金本人也因此成爲解經史上里程碑式的神學家。

奧利金強調知識與理性，顯然與他所受到的教育有關。奧利金曾受業於阿摩尼烏・薩卡斯（他的老師正是新柏拉圖主義的創始人普羅提諾），因此在哲學上傾向於新柏拉圖主義。當然，他的研究所涉獵的範圍要寬廣的多，除了新柏拉圖主義外，還包括了希臘哲學、新斯多噶主義等，爲了反駁異端，他還深入研究了諾斯底主義。凡此種種，使得奧利金的思維與語言表達方式具有濃厚的哲學思辨性。

在保羅看來，智慧可分爲兩種，一種是神的智慧，一種是人的智慧。神的智慧高深莫測，即便是「神的愚拙總比人智慧」【28】，更不用說神的智慧了，因而神的智慧實在是人的智慧所不能理解和認識的。非但如此，人的智慧還阻礙著人對上帝之「信」，因此保羅要求廢棄人的智慧與聰明，對於上帝，人唯有「信」而已。是以，保羅傳道，「並不用智慧的言語，免得基督的十字架落了空。」【29】這種作法很容易爲人所詬病，以爲耶穌只是比較成功的巫師，他所行的奇蹟乃與巫術一般無異，而基督徒則是無知且輕信之人。持有這種看法的知識份子在當時並不在少數，凱爾蘇斯（Celsus，生卒年不詳，約生活於西元180年前後）對基督教的批評可以說是代表了這一群體的學者之共同見解。凱爾蘇斯撰有《眞言》（The True Word）（成書於約西元177～180年，已佚）一書，系統地批評了基督教義，在當時產生了很大的影響。凱爾蘇斯的《眞言》對於基督教的指

控並非完全無中生有，在某些方面，凱爾蘇斯所指責的東西也正是奧利金所反對的東西，只是兩者出發點有著原則的不同，凱爾蘇斯批評基督教教義，旨在否定基督教；而奧利金則希望通過對基督教的反思完善基督教。正因如此，奧利金在其《駁凱爾蘇斯》（*Contra Celsum*，英譯本為*Against Celsus*）一書中就具有了一種獨特的風貌：它一方面反駁凱爾蘇斯，另一方面也是對基督教內部的某些觀點與作法展開批評，或者說，借助於凱爾蘇斯的批評來展開內部的批評。

凱爾蘇斯視耶穌為巫師，並斷言，耶穌只是借助於魔術而得以完成那些奇蹟【30】。奧利金反駁道：「如果耶穌像魔術師（dealers in magical arts）那樣，只是為了表演而變魔術，在他們之間就確實有相似之處。不過，現下還沒有任何一個玩雜耍的人，通過他的表演過程來吸引他的觀眾，來矯正他們的行為，或者，使那些驚奇的觀眾轉向對上帝的敬畏，也不會努力勸說他們，像蒙神稱義的人那樣去生活。玩雜耍的人絕不會去做那些事情，因為他們既沒有這樣的能力和意志，也沒有任何這樣的願望為矯正人們的行為而操勞，此乃由於他們自己的生活是充滿了最粗俗的與最無恥的罪惡。」【31】奧利金由此想證明，就形式而言，耶穌所行之奇蹟與魔術類似，但在信仰與道德的層面，兩者實有天壤之別，耶穌無疑是屬神的，他本身就是神，他本是為了拯救人類而現身的。

凱爾蘇斯指責說，某些基督教徒根本不想為他們的信仰說明其理由，或接受某種理由，而一味地反覆絮叨，「無須驗查，只要相信」，「你的信仰將拯救你」等等，聲稱「俗世的智慧是邪惡的，愚拙（foolishness）才是善事」。這些話，與保羅所言如出一轍，基督教徒並不陌生。儘管如此，奧利金還是做出了批評性的回應：「人們在基督教教義體系中會發現，它所述說的並非如此妄自尊大，至少有很多關於信條的研究、以及關於晦暗不明的話語之說明見於先知的著述；在福音書中有著諸多比喻，還有無以計數的同樣是敘述或確定象徵意義的其他言論。」【32】部分地由於生活之所迫，部分地是因為人的軟弱，只有很少的人真正潛心於對它們的研究。然而，只有當人們真正明瞭經過審視的信仰之理由，才能得以提升，淨化自己靈魂。奧利金就是這樣站在一種更易於被人的理性所接受的立場上為耶穌的神性與基督教進行辯解，同時也闡明了自己不同於保羅的主張：對於知識的訴求。奧利金的主張也有其《聖經》文本上的依據：「聰明的人心得知識，智慧的人耳求知識」【33】，「智慧人大有能力，有知識的人力上加力。」【34】

奧利金顯然是少數致力於教義研究的學者之一，可能是那個時代最出色的基督教理論家。他的著述，特別是他的解經性著作，充分體現了他的學者氣質。這一點，我們也可以從他上述對於「三位一體」觀念的辨析中略見一斑。

　　但是，人們並不能由此得出結論，認爲奧利金是將理性置於信仰之上的基督教的哲學家。無論如何，與知識、理性相比，他其實更爲強調信仰的優先性。對此，有學者做出了這樣的概括：「奧利金或許是一位知識份子，但是論到神學的時候，他對於神聖啓示與信心的強調，與哲學與理性相比較，只有過之而無不及。對於基督徒，若要思考神與救恩，必須先委身於信仰，包括接受教會傳統的眞理，尤其是使徒的教導。奧利金與克萊門特一樣，知道並承認聖經以外的眞理，但是否認眞理與神聖啓示會有衝突的可能性。……奧利金的神學思考開始於神學與哲學的正確角色。我們已經看到，奧利金使他們很緊密地結合在一起，同時又賦予神聖啓示與信仰首要的地位。」【35】

三、解經方法論

　　奧利金的解經思想對於基督教詮釋學史有著特殊的意義，這不僅是指他的神學思想的諸多方面乃是通過對基督教經典的詮釋而得以闡發，而且還在於他所發展了的解經方法——隱喻解經法。伽達默爾曾對隱喻詮釋問題做了這樣的說明：「隱喻詮釋（allegorischen Interpretation）問題是古代詮釋學的核心。隱喻詮釋本身則更爲古老。Hyponoia，即背後之意，曾是用以表示隱喻之含義的原初詞語。這種解釋，在智者時代已經流行，有如那時塔忒（A. Tate）所宣稱的那樣，並且，也爲後來通過新發現的紙莎草書（Papyrostexte）所證明。作爲基礎的歷史關聯很清楚：由於荷馬史詩的價值世界——它被視爲貴族社會的價值世界——已喪失其約束力，便要求一種用於解釋流傳物的新的解釋藝術（Deutungskunst）。這是與城邦的民主化過程一同發生的，其時城邦的新貴們接受了貴族倫理，智者的教化理念就是這種倫理的表達。奧德賽勝過了阿基琉斯，並且在戲劇中也常常表現出智者派的特徵。特別是在希臘化時期斯多噶派的荷馬—詮釋中，隱喻已成爲一種普遍使用的方法。奧利金與奧古斯丁所概括的教父詮釋學，就是延續了這一傳統。」【36】當然，奧利金的隱喻解經法，比起他的前輩們所使用的同類方法，顯然要更爲成熟、充分。如前所述，早在保羅和斐洛那裡已廣泛地使用了隱喻解經法來詮釋《聖經》，奧利金的解經方法承襲了保羅和斐洛，成爲新亞歷山大裡亞學派的主要代表。這一學派堅持以隱喻解經，或者更爲確切地說，將文字的字面含義和寓於其中的精神意義綜合在一起進行解經。但是寓意的解釋原則並沒有被普遍接受，與新亞歷山大裡亞學派相對立的安提阿學派（the school of Antioch）主張採用歷史—語法學方法（the historical-grammatical method），強調依據文字的字面意義和歷史背景來解釋《聖經》，認爲隱喻解經醉心於無根據的

臆測，實在是曲解《聖經》【37】。雖然如此，以隱喻解經與借助歷史—語法學方法解經在這一點上卻是完全一致的：《聖經》文本的意義具有單一性、確定性，因而正確的解釋也就具有唯一性。區別在於，前者以文字所開啓的精神意義爲鵠的，將文字視爲喚醒人的靈感的啓示；而後者最終目標是闡明文字本身的意義。

(一) 三重意義與三重智慧

在克雷門那裡，乃將哲學本身視爲實踐意義上智慧，他接受了斐洛的觀點，認爲智慧是知識，包括對於神的知識以及人類事物及其原因的知識。眞正的智慧與哲學乃源於啓示，因此是神性的東西，並由此而有別於人的智慧與哲學。奧利金秉承此說，寫道：由於智慧是關於神性的和人類的事物及其原因的知識，因此它乃是通過神的道來界定的。神是智慧的源泉，而對於智慧本身，奧利金引用了《聖經》中話予以說明：智慧是「發自全能的上帝之呼吸，是上帝純粹的神性之流」。眞正有智慧的人，就不會拒絕一個把握了基督教信仰之原則的基督徒所說的東西，而被引向謬誤，或者被謬誤所誘惑【38】。奧利金認爲，耶穌基督就是以救恩的形式表現出來的智慧【39】，與此不同，人的智慧只是一種練習，通過它，人們方可能抵達神性的智慧。

但是，這並不意味著，人的智慧是基礎性的前提，相反地，在奧利金看來，討論這樣一個重大問題是決不能仰仗人的理智和理解來做出決定的，也不能根據是否被我們觀察到來判斷不可見的事物。我們所建立信仰，必須以聖靈作爲依據。由此出發，「似有必要首先指出，《聖經》本身是神聖的，就是說，它是爲上帝的精神所激發的靈感而成。因此，我們應當盡一切可能，簡潔地從神聖的經典本身引出結論。有鑒於此，在我們看來，這種出於《聖經》本身的證據──引證希伯來民族最初的立法者摩西、基督教體系的締造者與領袖耶穌基督的話語──是適宜的。」【40】

要理解與解釋《聖經》，因此就要首先確定一些重要信仰原則。這些信仰原則，魯菲努（Rufinus，是奧利金《論首要原理》拉丁文譯本的譯者，於西元398年完成此書的翻譯）在其爲《論首要原理》拉丁文譯本所作的序言中，就該書所論做出了如下概括：第一，只有一個神，他創造與安排了萬事萬物。神是正義與善的，是耶穌基督之父，他制定了律法，是眾使徒與《舊約》及《新約》之神；第二，來到世間的耶穌，先於一切被造物而爲神所生，並通過他而產生了萬物。耶穌具有與我們一樣軀體，但是爲處女與聖靈所生，他的死與死而復生都是眞實的，在復活之後曾與他的門徒交談，並升入天國；第三，聖靈的榮耀與莊嚴如同聖父與聖子。聖靈賦予所有的聖徒──無論是先知還是使徒──以靈感【41】。

　　除了上述三個主要信仰原則，還有一些需要確定重要原則：靈魂具有一個實體以及它自己的生命，當它離開這個世界後，會根據其功過而受到賞罰，或獲得永恆的生命與福祉，或遭入永恆的火作爲懲罰。每一有理智的靈魂都擁有自由的意志與意願，爲維護其善或惡而鬥爭，它們的作用是對立的。人們生來就伴隨著罪惡，但是，只要我們的生活是正義的，有智慧的，我們將會竭盡全力地擺脫罪惡；《聖經》爲聖靈所寫，具有其意義，但是，這種意義並不僅僅是那些顯而易見、一目了然的意義，而且還具有很多我們沒有注意到的奧祕之意義【42】。

　　上述幾點，既是基本的信條，又是一切解經活動所從出發的起點。奧利金關於三重智慧的闡發當是受到了所羅門的智慧的啓發。在他的《論首要原理》中，特別提到他在所羅門的「箴言」那裡發現了正確地理解、研究《聖經》意義的規則。他寫道：所羅門告誡人們要在三個方面描述《聖經》中提及的事物，即意圖、知識和眞理【43】，「因此，每一個人，都應當在自己的心裡以三種方式來描述這些事物，即：對於神聖的文字（the divine letters）之理解，以便通過經文之體（body of Scripture）使更多的普通人得到啓示；我們稱此爲共同的和歷史的意義。其後，如果某些人取得了引人矚目的進步，並且能從中發現更多的意義，他們就可能爲經文之靈魂（soul of Scripture）所啓示。再進一步，有些人臻於完美，能記得使徒說的話：『在完全的人中，我們也講智慧。但不是這世上的智慧，也不是這世上有權有位將要敗亡之人的智慧。我們講的，乃是從前所隱藏、神奧祕的智慧，就是神在萬世以前預定使我們得榮耀的。』【44】所有像這樣的人就有可能爲精神之法則本身（……）所啓示，如同爲聖靈所啓示。」【45】

　　奧利金繼續寫道：「由於人是由身體（body）、靈魂（soul）和精神（spirit）組成的，神聖的經典亦是如此。」【46】奧利金做出這種大膽推測的基礎，乃是其宇宙論－本體論。在他看來，總體的宇宙等級秩序可劃分爲三個層次：居於首位的是聖父、聖子（邏各斯）與聖靈構成的「三位一體」，雖然「三位元」本身有等級上的差別，但是其神性是同等的，所以才能構成「一體」。此乃無形無象、不得視見、不可措思的神的世界，它是本原的、純粹的精神世界。奧利金堅持認爲：「根據嚴格的眞理，神是不可理解、無以測度的。此乃因爲，我們——無論是通過知覺還是反思——能夠獲得何種關於神的知識，我們不得不必須相信，神都比我們所理解的那樣好得多。」【47】第二層次是被創造的理性世界，包括引領人們向善的天使、引誘人們爲惡的魔鬼、以及游離於善惡之間的人的靈魂。他們或向善、或爲惡，取決於靈魂的選擇。第三層次是被創造出來的物質世界，乃是有形像、有時間性、因此是有生滅變化的世界。將此比之於人，人構成與此一一相對，人的軀體屬於見諸於形像的物質世界，靈魂表徵著有能力在善惡

之間進行選擇的自由意志,而精神則是從聖子(邏各斯)獲得的理性,表明了人的精神存在[48]。

由人推至《聖經》,也就是將宇宙論之觀念運用於分析《聖經》。惟著眼於此,我們才能理解奧利金關於《聖經》的三重構造之論斷。可被觀察與閱讀的經文謂之「體」(body),隱含著的道德原則謂之「靈魂」,最後,神聖的奧祕之智慧謂之「精神」。《聖經》因此而具有「體」、「靈魂」、「精神」三重意義,領悟這三重含義需要有三重智慧,前兩種智慧與知識相關,換言之,要借助於知識才能獲得其意義,而神聖的奧祕是通過靈感而抵達的神祕境界。

繼奧利金之後,亨利·呂巴克(Henri de Lubac,1896-1991)神父又將其發展為《聖經》的四重意義說:「文字的意義(這是事實上構成文本可理解性的年代學線索的材料);諷喻的意義(由於《新約》對《舊約》有一種追溯效力,《聖經》的材料看上去就像是精神意義的符號,或是對後來事件的預報;復活節的羔羊是釘死在十字架上的耶穌基督的象徵);道德的意義(這是文本的歸依力量,基督和他的道對於日常生活規則的示範性影響;是人與上帝的內在場所);解說《聖經》奧祕的意義(將現史一切日常的和歷史的材料都轉移到最後審判的和被許諾的永生的末世學的維度)。」[49]

(二) 三重解經法

奧利金既未發明語文學研究原則,也沒有創造出隱喻的文本詮釋方法,此兩者都源出於斯多亞學派和亞歷山大裡亞學派的傳統;將語文學和哲學結合在一起的處理方式和思維方式也不是新的,而是來源於柏拉圖主義。就文本詮釋而言,至少可以追溯到解釋荷馬史詩的古老傳統。在希臘世界,《伊利亞特》和《奧德賽》一直起著教化民眾的作用,因此詮釋荷馬史詩為眾多希臘學者所重視。他們將對史詩的詮釋過程中發展來的方法也運用於對哲學著作詮釋與闡述,並將之與神聖經典的啟示消息之詮釋結合在一起,基督教意義上的「聖經註釋學」(exegesis),便孕育於其中。首先應當指出的是斐洛與保羅,他們在解釋《舊約》中區分出文字和精神的意義,由此而推動了「精神」方面的解釋。不過,作為學科的聖經註釋學,卻是通過奧利金的努力而形成的:「基督徒從這種聖經註釋學(Exegese)學習了解釋《聖經》的所有形式,而奧利金,則是在基督教哲學內部將這一遺產體系化的第一人。」[50]

奧利金特別注意到了制定解釋規則的重要性。於其時,很多自稱是基督徒的人不僅在細節的問題上、而且也在一些甚至是最重要的問題上——比如關於上帝、或耶穌基督、或聖靈等見解,也包括對其他的諸如關於被創造之物的看

法──都存在著分歧。有鑒於此，當務之急便是制定出正確無誤的準則，再將其運用於《聖經》研究。他的早期著作《論首要原理》（這是他最重要的基督教神學─哲學著作，乃是奧利金著作集之系列作品中的第一集）共有四卷，其中第四卷比較集中討論了解經方法。

一旦我們回到《聖經》的詮釋問題，馬上就會看出奧利金所表現出來的亞歷山大學派特色。他雖然認為哲學是神學的婢女，知識要服從信仰，不過，在他那裡，我們真正看到了《聖經》詮釋與哲學的真正統一，隱喻性詮釋與知識性論證的統一。真正說來，隱喻性詮釋並不是產生於研讀《聖經》本身的直接要求，而是為了將希臘哲學與基督教神學結合起來的目標所推動的，確切地說，是神學力圖借助於哲學而獲得一種理性證明的力量，使得對《聖經》中的象徵符號及其寓意、即福音真理的闡發具有理性的根據。

由於《聖經》有三重構造，具有三重意義，要通過三重智慧才能獲得這些意義，於是，奧利金進而提出三重解經方法也就再也自然不過了。對此，奧爾森做出了很好的概括：「奧利金把聖經的意義分為三個層次，需要三重的認知與解釋的方法。這三個層次，與人類的三重構造互相對應：體（身體的）、魂（理智與倫理的）與靈（與救恩的最高意義相關）。經文的體，就是其字面意義。奧利金承認，這個層次有些東西具有意義。例如，神通過先知所頒布的法規，對於基督徒具有教導與幫助的作用，十誡就是這種例子。經文的魂，就是其道德意義。奧利金主張，在很多情形下，一個聖經故事在字面意義與歷史意義之下隱藏著倫理道德的原則。舊約禁止以色列人吃某些食物，實際上是指不可與惡人交往的道德規定。最後，對於奧利金，聖經最重要的意義在於靈的（精神的──引者註）層次。這個層次也是奧祕的，幾乎總是隱祕地指基督以及基督徒與神的關係。這種屬靈或者奧祕的意義一直都存在著──即使沒有人發現與承認，聖經詮釋的任務就是要努力發掘這層意義。通常這都是啓示信徒的神化或者聖化，是救恩與基督徒生活的最終目標。」【51】就解經的具體形式而言，奧利金創造了一套依次遞進的三重解經法：即頁旁註解（解讀字面意義），闡發式評注（道德意義之發揮），福音傳道（闡發精神意義）。對於《聖經》意義的整體把握，就在於對這三重解經法的綜合運用中。

這裡首先要指出的是經文字面（歷史）的意義，在保羅一脈的解經傳統中，它顯然被忽略了。據奧利金，人們不應忽視《聖經》文本之「體」某些故事的意義，即由推理而得出的歷史意義（historical sense）。這種意義，當人們試圖在隨後的其他篇章中來驗證它時，並不總是能夠被人們所發現與證實，它只有在被稱為「靈魂」或者「精神」的含義上才能被理解，這就是在福音書中所隱含的

東西。奧利金認爲，在福音書的語言中，包含著被使徒們稱爲「靈魂」和「精神」的雙重意義，理解它們，人們便得以淨化與提升；但其中的有些經文卻包含了三重意義，亦即，除了「靈魂」和「精神」的意義外，還有著《聖經》之體（文字）的意義，它是《聖經》的歷史意義，乃爲啓發讀者而流傳下來。奧利金強調：「我們所提到的最初『歷史的』意義之作用非常大，這種作用乃是爲衆多信徒——他們相信一種恰當的、簡單樸實的眞理——所證實的，並不需要許多證明，因爲這種眞理對於所有的人都是顯而易見的。與之相反，我們稱之爲經文的『靈魂』之意義，聖保羅在其致哥林多人的第一封信中已給出了大量的例子。如我們所看到的這種表述：『牛在場上踹穀的時候，不可籠住它的嘴。』緊接其後，在說明人們應當如何理解這句話時，他添加了下列話語：『難道神所掛念的是牛嗎？不全是爲我們說的嗎？分明是爲我們說的。因爲耕種的當存著指望去耕種，打場的也當存著得糧的指望去打場。』有許多其他的此類故事，以這種方式爲聽衆解釋律法提供了大量的知識。」[52] 解讀文字意義所憑藉的，是語言本身的與歷史的知識，所解讀出來的意義，本身也具有知識的性質，奧利金解經方法中對於知識的訴求，很重要的一個方面就體現在對文字本身的理解。

我們注意到，奧利金論述《聖經》的含義時，一般而言，是指其「靈魂的」與「精神的」雙重意義，當他指出此外的第三種含義時則說，《聖經》「有時甚至有三重（sometimes even three）」意義，這第三種即「體」或「歷史」的意義（字面意義）。這種表述可以從兩個方面來理解，一是指《聖經》的字面意義與其「靈魂的」、「精神的」意義相比，後者更爲重要，也更具有普遍性；二是表明了一個重要的解經原則：經文的字面意義之解釋要服從信仰，如果字面意義與信仰相抵牾、或不可理解的話，就要放棄其字面意義，而僅僅從隱喻的角度來闡釋其「靈魂的」、「精神的」的意義。在這種情況下，經文就只具有兩重含義。以此觀之，在奧利金那裡，對於字面意義的解讀，對於知識的訴求，僅僅是解經過程中的一個輔助性的工具。

《聖經》的「靈魂」之意義是從其「體」中提煉出來的意義，這表明它與人們對《聖經》文字的理解有關，但它又不是文字意義那樣顯而易見的，而是要通過理智（人的智慧）方能把握的，換言之，需要人們悉心思索、體悟才能獲得其文字背後的含義。這些隱含的意義常包含有倫理、道德方面的訓誡，用以約束人之「體」的行爲。只有對《聖經》的「靈魂」之意義達到自覺，才能把握其「精神」的意義。就此而言，「靈魂」的意義乃是通向「精神」的意義之中介，通過領悟「靈魂」的意義不斷完善人本身，使信徒漸而聖化，以臻完美——其表現就是對上帝的絕對信仰——，方能進而把握人的智慧所不能理解的神的旨意。正如

保羅所言，「在完全的人中，我們也講智慧。但不是這世上的智慧，也不是這世上有權有位將要敗亡之人的智慧。我們講的，乃是從前所隱藏、神奧祕的智慧，就是神在萬世以前預定使我們得榮耀的。」【53】在奧利金的晚期著述中，對於「靈魂的」與「精神的」意義不再詳加分辨，已將兩者合而爲一【54】，同爲神的啓示所開啓，指向奧祕的神意。

第六章

奧古斯丁：神聖的光照與真理

奧古斯丁（Aurelius Augustinus，西元350～430）生於羅馬帝國北非努米底亞省的塔加斯特（Thagaste，現位於阿爾及利亞），其一生的大部分時間是在非洲度過的。雖然他的母親莫尼卡（Monica）是虔誠的基督徒，但是他直到三十六歲才歸依基督教。他十九歲從修辭學校畢業後，先後在迦太基城、羅馬和米蘭教授修辭和演講術。一度為摩尼教所吸引，並醉心於新柏拉圖主義和懷疑派。據奧古斯丁《懺悔錄》，在西元386年，他經歷了一場「肉體與精神相爭，精神與肉體相爭」的痛苦體驗，在他的靈魂深處掀起了巨大的風暴，將其卷到他在米蘭的寓所的小花園中。他躺在一棵無花果樹下，他為自己未找到「明確的真理」、耽迷於恣享淫樂而滿腹心酸，痛哭不止。「突然我聽見從鄰近一所屋中傳來一個孩子的聲音——我分不清是男孩子或女孩子的聲音——反覆唱著：『拿著，讀吧！拿著，讀吧！』立刻我的面色變了，我集中注意力回想是否聽見過孩子們遊戲時有這樣幾句山歌；我完全想不起來。我壓制了眼淚的攻勢，站起身來。我找不到其他解釋，這一定是神的命令，叫我翻開書來，看到哪一章就讀哪一章。……我急忙回到阿利比坐的地方，因為我起身時，把使徒的書信集留在那裡。我抓到手中，翻開來，默默讀著我最先看到的一章：『不可荒宴醉酒，不可好色邪蕩，不可爭競嫉妒。總要披戴主耶穌基督，不要為肉體安排，去放縱私欲。』[1]我不想再讀下去，也不需要再讀下去了。我讀完這一節，頓覺有一道恬靜的光射到心中，驅散了陰霾籠罩的疑雲。」[2]此後不久，於387年復活節，他接受了洗禮，正式加入基督教。

奧古斯丁的整個描述充滿了奇異的色彩，這樣也使得他歸依基督教這一事件獲得了與眾不同的意義。自此，他全力投入到《聖經》研究、講經布道、反駁異端。其一生著述，卷帙浩繁，涉獵面甚廣，涵蓋了神學、解經學、哲學、倫理學等等，成為教父哲學的集大成者。後世神學家們給與了他以極高的評價，布魯斯·雪萊（Bruce Shelley）稱其為「萬世聖賢」[3]，奧爾森更是不惜筆墨地讚美他：「身兼教父、神學家與主教的奧古斯丁，巍然矗立於一個很重要的神學岔路口上，指引整個西方基督教的行進方向」，接著，他援引Justo González話說：「奧古斯丁乃是一個時代的結束，同時也是另一個新紀元的開始。他是古代基督教作家的最後一人，同時也是中世紀神學的開路先鋒。古代神學的主流都彙聚在他身上，奔騰成從他而出的滾滾江河，不僅包括了中世紀的經院哲學（scholasti-cism），連十六世紀新教神學也是其中的一個支流。」[4]在詮釋學史上，他乃是新教詮釋學的奠基者，正如伽達默爾所指出的：「唯有在某種確定的歷史條件下才有詮釋學意識。流傳物（Überlieferten）自然而然不斷地傳遞而依舊屬於傳統的本質（Wesen），必然變得令人的疑竇叢生，因而就形成了對於詮釋學任務

的清晰意識——把握傳統。正因如此，我們在奧古斯丁那裡注意到了有關《舊約》的詮釋學意識，並且，在宗教改革時期，爲反對羅馬教會的傳統原則，需要從《聖經》本身來理解經文（sola scripture，即唯一經典），此一要求使這種意識發展成爲新教詮釋學。」【5】更確切地說，《舊約》中的「詮釋學意識」是奧古斯丁立足於基督教教義詮釋《舊約》而產生的結果，惟通過它，《舊約》與《新約》的一致性、它們構成了一部整體意義上的《聖經》才成爲可能。

一、信仰與理解

在西方詮釋學史上，奧古斯丁的地位無疑是極其重要的。正如我們所看到的，他不僅是造詣精深的神學家，而且還是眞正意義上的（基督教）哲學家。奧古斯丁在闡述教義的同時，認眞梳理了信仰與理性的關係，強調信仰，卻又不排斥理性，「兩希」文明之融合在他那裡得到了充分的體現。信仰與理性，兩者雖並行不悖，卻有主次、先後之分，如果必須在兩者之間做出選擇，奧古斯丁的回答是：「寧願不理解而找到你（指上帝——筆者注），不要專求理解而找不到你。」【6】在奧古斯丁看來，唯有虔信才能通向眞理，即上帝。但是，如果人們不事先知道上帝、認識上帝，又如何信仰上帝？一旦提出這一問題，先賢傳授關於上帝的消息復又成爲人們接受上帝的一個前提。也正因如此，奧古斯丁才努力制定理解的規則，以便正確解讀《聖經》中的某些晦澀章節。這裡似乎存在著一個無法確定其開端的循環，令人無所適從。奧古斯丁顯然已經意識到了這一難題，並爲他的「心靈由相信而理解」之信念做出了說明。他自己歸依基督教是一個絕好的例證。在他歸依之前，自然已經深究過《聖經》，但其所行所言，被他自己視爲「罪惡」；歸依之後，再讀《聖經》，方領悟其中之眞理，於是痛改前非，脫胎換骨，獲得新的生命。只有基於堅定的信仰，才能獲得上帝所賦予他的一種能力，憑藉這種能力，方能認出眞理。這就是說，眞理早已存在於上帝的話語、即《聖經》之中，而不信者實難窺其堂奧。值得注意的是，信與不信，並非基於人的選擇和悟性，而是出於神的恩典，如《聖經》所說，「唯有蒙選的人得著了，其餘的就成了頑梗不化的。……『神給他們昏迷的心，眼睛不能看見，耳朵不能聽見，直到今日。』」【7】這就是奧古斯丁神學的一個重要特徵。一般說來，奧古斯丁之前的基督教神學假定了神與人之間存在著一種互動合作的關係，神允許人具有做出某些重大決策的自由。由於人具有選擇的自由，也就必須爲其錯誤的選擇承擔責任，受到上帝的懲罰。奧古斯丁雖然未否定人的自由，但尤爲強調神的權威之至高無上性、人的靈魂的軟弱無助性和對於神的恩典的絕對依賴性。

神是唯一的主動者和能力來源，人類只是神施行恩典或憤怒的工具與方法【8】。

據此，能夠理解眞理的人，只是那些「蒙選的」或被施與恩典的人；信仰上帝之人，也無非是上帝恩准其信仰上帝的人。上帝通過神聖之光開啓了他的心靈，使之見到了眞理。只有立足於此，我們才能理解奧古斯丁的《聖經》詮釋理論。

(一) 光照與眞理

在漆黑的夜幕中，我們一無所見，在陽光照耀之下，我們才能辨認出眼前的事物，「陽光」就是使萬物得以呈現、被我們所觀察到的根源。這種基於日常經驗的事實被奧古斯丁用來作爲其推論的證明，他寫道：「大地是可見的，但是，若無光照，大地則不能被視見。因此，如科學所探討的那些事物，那些人們不得不承認是最眞實的東西，除非它們通過某種光照（illumination）、亦即某個類似它們自己的、其他的太陽（some other sun）而顯現出來，否則說它們能夠被理解是不可信的。因而，正如對於可感知的太陽我們可以斷定三件事，亦即：它存在（is），它照耀，它使對象成爲可見的；同此，我們亦可斷定你們渴望知道的最隱祕的上帝之三件事，亦即：他存在，他被理解，他使其他事物被理解。」【9】

關於「光」的比喻，在《聖經》文本中是一個極爲重要的喻象。據《聖經》，上帝於其創世的第一天就創造了「光」：「神說：『要有光』，就有了光。神看光是好的，就把光暗分開了。神稱光爲晝，稱暗爲夜。有晚上，有早晨，這是頭一日。」【10】不過，從基督教神學的角度看，將「光」視爲一種比喻可能是不妥當的，更貼切地說，光本身就是上帝之大道，《聖經》本身已經指明了這一點：

上帝既是光的創造者，又是作爲所有光的光源之光【11】，他發出光亮，照耀著所有的人【12】，引領人們走向聖山；光是上帝的大能，「他（耶和華）的輝煌如同日光。從他手裡射出光線。在其中藏著他的能力」【13】；光是公理：「我必堅定我的公理爲萬民之光」【14】，「我施行的審判如光發出」【15】；光是上帝的話語：「你的言語一解開，就發出亮光，使愚人通達。」【16】

光就是耶穌。《聖經》中明確記載，耶穌告訴眾人：「我是世界的光。跟從我的，就不在黑暗裡走，必要得著生命的光。」【17】《聖經·希伯來書》作者也斷定：「他（耶穌）是神榮耀所發的光輝，是神本體的眞像」【18】。使徒約翰受神差遣，來爲「光」（耶穌基督）做見證，「那光是眞光，照亮一切生在世上的人。」【19】

不僅神本身發光，受到神恩寵的人也會發光，摩西就是一例：「摩西手

裡拿著兩塊法版下西乃山的時候，不知道自己的面皮因耶和華和他說話就發了光。」[20] 其他的聖徒亦是如此：「智慧人必發光如同天上的光。那使多人歸義的，必發光如星，直到永永遠遠。」[21] 按照《約翰福音》的說法，這種「光」不是「眞光」，而是爲「眞光」作見證，此乃因爲世界雖然是藉他而造，「世界卻不認識他」[22]。

「光」在《聖經》中的含義非常豐富，很難用定義的方式加以概括。我們首先注意到，「光」發自上帝、聖子、聖徒，在其形式上有別：上帝是光之源；耶穌是光之呈現，他本身就是光，通過他，光照萬物；還有聖徒們發出的光（人的理性之光）。但是，所有的光，在其本質上是相同的，都是上帝之光的大能之顯現。

《聖經》中關於「光」的論述，對奧古斯丁的解經活動和神學思想的形成產生了深刻的影響。據Bourke的研究，奧古斯丁似談論了四種光：「一種光即上帝的實體，這是今生之人不能直接天然地見到的；另一種是《創世紀》1：3上帝命令『要有光』（fiat lux）後創造出來的光，包括理智靈魂的非物質之光（這指的是屬靈世界如天使的太陽嗎？）；第三種光即人的理性之光（當指人的理性自身的光）；第四種是心靈的光，某種被造出來使人能夠做出眞判斷的輔助光（some created aid）。它是人人都天然有的，並非給予了一小批先知和特別有智慧的人的。」[23] 在這裡，上帝命令「要有光」而創造的「光」，實際上包括了兩種，即自然之光和靈性之光。不過前者只具有宇宙發生論的意義，不是「光照說」所討論的內容。

上帝的實體之光，人類不得視見；故耶穌作爲光的呈現，對於人類具有特殊的意義。對於耶穌與「光」之關聯，《約翰福音》中提供了清晰的說明：耶穌是世界之光；是「道路、眞理、生命」[24]。綜而言之，當《聖經》說到世界之光時，指的就是「道路、眞理、生命」，也就是耶穌基督。是以《聖經》有言：「光來到世間，世人因自己的行爲是惡的，不愛光倒愛黑暗。定他的罪就是在此。凡做惡的便恨光，並不來就光，恐怕他的行爲受責備；但行眞理的必來就光，要顯明他所行的是靠神而行。」[25]「那在黑暗裡行走的，不知道往何處去。你們應當趁著有光，信從這光，使你們成爲光明之子。」[26]

確實，奧古斯丁談到了諸種光，但是，歸根到底都只是一種光。他在《上帝之城》中引述了《聖經》的一段話：「有一個人，是從神那裡差來的，名叫約翰。這人來，爲要作見證，就是爲光作見證，叫眾人因他可以信。他不是那光，乃是要爲光作見證。那光是眞光，照亮一切生在世上的人。」[27] 緊接著，他寫道：「這個區分充分表明，理性或理智的靈魂，比如約翰的靈魂，不可能擁有

他自己的光，而需要從另一個光源得到光照，這才是真正的光。」【28】即便是那些「不朽的、幸福的天堂居民……，這些存在著的幸福與我們的幸福來自同一源泉，來自照射於它們之上的某種理智之光，這就是它們的上帝，是與它們自身不同的，在上帝之光的照耀下它們受到啓示，可以通過分有上帝之光而處於一種完美的幸福狀態。」【29】奧古斯丁贊成普羅提諾的說法，「光創造了世界靈魂，在理智之光照耀下，靈魂得到啓示。……如果上帝是太陽，那麼靈魂就是月亮。……月亮的光芒來自太陽。」【30】

綜觀奧古斯丁的思想，雖然他對「光」沒有給出確切的定義，他有時以光指稱上帝，有時指向耶穌，有時甚或指向人的理性之光，但是其主旨還是很清晰的。概括起來，主要有以下幾點：其一，光爲上帝之實體，此乃所有的光之源泉；其二，光就是耶穌、邏各斯、眞理，關於上帝的實體之光與創造萬物之光（耶穌、邏各斯）以及聖靈之光（靈性智慧）三者的關係，完全可以沿用神的三位一體的論證方式來說明【31】；光是可以分享的，聖徒乃至一般信徒能獲得眞理，乃是因爲被上帝之光所照耀，所啓示。人們乃因爲凝視（contemplation）神的光而使自身也成爲光【32】。

(二) 智慧與心靈

人的智慧，它之所以被稱作智慧，「乃是因它也是神的智慧。只有這樣它才是眞智慧；如果它只是人的，就是空幻的。」【33】在前文中談論「光」時，闡明了不同的光具有同等的性質，智慧的情況亦是如此，因爲智慧就是屬靈的、不變的光。人的智慧源出於神，也是眞智慧，否則便不配稱爲智慧。但是，這並不是說，神的智慧與人的智慧就一般無異了。其實，它們之間存在著重大的區別：「上帝並不如我們那般從別人那裡得到智慧，他就是他自己的智慧；他的智慧與他的存在並非二事，在他，存在即智慧。《聖經》裡基督被稱作神的能力和智慧，……子是來自智慧的智慧，正如他是來自光的光，來自上帝的上帝。對聖靈無須多言，他也是智慧，與他們一起是一個智慧，正如他們是一個上帝、一個存在。」【34】質言之，兩者的區別在於：神的智慧就是神的存在本身，而人則是在心靈中擁有智慧，並且，只有人分有了神的智慧才是眞有智能，他本身並不是智能。人可以「擁有」智慧，也可以「不擁有」，甚或在擁有之後重新失去智慧，而神本身就是永恆不變的智慧。

由此，對人而言，至關重要的是如何獲得智慧，分有上帝的智慧。奧古斯丁認爲，「我們的知識就是基督，我們的智慧也是基督。正是他將關於塵世之物的信仰置於我們眼前，正是他將關於永恆之事的眞理置於我們心中。」【35】神

的智慧不可見，所以不能像在日常生活中那樣，以肉眼的觀察來獲得神性的知識和智慧，而是要通過觀內心來證成的。奧古斯丁甚至令人驚奇地說出了流行於當代哲學中的思想：「至於信仰本身，人若信的話，就可看到它在他心裡，若不信的話，也可知道它不在那兒，這信仰我們是以另一種方式知道的；不像物體是我們用身體的眼睛看到的，且在它們不在場時，我們藉著保留在記憶中的它們的形像可以思想之；也不像我們並未曾見、只是根據所曾見的事物構想出來的東西，……它（信仰）乃是絕對確定的知識把握的，並爲自我知識所宣示。所以，儘管我們被命令去相信（因爲我們不能看到我們被命令相信之物），但信仰本身在我們擁有它時卻是我們在自身之內看得見的東西，因爲對不在場之物的信仰本身乃是在場的，對外物的信仰本身乃是內的，對沒被看見之物的信仰本身乃是可見的；然而它乃是在時間中發生在人心裡的，如果一個人由信者變成了不信者，它（信仰）也就從他們心中消失了。」【36】奧古斯丁相信，所信仰之物的存在由此而得到證明：它雖然不能被視見，但確實存在於人們心中。於是，若要追尋神的知識與智慧，返回人的內心乃是必由之路。其前提是人的內心存有對上帝之信仰，捨此便根本不可能領悟眞正的智慧。此情景就如《聖經》所言：「那光是眞光，照亮一切生在世上的人。他在世界，世界卻不認識他。他到自己的地方來，自己的人倒不接待他。」【37】

以此觀之，在奧古斯丁看來，存在著兩類認識、理解的對象，一類是可見的外物；另一類是存在於人的心中的內在之物，它本身通過信仰而存在，反之，對於不信者而言，它就不存在。據奧古斯丁，「物體是藉身體感覺被感知；永恆不變屬靈之物則是憑智慧的推理（the Reasoning of wisdom）得到理解。」【38】人們通常注重對外物的認識，沒有意識到自己的渺小，一心外馳，力圖明白天地萬物之事之謎。然而求知性的推理（the Reasoning of knowledge）接近於感性欲求，若做得很好，可將物體引向最高的善，若做得差，便墮於物欲【39】。從根本上說，外部世界是生滅變化著的，因此在塵世中不可能找到永恆不變眞理與天國永恆的福祉。

現在的問題是，人們如何才能領悟永恆的眞理即上帝。毫無疑問，首先是要存有對於上帝的信仰，唯有內心相信上帝之存在，或者說，所信仰之物成爲心中「在場」的東西，才有可能領悟到不可視見的上帝【40】。基於這一前提，奧古斯丁討論了人心得以認識上帝或能夠認識上帝的的能力。在他看來，儘管人心與上帝的本性是不同的，但是，人心乃是我們本性中的最好的那一部分，在這一部分裡，人們可以找到上帝的形像。人心就是上帝的形像，即便它被磨損或被扭曲，也依然是上帝的形像，否則就不能認識或獲得善【41】。他認爲，心靈有兩種功

能，一是區分塵世事務的功能低級理性，另外一種是高級理解，「它致力於凝思永恆之物並只在意識中起決斷作用」【42】。前者所探究的東西屬於知識領域，後者則屬於智慧領域。在前者，「外在之人」通過「感覺」而獲得知識，而在後者，則是「內在之人」通過「理解力」而獲得「智慧」【43】。奧古斯丁承認，知識在其自身的適當限度之內具有肯定的價值，沒有知識，人們就不能具備美德，而美德將使人們過著「正直的生活、引導悲哀的此生，並使人們最終可達到永恆的福樂生活。」但是，人們藉以善用塵世之物的認知行為，是與對永恆之物的凝思不可同日而語的。在凝思中人們直面眞理，所說的是智慧的語言，這種語言「是關於旣不曾是也不將是而只是現在是的事物，並且處於永恆之中，（人們）在談到它們時雖也會使用曾是、正是、將是，但卻沒有眞正的時態變化。它們並不是曾經是而現在停止了是，或它們將要是而現在還未是，而是總是有同樣的是（存在）。……它們是可理解的因而是心靈的尋視可達到的，正如物體是身體感官可見可觸的。」【44】

雖然上帝之本性、或實體、或本質，不論人們用什麼名稱指他的實在，都無法被人的感官所感知，但是必須相信，通過受他控制的受造者，不僅聖子或聖靈，而且聖父也都可以用「一種形像來向世人的感官展現自己」【45】如此，人們所獲得的知識就可以用來認識、證明上帝。這也是奧古斯丁並不排除知識、探索知識之本性的原因。奧古斯丁的《論三位一體》，就是以知識性的推理來證明上帝的。我們可以這樣概括他的思維理路：他要求人們首先建立對於上帝之信仰，我們可以將這種信仰視為假設，雖然是假設，但無疑是一種「存在」——內在於心中的存在。如果是假設，就可能有眞有偽，因此所有的假設之關鍵便在於證明。如果某種假設被證明了，這種假設便是眞理。循此，如果人們通過某種方式證明了被信仰的上帝之存在，那麼上帝就從一種假設、一種純粹的被信仰之物以及一種內在於心中的形像被證明為眞實的存在。

如前所述，眞理、智慧、上帝本是不可見的，無法通過身體感官而感知，而屬於「內在之人」、亦即人的心靈之事，唯有返觀人的心靈才能證成。雖然心靈具有獲得知識與智慧的雙重功能，但是知識只有用於證明上帝、將人們引向美德時才是可取的。就此而言，知識可被稱為智慧，一種關於美德的知識。從中表明了知識與智慧的某種關聯，通過這種關聯，人們看到了由知識轉向智慧的必要性。事實上，人的知識若無美德伴行，一旦為惡，其為害更甚於無知者。

在奧古斯丁看來，人的心是能夠認識上帝的，這不僅是因為，人的心是人的本性中最好的部分，捨此別無他途；還因為心本身就是上帝的鏡子，人們無法直觀到上帝，但是上帝的形像印在鏡子上，通過返觀自己的心就可看見（或者說，

在自己的意識中呈現）上帝。他說：「我們曾認爲最好是，一步一步地在內在之人裡面的每一個層面尋找一種恰當的三一，正如我們先前在外在之人裡面所尋找的那樣，以通過在這些較低級的層次上訓練心靈，使之得以藉著自己的小尺度，至少可以在一種模糊的鏡子裡睹得上帝所是的那三位一體，倘使我們能做到這一點的話。假定某人只是將表達該信仰的詞語的聲音記住了，卻並不懂得它們的意思——正如有人不懂希臘語或拉丁語或別種語言卻可強記該語種的詞語一樣；這時，他們的意識裡就有了一種三位一體，因爲那些詞的聲音即使在他未想著它們時也在他的記憶裡，他在想起它們時，他就憑著記憶而自它們形成了注意力；而將二者結合在一起的正是他們的會議與思想的意志。但是，我們說，他在這麼做時，卻並非是在按內在之人的三一而是按外在之人的三一行事，因爲他在願望時所憶起並注視的乃是我們稱爲聽覺的、屬於身體感覺的東西，他在思想時想到的也不是別的，而正是物體的形像即聲音的形像。然而，假如他將這些意思存儲記憶並回想起來，他就是在做某種專屬內在之人的事了。」【46】

以此觀之，唯有心靈才能通向智慧似是不言而喻的了。身體的感官職能感覺、認識外物，與此不同，心靈能夠返觀自身、認識自己：「唯有人的心靈認識它自己。心靈所知道的莫過於向它呈現的了，而沒有什麼是比心靈自己更向心靈呈現的。」【47】是什麼東西呈現在心靈之中呢？就是上帝、智慧。人的心靈或靈魂，之所以能呈現上帝，乃因爲它本身被創造爲上帝的形像，而它之所以被創造成上帝的形像，就是爲了「可以運用其理性與理解力來理解和凝望上帝」——原本就存在於其本性之中的上帝之形像【48】。

(三) 智慧的三位一體

在奧古斯丁的著述中，《論三位一體》（De Trinitate）無疑是其最重要的著作之一。這不僅是因爲在書中闡述了他關於神的三位一體理論，而且還在於，這種神的「三一結構」已化爲一種獨特的思維模式。今日西諺有云，「好事成三」（Alle gute Dinge sind drei），已足以表明這種思維模式的深刻影響。

在基督教史上關於神的三位一體論證，紛繁複雜，神學家們各有所執，難有定論。據奧古斯丁，三位一體之三位具有同等性，是一個「是者」，三個「實體」；它們不是「雜多之三：父與子加起來價值也不是聖靈的雙倍，因爲甚至三個加起來也不多於其中之一。」【49】對於智慧亦當如是觀。智慧分爲三個層次，一是神的智慧（上帝本身），二是邏各斯（聖子），三是人的智慧（聖徒、信徒們擁有的眞理）。前二者包含在神的智慧之三位一體中：「父、子、靈都稱智慧，一起卻非三個智慧而是一個智慧。同樣，父是神，子是神，聖靈是神，他們

一起卻是一個神。」【50】

上帝的這種三位一體的結構，成爲奧古斯丁理解《聖經》和神性智慧的基本模式，這種模式在其論證過程中得到了廣泛的運用。

外在之人（outer man）被視爲「毀壞之人」（指人的生理軀體）【51】，其三一模式雖然不是很精確的模式，卻是最容易辨認的模式。奧古斯丁認爲，在外在之人的諸種感覺中，以視覺最爲優秀，因爲眼睛是身體諸感官中最優秀的。因此，他以人們的觀看或注視行爲爲例闡明外在之人的三一模式，可稱爲視覺三一（trinity of the vision）。在觀看某物時，可以容易地區分出三樣東西：即(1) 所見之物，它作爲可見之物，在被看見之前業已存在；(2) 實際的視覺或觀看，從視覺器官中發出光線，照亮物體，產生視覺（印在視覺上的形式或樣式）；(3) 將眼睛的感覺持定在被觀看之物上的東西，即有意的意向。此意向將感官凝注於所觀照之物，將此二者結合起來，它只屬於意識【52】。而所見之物外在於人，就是說「不屬於生靈的本性」，形成的視覺形像則屬於人的本性，而有意的意向則屬於靈魂，因爲它是意志。

從心理功能的層面來看，外在之人還有一個較之於視覺三一模式更爲內在的三一模式，在回憶行爲中的三一，或曰內在的視覺三一（trinity of the internal vision）。前者是探討對於外物的知識，與外物有著直接的關聯；後者探究的是在回憶中呈現的東西。即便這種回憶是關於外物的，然無論如何，於此時外物已是不在場的。這個三一就是「記憶、內在視覺和將這二者偶合起來的意志；當這三者被cogitated（聚合）進一個統一體，其結果就被稱作cogitation或思想了」。【53】奧古斯丁特別提醒人們要注意幾種「形像」的區別：身體感官在感覺時所獲得的形像、保存在記憶裡的形像，以及在回憶時心中呈現之象。這三種形像，因其有時酷似而誤以爲是同一個東西，它們之所以在表面上看來似爲某個單一之形像，原因在於它們是由記憶中的物體的相似物構成的。視覺形像，如果不保存在記憶中，視覺行爲產生的形像就消失了；保存在記憶中的東西，與觀看時的注意力相關，只有在注意力所聚焦的點上，才會形成記憶，沒有注意力，就會「視若無睹」甚或「熟視無睹」；在回憶時呈現之象與當下的注意力相關，這種注意力可能有別於形成記憶時的注意力，這樣，在回憶中呈現之象就可能有別於記憶中的形像。准此，我們可以說，此三者之根本區別便在於「注意力」上的區別。眾所周知，「注意力」乃屬於「意志」的領域，乃是意欲的注意力（the intention of the will），如此，內在視覺的三一的核心問題便轉向了人的意志，在回憶中呈現之象成了人所意欲之象。於是不可避免地產生了一個難題，如果意志「將它整個的能量都集中在內在形像上，並且使有意注意完全離開環繞著

感官的物體的呈象（Presence），離開身體感官自身，並且最終全然地指向被內部感知到的形像，那麼，一個翻印自記憶的物體呈象的相似物就會如此令人生畏地隱現，甚至讓理性難以辨明，一個眞實的物體是自外而被看見的呢，還是像它一樣的自內而被想到的東西。」【54】在這種情況下，意志的獨特性質尤其值得注意：「意志有編造的能力，它不僅可編造已被遺忘了的東西，甚至還可編造從未被感覺或經驗的東西；它能夠通過增加、刪減、變換、隨心所欲地拼湊等等從還未被記憶失落的東西裡來組成它們。」【55】如果這種「編造」不是用於撒謊以欺騙別人，或者以此妄想來欺騙自己，這種充滿想像力的幻想倒也沒有什麼壞處。但是，當意志背棄美好的東西，貪婪地追求惡的事物時，它就變得非常有害了。外在之人的不幸便在於此，他們忙於想像外部世界的東西，通過想像而產生的內在之物，只是爲利用物質的、可感知的物體，若這些物體不被善用，人們就走向了墮落，事實上，由於人們常常不能善用物質之物體，世界之墮落也就在所難免了。

奧古斯丁由此認爲，外在之人的三一不是上帝的形像，在受造的世界裡，以各種方式與上帝相似的東西，並不是都可以稱爲上帝的形像，只有人心——唯有上帝才高於它，而其他所有被創造出來的東西都低於它——才可稱作上帝的形像，只有它是直接接受了上帝的印跡的東西。於是，上帝的形像要從人本身那裡尋找，要從人的靈魂中尋找更高級的三位一體。

在人本身那裡，奧古斯丁選擇了這三樣東西，它們構成了心靈的三位一體（trinity of the mind）：「本性、學問、實踐」。他指出：「判斷第一樣東西根據的是憑著他的記憶、理解和意志他能做什麼；估計第二樣東西根據的是他的記憶裡和理解裡到底裝了些什麼，以及他的學習志在何處；第三樣東西卻只能是在意志對所記所解之物的運用中去找，不管是運用它們達到別的目的，還是把它們本身當目標來加以享受。」【56】在這裡，記憶、理解和意志就構成了奧古斯丁所說的那種心中的三位一體，它屬於內在之人。在他看來，記憶、理解與意志，三者不是三個生命而是一個生命，不是三個心靈而是一個心靈。它們都是生命、心靈和實體，它們被稱爲記憶、理解或意志，乃是相對於此三者中的其他兩者而言，它們在其本性上是等同的，「事實上，它們不僅彼此包容，每一個還包容了全體。畢竟，我記得我有記憶、理解和意志，我理解我理解、意欲和記憶，我意欲我意欲、記憶和理解，並且我記得我全部的以及和理解和意志整體。如果我有任何記憶是我不記得的，那它就不在記憶中。但在記憶中沒有什麼是比記憶本身更多的了。所以我記得它的全部。」【57】心靈或靈魂就是理性與理智，是上帝所創造之物中唯一能夠進行自我認識的東西。心靈中呈現之象源自心靈自身，這就

表明了它與外在之人的三一本質上的區別，在外在的三一中，被感知的對象在身體的感覺行為之前業已存在，我們是否感覺到它，也並不影響其存在；而心靈之三一完全內在於心靈之中，在內在的感知察覺到它之前，已然存在於心中，藏在記憶裡，人們通過凝視自己的心而使之呈現出來。當它呈現之前，人們或以為自己原不知道這些，經過提醒或反思，就能夠發現這些自己以為原先不知道、卻早已藏於心中的東西。現在要問，心靈如何得以在自身之中辨認出、或者說回憶起上帝，答案是：完全憑藉上帝的恩典【58】。

最後的三位一體是人的「心靈三一」之昇華，即上帝的智慧之三一（trinity of wisdom of God），對於人而言，就是對神性的智慧之三一的領悟。奧古斯丁的神學詮釋理論，最終就是為證明此神聖的三一：聖父、聖子、聖靈同時是智慧之三一，記憶之三一，愛之三一，理解之三一如此等等。再深入下去，智慧、記憶等又有各自的三一結構。我們特別注意到，在這裡，記憶、理解與意志之三一結構已演變為記憶、知識、愛，凸顯了「愛」的意義。如在智慧那裡，所構成的三一為：智慧（上帝的存在本身）、對智慧的理解或認識、智慧對自己的愛。愛與智慧一樣，表明了上帝之存在，對於人而言，縱然他有全備的知識和信仰、無比的能力，若沒有愛，也是徒勞無益的【59】。「誰認識真理，即認識這光；誰認識這光，也就認識永恆。唯有愛能認識它。」【60】奧古斯丁如是說。

二、符號與語言

在奧古斯丁那裡，神學詮釋學問題是與知識論、語言和符號理論、歷史哲學等交織在一起的。符號理論與詮釋學的交織情況，我們在亞里斯多德那裡已經看到了。所不同的是，所有這些研究，在奧古斯丁的理論中，其根本旨趣都是圍繞《聖經》詮釋而展開的，本質上都構成了他的基督教神學的一部分。一般來說，當人們討論思想時，必然會涉及對語言、符號等表達思想的形式之研究，奧古斯丁也是著眼於此探究語言問題的，但是，其前提則是基督教信仰。在他看來，信仰本身就是思想，是一種對信仰持贊成態度的思想。由此出發，信仰就不單純是信的問題，而且還是一個理解問題，如此，解經活動就成了一項理性的活動，亦即為信仰提供理性證明的活動。他的語言與符號理論表明了神學詮釋學的、以信仰為基礎的理性主義立場。

(一) 符號與語言

奧古斯丁在其《論基督教教義》（*De doctrina christiana*）和《論教師》（*De*

Magistro）中比較集中的討論了符號問題。奧古斯丁認爲，符號（sign）是用來指代所指之事物的。他在這裡所說的「事物」（things）一詞，是在「嚴格」的意義上使用的，是指純粹自然的對象，如木頭、石頭等，所謂「嚴格」的，就是指這些事物未被用作指稱任何別的事物，像摩西得到耶和華的指示，扔進苦水裡使苦水變成甜水的那棵樹【61】，不屬此列（摩西拿的那棵樹已轉化成神意的符號）。認識這類嚴格意義上的事物要借助於符號。

　　另一類是只能用作符號的純粹符號，使用這類符號時總是意指他物，比如我們所說的語言。語言在其本質上就是符號，並且只能被當作符號使用。有些事物，可以被看作純粹的事物，也可以被當作符號。比如，人們在看到某處有煙，便知下面有火，此類符號就是「自然符號」，它指向某種事物的知識。另外一類的符號是約定俗成的，「約定的符號（Conventional signs）就是那些有生命的存在，以相互交流爲目的的、盡其所能地表現自己心裡的情感、觀念或思想的符號。給出符號者，除了想把自己心裡的東西表達出來傳遞到他人的心裡之外，並不出於其他任何原因給出符號。」【62】奧古斯丁在這裡說出了非常重要的一點：符號是用於相互交流的，無論是聽覺符號（如言語）還是視覺符號（諸如文字、手勢、眼神等等），所有被當作符號的東西，若根本起不到交流的作用，不能將某種意義傳達到他人的心中，對於符號接收者而言，都還沒有轉化爲含有意義的符號。符號的形式雖然有多種，但其主要形式是「話語」。由於話語稍縱即逝，才有了文字之需要【63】，如此，聽覺符號便轉化成視覺符號。爲此，奧古斯丁分析的也主要是話語。雖然神學家們所能依據的只是《聖經》文本，然而人們與神終是緣慳一面，神學詮釋的主要工作也只是文本分析。但是，按照希臘哲學的傳統，文本被界定爲記錄口語的符號，而口語則直接聯結著心靈，是心靈的符號。文本被視爲通向話語的中介，通過文本理解達到話語，通過話語理解人的心靈或神意。神學詮釋的根本目標是解讀神意，按照現代詮釋學的劃分可歸入追尋演說者或作者原意的詮釋學，一旦將理解定位於此，首要的理解對象必然是話語，因爲話語聯結著人的心靈或神聖之靈。不過，在奧古斯丁那裡，著眼於話語理解還有一個非常重要的理由：「我能夠把所有我在上面簡要提及的各種符號轉化爲話語（words），卻無論如何也不能用那些符號來表示話語。」【64】質言之，比起其他符號，話語更具有普遍性意義。

　　基於話語的詮釋顯然不同於詮釋視覺符號。視覺符號所指向的對象是可以直接辨認的，而聽覺符號卻不具有這樣直觀性。被說出的話語，首先是喚醒儲存在人們的心靈與記憶中的東西，如果人們的記憶中沒有這樣的東西，他們的心中就不可能呈現與之相關的形像，當然也就無法理解聽到的話語。在奧古斯丁看

來，所謂正確理解到的語詞，都是已知其意義的語詞，語詞所表達的思想，是理解者心中固有的。儘管如此，我們還是要追問，話語如何能夠喚醒人們心靈中的東西？須知，當人們言說時，由於人們的發音器官、言說習慣、所操的方言之差異，同樣一個語詞的發音盡然會如此之不同，以至於我們有時甚至根本不理解所聽到的話語，儘管其內容對於我們可能並不陌生。要解決這一疑問仍然要回到「心中」之形像。心中的形像與感覺到的外部形像原本不是一一對應的東西，外部形像是個別，而心中之象則是某種抽象物，它標誌的是一個綜合而成的意義域，可被稱爲「內在語詞」（verbum cordis）【65】，它是完全獨立於感性現象的。如果人們所接受的符號超出了這個意義域，它就變得不可理解。在符號所指涉的對象爲可視之物時，所激發的心靈中的形像與之容易達到一致，如果符號指向一個非可視性的精神現象，比如神或者哲學概念等等諸如此類的東西，就易於產生語詞與思想的斷裂，即使在某些被認爲是確鑿無疑的正確理解，它們能達到的一致性有時也是很可疑的。

　　神學詮釋的困難也就在於此，其中需要闡明的都屬於不可視見的東西。然而，對於神的理解而言，下面的問題較之於它的不可視性更爲棘手：神原本是不可說的。奧古斯丁這樣寫道：「我以一種恰當的方式談論神、或者讚美上帝了嗎？沒有。我感到我只是想要說出什麼；但是，當我說出任何東西，卻都不是我想要說的。若非從上帝是不可言說的這一事實那裡知道了這一點，我如何能得知這一情況呢？然而，我所說的東西，若它是不可言說的，就不可能說出來。因而，對上帝，甚至不能被稱爲『不可言說者』，因爲即便是這樣說，也是一種對他的言說。由此而產生了一種奇特的語言矛盾。若不可言說的東西就是那種不能對它進行論說的東西，那麼如果它還能被稱爲不可言說者，就不是不可言說者。若要避免這種語言上的悖論，與其通過言說進行解釋，不如對其保持沉默。然而，於上帝而言，雖然沒有任何東西與他的偉大相稱，可用以言說他，他還是恩准並接受出自人之口的景仰，他要求我們，並借助於我們自己的話語之方式，享受人對他的讚美。正是出於這一原則，他被稱爲『Dues』（神）。儘管這兩個音節本身並沒有傳達任何有關他的本性的眞知識，但是，當懂得拉丁文的人聽到這種聲音，就會想到一種至高無上、永恆存在的本性。」【66】神學詮釋，事實上是在言說不可視見、不可言說之事，如果人們爲了信仰又不得不言說不可言說的東西，就只得勉爲其難地、盡可能清晰地表達心中那個盡善盡美的上帝。

(二) 語言與表達方式

　　語言是用於表達思想的，但思想與語言總是存在著某種程度的差異，奧古斯

丁顯然已意識到這一點。他清楚地知道，有時所接受到的語詞並沒有轉換成言說者的思想，所謂的對話，往往會成爲平行的獨白【67】，對話者在貌似交流的場合中自言自語，甚至在使用同一個詞時，其含義卻大異其趣。爲了清晰地表達，除了選擇恰當語詞之外，還須注意表達方式，奧古斯丁稱之爲「說話風格」（style of speech）。

奧古斯丁指出，凡旨在宣講公義、聖潔和良善之事爲目的的，要達到三個目標：「教導人、愉悅人、感動人」，要能使聽衆清楚明白、心情愉悅、當下信服。他援引了西塞羅的一段話：「以低沉的風格講述細小的（little）事，以便給人以教誨（instruction），以溫和的風格講述中等之事，以便令人愉悅，以威嚴的風格（majestic style）講述重大的事，以便撼動人的心靈。誰能做到這些，就是雄辯的。」【68】在奧古斯丁看來，西塞羅所說的對應於三種事的三種演說風格，已經在「法律問題」上得以實現，但是卻不可能應用於傳教活動中。在法律的層面上的事，有細小、中等、重大之分，而一旦論及信仰，就有了新的劃分標準。在法律問題上，與「經濟上的交易行爲相關」的是細小的，而與人的生活或自由相關的問題則是重大的。與此兩者無關，不對什麼做出論斷，只是爲了獲得快樂，便是處於這兩者之間的東西，稱爲「中等」之事。然而，在論及信仰時，「我們所論述的是教導真理的人的言說方式，這種真理使我們脫離永恆的苦海，並把我們引向永恆的福祉；這些真理無論是在什麼場合說出的，無論是在公開場合還是私下裡，是向一人還是多人，向朋友還是仇敵，無論是在持續的講道還是對話中，無論是短論還是在書籍中，在長信或短信中，它們都是極爲重要的。」【69】就此而言，基督教演說家們所討論的總是重大問題。但是，他們卻不可一直用威嚴的風格談論信仰，而是要分不同的場合，在教導人的時候用低沉的語調，讚美神時用溫和的語調，而在迫使背離真理的人轉向真理時則用威嚴莊重的語調，指明其中的大惡，震撼人的心靈，使之脫離罪惡【70】。

威嚴的風格具有強烈的情感性，也因此常使聽衆「沉默無語」、「淚流滿面」，聽者通過心靈的震懾而驅除心中惡念；溫和的風格使人如沐春風；低沉的風格清晰明辨，易於使人理解所傳達的知識。上述三種演說風格，單獨地使用其中任何一種都不能產生很好的演說效果。如果人們自始至終地運用某一種風格，聽者會感到疲憊不堪而分散注意力。在注意力持續性上，威嚴莊重的風格令人保持注意力的時間短，其次是低沉的風格，最長的是溫和的風格。但是，即便是溫和的風格，也無法使人一直保持其注意力。因而，在演說中多種風格恰到好處的綜合運用，就成爲非常必要的了。當聽者的情緒被充分地激發出來後，需插入以緩和的語氣。情緒被提升的愈高，保持注意力的時間就愈短，也就愈有可能丟失

已經得到的東西。因此，在奧古斯丁看來，修辭手段應當是像潮水一樣漲落起伏的【71】。

三種風格因其性質不同而各有所長，在總體上構成了有「智慧」的演說的三個要件：「清晰明辨」（perspicuity）、「風格優美」（beauty of style）以及「有說服力」（persuasive power）【72】。須注意的是，這三個要件並非各自對應於三種演說風格，不能說，清晰是低沉風格的特有效果，溫和風格才需要優美，只有威嚴風格才需要有說服力。在奧古斯丁看來，任何一種演說都應當盡其可能地體現出這三種效果，只是在不同的場合各有所側重而已。

這三種演說風格屬於說話的技藝，作為一門技藝，人們因自身把握這門藝術的水準之不同，在實際運用過程中自然會因人而異。如果因個人能力而不能全面、恰當地運用這門技藝，就應當盡力說得清楚明白，不能「為求修辭而犧牲智慧」【73】。這表明了奧古斯丁對於演說風格的基本態度，若非要在三種風格中做出選擇，那麼清晰明辨是首要的，因為在任何演說中，最重要的無疑是闡明真理，首先要注意的是教義的明晰性，而非修飾性。須知，修辭手段本身是一個中性的東西，既可以鞏固真理，也能夠將人們引向謬誤，正當運用修辭的前提，就是對教義的正確理解和意義的清晰表達。奧古斯丁寫道：「樸實的真理（plain truth），作為愉悅人的食糧已足夠了。有大智慧者的一個顯而易見的特點，是不愛語詞，而只是愛寓於語詞中的真理。就算是把金鑰匙，若不能打開我們想要打開的的東西，那又有何用？若能開啟所有我們想打開被關閉的東西，用木質鑰匙又何妨？」【74】但是，另一方面，清晰的表達仍必須是優雅的，而不是嘩眾取寵式的粗俗的東西；因為優雅的語言能愉悅人，它屬於得體的演說三個目標之一。如果說，教導人是一種需要，愉悅人就是一種美，使人信服乃是一種勝利。【75】

奧古斯丁強調，《聖經》的文本——記錄下來的神的話語——乃是表達典範，即便是七十子的《聖經》譯本，因在翻譯過程中受到了聖靈的啟示，也具有權威性，但凡了解了《聖經》作者的思想的人，必然會感受到，他們所講的，是不可能有其他任何更好的表達方式了。因此，人們要牢記《聖經》中的表達，從中汲取言說神的恰當的辭彙和表達方式，人的語言雖然渺小、軟弱，但是，借助於神的語言、以其作為證據，便獲得了權威的說服力【76】。他的話可能不能令人感到愉悅和信服，但所引證的《聖經》話語卻可以起到這樣的效果。

在人們探究演說的風格，把握這門技藝時，切不可忘記最為重要的一點，就是個人的品行。言行一致，相信並遵循真理，追求正直的生活，保持良好的聲譽，行光明之事，為人所信服，其教導的效果更甚於演說本身【77】。這種觀點顯然是與亞里斯多德的理論一脈相承的，根據亞里斯多德的主張，演說者的品格具

有最重要的說服力量【78】。

在奧古斯丁關於表達方式的論述中，我們清楚地看到了詮釋學的那種一以貫之的實踐品格，它始終不是一種純粹知識論的構架，而是以實踐的效果爲其鵠的，將知識提升爲智慧，旨在律己教人。

三、通向智慧之路

對於奧古斯丁來說，解經的最終目的是理解神通過《聖經》所示的智慧與眞理，確立對於上帝的堅定信仰，這一目標是第一位的，終極的，獲得知識乃是爲了達到這一目標的輔助性手段。在這裡，奧古斯丁一如既往地強調，依靠人本身是不可能完成這項任務的，惟寄希望於神，在神的幫助下，才能領悟屬於天國的智慧。在這一前提之下，方可討論通向智慧的途徑和規則。

(一) 獲得智慧之步驟

在神學詮釋學史上，奧古斯丁首次提出了通向智慧之路的七個層層遞進的步驟，他相信，通過這七個他精心設計的步驟，人們就可以抵達眞理或智慧。

第一步：「敬畏」（fear）。敬畏神是智慧的開端。人們應當首先懷著敬畏之心來努力認識上帝的旨意，這種敬畏，將使人們的心裡激起對人所面臨的「必死性和可朽性」的意識，擯除一切自以爲是的傲慢觀念，一心嚮往神要人們追尋之事，遵循神的告誡。如此，便進入了——

第二步：「虔誠」（piety）。有了敬畏之心後，必使人們心中充盈虔敬之情。無論人們是否理解了、或是沒有理解《聖經》所打擊的我們的某些罪惡，都不可存有抵觸忤逆之心。否則，就可能會覺得我們自己也足夠聰明，能夠做出更好的決定。人們必須這樣想，無論《聖經》上寫了什麼，甚或隱藏於其後的東西，都要比我們依據自己的智慧籌劃出來的東西更好，更爲眞實。

第三步：「知識」（knowledge）。在對神心存敬畏、虔誠之心後，才能開始學習《聖經》，獲得關於神的知識。奧古斯丁認爲，每一認眞學習《聖經》之人，都會發現，上帝是因其本身之故而爲我們所愛的，我們要全心全意地熱愛上帝。《聖經》中也特別提到「愛人如己」。但是，理解這些教誨最終需要以神爲旨歸，如果僅僅理解愛自己、愛鄰人，無異於糾纏於暫時的世俗之愛。由此可見，學習《聖經》言語，非得首先對神存有敬畏、虔誠之心；敬畏將引導人思考神的審判，虔誠使之相信並順從《聖經》的權威，才能將愛自己、愛鄰人的訓條提升爲聖靈所要求的那種愛心。在這裡，所獲得的一切知識，都不是使人得以自我炫耀的東西；相反地，人們通過知識了解到的悲慘境況，使人憂愁，悲痛，通

過持續不斷的禱告祈求神的幫助。奧古斯丁還爲人們探尋知識制定了一套規則，這些內容才眞正屬於文本的理解方法論的技術性層面的東西（詳見下文）。

第四步：「力量與決斷」（strength and resolution）。在這一階段，人們毅然決然地拋開塵世俗事的享樂，對公義孜孜以求，將其所有的愛專注於永恆的事物，亦即亙古不變的三位一體。

第五步：「悲憫之心」（counsel of compassion）。於此時，他雖然還無法承受上帝的上帝耀眼的光芒，但他的力量已增強到這種程度，使他能夠從遠處凝望「閃亮的對象」（上帝）。其靈魂得到淨化，努力踐履戒命，從愛人如己昇華到能夠愛自己的仇人，心中充盈了希望和綿延不斷的力量。如此便又向前邁出了一步。

第六步：「心靈淨化」（purification of heart）。他的眼睛得以潔淨，終於得見神。神的眞光變得愈來愈清晰，令人振奮。但是，在這時他仍然是憑藉心靈之鏡隱約見到這光，他還只是這個世界上過客，所以尙不能直面這眞光，惟憑著信而行。他的心靈非常純潔，不會被任何困擾而偏離眞理。此時，他終於邁向了終點——

第七步：「智慧」（wisdom）：到達這一階段的人具有聖潔的心靈，專注於神，因此得以享受平安與安寧【79】。

在上述七個步驟中，只有一個步驟與解經相關，亦即「知識」。余者皆著眼於人的心靈境界之昇華。即便是在論述「知識」時，其主要內容仍然不是如何獲得知識，以及知識的重要意義、甚或是對於《聖經》本身的知識的重要意義。他關注的是解經的宗旨，將獲得知識視爲提升人的境界的一個過渡環節。這與他對知識的總體評介有關。在奧古斯丁看來，解經要以雙重的愛爲目的：愛神和愛鄰人。如果不是出於這雙重的愛來解經，無論他對《聖經》解釋到什麼程度，都沒有眞正理解《聖經》。反之，即使他沒有完全領會《聖經》作者的原意，但若能增進愛，他的錯誤也是無害的；他對《聖經》做出了不同於作者本意的理解，只是一種對原意的偏離，而不是歪曲，雖然偏離了大路，但是如果他本意仍是增進愛，那麼還是可以通過其他的路達到目的地的。在最終意義上，一旦某人有了「信、望、愛」，並堅守它們，他本身也就不再需要《聖經》了，除非爲了教導他人而援用它【80】。

以此觀之，奧古斯丁的神學詮釋學所堅持的主旨，是通過啓示領悟神的智慧，堅定信仰，在這一過程中，知識性的解經只是起到了輔助作用，但它仍然是必須的，因爲對於信衆而言，通過正確理解神聖的經典認識上帝，遵循他指引的道，乃是一個必不可少的環節。

(二) 解經規則

　　解經規則爲正確解讀《聖經》而制定，這是一項屬於知識性、技術性層面的工作。《聖經》有言，「如今常存的有信、有望、有愛；這三樣，其中最大的是愛。」【81】據奧古斯丁，如果人們已經擁有了「信、望、愛」，即便沒有《聖經》，也會因爲這三重恩典而獲得力量，對於他們而言，「知識也終必歸於無有」【82】。在「信、望、愛」的三一結構中，信是前提，因爲此處所論及的是對於上帝的信仰，乃是不得視見的東西，只是憑著信，相信其存在且全知全能，才會追隨上帝。有了信，才會有對所信的東西之祈望和愛。是以，信必須堅定，持之以恆，否則，作爲憑據的信——《聖經》的權威性——會因爲眼前暫時得到的、可見的東西而破滅，所祈望的東西也隨之消失，愛本身也會逐漸冷卻。儘管如此，這三者中最偉大的卻是愛。按照奧古斯丁的看法，整部《聖經》的目的就是增進愛，也只有通過愛才能認識眞理之光。不過，他提出的愛，不是塵世俗物之愛，而是對於永恆的東西之愛：「暫時（temporal）的東西與永恆（eternal）的東西之間存在著巨大的差別。對於暫時的東西，我們在擁有它之前認爲它很有價值，當我們獲得它時，就會發現它沒有什麼價值。因爲它不能滿足靈魂，靈魂眞正的、可靠的棲息之所在於永恆之中。而永恆的東西，當其是一個渴求的對象時我們就已愛它，當我們擁有它時則更愛它。……無論人們在擁有它之前對它有多麼高的估價，當他擁有它時，總會發現它的價值更高於此。」【83】

　　奧古斯丁在其《論基督教教義》（*On Christian Doctrine*）一書的前言中，第一句話就開宗明義地就宣稱，解釋《聖經》是有一定的法則的，學會這些法則會使人們受益無窮，它們不僅能使自己明瞭神聖的經典之奧祕。在他看來，解經雖然是一項技術性很強的工作，但其首要的前提卻是「愛」，因爲一切知識和預言，都從屬於「愛」【84】。也只有定位於「愛」，把所有被發現的眞理都歸之於神的恩賜，我們才能深入理解奧古斯丁制定的解經規則。以此之故，奧古斯丁強調說，通過愛與靈性所獲得的啓示，在解經過程中起著最重要的作用，我們關於神的知識，與其說是讀者通過悉心分析而獲得的，不如說是通過靈性的啓示而得到。這些知識不是人通過特殊的技術或依附於人的意願而創造出來的，而是經由神聖心靈的智慧與語詞流溢而出。

　　奧古斯丁關於解經的規則可以作如下概括：

　　解經的第一條必須遵循的規則就是熟讀經典，即使沒有完全領會，也要記住它們【85】。熟讀《聖經》，不僅使人們得以了解經中所載的思想，而且使人了解其表達方式，這種方式最適合於表達神意，它出現於《聖經》之中，本身已表明了這種表達方式的權威性，我們也必須按照其原則來組織辭彙，理解《聖經》。

從閱讀順序上，首先要讀的是大公教會選擇出來了的、被稱爲「正典」的篇目【86】，捨棄那些還未被教會接受的篇目，樹立對於眞理的信念。此後才能閱讀其他篇章，只有這樣，才能使自己「軟弱的心靈」不爲危險的錯誤和謊言所欺瞞，損害人們的健全悟性。

最可靠的解經方法是「以經解經」，我們可以將此視爲第二條規則。只有在熟悉經文的基礎上，才有可能以經解經，亦即用已經了解的、明確的經文來解釋意義晦暗不明之經文。據奧古斯丁：「我們已經對《聖經》的語言有了一定程度的熟悉，於是，我們可以開始考察令人費解的段落，利用毫無疑惑、意思明確的段落來確定有疑惑、不明確的段落。」【87】對於信仰者而言，這種方法要比理性的推論更爲可靠，因爲經文本身與此相關的解釋是與眞理一致的。奧古斯丁認爲：「如若有一種意思展開，其中的令人困惑之處，無法通過《聖經》意義明顯的段落予以釐清，那麼對於我們來說，就只有依靠理性來澄清。但這種作法是危險的。因爲行進在《聖經》之光中遠爲安全；如此，若我們想要審驗某種意義隱暗的隱喻表達，我們所解得的意思，於此處必須是無矛盾的，若出現了矛盾，可以從同一經卷中的其他各部分中找出證據，以確定其含義。」【88】

第三條原則，我們可以概括爲語言知識與對事物的認識相結合的規則。這裡所涉及的本質上是符號問題。據奧古斯丁，符號有兩類：自然的符號（natural signs）與約定俗成的符號（Conventional signs）。所謂自然符號，就是人們不出於任何動機或意願地將某種現象認作符號，它所指向的不是直接被觀察到的現象，而是與此不同的另一事物的知識。比如看到了煙，根據經驗就知道下面有火，看到某種蹄印，便知有哪種動物在此經過。此類現象作爲符號所具有的指向性，與使用符號的人的意圖無關，而是根據經驗的推論，因而被視爲一種知識。

另一類約定俗成的符號，「是那些有生命的存在，用以相互交流的那些盡其所能地表現他們心裡的感受、感知或思想的符號。給出一個符號沒有其他的原因，無非是想把符號給予者自己心裡的東西表達出來、並傳遞到他人的心裡。因而，我們要在人的範圍內探討、思考這類符號，因爲即使是上帝所賜予我們的、包含在《聖經》中的符號，也是通過人、亦即那些書寫《聖經》的作者而爲我們所熟知的。」【89】

在奧古斯丁的《論基督教教義》中，所關注的是「約定俗成」的、亦即用於彼此相互交流的符號。在可用於交流的符號中，有些與視覺有關，如手勢、眼神等；有些與聽覺有關，如樂器發出的「悅耳而有意義的聲音」；還有少數的與別的感覺有關。但所有上述符號，話語作爲表達思想的手段占據了主要的位置，與之相比，其他所有符號只能算是極少數了。奧古斯丁寫道：「事實上，我們的

主藉著塗抹在他腳上的油膏的香氣傳遞符號；在他的身體和血的聖餐中，通過味覺表明了他的旨意；那個女人通過摸他的衣裳縫子而痊癒，這些行爲不是沒有意義的。但是，在人們用以表達他們的思想之符號中，難以計數的部分是由話語（words）構成的。此乃因爲，我能夠將所有那些符號——我簡單涉及到的各類符號——轉化爲話語，但我無法用那些符號來表示話語。」【90】

　　自然符號也可以用作思想交流，但其前提是首先轉化爲話語符號，使個人的經驗轉化爲可交流的語言知識。在奧古斯丁看來，「自然符號」的語言性的知識本身是正確解經的必備條件，若人們不認識某些文字符號，就無法理解經文。在奧古斯丁時代，人們閱讀的大都是拉丁文譯本。要真正理解《聖經》，還需要希臘語和希伯來語的知識，這不僅是因爲，在《聖經》中，有不少地方保持了希伯來語專用術語的表達，其中如「阿們（Amen）」、「哈利路亞（Halleluya）」等語，考慮到這些詞包含有更多的「神聖權威性」，就沿用其原型詞，還有的則是因爲某些習語根本無法轉譯，如「拉卡（Racha）」（憤怒時的叫喊）、「和散那（Hosanna）」（歡樂時的呼喊），若不對照原文，就無法理解。與之相比，下面的情況顯然更爲複雜，如果說希臘語《聖經》譯本還是屈指可數的話，拉丁文譯本就難以計數了，這些譯本品質參差不齊，對此，奧古斯丁不無調侃地譏諷道：「……在信仰的初期階段，每一個碰巧得到一部希臘文稿的人，只要他認爲自己有任何一點知識，儘管這種知識非常之少，就有膽量從事翻譯工作。」【91】如此，在諸多譯本中便存在著大量不一致的地方，當這些難以窮盡的歧義性令人茫然而不知所從時，只得求助於原文方能求得真解。如果缺乏對於原文的語言知識，補救的辦法就是參閱不同的譯本，特別是古老的權威譯本和忠實於文本字義本身的譯本，相互印證。只有在對文本的語言知識和文本所指的事物有了充分的認識，通過兩者的互證，才能正確理解經文。

　　第四條規則，解釋的多樣性。奧古斯丁認爲，只要讀者是在悉心研讀《聖經》，而不是粗心大意，那麼發現經文具有多樣性的解釋有助於對《聖經》的理解【92】。解經學根本立足點就是神意的至上性，《聖經》旨意的唯一性，而奧古斯丁將解釋的多樣性視爲理解《聖經》的積極因素，似乎有悖於解經學的宗旨。毋庸諱言，在《聖經》中的某些表達，其含義是模糊、晦澀的，在奧古斯丁看來，這種模糊是「有益的、健康的」，能「打破自滿自足的狀態，激發有心學習的人的熱情」；而那些神聖並且有益於身心的語詞之晦澀是「必要的」，「它不僅有利於發現真理，而且還訓練人們的領悟能力。」【93】不過，也正是由於這些模糊與晦澀之處，人們在解經過程中就會必不可免地產生理解上的歧義性。而這些有歧義的地方，恰恰利於人們對《聖經》全面、深入的理解。奧古斯丁舉例

說：「如在先知《以賽亞書》中的一句話，一個譯者讀爲『不要輕視你的種子所結的果（do not despise the domestics of thy seed）』，而另一譯者讀爲『不可輕視你自己的肉身（do not despise thine own flesh）』。這兩種翻譯是相互印證的，它們彼此都通過另一種翻譯得到說明。因爲『肉身』可以在其字面意義上來理解，所以可以理解爲人不可輕視自己的身體；『你的種子所結的果』可以在象徵的意義上理解爲基督徒，因爲他們就靈而言，乃出於與我們同一的種子，亦即道（the Word）。若對兩個譯者的意思加以比較，這句話的意思就更爲顯明了。」[94] 將「所結的果」與「肉身」聯繫起來，自然會聯想到與我們出自同一種子的「同胞」（骨肉至親），可以激勵他們一同獲救。奧古斯丁想以此證明，多樣性的譯法可以使人們找到更多的真理[95]。

四、時間與歷史

奧古斯丁的「時間」學說對後世的哲學與神學都產生了重要的影響。就詮釋學本身而言，我們甚至在現代哲學家海德格爾的《存在與時間》中發現了奧古斯丁的思想印記[96]。奧古斯丁關注時間問題與他的解經活動有關，尤其與異教徒對《聖經》的責難有關：「那些人問道：『天主在創造天地之前在做什麼？』提問者已深深陷入了一種應當摒棄的錯誤。他們說，『如果上帝歇著無所事事，那麼他爲何不像此前那樣無所作爲，就如他此後停止工作一樣？如果上帝之創世是出於某種新的意志（will），爲了創造此前從未創造過的東西，若這一切都爲一種新的動機所激勵，又如何能稱爲真正的永恆？此前從未存在的意志又是在何處形成的呢？上帝的意志並非受造之物，它先於任何受造之物，除非造物主首先有某種意志，否則任何東西都不可能被創造出來。因而，上帝的意志乃屬於上帝的實體（substance）。如若在上帝的實體中產生某種此前不存在的東西，我們便不能說上帝之實體是真正永恆的；但是，若上帝創造的意志應是永恆的，那麼受造之物爲何不也是永恆的呢？」[97] 在奧古斯丁看來，這些責難雖然充滿了成見，但所提出的問題卻是嚴肅、重大的，它們都從根本上涉及到了對上帝的信仰。

奧古斯丁對於時間的思考乃是圍繞著「上帝創世」這樣一個神學問題而展開的，它本質上就是一個神學問題。解決這一難題的真正困難在於，如何協調我們源於日常生活經驗的時間觀念（海德格爾稱之爲「流俗的時間經驗」[98]）與上帝之「永恆性」、上帝之創造活動非時間性與被造之物（包括人類歷史）的時間性之衝突。奧古斯丁在其《懺悔錄》（第11章）和《上帝之城》中比較集中地闡述了時間與歷史問題。

(一) 時間與時間度量

奧古斯丁的時間觀可能是他的理論中最為艱澀的部分之一。當他解說《創世記》時，談論的是上帝的創造活動之超越性、永恆性、非時間性；時間與天地萬物同屬於受造之物，但由於時間不像其他萬物那樣被直觀到，因此它本身是無可措思的，需要借助於具有「時間性」的被造之物才得以看清。

傳統的時間觀念，比如在亞里斯多德那裡，對時間持有這樣的觀點：「時間是『此前』與『此後』的運動之數目，並且是關聯著的——因為它顯然與某個關聯物相關。」【99】如此，時間就被視為運動以及被運動之物的尺度，這樣的時間能夠以「自然的」鐘錶的方式計算出來，可以稱之為「世界時間」，它始終顯現為一系列「現成在手的」、一面逝去一面來臨的現在【100】。依據這種時間觀念，時間可以向著過去和未來無限延伸，既沒有開端，也沒有終點。這種觀念從兩個方面危及到了基督教信仰，首先是《聖經》所載的關於上帝創世的描述，提出「上帝在創造天地之前在做什麼」等諸如此類的質疑就是懷疑基督教信仰的明證；如果時間是向著未來無限延伸的，基督教信仰所允諾的未來終極目標——「幸福之城」【101】——難道是真正的終點嗎？由此可知，奧古斯丁解說時間，並非出於對時間概念的興趣，就是說，其用意並不在於時間本身，而是為論證上帝的創世活動提供學理上的證據，證明《創世記》的真實性和真理性，使無可措思的東西成為人的理性可以接受的東西。

然而，奧古斯丁雖無法接受傳統的時間觀念，可是他似乎並不知道「時間」究竟是什麼？他在《懺悔錄》中這樣說道：「然而什麼是時間？若無人問我，我知道得很清楚；但是我若被問及什麼是時間，並試圖加以說明時，我便疑惑不解。」【102】他渴望能揭穿這個複雜的謎，一個他自認為一無所知的謎。正因如此，他的闡釋並未直接針對「時間」本身，而是採用了一種迂迴的方式，以非時間性解讀《創世記》，以「時間度量」描述時間。准此，我們就可以這樣認為，奧古斯丁實質上是在「時間」之外談論時間。

在這裡，奧古斯丁一如既往地站在基督教教義的立場上闡發「時間」。在《創世記》中，我們看到了「起初」、「第二日」等標誌時間的字樣。這些表達很容易使人們聯想起人們的日常生活經驗，並按照這種經驗來理解聖經。人們也自然而然地會想到這樣的問題：「上帝在創造天地之前在做什麼？」「在……之前」這樣的提問，在日常經驗中是很容易回答的。「之前」標明了一個節點，這個節點是可以追溯的，無論我們將此節點定於何時，都可以接著向前追溯，指出在此之前發生的東西。但是，當人們問道「上帝在創造天地之前在做什麼」時，卻是根本無法追溯的。因為「時間」本身是上帝在創世時一同創造的，這便意味

著，在上帝創世之前根本沒有時間。此一信念構成了奧古斯丁回答上述問題的出發點，他寫道：「一個思想膚淺的人，囿於其以往的時間觀念，可能對你（即上帝，下同。——引者註）感到驚詫，以為你——即創造一切和掌管一切的全能上帝，天地的創造者，在進行這項如此巨大的工程前，會無聊地虛度無數世紀：我勸這樣的人從睡夢中甦醒過來，並謹慎思考，因為他們的驚詫乃基於一種錯誤的觀念。既然你是造物主，乃是一切世紀的起源，那麼在你未造時間之前，怎麼會有無數的世紀過去？在你未創造時間之前，怎麼會有時間存在嗎？時間若從未存在，又何言消失？你是一切時間的創造者，若如此，難道在你創造天地之前，還能有任何的時間嗎？人們又怎能說你曾無所事事呢？這時間即是你創造的，因而在你創造時間之前，沒有任何時間消失。然而，如果在天地被創造之前沒有時間，人們由為何要問在『那時候』你做什麼？如果沒有時間，便沒有『那時候』。進而言之，儘管你先於時間而存在，也不是在時間上先於時間，否則你不能先於一切時間了。他乃是至高無上者，乃是沒有終點的現在，而在永恆之中同時超越一切過去，也超越一切將來，因為將來的，來到後即成過去；『你永不改變，你的歲月沒有窮盡』。你的歲月非來非往，而我們的歲月會過去，並有其他的歲月隨後相繼，因而來者將都來到。你的歲月是完美的現在，因為它們處於永恆的靜止中，……你的歲月就是一天，而不會成為天天日日，因為它永遠是今天，……你的今天即是永恆。」[103]

　　時間本身亦是受造的，並與受造之物同在。正因如此，時間本身不具有永恆的性質，只有上帝才是永恆的，時間被創造之前，也根本沒有時間。因此，在創世之前，上帝並非無所事事地虛度了許多時間，如奧古斯丁所說，上帝「絲毫沒有無為的時間」。然而，「起初」的說法仍必然引起人們對「在此之前」的追問，正是這一追問，才將我們引向了對於非時間、亦即對於永恆的思考。因為在《聖經‧創世紀》中，「起初」不僅表達了創造萬物之始，而且也是時間的開端。就時間而言，它標誌了時間的界限，在此之前或之外，就是超時間性的，屬於永恆的範疇，按照海德格爾的說法，即「永駐之現在（nunc stans）」[104]。「現在」本身是一個流俗的時間概念，被賦予以「永駐」之意，便有了超凡的含義。這種表達，使人們有可能想像無可措思的「永恆」概念，以流俗的時間觀念來界定永恆。海德格爾嘗試區分此兩者，這種區分可能有助於我們理解奧古斯丁的「永恆」概念，他將屬於上帝的「永恆性」稱為「源始的時間（ursprüngliche Zeit）」，它表徵的是一種「時間性」（Zeitlichkeit），乃是「流俗的時間表象（vulgäre Zeitvorstellung）」——比如來自我們生活經驗的「世界時間」——之源，換言之，世界時間的全部結構都源自時間性[105]，在流俗的時間中所呈現

出來的一切，包括歷史事件、此在本身等等，都可被理解爲其在時間性中的「到時」。

　　何謂「到時」？以歷史爲例，「到時」可理解爲在歷史長河中的歷史事件所發生的時間節點，「那個」它所發生的時間就是它在時間性中的「到時」。我們將歷史事件依次排列而建立了歷史年表，這裡所表明的就是所謂的「客觀時間」（即海德格爾所說的「世界時間」）。以此劃分時間，時間就有三類：過去、現在、將來。然而，在奧古斯丁看來，這種劃分是不正確的，也是無可度量的。因爲「過去」已然不再存在，「未來」尚未到來，而「現在」根本沒有長短。可能基於對上帝的歲月乃是「永恆的今天」的見解，奧古斯丁也將俗世時間界定爲「現在」，他將時間分爲三類「現在」：過去的事物之現在、現在的事物之現在和將來的事物之現在【106】。與歷史紀年式的三類「客觀」時間不同，奧古斯丁所說的三類時間完全與主體相關聯，他認爲：「這些不同的時間肯定存在於我們心中，在別處都無法找到。過去的事物之現在乃是記憶，現在的事物之現在便是直接的感覺（direct perception），將來的事物之現在便是期望。」【107】

　　對於時間的「度量」的思考，所涉及的仍然是時間之本質的問題。存在之物可以度量其體積、重量，但時間本身卻不是我們的感官可以直接感覺到的，按照奧古斯丁的看法，「過去」已經不復存在，「未來」還未存在，它們都是不存在的東西，當然無從度量。能度量的似乎只有「現在」，然而「現在」根本「沒有長短」，如何能夠測量？既然如此，當人們在度量時間時，究竟在度量什麼？在這裡，奧古斯丁沿用了亞里斯多德的觀點。亞里斯多德認爲：若只有（人的）意識在其本性上具有計數的理智能力（Verstandesvermögen），也就沒有時間【108】。奧古斯丁則說道：「我以爲時間純粹是一種延展（extension），不過是什麼東西的延展呢？我不知道。但如不是心靈的延展，則更令人詫異了。」【109】時間被歸結爲心靈中的存在，是保留在記憶中的某種印象（impression），因而，說我們度量時間，其實是在度量我們的心靈中被固定了的印象。他這樣寫道：「我是在我的心靈中度量時間。任何事物發生時，都在心靈中留下了印象，在事物事情過去之後，印象卻保留下來。我是在度量依然存在的印象，而非這事物本身。事物經過時產生了印象，而事物則消失於過去之中。我度量時間時，就是在度量印象。爲此，印象抑或就是時間，或者我所度量的並非時間。」【110】

(二) 時間與歷史

　　將時間歸結爲心靈中的存在，代表了西方思想、特別是基督教神學關於時間

問題之思考的傳統觀念。唯有從這一點出發，對於神的永恆性闡述才是可以想像的，並且從神性、或者精神性的角度來勾畫歷史才是可能的。黑格爾對於時間、歷史與精神的關係做了這樣的概括：「世界歷史在一般上說來，便是『精神』在時間裡的發展，這好比『自然』便是『觀念』在空間裡發展一樣。」[111]按照黑格爾，歷史的本質乃是精神，精神在時間中顯現自身，其過程就是「歷史」。在這個意義上，「歷史」便是精神發展史，而精神的本質是概念，這種「概念」，並非人們通過直觀事物而抽象出來的思維的普遍形式，而是思維對自身的思考的形式。對於黑格爾來說，這是理所當然的。「歷史」是在時間中「變化著」的、「發展的」，因此，時間本身就是一種被直觀到的「變易」（das Werden，按照這個詞的字面含義，包含有「生成」之義），亦即從無到有之生成以及從有到無的轉化。而這一過程，只能發生在精神領域：「凡是在自然界裡發生的變化，無論它們怎樣地種類龐雜，永遠只是表現一種周而復始的循環。在自然界裡真是『太陽下面沒有新的東西』，而它的種種現象的五光十色也不過徒然使人感覺無聊。只有在『精神』領域裡的那些變化之中，才有新的東西發生。」[112]現世的一切存在者其實都是精神的外化（或異化），世間所有的「變易」（生成）、「發展」，都無非是精神的發展的影子，其根本的基礎和推動力，都是「精神」。因而，時間是我們無法直接感知其存在的一種存在，我們唯有通過歷史長河中每一「現在」所呈現出來的事件之鏈，而得知其存在。

根據這種獨特的思辨理路，我們可以這樣概括黑格爾的「歷史」概念：歷史就是關於歷史及其發展的意識。在他看來，沒有「主觀的歷史敘述」，沒有「紀年春秋」，也就缺少了「客觀歷史」[113]。按照他的說法，中國人有歷史，可以讓人們追溯到中國「太古的歷史」。而印度，雖然有著無數古代文獻，但印度「沒有歷史」，因為它自產生後就已經「僵死」了（確切地說，處於在精神層面上停滯狀態）。

黑格爾劃分了三種研究歷史方法：第一種是「原始的歷史」，也就是通常的歷史學家所記述的那種歷史。如古希臘的歷史學家希羅多德（Herodotus，約西元前484～前425）等，他們敘述了親身經歷的歷史事件，「他們簡單地把他們周圍的種種演變，移到了精神觀念的領域裡去，這樣外在的現象便演成了內在的觀念。」第二種是「反省的歷史」。這種歷史不局限於它所敘述的那個歷史時期，其精神是超越現時代的，研究者用他自己的精神來整理歷史資料；或者，找出諸多歷史事件的普遍和內在的東西，及其相互之間的聯結，使過去和現狀發生聯繫：使史跡屬於「現在」，賦予「過去的敘述」以「現在的生氣」；或者對各種歷史記敘進行批判，檢驗其真實性和可靠性。第三種歷史被稱為「哲學的歷

史」：對歷史的思想的考察。他認爲，「哲學用以觀察歷史唯一的『思想』便是理性這個簡單的概念。『理性』是世界的主宰，世界歷史因此是一種合理的過程。」理性乃宇宙的實體，只是由於「理性」以及在「理性」中，一切現實才能存在和生存[114]。

奧古斯丁的《上帝之城》（*The City of God against the Pagans*）中所表達出來的歷史觀，當屬於上述的第二種歷史研究方式：用自己的理念來整理歷史資料，力圖揭示天國降臨的必然性。不過其最後的落點，卻是屬於第三種的，那個被黑格爾視爲「理性」、「精神」的發展歷史，在奧古斯丁那裡則被認作是上帝的旨意逐步實現的過程。他劃分歷史階段以及對各階段的特徵之分析的依據，便是《聖經・創世紀》，這就是他整理歷史資料所從出發的基礎。因此，他所解讀出來的歷史，與黑格爾的歷史觀念實有異曲同工之妙。如果說，黑格爾是試圖從塵世的歷史中提取隱於其後的主宰——精神歷史、並將之最終歸結爲絕對觀念（絕對實體）自我實現的歷史（對於人來說，也就是通過觀念的歷史來認識絕對觀念）的話，那麼奧古斯丁就是將上帝當作眞正的「實體」，歷史過程是這一實體在時間中的展開和自我實現，認識歷史的最終目的，乃是認識上帝。我們特別注意到，奧古斯丁雖然立足於「信仰」，但並不排斥從哲學的角度來認識上帝。這可以從他對柏拉圖主義的評價中清楚地看出：「在其他的哲學家竭盡其機智並醉心於探求事物的原因、尋求學習與生活的正確方式之時，這些人（指柏拉圖主義者——引者註）通過認識上帝就已經明白了，到何處去尋找宇宙被創立的原因，發現把握眞理的光明，以及我們可以汲取幸福的源泉（fount）。因而，這些哲學家，無論他們是柏拉圖主義者還是其他任何民族的哲學家，若以這種方式論及上帝，都與我們是一致的。」[115]

在煌煌巨著《上帝之城》中所展開的歷史長卷，展現的正是人類認識、追隨上帝的漫長之路。他將歷史分爲七個時代，這些時代與《創世紀》所描述的上帝的創世過程全然契合一致。這是可以理解的，因爲在奧古斯丁那裡，《聖經》本身就是一種眞理性的預言，傳達的是上帝的旨意。這就是說，上帝不是預見到將要發生的事情，有如我們今天常常對社會的未來發展做出正確的預測那樣；恰恰相反，世間所有的一切，都是遵循著上帝的旨意而發生或消亡。在這個意義上，《創世紀》就不僅僅是對上帝已經完成了的創世過程之描述，而且同時也是一種隱喻，暗示了人的世界的全部發展歷程。他在全書的結尾處這樣總結道：「第一『日』是第一個時代，從亞當延續到大洪水；第二『日』從大洪水延續到亞伯拉罕。第二個時代與第一個時代相等，但不是時間長度上的相等，而是世代（generations）的數量上的相等；因爲每個時代各有十個世代。從亞伯拉罕一直到基督

降臨，如傳道人馬太所計算的那樣，共有三個時代，每個時代共有十四個世代。這三個時代中的第一個是從亞伯拉罕延續到大衛，第二個是從大衛延續到巴比倫流放，第三個是從流放延續到基督的肉體降生。如此，總共有五個時代。現在正是第六個時代，但我們無法測知其有多少世代。……在這個時代之後，上帝將要安息，如其在第七日；並且，上帝將把那個第七日賜予將處於第七日的我們，在他自己裡面安息。」【116】

奧古斯丁將《創世紀》中的上帝創世過程進一步詮釋爲人類走向上帝的七個時代，當是受到了《聖經》中關於「安息日」的描述之啓發。安息日是第七日，此時上帝完美地完成他的創造工作，就將第七日定爲聖日，並賜福於這一日。【117】而生活於第七日的人，也因之處於被上帝所賜予的福祉之中。問題在於，人們根本不知道第六個時代有多少世代，它在什麼時候結束，人類何時才能進入第七個時代？奧古斯丁答道，「當我們被上帝的福祉和聖潔充滿，被造就成爲新人的時候，我們自己就將變成第七日。」【118】這第七日就是我們的安息日。由此可知，「第七日」並非按照時間來推算的，它所表明的是人類的精神狀況，當人們「被上帝的福祉和聖潔充滿」、被造就爲「新人」時，便進入了第七天，或者說，進入了第七個時代。若將第七日作爲人類走向上帝的精神之旅的歸宿，再據此返觀前六日，將其理解爲人類在心靈上不斷地認識並走向上帝的不同階段，也是順理成章之事。

《上帝之城》中關於「屬天之城」和「屬地之城」的劃分只是一種比喻性的說法，它們代表了人類的兩個序列，前者是指依據上帝生活、並由上帝來統治的人，後者指按照人來生活、並將與魔鬼一起經歷懲罰的人。這兩個系列自始至終是交織且平行發展的。言其「交織」，是指每個人都來自亞當，是屬血氣的，因此他首先是「墮落者」，是惡的，若他「再生」，向著基督前進，才成爲善的和屬靈的，才屬於上帝之城。整個人類亦是如此。言其「平行」，是指這兩座城的歷史貫穿此後全部的時代和世代，相互伴隨，彼此消長，直至屬天之城徹底戰勝屬地之城，完美建立上帝之城，進入安息日、即第七日【119】。

以此種方式來構建「歷史」，其用意不言自明：引導讀者信仰上帝，歸依基督教。在歷史學家看來，這也許根本稱不上「歷史」；但是這卻是與奧古斯丁對於時間與歷史的性質之理解吻合一致：時間是心靈之中的存在，在時間中展現的「歷史」已然化爲通過「記憶」而被固定於心中的「印象」。對於一個虔誠的基督徒來說，通過歷史揭示與上帝有關聯的一切，澄清心靈中至善至美的「印象」——上帝，這就足夠了。

第七章

從宗教改革運動：詮釋學與人文主義精神

　　自奧古斯丁之後，中世紀聖經註釋學在神學家那裡獲得了進一步的發展，不過其主要方面表現在對《聖經》經文的哲學化的解釋，乃是從哲學的角度對教會教義的系統闡釋，如比埃爾‧隆巴德（Pierre Lombard，約1095～1160）和鄧斯‧斯各脫（Duns Scotus，1266～1308）等，其中最有影響的當屬湯瑪斯‧阿奎那（Thomas Aquinas，約西元1225～1274年），他的學說被稱為「哲學的神學的形式」之發展。他是著名的經院哲學家，黑格爾稱其「對神學和哲學的整個範圍有著深邃的形而上學（思辨的）思想」，他的著作有許多邏輯的形式論證，不過沒有細緻的辯證法。他的哲學基礎是亞里斯多德哲學，且又知識淵博，死後被封為天使博士和宏通博士，被稱為奧古斯丁第二[1]。他們的《聖經》詮釋具有濃重的理性成分，堅持理性與信仰並存、但信仰高於理性的信念，因為信仰是憑著啟示而從上帝那裡獲得的，而基於理性的科學乃是神學的奴僕。

　　在解經方法論上，這些神學家基本上沿襲了固有的解經傳統：「在中世紀，詮釋學的傾向性實際上延續了那些教父時代的傾向，特別是設定歷史的文字意義（sensus litteralis）和神祕的精神意義（sensus spiritualis）之並存。神祕的精神意義本身被分成譬喻的意義、道德意義、奧祕的（anagogic）意義。里尼的尼古拉（Nicholas of Lyra）[2]，在給蓋拉丁（Galatians）的信的評注中以詩化的語言提出了這四種意義：『字面的意義說明事實，譬喻的意義說明信仰的內容，道德的意義指明應當要做的事情，而奧祕的意義則指明你應當努力爭取的東西（Littera gesta docet, quid credas allegoria / Moralis quid agas,quo tendas anagogia.）。』」[3]

　　《聖經》是一部宗教經典，但它同時也是古典文化的文本。就教會而言，對於經典的詮釋展示了它的神學意蘊；然在解經過程中所涉及到的，卻並非僅僅局限於此，如前面所提到，在其形而上學層面上所解釋出來的是哲學，就其文字所記錄的事件而言，其中所承載的意義包括了世俗的歷史和人們的科學知識，如此等等。因而，《聖經》詮釋實際上成為包羅萬象的解釋。神學的主旨是要通過詮釋《聖經》來揭示人歸依上帝的精神歷程，而這一歷程是應當與上帝所創造出來世界之發展歷程保持一致性，唯有通過兩者的相互印證，找出對《聖經》隱喻性解釋和歷史之間的可信的關聯，才具有真正的說服力。誠然，站在教會的立場上，信仰高於理性，但是想讓人們接受某種信仰，就需要經過對信仰的理性證明，為理性所認同。理性的反思，在理性層面上展開的論證，當然不會局限於宗教體驗本身，其對象——就像《聖經》文本所涉及到的內容一樣——包含了人類的全部文化現象。正因如此，在神學家們開始致力於系統地詮釋《聖經》時，就已經開始孕育被後人稱為「人文主義」的那種精神：「當聖維克托隱修院的於格（Hugh of Saint Victor，約1096～1141）開始把對聖典的理解表述為諸學問的（歷

史的、譬喻的、道德的、類推的——按照這種秩序而進入了研究的全部學科）體系時，最終將所有人類的文化都用於《聖經》的解釋。另一方面，這裡並不含有在宗教文化和世俗文化之間存在真正的對立的意思，這在中世紀又是不可想像的。如果全部知識，包括世俗知識都是啓示的結果，那麼《聖經》研究就具有一種真正的百科全書的價值。」【4】

以此觀之，世俗文化，或者說人文知識，並不處於中世紀《聖經》詮釋的視野之外，正是這種內在於解經過程中基於人的理性的人文思考，成爲催生神學的人文關懷之溫床，以至於在歐洲的人文主義崛起之時，也得到一些傑出的神學家的回應，並因之而引發了影響深遠的宗教改革運動。

一、馬丁・路德：在德意志的語言中尋找上帝

路德（Martin Luther，西元1483～1546）生於德國圖林根薩克森地區的艾斯萊本城（Eisleben）。十六世紀歐洲宗教改革運動的創始者，是當時著名的宗教改革家。曾就學於埃爾富特（Erfurt）大學，在那裡深入地學習了亞里斯多德的哲學。而他後來於對亞里斯多德哲學的激烈批評，也正是出於對這一學說深刻理解。他於1505年進入埃爾富特隱修院，並被選拔進修神學。1514年起，任教區座堂傳教員。從他存留的著述來看，他不是一個建構了完整體系的神學家，他對《聖經》的闡發大都是根據論戰的話題而展開的。他的《聖經》德文譯本在德語地區產生了深遠的影響，並極力推動在神學、聖禮及宗教組織這三個方面的革新，而成爲基督教新教的奠基人。

(一) 宗教改革與人文主義傳統

在文藝復興時期，人文主義的崛起得益於古典作品的再現，並且由於當時語言學與語文學研究領域的長足進展，使人們有可能深入鑽研這些古代的經典，因而被視爲開啓古代世界之門的鎖匙。古代典籍向人們展示了一個新的精神世界，這個世界是人類曾經經歷過的，但因其年代久遠逐漸成爲一種陌生的東西。被重新發現的那一世界，不僅引發了人們對古典文化的研究熱潮，而且，它所展現的那種充滿了想像力的神奇圖景，也直接被視爲理想的家園。雖然，文藝復興運動的主旨是一種「文藝」的復興（即希臘、羅馬古典文化的再生），比較集中地體現在文學、繪畫、雕刻、建築等諸領域。但蘊涵於其中的人文主義精神，對西方世界產生了深遠的影響。它首先促成了關於人自身的價值觀念之轉變，人的存在之意義、個人自由與平等得到充分的肯定，恢復了理性的尊嚴，如此等等。在

這個意義上，文藝復興運動正是一次偉大的思想解放運動，在世俗社會中，它的矛頭直指封建特權，否定君權神授，主張個人的自由與平等；這種思想延伸至宗教社會，也激烈地衝擊著羅馬教廷的在思想上（教義）和組織上（教宗與教廷）的專制。宗教改革家們重視個人信仰和個人得救，堅持信眾之平等觀念，按照路德的說法，上帝惟創造了人，而並未創造君主。對於教宗，路德甚至直言抨擊：「教宗及其黨徒們的教唆荒唐至極，通過誘騙和誤導使人們偏離正道。的確，我的許多講道均徒勞無獲，一再重犯非基督徒的嚴重錯誤，他們的靈魂已腐敗到善惡不辨、冥頑不化的程度。」【5】毫無疑問，人文主義的思想資源，成了人們改造現實世界的直接推動力。文藝復興就是以這樣一種「回歸」的方式向前邁出了堅實的一步，而基督教信仰，也借助古典文化的復興，以返回樸素的使徒傳統的方式獲得了新生。

　　詮釋學作為理解與解釋的技藝學的發展，事實上沿著兩個向度而展開，一是神學，二是語言學和語文學。這兩個向度，在路德的時代、並通過路德的《聖經》翻譯與詮釋活動，終合二為一，促使宗教內在的獨斷論傳統開始轉向一種人文主義的關懷，催生了神學詮釋學。伽達默爾曾清楚地指出了這一點：「神學詮釋學的產生是由於改革家要維護自己對《聖經》的理解以反對特利恩特宗教派【6】神學家的攻擊及其對傳統必要性的辯護，而語文學的詮釋學則是作為復興古典文學這一人文主義要求的工具。……具有決定性意義的事件是，通過路德和梅蘭希頓，人文主義傳統和宗教改革的誘因結合了起來。」【7】

　　據伽達默爾，神學詮釋學與文學詮釋學都關係到「重新發現（Wiederentdeckung）」文本中的那種已成為陌生而難以接近的意義。雖然神學的與語文學的理解向度，在各自關注的重心上有所不同，但就其根本旨趣而言，卻是一致的。事實上，中世紀的語文學家在解讀古典文學時的精神視域，依然處在《聖經》的精神視域之內。正因如此，古典文學的作品，連同其所展現的世界，完全被劃入了基督教的世界。《聖經》雖是「聖書」，但它也可被視為一部古典文學作品，可以從語文學的角度來解讀，不過由於教會實際上擁有對《聖經》的解釋權，對《聖經》的理解始終都是被教會的獨斷論傳統所規定的。如此，對於當時的社會而言，古典文學與《聖經》的理解都在力圖指明一種規範的價值，提供規範的生活模式，共同扮演著教化民眾、按照教義建立生活秩序與社會準則的角色。在這個意義上，古典文學之理解已經具有了宗教的性質，反之，亦可以說，作為古典文學作品的《聖經》之詮釋，所展現的正是它的神學緯度。正是由於此兩者有著內在的精神上的契合點，才能在相互激蕩中形成具有人文主義傾向的基督教神學。

　　世俗的文藝復興與宗教社會的改革運動爲共同的人文精神所推動，融爲一股不可逆轉的歷史潮流，促成西方世界從中世紀——其特徵爲世俗的與宗教的雙重專制——向近現代社會的成功轉型，鑄就了人類歷史上的一個輝煌時代。

　　激發路德宣導宗教改革，對於古典文化和語言學的了解是重要原因之一。在羅馬教廷擁有絕對權威的時代，倡言改革，確實需要過人的膽略。但是，僅有膽略是不夠的，要使宗教改革得以實施，就必須得到教衆的理解與贊同，而要想得到教衆的擁護，就必須提供一套有說服力的理論。路德適逢其時地做到了這一點。言其「適逢其時」，首先是指那時作爲中世紀神學之形而上學基礎的經院哲學日漸式微，已成強弩之末，根本無法進行有效的論戰。當然，在我看來，更爲重要的是，他在闡明自己的神學主張時，所依據的是《聖經》希臘文和希伯來版本。顯然，返回到古典文本，不僅與當時風行於世的人文主義思潮——以「回到本源」爲旗幟——吻合，而且較之拉丁文《聖經》文本，它們似乎更具有權威性，人們有理由認爲它更接近上帝，更準確地記錄了上帝的話語。無論如何，拉丁文《聖經》只是它的譯本。最後，是路德對《聖經》有深刻的理解和體悟。由於多年的悉心鑽研，他不僅了解《聖經》，也了解先賢對《聖經》諸多不同的理解，爲此更容易發現羅馬教廷的《聖經》解釋以及教階制度、教規與《聖經》經文原義的相互抵牾之處。

　　路德進行宗教改革的依據是古典的《聖經》文本，這不僅使他從中獲得了新的活力和靈感，也使他的改革主張具有某種種權威性和合法性。他的論著大都是論辯性、批判性的，他精於修辭，語言犀利，具有很強的說服力。在內容上，其言論之鋒芒直指時弊，在關於贖罪卷、禁欲、信衆的自由與平等、教宗的絕對權威之合法性等諸重大問題上，他不畏強權而坦陳己見，贏得了廣大信衆、特別是生活在德語地區的信衆之認同。爲使信衆更直接地把握上帝之道，他極力主張傳道與宗教活動的德語化，他這樣說道：「我當然高興看到今天就有德語彌撒。我也正在爲此而努力。但我更希望它具有眞正的德語色彩。……不論在文字和音符、語調、旋律、安排的方式等方面，都應當出於母語及其曲折的變化上，否則就只是一種沿襲和模仿的樣式而已。」【8】在我們今天看來，語言系統中蘊涵著人們的世界觀念，語言表達方式實質上表徵了人的生活方式，如果基督教信仰不能以信衆的母語方式表達出來，它對於信衆而言，就永遠是外在東西。就此而言，路德宗教改革在德國的成功，至關重要的一點，就是他成功地將基督教信仰與德語結合在一起。正如路德所言：「我從德意志語言中聽到和找到我的上帝。……我本人以及我的同事過去並未在拉丁語、希臘語，甚至在希伯來語中找到上帝。……我們德意志的神學家其實是最傑出的神學家。」【9】

(二) 《聖經》的重新翻譯與詮釋

　　路德宗教的改革，所革新的不僅是教會，它同樣也革新了對於《聖經》詮釋方式。在路德等宗教改革家看來，在教會的獨斷論傳統籠罩下的《聖經》的解釋掩蓋或扭曲了經文的本義。要揭示經文本義，最有效的途徑之一，無疑是返回到源初的文本。在中世紀的歐洲，大權在握的羅馬教會所推行的《聖經》文本是拉丁文譯本，除了少數大的教會外，其餘的教會很少有完整的《聖經》，因此一般人根本不可能接觸到全本《聖經》。加之《聖經》使用的是拉丁語，沒有受過良好教育的人也無法讀懂，因而，對於廣大下層信眾而言，《聖經》只是信仰標記，只具有形式的意義，至於經文所載之內容，全憑牧師的解讀，而最終的解釋權則歸羅馬教廷。動搖其權威的第一次重大衝擊當來自伊拉斯謨（Desiderius Erasmus，西元1466～1536），他的作品很多，但是對後世最有影響的，當是他經數年努力編訂的希臘文《新約》，並依據這個希臘文本校訂的拉丁文《新約》（出版於1516年），而《舊約》部分則在1517年完成編訂工作。路德的德譯本《聖經》就是在此基礎之上完成的，並因得力於其時古騰堡的發明（Gutenberg-Erfindung）而推動的印刷術上的進步，而爲大眾所熟知，成爲德語地區基督教的第一部《聖經》。

　　1522年9月，《德語新約》（*Das neue Testament Deutsch*）在著名的萊比錫博覽會（Leipziger Messe，1522年9月29至10月6日）上首次現身，後人稱之爲「9月聖經」（September Bible）。該譯本未標明譯者、印刷者和出版時間，可能是因爲在當時路德被視爲異教徒而不允許他出版任何東西之故。另一公開出版的版本在稍後的同年12月，在德國的維騰堡（Wittenberg）和瑞士的巴塞爾印刷出版，被稱爲「12月聖經」（December Bible）。路德很快轉向對《舊約》的翻譯工作，陸續完成了一些篇章的譯稿，直至1534年9月，第一部完整意義上的標準德語版【10】《聖經》才得以完成，在維騰堡出版【11】。尼采稱讚這部《聖經》譯本是最好的德文著作。路德的《聖經》德語譯本，流暢易懂，並把多種方言整合爲標準的德國語言體系，故被稱爲德國語文的創造者。路德對翻譯本身也持有一種獨特的見解，這種見解與下面將論及的路德對於《聖經》的理解問題之解答是一脈相承的。他認爲，翻譯本身在任何意義上都不是一種藝術（Kunst），所需要者乃虔敬、忠誠、勤奮、敬畏之心【12】。對於翻譯所使用的語言，必須採用通俗易懂的、生動的、接近民眾的語言，以使一般民眾也能理解上帝的話語【13】。

　　只有在這時，也就是說，只有在信眾能夠得到、並讀懂《聖經》時，路德宗教改革所提倡的重視個人信仰和個人得救的主張才有實現的可能性。如果說，在以往的解經史上，如何解讀與詮釋《聖經》只是神學家關注的問題，其相互辯難

駁詰限於學者之內，那麼從現在起，這一問題就獲得了一種普遍的意義。這裡所說「普遍」，有雙重含義：一，當然是指由於《聖經》的普及使它的讀者面更爲廣泛；二，就理解理論本身而言，神學的詮釋學對於理解的理論基礎與詮釋規則之探討，較之以往更爲深刻，更具有普遍性。

路德對於《聖經》的理解與詮釋之要旨可歸納爲以下幾點：

1. 理解中的信仰優先原則

中世紀神學家湯瑪斯・阿奎那提倡解經要兼顧經文的文本字面含義和靈義，主張以文字含義爲基礎推斷靈義，任何解經活動都必須達到兩者之間的平衡。在此之後，著名解經學家萊拉的尼古拉（Nicolas of Lyra's，約西元1270～1349）和戴塔普勒的勒費弗爾（Jacques Lefèvre d'Étaples，約西元1455～1536）的《聖經》詮釋，在字義與靈義中各取一端，闡發了各自的那種極端化了的解經學。尼古拉解經恪守《聖經》文字的原義（the literal sense），認爲字義是所有的奧祕的（mystical）、隱喻的（allegorical）、神祕的（anagogical）解釋之基礎。爲此，他在參照希伯來文本修訂譯本上投入了大量精力。而作爲人文主義者的神學家勒費弗爾，則極力反對尼古拉的解經理念，堅持從靈義出發理解《聖經》，認爲《聖經》只含有與聖靈以及基督教有關的意義。路德的解經學在形式上似乎回到了湯瑪斯・阿奎那的立場，這就是說，他的解經也是兼及字義與靈義，力圖在兩者之間達到一種平衡。所不同的是，在湯瑪斯・阿奎那那裡，是從字義推論靈義；而在路德那裡，則是以靈義引導字義分析。他相信整部《聖經》說的都是基督，基督就是福音，認爲唯有基於此一信念，才能眞正理解《聖經》文字含義及其所隱含的奧義。

人們要想理解《聖經》，當然需要理智與知識，但是若無信仰的導引，就根本不可能獲得正確的理解。換言之，信仰與理智對於解讀《聖經》而言，信仰始終占據著優先的地位。路德的這種理解觀念，我們可稱之爲信仰優先原則。他明確的說：「我們不應當專用自己的理智去批評、解釋，或判斷《聖經》，卻要用祈禱來勤勉靜思默想。魔鬼和試探也能給我們機會從經驗和實行去學習了解《聖經》。否則，不論我們如何勤勉地讀和聽，我們永遠不會了解《聖經》，在了解《聖經》上，**聖靈必須作我們唯一的主和教師**（重點號爲引者所加）。……我們對任何一節經文都測不出它究竟有多麼深的意義。我們所能把握的只不過是些皮毛而已。」[14] 因而，人們除非有上帝的靈，「否則連聖經中的一個小字母也沒有人可以理解。……即使他們能背誦聖經中的一切，並且知道任何引用，然而他們卻什麼都沒有理解，什麼都沒有眞正領會。……因爲要明白聖經，不管是全部

或是其中任何一部分，都需要聖靈的同在。」【15】在他看來，上帝的智慧是人類根本無法測度、參透的，人類的理智，相對於信仰的奧祕和對上帝的知識，只可說是愚昧不堪，何足言哉。但是，這並不是說，理智就一無所用，事實上，在眞正的信徒那裡，在信仰的引導下，理智才具有正面的功用，對我們是有益的，反之，若無信仰的引導，理智必然將我們引入歧途。他堅持認爲：「把邏輯推至無邊無界，建構信心的邏輯，取代信仰，實在是虛妄。……把三段論形式邏輯應用於上帝的事情，終歸是無效的。」【16】人們也不可用妄用哲學知識來闡明上帝，只有基督徒才可用哲學解釋神學【17】。

理解《聖經》的有效途徑，就是把自己完全託付給上帝之道，堅守上帝之道。因爲上帝的思想高超得無與倫比，乃是人不可企及的。人若想理解與堅守上帝之道，就須首先清除自己的愚蠢荒唐的思想，把自己變成「無知的小孩子」。在路德看來，孩童是純眞、可愛的，對於《聖經》中所述的故事「完全信以爲眞，毫不懷疑」，他們如同生活在樂園裡一般，天眞爛漫，毫無做作，應該成爲我們的榜樣【18】。

2. 理解《聖經》的文本原則

如上所述，在路德那裡，信仰原則在《聖經》的理解過程中被置於優先的地位，構成了理解的前提。但這僅是前提，尚未論及理解本身，更不是理解的全部，倘若如此，人們也無須閱讀經典了。然而在路德看來，信仰與得救是屬於個人的事，是個人的心靈對上帝之道的回應，若不能深入地把握關於《聖經》的知識，其所謂的「信仰」必陷於空懸，也不可能令人信服。其危害在羅馬教廷控制下的教會那裡已經表現出來：任憑教會隨意解釋經文，危害著眞理或者說上帝之道；而個人的理解必須服從教會對《聖經》的解釋，在教會之外，無拯救可言。這正是路德極力與之抗爭的東西，他以接近民眾的日常用語方式、並基於源初的希臘語與希伯來語文本翻譯《聖經》，其眞正用意恰恰是擺脫拉丁語的《聖經》詮釋傳統、亦即羅馬教廷的專制觀念之控制，使信眾能夠直接閱讀並理解《聖經》，以自己的方式領悟上帝之道，獲得拯救。由於《聖經》是上帝啓示自身的場所，人們只需直接考察《聖經》就能領悟上帝之道，獲得關於信仰的知識。

如果信徒讀經是必須的，那麼如何正確理解經文也就成了一個重要而又迫切的問題。路德這樣說道：「我們的立場是：既然聖經是我們信仰的根基，那麼我們就既不應背離經文之眞義，也不應偏離其所有的地位。」【19】在這裡，路德明確地向人們傳達了這樣一種信念：**《聖經》是基督教信仰的根基**。這裡存在著一個理解的循環問題：信仰是正確理解《聖經》的前提，就是說，首先要「信」，在

「信」的導引下才能正確理解《聖經》；而此處又說《聖經》是信仰根基，認為信仰由《聖經》而出。如此，先於理解、作為理解之前提的信仰又從何而來？路德沒有回答這一問題。我們可以借用施萊爾馬赫詮釋學來代為解答。在對文本的理解之前，讀者已基於自己的「前知識（Vorkenntnisse）」對文本有了一個意義整體之預期[20]，並依據此預期所指引的方向來理解文本。路德所說的信仰乃植根於「前知識」，據此詳究文本、亦即《聖經》，來進一步印證信仰的真理性。就此而言，理解經文真義對於信仰也就具有了關鍵性的意義。

在對經文的理解問題上，路德取奧古斯丁之說，認為《聖經》文字具有雙重含義：靈義（啟示的意義）和字義。雖然靈義寓於經文之中，但領悟靈義卻屬於上帝的恩典之範疇，非經啟示而不可得。由此，對於讀者而言，需要關注的實際上是經文字義，在此基礎上再虔心領悟靈義。

對於路德來說，《聖經》具有自明性（die Selbstverständlichkeit der Bible），因此經文真義本不難理解。他曾強調「我們必須有嚴謹的、清楚的語詞和經文，因其明晰而令人信服」[21]。不過他以為他通過自己德語《聖經》譯本已向信眾提供了嚴謹清晰而又「令人信服」的經文。《聖經》文本本身業已表明了它是自足的整體，人們也無須到文本之外尋找解釋和評判的標準。對《聖經》進行旁徵博引式的解釋（Auslegung）本是多餘的，如果某些話語確實有解釋的必要，那麼最可靠的方法是用《聖經》中其他段落的話語來解釋難理解的話語，質言之，用《聖經》的話語解釋《聖經》。伽達默爾將此概括為理解的文本原則：「《聖經》詮釋學的前提——就《聖經》詮釋學作為現代精神科學詮釋學的前史而言——是宗教改革派的《聖經》文本原則（das Schriftprinzip）。路德的立場大致如下：神聖的經典是自身解釋自身（sui ipsius interpres）。我們既不需要傳統以獲得對《聖經》的正確理解，也不需要一種解釋技術以適應古代文字四重意義學說，《聖經》的原文就具有一種明確的、可以從自身得知的意義，即文字意義（sensus literalis）。」[22]此處所說的「文本原則」，就是經典的自我解釋。

毫無疑問，對於路德，《聖經》的意義是自明的、不言而喻的[23]。因此，「上帝所說的話必須以簡單地按其字面意義進行理解。因為上帝的話語並不由我們的喜好來決定對其改造與否」[24]。不過，這一論斷不可被僵硬地理解為一成不變的定則。事實上，它只是指出了理解經典的一個基本立足點。我們注意到，路德在強調經文的「字面意義」時，也意識到了字義在歷史語境中變遷情況。他要求把握文字源初的意義（它當然屬於「字面含義」，但不是時下流行的理解之含義），以便真正理解經文真義。比如，在《聖經·以弗所書》（5：31～32）有一句話，在武大加譯本[25]中被譯為「二人成一體，這是一大聖禮（sacramentum）。」路德批評這種理解實在是漫不經心、不求甚解，他指出：「在整部聖經裡，『sacramentum』（聖禮）一詞都沒有我們今日所使用的這種意義。它在聖經中出現，不是指聖事的記號，而是指神聖隱祕之事本身。……我們（武大加譯本聖經）看到『sacramentum』（聖禮）一詞，在希臘文本裡原為『mysterion（奧祕）』，譯者有時將其譯為聖禮，有時保留其希臘文形式。……如果他們讀過希臘文本的『奧祕』一詞，就絕對不會這樣做了。」【26】路德批評道，由於人們對文字及其所指的事物的無知，「把這些語詞的新義、人的習俗和其他東西都牽強附會於聖經，按照自己夢想篡改聖經，任意曲解經文。他們不斷地胡亂解說下列術語：善功、惡行、罪惡、恩典、公義、德行等等，幾乎包含了所有的基本術語和事物。他們依照自己從人的著作中學來的武斷使用這些字，嚴重損害了上帝的眞道和我們的得救。」【27】

上述例子中所蘊涵的詮釋學意蘊，經伽達默爾闡發而清晰地呈現出來：「當然，《聖經》的字面意義並非在任何地方和任何時候都是明確可理解的。因爲正是《聖經》的整體指導著對個別細節的理解，反之，這種整體的理解也只有通過日益增多的對個別細節的理解才能獲得。整體和部分這樣一種循環關係本身並不是新的東西。……路德和他的追隨者把這種從古代修辭學裡所得知的觀點應用到理解過程，並把它發展成爲文本解釋的一般原則，即文本的一切個別細節都應當從上下文（contextus）即從前後關係以及從整體所目向的統一意義即從目的（scopus）去加以理解。」【28】

3. 擯棄隱喻解釋

自斐洛將《聖經》視爲一個隱喻的系統，主張運用隱喻性的解釋方式詮解《聖經》以來，隱喻解經法就爲歷代解經學家所重視。隱喻解經法作爲詮釋的技藝，其功用在於：當經文的字面含義難以理解、特別是當其字面含義與人們的常識以及信仰相悖時，將描述性與敘事性的經文視爲「隱喻」就能獲得一個巨大的解釋空間，使得《聖經》字面意義的悖謬之處得以化解，其整體意義達到圓融和諧，能夠爲人們的理智所接受；就理論思考的層面而言，它顯然有助於解經學家從經文中提煉出哲學觀念。問題在於，當人們將隱喻解經法普遍地用於解經時，經文的字面意義就已退隱到可有可無的窘境了。代之而起的是解經學家們豐富的、向著四處擴散的想像力，統一的信仰由此而失去了其依據。在路德看來，這種情況使得信眾被引入歧途幾乎必不可免，羅馬教會便是最好的例證。對於路德來說，運用隱喻方式解釋《聖經》以闡發基督教教義是非常危險的。正因如此，他主張：「我們寧可採取『任何經文都不【29】容許推論或借喻的存在』這種見

解，除非上下文明顯的特性和字面意義太過於荒唐不合理，與信條彼此衝突，才勉強採用推論或借喻。不但如此，我們必須隨時盯緊字句明白、簡單、自然的意義，這樣的意義是符合文法的規則，以及上帝創造在人裡面的語言的正常用法。因爲如果允許每個人都可以在聖經中按其喜好發現推論和借喻，整本《聖經》豈不成隨風搖擺的蘆葦，或羅馬之神維士努了嗎？事實上，任何經聲明或證明與信條有關的想法，都是你可以用某種借喻當作歪理推託掉的。」【30】伽達默爾在論述路德的《聖經》詮釋時特別指出了這一點：「特別是隱喻的方法——這種方法以前對於《聖經》學說的教義統一似乎是不可缺少的——現在只有在《聖經》本身已經給出了隱喻意圖的地方才是有效的。所以在講到隱喻故事時它才合適。反之，《舊約聖經》卻不能通過一種隱喻的解釋而獲得其特殊的基督教要義。我們必須按照字義去理解它，而且正是由於我們按照字義去理解它，並把它視爲基督拯救行爲所維護的法則的表現，《舊約聖經》才具有基督教義的重要性。」【31】

　　隱喻解經方法本用於解釋經文的難以理解之處，但是由於《聖經》的自明性和自解性，人們只須對經文在其簡單直截的意義上理解即可【32】，隱喻式的解經方法幾乎可以棄絕不用。其原因在於：「即使因爲我們對其措詞的無知，使得一些經文仍然模糊難解，但是聖經本身卻是相當容易入門的。當我們知道聖經本身完全處在最清楚的亮光之中，所以因爲一些模糊難解的文句就說它晦澀難懂，老實講，這才眞是愚蠢而且不虔敬。即使有些文句在某一處是模糊難解的，但在另一處卻明瞭易懂，並且具有同一主題，對全體世人公開發表。這在聖經中也是如此，有時候用明瞭易懂的文句表達，而有時候卻像是仍然隱藏在模糊難解的文句中。現在，當所傳達的事物已在亮光之中，就不在乎它所發出的這個或那個信號是否在黑暗中，因爲同一個事物所發出的許多其他信號都同樣處在亮光中。」【33】如果不與聖靈同在，在內心中領悟靈義是不可能的，不過，若與聖靈同在，就立即會理解《聖經》文字所啓示的靈義；但無論如何，經文的字面意義是明白易懂的。據路德，《聖經》文字所言及的所有事物，無不藉著上帝之道而產生，並且被帶入最明晰的「光亮」之中，向世人公開。只要我們的心不被蒙蔽，自不難把握其眞義，根本不需要通過隱喻解經法來引申出正確的結論。雖然，對於不少人來說，《聖經》仍顯得極爲深奧，但這並非是因爲經文模糊難解，而是因爲這些人的盲目和懶惰，不願意下功夫深究那些最清楚明白之眞理。

　　以此觀之，路德基本上否定了隱喻解經的合法性，如果說在某些迫不得已的情況下需要它，那麼它的適用範圍僅限於此，就如伽達默爾所說那樣：只有在經文中明確的提示了使用「隱喻」的地方，才被允許以隱喻方式解讀。

(三) 自由問題

關於「自由」這一話題，在路德的著述中所表達出來的觀點似乎並不一致，甚至可以說是相互矛盾的。一方面，路德強調信仰而貶低人的自由意志，他曾明確地說：「我承認人有自由意志。但這自由意志只能在擠牛奶、蓋房子等事上有效，不能做比此稍大的事。人在順利安全，什麼都不缺乏的時候，他就以爲有有自由意志，能夠做些事情，一旦有缺乏，沒有東西吃喝，沒有錢用，那麼，自由意志到何處去了呢？人在有了難處的時候，往往會完全不知所措，甚至站立不穩。只有信心才能使人站立得穩，把握得住，追求基督。所以信心絕不同於自由意志。實在，自由意志什麼都不是，只有信心才是一切的一切。」【34】顯然，人只是在處理日常瑣事中才有所謂的自由意志，歸根結柢，「信心才是一切的一切」。個人意志植根於人的本性，從一開始就與罪惡、死亡捆綁在一起，它天然地傾向於使自己處於一種全然自由、不受律法約束之狀態，因而，若讓人聽憑其本性自由行事，必然會破壞律法。即便是好的律法，也會因人的本性意志之影響而變壞【35】。

但是，另一方面，他又頻繁討論自由意志，甚至撰寫了以「基督徒的自由」爲標題的著作《基督徒的自由》。若尋求造成此狀況的原因，我們可以列舉出兩點：第一點，由於文藝復興中的人文精神之影響，人文主義的那種以人爲本的思想深入人心，人的平等、自由等問題受到了高度關注與認同，路德關心此一問題亦在情理之中；更爲重要的，在我看來是第二點，倡言「自由」乃是路德爲了向羅馬教會發難而採取的非常有力與有利的切入點：以人的「自由」對抗律法——它是羅馬教廷實現其統治的根基——的捆綁，從而轉向「因信稱義」的信條。綜而言之，我們可以說，路德所關注者並非人的「自由」意志本身，在其神學理論的基本取向上，向世人所傳達的並不是一種具有普遍意義的自由信念，而在其實踐上，更帶有很深的暴力專制之烙印。這一點，我們可以清楚地從他主張嚴厲地對待所謂的異教徒——如猶太人、以及女巫等——上面看出。

毋庸置疑，個人的「自由」只是路德的整部宗教改革交響曲中的一個音符，而不是要爲之奮鬥的目標，它服務於宗教改革的主旋律，因此也僅限於爲《新約》所規定的範圍內：「在新約中，凡是上帝沒有清楚教導了的，我們都有自由進行選擇。……我們曾經指出教宗是敵基督的，因爲他用律例來侵犯這樣的自由，就是基督所容許的那些自由」【36】。據此，人的「自由」就不是屬人的，而是出於神的恩典，如《聖經》所言：「天父的兒子若叫你們自由，那麼就眞自由了。」【37】

然無論如何，路德所意屬的「眞自由」只是「心靈」的自由，這種自由源於

信心。保羅認為人有雙重性：一為「靈魂的靈性」，就此而言，人是「屬靈之人，裡面之人，或新人」；另一為身體的屬「肉體的本性」，因此是「屬血氣之人，外體之人，或舊人」【38】。在路德看來，外在之事對造就基督徒的公義與自由或不義與奴役是沒有絲毫影響的。身體健康、安逸富足無益於人的靈魂。反之，健康不佳、捱餓受渴等一切外部的不幸，也無損於人的靈魂自由。因而，「對於基督徒的生活、公義與自由，有一樣東西，並且只有這一樣才是必須的，那就是最神聖的上帝之道，基督的福音。如基督在⋯⋯《約翰福音》八章（第三十六節）說，『天父的兒子若叫你們自由，那麼就真自由了』。」【39】惟獨有此堅定的信心才能使人獲得自由，換言之，基督徒的自由，全在於信心，並因著信心而全然順從上帝。總之，所謂「裡面的人」，其自由與自由的根源，皆因信心而來，不需律法，也不要善行等一切外在的事，人們不是因善行而稱義，而是因內在的心靈富足稱義，「因信稱義」。但是由於人同時是「屬血氣之人」，生於此世，也就應當約束自己，不能坐享安逸，應遵循合理的戒律磨練肉體，滌除邪情私欲，使之順從上帝，順服「裡面的人」。

路德告誡基督徒，「你們應當把律法與信心完全分開，看兩下有天淵之別，有晝夜之分。使你們的信心存留在心靈之內，把行為看為是屬乎身體的事，不是屬乎心靈的事。信心是屬乎天的。信心是向上帝而有的，行為是對鄰舍而行的。信心在律法之上，且不屬乎律法。行為是在律法之下，且是律法的奴僕，受著律法的捆綁而不自由。」【40】真自由屬於有信心的屬靈之人——基督徒，律法所約束的是屬血氣的人，它所指向的是一般意義上人，就此而言，所有人的行為都須遵循律法。但是，遵循律法的人未必能成為真正的基督徒，反之，有信心者必然會遵循上帝的戒律。何謂「信心在律法之上」？據路德：「律法條文和新舊約記號的區別，就在於律法條文並不需要附以任何要求信心的應許之言。因此它們不是稱義的記號，因為它們不是唯獨使人稱義的那種信心的聖禮，而只是行為的儀式。它們的全部效能和本質存在於行為裡，而不在信心之中。無論什麼人去履行它們，即使沒有信心，也能夠使其成全。但是，我們的先祖的記號或聖禮，都賦有一個要求信心的應許之言，而且不能用其他行為去完成。所以它們是使人稱義的信心的聖禮，而不是行為的聖禮。它們的整個效能就在於信心本身，而不在於做任何工作。誰如相信它們，即使沒有行為，也能成全它們。所以有這樣的說法：『不是聖禮，乃是對聖禮的信心使人稱義。』」【41】所以人們要多多關注應許、關注信心，少留意行為和記號的用法，哪裡有神聖的應許，哪裡就要求信心，兩者相輔相成。沒有應許，人們就無從相信，若不相信，應許就無法成功。

正是由於有了信心，下列在字面意義上矛盾的論斷才得以成立：「基督徒是

全然自由的眾人之主，不受任何人轄管；基督徒是全然忠順的眾人之僕，受所有人轄管。」【42】這種表達來源於保羅的教導：「我雖是自由的，無人轄管，然而我甘心做了眾人的僕人。」【43】雖然是作「眾人之僕」，但依然是一種自由的選擇，因爲這是遵循耶穌基督的教誨而心甘情願地成爲眾人的僕人。而作爲「全然自由的眾人之主」的基督徒，也不可妄用自己的「自由」：「但你要謹慎，不要在軟弱人面前運用你的自由。另一方面，在暴君和頑梗人面前，你倒要運用你的自由，始終如一，堅定不移，不理會他們，以使他們明白自己是不虔敬的，他們的法規對稱義毫無用處，他們也無權制定這些法規。」【44】

路德可以說是如此運用其「自由」的典範。在對待「暴君和頑梗人」時，他以一種徹底的方式運用了自己的「自由」。在他的「焚教宗及其黨徒書宣言」中，強烈抨擊教宗焚燒自己的書，指責這種作法「給眞理帶來巨大損害」。而他則在聖靈的敦促之下，決定以其人之道還治其人之身，「毅然也將這些惡魔們的書籍付之一炬」，當眾燒毀羅馬教廷檔案，教宗諭令集和經院哲學書籍，以使「上帝的眞理得到堅固和保存」。該「宣言」還列舉了教宗諭令中三十條反基督的條文，大加鞭笞。如，諭令中有這樣的文字：「教宗以及他的臣僚們不一定要服從和遵守上帝的命令」（見「宣言」第一條），「即使教宗壞到能把無數人大批大批地引向魔窟，也不能允許任何人因此而懲罰他」（見「宣言」第八條），「教宗有權解除和更改與上帝所立之誓約」（見「宣言」第二十五條），如此等等。在路德看來，這些諭令表明，教宗明顯地將自己淩駕於上帝之上，無恥而令人「毛骨悚然」。諭令還稱：「地球上任何人都不能審判教宗。同樣，任何人也不能評判他所做出的決定。與此相反，教宗被認爲有審判地上所有的人」（見「宣言」第十條）。路德指責說，「教會律例的這一條款，是世界上一切不幸所產生的淵藪。因此像剷除毒草那樣，抵制與禁止教會律例，是合於情理的。因爲事實上它已經產生了毒害，這是人人都會明瞭的；如果再這樣任其流行，那麼人就不能止惡趨善，而我們就得被迫讓福音和信仰在我們的眼前沉沒。」【45】

綜觀路德的神學理論，它對於宗教改革所起到的巨大的推動作用是毋庸置疑的，然而就其《聖經》詮釋理論而言，依然存在著諸多問題。首先是他並未對《聖經》詮釋學進行系統的研究，其論戰性的言論雖暢快淋漓，其中雖然有一些新的構想散見於其論著之中，人們卻無法從中構建起一個《聖經》的詮釋體系。他也沒有提供一套方法論，來尋找並證明經文的眞義。路德（承奧古斯丁之說）認爲，《聖經》文字具有靈義與字義兩義，並認定唯有依靠神的啓示方能理解經文靈義，進而循此方向解讀字義，此種見解在後人看來，就已經是獨斷論的。它不僅背離了路德自己所宣導的解讀《聖經》的文本原則，事實上也拋棄了從經文

自身來理解經文的《聖經》文本自解性原則。路德無法回避的問題是：信仰本身與此信仰得以建立的《聖經》文本之意義關聯又在何處？若無關聯，又何必讀經？若《聖經》文字本身具有他所說的那種高度的「自明性」，普通信眾都能理解，這是否意味著，在整個解經過程中就基本上不再需要詮釋的方法論？這些問題路德沒有解決，他的貢獻在於，開啓了通向新教詮釋學之路，使得他的後繼者得以沿著他所開啓方向繼續完成他的未竟事業。

二、弗拉西烏斯：《聖經》自解原則

　　弗拉西烏斯（Matthias Flacius Illyricus，1520～1575）是路德教派宗教改革家，被伽達默爾稱爲「新教詮釋學的第一個創立者」。他生於義大利的阿爾博那（Albona，即今日的Labin），早年喪父，十六歲時去威尼斯求學，十七歲時曾打算加入修道會，後在其叔父的勸說下進入大學學習，1539年到了巴塞爾，後又去了德國的圖賓根，最終駐足於維騰堡（1541年），在著名的宗教改革家、人文學者梅蘭希頓（Philipp Melanchthon，1497～1560）影響下，歸宗路德，並於1544年成爲希伯來文教師。1564年，他以優異成績完成獲得碩士學位。不久，他參加了一場神學論戰，激烈反對奧格斯堡臨時敕令（Augsburg Interim）與萊比錫敕令（Leipzig Interim），被梅蘭希頓指責爲叛教者。爲此，弗拉西烏斯於1549年遷至馬格德堡（Magdeburg）。1557年，他在耶拿大學成爲新約神學教授。1562年離開耶拿到雷根斯堡（Regensburg）籌建科學院，此項工作完成的並不理想，後又幾經輾轉，於1565年來到了美茵河畔的法蘭克福，因不見容於權貴而尋求新的出路，試圖在法國的斯特拉斯堡（Strasbourg）建立一所避難所，也因其信仰獨特且易於引起紛爭，被當地權貴責令離開斯特拉斯堡（1573年）。他回到法蘭克福，直至去世。他極端地反對羅馬教廷之權威，對後世新教產生了深遠的影響。

　　對於如何理解《聖經》的問題，弗拉西烏斯堅定地站在路德的立場上。在他看來，上帝之道即眞理，它蘊涵於《聖經》——亦即上帝之話語——之中，而路德的教義學說就是此一神性眞理的具體化。他對路德教義學說的肯定基於他對歷史劃分的見解。在他那裡，他以三個歷史主題來劃分三個不同的歷史時期：(1) 神性眞理在源始教會那裡的產生時期；(2) 黑暗的中世紀。不過，即便是在最黑暗的時期，教會已墮落爲反基督的王國，神性的眞理仍然零星地閃耀著光芒，它通過神性眞理之見證人（他列舉了400人）而體現出來，宗教改革家已經描繪出了能體現神性眞理的、革新了的眞正教會；(3) 獲得新生的時期——路德所宣示

的正是這一時期的主題【46】。他認為人人均須擁有的這種眞理，也將追尋他所認定的這種眞理視爲自己的最高職責。在他看來，這種眞理距離我們並不遙遠，上帝已明白地告訴過我們，他的話載於《聖經》，因此，要想獲得眞理，唯有通過正確理解《聖經》，捨此別無他途。

爲此，弗拉西烏斯投入了大量精力用於《聖經》解釋，並制定解經的規範與規則，他的解經思想被稱爲新教詮釋學（die protestanische Hermeneutik），不過他的見解被羅馬教廷判定爲異端思想。他的《聖經指南》（*Clavis scripturae sacrae*）乃是本於新教立場對天主教教義的回應。在《聖經指南》中，他首先列舉了五十一項造成理解《聖經》困難之原因，而在後面的章節裡，則提出了與此相應的矯治方案和規則，以經文本身為依據來解決這些疑難之處。他力圖說明，對於《聖經》理解而言，根本不需要教會牧師的宣講，只有詮釋的方法才是必須的。他試圖通過詮釋學來證明一種普遍有效的詮釋之可能性，在其嘗試解決這些問題時，他不僅形成了一種對於詮釋技術的意識，而且也通過他所闡發的詮釋方法論與其他輔助方式使基督教教義獲得了堅實的基礎。毫無疑問，弗拉西烏斯的主張正就是路德學說之核心：文本原則（Schriftprinzip）。該書的目的也很明確，如狄爾泰所說：它從宗教改革家之思想──文本的統一關聯性──出發，通過某種詮釋的工具（Organon der Exegese）來證明《聖經》文本的那種標準的自明性（die normative Selbstandigkeit der Schrift）【47】。

這就是宗教改革家們轉向《聖經》文字研究的原因，正如伽達默爾所指出的那樣：「當宗教改革家們激烈反對教會理論傳統，反對其用多義的文字意義方法來處理《聖經》經文時，他們便返回到《聖經》的文字研究，而詮釋學也由此獲得了一種新的動力。他們尤爲指責隱喻的方法，更確切地說，指責隱喻式的理解（das allegorische Verstehen）只限於比喻情況──如在耶穌的談話中──能自我證明時才是適用的。於此中喚醒了一種新的方法意識（Methodenbewußtsein），這是一種試圖成爲客觀的、爲對象所制約的，並且擺脫一切主觀意願的方法之意識。……以此觀之，推動詮釋學之努力的動因並非像後來施萊爾馬赫所說的那樣，是因爲流傳物難以理解與可能造成誤解，而更多的是因爲需要產生一種新的理解，這是因爲通過揭示現存傳統被遮掩的源頭，而知其被中斷或被扭曲。應當重新探索或更新其被遮掩或或扭曲了源始意義。……新的努力不僅是要獲得更爲正確的理解，而且要使典範（Vorbildliches）重新在其本意上發揮作用」【48】。伽達默爾的分析不無道理，「要使典範重新在其本意上發揮作用」，正是人們頻繁地回到經典的最深刻的普遍動因【49】。

「文本原則」所傳達正是這樣一種努力：堅持《聖經》的可理解性，主張以

回到源頭的方式揭示那些被曲解的文本原義，亦即神意，通過重新解釋而使其在當代發揮作用。就此而言，弗拉西烏斯理論完全是一種神學的教義學說，其「文本原則」的信仰基礎在於：(1) 聖靈同時就是《聖經》的作者和解釋者；(2) 凡是上帝所說的，皆是真實的；(3) 凡是所寫下的，都是爲了我們（unsertwegen）而寫的【50】。因此，《聖經》文本之神聖性、完美性和整體性是毋庸置疑的，問題僅在於，基督徒如何從上帝的話語中洞察真理。對於理解《聖經》而言，堅持上述信條尤爲重要。

怎樣才能正確解讀《聖經》，發現其中的真理？基於弗拉西烏斯的「文本原則」，解經者首先需要的無疑是一種對《聖經》的虔信和敬畏之心，祈求神性之幫助，方能使人們的整個行動從一開始就爲靈性所鼓舞，堅信上帝會將其仁慈恩賜於我們。在此基礎之上，借助於解經的技術性規則，就能理解《聖經》所載之真理。在弗拉西烏斯看來，在理解用陌生的語言寫下的《聖經》時，人們固然會因其陌生性而倍受困擾，但這只是一般性的困難，若具備相應的知識與解經技術，應當可以解決。他認爲，對於神的畏懼、不認同，才是正確理解《聖經》的最大障礙。相比之下，克服疏異性（Fremdheit），包括語言的、時代觀（Zeit-anschauung）的，表達方式的等等所有出現在文本中的疏異性，都只是次要的【51】。由此而不難理解，基於教義利益考慮的詮釋學，當然也包括用來證明和解釋新教教義的詮釋學，都採取了「用信仰來證明」宗教前提，將信仰置於解經之前。維護教義，這才是教會中展開詮釋學研究的最深層的原始動機。

弗拉西烏斯制定了解經的三個原則：

第一，虔信（religious）原則。若詮釋者在解經時遇到某種困難，能幫助他的不是基督教的傳統，而是對於基督的真正信仰，信仰能使他與文本聯結在一起。狄爾泰將此界定爲「客觀聯繫之解經法」（exegesis of objective connec-tion），這種方法假設，在任何時代、任何領域的任何解經者，在其解經時都會遠遠超出信仰的視野，由於某種精神與文化的親緣關係，而認爲其理解與載於文本的那種歷史的與理想的世界聯結在一起。

在此之外，弗拉西烏斯還勾畫出了兩個理性的原則：

第二，語法原則。語法原則乃肯定了路德派排斥隱喻的和形像化的解經方式，詮釋者應把握《聖經》質樸純真的意義，而不能沉溺於隱喻或神祕的迷夢。

第三，心理學原則。這一原則強調的是理解中的「前知識」（foreknow-ledge），認爲唯有具備了某種前知識，人們才能夠真實地理解文本的各部分，而這種前知識也會由於對各個部分的理解而更爲堅實與完善。此中實際上已經表達出了對後來的詮釋學發展影響甚大的「詮釋循環」，在他看來，當我們面對一本

書時，首先要盡可能地弄清楚作品的著眼點、其目的（這通常在標題上就可以看出）或意圖；其次，牢記其整體意義上的主題與梗概；第三，被讀者當作作為整體的作品而推定、並給予極大關注的東西，可能是其整體之枝節；最後，應精確地分析與思考，此整體是如何包含了所有這些環節，如此之多的環節或部分是通過何種方式構成了一個整體。這樣就有可能比較容易理解此書，抓住其精神的意義。對於整體意義的把握，對於理解部分、語句、語詞很有幫助，若對部分的理解有悖於整體意義，這種理解就是錯誤的【52】。

弗拉西烏斯的詮釋學本質上是機體主義的，他將文本視為一個生物有機體（Organsmus），於其中，每一個部分的作用都是為著整體的。據Ronald Kurt，將《聖經》生物化（Biologisierung）開啟了《聖經》詮釋的一個新的視角，使詮釋者可以用下列方式提出問題：文本的頭部、亦即其主要觀點是什麼？文本的哪些部分只是起著次要的作用？哪些關節點與文本和諧一致？文本的心臟的搏動之處在哪裡？如此等等【53】。這種提問方式及問題的解答顯然有助於讀者理解自己的見解。由於文本是一有機整體，其中的任何一個部分都有其對於整體的作用，這意味著，《聖經》中根本沒有無意義的文字，其任何部分都不容輕視，包括它的最不起眼的附加文字與符號【54】，也須給於充分的關注，因為《聖經》文本中的每一符號都滲透著神性的意義。因而，理解任何文本，特別是像《聖經》這樣的文本，須按照它固有的意向來理解：「所有關於《聖經》的文獻與解釋，尤其是那些布道詞——它喚醒了《聖經》，使其重新成為置於福音的教會要求之中的福音的布道。這就承認了一種詮釋學的思考，……它從不要求《新約》文本內容上的無法證明的獨斷論之前定假設（Vornahmen），而是表現為優於這種文本的權威性的東西。他的整個詮釋學遵循著一條原則：唯有關聯才能真正確定單一的詞、一段文字的意義：『ut sensus locorum tum ex scopo scripti aut textus, cum ex toto contextu petatur.』（不管是從著作或文本的目的而來、還是從整個語境而來的段落之意義，都應當被研究）。這裡非常鮮明地反對所有與文獻相悖的理論傳統。這一點也與之相符，即弗拉西烏斯像梅蘭希頓一樣追隨路德，警告了寓意（Allegorese）的危險。正是這種Scopus totius scripti（整個著作的目的）的理論預防了這種誘惑。」【55】

理解的循環原則體現在理解過程中的各個環節，但其核心是「整體與部分」之間的循環，這一點，後來在施萊爾馬赫那裡才有了比較完整的表達（詳見本書第三章），並且，這種詮釋的循環理論通過海德格爾、伽達默爾等詮釋學家門的努力而進一步深化了。

以今人眼光視之，「文本原則」在弗拉西烏斯那裡可能被過於理想化了。它

固然對濫用隱喻詮釋方法起到一種矯治作用，並爲開拓一種適應其時代的新詮釋之合法性提供了頗具說服力的論證，但對於文本——尤其是在時間跨度如此之長，涉及眾多作者的《聖經》——的解讀而言，仍無法從根本上解決問題。這不僅是因爲它的不徹性，仍然在某種程度上保留了隱喻性的解釋，而且文本本身因其作者的表達風格、所使用的語言、形成文本的那個時代的精神風貌之種種區別，特別是所有這一切區別，都因在長期的間距化作用下逐漸被磨損、敉平，化爲一種蒙朧而又陌生的東西，在這種情況下，《聖經》能在多大程度上抵制獨斷論而實現自我詮釋？當然，這對於在弗拉西烏斯可能不是問題，他以爲只要憑著虔誠的信仰，堅信在神的指引下，再附之幾條解經的規則，便能夠揭示文本的原義。對此，伽達默爾批評道：「路德教派的原則『聖經自身解釋自身』（sacra scriptura sui ipsius interpres）雖是明確拒絕了羅馬教會的獨斷論傳統，但是，由於他們並非基於天眞的靈感論（einer naiven Inspirationsthorie）而說這樣的話，更是因爲追隨大學者路德的《聖經》翻譯的威騰堡神學，爲了證明自己的工作的正確性而附加了大量語文學和註釋學知識（Rustzeug），因而每一種詮釋的疑難必然也要同時援引自身解釋自身這一原則。這個原則的自相矛盾是非常明顯的……新教的《聖經》解釋也不可能沒有獨斷論的指導原則，這些原則一部分系統地包含在《信仰文獻》中，部分地被選擇出來作爲首要論題（loci praecipui）。」【56】其實每一種被選擇出來的論題都已經內在地包含了某種解釋，這些解釋不可避免地暗示著它基於新教的獨斷論的含義，這顯然是與「文本原則」的那種「《聖經》自身解釋自身」之主張是互相抵牾的。

第八章

詮釋方法論意識之覺醒

十七、十八世紀的新教神學對於詮釋學發展起了很大的推動作用。當然，正如我們所看到的，那個時代的自然科學之長足進展，也加劇了《聖經》詮釋的世俗化過程。在西方，隨著印刷術、指南針、火藥的發明，哥白尼日心說、布魯諾與伽利略所代表的近代科學的出現，在很大程度上影響了人們的思維方式，新的思維也必然要求著新的思維規則，培根（Flancis Bacon，1561～1626）的《新工具論》（*Novum Organum*，1620）正是這種新思維方式的系統化的理論體現，它被名之爲「新工具論」，用以區別亞里斯多德的《工具論》（*Organum*），也以此確立了近代科學的目標與方法；笛卡兒（1598～1650）的《論方法》（*Discours de la Methode*，1673）以及《關於第一哲學的思考》（*Meditationes de prima philosophia*，1641）同樣是以自然科學爲參照系來構建其哲學。這種與自然密切聯結的科學思維方式開啓了一個全新的視角，這種新的科學理念日益深入人心，滲透到了各個研究領域。在神學領域，科學方法的理念與新教宣導的「文本原則」所內在地包含著「解經方法論」要求相互激蕩，終於在神學內部催生了一種自覺的方法意識，並在這種意識的推動下，嘗試將詮釋學建造成有別於解經學、而類似自然科學方法那樣的精密、客觀的的方法論學科，亦即一套普遍適用的詮釋規則體系。

一、丹豪爾：作爲學科的詮釋學

如上所述，在新教詮釋學中已經開始關注詮釋的方法論問題，弗拉西烏斯所制定的解經原則與規則便屬此列。事實上，解經方法的建立，不僅是意在解讀出文本的源初含義，而且也旨在爲這種解讀提供合法性的證明。而在他之前，梅蘭希頓因追隨路德而同樣主張《聖經》的自解原則，因此尤爲重視修辭學，但其論證所遵循的則是亞里斯多德的傳統，賦予修辭學以一種普遍的適用性，在他那裡，修辭學之所以能夠成爲文本詮釋的範式，正是由於其普遍適用性，若非如此，它也不能成爲普遍有效的、被人們所認同的解經方法。他認爲，修辭學並非用來培養人們能言善辯的能力，而是爲年輕人提供方法論的技能，以便使他們能夠對那些毫無價值的文章做出專業的判斷。

以此觀之，以往的詮釋學（解經學）不是沒有方法意識，毋寧說，它乃隱而不顯地內在於人們的解經活動中，或者更確切地說，未能形成將詮釋方法論提升爲構造成一門學科體系的意識。在努力建構作爲一門方法論學科的詮釋學之過程中，首先應當提到的就是丹豪爾（Johann Conrad Dannhauer，1603～1666）。丹豪爾生於德國弗賴堡（Freiburg），在斯特拉斯堡（Straßburg，今日法國境內）

讀完中學，後就學於馬爾堡（Marburg）、耶拿（Jena）等地。1628年回到斯特拉斯堡，被聘爲修辭學教授。

　　丹豪爾是路德派神學家，於推動詮釋學的發展上多有建樹。根據我們目前所看到的資料，丹豪爾1654年出版的《神學詮釋學或《聖經》解釋方法》（*Hermeneutica sacra sive methodus exponendarum sacrarum litterarum*），被學界認爲是詮釋學史上第一個將「詮釋學」用於著作標題的人。我們從著作的標題上就能推斷，丹豪爾試圖將「神學詮釋學」打造成有別於作爲詮釋之方法論的解經學（Exegese）。如果說，此前關於文本理解的方法論之思考都是在解經學的範圍內進行的，那麼在丹豪爾那裡，所思考的重點已經是一種具有普遍有效性的詮釋科學。作爲概念的「詮釋學」是丹豪爾於1629年創造的，並於他1630年發表的「Idea Boni Interpretis」（好的詮釋者觀念）一文中繼續深入地予以探討。此文以亞里斯多德的《工具論》——丹豪爾自稱是亞里斯多德《工具論》的學生——的某些篇章爲依據，繼續發展亞里斯多德以其《詮釋篇》（Peri hermeneias）所開闢的新思路，建立從屬於邏輯學的詮釋學。正是在此文中，他勾畫出了「一般詮釋學」（hermeneutica generalis）[1]。一般詮釋學所指向的對象不再局限於古代的神聖經典，而是一般意義上的文本和符號；更重要的是，其重點不是研究如何解經以及對經典的正確解釋，而是轉向了對支配解經活動的方法論之研究。在這個意義上，丹豪爾所勾畫的詮釋學雖是在神學的框架中進行的，然卻具有一種「一般的」或者「普遍的」意義，也就是說，他所關注的已經是對語言本身的理解規則。爲能獲得正確的詮釋，釐清晦暗不明的意義，就需要一種不受外部因素影響的判斷，需要了解文本設定的目標，其類屬，其前因後果，需要語言運用的知識。

　　據丹豪爾，詮釋學的根本任務就是澄清文本中意義晦暗不明之處，他這樣界定一個好的詮釋者：他是任何言談的分析者，儘管它們是晦澀的，但也是可解釋的，通過解釋而將眞實的意義與錯誤的意義區分出來。分析者的解釋目標應是作者的意圖，而非所述說東西的眞理性內容。這就是說，詮釋學的旨趣並非追問：什麼是眞實的？而是說明：什麼是作者所意指的[2]？

　　顯而易見，丹豪爾已經勾畫出了某種具有「一般」意義的詮釋學。在他看來，正如沒有法學的語法學一樣，也沒有神學的、醫學的語法學，而只有一種一般的語法學，因此也只有某種一般的詮釋學，儘管所面對的是不同的內容對象。需要建立是一種一般的詮釋科學，一種哲學的詮釋學，作爲解釋法學、神學、醫學等文本的共同工具，它實際上是一種與語法學和修辭學處於同一層次的、可以歸入邏輯學的基礎科學。在丹豪爾那裡，邏輯學分爲兩個部分，即分析邏輯與詮

釋學，兩者的目標都是眞理，並教導人們如何駁斥謬誤，其區別在於：「詮釋學也教我們研究根本錯誤句子的眞實意義，而分析邏輯則只從眞實的原則推導出結論的眞理。因此，詮釋學只與句子的『意義』相關，而與其實際正確性無關。」【3】

不過丹豪爾沒有完成這一理論建構，事實上他並未沒有超越當時人們對於詮釋方式的研究之水準，他的貢獻在於，對詮釋學提出了一項新的訴求：建立一般詮釋學。它不僅可以運用於解釋具有神性的經典，而且也可以在諸如哲學、語文學、法學等領域的世俗文本的解釋中發揮其作用。

無論如何，丹豪爾的構想開啓了詮釋學研究中的一個新的努力方向，正如我們所看到的，後來施萊爾馬赫創立的「一般詮釋學」，實際上可以被視爲此一構想的初步完成。自從丹豪爾的著作面世後，原先並不爲人所重視的「詮釋學」這一術語，日益受到人們的關注，其出現的頻率也與日俱增。特別是德國新教教會，由於它們已經不可能像以往那樣求教於教會權威來裁定《聖經》理解中的疑難問題，便希望於有效的方法與標準來獨立判斷，此乃推動作爲理解方法論的詮釋學之研究與普及的一個根本動力。

二、斯賓諾莎：基於自然解釋方法的《聖經》解釋方法

斯賓諾莎（Baruch de Spinoza，1632～1677）生於一個爲逃避異端審判而居於荷蘭的猶太人家庭，受過猶太教方面的教育，精通希伯來語法。但因其信仰與猶太教相忤，被革除教籍。他的主要著作有：《知性改進論》（*On the Improvement of the Understanding*，1662），《笛卡兒哲學原理》（*Principles of Cartesian Philosophy*，1663），《神學政治論》（*Tractatus theologico-politicus*，1670），《政治論》（*Tractatus Politicus*，1675/76）《倫理學》（*Ethics*，1677，該書以歐幾里德幾何學原理論證倫理學）。斯賓諾莎是十七世紀歐洲的理性主義者，於哲學本體論與認識論、倫理學、神學等研究領域多有建樹。

他的《神學政治論》一書比較集中地探討了詮釋方法論。他在「神學政治論」的理論框架中討論詮釋方法，這或多或少會使人感到突兀。顯然，他想高揚的是理性與自由，尤其是說服統治者，使他們相信，給人以思想的自由是維持其統治與維護國家安全的最好辦法，而政治的眞正目的就是使人能有保障地發展其心身，自由地運用其理智。對於個人而言，自由比任何東西都珍貴，而只有完全聽從理智指導的人才是眞正自由的人。他可以依據理性而做出選擇，當他選擇了某種信仰，則會誠心誠意地遵循其信仰而行事。爲了使其理論獲得一種合法性，

也爲了能使眾多基督教信眾接受其主張，斯賓諾莎以解說《聖經》的形式來展開其論證。而其解說《聖經》的結論之合法性，則基於他的解釋方法之合法性，這種方法的基礎便是那個時代的人所能接受的理性原則。他力圖證明，《聖經》之教導與人類理智並無衝突之處；《聖經》也絕不束縛我們的理智。按照斯賓諾莎的理解，人是上帝所創造的自然的一部分，其中也包括了屬於人的理智，它乃是被創造的東西中最好的部分。由於理智以及智慧與知識都是神所賦予的，因此，人類雖然不能看見上帝，然通過認識上帝所造之物，便能領悟與認識上帝。他認爲：自然現象之精妙與完美已經表明了上帝這一概念。因而，若我們對自然現象知之愈多，對於上帝也就有更爲深入的了解；不過，另一方面，人之所以能夠獲得知識，完全依賴於我們關於上帝的知識，若無關於上帝的清晰概念，我們就不可能認識任何東西【4】。這裡實際上已經表達出了一種循環式的理解觀念，雖然在《神學政治論》中沒有明確指出這一點，也未將其列爲解讀《聖經》的方法，但通觀全書，可以清楚的看出他對於理解的循環原則之熟練運用，這一原則應當是那一時代被廣爲接受的解經原則。

理智原則是斯賓諾莎詮釋方法論最基本的原則，這一原則已經成功地運用於對自然現象的解釋中。他這樣簡明地概述了他的詮釋理念：「我認爲詮釋《聖經》的方法與詮釋自然的〔正確〕方法沒有什麼差異，其實是完全一致的。詮釋自然的〔正確〕方法首先在於推定自然的歷史（a natural history），並且，基於確定的知識（data）推究出自然事物的定義。同此，我們詮釋《聖經》就須收集關於《聖經》眞正的歷史材料，如同基於確定的知識和原則那樣，來推論《聖經》作者——他無疑受到這一歷史的影響——的思想。」【5】斯賓諾莎反對在解經中預先設定準則，而只探究其內容，就《聖經》文本本身引申出結論與勾畫出它的歷史。他將此視爲正確、並且唯一恰當的解經方法，若違背此法，便不可避免地會誤入歧途。

他將《聖經》所述之言論分爲兩類：

(1) 屬於日常生活問題（questions of daily life）的表述；

(2) 關於純粹的哲理性問題（purely philosophical questions）之表述【6】。

對於第一類、即屬於日常生活問題的表述，只要我們正確運用以下方法——斯賓諾莎將之歸結爲「根據《聖經》的歷史研究《聖經》」——還是比較容易解說清楚的：(I) 了解《聖經》各卷成書時、以及其作者的所使用的語言之性質與特徵（nature and properties），以進行語言上的比較研究；(II) 分析各卷，將其內容梳理成條目，並標明晦澀不明或相互矛盾之處。此時不用考慮經文中所包含的眞理，而只是釐清文本的涵義。他舉例說，摩西說「上帝是火（fire）」，

又說「上帝嫉妒（jealous）【7】」，從文字意義看非常清楚，可在理智與眞理上說又是最晦澀不明的。因爲上帝是不具任何形像的，言其是「火」，顯然有悖於教義原則。據斯賓諾莎，「火」這個詞還有「憤怒」與「嫉妒」之義，可見摩西說「上帝是火」與說「上帝嫉妒」意思相同。我們特別注意到，當斯賓諾莎說這兩句話意思相同時，所依據是語言文字本身的含義，若沒有這樣的依據，無論文本的表達多麼與理不合，也應當保留其文字的本身含義，然後再以隱喻方式解釋之。(III) 說明《聖經》各卷成書的背景關聯，包括作者的生平，其獨特的旨趣，成書的原因，以及所使用的語言等等，這些知識對於深入、正確理解《聖經》是不可或缺的。有時看上去像是相互矛盾的表達，其實是因爲言說所針對的對象不同、場合相異，才有不同的表述。比如基督要人忍辱，是對生活於正義不興的地方、暴虐的時代的人所說的；而摩西要求以牙還牙，告訴公正的人在施行正義的地方要懲戒不良之徒，以維護正義，警示世人不可作惡。這兩種相反的教導，都合之於理【8】。

對於《聖經》經常描寫的「奇蹟」，也是需要基於理性予以解釋。他認爲，《聖經》中所記述的任何事情都沒有違背自然規律，他援引《聖經》中的結論：「自然之理是固定不變的」，只是因爲人們對於這類現象的無知才將其看成有悖於自然律的「新東西」、亦即「奇蹟」【9】。有些描寫關於「奇蹟」的段落，實際上只是一種象徵、比喻或想像，而不是指文字含義所表達的眞實事件。

相對於第一類問題的解釋，解釋第二類、即關於純粹的哲理性問題——主要體現在預言家們的預言中——之表述就比較困難了。從根本上說，這是因爲在思辨的層面上解釋預言家的話語想表達的哲理，無法使用確定的知識、定理去分析。同時，預言家們對其所示的哲理沒有一致的看法，也不可能用已知的某一預言家明白所示之哲理來推知另一預言家的意想中的哲理。解釋這類段落的語言，也須採用類似探討自然的方法。研究自然現象需要先探討最普遍的、自然本身永恆遵循的規律，如運動、靜止等範疇。然後再進一步探索不甚普遍的那些規律。研究《聖經》亦是如此，先尋求最普遍的教理，以作爲《聖經》之基礎，如上帝是唯一的神，上帝是萬能的、仁慈的等等信條。以此作爲基礎，再進而探索不甚普遍的教旨。在文本意義不明之處，須循著基本教義所指示的方向來解讀【10】。斯賓諾莎承認，由於我們無法追尋希伯來語的歷史，對其語法規則的了解也有欠缺，要想把《聖經》中所有的話都弄清楚是不可能的，有些段落之眞義，我們充其量只能猜測其涵義。特別是因爲希伯來文字沒有母音，也無標點，現行的《聖經》中的句讀與母音音符是後人所加，是否眞是根據作者原意所補，頗令人生疑。

　　儘管基於理性的《聖經》詮釋方法尚不足完全解釋其文本的原義，但是在斯賓諾莎看來，他所提供的方法已經是最好的了。無論如何，「詮釋《聖經》的最高權威乃是每一個個人，詮釋的規則也必定不是其他什麼東西，它乃依賴於人們所共有的天然的理性之光，而非某種超自然的能力或其他任何外在的權威。」【11】對於斯賓諾莎的詮釋思想，伽達默爾對此有過貼切的評析：「伴隨著對言語靈感理論（der Lehre von der Verbalinspiration）的拒斥，早期啓蒙運動的神學詮釋學最後也試圖獲得一般的理解規則（allgemeine Regeln des Verstehens）。尤其是歷史《聖經》批判，就是它在那時所找到的最早的合法性。斯賓諾莎的《神學政治論》曾是那時的重大事件（Hauptereignis）。他的批判，比如對奇蹟概念的批判，就是通過理性的這種要求而具有合法性的，唯有合理的、亦即可能的東西才予以承認。它不僅僅是批判，它同時也包含著一種積極的轉變，因為被理性所抨擊的《聖經》裡的那些東西也要求一種自然的說明。這一切導致了朝向歷史性東西的轉變，亦即從自詡的（以及不可理解的）奇蹟歷史向著（可理解的）奇蹟信仰之轉變。」【12】

三、蘭姆巴哈：情感詮釋學

　　學界通常將歐洲啓蒙運動的起始時間定於十七世紀，其宗旨則是高揚理性，反對教會和封建專制的統治，反蒙昧主義，以政治自由對抗專制制度，用理性之光驅散黑暗，將人類引向光明。但是就啓蒙思想的淵源來看，在神學內部，路德、弗拉西烏斯等等新教改革家們的思想已經具有了啓蒙的性質。在解經活動中訴諸詮釋方法論，乃是理性主義在神學研究內部的一種體現，這一點，在丹豪爾、斯賓諾莎的詮釋學中已得到充分的表達。人的理性成了衡量一切的標準，宗教教義的研究當然也概莫能外。特別是基督教新教神學，甚至可以說從一開始就是得益於理性而奠定的。

　　蘭姆巴哈（Johann Jakob Rambach，1693～1735）生於德國薩勒河畔的哈勒（Halle an der Saale）。1706年，在他十三歲時就離開了學校，進入他父親的作坊工作。1708年重新進入校門，學習拉丁語。1712年進入哈勒大學學習醫學，不久便轉向神學，尤對《舊約》感興趣。於1719年應邀訪問耶拿大學講學。1723年被任命爲哈勒大學神學副教授，並於1727年繼弗蘭克（August Hermann Francke,1663～1627）成爲該校教授。1731年被吉森（Giess-en）大學聘爲首任神學教授，從此一直住在吉森，直至去世。他著述甚豐，且對詩歌極有天分，著有《精神的詩篇》（*Geistliche Poesien*, 1720）、《詩的慶典——沉思》（*Poetische*

Fest-Gedancken，1723），不僅收集、而且創做了許多讚美詩。在《新約》與《舊約》解釋方面，他比較有影響的著作是《訓道篇的文學與神學研究》（*Dissertatio philologico-theologica de libro Coheleth sive Ecclesiaste*, 1716）、《保羅羅馬書的歷史與神學導言》（*Introductio historico-theologica in epistolam Pauli ad Romanos*, 1727）等。但在這裡我們主要討論蘭姆巴哈的神學詮釋學，其重要者有：《〈聖經〉詮釋學》（*Institutiones hermeneuticae sacrae*，1723）與《神學與適用於〈聖經〉解釋的方法之研究》（*Dissertatio theologica de idoneo sacrarum literarum interprete*，1730）、《關於他自己的〈聖經〉詮釋學之解釋》（*Erlauterungen uber seine eigenen Institutiones hermeneuticae sacrae*，1738）等論著。

　　蘭姆巴哈與其前任弗蘭克同是虔信派神學家，但他們並不滿足於新教的那種清晰的語言分析方法，而宣導對於《聖經》的靈的意義（den seelischen Gehalt）之探討。弗蘭克指出，不僅是《聖經》，其實每一言語也都有其靈魂（Seele）與情感（Affekt），言語便是由此而出，而情感則是表達的核心。蘭姆巴哈則在其《〈聖經〉詮釋學》中，更將情感因素（das Affektive）置於他的解釋藝術之中心[13]。這種為蘭姆巴哈所創立的解釋藝術，被研究者稱為「情感詮釋學」（hermeneutics of feelings）[14]，已經預示了作為此後發展起來的浪漫主義詮釋學——特別是施萊爾馬赫和狄爾泰的詮釋學——之核心的作者心理學。按照伽達默爾的說法：「虔信主義為解釋的『心理學化』所起到的作用，似可成為人文主義－修辭學遺產與浪漫主義理論之間決定性的中介（A. H. 弗蘭克，蘭姆巴哈）。」[15]而古典的修辭學中關於喚起情感的論述，直到此時才被視為一種詮釋學的方法原則[16]。

　　與斯賓諾莎以歷史研究作為解經的鎖匙不同，蘭姆巴哈以釐清作者的寫作時的「情感」為解經的有效進路。他寫道：「若不知由什麼情感引發的話語，一個人便無法清晰地理解與解釋這些話語。這一點不難證明。事實上，我們的言語是我們思想之表達。然無論如何，我們的思想總是與某種隱祕的情感相聯繫。……因而，通過我們的言談，我們不僅使其他人理解了我們的思想，而且也理解了與之相關的情感。據此，若不知作者作者在講那些話語時他心裡有什麼樣的情感與之相聯繫，那麼我們就不可能詳盡地理解與解釋作者的話語。」[17]蘭姆巴哈告誡讀者，語言的意義乃依賴於情感。若我們能親耳聆聽那些神聖的作者講述載於《聖經》的話語，我們就能夠更好地理解那些意義晦澀不明的段落，因為將通過他們在講述時的聲音、手勢了解其講話時的情感，知道此話題因何而起，也就容易知其真意。因此，對於理解《聖經》而言，由於我們無法知曉作者言說時的聲音和姿態，理解其義就有著特殊的困難。不惟如此，理解《聖經》尚有另一困

難，它與之相關：如何以善與神聖的情感來充滿我們的心。若無此心也斷不能全然理解《聖經》。

隨著虔信論者的這種從事實性的東西（Sachlichen）轉向靈性的東西（Seelischen）之探索，語言本身在探索文本意義上已失去其價值，變成了尋覓靈魂過程（Seelensuchprozesse）的工具，而情感則被視爲思想與語言之源泉。虔信主義詮釋學的這種向著內在的東西之重心偏移，使之成了浪漫主義詮釋學的先驅【18】。

明確的將「應用」作爲詮釋學的要素是蘭姆巴哈對於詮釋學的另一重要貢獻。在情感詮釋學中有三個要素，即：「研究」（investigatio），「解釋」（explicatio）與「應用」（applicatio）。「研究」的作用是查明經文的意義，「解釋」乃向他人闡明自己的研究所得之行爲，「應用」則表明了文本對於讀者所具有的生存論作用（existential role）【19】。「應用」分爲兩種，一是「porismatic」應用，意即《聖經》作爲對讀者具有勸勉與撫慰作用之應用；另一是「practical」應用，即實踐的應用，它與文本本身的意義沒什麼關係，而更多地是關涉到人的信仰生活，通過讀經須使讀者自己的道德行爲效仿基督的行事模式【20】。

以此觀之，「應用」並非僅限於理解本身，它實際上有理論與實踐上的雙重訴求：不僅使人知曉而且使人虔信；並因虔信而踐於行。

蘭姆巴哈將「應用」列爲詮釋學要素，對推動詮釋學的發展提供了一個重要的思想資源，產生了深遠的影響。正是由於詮釋具有了應用性特徵，凸顯了文本詮釋的對於讀者的生存論意義、以及作爲流傳物的文本與當代的那種歷史關聯，它才成爲一種推動詮釋學發展的持久的動力之一：在那種主要是知識性的解釋中逐步生發出一種新的致力於實踐智慧的理論研究方向。我們這裡特別要指出的是當代詮釋學家伽達默爾的詮釋學，伽達默爾指出：「J. J.蘭姆巴哈很有影響的詮釋學明確的把應用的精巧（subtilitas applicandi）與理解和解釋的精巧（subtilitas intelligendi und explicandi）相提並論，這無疑與布道的意義相符。源自於人文主義競賽思想（humanistischen Wettbewerbsgesinnung）所表達的subtilitas（精巧性）一詞以一種巧妙的方式指明，解釋的『方法』——有如一切規則的應用——要求著一種判斷力，這種判斷力本身是不能通過規則而得以保證的。這對於將理論應用於詮釋學實踐意味著一種持久的限制。」【21】這種「不能通過規則」得到保證的「判斷力」，就是紮根於「實踐智慧」的一種能力，一種「應用」的能力。它是無法學習到的，而只能在處理具體事物的過程中訓練而成。

四、維柯：新科學與心靈詞典

維柯（Giambattista Vico，1688～1744）是十八世紀義大利哲學家、修辭學家、歷史學家。生於義大利的那不勒斯（Naples），曾在幾個語法學校學習，因自身的健康原因，加之對經院哲學頗感失望，離開了學校，在家自修，自學成才，並於1699年在那不勒斯大學獲得了修辭學的教席。1734年被當時的那不勒斯國王任命為史官，提供給他的是遠遠超出他作為教授的薪水。其影響比較大的著作有：《我們時代的理性研究》（De Nostri Temporibus Studiorum Ratione，1709，英譯書名為：On the Study Methods of Our Time）與《新科學》（Scienza Nuova，英譯書名為：The New Science）。《新科學》（全名是《關於各民族的共同性質的新科學原則》，是一部闡述古代文化史、詩歌和美學的理論著作。）有三個版本，一為Scienza Nuova Prima（第一新科學，1725），這一版本在5年後被重寫與擴充，是為第二個版本（1730），第三個版本為Scienza Nuova secunda（第二新科學，1744），此版便是我們今日所說的《新科學》。

關於書名中所標榜「新科學」之「新」字來源，《新科學》的英譯者有一個說明：十七世紀的一個特點，就是在「科學的」和「假科學的」論著標題上頻繁出現「新」和「前所未聞」之類字眼。在當時，創建一種新科學比起擴充或改革某種舊科學是一種更大的榮譽。這種標新立異的作法，在那不勒斯幾乎成為學術界的傳染病。不過其時那不勒斯的研究院裡確實有一個研究十七世紀各派新科學的新哲學的中心。就是這個學院激發起維柯要創立一門新科學的雄心：創造一門人類社會的科學【22】。

顯然，被維柯冠之以「新科學」之「科學」一詞，並非是我們現代意義上使用的「科學」概念，它實際上指的是一種基於語言學的形而上學，並以此為根據，進而揭示人類歷史發展之奧祕。他寫道：「現在要使語言學形成一種科學，在其中發現各民族歷史在不同時期都要經過的一種理想的永恆的歷史圖案。我們的這門科學由於具有這種主要特色，可以看作一種權威（憑證）哲學。因為這裡揭示出關於神學的一些新的原則就是這裡發現的關於詩的一些新的原則的當然結論，這就顯示出寓言（神話）就是寫最古的希臘各民族習俗的真實可靠的歷史。」【23】

在他看來，所謂「歷史」並非史書所記載的那些被成為史實的事件之鏈條，而是人們是歷史敘事活動本身。在這裡，歷史敘述不是對已經發生的歷史事件之描述，而是在直接創造歷史。據維柯，「這種情形正象幾何學的情形。幾何學在用它的要素構成一種量的世界，或思索那個量的世界時，它就是在為它自己創造

出那個量的世界。我們的新科學也是如此〔它替自己創造出民族世界〕，但是卻比幾何學更為真實，因為它涉及處理人類事物的各種制度，比起點、線、面和形體來更為真實。」【24】

維柯要為他的「新科學」提供確鑿無疑的「憑證」，這種憑證的真實性甚至超過幾何學。為此結論做出論證顯然是很困難的，也相當複雜。並且，由於其論證的思維理路與通行的論證方式大異其趣，就很難被當時的學界所理解與接受。這也正是維柯的學說在創立後的一段時間裡默默無聞的主要原因。

進行新科學研究有兩個理論支點，一是語言學，一是哲學。「哲學觀察理性或道德，從而達到對真理的認識；語言學觀察來自人類選擇的東西，從而達到對確鑿可憑的事物的認識。」此兩者相輔相成，共同為新科學提供確鑿的憑證：「哲學家們如果不去請教語言學家們的憑證，就不能使他們的推理具有確鑿可憑性，他們的工作也就有一半失敗了。同理，語言學家們如果不去請教哲學家們的推理，就不能使他們的憑證得到真理的批准，他們的工作也就有一半失敗了。」【25】照此說來，人們在研究新科學時須先行把握語言學和哲學，再予以綜合運用即可。但事情並不這樣簡單，他告誡人們，我們既不能從語言學家那裡學到新科學的原則，因為各民族都認為自己是最古老的，因而語言學家們站在各自的立場構造的人類歷史都不具普遍有效性（請特別注意，維柯的推論前提就是：語言乃人類的社會與歷史之創造者，而非人們用來描述歷史的工具）；也不能在哲學家那裡尋找新科學的原則，因為哲學家們以為人們現在所知道的一切，從世界剛開始時就已經被人們弄得很清楚了。維柯堅持認為，以往的哲學家們早已不知不覺地誤入了歧途，傾全力研究自然界，殊不知人類根本不可能認識自然界，只有上帝才知道自然界（請注意：維柯推論的另一前提：只有創造者才能認識它所創造的東西）。雖然我們擁有了諸如數學、物理學方面的知識，但所有這些知識都是不完善的，因為我們的探索範圍絕不可能是全部自然界，無法滿足科學應探索普遍永恆事物的知識與追求其原因，這只有創造自然界的上帝才能知曉；人們本有希望認識文明世界（the civil world）【26】，因為它是人所創造的，但可惜的是，我們恰恰忽略了對民政世界的研究。有鑒於此，維柯認定，若想研究他所說的新科學，「必須首先假定世界上根本就沒有過書籍」【27】。

儘管如此，維柯還是對培根的方法論表示了贊同，認為新科學應採用由培根改造得最確鑿可憑的哲學推理的方法。這些方法，在培根那裡是用於討論自然界的事物，維柯則要求將其運用於研究人類民政事務方面【28】。他激烈地反對笛卡兒方法論，其方法論立場可歸納為以下五個方面：1.反對把笛卡兒在其《論方法》（*Discourse on method*）中所述之方法當作創造的方法；2.反對笛

卡兒的方法論上的一元論（methodological monism）；3.竭力論證「綜合的」或歐幾里德的幾何學優於笛卡爾分析的幾何學；4.揭示笛卡兒在醫學與宇宙論上的不足之處，反對將物理學化歸爲數學；5.反對笛卡爾主義的歷史觀，強調人的完整性，人不僅具有理性與理智的方面，而且也是具有想像力、激情和情感的【29】。

現在的問題是，我們爲何能夠認識人（或民政）的世界？維柯的回答是：因爲這個世界是人類所創造的。但是人類爲何能認識自己所創造之物？這一論斷的根據何在？這種認識所提供的知識是否具有普遍性與確定性？維柯的《新科學》對此做出了肯定的回答，其答案的關鍵字就是「共同意識」（sensus communis，common sense），這種「共同意識」就是他所說的「心靈詞典」（mental diction-ary，亦譯爲「心頭詞典」）。按照維柯的界定，這種共同意識是「整個人類所共有的不假思索的判斷」，在缺乏相互交往的各民族間有著一致的觀念，這表明「必有一個共同的眞理」，維柯將此視爲一條公理：「這條公理是一個大原則，它把人類的共同意識規定爲由天神意旨教給諸民族的一個準則，來界定部落自然法中什麼才是確鑿可憑的。諸民族要達到這種確鑿可憑性，就要承認部落自然法骨子裡都有些一致性，其中儘管在細節上有些差異，而就部落自然法來說，在所有各民族中大體卻都是一致的。從此就產生出一種『心頭詞典（mental diction-ary）』，來替發音不同的各種語言找到根源。憑這種『心頭詞典』就可構思出一種理想的永恆的歷史，來判定一切民族的有時間的歷史。」【30】

循此思路，維柯勾畫出了人類的歷史。他指出，埃及人已將以往世界劃分成神的、英雄的和人的這樣三個時代。與之相應的有三種語言，即：象形符號（乃是神聖的祕密的、以動作來表示的無聲語言，適用於宗教，在文字上，表現爲諸如埃及文字與中國漢字等象形文字）；象徵或比喻的語言（英雄的語言，語言表達的手段是英雄徽志，以及類似、比較、意向、隱喻和自然描述）；書寫的或凡俗的語言（人的語言，是人民達成協定的文字，這種語言是民衆政體和君主政體所特有的，用它規定的法律條文之意義，對貴族與平民都有約束力）【31】。維柯所云的「筆者」就是基於上述三種語言而形成的，它是通行於各民族的「心靈詞典」，人們可以憑藉心頭詞典解釋一切不同發音的語種，在每逢需要時就可利用這一詞典斷疑解惑。維柯將他所提煉出來這種三個時代以及與之相應的三種語言之劃分，視爲一種普遍適用的歷史模式，作爲解釋世界任何民族、國家之歷史的坐標系。其中最基礎的東西仍舊是語言，時代之推定的依據乃是其所使用的語言。

維柯的理論對現代詮釋學的形成之影響是多方面的，比如，他認爲他的「新

科學」（形而上學）較之幾何學更爲「眞實」的論斷，被海德格爾所接受，並加以進一步發揮，提出了這樣的論斷：歷史學知識的本體論前提在原則上超越了最現代科學的嚴謹性【32】。「文字學」（grammatologie）可視爲德里達解構主義詮釋學的基礎，德里達對於「文字」的思考，若追溯其思想來源，當源於維柯的《新科學》。在維柯看來，一切民族都先以書寫的方式來說話，他們本來都是啞口無言的。他認爲，「詩性文字」先於有發音的字母文字（凡俗文字），最初各民族都用詩性文字來思想，用寓言故事來說話，用象形文字（即神的字母，埃及象形文字與之相應）來書寫【33】。我們有理由這樣說，德里達所闡發的「原始文字」（écriture première）類似於維柯的「詩性文字」，區別在於，德里達所說「原始文字」，並不意味著時間上的先在性，而維柯的「詩性文字」不僅在思想、表達上具有優先性，而且就其起源而言，有著時間上的先在性。

而在伽達默爾那裡，維柯更是獲得了一種獨特的意義，他寫道：「維柯的《論我們時代的研究方法》一書爲我們提供了一個很有價值的出發點」，他以古老的眞理爲基礎來捍衛人文主義傳統——這種傳統對於精神科學的自我理解有著重要意義。維柯援引了共通感（「common sense」，即「共同意識」，維科稱之爲「心靈詞典」）和人文主義的雄辯理想，這不僅僅是修辭學的理想，它也意味著講出正確的東西，即眞理。修辭學與哲學的衝突，所指向的乃是眞正的生活智慧，即實踐智慧（Phronesis）與理論智慧（Sophia）之對立。顯然，維柯所注重的不是抽象的理性眞理，而是眞正的生活智慧，那種在人們的生活與歷史中眞實地起著作用的東西，按照伽達默爾理解：「維柯認爲，那種給予人的意志以其方向的東西不是理性的抽象普遍性，而是表現一個集團、一個民族、一個國家或整個人類的共同性的具體普遍性。」【34】這種「具體普遍性」來自於「共通感」，據伽達默爾，應把「語文學—歷史學的研究和精神科學的研究方式建立在這個共通感概念上。因爲精神科學的對象、人的道德的和歷史的存在，正如它們在人的行爲和活動中所表現的，本身就是被共通感所根本規定的。」【35】正因如此，對於生活而言，造就這種共通感就具有決定性的意義。共通感顯然不是在理性的推理中形成的，而是通過教育、教化培育而成。在維柯與伽達默爾看來，修辭學在教育、形成共通感上具有特別的意義【36】，它推動著精神現象、人與歷史的存在之形成及其自我理解。此乃眞理的源泉，伽達默爾的本體論詮釋學爲何如此強調共通感以及造就共通感的修辭學之原因便本於此。

五、克拉登尼烏斯：詮釋者—藝術

J. M.克拉登尼烏斯（Johann Martin Chladenius，1710～1759）生於德國維藤堡，在巴伐利亞洲的科堡（Coburg）完成中學學習，其大學生涯始於維藤堡大學，於1731年獲得哲學碩士學位，此後又在愛爾蘭根大學學習，於1748年獲得博士學位，並在同年被聘爲該校的神學、修辭學與詩學教授。

克拉登尼烏斯是路德派神學家與歷史學家，一生著有多部重要著作。在神學方面，他遵循路德正教的傳統，在理論上尋求與Chr.沃爾夫（Christian Wolff）和經驗論的理性主義保持一致性。歷史的探究中，他遠遠超出了那一時代的觀點，而依據詮釋學的方法將歷史的描述作爲首要的歷史原始資料（Geschich-tsquelle）。在此，他的「視角理論」（Sehepunkt-Theorie）起到了非常重要的作用。「視角」（Sehepunkt）乃是借用於萊布尼茨的光學概念，此處意爲每個人均因其位置、處境、視角不同而產生不同的見解，就此而言，任何歷史學家從各自的「視角」出發把握「歷史整體」（Geschichtsganze）都是不可能的，他們所能做到的，便是從多元視角來探究歷史的現實性。這種思想可視爲現代歷史科學的濫觴。

克拉登尼烏斯出版了詮釋學史上的第一部德語著作《對合乎理性的言談與著述的正確解釋導論》（*Einleitung zur richtigen Auslegung vernünftiger Reden und Schriften*，1742），如同蘭姆巴哈，他對於文本理解也提出了詮釋的要求：要比作者理解自身更好地理解作者。正是此一主張，使之有別於傳統的詮釋學之構想——建立文本解釋原則與方法論體系，而凸顯了文本理解中的自我意識。眾所周知，自近現代詮釋學從《聖經》註釋學脫胎而出，直到十八世紀，這一時期的詮釋傳統，其主導思想是客觀地解釋作爲詮釋客體的文本與作者。最爲典型的，當是在前面已經提到的丹豪爾。據丹豪爾，詮釋學乃是從屬於邏輯學的理性學說（Vernünftlehre zur Logik），作爲方法，其功能是揭示語言所表達的意義，亦即作者所意指的東西，至於作者所意指的思想是否正確，則與詮釋學研究無涉。在這裡，「解釋客體」居於詮釋的中心地位，所有的詮釋學研究就是圍繞著如何「正確」解釋文本這一問題而展開的。

而在克拉登尼烏斯的一般解釋者—藝術（allgemeiner Auslege-Kunst）中，則將詮釋學定位爲「靈魂的學說」（Lehre von der Seele），意在通過作者與解釋者之關聯而將作者與解釋者置於詮釋學的中心地位。正是由於詮釋過程中自我意識之凸顯，推動了詮釋學研究的中心的轉移，詮釋的重點逐步從詮釋客體轉向了主體——作者與解釋者的解釋行爲。作者和進行解釋的主體兩者，與被解釋的對

象由此而被置於一種緊密的關聯之中【37】。若在這一關聯中思考詮釋問題，必然會深入反思「客觀理解的主觀條件」（den subjektiven Bedingungen objektiven Verstehens）。克拉登尼烏斯的「視角理論」正是在這一反思中建立起來的。他強調，由於人們受制於自己的靈魂、軀體之境況，使其只能如此這般地想像某一事物。這便是說，境況決定了視角，甚或可以更直接地說，境況即視角。不同的理解皆因視角的不同而形成，「形成差別性的原因，部分地是因爲我們的軀體所處的地點與位置之不同，部分地是因爲我們處於不同的聯結——即我們所賴以獲得事物的某種聯結——之中，部分地是因爲我們循著以往的方式來思考、探尋，這也使他人按照自己的習慣來觀察事物成爲可能。」【38】概而言之，造成不同理解的原因有二：(1) 在何處觀看（視角上的遠近、上下等）；(2) 如何觀看（處於何種心境、習慣中觀看，其興趣何在）。

顯而易見，克拉登尼烏斯的理論不是一種認識論，不是力求客觀地解釋客體（文本），而更多的是以與詮釋者緊密相關的「視點」爲其理解的前提，強調理解的主體性因素與自我意識。認識論所指向的客體乃是康德所說的「自在之物」，如果我們也將認識論的立場視爲一種視角的話，那麼這一視角具有唯一性、普遍性，而克拉登尼烏斯所主張的基於主體的視角卻具有多元性與互換性。或許我們可以認爲，他的「視角」概念乃是尼采的視角主義（Perspektivismus）與相對主義的先驅，但是此兩者的詮釋觀念還是有著重大的區別。對於尼采而言，沒有事實，只有詮釋，而克拉登尼烏斯畢竟還承認描述性的事實，以及出於不同視角的正確理解。對於他來說，儘管有著視角上的主觀性，但事件的客觀性以及對事物之認識的眞實性仍是不容置疑的。正因如此，人們的解釋行爲也具有客觀的與主觀的雙重性。他認爲，人若能將與言語文字有關的一切都詳加考慮，依據理性以及我們的靈魂規則重新在我們的思想中喚醒這些語言，便能完全理解它們。對於陌生的外語語詞，可以借助於字典來解釋，若是遇到熟悉的語詞的古怪用法，應留意詞義的變化，或請教有經驗之人。如此等等。這些技術性的方法與獲得完美的理解之目標並無抵牾之處。不過眞正的困難並不在於此，而是如何處理在理解中所出現的主觀性的特有意義與客觀性的理解截然相對的情況。如果某篇文字中所有的語詞均具有不尋常的多義性，那麼很有可能，作者在使用這些語詞時所考慮的是其他的東西，而非讀者起先理解到的這些語詞的意義。也有可能是作者表達其思想時有所簡略，甚或是誤用了某些語詞，因而讀者根本無法通過語言來回溯到作者的思想。抑或作者所言及的事物，在讀者的時代尚未發生，還不存在，或者尚未認識到，這樣也無法理解作者原意，同樣不能領悟其言論的重要意義。

　　根據克拉登尼烏斯對詮釋學的定位，詮釋學專注於合乎理性的（vernünf-tige）著述，而不是非合乎理性的（nicht-vernünftige）文字，因而與傳統的《聖經》詮釋學分道揚鑣了，因爲《聖經》本身乃是非理性的、亦即神聖的著述（heilige Schriften）。在他看來，哲學的詮釋學只能漫步於神性著述之解釋的前廳，而不能深入其堂奧，因此它不使用於對神性著述的解釋。進而言之，在通常情況下詮釋學也不是必需的，若文字的意義本身清晰可辨，是合乎理性的言談與著述，就根本無須詮釋學。即使是進行眞正的哲學探索，也無須詮釋學，他寫道：「在哲學中，我們並不很需要詮釋學，此乃因爲，我們每個人都必須運用我們自己的思維能力，必須通過長期的詮釋之努力而獲得的對於哲學論著之斷言，於此沒有任何大的幫助，因爲我們必須直接研究斷言是否是眞實的、以及如何證明斷言的問題；這才是眞正的哲學方式。」【39】那麼究竟在何處才需要詮釋學呢？——只是當文本中存在著有礙於學生「完美理解」的晦澀疑點的地方，才需要解釋，需要詮釋學。詮釋學應解決的問題因而不是對文本自身的研析，完善殘損的文本，或釐清屬於微末枝節的語法問題，詮釋學的作用就在於：澄清文本中所存留的意義晦暗不明之處。

　　儘管在作者與解釋者之間、解釋者與解釋者之間存在著空間、時間與意義理解上的間距，並由此而決定了它們的視角上差異，形成不同的理解，但這並不妨礙克拉登尼烏斯主張理解的完美性。值得注意的是，他主張的理解之完美性所指向的，不是以往的解釋理論所要求的那種完美性（客觀性、精確無誤性、全面性等等），它首先標誌著詮釋理念的轉變，亦即關注的焦點從客觀的對象轉向作者與詮釋者的解釋活動，而詮釋學本身，則應從立足於邏輯學與修辭學的自主科學轉向那種與神的啓示概念相對立的俗世理解。所謂「完美性」正是就這種「俗世理解」，亦即合乎理性的理解而言的。

　　在人才輩出的詮釋學領域，克拉登尼烏斯的詮釋思想被後來的詮釋學大家們的光輝所掩蓋了，人們甚至淡忘了他的名字，但是卻在伽達默爾那裡重新得到了高度重視【40】。使伽達默爾尤爲感興趣的顯然是克拉登尼烏斯的「視角理論」。雖然克拉登尼烏斯堅持認爲詮釋過程具有雙重的主體性因素，即作者與詮釋者（的詮釋活動），但是此二者絕非等同的，伽達默爾認爲這是克拉登尼烏斯的「一個非常重要的結論」：「完善地理解一位作者和完善地理解一次講話或一篇著作並不是同一回事」【41】。據克拉登尼烏斯，作者的原意事實上是不可知的，比如某一作者對古代史實的描述，由於目擊證人的缺失而無法確定其眞實性，更是因爲作者的描述基於其獨特的「視角」，站在詮釋者的立場是不可能完全理解他所描述的東西，因而是否正確理解一部作品，其標準就絕不是讀者是否理解了

作者的原意。正因如此，伽達默爾轉引了克拉登尼烏斯的話寫道：「既然人們不能知道任何東西，他們的言辭、講話和著作便可能意味著某種他們自己未曾想去說或寫的東西」，因而「如果我們試圖去理解他們的著作，我們可以有理由地去想那些作者還未曾想到的東西。」【42】無論是我們想到了作者未曾想到的東西，還是作者所意味的東西比我們所能理解的東西要多，克拉登尼烏斯均將其視爲對文本的眞實的、客觀的理解，換言之，在讀者的理解中所顯現出來的東西便是眞實與客觀的東西。正是在這裡，我們找到使伽達默爾與克拉登尼烏斯詮釋學產生了深刻的共鳴之處：基於現象學立場的理解本體論。伽達默爾稱克拉登尼烏斯是浪漫主義詮釋學的先驅，正是在同樣的意義上，我們稱克拉登尼烏斯是伽達默爾本體論詮釋學的先驅。

六、邁埃爾：符號詮釋學

G. Fri. 邁埃爾（Georg Friedrich Meier，1718～1777）屬於啓蒙時代的詮釋學家與美學家。那一時代產生了爲數不少的詮釋學，其中影響比較大的，除了上面提到的克拉登尼烏斯的詮釋者—藝術（Auslege-Kunst）理論，當是邁埃爾的「一般解釋藝術」（allgemeine Auslegungskunst）。邁埃爾在其老師鮑姆加登（Alexander Gottlieb Baumgarten，1714～1762）以及萊布尼茨和沃爾夫（Christian Wolff，1679～1754）的影響下，發表了不少論著，其中有關形而上學與美學的論著受到世人矚目，相比之下，他詮釋學方面的著作被關注的程度較低。他於1740年任哈勒大學副教授，並於1748年起一直擔任該校教授，直至去世。

形而上學思考與啓蒙理性交織在一起，乃是邁埃爾詮釋學最引人注目的特徵。一方面，邁埃爾相信世界之神性，而另一方面，他又堅守啓蒙理性的批判、懷疑之精神。在邁埃爾的方法論學說中，就明顯的表現出了這兩種相互矛盾的立場之間的張力，他努力使始於神學的那種包羅萬象的形而上學與冷靜的理性之間達到一種平衡。他的形而上學思考之出發點，乃是萊布尼茨所表達出來的那種世界觀念：我們所面對的「世界，是所有可能的世界中最好的世界」。這個世界是上帝創造的，於其中，一切東西都是相互關聯著的，並以符號的形式展示在詮釋者面前，而一切理解，都是以符號爲中介才得以完成的。著眼於符號解釋的詮釋學，必然要返回作者（符號的創造者）與詮釋者。由於絕大多數的符號之作者乃是上帝，而上帝的意向是必須敬重的，因而對於符號的解釋必須以作者的原意爲鵠的。準此，對於人類自己創造的符號之解釋，也應以符號創造者的意圖爲準。正確的解釋，就是符合作者原意的解釋。基於此，邁埃爾給出了解釋的基本規

則：解釋者之解釋活動要從作者與被解釋的符號之完美性——此完美性來自於上帝——出發，直至能提供反面的證明。

作為一個詮釋者，他應將符號與符號的作者神聖化，因為它們被賦予了完美性；但另一方面，詮釋者應當出於自己的批判性理智而對這種完美性之假設進行驗證。正是在這裡，宗教信仰與科學以一種對於詮釋學思考極為有利的方式相遇了，意義之設定（Sinnunterstellung）與意義之驗證（Sinnuberprufung）緊密地相互聯結，終於衝破了原本由神學來界定的教條之界限。

邁埃爾詮釋學的核心概念就是「符號」（Zeichen），這一概念的含義是非常寬泛的：「符號〔signum，charschter〕乃是中介，通過它，人們才能認識真實的另一事物。」【43】揭示符號的意義，便是解釋者的任務。解釋藝術就是規則的科學，通過這些規則，才能認識符號的意義。邁埃爾在其《一般解釋藝術之探究》（Versuch einer allgemeinen Auslegungkunst）一書中詳細地闡述了建立在他的符號理論基礎上的「一般解釋藝術」。雖然，在該書的標題中用的是「allgemeinen」（通常譯為「一般的」）一詞，但是其含義卻是「普遍的」（universalistisch），世上一切東西，通過符號化而成為解釋對象，並通過符號化而連接到上帝所創造的普遍符號系統。從根本上說，邁埃爾的詮釋學就是通過符號的普遍化而使其自身成為一種「世界詮釋學」（Welthermeneutik）或「普遍詮釋學」。在他看來，符號可分為兩類：上帝設定的「自然的符號」（naturlichen Zeichen），以及由人設定的「隨意的符號」（willkürlichen Zeichen）。若著眼於時間性來劃分符號的功能，又可以分為三種，即：分別指向現在、過去和未來的符號【44】。

包括語言在內的一切東西都可被視為符號，其中每個符號都與其他符號相關聯，整個世界就處於一種普遍的符號學意義上關係之中。若詮釋學被定位為對符號的解釋，那麼它本身也一定具有普遍性。基於這樣一種寬泛的符號概念，邁埃爾區分了傳統的神學解釋藝術與法學解釋藝術，此外，其解釋藝術還涉及了有關倫理、古代文獻、醫學、象徵（emblematischen）、占卜等等諸多領域。在今人看來並不十分開明的一些學科，如占星學、解夢術與預言術等，被邁埃爾歸入占卜性的解釋藝術。這裡所涉及的是觀相學的問題，諸如從前額的外觀特徵、掌紋、指甲及其斑紋等解析其意義。如果要理解某個言說者的言談，解釋者除了要分析其語言表達本身，還要分析言談者的身體姿態——如手勢、眼部運動、軀體姿勢、語調變化，如此等等，只有綜合考慮到了全部的因素，包括言談者所受的教育、其宗教信仰、生活方式、職務，等等，才能把握某一言談的原義【45】。解釋者應當就言談者與言談本身出發來理解其意義，最大限度地、客觀地把握語言性表達的字面含義，而不是將意義加諸於言談之中。他的解釋藝術，就其實踐意

義上的效用而言，似乎已經達到了他那個時代——在某種意義上也包括了我們這個時代——的頂點。他的獨特之處在於，在處理某些被人們認爲非理性的東西之解釋問題時，也堅定地站在理性主義、科學主義立場上尋求解決的方法。

以此觀之，邁埃爾不同於克拉登尼烏斯之處在於：克拉登尼烏斯立足於詮釋者，試圖建立一種解釋者—藝術，而邁埃爾則將作者意圖置於詮釋學的中心地位。就理論進路而言，邁埃爾詮釋學具有更爲強烈的哲學化傾向，或者更確切地說，有著綜合詮釋學與哲學兩者的傾向。如前所述，克拉登尼烏斯主張詮釋學的主要功能是釐清文本中的意義晦暗不明之處，對「合乎理性的」（vernünftige）語言表達做出「合乎理性的」解釋；而對於哲學探索本身，因我們必須運用自己的思維能力，就「並不很需要詮釋學」。而邁埃爾所宣導的詮釋學是「一般解釋藝術」，其出發點是「理性」（Vernunft），並對其核心概念「符號」之形而上學預設（上帝的創造物之完美性）進行了理性推論，表明了他的「一般解釋藝術」與哲學的那種中內在關聯。在詮釋方法論上，由於克拉登尼烏斯強調「合乎理性的」解釋，一種「俗世」的解釋，所得出的結論只要不悖於常理或人們的經驗即可。而邁埃爾堅持理性主義立場，著力於揭示符號之關聯以及符號的意義設定與分析論證。兩者的區別在現代哲學視野中表現的更爲清晰：「合乎理性的」解釋之主旨是合理性。對於被解釋對象，它並未設定一個隱於對象背後的本質或眞理，作爲衡量某種解釋正確與否的標準，其結論中也並不必然地包含認識論意義上的「眞理」。在這裡，合理性並不等於眞理性；而基於「理性的」解釋，其唯一目標正就是認識論意義上「眞理」，亦即對被解釋的客體之客觀的、正確的認識。

邁埃爾持有這種觀點與他對認識論的形而上學基礎之研究有著密切的關係。在他的《理性學說》（*Vernunftlehre*, Halle, 1752）中，重點分析了思想與語言中的個體性因素，闡明人類理解之可能性；深入探討了認識論的、美學的、歷史的眞理領域。他的思想影響了康德哲學的形成，在康德的《邏輯學》、《純粹理性批判》中留下了邁埃爾的深刻印記。邁埃爾的《理性學說》及其節本《理性學說略要》（*Auszug aus der Vernunftlehre*），被康德用於其邏輯學課程約四十年之久【46】。邁埃爾還著有《所有美的藝術與科學之根據》（*Anfangsgründe aller schonen Kunste und Wissenschaften*. 3 vols. Halle, 1748～1750）、《形而上學》（*Metaphysik*. 4 vols. Halle, 1755～1759）與《人類知識之界限研究》（*Betrachtungen über die Schranken der menschlichen Erkenntniss*. Halle, 1775）等，在有關美的知識之科學方法論、人類理解之本質（制定詳細的概念類型學，奠定同一性原則）、人類理解的邊界等方面進行了廣泛的探索，就其著作標題人們就能推測到

他與康德哲學的親緣關係。

邁埃爾堅信，一個文本的意義是唯一的，解釋過程應當排除一切非理性的因素，來把握唯一的真實意義。任何詮釋的假說，當止步於此：其對立的觀點得以證明並被理解。就此而言，邁埃爾與傳統認識論的路線並無不同。但是，他同時又強調，人們不可能窮盡作為整體的解釋對象，因而一個詮釋學的結論也永遠不可能是確定無疑的必然真理。循著上述思路推論下去，我們不難發現它與當代哲學家波普爾（Popper）的證偽主義理論非常相似，當可視為證偽原則的先聲【47】。不同的是，波普爾證偽原則更為徹底，它否定了一切對終極的真理之訴求，而邁埃爾畢竟還承認達到此一目標的可能性與現實性：通過文本作者的自我解釋。雖然旁人難以全然明瞭作者意圖，但作者本人會很清楚的知道自己的想法。因此，在邁埃爾看來，文本的作者就是文本的最佳解釋者，作者本人的解釋才是最可靠的「真正解釋」。

綜觀邁埃爾的哲學思想，它對現代哲學（通過康德）的形成產生令人矚目的影響。在詮釋學方面，也達到了啟蒙時代的高峰，乃是啟蒙運動中的一個非常重要的思想碩果。由於現代詮釋學孕育於浪漫主義運動，其精神主旨與啟蒙思想幾乎背道而馳，邁埃爾一般詮釋學雖然在詮釋方法論的探究上取得了重大的進展，而在詮釋學界卻長期無人問津，他的一般詮釋學有如燦爛的隕星那樣消失了，在十九世紀的詮釋學大家那裡，如阿斯特和施萊爾馬赫，就基本上沒有提及他的思想。

*   *   *   *   *

在上篇諸章中，我們從學理的層面上梳理了「前詮釋學」發展歷程，主要涉及的方面包括語言與語文學、修辭學和《聖經》註釋學。在中世紀的歐洲這種特定的社會環境中，聖經註釋學和語言學同樣是交織在一起的，語言的規則被視為《聖經》的理解和解釋的工具，它們共同構成了詮釋學的來源。在這方面，學者們少有分歧，所不同的是，有些人為突出意義的流傳而強調語文學，而有的人則注重於神喻的領悟而強調聖經註釋學。雖然它們在聖經註釋過程中是融為一體的，但其作用卻是不同的，「語文學（la philologie）是力圖確立由傳統流傳下來的文本，並力圖重新實現文本的意義；解經學（l'éxègese）則除此之外還力求譯解隱藏在字面意義背後的意義；語文學主要是進行考定工作，以便將繼承下來的東西忠實地傳給後代，而解經學卻力圖重新喚起一種靈感，這種靈感超出文本範圍，要求對世界有一個完整的理解（在信仰的指導下），並對服務於這種理解的

文字有一個完整的理解。」【48】現代詮釋學就是在此基礎上孕育、生長而成，而文藝復興與啓蒙思想在此起到了極其重要的推動作用。雖然詮釋學的源頭可以追溯到古代希臘，並且，中世紀的解經學對詮釋方法也在漫長的歷史演進中取得了長足的進展，但僅有這些還不足以形成體系化的詮釋學。現代詮釋學形成的一個重要契機，就是對方法論意識的自覺，而這種意識乃萌生於文藝復興、特別是啓蒙思想之中。

在復興時代，其歷史境況使重新理解《聖經》成爲必要，正是在重新理解《聖經》的過程中，人們獲得了一個根本動力。這個動力顯然在文藝復興的新世界圖景之深層結構中有著深厚的根源。毋庸置疑，在中世紀的歐洲，宗教有著不可估量的意義，它是一種信仰，但更重要的是，它構成了人們社會生活的最重要方面之一。事實上，幾乎所有理解的理論與實踐，都是指向《聖經》的，所謂「理解」，無非是揭示深藏在《聖經》中的「神意」。由於歷史與宗教的變遷，基督教世界的各民族在各自歷史發展的歷程中，獲得了與他們的祖先以及其他民族不同的歷史體驗，然而《聖經》本身與對它的種種解釋卻不可能參與長時間的歷史疏遠化過程，所謂「經典」，作爲普遍性的東西已不再和指向「具體」的解釋相吻合。在這種情況下，人們先是產生了對「具體性的解釋」的懷疑，繼而懷疑到「普遍性的經典」本身。這對於基督教世界來說是不可思議的。若信仰是不可割捨的，人們就必須根據自己的歷史體驗對經典做出更爲切近自己生命的解釋。這幾乎是唯一的出路，否則，此一危機可能使人們在迷茫中失落自己的信仰。另一種危險來自於對經典的不同理解，如上所述，這種理解的差異性根源於不同的歷史體驗，它可能使一統的上帝被分解，導致整個基督教世界的徹底分裂。對基督教產生懷疑的另一個重要原因就是教會本身，其時腐敗之風大開，使堅信者猶豫，篤行者反感。致使教會腐敗之根源，諸如教階制、宗教稅等等，都被認爲是違背神意的。

與此同時，法律領域也陷入了同樣的困境，不僅是宗教內部的法規，當然還包括不斷地被宗教化解釋的世俗法——羅馬法典，以及這些律條的權威解釋，其中許多內容非但不能規範當時代人的行爲，而且在某種程度與他們的發展了的倫理道德觀念相抵牾；一些已經進入了人們社會生活的重要方面，在這些法律中卻是空白。因此，從根本上說，它們已不再適用了。其原因是很簡單的，形成這些法律觀念和法典的社會基礎已經消失了，沒有這一基礎，這一切都必將成爲與人們的社會生活相脫節的空中樓閣。可是，它們仍然被奉爲經典，儘管它們在實際上已成爲人類法律史博物館中所陳列的「標本」，連人們對它們的崇敬之情，也因爲歷史上的幾次宗教變遷和改革而日益淡化了。若經典本身具有不可動搖的

權威性，那麼協調經典與時代的衝突有兩種可能的方法，一是在現有「解釋」的基礎進一步闡幽發微，以完善這一「解釋」的體系，以解決新出現的問題；二是拋開現有的「解釋」，直接返回到原初的文本，這些「解釋」與其說是揭示著文本，還不如說是對文本的遮蔽，它掩蓋了文本的真實意義。

以此觀之，在法律領域所發生的與宗教非常相似，律法解釋與《聖經》解釋在性質上相同，兩者都對現代詮釋學的形成產生了深刻影響。從邏輯上考察，推動詮釋學發生的領域有兩個：宗教和法律領域。但這只是在其抽象的意義上說的，事實上，這兩個源頭領域在歷史上是交織在一起的，毋寧說，它乃是「宗教——法律」領域。眾所周知，西方文明源於希伯萊文化，西方的學者指出，在古代希伯萊社會裡，宗教與法律是未予分化的一個東西，這不僅就它們具有共同的形式和享有同等的權威性與普遍而言，而且在其更為直接的意義上，宗教即法律，法律即宗教。摩西五經所申明的，不惟是來自天國的上帝的誡命，而且是塵世間芸芸眾生的法律【49】。現代詮釋學的那種強烈的實踐傾向便植根於此：它不僅旨在闡明理解的解釋和解釋的理解，而且直接構成人的行為規範，展示並展開著人的本質。從根本上說，詮釋學「作為一種說明上帝旨意的技術，明顯的具有傳諭和要求服從的雙重意義」【50】。這一特徵後來構成了聖經註釋學的根本出發點。

無可否認，在西方，與基督教的世界並存的還有另一個世界，即異教的和世俗的世界，在那裡，基督教的律條是無能為力的。但是，西方歷史上發生的一件重大事件終於改變了這一情況，「由於羅馬皇帝們在西元四世紀時歸依了基督教，教會開始在權力結構中發揮作用。……拜占庭的基督教皇帝們把修定法律以使『人性昇華』看作是他的作為基督徒的職責」【51】，他們以基督教法學的基本原則重新修定了古典時期以後的羅馬法。日爾曼人、斯拉夫人和歐洲其他民族的統治者在歸依基督教後，則修改了他們主要由原始部族習慣和血親復仇規則構成的法律制度。「阿爾弗雷德（Alfred，約西元890年）的法律開篇就援引了『十誡』和摘自摩西律法的條文；……寫進了這樣一些偉大的原則：『Doom〔即法官〕嚴守公正：不偏袒富人，亦不袒護窮人；不以親疏、敵友為斷』」【52】。野蠻的血親復仇被視為非法。對原有法律作這樣的修改被認為是符合上帝的旨意的，在猶太教和基督教裡，法律是上帝之愛體現的一個方面，上帝作為立法者充滿了愛心，它的法律是最仁慈的；它作為執法者它又是最嚴厲且又公正的，代表著正義，《申命記》中寫到：「你們聽訟，無論是弟兄彼此爭訟，是與同居的外人爭訟，都要按公義判斷。審判的時候，不可看個的外貌，聽訟不可分貴賤，不可懼怕人，因為審判是屬於神的。」【53】然無論上帝的懲罰多麼嚴厲，卻完全是

為生而非死的，全然出於一片仁愛之心，在最後的審判來臨之時，「他必將在多國的民中實施審判……他們要將刀打成犁頭。」【54】所以，基督教不遺餘力地把法律系統化，完善教內和世俗的法律制度，在他們看來，這是實現上帝之愛的必由之路。分析宗教和法律的關係，它們的相互依賴和滲透，不是本書的任務，我們旨在指出，在這樣的充分基督教化了的世界裡，所謂「《聖經》註釋」的真實意義是什麼。顯然，它涵蓋了兩個交織在一起的領域，尤其自十一世紀以降，在羅馬的基督教最高權力機構——教皇的宮廷被稱為教廷，成為名符其實的「最高法院」，甚至有權廢黜皇帝，真正實現了政教合一。

如上所述，被文字所固定了文本及其固有的解釋不能適應於當下社會的需要，此一危機推動了人們對《聖經》和羅馬法典及其權威解釋的重新理解。在宗教領域，此種理解的方向被規定為：必須對現實和歷史的差異性從整體上把握其信仰的真實性，以期達到某種新的、和諧的世界圖景。這幅世界圖景被描繪出來了，然卻不是新的，而是已成為過去的「黃金時代」的摩本。對分崩離析的當代之憂慮，使人們熱衷於「和諧」的過去，因此，向著新的世界圖景努力的第一個結果便是向著古希臘文化回歸的欲望，似乎在古希臘文化中展示的才是人類的真正未來。就人類的本質而言是面向未來的，人們對理解過去所作的努力，並不是為了過去，而是為了未來；人們向著過去的複歸，毋寧是把過去當成自己的現實之未來。這一點，就其形式，類似於中國的「托古改制」。在這種「崇古」精神的籠罩下，愈是「古」的典籍，就愈具有權威性。正是此種信念，使人們在某種程度上衝破了自中世紀以來逐漸形成的《聖經》理解的禁區，開拓了一個更為廣闊的解釋空間。基於這樣一種立場，我們就不難理解，為何在文藝復興後，是希伯萊文的《聖經》、而非希臘文或拉丁文的《聖經》成為新教《聖經·舊約》的標準文本。其實，在奧利金那裡，已經開闢了這一道路，在希臘文與希伯萊文的《聖經》版本不一致的地方，他極力主張以希伯萊文本為准。雖然，羅馬帝國的皇帝不贊同奧利金的觀點，禁止他的著作傳播，但是其影響仍存在，傑羅姆（Saint Jerome, ca. 347～420）就是根據希伯萊文本而不是希臘文本將《舊約》譯為拉丁文。

對古代典籍所使用的語言進行分析的結果表明，被視為神聖的《聖經》是更早些年代希伯萊語的手抄本之複製品。這一發現對「重新理解」運動起到了推波助瀾的作用。各類解釋者們都想在這塊新大陸上插上自己的旗幟，給予這些更具有權威性和真理性的「文本」以權威解釋，以期在「回歸」的浪潮中再次獲勝。哲學家與神學家都在竭力重新制定「典範」和「真理」，從中一種理解和解釋的「應用技術」作為通向「絕對真理」的輔助手段發展起來，並日臻完善。關於羅

馬法的每一具體「說明」也不可能長時期地參與歷史間距化過程，並且，由於法律本身要求著某種精確性，迄今爲止的一切法律「解釋」所遇到的問題較之宗教更爲嚴重。對傳統的反思導致了這樣一種見解，不僅是「解釋」，而且包括所有的「解釋」所依據的「經典」，在時代提出的許多新問題面前已顯得蒼白無力，因其失去了所言及的對象而不再具有實踐的意義。爲了解決當代問題，人們不得不返回到原初的經典文本，希望通過對文本的重新理解和解釋，爲當代人的行爲規範找到合法性的根據。當然，已有的「解釋」在此並非是完全消極的，除了其中某些內容仍可作爲肯定的東西繼續保留下來，更重要的是，它本身的存在已向我們證明了，法律的詮釋在歷史曾起著創造法律的作用，因此，人們不僅需要法律，而且對法律的詮釋也是不可或缺的，它是一切法律的作用得以實現的基本保證。在某種意義上，與法律條文相比，對法律的詮釋是更爲本質的東西。因爲它事實上是法律所代表的普遍性和個別事件之具體性之間的中介。根據伽達默爾的觀點，它是更原始和更本質的東西。這樣，人們返回到原初文本，並從文本、而不是從現有的「解釋」出發來重新理解與解釋時，就有了雙重任務：一是理解羅馬的法律學家，二是「把羅馬法的教義學應用於近代文化世界」【55】。據此，不僅是對羅馬法的重新理解，而且還包括一切創造性的解釋，都合法化了，以往的法律解釋是一種創造，現代的重新理解與解釋同樣是一種創造，它們都指向實踐的目的，即法律的「應用」。由此證明了，「理解的解釋的問題與應用的問題不可分割地聯繫在一起」，達到這一認識，對於伽達默爾有著不可估量的意義，在他的以語言爲本體的詮釋學中，語言的「運用」問題無疑是至關重要的問題之一。

在這股回溯浪潮中，人們的觀念發生了一個深刻的變化，「在A. F. J.蒂鮑特（A. F. J. Thibaut）於1806年對羅馬法所作的解釋中，還將此視爲理所當然，即：解釋理論不僅要能夠依據法律制定者的意圖，而且必須將『法律的根據』提升爲眞正的詮釋學規則。——隨著**近現代法律編纂學**的創立，解釋羅馬法這一經典的首要任務在實踐方面就必然失去其教義學方面的興趣，並同時必然成爲法學史提問的組成部分」【56】。如是，法學史進入了歷史科學，適應於歷史科學的方法學思想，一種一般的方法論幾乎呼之欲出了。

直到十八世紀，以「回溯」方式表現的前進和堅持原有傳統的論戰乃是一場眞正的「聖戰」，它們是圍繞著宗教和法律的經典而展開的。沒有人意識到這一場「聖戰」會帶來理解的方法論之突破。返回到經典的希臘文文本並對其重新理解的第一項任務，就是縝密詳盡的考證，考證在此不僅是一種研究方法，它還意味著人們已眞正回到了亞歷山大時代的學者所從出發的基礎，擺脫一切諷喻的

和思辨的解釋累贅，嚴格推敲文字的意義，重建希伯萊文和希臘文的原初文本，以便找回已被掩蓋或已經喪失了的文本之真諦。這是文藝復興時代結出的一個碩果，在它的推動下，獨立的語言學成爲人文科學的特別重要的學科，並且，在解讀希臘羅馬的經典的過程中，歷史學、考古學和語言考據學結合在一起，使語言學發生了實質性的轉變，即通過歷史把握文本的意義，而且，這種「把握」還力圖超越文本的字面意義，超越一切附加其上意義累贅，洞察在字面意義背後的隱含的意義。瓦拉（L. Valla）公開要求把這種語言學技術用於分析《聖經》，徹底否定了這些「神祕」經典的神祕性。這些神祕性卻不是「神聖的」經典內在的所固有的，經典完全是因爲教會的教授傳統、教義學宗旨的歪曲和誤用才被賦予神祕性，並由於「經院哲學的粗野的拉丁文」而被敗壞了。因此，不是因爲留傳下來的東西由於歷史的疏遠化而變得難以理解，或易於造成誤解，而是因爲現存的傳統對這些原初的經典之掩蓋和破壞，才使它們成爲神祕而又不可思議的東西。通過返回到原初的經典來克服現存傳統的種種歪曲和誤解，以便正確理解和重新說明經典的文本，是形成詮釋學的一個內在動因。

正是在對原初文本的重新理解和解釋的「技術」的運用過程中，人們堅定了這樣一種信念，即確定某種唯一正確、神聖絕對的東西是可能的；它還表明，「解釋」對於「文本」是不可或缺的，它是這樣一種藝術，能從文本中找出隱藏在文字後面的意義，正因如此，它便能夠在「文本」的普遍性和單一場合的具體性、已成爲過去的歷史性和現存的現實性之間難以逾越的鴻溝上架起了一座橋樑。它要求把理解者置於被理解的「文本」語境之中，使理解主體進入歷史，並以自己的體驗重新解釋歷史，歷史與當代，文本與解釋者，以這種方式構成一個整體。

綜觀「前詮釋學」各發展階段，其理解方法論的主要傾向有兩個共特點：(1) 它們是從現在向著過去的一種單向的理解運動，雖然這一運動是爲了當下與未來的；(2) 它所追尋的是「文本」中的「神聖絕對的精神」，雖然這一過程可以通過不同的理解管道來完成。致力於解釋神聖經典的原義，在一定程度上束縛著思想本身的發展，但在這漫長的探索與分析論證過程中，人們的抽象思維能力、思維規則的操作技能卻獲得了長足的進步，這也是中世紀神學留給世人的寶貴遺產；成熟於宗教教義學內部的法律理論從教義學中分化出來，並在教義與法律的詮釋過程中形成了對詮釋學方法論的自覺意識，特別是在法律解釋中，詮釋的創造性──詮釋律法不惟是解釋文本，而且同時還在創造文本（律法），才能應對不斷地發展、變化著的現實社會狀況──獲得了理論與實踐意義上的雙重合法性。

　　所有這一切，都爲現代的體系化詮釋學的形成提供了豐富的思想資源。毋庸置疑，現代詮釋學是在浪漫主義運動中形成的，但是卻深深地紮根於文藝復興與啓蒙思想，這才使它能夠最終突破《聖經》詮釋之藩籬，使詮釋學從一種理解「神聖」經典的輔助工具上升爲一般的、適用於所有語言性與非語言性表達的理解方法論，並進而發展出理解的本體論學說。

中篇｜現代詮釋學

第九章

從浪漫主義詮釋學到現代詮釋學

　　我們說現代詮釋學始於施萊爾馬赫的一般詮釋學，這當然不是說，在一般詮釋學之前沒有詮釋學。我們在前面已經分析了作爲一種古典的詮釋學形態之前詮釋學；即使是談論現代意義上的詮釋學，稍前於一般詮釋學或與之並存的還有著赫爾德、阿斯特等人的詮釋學學說，某些詮釋學研究學者把包括一般詮釋學在內的這一時期的詮釋學統稱爲浪漫主義詮釋學，這是不無道理的。正是得益於德國浪漫主義精神的推動，才使詮釋學得以完成從古典的向著現代的詮釋理論之轉化。它們的共同特徵，就是，一，摒棄前詮釋學追求某種「絕對」文本的「絕對」理解之目標，而將意義相對化；二，超越神學的界限，而將詮釋學提升爲精神科學的一般方法論。儘管如此，一般詮釋學卻是現代詮釋學的第一個完整的體系和形態，正由於它，德國的宗教和詮釋學思想在康德和黑格爾之後又開啓了一個新的階段，奠定了整個現代詮釋學傳統的基礎。因此，在詮釋學歷史中，自它被人們接受以後，就被視爲現代詮釋學形成的標誌。

　　我們將德國浪漫主義時期的詮釋學統稱爲浪漫主義詮釋學，它包括了施萊爾馬赫、赫爾德、Fr.沃爾夫、阿斯特等人詮釋理論，其中影響最大者爲施萊爾馬赫，他的「一般詮釋學」便是現代詮釋學的最初形態。

一、作爲現代詮釋學之先驅的浪漫主義詮釋學

　　德國浪漫主義思潮孕育於德國古典哲學之中[1]，這似乎是一種悖論。衆所周知，德國古典哲學具有強烈的抽象思辨性，似與浪漫主義倡言個性、重視個人情感因素的特質格格不入，何以能成爲孕育浪漫主義的溫床？

　　在康德哲學那裡，其學術理路表現爲兩條交織的路線：其一，正如我們在《純粹理性批判》中所看到的，從提出命題到論證過程都是充滿了一種分析的精神，並因此而被視爲現代分析哲學的奠基人；但是，其二，他將認知客體判定爲不可知的「自在之物」，我們所能認識的，只是我們的認識對象之現象（Erscheinung）。據康德，「現象並不是自在之物本身，而只是我們表象的活動，這些表象最終是歸於內感官的諸規定的」[2]。質言之，現象即表象（Vorstellung），它歸根到底是我們意識之中的存在。將雜多的、直觀到的表象，以及由此表象而再生的表象，結合爲一個完整的表象，是在意識中完成的，只有意識——綜合統一的意識——才能給完整的表象帶來它的那種統一性。顯然，康德是將知識視爲一種主體的理性構建，而反對傳統認識論將知識當作是主體與客體（康德意義上自在之物）符合一致的認識。此後，意識，或意識中的存在，或者如伽達默爾所說的「被意識到了的存在」，成爲了整個德國古典哲學關注的焦

點問題之一。費希特將康德的純粹理性批判加以徹底化，而構築了自我思辨哲學體系。他堅持將一切非我，包括物理世界、一切實在性範疇，都置於自我之內，認為它們的實在性都是自我所賦予的[3]，通過自我設定非我這樣一種迂迴的方式完成了作為絕對主體的自我認識。黑格爾不滿費希特將知識論的基礎立足於主體意識之上，試圖通過他的《邏輯學》來揭示「唯一的真正的與內容相一致的方法」[4]。在他那裡，理念被視為一個自我發展的過程，其終點為「絕對理念」；自然界是理念發展到一定階段的外化[5]，理念通過創造對象來完成自我認識。真理是客觀性與概念相符合，但不是指外界事物符合我的觀念，更不是指我的觀念符合認知對象，而是指認識對象依據、符合絕對的理念[6]。

以此觀之，德國古典哲學充分肯定了認知主體對於知識的意義：認識對象不再是評判「知識」之真偽的唯一標準，真理與我們的「意識」與「經驗」（Erfahrung）密切相關。這種對於認知的主體性作用之自覺，在對精神科學的科學性及其獨特的方法論之反思中走向了詮釋學意識，正是在這種意識中，詮釋問題才引起了人們的普遍關注。就學術理路而言，黑格爾的辯證法，特別是康德的思想，比如他關於知識的構建性、尤其是哲學與數學知識的構建性思想[7]，關於知識依賴於主體的論證，已消解了傳統的詮釋學試圖揭示文本（自在之物）的客觀意義之夢想。這一切，對於在浪漫主義發萌時期面臨解經困境的詮釋學家們，具有啟迪性意義。其時，完全依據教會的獨斷論傳統而規定的解釋早已淡出了人們的視線，而路德宗教改革派提出的《聖經》自解原則也逐漸被捨棄了，因為根據這一原則並不能對所有的《聖經》文本做出解釋；更有甚者，完全根據文本的自解原則，有可能得出在意義上相互矛盾（發生在文本之間、或文本與整體的信仰之間的矛盾）的理解。當然，由於文本的自我明晰性，也就不需要其他的解釋技術，因而解釋方法論也成了多餘的東西。

毋庸置疑，文藝復興時代和啟蒙運動時代，對於長期被局限於宗教神學的歐洲人的思想解放來說，無疑有著巨大的推動作用。但是，啟蒙思想家們在摧毀現有的傳統之同時，又以另一種方式恢復了這種傳統，他們幾乎與中世紀的神學家有著一個共同的信念，這就是被視為「神聖」的經典文本具有無可爭議的、唯一的意義，全部的詮釋工作就在於超越歷史的疏遠化而闡發其真實的意義。他們之所以反對中世紀的神學家，並非是他們認為這些神學家對原初文本的不恭和不信，而是因為這些神學家為歷史的迷塵蒙蔽了心靈，才使他們歪曲和誤解了古代的原初文本。然而，他們的努力對於詮釋學是不無貢獻的，返回到原初文本研究工作重新喚起了人們對亞歷山大時代的語言學的重視，不僅是古代修辭學中所包含的整體與部分相互關聯、從整體中理解一切個別的思想被再次提了出來，而

且，立足於語言規則的理解，由於否定了因人而異的靈感說而獲得了使自己成爲理解的一般規則的可能性。

浪漫主義詮釋學的興起，便得益於對十七、十八世紀逐漸形成的詮釋方法論意識之反思，這一反思有雙重作用，一是更爲深入地探討了此前已揭示的方法論基礎，其二，構建新的方法論，就如康德制定諸範疇那樣。一般而言，他們對於解釋中的主體性因素，對於個體性與理解的歷史性、整體性給予了更多的關注。

(一) 赫爾德：語言是世界觀

人文主義者赫爾德（Johann Gottfried Herder，1744～1803）研究領域廣闊，是著述頗豐的哲學家、詩人、歷史學家、語言科學家。尼采曾說，一些追隨赫爾德的人認爲青年歌德尚在其下。可見赫爾德的學說在當時就產生了很大的影響。相比之下，他的詮釋學思想並未引起人們特別的重視。這是因爲他關於詮釋學的思考總是以片斷的形式表達出來，從來也沒有進行系統的闡述。但是，他留下的那些詮釋學著述之殘篇，在詮釋學發展史上卻起到了不可忽視的作用，他也因此被視爲浪漫主義詮釋學開路之人。在這一過程中，我們可以清楚地看到歷史學派的理論在現代詮釋學形成時所起到的重要作用。

自啓蒙運動以降，啓蒙思想所確立的理性原則被一切學科研究奉爲至上的原則。在歷史研究領域，盛行的是基於理性而先天地構造歷史之進路，其典型形態便是黑格爾的歷史哲學。根據康德在《純粹理性批判》中闡發的見解，唯有先天構造起來的東西，才能排除伴隨著經驗的那種偶然性，獲得具有必然性與普遍性結論。歷史學派正是在這一點上與思辨哲學分道揚鑣的。在赫爾德看來，世界上甚至沒有兩粒相同的沙粒，更不用說人的靈魂了。評判歷史的人，本身就置身於歷史之中，他屬於某個特定的民族，該民族有其自己的關注中心，並且在不同的時間表現出了明顯的歷史個別性與差異性。如此，通過思辨而先天地建構具有普遍性的歷史是根本行不通的，所謂對歷史的認識與理解，本質上是在歷史中的人的自我理解[8]。這種見解，當源於克拉登尼烏斯的「視點」理論，而赫爾德則更爲明確與深入地闡明了這一點。他的理解理論的基本出發點是主體性，顛覆了歷史的客體性信念。無論是文本的作者還是詮釋者，都與其所處的位置與「視點」緊密相關。

基於這一見解，赫爾德極力反對傳統詮釋學追求文本終極的、唯一的意義之理解宗旨，提出了文本意義本身的多元性和相對性。赫爾德的基本立場是要尊重不同的理解和解釋，尊重不同的歷史傳統因素和民族文化之間的差異。在他看來，每一時代，任何民族，都潛在地具有人的尊嚴，歷史上存在的不是一種、而

是諸種文明，它們中每一個都包含有自己的作爲人的豐富意義。因此，面對多種多樣的人性，詮釋學應該發展一種理解力，這種理解力也是各種各樣的，不能歸結爲任何總和【9】。如是，《聖經》的解釋也合理地表現爲一種多義性，這種多義性不僅是就《聖經》的某一種文本而言，還意指不同的文本。語言學技術的成功運用使人們達到了這一認識：原初的經典文本及後來的各種文本是在歷史中形成的，它出自不同時期的不同作者；歷史學、考古學又揭示了不同時期、不同文本所表現出來的各種各樣的關懷和意圖，而這一切都與作者生活在其中的歷史文化傳統、背景密切相關。重要的是，它們都隱祕地包含著神的啓示。正因如此，人們在解釋《聖經》時，不僅要通過語言的分析把握書面文字的意義，還必須把整個詮釋的範圍擴大到這些文本的所賴以產生的文化背景，弄清楚誰是作者？那一時代的關懷著什麼？在其中所隱含的神意是什麼？就此而言，恢復文本的意義乃意味著跟隨作者一起返回到產生這些文本的歷史背景之中。只有在這些特殊的歷史背景中理解到的意識才是歷史上曾經存在過的現實意識。每一時代都有著對經典文本自己的理解，反映了神的啓示的一個方面，也沒有一個時代能達到所謂「絕對的」理解，現實的意識都是與一定的歷史文化傳統相關聯的相對意識。「這種對認識的一切絕對性的放棄，看上去好像就是復活了一種否定的思想，同時也恢復了（悄悄地）神聖事物的意義。因此在歷史上沒有意義的完全復活，而只是一種無限重複的近似。」【10】這一浪漫主義理解的基本原則，爲施萊爾馬赫所繼承，並在以後的詮釋學發展史中被發揚光大了。

伽達默爾高度評價了赫爾德的思想，認爲他與黑格爾歷史哲學模式劃清界限，乃是歷史學派的「出生卡」：「**赫爾德**對於啓蒙運動時期的歷史哲學模式的批判爲這種轉變準備了決定性的前提條件。他對於啓蒙運動時期的理性驕傲的攻擊，在古典文化的典範性裡，……找到了其最尖銳的武器。《古代藝術史》一書顯然不只是一種歷史的敘述，他是當代的批判，它是一種綱領。但是，由於一切當代批判所具有的含糊性，對希臘藝術典範性的呼籲——希臘藝術應爲自己當代樹立一種新的理想——仍意味著通往歷史認識的一個真正步伐。這裡作爲模式提供給當代的過去，由於我們探究和認識它這種特殊存在的原因，而被認爲是某種不可重複的一次性東西。……歷史性的思考現在就意味著，承認每一時期都具有它自身存在的權利，甚而具有它自己的完美性。」【11】

赫爾德關於語言、理性與人性之關聯的思考，是其詮釋學思想中的一個重要組成部分。當時流行的見解是將上帝視爲語言的創造者，認爲語言源於神性，並爲此孜孜不倦地努力提供新的證明。但赫爾德堅持認爲，創造語言的是人，而非上帝。是人通過自身的能力，卓越地設計出了語言。將出自上帝之口的語詞作爲

語詞來理解，亦即作為具有理性性質的語詞來理解，需要的恰恰是理性【12】。像維柯那樣，以歷史語言學的視角綜合考慮語言的起源與系統發生，而語言本身的發展，就是不斷地提升其表達的明晰性。赫爾德將語言的創造置於人的內在本性基礎之上，並將人類本身的發展置於語言的發展之中。我們在語言中所知曉的，不僅是語言所描述的事件，而且是使用某種語言的整個民族，是語言本身所呈現出來的世界。照此看來，在赫爾德那裡，語言主要不是一種表達的工具，從根本上說，語言表徵的是世界觀【13】。在這個意義上，世界之發生就不再歸功於全能的上帝、即「第一上帝」（ersten Gott）之創造，而要歸因於「第二上帝」（zweiten Gott）、即天才的、創造性的藝術家，只有偉大的天才才能觀照歷史、理解歷史，描繪歷史。如他所說：「這裡沒有詩人，只有創造者，是世界歷史。」【14】藝術家們通過創造語言而創造了世界。赫爾德凸顯了天才的個體性與藝術概念，對於詮釋學思想的發展、特別是對於伽達默爾一脈的本體論詮釋學之發展具有不可忽視的積極意義。

與赫爾德不同，其同時代人Chr.沃爾夫（Christian Wolff，1679～1754）則開啟了詮釋學的另一條路線。Chr.沃爾夫是德國啟蒙哲學（Philosophie der Aufklärung）的主要代表，創立了德國哲學的專業術語和語言。伽達默爾曾指出，在創立真正具有普遍適用性的解釋理論方面，Chr.沃爾夫起了決定性的作用，出於「邏輯—哲學」的興趣，他在其《推理哲學或邏輯學》（*Philosophia rationalis, sive logica*，1728）一書中劃出了專門的章節論述詮釋學【15】，完成了包括詮釋學在內的邏輯學體系。沃爾夫的詮釋學邏輯化工作為一般方法論意義上的詮釋學之形成掃清了道路，才使哲學的解釋不再依附於神學而獲得了獨立的地位。他的哲學之基本立足點是人類理性的認識與規範能力，他認為，對於闡明教條來說，人們實踐的生活具有決定性意義，因而，人的理性才孕含著理解的真實可能性，這種可能性最終通過語言的邏輯得以實現。語言結構的共同性保證了意義解釋的確定性和明晰性，在這一點上，沃爾夫繼承了文藝復興和啟蒙運動所開啟的傳統，與赫爾德的理解多義性觀點相左。但它本身亦具有無可爭辯的合理性。把這兩種表面上對立的觀點相互協調、統一起來，是施萊爾馬赫的一般詮釋學的主要任務之一。

(二) Fr·沃爾夫：實踐詮釋學

幾乎與施萊爾馬赫創立一般詮釋學的同一時期，還有兩位重要的思想家，這就是Fr·沃爾夫（Friedrich August Wolf，1759～1824）和弗里德里希·阿斯特（Ast Georg Anton Friedrich，1778～1841），他們在不同程度上影響了施萊爾馬

赫，被視爲施萊爾馬赫一般詮釋學的先驅。據帕爾默，要了解施萊爾馬赫詮釋學理論發展的特性和重要性，就應先了解兩位與其同時代的語文學家——阿斯特和Fr·沃爾夫——在該領域所推進的觀念。他們之所以能對詮釋現象有著更敏銳的把握，皆得益於他們用德文寫作。「通過轉換成德文，深化了詮釋的歷史層次和哲學層次。這種朝向哲學詮釋的傾向延續至施萊爾馬赫，雖然在他那裡語法的詮釋仍是基礎性的。」【16】施萊爾馬赫揭櫫的詮釋學概念，最初見於他在1805和1806年與阿斯特和沃爾夫的批評性對話中。他在1819年開設有關這個詮釋學的課程，第一句話就提到了他們。而他1829年學術演講（Akademiereden）的標題則是《論與沃爾夫的勾述和阿斯特教科書相關的詮釋學概念》【17】。

Fr. 沃爾夫將詮釋學定義爲規則的科學（die Wissenschaft von den Regeln），根據這些規則而認識符號的意義。他認爲，學習詮釋學更多的是一項實踐、而非理論的任務，因此，詮釋的技能，只有通過實踐——單個語句或段落之解釋——才能獲得。規則是取決於解釋對象的，也因對象的改變而變化，根本沒有現成的、可以學會的詮釋學體系，存在的只是理論上的這一點或那一點【18】。Fr·沃爾夫的詮釋學著眼於實踐上的運用，所以他並不主張建立系統的詮釋學理論體系。在他看來，詮釋學只是認知符號意義的法則的科學，詮釋學就是這些規則的總匯。

詮釋學的目的，據Fr·沃爾夫，是「理解作者書面的或甚至口頭的思想，一如作者對它們所理解的那樣。」【19】作爲語文學家，關注的是語詞的意義之解釋，語詞可謂人類精神最重要的表現形式。但是，Fr·沃爾夫要求如其作者那樣理解時，表明了他的思想已經發生了心理主義之轉向。他不僅要求揭示語詞的意義，還要認識滲透於作品的那種意義，即作品的關聯之精神，它的觀念。他甚至要求理解創作者的意願（Schöpfer Gewollten），並將此確定爲詮釋的一個目標，通過理解活動，解釋者得以進入作者的精神世界，與作者進行思想對話【20】。

深入考察與區分理解（Verstehen）和說明（Erklären）之本質及其相互關聯，是沃爾夫對於傳統詮釋學理論的一個發展。他指出，從「符號」中解讀出作者內在的觀念或知覺，便是「理解」；將所理解到的東西以口語或文字方式表達出來，乃是「說明」。「理解」屬於理解者自己的，而「說明」則是爲了他人的，只有自己理解了，才能向他人說明清楚，因而「說明」是以「理解」爲前提的。由此，詮釋學在沃爾夫那裡分成了兩個部分，即「理解著的」（ver-stehenden）部分和「說明著的」（erklärenden）部分。此外，著眼於詮釋學的運用功能，詮釋學本身也被劃分爲三個類型，即：語法的詮釋（interpretatio gram-matica）、歷史的詮釋（interpretatio historica）與哲學的詮釋（interpretatio philosphica）。

語法的解釋構成了詮釋學的基礎。沃爾夫對於語法解釋的思考確實豐富多彩，不過零散支離，有些部分甚至是以很倉促的方式給出的扼要說明。他探討了通過語言而對語言的理解問題，認爲語言乃是被發明出來用以表達知覺（Empfindungen）與表象（Vorstellungen）的符號之總體。在他看來，語言表達知覺與表象要比其傳達的作用更爲重要，沒有知覺與表象，就不可能產生有序的思想。對於多種語言產生的原因，他依據赫爾德的學說將之歸結爲環境（心理與倫理的方式，氣候等）。由於語言的產生取決於站在不同視角的、發明符號的人，必然造成了語言本身所表現出來的多樣性格局、以及由此而形成的理解方式之多樣性。這就不難理解，沃爾夫爲何拒絕一種普遍性語言的思想了。儘管如此，他還是發展出了一種哲學的語法學觀念，闡述了它與普遍性語言之關係【21】。在語言的理解上，沃爾夫嚴格地區分了語言符號的三重意義，即：一般意義（generalis），此乃語言本身固有的意義；特殊意義（specialis），根據其同時代人與言說對象而區分爲不同的意義；完全獨特的意義（specialismus），此爲個別的意義。相應於此一劃分，他又從總體上將語言劃分爲三種意義的統一體：文字的意義（sensus literalis）、歷史的意義（sensus historicus）與隱喻的意義（sensus allegoricus）。

歷史的解釋，在沃爾夫時代是屬於對具體的單一歷史事件的解釋，其真實的意義具有唯一性。由於時間間距的作用，對於歷史的說明也愈來愈困難，如沃爾夫所說，一個作者甚至不能理解他自己在十五年前寫的東西。他認爲，理解個別的文本之獨特意義，要比理解文本中的全體同時代人的精神容易，而要求從大量的知識的角度來理解文本則最難。而解釋的規則，都是在人們以往的解釋實踐中習得的，規則形成的經驗性質決定了解釋的差異性，特別是在歷史解釋中，更是引起了多義性的解釋。因爲歷史解釋要求解釋者掌握一個民族的習俗禮儀與律法的編年史、文物與文學之知識。而對於藝術作品的解釋而言，則首先要求充滿活力的想像力。總而言之，解釋者應掌握作者生存於其中的整個國家的事實性知識，方能進行歷史解釋。當然，解釋者個人不可能知道一切事物，但至少要牢記那些人所周知的要旨【22】。

哲學的解釋乃是普遍的邏輯解釋，它是理解的最高形式，從邏輯上協調著歷史理解和語法理解，使兩者所理解的意義保持一致，整個作品的理解也因之具有了一種內在的邏輯性。此即表明，沃爾夫尤爲關注語言的共同性，即語言的內在邏輯性。哲學的解釋同時包含了心理的與神祕的東西之解釋，沃爾夫獨特的之處也在於此，他將心理的理解納入了詮釋學的哲學解釋範圍。在整個哲學解釋的

諸多規則的制定之取向上，對於可學、可操作的實踐性科學的考慮多於理論科學。在這方面，他所構建的仍然是那種雜亂無章的規則之混合體，在內容上，將美學、教育學、哲學、詮釋學等諸理論交織混雜在一起，缺乏一個體系所必要的有序性、明晰性與完整性。他對於詮釋學研究具有一種狂熱之情，他贊同路德的見解：我們不是冷漠無情地去理解，而是滿懷激情地理解對象，這種在理解《聖經》中所要求的激情，被沃爾夫延伸到對一般性的語言文本之理解中，而這種激情顯然對其研究產生了不利的影響。他主張以古代的美學標準來詮釋古代作品，劃分了語法的—歷史的詮釋與哲學的詮釋，指出語法的—歷史的詮釋是屬於「理解的」，而哲學的詮釋乃是「評價的」，但卻未對理解與價值判斷予以區分，也沒有對這種劃分提供論證。對於理解過程之分析，絲毫也未考慮到「旨趣」之作用【23】。

不過，沃爾夫所提出的比較法在詮釋活動中確實起著重要的作用，人們通過比較研究能夠更好地理解文本，這是毋庸置疑的。他對於「說明的技術」（Technik des Erklärens）之闡述，也非常值得注意。人們在解釋文本時，有必要弄清楚這樣一個問題：你向誰說明？因為向何人說明決定了說明的方式。此亦表明，「說明」作為一種自足的證明方式內在於詮釋藝術之中。

綜而言之，儘管沃爾夫對於自己的實踐詮釋學期許甚高，認為它是迄今非常完美的詮釋學，但基本上還不能算是一種有體系的理論形態。

(三) 阿斯特：精神詮釋學

阿斯特（Georg Anton Friedrich Ast，1776～1841）在其同時代人那裡以語文學家、哲學家、歷史學家、美學家而著稱。相對於沃爾夫，他的詮釋學思想更為完備，具備了作為理論體系的雛形，其理論也更大。作為施萊爾馬赫的先驅，他的思想直接影響了一般詮釋學的形成。在其豐饒的著述中，於1808年出版的《語法、詮釋學及批評的基本原理》（*Grundlinien der Grammatik, Hermeneutik und Kritik*）和《語文學大綱》（*Grundriss der Philologie*）是兩部有關詮釋學的重要著作。《語法、詮釋學及批評的基本原理》原先擬為《語文學大綱》的導論，意在釐清語文學的研究對象與目的。在這一點上，阿斯特與沃爾夫是一致的，他們的構建詮釋學基本上立足於理解古代的作品。在他們看來，古代不僅是藝術與科學的修養之樣式，而且還是一般生活的典範，是人類的詩意生活和宗教生活有意識創造的和諧，從根本上說是生命本身的範式【24】。而語文學研究本身具有其精神上的價值，它服務於「教化—倫理目的」，使人們能夠變得更像那種理想的希臘人。

按照史叢迪（Szondi）的概括，阿斯特對於詮釋理論的創新之處有五項：第一，把握「作者的意向」意即理解作者的心理、個性與精神。理解某一文本並不局限於澄明文本中意義隱晦的片斷，而是對文本的整體重構。此一重構所指向的是作者意圖中的「前理解」（fore-understanding），它首先是一個精神統一體；第二，精神之理解乃基於同一性哲學，在精神的理解中凸顯了時間間距問題，並通過演繹的方法解決這一問題。過去乃是歷史的東西，而精神則屬於「元歷史的」（Metahistorical）；第三，鮮明地提出了詮釋的循環；第四，採用了發生學的方法（the genetic method）。人們不是通過經驗的、或歷史的、或語法的某一領域來獲得理解，而是所有這些知識形式在理解文本時共同重新創造著文本，再現文本的創作過程；第五，只在詮釋者、而非文本那裡存在多元性意義。這是基於先驗的同一性哲學所得到直接結論。若文本不是與詮釋者相分離的、全然被動的材料，而是要通過理智的直覺方能理解，詮釋者的精神便是圍繞著文本而形成的多元意義之場所【25】。

1. 詮釋學的任務

阿斯特將詮釋學的任務規定為：通過揭示古代曾經存在過的所有外在與內在的元素來理解古代精神【26】。所謂精神，在阿斯特那裡被定義為「所有存在的原始統一」，它是所有創造始初的至高點。為何理解的最終目標是「古代精神」？這首先是出於語文學的「教化」目的之考慮。在阿斯特看來，語文學教育的目的，就是使精神脫離短暫的偶然的和主觀的東西，並授予對於更高的和純粹的人類是本質的原始性和普遍性，以致他可以理解真、善、美的一切形式和表現，**通過轉換使它進入自己的本性，而與原創的純粹人類精神再度統一**【27】。正因如此，理解不僅是獲得文本意義的方式，更重要的是它被賦予了深遠的倫理—教育意義：通過對古代的理解，使古代精神煥發新的生命力，使我們的主體性——已經在迄今的教育中被消蝕為個體性的東西——重新回歸於和諧的精神整體。回歸於「古典」的意義就在於，它並不損毀我們的個體性特徵，然所有的個體性特徵又同時映射著整體精神。第二，「精神」的理解本身是最根本的和最基礎的，這也是他建構詮釋學所預設的前提：「如果沒有任何精神性東西（Geistige）的原始統一和等同，沒有所有對象在精神內的原始統一，那麼所有對陌生世界和『其他』世界的理解和領悟就完全是不可能的。」【28】此乃因為，精神乃是一切生命的核心，沒有精神便沒有生命，沒有存在，甚至沒有感官世界。精神本身是一個內在統一的「大一」（the One），所有的東西都包含在精神中，是從這個「大一」中發展出來，或者說是其不同的表現。就精神本身而言，每一個體在其形式

上（而非本質上）都有其獨特性，被稱爲「作者個人精神」，正因如此，對古代文本的理解，不惟要領悟（作爲整體的）古代精神，也特別需要對作者個人精神之認識，考察精神如何通過這一內容與形式表現自身，文本如何受到精神的啓示而得以形成；在另一方面，人的個體性，由於精神之整體性，在其本質上就具有同一性，作者的特殊精神從整體精神中流射而出，從各自的方面來體現整體之精神，正是這種同一性，使得在不同的時代、不同的民族文化、不同的語言與宗教信仰中形成的個體性相互溝通與理解成爲可能。正因爲精神本身是「大一」，我們的精神與古代的精神就必然是統一的，只是因爲短暫的和外在的東西（培養、教化、環境）才使精神有了差別，若去除了這些外在的偶然性因素，回歸到古典的精神，亦即「大一精神」，則所有的精神都將是同樣的。最後的結果也必然如此，因爲每一個從「大一精神」而湧現的事物，只是與「大一精神」的暫時分離，它們都將追求再返回到大一精神【29】。詮釋學的所有努力，都是爲了返回此一精神，唯其如此，我們才能認識事物的本身是什麼，它如何被形成。

基於此，雖然阿斯特著眼於語文學而構建詮釋學，但是有關語言文字研究不應是考據，不是追求字面意義，而是應進入作品的內在精神世界，文字解釋的目的就是揭示古代的精神。由於古代的精神是通過文字展現在我們面前的，因此，語言乃是精神的東西的原始媒介，因而也是解釋者接觸作品精神並繼承這種精神的主要途徑，只在這時，語言學才能成爲詮釋學的組成部分。在所有的語言中，唯有古典語言是表達古典精神的典範語言（Mustersprachen），如此，古典語言之研究就與詮釋學緊緊地聯結在一起【30】。

對於文字的解釋，仍然是基於對精神的理解，這就是說，要通過對精神的解釋把握文字的意義，但這只是「通過精神」來理解的一個方面。更爲重要的是，「通過精神的解釋，我們使自身超出文字和文字的意義而去到這兩者從之而起源的原始生命，即去到那種或者是在作者內在眼睛之前如此清晰而出現的觀念，或者——在作者不能提升自身到生命的清晰性的地方——採取知覺或概念的形式的觀念。」【31】

作爲一個浪漫主義的詮釋學家，阿斯特所關注的不僅僅是「如何獲得正確的理解」問題，解決理解主體與被理解對象的關係問題，他同時也思考著「理解」的本質。如果理解是一項精神的活動，並最終是爲了達到對「精神」的理解，那麼理解本身就是源自「精神」的創造、並經由這種創造而回歸整體「精神」必要方式，他寫道：「對作品的理解和解釋乃是對已經被形成的東西的真實的再生產或再創造（Nachbilden）。因爲每一創造都始於一個神祕的、仍隱藏不露的出發點，這出發點是創造的因素，從它發展出生命的元素。生命元素是實際形成著的

並相互制約的諸力，這些力通過相互滲通過程而統一為一個整體。在開端上仍然是未發展的、但給予生命要素以其方向的觀念完全是客觀地被表現於被創造的產物中。因此一切創造的目的是精神的表現，外在生命（從原始統一分離出的元素）和內在（精神）生命的和諧形成。創造的開端是統一；創造本身是多樣化（元素的對照）；創造或被創造物（Gebildet）的完成就是統一和多樣化的滲透，即整體性。」【32】

2. 解釋的三要素與三重理解

解釋或說明是為他人的，向他人清晰地表達自己所理解的東西；而理解則是為了自己的。這是浪漫主義詮釋學家們所具有的共識，區別在於對解釋什麼與理解什麼的界定上。文字、意義和精神被阿斯特視為解釋的三要素，此三要素統一於被理解的文本之中。每一個別性的東西（文本），都以其獨特的方式啟示著精神，它從精神中流射出來，並被精神所充盈。其外的的存在，外在經驗性的獨特的東西，就是文字（Buchstaben）。文字是精神的身體或外套，通過文字而使不可見的精神進入外在的可見的生命；其內在的存在，亦即其意味性和與整體精神的獨特關係，便是意義（Sinn）。意義是精神的預告和解釋者；處於和諧統一之中的文字與意義的完美無缺的內涵就是精神（Geist），其本身就是真正的生命。與此相應地，就存在著三種解釋：文字的解釋是針對個別語詞和內容的解釋；意義的解釋是針對文字所蘊涵的意義在其相關段落的關係中的意味性（Bedeutung）解釋；精神的解釋就是文字所啟示的精神與整體觀念的更高關係的解釋。這三重解釋表現為一種具有內在關聯的遞進關係。在解釋時，須首先追問文字陳述的是什麼？然後追問文字在如何陳述？其意義何在？它在文中具有什麼意味性。最後要追問的是，文字由之而流射出的、並又力求返回到其中的整體觀念或精神的觀念（個別所消融於其中之整體）是什麼？在這三重解釋中，精神的解釋顯然被視為最高和最後的解釋，據阿斯特，「一般最正確的意義就是那種最緊密地與古代的精神、特別是與作者的精神、傾向和性格相一致的意義。」【33】不過在總體上說，這三重解釋是相互制約、互為前提的。沒有文字，任何解釋活動無從談起；但若沒有意義，文字本身是僵死的、不可理解的；若沒有精神，意義本身是可以理解的，不過在這種狀況下理解到的意義只具有個別性的意義，沒有其基礎和目的。只有通過精神的解釋，才能把握其關聯，知曉認識對象究竟何為？它從何而來？向何處而去？【34】

對文字的語言性解釋以語言知識（古代語法知識）和考古學（歷史知識）為前提，要了解語言在不同發展階段的不同形式與特徵，每一語詞、每一段落，都

必須置於文本產生的那個年代、那個民族的表達方式中特殊地加以理解。對意義的理解乃建立在對古代本身的精神、以及作者的精神之洞見基礎之上。阿斯特舉例說，一句相似的話，在柏拉圖與亞里斯多德那裡所表達的意義常常是不同的，因為在柏拉圖那裡所表達的是具體知覺和自由生命的東西，而在亞里斯多德那裡常常只是邏輯的概念和民族的反思。對文本或其段落的精神解釋是對作者為其所指導的觀念（無論作者本人是否意識到這種指導觀念）之說明【35】。

在阿斯特那裡，將精神的解釋劃分為兩個相互關聯的方面，即：主觀的與客觀的解釋，亦即內在的與外在的解釋。對精神主觀（內在）的解釋，「是在所與領域內進行，它追溯作者據此出發的觀念。它從觀念發展作品的傾向和特徵並在文本的特殊部分之中重構觀念本身，以致它證明了整體起源的基本統一，這統一如何發展為多樣化，以及多樣化如何由於整體的和諧而與統一相互滲透又成為一生命。換句話說，解釋證明了作品的個別部分之間的關係，每一部分如何被形成，以及每一部分如何力求返回到整體的統一（它如何與整體相關聯）。」通過對精神的主觀解釋，解釋者進入了作品的語境，並於其中深入到作者的觀念，以此為據來解釋作品。

就觀察的視角而言，內在於作品的主觀解釋方法被稱為「絕對的」方法；相對於此，「客觀的」解釋方法（Erklärungsmethode）便是「相對的」解釋方法。至於對精神的客觀（外在）之解釋，阿斯特乃以柏拉圖式的對話為例來說明其可能性。在他看來，同一作品中的某一觀念與其他相關觀念之關係，向我們表明了一種個體的（表達此觀念的文本的）確定性。在對話中，自始至終地貫穿著某一觀念，但是其中的每個單一片斷，在他人看來都似乎表達著其他的意思。因此，要依據民族、文化或科學的整體——質言之，文本所由之而出的文化世界（Kulturwelt）——之關聯來做出判斷。因而，「對精神的外在的或客觀的解釋超出作品中所表現的觀念的所與領域。它之所以能這樣，部分是由於它證明了這觀念與其他與之相關的觀念的聯繫，這觀念從之流射的基本觀念的關係；部分是由於它從它的更高的觀點去領會和評價文本中所揭示的精神，既涉及文本的內容、傾向，又涉及該精神與表現形式的關係。」【36】

理解在阿斯特那裡也被劃分為三種：「對古代作者的理解有三種：(1) 歷史的理解，這關涉他們作品的內容，這種內容或者是藝術的，科學的，或者是古文物的（就此詞最廣的意義而言）；(2) 語法的理解，這關涉它們的形式或語言和它們的講話方式；(3) 精神的理解，這關涉個別作者和古代整體的精神。第三種或精神的理解是真正的和更高的理解，正是在這種理解中，歷史的理解和語法的理解融合為一種生命，歷史的理解認識精神形成什麼，語法的理解認識精神如何

形成這種東西，而精神的理解則把這**什麼**和**如何**，內容和形式追溯至它們在精神內的源始的和諧的生命。」【37】

在這三種理解中，最爲關鍵與重要的顯然是第三種，即精神的理解。作品的精神不僅表明了時代的普遍精神，也表明了作者獨特的個體性精神，作品自身乃是此兩者互攝互動的產物。對於阿斯特的「精神詮釋學」之主旨與貢獻，帕爾默有過很好的概括：精神詮釋學探尋著支配性、基礎性觀念（Grundidee），尋求foundational idea（基礎觀念）、生命觀以及用以判斷著作中的表達或體現的基本概念。「在尋求『生命觀』時，在生命的展開中存在著一種多樣性；然而，當找到了『基本概念』時，我們就發現了多樣性背後的形式之統一性。對阿斯特來說，支配性觀念這個概念代表著意義的其他兩個因素的結合，不過，只有最偉大的作家和藝術家才能達到這種圓滿、和諧一致的綜合。在這種綜合中，概念的內容和生命觀在支配性概念之內處於平衡的互補狀態。由於對這種觀念的強調是德國浪漫主義思想中眾所周知的方面，在阿斯特的詮釋學中發現它也就不足爲奇了。對阿斯特來說，值得特別指出的是這一事實，在『基礎觀念』中生命觀的和諧一致導致了對時間的**超越**：『一切時間性都消融在精神的解釋之中。』由此，與浪漫主義的那種對獨創性和個體性之讚美如出一轍，浪漫主義的那種對歷史興趣也被納入這種觀念；一切都是精神的顯現。……阿斯特思想中的另一種觀念，預示著某些東西——即理解本身作爲**再現**（Nachbildung）過程的概念——將進入詮釋學。在其《語法學、詮釋學和批判的基本原則》中，他把理解過程視爲創造過程的重現。這樣看待理解發生的方式，從本質上類似於施萊格爾、施萊爾馬赫以及後來的狄爾泰和西美爾（Simmel）。這種見解的詮釋學意義就在於，它將解釋與作爲一個整體的創造過程聯繫起來：詮釋和詮釋性的問題，如今必須明顯地與認知的創造性的過程相關。借助於理解作爲**再現**的這種觀念，詮釋學就意義深遠地超越了以往時代的語文學詮釋學和神學詮釋學。因爲理解重現著藝術家的創造過程，它現在就與關乎藝術創造理論的理解過程這一方面聯結在一起。此前還從未發現詮釋與任何藝術創造理論的聯繫。喬基姆·瓦赫甚至這樣宣稱：阿斯特對詮釋學理論發展的重要貢獻之一，就是他建立這種聯繫。」【38】我們還可以補充的是，正是由於基礎觀念中和諧一致的生命觀「對時間的超越」，由於理解作爲創造性的「再現」，我們在對歷史的理解所獲得的就不僅是過去的眞理，而且也是當前的眞理，即通過我們的理解而形成的眞理。沿著這條線索繼續前行，我們可以抵達海德格爾與伽達默爾的本體論詮釋學【39】。

3. 理解的循環

　　阿斯特制定的解釋方法，是建立在這樣一種見解的基礎之上的：正確的理解與解釋基於知識。由於古典時代是在它無限多樣的藝術、科學、公共與特殊的生命中形成的，其作品的內容也是變化多端的。因而要了解作品的內容就必須首先精確了解那個時代的藝術、科學，了解考古學的一切成果。他寫道：「對作品精神的評價和領會，例如對柏拉圖一篇對話的評價和領會，是以不僅對柏拉圖的而且對古代、特別是對哲學和藝術的盡可能最廣泛和最精確的知識爲前提。因爲，只有當我已經盡可能完全地把握和領悟柏拉圖哲學和藝術的天才，我才能評價柏拉圖某個文本相對於柏拉圖哲學和藝術的水準。但是，只有我關於古典世界的哲學和藝術精神的知識才能使我根據古代精神去評價柏拉圖每一單個作品和所有他的作品，以及決定它們與古代同類作品的藝術和哲學的關係。」[40] 不惟對於作品精神的理解需要精確的知識，對於作品的語言（語法的理解）及其內容（歷史的理解）之理解當然也不例外，它們以古代的語法知識和歷史知識爲前提，特別是在語詞的意義不是直接明瞭的段落，必須從詞源學的角度釐清語詞意義之源流，知其類比情況，深究其在不同時期的不同用法，方能確定與精神符合一致的語詞之意義。

　　揭示理解的循環性，將循環理解確立詮釋學方法的基本原則，被施萊爾馬赫視爲應歸功於阿斯特的一個貢獻[41]。但這種泛泛的斷言並不十分妥當。在理解的循環現象中，最基本的是部分與整體的循環，詳言之，從部分出發理解整體，複又從整體出發把握部分。如前所述，以循環的方式理解經典，乃是以往的神學家們經常採用的解經方法。阿斯特對詮釋學方法論的貢獻在於：他闡明了理解與認識之關聯。他認爲：「理解包含兩個要素：領悟個別和綜合個別成一個總體知覺、感覺或觀念整體，也就是說，分解其元素或特徵和結合被分解部分成概念感知統一體。因此解釋也建立在特殊或個別的發展和綜合特殊成一統一體的基礎之上。所以理解和解釋就是認識（cognition）和領悟（comprehension）。」[42] 由此，理解的方法也就是認識的方法，理解的循環因此分析的與綜合的認識方法之間的認識循環：「一切理解和認識的基本原則就是在個別中發現整體精神，和通過整體領悟個別；前者是分析的認識方法，後者是綜合的認識方法。但這兩者只是通過彼此結合和互爲依賴而被設立。正如整體不能被認爲脫離其成分的個別一樣，個別也不能被認爲脫離作爲其生存領域的整體。……除非我們把握了集合的古代精神在古代作者的作品中的特殊表現，否則我們不能眞正領悟集合的古代精神。」[43]

　　進入循環理解的雙方是沒有確定的開端的。以理解古典作品爲例，一方面，

人們只有把握了古代精神在古代單一作家（或作品）中的單一顯現，才能真正領會作爲整體的古代精神；而在另一方面，單一作家的精神脫離了它置身於其中的整體精神，也不能被正確理解。這樣看來，整體與部分在循環中似乎是等值的，它們均非確定的開端，但同時又都可以作爲開端。不過這樣的分析乃是就循環的形式而言，然而就其實質，阿斯特的循環概念顯然建立在精神的整體性觀念的基礎之上。在他看來，精神作爲一切發展出來的東西之發源地，而一切由此而生的東西散見於對它們的主觀的與客觀的思考與認識中。從精神流溢出來的豐富多彩的東西，在我們的理解中重又回到了其原始的統一。因此作品的及其個別段落的意義，應從作者的精神傾向中演繹出來，了解了作者的精神（整體）才能按照這種精神來理解個別段落；理解作者的精神（部分）也應以那個時代的整體精神爲座標來理解。整體精神是理解的起點和終點：「個別預先假設整體觀念、精神，而這觀念、精神通過遍及個別整個系統而塑形自身於活躍的生命，最後又再返回自身。隨著精神這種向自身原始存在（Wesen）返回，解釋的循環結束了。」【44】理解始於整體觀念之預設，理解過程就是所預設的觀念之展開，對個別的理解愈深入，預設的整體觀念也就愈加富有生氣。對個別的理解進行綜合並不創造精神，個別的精神之總和也不直接就是整體精神，而是促進與喚醒整體精神——一種原始的未予分化的純粹本質。

總之，在施萊爾馬赫之前或同時的浪漫主義詮釋學家們的論著中，已包含了現代詮釋學各種要素的萌芽，其中雖不乏獨到而又深刻的見解，但從總體上看，仍停留在一種狹隘的方法論反思中，在這一層面上，詮釋學被肢解了，然比這種支離破碎的狀態更糟糕的是，這些被肢解的各個部分常常是難以相容的。使浪漫主義詮釋學最終擺脫這種困境的，是施萊爾馬赫創立的一般詮釋學。因而就整體而言，雖然Chr.沃爾夫、G. Fr.邁爾等人在一些著作中已表明了將詮釋學提升爲具有普遍適用性的理解和解釋理論之傾向，但是，「一般說來，直到十八世紀止，在神學和語文學中成長起來的詮釋學學科仍是支離破碎的，只服務於說教的目的。爲能達到實用之目的，詮釋學發展出了一些方法論的基本規則，這些規則中的絕大部分是從古代語法學和修辭學裡吸取出來的（奎因梯利安），但在總體上，此時的詮釋學學科只是收集一些片斷解釋（Stellenerklarungen），這些片斷的解釋本是對文本的理解（或者，在人文研究領域裡，乃是對古典著作的理解）之闡發。」【45】

二、施萊爾馬赫：一般詮釋學

施萊爾馬赫（Friedrich Ernst Daniel Schleiermacher，1768～1834）所創立的「一般詮釋學」通常被視爲詮釋學形成的標誌，乃是就詮釋學的現代形態意義而言的。前詮釋學發展到現代詮釋學形態之外在標誌，就是所使用的概念上的變化。這一變化並不是發生在德語文獻中，而是主要表現在英語著述中。在德語中，人們一直用Hermeneutik（詮釋學）來指稱理解與解釋理論。在前詮釋學階段，其含義似同「解經學」，就如我們今天在「德漢辭典」中所看到的解釋那樣。這個詞標明了這樣一個領域：對《聖經》的解釋與理解的方法之研究。由於其主旨局限於解讀《聖經》，即便是在十八世紀後期，詮釋學還仍然作爲一種神學的輔助學科，用以協調《聖經》文本與教義在解釋上的衝突。直到施萊爾馬赫，「才使詮釋學作爲一種普遍的理解和解釋的理論而擺脫了一切教義學的和偶然性的因素。」【46】作爲神學的輔助學科的詮釋學，與作爲普遍的理解和解釋的理論的詮釋學，兩者均爲「Hermeneutik」。但是，它們在英語文獻中，按照帕爾默（Richard E. Palmer）觀點，前者爲「hermeneutic」，後者標準用法是其複數形式的「hermeneutics」【47】。前者被伽達默爾稱爲「古典詮釋學」（Klassische Hermeneutik），在利科爾那裡爲「局部詮釋學」【48】，也有人稱其爲「特殊詮釋學」。而後者，正是我們在現代意義上使用的「詮釋學」。

(一) 作爲神學家與哲學家的施萊爾馬赫

施萊爾馬赫生於布雷斯勞（Breslau，今屬波蘭）。於1787～1789年間在德國的哈勒大學（Halle）學習，受到康德哲學的影響【49】，康德的《未來形而上學導論》對他日後的神學思考產生了深刻的影響；在哈勒大學學習時，曾就學於享有盛名的語文學家Fr.沃爾夫，因此也受到了德國浪漫主義的薰陶。在Fr.沃爾夫指引下，攻讀希臘經典作家的作品，並研讀沃爾夫的著作。1810年，當上新建的柏林大學教授和神學院第一任院長，1811年成爲普魯士科學院院士，1815～1816年擔任柏林大學校長。

1793年，施萊爾馬赫遷往柏林，結識了德國浪漫主義奠基人施萊格爾。雖然施萊格爾比施萊爾馬赫還年輕三歲，但是他學識淵博，文學修養深厚，成名甚早，而且在施萊爾馬赫看來，「他的整個本質就是道德」，堪稱道德楷模，深爲施萊爾馬赫所折服。施萊格爾鼓勵施萊爾馬赫從事文學創作，但施萊爾馬赫認爲自己尚不具有這種能力，而傾向於翻譯他人的講道文。他後來也嘗試寫過詩歌和小說，均未能成功，這說明施萊爾馬赫有自知之明。施萊格爾遂提議他們一起來翻譯柏拉圖著作。這項翻譯工作完成於1800年，不過全部工作都是由施萊爾馬

獨立承擔的，施萊格爾似乎只是倡議者。這項翻譯工作也使他被尊爲古典語文學家。與施萊格爾的交往使施萊爾馬赫轉向了浪漫主義，他的《宗教講演錄——致蔑視宗教的有教養者》（Über die Religion Reden an die Gebildeten unter ihren Verachtern，1799）便是基於浪漫派的感覺和思維來構思創作的。在他看來，宗教不是道德和說教，而是直觀和情感，是一種經驗和神聖的本能。宗教的眞正本質之所在便是：宗教是同宇宙神祕地一體化的神聖環節，它想喚起人們無限的感應和審度【50】。正是在該《講演錄》中，才凸顯了浪漫派與啓蒙派的對立。他試圖建立一種新的宗教觀念，這種宗教「完完全全是心靈（Herz）的宗教」，通過它來確定自己在宇宙中的地位，而非盲目順從各種說教。他強調感情，用感情概念取代其時流行的宇宙觀。他想使人相信，因成功的說教而接受某種信仰，或思考它，都是不足取的。信仰必源自內心的最深處被喚醒的宗教感。施萊爾馬赫對自己的選擇做出了這樣的解釋：不是出於理智的決定，或出於某種希望與擔憂，或根據某種最終的目的，抑或出於某一隨心所欲的偶然原因，而是出於其天性的不可抗拒的內在必然性，一種神聖的使命。他堅持個體性原則，想以此對抗受啓蒙運動和僵化的正統觀念桎梏束縛的宗教觀，力圖以人的方式來想像和談論上帝。這部《講演錄》在那個時代引起了強烈的反響，施萊格爾贊成他的觀點，而費希特則視之爲「混亂的斯賓諾莎主義」加以拒絕。歌德與謝林對《演講錄》表示了肯定，而黑格爾則極力反對。他認爲，從情感出發，就是以想像力的偶然奇想和想望詩意競相誇耀。但是在眞理面前，狂妄的空想就失掉了光彩。施萊爾馬赫的宗教觀念所表達的只是宗教的主觀性，而對思維、自在自爲地存在著的客觀性全然棄之不顧，從中表達出來的根本不是哲學的眞理，而只是信仰。正是因爲基於內心的主觀性，使一切都搖擺不定。如是，異己的理智世界便失去了一切意義和眞理了【51】。黑格爾還甚至這樣尖刻地寫道：「如果宗教在人身上只是以感情爲基礎的話，那麼這種感情除了只是人的依附感外就不會有別的規定性了。這樣一來，狗就是最好的基督徒，因爲狗的依附感最爲強烈，而且它主要就是生活在這種依附感之中的。」【52】

　　1800年，施萊爾馬赫匿名出版了《獨白》（Monologen），其基本詞彙就是「自由」，標誌著他開始擺脫斯賓諾莎的決定論而轉向了費希特的立場。費希特認爲，在自由地進行自我觀察和自我行動著的有道德的人身上，認識和欲望，外在的行爲和內在的直觀統一成一個過程，自由行動藉以確定方向的標準是個體性概念。受此影響，施萊爾馬赫成爲持個體性立場的哲學家。他用富有詩意的筆端寫道：「你神聖的自由到處都是第一位的！你在我心中，在一切之中；必然性被置於我們之外，必然性是自由所進行的美妙的碰撞的聲音，這一聲音宣告了必然

性的存在。……在神聖的共同集體中，我幫助所有的人們創造世界。」【53】從中亦可看出，施萊爾馬赫雖然堅持個體主義原則，卻也並不排斥集體性原則。他在《獨白》中指出，倫理具有教化作用，其基礎與對象都在「集體」之中【54】。事實上，施萊爾馬赫的理論是站在個體主義的立場上謹慎地尋求著某種絕對的東西。這種傾向，不僅體現在他的道德學說中，也貫穿於他的哲學、特別是我們這裡要展開的關於詮釋學的討論中。

他積極參加建立柏林大學的討論，成了柏林大學的思想先驅。在《關於德國式大學的斷想。附：論將要建立的大學》（1808）一文中，他主張思想的自由與獨立，認為大學應完全獨立於國家，大學應由學者們的自由聯合而形成。當時的大學設有四個學院，依次為神學院、法學院、醫學院、哲學院。他認為「科學的全部本來結構，包括純粹超驗的哲學，以及全部自然科學和歷史的最接近知識中心的法則，都包含在哲學院中」【55】，因此在大學中哲學院是第一位的，大學應以哲學院為中樞連結，其他學院皆須將根紮在哲學院。而初入大學的學生，也須學習哲學，熱心於哲學，應首先喚醒他們的科學精神，而不是一進校門就學習各門知識。在他看來，最高級的研究精神在任何一種哲學中都具有一種特殊的作用，而哲學的工作就是正確理解這種精神所作的努力和以前的努力所不同的特點，就是理解這種現象與人類精神領域其他事件的關係。

施萊爾馬赫哲學在哲學史上的地位是頗有爭議的。在生前，他的學說根本未被重視；死後不久，就有人指責他的哲學是「雜亂無章」的（G. Weissenbon，1847），一副「怯懦的形像」（J. Schaller，1844），是「渺小的」哲學家和調和不同信仰的神學家，甚至只是一個中學生。直至他去世前一年誕生的狄爾泰（1833～1911），才以他富有影響的研究著作喚起了人們對施萊爾馬赫的注意。不過好景不長，在第一次世界大戰後，由於辯證神學的興起他又被人們淡忘了。

對於施萊爾馬赫哲學的歸屬問題，學界也廣有分歧，莫衷一是：

主觀唯心主義（C. L. Michelet）；客觀唯心主義（J. Hirschberger）；觀念實在論（F. Ueberweg）；浪漫主義（E. Zeller，R. Falckenberg等）。而H. C. W. Sigwart，A. Schwegle等人則認為施萊爾馬赫根本不是哲學家，不屬於任何學派。如果人們想知道施萊爾馬赫的師承關係的話，我們還可以看到如下結論：施萊爾馬赫是柏拉圖、斯賓諾莎、雅可比、康德、費希特、謝林和黑格爾的學生【56】。

毫無疑問，上述每一種說法都有一定的理由，在施萊爾馬赫的學說中，我們可以很清楚地看到他們的思想痕跡，施萊爾馬赫的哲學體系之龐雜，由此亦可略見一斑。眾所周知，德國唯心主義是由不同的唯心主義派別構成的，總體上說來，它們可以劃分為兩種傾向：以康德為一方的批判主義；以費希特、謝林和黑

格爾為另一方的思辨唯心主義。如在這種意義上考察施萊爾馬赫哲學，那麼根據愛德曼（J. E. Erdmann）等人的見解，它屬於思辨唯心主義；而溫德爾邦德（W. Windelband）等人則認為它是批判主義；此外，還有一種折衷於其間的意見，認為施萊爾馬赫的實在唯心主義處於批判主義和思辨唯心主義之間的、充滿緊張關係的領域之中，這個領域打上了批判主義和思辨唯心主義的雙重烙印，這相互對立的學派在它那裡得到了某種程度的調和。

造成上述意見分歧的，與各種不同的學派劃分標準有關。哲學史上甚至有人把追求美好理想的人稱為唯心主義者，貪圖物質享受的人稱為唯物主義者。即使持有同一的標準，對於某一複雜體系來說，如果人們各取所需的對自己所感興趣的某一部分做出以偏概全的判斷，也會得出不同的結論。在我們看來，比較合理的劃分標準應立足於對這一思想體系的本體論分析。

施萊爾馬赫是從神學出發的，他認為神創造了整個世界，承認不以人的意志而轉移的「神意」之存在，以此而言，他的學說似可定為「客觀唯心主義」。倘若我們的分析到此為止了，這種分析不免流於膚淺，它可能使我們忽視在「神」的外衣遮蔽下的某些實質問題。事實上，施萊爾馬赫的神與牛頓所設定的給予世界以第一推動力的上帝是極為相似的：上帝不再被看作籌劃一切的主宰，在他完成自己的創作後，便讓位於力的運動自身的法則。所不同的是，牛頓的世界是純粹自然力——引力和斥力——的對立兩極相互作用的結果；而在施萊爾馬赫，這樣的力被注入了生命，也就是說，他和許多同時代人一樣，擁有的是一種活力論的世界觀念。在這裡，施萊爾馬赫汲取了謝林「能動的化學」（dynamische Chemie）的思想，並由此導向了物活論的泛神論觀點。施萊爾馬赫認為，神靈創造了一個充滿兩極相反的張力的世界，這個世界本身就是一個生命有機體。這種力在無機的物質世界中表現為吸引和排斥，在有機的生命體中表現為對物質的吸收和析離，在人的生活中表現為認識和意願，在知識範圍內表現為感覺（機體的行為）和理解（理智的行為）。

如是，在人身上就具有雙重生命：生物學上的生命和精神的生命。生物學上的生命將人和自然聯結起來，精神的生命則使人能夠反思整個的生命過程。人的生命就是在這雙重生命的統一中實現的。（這一觀點後來演變成了狄爾泰詮釋學之基礎的生命範疇。）施萊爾馬赫在《宗教講演錄——致蔑視宗教的有教養者》中指出：神性通過不可更改的法則規定了，每一確定的此在和思想唯出於兩極對立的力量之相互交融的對生狀態才會進入現實性，因此每一現實事物都凝聚了吸引力和富有生命、擴展自身之張力的兩種原始力量，在這個世界上的精神，也必然跟隨著這些法則。每一個人的靈魂，只是兩種對立欲望的產物，其中之一把一

切圍繞著它的東西拉向自身的願望，使這些東西融入自己的生活，並在可能的地方把它們吸收到它的最內在本質中；另外一個是從內部出發把它的內在自我不斷擴張的渴望，它力圖滲透於一切事物之中【57】。施萊爾馬赫明白無誤地表達了這樣一種觀點：精神源於、並體現了生命的運動，歸根到底是具有某種神祕活力的力的運動。

通過此一番分析，我們就不難回答施萊爾馬赫哲學的歸屬問題了：就本體論意義而言施萊爾馬赫的哲學屬於物活論的泛神論。難怪有人說，他的學說作爲哲學還不夠，作爲神學又令人生疑。

(二) 作爲詮釋學家的施萊爾馬赫

作爲詮釋學家的施萊爾馬赫是被重新發現的，直到二十世紀六十年代，他仍是默默無聞的，即便有人談論他，也是作爲神學家的施萊爾馬赫，很少從詮釋學的角度分析他的思想。他的重新崛起得益於當代詮釋學大師伽達默爾及其弟子基默爾勒（H. Kimmerle），後者整理並出版了他的全部手稿，他的學說——在他逝世後一百二十多年——才第一次以完整的形式呈現在人們面前。人們發現了它所具有的「新的現實意義」（Ch. Senft，1962），施萊爾馬赫複又「重新成爲話題」，並在伽達默爾強有力的推動下，他和他的學說，尤其是他的詮釋學，遂成爲當今世界風靡一時的哲學熱門話題之一。引起我們注意的是，施萊爾馬赫的學說被貼上了各種各樣的標籤，許多學科領域把它當代啓示錄：神學家試圖從它那裡找到某種啓示，以確定宗教信仰和科學的關係，進一步理解宗教；當代符號學、語言學、結構主義模式的美學等等，認爲它把符號和結構與創造的藝術規則聯結在一起；詮釋學家們則把施萊爾馬赫尊爲開山鼻祖，如此等等，不一而足【58】。命運多桀的施萊爾馬赫和他的學說無疑是個謎，這個謎到現在還未能完全揭開，在第八版的《哲學小辭典》（Kleines philosophisches Worterbuch，Herder Freiburg 1980）中的施萊爾馬赫詞條，堅持認爲他是宗教浪漫主義的主要代表，其中介紹了施萊爾馬赫的哲學思想，但對他的詮釋學未著一字。施萊爾馬赫長期未被理解和接受，顯然與下列事實有關：艱澀的文字和龐雜的體系。他的早期手稿，如《宗教講演錄》、《獨白》和《歡樂耶誕節》等，用的是一種詩化了的筆調來描述隱晦的抽象理論，使本來已很難理解、廣有爭議的思想更蒙上一層朦朧的面紗；而他的《迄今道德規範批判》和關於柏拉圖的文章已出自某種辛辣的風格，此一風格和他所使用的、在當時已被認爲是複雜的古典式語法揉合在一起，頗讓後人望「文」生畏。更爲困難的是，後來的研究者們所看到的大量材料是他的課堂講稿，它們在演講的過程中不斷地被修改，呈現在人們面前的每每

是對哲學體系或原則的一系列構想，有很多內容屬於即興發揮，缺乏系統縝密的論證。

1. 辯證法和詮釋學

在上面對施萊爾馬赫哲學所作的本體論分析中，我們已觸及到了其中所隱含的方法論。人們很容易把牛頓時代與形而上學聯繫在一起，它的時空觀念，以力的相互作用原理來解釋世界的企圖，無不顯示了形而上學的特徵，許多受此影響的哲學家亦因之被稱為形而上學論者。不言而喻，哲學思維的特徵與經驗科學的發展狀況有著千絲萬縷的聯繫；同樣不言而喻的是，哲學思維的發展也有著其內在的邏輯必然性。科學史和哲學史的比較研究證明了，這兩者的發展狀況並不是絕對一致的。一個不容忽視的事實：在近代思想史上，當經驗科學給唯物主義打上了深刻的形而上學記印的同時，辯證法思想卻在唯心主義內部充分發展了。鑒此，我們有理由說，經驗科學雖然對哲學思維產生著重大影響，但並不直接構成哲學思維的基礎。

毫無疑問，以兩極對立的力之相互作用來解釋宇宙萬物，乃至人的生命和思想，是牛頓時代的基本特徵之一。從牛頓的引力和斥力理論出發，康德勾畫了物質的宇宙，而赫爾德則把力的相互作用，「自然中的磁力主義」作為無機物和有機體、並包括精神的本質在內的普遍法則。然就哲學思維的傳統而言，這種觀點可追溯到古希臘哲學，我們在畢達哥拉斯和赫拉克利特那裡已發現了相類似的觀點。以此觀之，以兩極力量的運動作為解釋世界圖景的模式不能僅僅看作是自然科學方法在哲學領域中的移植，它的核心也不簡單就是「自然主義」的；毋寧說，它是古希臘思維傳統的延續，牛頓力學可以看作是這一傳統發展過程的環節，所以赫爾德說，當畢達哥拉斯論及「愛」和「恨」的力量統一與對立時，已經預言了後來的牛頓理論。此種見解正確與否，我們且存而不論；重要的是，它已提示我們在分析施萊爾馬赫所沿用的牛頓力學的概念時，不要忽視他所繼承的思維傳統。

兩極對立的力存在的首要前提，就是它們必處於一個統一體中，唯在統一中方顯出其對立。這對立的兩極，不是說先有了其中某一極，然後複又出現一極與之對立，它們是共處一體、同生同滅的；兩極中的每一極，在孤立的狀態下不具有任何意義，事物的規定性在於這兩極的力的聯結和消長，在它們一定的量的比例關係中確定了事物的本質；正因為它們每每表現出不同的比例，個體的事物才得以相互區別。這個普遍的法則決定著一切事物，即使是最高層次的兩極對立——自然與精神的對立——也毫不例外，在自然與精神的對立統一體中，當現實

占量上的優勢時便表現爲自然，而在觀念占優勢時表現爲精神（理性、智慧）。所謂「運動」，乃是指對立的力在兩極之間的往返活動。這樣的一種把世界歸結爲力的不同組合之觀點，我們不能簡單地稱之爲「形而上學」；就其視事物爲對立統一體、並從對立的統一中導出事物的普遍聯繫而言，已觸及到了辯證法的核心——對立統一規律。不唯如此，我們還看到那個時代的人對辯證法的運用已超出了古希臘哲學，至少超過了柏拉圖。在柏拉圖那裡，有限事物是集對立的觀念（如「大」和「小」）於一身的，雖然這些相互對立的觀念在有限事物上統一的，但對立的各方永遠只是它自身，並不會轉化爲它的對立面。而以對立的力的數量比例關係來確定事物，已暗示了對立面的轉化之可能。

施萊爾馬赫的辯證法思想顯然是以上述兩極的對立統一思想爲基礎的。它緊緊地抓住了「對立面的聯結」，不僅注意到對立的兩極，並且不忽視這兩極的內在交融，從而把對立的東西系統化的納入一個整體之中。施萊爾馬赫以橢圓的幾何圖像來解釋他的方法論結構：個別的此在（Dasein）通過對橢圓中的兩個焦點之雙重關係體現出來，類似於橢圓形軌道上的點。在橢圓的圖式中，對立的兩極在本質上具有某種同一性。這一點與磁場理論中的「極」一樣，磁場中的「極」本身並不是物質的質點，橢圓中的兩極在進入現實性時也不是作爲它自身而顯現的。對立的兩極在事物統一體中消融了對立的傾向，而融合爲一個整體，並惟在這種對立的克服中，顯示了兩者的存在。由此，施萊爾馬赫堅信，一切存在物都是作爲一種具有內在張力的對立面相互聯結的統一體出現的；個體是總體上作爲連續的統一、而不是作爲對立進入現實性的。

「辯證法」這一概念最初就與「思想」和「對話」有著密切的關聯。在柏拉圖那裡，辯證法是概念的分析與綜合的一種方式，並通過由此而獲得的關於存在者的知識進而把握理念。而對話則是以其辯證法的構想爲前提的。由於「言說」（Rede）乃是與言說者的心靈（Seele）同一的，通過對話也就能認識言說者的心靈【59】。在亞里斯多德那裡，這種對話實踐（Diskussionspraktik）與辯證法一起同屬於「邏輯學」。直到中世紀的早期，邏輯學仍是包含了語法學、修辭學和辯證法的綜合學科【60】。這樣一種學科建構的思想產生了深遠的影響，直到黑格爾，儘管辯證法在他宏大的哲學體系中已經具有極其重要的地位，但是他仍然將其闡述辯證法的著作稱爲《邏輯學》。

在詮釋學史上，詮釋學也曾被劃歸爲邏輯學（如丹豪爾），Chr.沃爾夫更是在其《邏輯學》中劃出專門的章節討論詮釋學。但是在施萊爾馬赫看來，由於我們在詮釋學的運用中必須放棄一切邏輯原則，所以他的一般詮釋學絕非邏輯的補充【61】。他以辯證法取代邏輯學，認爲辯證法乃是詮釋學、修辭學與語法學賴以

建立的基礎：「辯證法是知識統一的科學」，對任何話語都須通過對它所屬的歷史之整體生命（geschichtlichen Gesamtleben）而被理解。話語表達的是人的思想與精神，只有通過與話語相關的歷史的認識而得以理解。關於歷史的科學就是倫理學。但人的精神之區別無疑爲人、以及地球物體的物理性質所制約，所以詮釋學不僅植根於倫理學，同時也基於物理學。倫理學與物理學最後又都要返回作爲知識統一科學的辯證法【62】。

基於這種辯證的理解，施萊爾馬赫導出了他著名的整體——機體主義的詮釋原則。「整體」表明了整體與部分、部分與部分的不可分割性，「機體」則體現了對立雙方的內在活力。如果說，康德已指出了有機體是以部分與整體的相互關係爲基礎的，那麼，施萊爾馬赫則將其推廣到一切知識領域。在施萊爾馬赫看來，既然對立面在事物中是相互聯結的，它們也就必須放在這樣一種「相互聯結」中加以思考。這樣的理解方法本質上是詮釋的，並由此構成了詮釋理解的一個重要原則：部分必須置於整體之中才能被理解，而對部分的理解又加深對整體的理解，部分與整體在理解中互爲前提，相互促進，形成了理解的循環運動【63】。

一切理解的循環在本質上都可以歸結爲部分與整體之間的循環，並且，在這裡沒有眞正的起點。但是，這決不意味著部分與整體在這個循環中具有同等的意義。幾乎所有的詮釋學家都認爲，理解循環的基本原則是整體主義。如前所述，我們能夠進入理解的循環在於我們所擁有的前理解，這個「前」結構在本質上是整體的，在某種意義上，它代表了我們置身於其間的文化系統和「世界觀」。事實上，只要我們開始理解，我們就已經攜帶著自身的整體性進入了理解的循環。整個循環過程同樣爲整體主義的原則所制約，在這裡，整體不能理解爲部分的積累，不存在這樣一個階段，理解僅僅表現爲部分的增加，並在部分增加到一定的程度而到達整體，而是部分本身處於整體之中，部分的改變無不同時相應地改變了整體。這一見解得到了結構主義的支援，後者認爲科學理論已爲它提供了無可辯駁的證明：「一個事實是，物理學不是靠把累積的知識相加而進步的，而是新的發現M、N等總是導致對知識A、B、C等進行全面的重新解釋」【64】。如是，當我們在這個循環的任何一點上暫時中斷此一循環時，得到的總是整體性的理解，它沉澱下來，融入了我們理解的前結構，重又進入新的循環。由此可見，理解所指向的永遠是對象的意義整體，循環的目的便在於從整體上把握對象的意義，無論這個對象相對於更大的知識背景而言只是部分，但就某一循環來說，它仍就是作爲整體而存在的。當然，這個整體並不是唯一的，毋寧說，存在著多種不同水準、不同層次的整體，理解所達到的，無非是某一層次的整體意義。因

此，人們在理解任何單一的部分時，都必須注意到它所棲身於其間的那個整體，並且，部分的理解必須有助於整體的理解【65】。

在這個基點上，施萊爾馬赫構思了一套科學理論體系。他在《辯證法》中指出：要像「藝術作品的結構處理方法」（即在部分與整體，語詞與文本的關係中理解作品）那樣，將科學材料納入統一的關係之中；對於精神科學領域來說，則必須著眼於那個最高層次的統一——哲學，這個統一包含有最高層面的對立，即思維與存在、觀念與現實的統一和對立。在這裡，哲學被視為一切原則的最高原則，它包含了所有精神科學和經驗科學的基礎。哲學體系成了包羅萬象的「有機體」，在其中，各門學科作為個別、部分的原則直接指向整體，並作為整體中的部分而存在。這樣一種結構安排代表了當時柏林大學所謂的新「精神」，這就是：「上層的」系科（醫學、神學、法學等）不再占據中心的地位，而是哲學，它使一切知識的推動原則集於一體，並成為它們的共同連結【66】。

本著「對立統一」的原則，施萊爾馬赫重新界定了科學研究領域。以往的學科都是根據研究對象來確定的，在施萊爾馬赫看來，這是片面的。他認為，決定科學研究領域的，不僅是研究對象，還應包括認識的方法，惟在對象（現實的）與方法（觀念的）的對立統一中，才形成了各門學科。「對象」有自然和社會兩個方面，方法裡包含「思辨」與「經驗」兩種，它們相互交叉而成的對立統一體構成了學科體系的四重組合：思辨的倫理學，經驗的歷史學科（＝精神科學），思辨的物理學，經驗的自然科學（＝自然科學）。上述構想，以現代人的眼光來衡量，無疑是很成問題的；令我們感興趣的當然不是這些現成的結論，關鍵在於，施萊爾馬赫完成這些構想的指導原則，是否具有可以借鑒的價值？

2. 一般詮釋學

在施萊爾馬赫的思想體系中，最令當代人矚目的，當是他的一般詮釋學，可以說，他在很大程度上是作為現代詮釋學之父才被重新發現的。儘管如此，他的詮釋學在嚴格意義上還不是一種詮釋的哲學，就是說，它不是作為「哲學」而存在的，據施萊爾馬赫，哲學是統一、融合一切原則的最高原則，詮釋學乃是從屬於它的「技術性」工具。在這一點上，他的詮釋學銜接著古典詮釋學；但是，他把詮釋學從《聖經》註釋的束縛中解放出來，將其作為對《聖經》的「理解的法則或技術」擴展到對一切「文本」的理解，賦予理解者以更為廣闊的解釋空間，故而被稱為「一般詮釋學」。在此基礎上，狄爾泰創立了以體驗為核心的哲學詮釋學，此後的詮釋學，包括海德格爾的本體論變革和伽達默爾語言詮釋學，基本是循著這一線索展開的。就此而言，他的詮釋學開啟了當代的詮釋哲學。

在施萊爾馬赫之前，神學家們已從《聖經》的解釋實踐中發展出了古典的詮釋學，它注意到了理解中的部分與整體的關係，要求把單個的語詞置於文本的語言系統來理解；它承認不同的歷史體驗會對《聖經》產生不同的理解；這些不同的理解最終將在文本「絕對神聖」的意義上趨於一致。在這最後一點上，古典詮釋學是與現代詮釋學的主流背道而馳的。在理解中設定了一個「絕對神聖」的意義目標，表明古典詮釋學已背離了自由、開放、寬容的詮釋精神，換言之，作為詮釋學，古典詮釋學並不是徹底的。施萊爾馬赫具有神學家和詮釋學家的雙重身分，因此，我們在理解施萊爾馬赫的思想時，必須注意到他的思想的雙重屬性。

施萊爾馬赫是著名的《聖經》註釋學家。他在解釋《新約》時發現了一個古典詮釋學所忽略的問題，這就是理解中的文本和教義之間的關係。古典詮釋學注重的語義學的規則，強調在文本的語言系統中理解單個的語詞，進而理解文本。這種理解方法潛藏著一個深刻的危機。眾所周知，《聖經》是由諸多單獨的文本合編而成的，它們是為不同的人在不同的時期完成的，僅僅根據語義學的規則來解釋它們，會發現文本與文本之間有很多相互矛盾之處；假如人們從「教義學」出發，即根據共同的基督教信仰把整部《聖經》看作一個整體，並追溯到形成此一信仰的初始源頭，所理解的《聖經》每每與純粹語義的分析不同。其結果竟會是這樣：如果堅持語義的分析，就摧毀了現有的共同信仰；如果堅持以教義學為基礎，許多「文本」則顯得不可信。對於基督徒來說，這兩種結論都是無法容忍的。為了解決這一難題，施萊爾馬赫首先在原有的語義學規則的基礎上補充幾條新規則，其中最主要的是：所理解的文本必須置於它賴以形成的那個歷史語境中。這一增補或多或少照顧到了宗教信仰的共同性，它對理解的約束表現在更大範圍的歷史語境對「文本」意義的限制。這條規則連同上面提到的規則，被施萊爾馬赫稱為語義分析的兩條最重要規則。這兩條規則在本質上是同一的，都體現了理解中的部分與整體的關係。在前面我們已經看到，部分與整體互為前提的關係構成了理解的循環特徵，在這裡，我們將進一步指出，理解循環中部分與整體的地位在施萊爾馬赫那裡並不是同等的。從時間順序上看，理解部分之前必定要對整體有所了解（參見黑格爾《邏輯學》中關於「質」和「量」的範疇的論述）；從地位主次上看，部分的理解必須有助於整體的理解。正因如此，理解的循環首先是以整體主義為基礎的【67】。此一觀點的本體論根據在於：被理解的對象是作為統一的整體而存在的，理解的整體性正是源於這種對象的整體性。如是，人們在理解任何單一的東西時，都必須注意到它所棲身的那個整體之中。但是，施萊爾馬赫又說，對整體的理解同樣依賴於對各個單一方面的理解，正如沒有單一的東西就不可能構成整體一樣。這樣一來，不是又否定了他的整體主義原

則了嗎？一旦否定了整體主義原則，人們的理解活動又從何開始呢？施萊爾馬赫沒有解決這些難題，關於他「理解循環」的思想後來成為哲學界頗有爭議的一個論題，有人乾脆斥之為「惡性循環」。直至海德格爾，在他的「此在詮釋學」中，才令人信服地證明了理解循環的合理性和進入這個循環的正確途徑【68】。

還有一項工作直接推動了一般詮釋學的形成，這就是翻譯柏拉圖的著作。對於詮釋學來說，翻譯就是它的實踐活動。在這個實踐過程中，施萊爾馬赫獲得了單靠苦思默想很難得到的詮釋經驗。下列問題在翻譯實踐中被凸顯出來：思想風格和表達形式的聯繫；理解文本時那必不可少的整體與部分之循環關係；在實施翻譯之前從整體上直觀文本的核心之必要性；解釋者與作者的關係，等等。施萊爾馬赫對這些問題做出了自己的回答，並作為一般詮釋學的基本命題而保留下來。

一切理解都是指向他人和作品的，他人能被我理解，表明了我和他有著某種同一性，這就是人性，作品乃是作者之人性的敞開，我們的理解是基於我們自己敞開的人性，我們通過作品進入作者，理解作者，並且通過理解作者來理解自己，這就是理解的實質。這種觀點用於分析宗教時，便構成了宗教浪漫主義的一個重要特點，他指示著施萊爾馬赫革新宗教的方向：勾畫出一種向時代的啟示敞開的基督教，繼啟蒙運動的幻象破滅後，應該在新的基礎上建立新一代人的精神性【69】。一般詮釋學的基本取向就是強調各種創造性的理解活動過程中的活生生的聯繫，從歷史的、具體情境的關聯中把握作者的思想，特別是個別天才人物的創造性精神，並且不惟如此，它甚至認為理解者能能夠比原作者更好地理解文本。但是，一般詮釋學同時亦具有批判哲學的特點，這表現在它努力制定普遍適用的理解規則，這些規則最終是為了清除一切可能的誤解。

堅持詮釋學是一門理解藝術（Kunst des Verstehens）是施萊爾馬赫對於詮釋學的貢獻之一。理解的藝術性是否具有普遍意義？回答這一問題取決於對「理解」本身的判斷。如果認為「理解」是正常與自然的狀態，人們可無須藝術而聽憑直覺獲得理解，所謂「不理解」只是例外，那麼藝術性的理解就不具有普遍意義；如果認為「誤解自動地發生」，我們須自覺地去追求那種「精確的」解釋，藝術性的理解就是必須的【70】。按照施萊爾馬赫的劃分，前者為「不嚴格的」（laxeren）解釋實踐，後者為「嚴格的」（strengeren）解釋實踐。兩者在詮釋過程中的區別在於：「藝術的解釋開始於關於文本意義的預期，這種意義不斷地被更正和修改；不嚴格（原譯為「不嚴肅」──引者註）的解釋開始於關於文本意義的前見，它迫使文本去支援這種意義。」【71】施萊爾馬赫所追求的當然是嚴格的解釋實踐，視詮釋學為理解藝術。

3. 詮釋學的規則

語言何以能被理解？通常將其歸結爲語言中所具有的某種共同性，這種共同性表現在人們對語言符號和所指涉的對象關係的認同以及共同的語言結構。在施萊爾馬赫看來，這種見解固然正確，卻不完全，它把語言的共同性僅僅作爲已存在的事實來分析，未能揭示其存在的根據。他指出，在理解中起決定性作用的是「自然語言」，它是從生命的共同性中發展出來的，語言的共同性源於人類對自己生命的共同體驗。這一思想後爲伽達默爾所接受，並在他的名著《眞理與方法》中加以詳盡的發揮。在一部作品中，語言所傳達的是作者自己的生命體驗，但是，由於作者與對象的關係之直接性，這種體驗以「經驗」的形式表現出來；而在讀者那裡，與對象的那種直接關係已不復存在，他是以語言爲媒介把握作者的經驗，並通過對作者經驗的再體驗達到理解的對象。理解是可能的，這無非是說，讀者通過對作者的經驗之體驗，與作者一起感知最初的意義構成物，正是在這個構成意義的最初源頭上，作者與讀者到達了統一。現在的關鍵問題是，讀者如何才能使自己在共同的意義構成物上達到與作者相同或相似的理解？施萊爾馬赫認爲，這只有通過讀者對作者的「心理重建」，亦即再現作者創作「文本」時的心境，並以此進入作者，「設身處地」地站在作者的立場上考察對象才有可能。這種方法被施萊爾馬赫稱爲心理學的移情方法。它要求讀者不能僅限於「文本」來理解「文本」，爲能達到「移情」，做到「設身處地」，就必須廣泛地考慮到「文本」的起因和整個歷史背景，作者的生平傳記以及他獨特的思維方式和風格，揭示作者最初的意圖和構想。總之，在施萊爾馬赫看來，對「文本」的理解必須從原來單純的語言分析擴展到對作者整個人生的理解，才能把握「文本」的眞諦。

毫無疑問，語言是思想的傳達，因此，語言乃是溝通解釋者和作者的「中介」，解釋者借助語言進入了作者的思想。既然如此，爲何在我們有了語言學時還需要詮釋學？有了語法、語義的分析還需要心理的分析？其最深層的原因就是「語言」和「思想」的差別。語言傳達著思想，但語言本身不是思想，它是思想的表達形式，這一形式克服了時空的界限，將作者的思想展現在我們面前，同時也表明作者的思想不僅屬於過去，並在很大程度上連接著現在和未來，若非如此，它便不能被理解；但是另一方面，語言的這種固有形式同時又限制著所表達的思想，當語言以其共同性來傳達特殊的思想時，卻無法表現出這種思想的全部豐富的內涵，這種內涵是在特殊的歷史情境中形成的，同此，在解釋者進行語法分析時，文本的精神世界在單一的語句分析中被解體了，由於語詞意義的多義性，若沒有作者的總體精神世界作爲參照系統，在語法分析中揭示的意義是很可

疑的。所以，在理解過程中，不僅要把語詞置於語句中、把語句置於文本整體中、把文本置於語言系統中，還必須結合其他的相關材料，比如歷史背景、作者傳記等等，從整體上把握作者的精神世界，特別是要弄清楚作者的創作動機，以期進入與作者同樣的心理角色，才能揭示文本中的語言所隱含的內在的豐富意義。

詮釋學的規則由此而被施萊爾馬赫分爲同等重要的兩個部分——語法學部分和心理學部分【72】。在理解過程中分別表現爲比較的方法（komparative Verfahren）和預見的方法（divinatorischen Verfahren）【73】。前者側重於語法學，通過語言知識找出大量可供比較的關係，以昭明「文本」語義的晦暗方面，這種方法表明了詮釋理解的客觀性原則；後者則側重於心理學，它所指向的是創造性的聯想，因爲作者的「意圖」往往不像「文本」那樣直接呈現在我們面前，文本作者的生命歷程在語言上留下的痕跡，因此，所謂「重建」作者的心理過程實質上是一個再構建的過程，它所指向的不僅是「文本」，而且還是作者整個生命的歷程及其歷史文化背景，作者創作「文本」的那一「生命時刻」，這種方法代表了理解的主觀性原則。這兩種方法不是截然對立的，它們相互滲透，互爲補足。在比較方法中，預言式方法起著彌補「文本」資訊的不足、開啓新的意義和原有意義的轉化作用，就此而言，比較的方法同時也是預見的方法；在預見式方法中，同樣需要將作品置於歷史的關聯中進行比較研究，詳細考究除「文本」之外的歷史文獻和作者生平傳記，比較不同的個性和不同時代的差別性與共同性，就此而言，預見的方法同時又是比較的方法。在這裡，施萊爾馬赫對語法學和心理學、比較的方法和預言的方法之相互關係到達了一種辯證的理解，從根本上說，它所蘊含的乃是一種主觀—客觀的辯證法。

根據施萊爾馬赫的界定：「心理學解釋的任務就是精確地進入講話者和理解者之間區別的根基裡。……心理學解釋的任務有兩個方面：一方面是理解一個作品的整個基本思想；另一方面是由作者的生活去把握作品的個別部分。作品的整個基本思想是作品的所有個別部分由之發展的東西，而作品的個別部分則是作品內最具偶然的東西，但兩者都可以從作者的個人特徵來理解。首要的任務是把作品的統一理解爲它的作者的生命事實，它探問作者是如何來到這種整個作品是由之而發展的基本思想，即這種思想與作者的整個生命有怎樣的關係，以及肇始環節與作者所有其他生命環節的聯繫。」【74】「精確地進入講話者和理解者」乃是精確的理解與解釋不可或缺的前提。我們如何才能精確地進入作爲另一個主體的講話者（作者）呢？施萊爾馬赫提出的解決辦法是一種雙重的重構：「歷史的和預見的、客觀的和主觀的重構（Nachkonstruiren）」。客觀的歷史重構著眼於

語言本身，考慮某一話語在語言整體中如何起作用，在話語中所包含的知識如何被視為語言的產物。客觀的預見式重構，是拷問話語本身如何成為語言發展的關鍵。主觀的歷史重構，是認識話語如何作為在情感（Gemut）中被給出的事實。主觀的預見式重構，乃是對話語中所包含的思想如何進入言說者、並對他繼續產生影響做出預見【75】。通過客觀的重構，理解者把握了作者所具有的語言知識，甚至比作者所具有的知識更為精確。通過主觀的重構，理解者擁有有關作者的內心生活和外在生活的知識。此二者之結合，理解者便能置身於作者的情境關聯（心理移情），設身處地地理解文本，精確地解讀出文本的原意。

　　以此觀之，所謂「精確地進入講話者和理解者」便是心理學中所說的「心理移情」。把心理學的「移情」概念引入詮釋學，是施萊爾馬赫一般詮釋學區別於古典詮釋學的特徵之一。這種心理學的方法最初他稱為「技術的」方法，因為心理學的分析涉及到解釋的「技能」，包括作者的語言表達技巧和駕馭語言的能力，當然也涉及到作者的獨特的思維和創作的動機。後來他把屬於作者創作意圖的方面和屬於作者的表達風格、整體構思的內容區別開來，將前者歸其於心理學部分，而將後者劃入理解的「技術」部分。正是這種理解的心理學方法奠定了一般詮釋學的開拓和開放精神，儘管這種方法本身是否正確還是有爭議的。由於心理學方法參與了理解過程，理解活動的主觀性、亦即它的創造性方面得到了肯定，揚棄了古典詮釋學關於「神聖絕對」的文本意義之假設。施萊爾馬赫指出，推動理解過程的力量，不是「神聖的精神」，而是理解者，是他的「領悟」、理解活動。雖然人們力圖不帶任何個人色彩地進入被理解的他者，事實上他們的主觀性總是不可避免地介入其中，「解釋的主要任務是，人們必須從他自己的觀點出發而進入被理解的他者」【76】。以此觀之，「心理重建」所完成的，不是純粹的回歸到作者那裡，毋寧是作者與理解者、歷史與現實的融合，也正是由於這種「融合」，使理解者不僅能理解「文本」的意義，而且還能理解那些隱藏在「文本」背後的、連作者自己也未能意識到的作品的意義，就此而言，理解者對「文本」的理解甚至能超過作者自己【77】。他將「比作者更好地理解文本」理解為解釋技藝的原則，清楚地表明瞭施萊爾馬赫詮釋學的浪漫主義立場【78】。

　　由於理解者的主觀性參與了理解過程，「文本」的意義就不再是一個靜止的和凝固的東西，它本身展現為歷史，永遠不會被窮盡。在這裡，「意義」的歷史呈現為兩個相互交叉無限伸展的過程：原有意義的不斷被發現和新的意義持續生成。誠然，在施萊爾馬赫的著作中我們可以看到諸如理解是自身封閉的過程的提法【79】，但這一提法似主要針對作品中的語詞和文本的關係而言，而作為整體的理解藝術的詮釋學，是指向非封閉的語言和歷史的，它是「出自無終結、非確定

的一種終結、確定的結構」【80】。因此，從總體上說，施萊爾馬赫的詮釋學堅持了開放和寬容的精神，正如他所強調的，「理解」在事先並不存在一個界限，不強求在任何地方達到某種統一性，除非這種統一是大家所贊同的；他把「理解」視爲歷史過程，表明了他的詮釋學的辯證性質。他曾以黑格爾式的思辨語言表達了這一點：詮釋學和辯證法是相互依存的。「理解」無非是「思維著的精神逐漸地自我發現」【81】，詮釋學也並非是確定的眞理，而是通向眞理的必要方式。

施萊爾馬赫曾對詮釋的規則（Kanon）做出了比較有條理的闡述，並在列舉詮釋規則時給出了例證。屬於語法學部分的解釋規則有：

(1) 在某個給定的話語（Rede）中，一切需要進一步確定的東西，都須通過言說者以及當時民眾共同的語言領域（gemeinsamen Sprachgebiet）予以確定。這一規則消解了語言意義之統一性（Einheit des Sprachwerts），爲語言運用過程中的多義性張目。

(2) 單一語詞的意義要通過其語境關聯得以確定。

上述兩者是相互補足的。第一條將語句的所有因素之語言意義當代化，第二條是肯定語詞在其話語關聯中的局部性意義。

屬於心理學部分的規則是：

(1) 作品之統一性、其主題，被視爲激發作者的原則，創作之基礎被視爲作者在其每一動機裡的獨特本性。

(2) 心理學解釋的終極目標與其發展了的開端並無不同，對整體的理解與對部分的理解相互促進，使人們對整體之直觀臻於完善，清晰地把握作品的發生與發展的全部過程。

(3) 全部的目標在於獲得對作品風格（Stil）的完美理解，風格已表達出了對於所言及的對象（思想）之理解。

(4) 解釋永遠不可能抵達其最終的目標，而只是不斷地接近這一目標。

(5) 在心理學的解釋之前必須釐清作品的類型（Art）、作者的題材和語言、及其獨特的方式與方法，要了解作者的先驅及其同時代人的風格等知識。

(6) 在開始進行心理學解釋時，首先要綜合運用預言的方法和比較的方法。預言的方法所指向的是直接把握作爲被理解對象的個體，比較的方法是通過比較來把握其獨特性。

(7) 唯有出自對素材（Stoffe）與其作用領域（Wirkungskreise）一體化的理解，才能確定作品的理念、意願【82】。

從上述詮釋規則中可以看出，施萊爾馬赫已經開始從諸多方面來思考正確的理解與解釋之途徑，希望能提供具有看操作性的詮釋方法。但是，毋庸諱言，這

還不足以形成完整的方法論體系。這也可能與此相關，他有關詮釋方法的思想，大都以格言式的方式、或以演講的方式表達出來，缺乏深入的理論反思和提煉。他的真正貢獻在於開闢了通向建構詮釋方法論體系的道路；E·貝蒂宏偉的方法論學說——作為精神科學一般方法論的詮釋學——便是這一向度的詮釋學思考的一個重要、積極的思想成果。

4. 一般詮釋學的特徵

綜上所述，代表著浪漫主義詮釋學的最高水準的一般詮釋學，實現了詮釋學的根本變革，施萊爾馬赫被狄爾泰稱為詮釋學領域中的康德，並非過譽之詞，與以往的一切詮釋學相比，施萊爾馬赫創立的一般詮釋學具有以下特點：

首先，一般詮釋學擺脫了宗教教義學、聖經註釋學、語言學、邏輯學等學科的束縛，第一次使詮釋學成為一種在大哲學體系結構中的獨立學科，並明確把詮釋學的運用範圍擴展到宗教經典以外的各種語言性「文本」，雖然作為神學家的施萊爾馬赫自己的研究領域主要是宗教經典。在這門學科中，包括歷史學、心理學、哲學、考古學、語言學在內的各種人文科學學科的方法聚集在詮釋學的旗幟下，作為統一的詮釋學方法運用於歷史的文本之重新構建。在此意義上，它不僅擺脫了對其他學科的依賴性，而且將諸多學科的方法融為一體。

其次，一般詮釋學的基本思想中包含了深刻的辯證法。特別是在確定詮釋學方法論原則時，施萊爾馬赫借助辯證法達到了前所未有的高度。以往的詮釋學家常常抓住詮釋方法的某一個側面，某一個原則，並且，這些在不同的詮釋學家那裡所闡發的詮釋規則一般來說具有排它的性質，只有施萊爾馬赫，從它們的對立中把握其統一，把它們當作在統一的理解過程中之不同側面，理解是在它們的交互作用中完成的。

第三，一般詮釋學辯證地深化了理解的整體性原則。施萊爾馬赫認為，理解的整體性來源於對象的整體性。任何被理解的對象（包括思想體系）都是一個有機的整體，在其中，每個單一的部分都和其他的部分相互聯繫著，構成了一個統一的有機體，並且，每一個部分的原則都直接指向整體。因而，理解任何一個單一的原則或思想，都必須注意到它所棲身於其中的那個統一體的總體構想；另一方面，對思想整體的理解，則依賴於對各個單一思想的理解。這兩個規則在本質上是同一的，它們都要求在由部分構成的整體中理解部分，並在理解部分的同時深化和具體化對整體的理解，形成了理解過程中的部分與整體之間的循環運動，體現了理解的循環特徵。

第四，一般詮釋學具有不同於以往的心理學特點。在施萊爾馬赫看來，理解

不僅是把握一種文字結構的意義，不僅要有一種「設身處地」的精神，而且要超越它，理解的本質在於，通過移情的心理學方法創造性的還原或重建作者所要達的東西。所以也有人稱施萊爾馬赫為情感詮釋學家或心理學詮釋的辯護者。如是，詮釋的規則被施萊爾馬赫劃分為兩個部分，一是立足於理解的語言共同性語法學，二是心理學部分，它注意到作者的個別性，他獨特的思維方式、結構和風格，並且在歷史的關聯中把握作者未意識到的作品的意義和它的個別性。心理學方法和語法學方法是一般詮釋學的兩把利刃，它們在不同的場合起作用，並相互補充，共同完成著對作品的理解和超越，實現「創造性」理解。

第五，一般詮釋學內在地具有一種開放的精神。施萊爾馬赫正是堅持了理解的開放性，才完成了前詮釋學向一般詮釋學轉化。這一轉折的關節點就是把理解活動當作解釋者以作品為中介與作者的「對話」過程。對話的基礎是「開放」與「寬容」，承認對方和對立意見存在的合理性，並不把自己的理解當作絕對正確的東西而拒斥對方，尤其重要的是，理解事先並不存在一個界限，不強求在任何地方達到某種統一性，除非這種統一性是為對話雙方所贊同的。從這時起，詮釋學才真正擺脫了一切教條的束縛，將思維的意識之生產和再生產置於中心地位。在施萊爾馬赫看來，這種理解方法與辯證法已結下了不解之緣。他指出，詮釋學在確定的意義上是辯證法的逆向運動，明言之，詮釋學解析了思維中的語言，辯證法解析了語言中的思維；詮釋學創造性的再現了語言的意義，辯證法則揭示了意義在思維的統一性中實現語言「轉換」的可能。由於這種「轉換」在「對話」中處於無止盡的循環之中，也就規定了永遠不會達到絕對真理，而只是和辯證法一樣的作為通向真理的道路與方法。

最後，一般詮釋學擴展了前詮釋學的歷史性原則。一般詮釋學將理解的歷史性化為一種普遍的原則，這一「普遍」含有兩方面的意義：被理解的「文本」從形式到內容都是、或者將是歷史的，它屬於一定的語言系統，兩者作為統一的整體被納入一個更大範圍的歷史文化傳統之中。因此，一定要把「文本」置於它所從屬的文化傳統，歷史的考察文本，不忽視文本文字以外的社會歷史因素，總之，理解者必須進入歷史，在歷史的視界中理解歷史的產物，同時，通過這種被歷史的理解了的文本深化人們對歷史本身的理解。此其一；其二，理解的過程是歷史的。理解的開放性和循環特徵表明，理解是一個永遠開放的歷史過程，在這個過程中，不斷有新的因素投入其中，參與著新的意義的形成。

上述表明，一般詮釋學已經以一種新的風貌從舊有的詮釋傳統中脫穎而出，並愈益受到思想界的重視。作為現代詮釋學的奠基人，施萊爾馬赫功不可沒，儘管有人稱他為「渺小的哲學家」。施萊爾馬赫的學說，尤其是他的一般詮釋學，

受到了當代西方哲學界的普遍重視，由於各自所持的立場不同，對其或貶、或褒，意見不一，少有定論。

施萊爾馬赫詮釋學是一種具有普遍意義的詮釋方法論學說，但是，由於他所從出發的基點是神學，因此他是在解經實踐中建立其方法論的，他的局限性也表現於此。正如伽達默爾所總結的：「促使施萊爾馬赫有這種方法論抽象的興趣，並不是歷史學家的興趣，而是神學家的興趣。施萊爾馬赫之所以想教導我們如何理解講話和文字流傳物，是因為信仰學說依據於一種特殊的流傳物，即《聖經》流傳物。因此，施萊爾馬赫的詮釋學理論同那種可以作為精神科學方法論工具的歷史學的距離還很遠，這種詮釋學理論的目標是精確地理解文本，而歷史關係的普遍性應當服務於這種理解。這就是施萊爾馬赫的局限性，而歷史的世界觀決不能停留在這種局限性上。」[83]

在我們看來，他的詮釋學有三個比較明顯的問題：

第一，他的一般詮釋學在某種程度上仍局限於純粹的理解方法論。他認為哲學體系是一切科學的基礎，是把它們組織起來的原則，從而把諸多單一的知識和科學組織為相互關聯的統一體。因此，在他看來，詮釋學本身不是哲學，它無可爭辯地從屬於哲學，是一種從屬於哲學的理解的輔助工具。

第二，關於理解循環的結構，他未能做出令人滿意的回答。他只把「理解」中部分與整體的循環關係當作現存的事實來理解，沒有揭示這個循環運動的根據和運作機制，指出「理解」何以進入此一循環，以至於被人們指責為「惡性循環」。

第三，由於在理解過程中加入了理解者的主觀創造性，使多元化的理解成為可能，但他對多元化的理解如何有效地防止滑入相對主義問題，卻缺乏充分地論證，眾所周知，詮釋學是反對理解中的相對主義的。現在的問題是，如果文本中「神聖絕對」的意義被揚棄了，理解的方向又何在？如果承認詮釋學是通向「真理」的必要方式，這個「真理」在此又意味著什麼？

在上述問題中，第一個問題在狄爾泰的體驗詮釋學中被解決了，後兩個問題則成了全部詮釋學力圖解答的斯芬克斯之謎，這些謎象幽靈那樣一直困擾著此後的詮釋學家們。尤其是第三個問題直至今日仍是詮釋學家們爭論的焦點，我們也就很難苛責施萊爾馬赫了。

第十章

體驗詮釋學

　　狄爾泰（Wilhelm Dilthey，1833～1911）生於德國萊茵河畔的城市比布里希（屬黑森州），是詮釋學史中的里程碑式的人物。他是哲學詮釋學的第一位經典作家，創立了「體驗詮釋學」，幾乎所有的詮釋哲學家都程度不同地受到了他的影響。許多論著稱狄爾泰的詮釋學爲哲學詮釋學，此爲約定俗成，本無可非議。問題在於，自狄爾泰開創哲學詮釋學以來，經由幾代人的努力，從它內部已發展出數種形態各異的詮釋學，包括海德格爾、伽達默爾、貝蒂、哈貝馬斯的學說，就其本質而言，都是哲學的，屬於詮釋哲學或哲學詮釋學。顯然，單獨稱狄爾泰的詮釋學爲哲學詮釋學很容易引起誤解。爲此，筆者根據狄爾泰的學說的最基本的特徵而名之爲「體驗詮釋學」[1]。

　　狄爾泰是著名的歷史學家、心理學家、社會學家和哲學詮釋家，在柏林大學擔任過黑格爾曾擔任過的教席。他一生勤於著述，經整理出版的《狄爾泰著作集》（Gesammelte Schriften）計有二十六卷，內容涵蓋了精神科學之建構、德國精神史研究、教育學、倫理學、歷史學、人類學、心理學、美學、邏輯學、哲學等諸多領域，可以說是百科全書式的思想家。狄爾泰的哲學思維進路比較複雜：他早先服膺黑格爾歷史哲學對於歷史本性之洞見，但又拒絕黑格爾強加於歷史之上的思辨形而上學之形式；他對於康德學說有深入的研究，他的思考也在並在很大程度上受到了康德學說，但他卻不是新康德主義者，新康德主義的認識論基礎是康德的《純粹理性批判》，而狄爾泰理論支點則是康德的《判斷力批判》。正因如此，狄爾泰的詮釋理論就具有強烈的心理主義色彩。

一、心理主義與詮釋學

　　將心理學作爲達到正確理解的有效方法引入詮釋學的是施萊爾馬赫。在探索與解決理解問題時，最先被關注的自然是語言學、語法學。但是，由於語言本身具有多義的性質，純粹的語詞、語法分析並不能從多義性的語言中確定唯一、正確的意義，施萊爾馬赫在其一般詮釋學的構想中引入心理學，作爲理解的輔助工具，以彌補單純的語言分析之不足。其作用在於，通過對作者的歷史背景、生平經歷等因素之分析，釐清作者寫作時的心理狀態，進而通過「心理移情」的方法來確定多義性語詞的單一性解釋。在施萊爾馬赫那裡，心理學分析最初是與語言學分析平行的解釋方法，不過後來卻漸而演變成了具有主導性的方法。

　　毋庸置疑，施萊爾馬赫對於狄爾泰的影響是深刻的，狄爾泰的博士論文是研究施萊爾馬赫倫理學的，他生前出版的第一部重要著作就是《施萊爾馬赫傳》（Leben Schleiermachers）[2]。施萊爾馬赫詮釋學的心理學因素，在狄爾泰那裡

被進一步提升爲詮釋學、乃至整個精神科學研究的基石。他於1905年發表的《體驗與詩》（*Das Erlebnis und die Dichtung*）【3】，被視爲心理主義文學理論的經典著作。心理學受到如此重視，與實證主義科學觀風靡其時有著密切的聯繫。精神科學，以實證主義的觀點視之，乃是「非科學的」。在狄爾泰看來，要使精神科學成爲「科學」，必須將精神科學置於心理學的基礎之上，作爲經驗科學的心理學乃是賦予精神科學以科學性的可靠的方法論【4】。正是由於心理學的「經驗性」，精神科學由此出發便具有了某種實證的性質，從而使其自身成爲堪比自然科學的精神之「科學」。

將心理學界定爲「經驗科學」，使狄爾泰獲得了一個獨特的視角。他寫道：「存在於物質實體和心理實體之間的對立，曾經被存在於外部世界和內在世界之間的對立所取代——在這裡，外部世界是通過各種感官在外部感知（感覺）之中給定的東西，而內在世界則是通過人們當初對於各種心理事件和心理活動的內在領悟呈現出來的。」【5】他認爲這種從「經驗」角度之表達是一種「更加適度的系統表達」，尤其它是適度地表達了「體驗」（Erlebnis）概念，而這一概念正是各種理性心理學的實體學說所無法適當地予以科學表達的。狄爾泰的心理學中，「自我所具有的體驗就是實體這個概念的基礎」，這裡所說的「實體」，既非物質性的（如唯物主義所堅持的「物質」），也非精神性的（比如黑格爾的絕對觀念），而是在人們對心理事件與心理活動的「領悟」中呈現出來的，從中所呈現的東西就是「體驗」。這表明，無論是通過感官給定的東西，還是通過領悟所呈現的東西，都屬於人們的內在經驗之領域，這一領域就是經驗科學的研究主題，精神科學就是據此而建立起來的。

顯然，狄爾泰這裡所宣導的心理學不同於傳統的心理學。他把心理學分爲兩種，即「說明性的」與「描述性的」心理學。說明性的心理學與自然科學旨趣相通：借助於某些假設把人類的整個文化世界推導出來。因此，即便是最完備的說明性心理學，都無非是將一種假說建立在另一種假說之上。與此不同，描述性心理學是要「確立各種事實和存在於這些事實之間的各種一致性」——這種一致性的根據不是別的什麼東西，而正是「內在經驗」——只有通過這種方式，精神科學才能獲得其可靠的基礎【6】。

狄爾泰特別強調心理學意義上的「內在經驗」，因爲它與我們的「本性所具有的總體性」相關聯：「只是在內在經驗之中、在各種意識事實之中，我才發現了我的思維過程所具有的堅實的基點，……所有的科學都是從經驗出發的；但是，所有的經驗都必須回過頭來與它們從其中產生出來的意識條件和意識脈絡聯繫起來，都必須從這樣的條件和脈絡之中把它們的有效性推導出來——也就是

說，它們必須與我們的本性所具有的總體性聯繫起來，它們的有效性必須出自這樣的總體性。我們把這種立場稱爲『認識論』立場，……從這種立場出發，就可以證明我們關於自然界的整體的觀念只不過是某種隱含的實在所投下的陰影而已；相形之下，只有就通過內在經驗給定的各種意識而言，我們才能切實把握實在。精神科學的任務就是對這些事實進行分析。」【7】只有從人的內在經驗出發，才能把握真正的「實在」，於其中，外部世界與我們自己的生命世界，包括我們關於它們的知識，一起被給定、被規定了，在總體上構成了人類世界。在狄爾泰看來，唯有內在經驗才是聯接各門科學聯結點，是其共同支撐點。而孔德的實證主義和J. S.密爾的經驗主義立場，削足適履地使歷史的實在適合於自然科學的概念與方法，事實上肢解和刪節了在內在經驗中所呈現出來的「實在」。

一般而論，狄爾泰的理論主旨是建立有別於自然科學的精神科學，但是，在他的某些論述中，我們似可以發現他隱隱約約地潛藏於其思想深處的更爲宏大的構想：以精神科學統攝自然科學：「由於對於我們來說現在存在的無論什麼東西，都是由於這種內在經驗才存在的，而且，由於對於我們來說無論什麼東西構成了某種價值或者意圖，都只有通過有關我們的感受和意志的體驗才能如此給定。所以，這種關於內在體驗的科學既囊括了確定自然界對於我們來說能夠存在的程度的各種認識論原理，也囊括了各種與我們的行動有關，可以說明各種意圖、各種最高的善，以及各種價值的存在的原理；人們對自然界的所有各種處理過程，都是以這種科學爲基礎的。」【8】雖然，精神科學的發展受到了我們關於自然界的知識的制約，「自然事實」是人類生活發揮基礎作用的條件，但是「精神事實」在「從數學開始的前進過程之中，構成了最後和最高級的成員」【9】。

二、體驗概念

「體驗」概念對於狄爾泰詮釋學思想的重要意義，它無疑是理解狄爾泰思想的關節點和核心，因而我們將狄爾泰的詮釋學稱爲「體驗詮釋學」。在展開狄爾泰的思想體系之前，有必要先釐清他的體驗概念。

據伽達默爾考證，最先使用「體驗」（Erlebnis）這個詞的是黑格爾，他在一封信中這樣寫道，「我的整個體驗」。伽達默爾認爲，由於是書信往來，黑格爾這裡採用的是一種漫不經心的出自口語的表達。在此之後到十九世紀六十年代這一期間，體驗一詞仍極少出現。直至七十年代，它才在狄爾泰、尤斯蒂（Karl Justi，1832～1912）和格林（Hermann Grimm，1828～1901）等人的著作中頻頻出現。

　　雖然「體驗」一詞的出現或多或少地帶有一點偶然性，但在其發生學的意義上，它作爲一個哲學範疇的形成卻根源於對一個古老的概念「經歷」（Erleben）所作的意義分析。在這個意義上，「Erleben」可視爲「Erlebnis」的詞源。所謂「經歷」，表達的是與對象的關聯之直接性，表示在某一事物發生時，認知主體是當下在場的，因而是主體的「親身經歷」，在這種情況下所獲得的經驗就是認知主體的體驗，或者，確切地說，是他的體驗構成了經驗。另一方面，由於他的體驗，所發生的事物變成了「被體驗物」（Das Erlebte），當發生的事物沉沒在時間之長河中時，它作爲「被體驗物」卻沉澱在體驗裡，構成了體驗中經久不衰的內涵，「獲得了一個使其自身具有永久意義的鑄造」，匯入了生命整體之流，此時雖喪失了「親身經歷」的那種直接性，卻因此而獲得了整體性意義。伽達默爾指出，「顯然，對『體驗』一詞的構造是以兩個方面的意義爲依據的：一方面是直接性，這種直接性是先於所有解釋、處理或傳達而存在，並且只是爲解釋提供線索、爲創作提供素材；另一方面是由直接性中獲得的收穫，即直接性留存下來的結果。」【10】從對「經歷」的分析中所得到的這雙重含義最後濃縮爲「體驗」概念，並通過傳記文學才逐漸被接受和採用。因爲傳記文學與「經歷」的這兩方面意義完全契合，它要求從作者的生活出發理解作者的作品，這種導向使解釋者去區分在「體驗」中所蘊含的兩重意義，並把它們視爲一種創造性的關聯。伽達默爾認爲，這一工作是狄爾泰完成的，他的《體驗與詩》一書之標題就表達了這種關聯，從而賦予「體驗」一詞以概念性功能【11】，雖然在狄爾泰之前已有人在學術研究的意義上用過這個詞。

　　如伽達默爾所說，狄爾泰試圖通過反思性、內在存在的角度去規定體驗概念，力圖從這種「獨特的所與方式出發在認識論上爲歷史世界的認識進行辯護」，因此在狄爾泰那裡，體驗首先表現爲一個純粹的精神科學認識論概念。但是，若想以一種簡潔明晰的方法來勾畫狄爾泰的體驗概念，是非常困難的，或可以說幾乎是不可能的，這不僅是說，在早期狄爾泰那裡體驗概念還未確定，即使在他的晚期著作中，對這一概念仍有諸種不同的表述，由此而形成了人們對這一概念的不同理解。在此，筆者主要依據詮釋學經典作家伽達默爾的解釋來闡明狄爾泰的體驗概念，其基本特徵有以下幾點：

1. 體驗具有直接性的品格

　　狄爾泰認爲，「體驗並非如一種感覺物或表象物那樣對立於我：它並非被給予我們，相反的，只是由於我們內省到了它，只是由於我將它看作爲某種意義上屬於我的東西，從而直接據有它，實在體驗才爲我們地存在著。」【12】這就是

說，「『體驗』正是指直接的所與（das unmittelbar Gegebene），而這種所與就是一切想像性創作的最終素材」【13】。毫無疑問，對於它所蘊含的意義來說，它是最初的、先於其意義而存在的東西，它擺脫了一切意向而與生命直接同一，因為體驗「不是在概念上被規定。生命就是在體驗中所表現的東西」【14】。正因如此，體驗首先是一種直接的無意識，它「是一種質地的存在──一種實在性，這種實在性不能通過領悟去定義，而是下降到了未分辨地被收取的東西之中」【15】。體驗只在這時才是間接的，就是說，它作為從直接性中獲得的收穫，即留存下來的結果，作為「自身具有永久意義的鑄造」，並且被人們當作認知的對象時，才是對象性的和間接的。

2. 體驗是整體的，體驗統一體表現了所與物的真實統一，體驗的整體性源於生命的整體性和統一性

據伽達默爾，他在狄爾泰的《施萊爾馬赫傳》發現了一個對「體驗」這個詞的意味深長的運用：「這個運用已指明這樣的概念內涵：『施萊爾馬赫的每一個自為存在著的體驗（Erlebnisse），都是一個被分離了的、從解釋性關係裡抽離出來的宇宙形像』」【16】。這是因為「所有被經歷的東西都是自我經歷物，而且一同組成該經歷物的意義，即所有被經歷的東西都屬於這個自我的統一體，因而包含了一種不可調換、不可替代的與這個生命之整體的關聯。就此而言，被經歷的東西按其本質不是在其所傳導並作為其意義而確定的東西中形成的。被經歷物的意義內涵於其中得到規定的自傳性或傳記性的反思，仍然是被熔化在生命運動的整體中，而且持續不斷地隨著這種生命運動。正是體驗如此被規定的存在方式，使得我們與它沒有完結地發生關聯。」【17】這樣，體驗的整體性就具有兩層含義，第一，每個單一的體驗都是「一個分立的、內在目的論整體」【18】，「它的諸成分因為一種共同的意義而聯合在一起」【19】，但是，第二，「整體在短暫體驗中的再現，顯然是遠遠超出該整體被其對象所規定的事實」【20】，它乃是無限生命的一個要素，統一性，因為體驗所表達的不是別的什麼東西，而正就是生命。在其中，每一體驗從表面看來都只是一種個別性，然儘管它是生命整體中的「最小部分」，但卻代表著生命的總體關聯，構成了不可分割的意義統一體，即生命。伽達默爾指出，「生命和體驗的關係不是某個一般的東西與某個特殊的東西的關係。由其意向性內容所規定的體驗統一體更多地存在於某種與生命的整體或總體的直接關係中」【21】。

3. 體驗在時間上具有雙向流動性

人們已習慣於這樣一種時間觀念，即認為時間是勻速流淌著、單向度地從過

去到現在又向著未來無限延伸著的。在狄爾泰看來，這種取自於自然的時間觀念卻不適用於「體驗」概念的分析。在生命之流中，過去、現在和未來融爲一體：「具體的時間是由現在持續不斷的過程構成的，曾經存在的東西持續不斷地變成過去，而未來則持續不斷地變成現在。現在就是不斷以實在充滿某個時刻的過程」【22】。以此觀之，現在並不是一個時間上的節點，而是不斷地沿著時間線索前進與不斷充滿實在的過程。在狄爾泰看來，時間的完美狀態、生命的完美狀態只存在於「現在」之中。現在不僅是完美生活於其中的那個時間節點，而且還是未來與過去的交匯與融合之點。如果說這僅是一個結論的話，那麼伽達默爾的闡述可視爲一種解釋。「過去時代的精神創造物，即歷史和藝術，不再屬於現代的不證自明的內容，而是被拋擲給（aufgegebene）研究的或所與（Gegebenheit），從這些對象或所與出發，過去才可能讓自身得到再現」【23】；而正是這種在體驗中再現的過去融入了現在，充實著現在。體驗由此「不再只是一種在意識生命之流中短暫即逝的東西——它被視爲統一體，並且由此贏得了一種新的成爲某統一物的方式」【24】。也正是由於體驗的這種雙向流動的特徵，人們有可能通過體驗追溯到意義發生的源頭，追溯到意識中所與之物的最終統一體中，在生命體驗共同性的基礎上達到意義的理解。在這裡，被稱爲體驗的東西乃是在回憶中建立起來的，承載著體驗的正是記憶，記憶通過各種方式將已成爲過去的「意義鑄造」客觀化了，而人們正是經由這種客觀化的記憶喚醒了已成爲過去的體驗，復又把這種體驗匯入理解者的體驗。在此情況下，「理解我自己，就是去實行最大的迂回，即一種大規模的記憶的迂回，這種記憶保持了對於作爲一個集團的人類來說是重要的東西。解釋學就是個人與普遍歷史的知識的融合，也就是個人的普遍化」【25】。從中我們亦可看出狄爾泰與生命哲學的一個重要區別：即他雖然贊同生命哲學把生命視爲創造性的動力過程，但否認這種動力過程能夠認識自身，它只能通過自身客觀化了的對象即符號與作品來達到自我認識。在這個意義上，狄爾泰與黑格爾有著某種相似之處。

4. 體驗概念具有認識論的意義並構成認識論的基礎

　　如果說體驗與生命的直接關係表明了它具有本體的性質，那麼，它通過生命的客觀化來認識生命就具有認識論上的意義。對於狄爾泰來說，生命完全意味著創造性，這一創造性過程把生命自身客觀化於意義構成物中了，在我們的理解活動中，它已成爲一種歷史的流傳物而與我們保持著某種「間距」，因而，一切對意義的理解，就是一種返回，「即由生命的客觀化物返回到它們由之產生的富有生氣的生命性中」。如是，通過體驗來返回生命就構成了一切對客體之知識的認

識論基礎【26】。「返回」就是回溯到生命意義形成之源，也就是所給定物的最終統一體，在這裡，它表現爲一種「感知的統一體」，並且基於人類生命的共同性，在這個統一體中不再有對理解者來說是生疏的、需要解釋的東西，歷史流傳物所承載的生命之體驗與理解者的體驗直接同一，這便是理解的基礎。

三、精神科學的基礎

奠定與自然科學不同的精神科學，可以說是狄爾泰的整個學術生涯所堅定不移地追求的目標。在狄爾泰那裡，各種以「社會實在」和「歷史實在」爲研究主題的都屬於「精神科學」【27】。

精神科學形成於十九世紀，「精神科學」一詞被採用似有點偶然，它不是出現在經典作家的著作中，而是在譯著中首先被使用。翻譯穆勒（John Stewart Mill，1806 Stew）《邏輯學》一書的譯者，把其中附帶地概述歸納邏輯運用於「道德科學」的可能性的內容，稱之爲「精神科學」【28】。在這裡，作者並非是對自然科學與精神科學在方法論上做出區別，也不是承認精神科學有著某種自身的邏輯，而是意在闡明一種適用於一切經驗科學的歸納方法，以便能預測「單個現象的過程的共同性、規則和規律」，就此而言，即便自然科學的不同學科領域也是有區別的。由於毫無遺漏地收集相關的材料是很難做到的，許多預測或預報，比如物理學和氣象學上的預報，都是靠不住的，在道德和社會現象領域裡更是如此。但這並不意味著人們對社會生活領域不能進行預測，因爲它已從歸納中獲得了普遍性和規律性，從而使建立「一種有關社會自然科學」成爲必要和可能，社會生活的預測便依賴於對它的規律性的逐漸深化了的認識。

伽達默爾認爲，若以對規律性深化著的認識作爲衡量精神科學的標準，從根本上說還沒有正確把握精神科學的本質。「歷史認識的理想其實是，在現象的一次性和歷史性的具體關係中去理解現象本身。在這種理解活動中，無論有怎麼多的普遍經驗在起作用，其目的並不是證明和擴充這些普遍經驗以達到規律性的認識」，而是在於去理解這種普遍經驗【29】。因此，自然科學和精神科學雖然都使用歸納方法，其具體方式卻是不同的，根據赫爾姆·霍茨（Hermann Helmholtz，1821～1894）的分析，事實上存在著兩類歸納：由於精神科學的推論方法是一種無意識的推斷，它的歸納就與獨特的心理條件聯繫在一起；自然科學家的有意識推論則是完全立足於其自身的智力。

心理學的解釋由此而獲得了一種特殊的地位，它「……在施萊爾馬赫後繼者那裡，在天才的無意識創造活動（unbewußten Schaffen）的浪漫主義學說支援

下，成為全部精神科學的始終起著決定性作用的理論基礎」【30】。正因如此，指向精神科學的詮釋學在擺脫了自然主義的說明後，與心理學結成了堅實的同盟，在施萊爾馬赫那裡，移情心理學所揭示的「移情同感」作用乃是理解的基礎，語法分析只在這個意義上才是必要的，即通過它可以修正心理解釋可能出現的偏差。這種思想影響了狄爾泰，導致他產生了一種試圖在理解的和描述的心理學上重新系統地建立精神科學概念的想法【31】。但在狄爾泰理論中，作為詮釋學的心理學基礎的「移情」已逐漸為另一個內容更為豐富的概念所取代，這一概念就是「體驗」。「同感」的分析常使人想起一種膚淺的心理學類比。體驗包含著移情中所獲得的同感，但並不刻意追求它們完全的吻合，而是將自己的生命體驗匯入其中，賦予被理解的對象一種更新了的、現實的意義。狄爾泰對「表達」和「意義」（或「思想」）的區別所作的分析證明了體驗的合法性。

狄爾泰相信，精神科學的基礎可以通過特殊的心理學得到保證。由於每一精神的構成物都是來源於人的心靈，雖然個人總是在社會與歷史的關聯中被考慮的，但其最終的根據卻是個別性，因此一切文化現象及其相互關係，唯有基於個別性的心靈才能被合理地理解。從而，對狄爾泰來說，這一點是不言而喻的：在人的心靈生活的結構理論中給出精神科學不可動搖的基礎；同樣不言而喻的是，這種理論正就是心理學，這是一門研究人的心理和行為及其關係的科學。狄爾泰所勾畫的特殊心理學是以體驗為核心的，體驗成了「主觀——客觀」之統一的連結，它不僅使理解成為可能，還能借助詮釋的循環驗證和修正已獲得的理解，因為體驗並不是孤立的存在著的，它代表著「心理的關聯」。通過心理的關聯，單一的精神融入了世界總體精神之中，研究個別性心靈生活的心理學因此而成為整個精神科學的基礎。

後來狄爾泰的思想發生了一個重要變化，在《精神科學中的歷史世界之構建》（*Der Aufbau der geschichtlichen Welt in den Geisteswissenschaften*）中，他已把心理學當作精神科學的第二基礎，推動狄爾泰這一轉變的是黑格爾的「客觀精神」。他意識到，在心理學只能達到一種想像中的個體性的開端和終點，只是單一物的內在性，然而理解和被理解的可能性，不是原初的心理結構之重合，而是被理解物所固有的意義之理解過程的共同性，唯有通過體驗、表達和理解的三重直接性才能把握被理解物【32】。為此，他改造了理解概念，在這個過程中，他劃時代地區分了心靈和精神。精神科學研究因此而獲得了自己的對象，它所指向的不純粹是心靈的客觀化領域，而是整個精神之客觀化領域，並更傾向於某種確定的客觀化，因為它保證了「客觀性的可控制的『度』」【33】，以便人們能夠不斷地修正「意義」。他把一切精神的創造物規定為人類學的基礎，因此在人類學問

題中，客觀化理論和心靈生活理論融爲一體，這些創造物將被其視爲生命的外在化並納入詮釋學，正因如此，詮釋學就應當解決「人是什麼」這一問題，正是在這一點上，詮釋學才將自身提升爲哲學。由此，在狄爾泰看來，心理學已失去了作爲精神科學的第一基礎的資格，它本身尙需要一種哲學的詮釋學作爲基礎，這同時表明了哲學詮釋學乃是精神科學的眞正基礎。

「理解」（Verstehen）顯然不是一個新問題，在基督教神學中已多有論述，稱通過「內在的理解」認識神性事物，在「理解」中證明了瞭源自邏各斯的靈魂。路德將理性神祕主義的（logosmystische）「理解」概念與文本理解（Schriftverstandnisses）──它與精神（Geist）理解和文字（Buchstaben）理解相對立──的靈魂概念（pneumatischen Begriff）糅合在一起，由此而形成了一種作爲詮釋的認識方式之理解概念【34】。其後的哲學家，包括萊布尼茨、康德、哈曼（Hamann）、赫爾德（J. G. Herder）、謝林、施萊爾馬赫以及他的學生博克（A. Boechk）等，都對這一概念有著不同程度的論述。但是，將「理解」作爲認識論的基本方法之概念，首先是由德羅伊生（J. G. Droysen）提出的，用以標誌與自然科學的歸納邏輯之基本概念──「說明」（Erklaren）──相對立的精神科學認識論的基本概念。狄爾泰通過對「描述的」心理學的闡發，提供了對於精神科學之理念的系統說明。「理解」便是描述心理學的重要方法。他認爲，人擁有自己的「體驗」，而體驗是人之所以成爲人、並構成自己的精神世界之基礎，也是人所能直接把握唯一的東西，把握它的方式正是「理解」。在這一領域裡，自然科學是無能爲力的，按照狄爾泰的說法，人不可能聲稱從歌德的大腦的結構、或者從歌德的各種身體特性出發，把歌德的各種激情、詩人的創造力，以及理智的反思推導出來【35】。他堅持認爲，「精神科學研究的各種眞理」取決於理解過程，正是這一過程，爲我們打開了一個世界，使得各種人、以及在他們的創造過程中組成的個體領域處於開放的狀態，與客觀精神──現存的、我們生活於其中並塑造著我們自己的歷史境域所提供的精神──一起共同決定著我們的精神世界；但是，另一方面，理解過程也以「精神科學研究的這些眞理的運用爲預設前提」【36】，兩者乃相輔相成，相得益彰。

四、精神科學與自然科學

傳統哲學的基本特徵之一，便是它視自身爲一個包羅萬象的體系，這是從古希臘時代起就已形成的堅強信念。哲學的中心地位在中世紀爲神學所替代，降爲神學的附庸，然哲學的這種信念，與其說是化爲烏有了，還不如說它以一種隱蔽

的形式潛藏在神學之中，一但神學的統治隨著中世紀的結束而告終，哲學複又成爲一切科學之王。哲學家們在中世紀的廢墟上，建築起無數新的殿堂，甚至以神學起家的施萊爾馬赫，也以一種不無讚賞的口吻說道，上層的系科（如神學等）在他們那裡（指柏林大學）已不再占據中心的地位，而是哲學系，它將一切知識的推動原則集於一身，並使哲學成爲一切科學的基礎，成爲它們的共同連結。他尤其強調德國哲學的主導作用，認爲德國人最理解、尊重哲學，因此對一切想成爲哲學的東西做了最嚴格的評價【37】。

然而，正是在傳統哲學逐漸走向顛峰狀態的同時，一種新的思潮成長起來，它對傳統哲學的挑戰是這樣有力，幾乎使哲學陷於滅頂之災。自啓蒙運動起，自然科學獲得了長足的進展，科學的方法論竟至被伸展爲唯一正確的方法論，在人文科學領域裡蔓延開來，以至斯賓諾莎用歐幾里德幾何學方法來撰寫他的《倫理學》，更不用說孔德的實證主義哲學了。傳統的、具有形而上特徵的哲學在這股實證主義思潮的衝擊下幾無置錐之地，它要麼作爲科學的對立面而被排除在科學之外，要麼把自己徹底化爲實證的知識，形而上學自身是不可能成爲「科學」的。不惟如此，哲學還受到了來自歷史主義思潮的衝擊。歷史主義把歷史的運動看作是人的自由心靈的創造活動，並以人類活動的動機與條件的偶然性來否認在人類社會中存在著普遍的規律和原則，繼而否認了哲學探求一般的、普遍的知識之可能性，從而將哲學化爲烏有。這雙重衝擊構成了狄爾泰所面臨的「哲學危機」。這一危機與其說是因來自外部的衝擊所致，還不如說是傳統哲學內在矛盾的展開。狄爾泰指出，迄今的哲學雖表現爲不同的思想體系，但從整體上看來，它是一個「兩面神」：它一張臉向著宗教，因而是超驗的形而上學；另一張臉卻朝著實證知識，追求著它的知識的普遍有效性。先哲們並沒有意識到，形而上學和實證知識，就其本質來說，是互不相容的，他們將這兩者以一種虛假的方式統一起來，並以哲學作爲人類知識統一的象徵。顯然，現代人也未能走出這一誤區，人們根本沒有注意到傳統哲學的內在矛盾性，更沒想到「知識」會分屬於兩個不同的領域，在自然科學以其特有的方式突飛猛進時，仍沉迷於基於傳統哲學的那種集各類知識於一身的信念。固然，哲學自身不能實現這種統一，但這並不意味「統一的人類知識」是不存在的；如果哲學的認知方法日顯其蒼白無力而不能適用於自然科學，人們就必須從相反的立場來考慮它們統一的基礎。在這裡，實證主義成功地利用了自然科學所獲得的巨大成就，將哲學逐出了科學之門，繼而又將科學的方法論擴展爲普遍有效的方法論，完成了人類知識統一基礎的轉換——以自然科學的方法來統攝精神科學，化精神科學爲實證的知識。

從某種意義說，實證主義是那一時代的時代精神之縮影，它對哲學的抨擊並

非全無道理，是人們對妄自尊大的傳統哲學（包括神學）專制統治的反動。但是，它的結論中卻犯有與傳統哲學相同的錯誤。無可否認，作為「世界觀念」的形而上的東西不能成為科學，同樣無可否認的是，自然科學因其不能回答「生命之謎」而無法替代形而上學，然它們都試圖以自身作為「人類知識統一」的基礎，其錯誤的實質是相同的。如是，實證主義對傳統哲學的批判實際上成了一柄雙面利刃，它一面向著傳統哲學，一面向著自身，換言之，它對哲學所作的抨擊同樣適用於它自身，在它的分析中，問題僅被轉移、而不是被解決了。

現在我們已不難理解，狄爾泰為何要如此強調自然科學和精神科學之間的區別了。在他看來，這乃是解決十九世紀「哲學危機」的唯一出路，他在精神科學和自然科學之間挖掘了一條不可逾越的鴻溝，這樣，不惟哲學要放棄將一切知識統於一身的奢望，不再染指自然科學，更為重要的是，哲學將憑藉這道天然屏障，有效地防止自然科學的侵襲，鞏固形而上學的領地。

面對來自歷史主義的非難，狄爾泰的心態是頗為複雜的。他反對歷史主義中導出的相對主義原則，而他自己的理論與歷史主義又有著千絲萬縷的聯繫【38】。傳統哲學之所以陷入困境，除了上面提到的「統一知識」的構想，另一重要原因就是它設定了一個永恆的真理作為國家、法律、宗教的永恆的理性結構，無視個人獨特的人格和歷史現象的偶然性。而歷史主義則力圖將我們對人文世界的知識和意義整體地歷史化，把一切置於永恆生成著的時間長流之中，置於沒有終點的永恆變化和永遠更新的個體之中。如此，國家、法律、宗教、藝術等人文現象便在這歷史生成的河流中被融解了，它們成為歷史，並只作為歷史發展的組成部分被理解。這種思維方式與實證的自然科學所遵循的原則顯然是不同的，但它卻不是荒謬的，毋寧說，歷史主義體現的正是人文科學的一般特徵。它的思維方式正就是哲學所應把握的思維方式，就此而言，歷史主義對哲學的批評不是取消哲學，恰恰相反，它為哲學預示了自身發展的方向，質言之，在思維方式上，哲學應當是歷史主義的。狄爾泰承認歷史主義所包含的認識具有相對性的思想，在他看來，哲學的功用便在於，通過歷史的反思，闡明「一切歷史作用中的意識相對性何以會一直延伸到其最後的結果形態」；但是，他同時激烈的反對歷史主義中的相對主義，他認為，哲學並不否認歷史中存在著某種普遍有效的東西，它要探求的正是精神科學領域裡的普遍有效的相對性，唯其如此，才能揭示歷史和生命之謎。為此，他「試圖在一切相對性的後面回到一種穩固基礎，並提出了一種極有影響的符合生命多方面性的所謂世界觀的類型學說」（伽達默爾語）。令人遺憾的是，狄爾泰事實上並沒有解決這個一直困擾著他的相對主義問題。儘管如此，他還是從歷史主義中獲得了一個深刻的動力，通過歷史主義，他證明了哲學

在本質上不是實證的，而是理解的，爲他的詮釋哲學奠定了基礎，使哲學擺脫了那個令人生畏的「危機」。

毫無疑問，狄爾泰的一切結論都立足於一個基本點，這就是自然科學和精神科學的區別和對立，現在，讀者不禁要問，把這兩者如此尖銳地對立起來的根據又何在呢？

利科爾在論及狄爾泰闡明人文科學的可理解性時指出，狄爾泰不是從本體論、而是從對知識論的改造角度來對此進行哲學思考的，馬克里爾（R. A. Makkreel）也認爲狄爾泰對精神科學和自然科學所作的區別不是基於自然和精神的形而上學二元論，他對它們區別並不像一般所認爲的那樣嚴格【39】。等等諸如此類的看法都是很成問題的。利科爾說的固然不錯，狄爾泰理解理論的主旨在於建立一套適用於人文科學的方法論體系，但是，我們也不能否認，他所從出發的基點正是本體論上的區別：自然界的現象和過程表現爲外在於人的純粹客觀性，而精神的領域則相反，它所指向的是人自身，當然不是人的生物機體，而是人的行爲、意志、思維、情感等等。正是這一本體上的差別成了自然科學和精神科學以及不同的方法論體系的天然分水嶺。因此，追根究源，狄爾泰對自然科學和精神科學所作的一切區別，都根源於自然和精神在本體論上相互對立的見解。在他看來，實證主義之所以走上歧路，關鍵在於沒有在本體論上把握它們的區別和對立。

唯有澄清了這一點，我們才能理解狄爾泰對精神科學和自然科學知識的性質及其方法特徵所作的分析。它們的區別表現在以下幾個方面：

1. 確定性與非確定性

自然科學基於人的外部經驗，這種經驗表達了人的感覺和外部世界的關係。一般來說，人們比較容易對從外部經驗中所獲得的確定的、持久的和可測量的因素進行分析比較，並從這種經驗的可重複性中開啓了某種可能性，即逐漸地意識到關於自然現象的因果法則，也正由於經驗的可重複性，使自然科學具備了可驗證性的特徵，使「我」的經驗化爲「一般」的經驗，從而使自然科學知識特有的「確定性」成爲可能。而在精神科學中，對複雜的精神現象之分析永遠停留在各種可能的因素以及這些因素的難以確定的量上，這些「量」之所以難以確定，除了它們無法通過感覺來測定外，還在於它們處於永恆的變換、流動之中，由這些「量」構成的意義整體，亦因之變動不息，並反過來影響各組成部分，如此循環作用。以此觀之，並不是人們沒有找到一種用以「確定」的方法，從根本上說，從來就不存在確定的東西。雖然，從人們的意志和行爲、人的行爲和歷史事件中

也可抽象出一種因果的關係，但這種因果關係從來不具有普遍性，也無法驗證。這一切，決定了精神科學知識的非確定性，它只具有相對的意義。在這裡，我們被引向了第二個區別，這就是知識的：

2. 普遍性和個別性

自然科學研究的是物理的世界，從中提取的物理學法則雖爲抽象的理論體系所制約，它們本身卻是毫無例外地要求達到某種普遍性，這種法則的普遍性意味著，它們涵蓋了所有的現象與現象間的關係，適用於一切時間和任何地點，它們是「精確」的一般，單一的、不斷增長的「量」只是「一般」法則的擴展和確證，被發現的新材料從屬於、並補充著一般的法則，無論如何不會改變它。然在精神科學中，這種普遍性是不存在的，任何歷史事件以及事件之間的關係必定爲時間和地點所制約，呈現出歷史的條件性和特殊性，對於在歷史中思維和活動著的主體來說，始終表現爲一種「個別性」，表現爲不同的主體對歷史和生命關聯整體的領悟，精神科學的最高任務，便是使個體生命的領悟融入世界的整體意義之中，並唯在這個整體中，個體生命的意義才得以實現。在這裡，新的材料不是爲了證明我們已從舊的材料中推導出來的結論而被使用，而是爲了分析這些新材料本身所表明的意義，這些新的意義作爲意義整體的有機構成，直接改變著這個整體。

以上兩點是著眼於自然科學和精神科學知識的不同性質所作的分析，正因爲這兩種知識的性質是不同的，決定了它們在獲得知識的方式上的不同特點，其區別在於：

3. 判斷的方式——直接性與間接性交錯

自然科學把握的是與主體自身不同的客觀對象，它外在於人，對於主體來說，這是一個純粹客觀的世界，關於它的知識具有純粹的客觀性。在這裡，所有的判斷都直接指向客觀對象，表明了主體與對象的一種直接關係，因而，此類判斷表明了知識的「直接性」。但是，人是通過感覺到達外部世界的，並通過演繹、歸納、推論才獲得了關於對象的知識，在這些環節上彌漫著人的主觀性，這就給自然哲學提出了一項艱鉅的任務，如何不斷地清除認識過程中的主觀性，以便獲得不爲主體所歪曲的客觀知識；另一方面，就人的感覺只能達到外部世界的現象，而無法深入到現象背後的「自在之物」而言，相對於對象的本質，此類判斷表明了自身的一種「間接性」。與自然科學不同，精神科學把握的是人自身，其判斷的性質乃是反思、內省、體驗的，就其通過反思、體驗即以理解者自身爲中介來把握意義的世界而言，精神科學的判斷表明了理解的「間接性」；但是，

就精神科學把握的並不是外在於人的「自在之物」，而是主體自身的意義世界，並且，這個意義的世界直接就是人的生命的本質而言，精神科學中的判斷表明了意義的「直接性」。

4. 循環的方式──分類的循環和詮釋的循環

雖然嚴格的自然主義者否認在自然科學領域裡存在著循環的認知方式，他們認為，普遍的概念可以從對單一事物的直接觀察中得出。但根據狄爾泰，每一經驗性的研究都含有循環性。通過此一循環，人們力求將局部的知識納入一個更大的結構之中。因此，循環是普遍存在著的，它是一切科學共有的特徵，在自然科學中，它表現為「分類的循環」（Zirkel der Klassifikation）。他指出，歸納法之所以能成為某種一般的分類方法是以概念為前提的，這就是說，概念表達了事物的類的一般特徵，使分類成為可能；但「類」的概念無不基於觀察到的事物，概念中的事物共同性正就是某類事物本身的共同性【40】。既然「分類的循環」是一切科學的共同特徵，也就必然存在於精神科學之中。但是，由於在精神科學領域裡，分類所指向的已不是外部的自然界，而是基於範疇的分析，在此，分類的循環便演化成了「詮釋的循環」。在此一循環中，部分與整體直接融而為一，部分乃是整體的部分，整體乃部分的整體，單一的東西不再作為抽象的「一般」在「量」上的擴展和例證，它在整體的關聯中獲得了自己獨特的意義，並以此改變著整體。與分類的循環不同，詮釋的循環是一個生產性的循環，它的目的是，擴展理論的框架和挖掘新的意義，深化和豐富人們的原始領悟。

通過上述分析，我們可以清楚地看到各種區別和對立所從出發的穩固基礎，這就是本體論上的區別與對立。它將它們內在地聯結在一起，使之獲得了一種牢不可破的整體意義。自然科學和精神科學被徹底地分裂為兩個獨立的領域，這等於宣告了精神科學作為一種獨立的學科而存在的合法性，從而為精神科學建立起獨特的理解理論開闢了道路。只在這時，狄爾泰才有理由宣稱：「我們說明自然，我們理解靈魂生活」【41】。自此，解釋與說明作為一對相互對立的概念在哲學史上被提了出來。

五、理解、解釋與說明

如果說語言是一套符號系統，那麼它無疑是人們用來對被指代的對象之解釋與理解的，在此意義上，可以說解釋與理解現象與語言有著同樣悠久的歷史。最初對解釋與理解達到某種程度的自覺、把它們作為研究對象的，是古希臘哲學。亞里斯多德在分析語言與事物的關係中發展出了一種解釋的技巧，所謂解釋，乃

是這些作為法則的技巧的運用。在他的詮釋思想中，與理解的含義尚未明顯的區分開來，當他說「口語是心靈經驗的符號，而文字是口語的符號」時（見亞里斯多德：《工具論》中《詮釋篇》的第一段），顯然已混淆了解釋和語義，直接視解釋為理解。德國的洪堡和施萊爾馬赫第一次在語言的層次上區別了解釋與理解。他們認為，解釋總是一種語言的表達，是語言以文字、言談以及軀體動作公開的表達出來；而理解則可在語言和非語言的心理層次上實現，它停留在主體的內部，運思體會地完成對意義的領悟。施萊爾馬赫還進一步指出了理解的兩個不同方面，即語法的理解和心理的理解，相應的，也就存在著語言的解釋和心理的解釋兩種不同的解釋方法。語言的解釋是根據客觀的、普遍的語法規則來闡明語義，揭示理解的語法結構；心理的解釋則關注理解的精神狀態，個人的主觀性和個別性。

上述分析表明了施萊爾馬赫「解釋與理解」的基本立場：一是施萊爾馬赫雖然區別了解釋和理解，但並不把它們視為截然對立的，而毋寧說是互補的；二是這兩者同屬於精神科學的方法，無論是語言的分析還是心理的「移情」，都是著眼於對作者的「原意」的解釋和理解。我們之所以特別指出這兩點，是因為狄爾泰在這裡與施萊爾馬赫分道揚鑣的。

在我們的日常的語境中，解釋（Auslegen）與說明（Erklaren）這兩個詞的含義可視為同義詞。但是，在狄爾泰那裡，「說明」被用作特指自然科學的方法，與之相對應的，乃是作為精神科學的獨特方法「理解」（Verstehen）。但是，精神科學的研究，包括對一切文本的解讀，也是需要解釋的。於是，在詮釋學內部，尤其是在海德格爾和伽達默爾的著述中，Auslegen就被用作與「理解」相對應的概念。在此意義上區分說明與解釋：指向自然對象的「說明」，被說明的對象乃是直接袒露在主體面前，是主體可以直觀到的對象；而指向精神現象的「解釋」，對象並不直接呈現在主體面前，它更像一幅卷起來的畫卷，解釋過程就是將畫卷打開的過程，就如Auslegen這個詞原初含義所表明的：展開、鋪放。在海德格爾和伽達默爾的本體論詮釋學中，意即通過「解釋」，將「理解」到的東西呈現出來。

狄爾泰以不同的研究方法和對象為基點來界定精神科學和自然科學。在自然科學那裡，人作為純粹的主體觀照著外部客體，旨在獲得不為主觀因素所歪曲的客觀知識，以達到致知的目的。這個客體可以是自然現象，也可以是人，只不過僅僅是生理、生物學意義上的人，即除了人的思想、情感、心理活動之外的純粹生物有機體。其研究方法是那種精確明晰、邏輯嚴密的自然科學方法，通過「說明」（Erklaren）達到致知的要求。對於「生命的意義」來說，這一說明性的致

知方法永遠是可望而不可及的。而精神科學或人文科學走的則是另一條路。它所指向的正是人自身，是那個在實證主義視野之外的「生命的意義」。它力圖通過具體的、個別的、歷史的「生命」之「陳述」，揭示生命意義本身的多義性和晦暗性。這種知識在實證主義的客觀知識論者看來，既不能被駁倒，也不能被證實，它本質上不能被科學的解釋，因而是虛幻的。恰恰是在這一點上，狄爾泰找到了他的整個新體系的支點，他指出，這些本質上不能被解釋的東西，正是通過「理解」才能獲得。他認為，唯有通過理解，我們才能把握人的精神現象和歷史的意義，並通過對它們的理解達到對人自身的理解——不僅是他人，而且還是理解者本身和整個人類，解開歷史和生命之謎。這一切，可以用一個濃縮的公式表達出來：自然——說明，精神——理解。

　　自然需要說明，這無非是說，自然科學的方法本質上是說明性的，它通過某種確定的符號結構來解析被觀察的對象，如果我們承認對象是不以人的意志為轉移的客觀存在，就必須從根本上杜絕人的主觀性滲入解釋過程，所謂切近真理的說明，就是切近客觀對象的說明。這個客觀對象成了不同解釋者的共同參照物，根據狄爾泰對自然科學和精神科學的區別所作的分析，我們知道這個共同的參照物乃是賦予自然科學知識以確定性、可驗證性和普遍性特徵的根源，這些特徵構成了說明區別於理解的特點，而這個參照物，則成了評判各種不同解釋是否合理的標準。一旦我們把合理的「說明」定義為符合客觀對象的說明，這意味著什麼呢？這一問題把我們引向了說明的真理觀。對於解釋者來說，真理即真像，它在主體之外自在自為地存在著，並將繼續這樣地存在下去，在這裡，揭示真理和描述對象的本來面目乃是同義語，因此，它們在本質上是被發現、而不是被創造出來的。

　　與此相反，精神科學的方法本質上是理解的。理解的核心是「意義」問題，它只出現在個人的心靈之中，毫無疑問，心靈僅僅是心理個別性的領域，它以理解者自身的「體驗」為中介來達到對他人的理解，雖然人們可以抽象地說存在著某種「原意」，不過人們既無法測定理解者自身的心理，又無法測定被理解者的心理，在不同的理解中選擇出符合「原意」的理解又從何談起呢？儘管如此，「原意」的提出還是表達了人們追求某種理解的客觀性的願望，而當我們對理解的個別性作進一步的分析時，使這本來已很渺茫的「願望」徹底地破滅了。理解永遠是個人的理解，這是理解的個別性之根源，在理解過程中，它表現為不斷滲入其中的個人獨特的主觀性。由於主觀因素的介入，理解便偏離了理解者的初衷，他追尋著「原意」，而得到的總是不同於「原意」的新的意義，或者說，在「原意」中融入了新的意義，就此而言，意義的世界不是被發現的，而是被創造

出來的。從中引伸出了理解理論的獨特的眞理觀，與自然科學通過解釋發現眞理不同，理解在本質上是創造性的，理解的過程是一個創造眞理的過程。也正由於這種主觀因素，使「眞理」本身具有某種相對性，它是非確定的，不斷流動著的，同時又是多義的。

理解與說明，在人類認識史上第一次如此尖銳地對立起來，這一對立的眞正實質乃在於精神科學和自然科學及其研究方法的對立：「自然需要說明，人則必須理解」【42】，狄爾泰如是說。如果這一論斷是成立的，狄爾泰則必須繼續證明，爲何不能被說明的東西，卻能被理解？理解的機制是什麼？毫無疑問，若此一問題不能解決，精神科學便是純屬虛構。在這一問題上，狄爾泰繼承和發展了施萊爾馬赫將理解認作是心理重建過程的思想。理解從來不是直接的，它是理解者通過自身對作者心理過程的「體驗」來重建這一過程，以達到對文本的理解。狄爾泰認爲，理解的這一特點是由理解的對象之特點決定的。與自然科學不同，在精神科學中，理解的對象是已成爲歷史、或將成爲歷史的「文本」（在某種意義上，一切文本均是歷史的），文本所描述的對象及其所蘊含的意義，不是理解者可以直接觀照或經驗東西，理解者必須首先對文本的創作過程作心理學上的還原，悉心體驗，彼此認同，藉此進入作者的視野，才能重建整個創作的心理過程，揭示文本的「原意」。

正是在這裡，令眾多哲學家頭痛不已的「相對主義」從一般詮釋學延伸到了體驗詮釋學。依常理，若理解立足於設身處地的「移情」，依賴理解者對作者的心理認同，必將帶來理解的多義性，在沒有客觀性制約的情況下，這種多義性幾乎成了相對主義的代名詞。現在我們陷入了一個難以自拔的困境：理解促成了非確定的、不斷流動的意義世界；然而，如果人們面對的是這樣一個世界，理解又何以可能？實證主義不滿於此，才提出要以實證的科學取代哲學乃至整個精神科學。這一觀點是否正確，且先存而不論；我們假定詮釋學家關於自然科學和精神科學的區別所說的一切都是事實，精神科學中的「理解」具有不可替代性，那麼他們就必須對「理解何以可能」這一問題做出合理的解釋。這是施萊爾馬赫當初所遇到的難題，現在重新擺在狄爾泰面前。狄爾泰辯解道：「理解的多義性並不必然的就是主觀隨意性，換言之，從意義的相對性中並不直接導致相對主義，問題在於，在多義的理解中是否存在某種『客觀性』？」狄爾泰的回答是肯定的，這種客觀性的根據便在於人對生命體驗的共同性：「我們可以把正在進行理解活動的主體所遇到的、對於生命的具有個體性的種種表達，都當作屬於某種共同的領域、屬於某種類型的表達來考慮；而且，在這種領域之中，存在於這種對於生命表達和精神世界之間的關係，不僅把這種表達置於它的脈絡之中，而且補充了

本來屬於這種表達的心理內容。」【43】這是人的本質特徵，在歷史演化中表現為千差萬別的個體的人，有一點是共同的，即對自己生命的領悟和體驗。在這樣一種人類整體的體驗結構中，表明了人和人是相通的，表達與心理內容之關係是由共同的規則來確定的，表達過程與被表達者之間的關係是融為一體的，正因如此，理解也就能免於誤入歧途。此後的詮釋學家們也對這一難題做了多方面的探討。他們指出，理解的可能性就在於，人們的精神生活已經處於一個能為別人所理解的整體化的結構之中，此一結構使個別的意義相對地固定在整體意義的關聯中，理解無非是對意義關聯的把握。在他們看來，理解永遠具有當下的、個別的和整體的性質，說它是當下的，是因為在流動的意義中，我們能把握的只是此時此地被理解的東西；說它是個別的，是因為被領悟的意義受到了個人的視界和心靈、亦即理解者的主觀性的制約；說它是整體的，是因為意義唯在整體的結構中才能被把握，整體主義是理解的基本原則之一。

把「體驗」概念引進詮釋學，是狄爾泰對於詮釋學所作的最重要的貢獻之一，不止如此，它還表徵著狄爾泰詮釋學最主要特點。正是基於此，我們將其名之為「體驗詮釋學」。與一般意義上的「經驗」不同，體驗概念涵蓋了人的感覺、情感、直覺和思想，但它並不直接就是這一切，而是對它們的領悟和體認。因此，體驗在本質上是內省的，與客體沒有一種直接關係，就此而言，它能跨越時空的進入他者和歷史的視野；然體驗又是對他人經驗的體驗，從而能把握經驗對客體所具有的直接性。經驗在它的直接性中包含了三個層面的統一，一為經驗與對象的統一；二是諸多個別、孤立的經驗在行為者一生的經歷中表現出來的統一，顯示了行為者的個別性；最後，行為者的整體經驗與他所處的歷史時代的統一，展現了歷史的風貌和時代的特徵。正因如此，體驗就不只是對所表達出來的經驗的反省，而主要的是領悟經驗所蘊含的上述三個統一。並且，由於體驗的加入，形成了被體驗的經驗與體驗者之間的統一，亦即歷史與當代的統一。基於此種分析，全部人類的文明與歷史已連結為一個統一的整體，而這種統一的中樞和連結，無疑是人類共同的生命感覺和體驗。理解的客觀意義便在於此。在這種統一中，理解者和被理解者的歷史差異性被溝通，單一的詞句或文本的意義在與世界總體的相互關係中得到澄明。

饒富趣味的是，狄爾泰雖然把說明與理解尖銳地對立起來，使之分屬於兩個互不相容的研究領域，另一方面，他又不得不將說明引入精神科學，他終究意識到了這一事實：精神科學也是需要說明的。在其《精神科學導論》和《詩歌的教化力量》中，他婉轉地表達了這樣的思想：在精神科學領域裡也可發展出普遍有效的法則，在此意義上，它是可以「說明」的。但是，這裡的「說明」並不是精

神科學的本質所要求的，確切地說，精神科學所運用的一切說明模式，都是從自然科學及歸納邏輯的知識領域中借來的，它們從屬於理解，或者說，僅僅是理解的功能。此一見解對後世具有一定的影響。有些人堅持認爲說明是理解的派生形式和輔助工具，甚至淪爲一種「註釋」，它的作用僅在於，如果在理解的鏈條中出現了「斷裂」，才需要「說明」來加以彌補，以便使斷裂的鏈條重新連接起來。

綜而言之，較之施萊爾馬赫，狄爾泰的詮釋學有了很大的進步，尤其是他把詮釋學發展爲一種獨立的哲學學說——體驗詮釋學，開了一代哲學詮釋學之新風。不過，任何理論形態，囿於歷史的局限，都不可能是完善的，體驗詮釋學也不可避免地給後人留下了一系列問題。從當代哈貝馬斯、赫施等人與伽達默爾關於相對主義的論戰情況看，狄爾泰並沒有使詮釋學擺脫相對主義的陰影；體驗詮釋學的最大問題，是因襲了施萊爾馬赫把理解看作人理解他者、歷史乃至自己的工具，忽視了理解對於人的生命自身的意義。海德格爾緊緊抓住這一點，在他的此在詮釋學中，理解被當作人的生命的本質和表現，完成了理解理論的本體論變革。

第十一章

此在詮釋學

海德格爾（1889～1976）在放棄了建立一種「基礎本體論」學說後，始致力於建構一種詮釋哲學（die hermeneutische Philosophie）。雖然海德格爾對詮釋學多有論述，但他並不把自己的學說看作是一種詮釋學【1】，然而從他所作的哲學探索以及它對後來整整一代詮釋學家的影響來看，他的哲學是「眞正詮釋」的。就詮釋學的發展過程而言，此在詮釋學銜接著狄爾泰的體驗詮釋學，質言之，海德格爾在狄爾泰的生命範疇那裡找到了他的生存論詮釋學的基礎；但海德格爾哲學的出發點卻是胡塞爾（E. Edmund Husserl, 1859～1938）的現象學，正如他自己所說的那樣，他是在現象學觀念的啓示下走向了探索「存在」的道路的【2】。海德格爾的詮釋學思想主要見於他的《存在與時間》，如帕爾默所說：「假如海德格爾在《存在與時間》之後未寫任何作品，他對詮釋學的貢獻也將是決定性的，因爲在那裡他已將理解問題置於一個全新的語境之中。作爲存在的基本模式，理解已超越了狄爾泰的定義——此一定義是基於將理解設想爲與科學理解形式相對立的歷史理解形式——的限制。海德格爾進而斷定：一切理解都具有時間性、意向性與歷史性。他對理解的考察超越了以往的概念：不是將理解視爲一種心靈的，而是本體論的過程，不是將其視爲對意識和無意識過程的研究、而是揭示那種對人來說眞實的東西。」【3】海德格爾可以說是西方哲學中最具有「詮釋學性的」哲學家，他始終關注著能揭示存在的詮釋學過程，區別在於，在《存在與時間》中主要研究的是作爲此在的現象學，而在較後時期的著述中，它成爲一種對「存在」本身、對古希臘和現代的存在與眞理之概念與語言之探索。

一、此在的現象學

海德格爾曾師從胡塞爾研習現象學，他將胡塞爾的第一部重要著作《邏輯研究》（Logischen Untersuchungen, 1900～1901）作爲學習現象學的入門之作，儘管作者本人在當時已經並不特別看重這一部著作。胡塞爾現象學的主旨是力圖克服經驗主義和心理主義、建立作爲「嚴格科學」的先驗哲學的。從笛卡爾（開始，西方哲學的認識論就陷入了主觀（思想）與客觀（外部世界）之二元對峙的難解困境。笛卡爾求助於感覺，即試圖通過我們的感官能力與感覺經驗來把握外部世界。然而，通過這種方式所獲取的關於外在於主體的、與主體無涉的客體之知識，究竟在多大程度上是客觀的？仍是難以判定的。以今人眼光視之，這不僅是因爲我們的感官有其固有的局限，眾所周知，我們在某一方面的感覺能力與某些動物特有的感覺能力相比，已經相去甚遠，更不用說那種理想的、完善的感覺了：即便我們擁有完善的感覺能力，我們所能感覺到的也只是事物的現象，如何

能從中得出關於認識對象的本質的、規律性的知識？經過休謨（1711-1776）的懷疑論的陶冶，德國哲學家們基本上採納了休謨的對傳統認識論的反思與批評，比如此後康德建構的認識論就另闢蹊徑了；另一個重要方面是，我們的整個精神世界無法通過感官而感知到的，對於這一領域，以感覺經驗爲基礎的認識論模式顯然是無能爲力的。

胡塞爾嘗試以現象學的進路化解主、客體的二元對立，爲知識提供可靠的、直接的基礎。在《邏輯研究》中，他首次運用了相關的（客觀與主觀的）思維方法論原則：應根據「現象學」將「自在之物」置於直觀的自我給定性基礎之上。因此，他堅持不作判斷地對現象作純粹的描述，停止思維對於經驗的抽象運思，並指出，存在者是緊緊附著於自我顯現的，以此觀之，作爲主體的、持續顯現著的自我亦即本體，即存在本身。而此一自我正是與意識和它的意向性行爲相關的，可以說，整體的對象和行爲、內容和經驗、意圖和實現相互間的本質關聯，都植根於純粹意識的意向性。因而，胡塞爾堅持返回到純粹先驗意識的本質，其方法論的一個基本概念就是「還原」（Reduktion）。馬克斯（Werner Marx）概括了胡塞爾所闡發的「還原」的四種方式：(1) 先驗現象學還原（transzendental-phanomenologische Reduktion）；(2) 心理學還原（psychologische Reduktion）；(3) 形像重現（遺覺）的還原（eidetische Reduktion）；(4) 始源存在還原（pri-mordiale Reduktion）【4】。上述四種還原形式中，第2與第3種可歸爲同一類，都屬於心理學範疇。

心理學還原作爲遺覺重現的還原是將現象回溯到它的本質（「心理之物」），直觀到的現象（關於「某物」的意識現象，或者，非經驗地在意識中構建起來的意識現象，只要它在想像上是可能的即可）正就是本質，此即「本質直觀」（Wesensschau）。而本質直觀的被給予之物乃是一個純粹的本質，亦即在本質的眞實自身中把握本質【5】。從而將意向體驗和其對象的事實特徵還原到作爲他們基礎的標誌規定性，因而被視爲「本質還原」（eidetische Reduktion）【6】。

心理學還原回溯到自我意識，始源存在還原更進一步還原於作爲內在超越的世界自身之領域。在此基礎上，始源的、單一的自我領域已然成爲一個他在的、以及一個主體間的客觀的超驗世界之經驗，人們獲得了一個主體間的自我領域（Eigensphäre）【7】。如胡塞爾所說，「只要在他人的當下生活中可以進行相應的，並且可以進行對顯現和顯現者主觀狀況（『意識活動』和『意識現象』）的描述，還原的方法便可以從自身經驗轉到陌生經驗上。爾後，在共同經驗中被經驗到的共同性不是還原到心靈的個別化的意向領域上，而是還原到交互主體的、在其現象學的純粹性中將所有這些領域連結在一起的共同生活統一性上（交互主

體性的還原）。」【8】這個被還原的交互主體性是一個在交互主體的純粹意識生活中活動著的、純粹的個人所構成的共同體。這種先驗的交互主體性具有始源性的意義，所有超越之物都是從這裡獲取其存在的意義【9】。

把握先驗現象學還原必先釐清現象學還原。現象學還原是將存在回溯到其「顯現」上，亦即將一般對象還原到使這個對象得以顯現的人的意識上，從而將那一刻所取的事實還原於意識的現象。它實際上是「終止判斷」（Epoché, 在胡塞爾那裡用以替代笛卡爾的普遍懷疑論）的徹底化：排除一切超越的假設，放棄任何對於存在之態度的立場，旨在「揭示意識主體在本質一般性中的特有本質，揭示意識主體的所有可能形態」【10】。作為先驗的還原是返回到純粹的先驗意識之本質，它是普遍懸置的結果，通過普遍的懸置，「把心理學純粹的主體性還原為先驗純粹的主體性」【11】。需要注意的是，在現象學還原中所指的「現象」並不包括純粹自然的客觀現象，它被視為人類自身的顯現，人類因其自身的顯現而成為存在者，存在者在存在中自我顯露的東西乃是「經驗」。因此，被胡塞爾稱為「現象」的，歸根結柢是某種意識現象。唯有意識現象才是與其自身的本質同一的，就此而言，現象學的還原乃是向著持留在現象中的、與現象保持同一的本質之滲透。

胡塞爾試圖突破傳統的本體論，他以先驗的還原為突破口，把哲學探索的重點轉向了作為意義和現實性的最終基礎意識。在此，人類自身之顯現所包含的意識的意向性，具有一種自我闡明的結構功能，這種功能將生命的可能性轉化為現實，因此它正是自我籌劃的、絕對的意識生命之形式。儘管如此，胡塞爾還是在三重意義上陷入了他想超越的傳統思想，這首先表現在他設定了一個隱秘的「自在之物」，即隱含於現象之中或在現象之後的「本質」，自在之物的直觀自我給定性並不意味著人們可以直觀到本質，它須以「還原」為中介；第二，他雖然強調意識現象，但並未徹底否認世界存在的客觀性，他把傳統的本體論，把傳統的自然觀關於外部客觀世界之存在的見解，都通過現象學的還原擱置在括弧中，存而不論，並以此為參照系，杜絕一切超越的假設；第三，在先驗的「還原」中，意識被確認為意義和現實性的存在之基礎，這種沒有主體的純粹「我思」，表明了胡塞爾的「普遍的意識現象學」本質上乃是一種先驗觀念論。所有的「還原」，就其實質而言，「其實是將存有者的問題還原成存有者之感知問題，其次，存有者之感知，又可以還原為意向（visée）之主體模式的簡單相關物。」【12】

後期的胡塞爾，如他在《歐洲科學危機和超驗現象學》裡表達的那樣，已經在某種程度上背離了《邏輯研究》和《笛卡爾的沉思》的理論進路，反對以自然

科學的模式作爲精神科學唯一有效的方法論模式，同時也懷疑狄爾泰的主張：建構能與自然科學方法論相匹敵的、適合於精神科學的、客觀有效的方法論。胡塞爾的此一轉折表明，他的晚期研究已經從一種知識論轉向了理解的本體論，其主題便是「日常生活世界」（alltägliche Lebenswelt）【13】。對於這一轉折的原因，利科爾（Paul Ricoeur）做出了這樣的說明：由於胡塞爾「……還原存有的努力失敗了，因而使得現象學的最後結果逃離了他原初的計劃。現象學在不知不覺中被禁錮於其意義系統中的觀念論式主體，發現了一個生氣勃勃的存有者，他總是就其意向視域（horizon）之所及而擁有一個世界，擁有這世界。」【14】在此意義上，建構作爲理解理論的詮釋學必然要反對早期胡塞爾的意義和意向性理論的柏拉圖主義化傾向，亦即反對其觀念化的傾向。

作爲胡塞爾的學生，海德格爾沿用了胡塞爾早期「現象學」的概念和方法，所不同的是，胡塞爾根據現象學所分析的「自在之物」問題在海德格爾那裡變成了「存在的意義」（Sinn von Sein）【15】。而晚期胡塞爾的思想，已經隱含了海德格爾的基礎本體論所從出發的基礎【16】。

海德格爾的詮釋學思想顯然來自另一條線索。他在與一位日本學者的談話中曾對此有過說明：他最初是從神學角度研究詮釋學的，當時他特別感興趣的是宗教文獻中的詞與神學（即思辨的思考）之間的關係問題；後來他又在狄爾泰歷史——精神科學裡找到了詮釋學，並發現他與狄爾泰一樣是從神學走向詮釋學的，如果有不同的話，就是狄爾泰更注重對施萊爾馬赫的研究【17】。這番自述表明海德格爾的哲學生涯一開始受到了新經院主義的影響，不過很快的（約在1917-1919年間）他就擺脫了這一影響，出於對死亡體驗而引起的信仰危機思考使他轉向了歷史；他對「存在」的重視則因受到狄爾泰和克爾凱廓爾關於「生命的實際狀態」思想的啓發。此兩者的結合使他達到了這一認識：存在是在時間中持續地存在著的，人們必須把先驗的自我作爲最終的、歷史的自我來理解，現象學應作爲現實生命的自我解釋。在海德格爾看來，現象學的理解總是勾畫著存在（Sein），而每一存在無非是存在者（Seiende）的存在，因此，現象學就其本質而言，乃是存在者的存在之科學，是關於本體論（Ontologie）的科學【18】。他贊同狄爾泰體驗詮釋學關於「生命意義」的「理解」原則，在他看來，存在的意義就是這一確定的東西及其本質，存在的意義與具體存在的東西是合爲一體的，並且，這個具體存在的東西無非是自我擁有的基本「體驗」。基於上述考慮，海德格爾把自己的哲學研究任務定爲：對體驗如何實現它的歷史基本意義做出現象學的說明，這一「說明」的方法是徹底「詮釋」的。他認爲，歷史不僅意味著人們可以從中獲得關於存在的知識，而更多的是我們自身的存在。因此，哲學必須以

實際的生命體驗為開端，這個生命體驗的實際狀態就是「此在」（Dasein）。此在與世界同在著，這個「世界」不是一種知識客體，而是意義的世界；此在在它通常的存在方式中總是當下地存在著，從歷史、即時間中獲得自己確定的意義，因此，它又必然是歷史的存在。

海德格爾思想體系的形成顯然受到了胡塞爾現象學和狄爾泰詮釋學的雙重影響，現象學和詮釋學在他那裡有效地結合在一起，也正是由於這種結合，使它們各自獲得了新的特徵，這一結合的樞紐點便是「此在」。在「此在」的推動下，胡塞爾的先驗現象學發展為「此在現象學」，詮釋學因具有此在的特徵而成為「此在詮釋學」。

在海德格爾看來，「對存在者之任何展示（Aufweisung von Seiendem）——如存在者自身那樣顯示存在者——都可稱為現象學」【19】，但這只是就其「形式的和通俗的現象概念之含義」而言；而現象學所說的現象不是指業已形像化或形式化地顯現出來的具體事物，它「顯然是這樣一種東西，它首先通常並不顯現，與首先並通常顯現的東西相反，它隱而不顯，而同時又是這樣一種東西，它從本質上屬於首先和通常顯現的東西中，正因如此，它構成了它的意義與根據。」【20】它所直接指向的是意識的意向性，它乃是最終意義上的「本體」。正由於它「隱而不顯」、或曾被揭示「複又回歸於遮蔽（Verdeckung）狀態」，使人們往往只看到這種或那種存在者，卻不去追尋存在者的根據和意義，即存在者的存在。用海德格爾的話說，「存在可以被遮蔽到如此程度，以至被遺忘，並且，也無人追問存在及其意義」。在他看來，「**本體論只有作為現象學才成為可能**」【21】。我們說以往的傳統哲學遺忘了本體論，這並不是指它們沒有本體論的思想，而只是說，被它們視為本體的存在純粹是對象性的存在，這樣，真正的本體論之存在——存在者的存在——被忘卻了。事實上，純粹外部世界的實在性問題是沒有根據和意義的，它只是作為此在生活在其中的「周圍世界」而被賦予意義，構成此在的「在世之在」之環節，在此意義上，連「自然」這一現象，也只能在世界概念中、亦即在對此在的分析中，才能在本體論的意義上被把握；這也不是說，以往的哲學沒有在本體論的意義上研究過存在者的存在，相反的，它們已對此做了多方面的探索，問題在於，它們從來都是未加批判地把傳統的本體論當作不言而喻的前提，沒有一次把「本體論」本身當作「問題」提出。因此，存在者的存在在那裡仍然是對象性的，存在自身的意義尚在它們的視野之外。胡塞爾現象學始開本體論反思之先河，然它最終仍未衝破傳統之樊籬，先驗現象學不僅堅持先驗的自我和實際的自我之區別，還保留了傳統本體論的「自在之物」。根據海德格爾徹底的、普遍的現象學，一切為我們所體驗的「自在之物」就是意

識性及其客觀性，是現象學所云的意識現象，並因此而成爲構成存在的東西，成爲顯現自身的此在之生存論環節和規定性。基於「此在」的分析，海德格爾終於完成了影響深遠的「本體論變革」。

海德格爾指責哲學家們忘卻了「本體論」，但他所高揚的本體論絕不是舊形而上學本體論的復辟。從上述可看出，他的本體論最初是在人類存在之理解的基礎本體論分析中形成的，在這裡，存在的意義問題取代了關於「自在之物」的探索，這是一個新本體論的轉捩點：在傳統哲學那裡，人類作爲認識主體與客觀對象發生關係，旨在達到「自在之物」，而在海德格爾，存在的意義通過此時此地的存在、亦即此在對自身的領悟而被理解，並且在這一理解過程正就是意義的展現過程；在前者，認識主體作爲純粹的旁觀者置身於歷史之外注視著歷史，以求知識的客觀性，而在後者，存在置身於被觀察的世界和歷史之中，就存在的關係而言，存在即世界，就其展現於歷史而言，存在即時間。在海德格爾看來，這才是一切存在者最本初的本體論存在，並以此構建了他所云的「基礎本體論」。它優於一切其他形式的或物質的本體論，正因爲這種本體論是在理解的籌劃中被構建起來的。所以，「現象學的詮釋必須把始源展開之可能性賦予此在本身，並同時必須讓其自己解釋（auslegen）自己。爲了將展開的東西之現象內容提升爲概念，現象學詮釋與此一始源展開只能一同並進。」[22]

把存在視爲本體，而且把周圍世界（Umwelt）、共同世界（Mitwelt）和自我世界（Selbstwelt）三者視爲同一此在之基本現象，使海德格爾實現了兩個突破，一是突破了胡塞爾的現象學。海德格爾雖然沿用了胡塞爾的現象學概念，卻賦予它以新的意義，它被看作是「存在者的存在之科學」，現象學所理解的現象，只是構成存在的東西，它所指向的，正是存在的意義；如果繼續將現象學的描述方法用於對海德格爾的這種存在本體的分析，那麼現象學的方法本身也會被突破，生長爲詮釋的方法。正是這種本體論上的突破，使海德格爾走向詮釋學，而將此一本體論又注入詮釋學，導致了詮釋學本身本體論上的突破，最終形成了此在詮釋學。它有著不同於以往的三重含義：(1) 此在的現象學就是詮釋學，通過詮釋，存在和此在的基本結構之意義爲此在本身之存在所理解；(2) 整理出一切本體論之所以可能的條件，爲對非此在式的存在者進行本體論研究提供視域；(3) 分析存在的本體論狀態，旨在構建此在的歷史性[23]。毫無疑問，海德格爾獨特的此在詮釋學是以此在爲基礎的，可是這一此在又是包羅萬象的，在他看來，整個世界都是屬於此在自己的存在，世界的意義和結構正是伴隨著此在的意義和結構之理解過程一同展示出來。正因如此，在海德格爾看來，此在的現象學乃是詮釋。他寫到，「此在現象學的λόγος（邏各斯）具有ἑρμηνεύειν（詮釋）

的特徵。通過詮釋，存在本身的意義與存在自身的結構就宣示了屬於此在本身的存在理解（Seinsverstandnis）。在詮釋學這個詞的原初意義上，它就是此在現象學。」【24】在此在現象學中，釐清了爲了此在那種作爲基礎的詮釋領域，此在總是在理解著和解釋著，並因此而展示出自己存在的「眞正」意義和基本結構，從而使理解成爲可能。這表明，理解不是在客體與主體不斷疏遠化直至兩級對立的過程中達到的，相反地，只是在始終不渝地轉向本體的和主體的存在時，理解才是可能的。

二、可能性

　　海德格爾將「此在」概念注入現象學，把現象學徹底地詮釋學化了。他認爲，本體論與現象學不是隸屬於哲學的兩個學科，「哲學是從此在詮釋學出發的普遍現象學本體論，作爲生存的分析之此在詮釋學，將所有哲學追問的主導思想之終點固定於此：所有追問由之而出、並向之回歸的地方。」【25】所以，現象學的反思要達到的不是簡單的經驗「自我」之一致性，而是要回到一切存在者的根據，這種根據隱而不顯，然卻滲入一切存在者之中，它是一切存在可能的源泉，是自身不顯現的顯現者。海德格爾指出：「作爲哲學的基本主題之此在，並不是某種存在者的類屬，然而卻與每一存在者相關。其『普遍性』應在更高的地方去尋求。存在與存在的結構超越於一切存在者，超越於存在者的一切可能存在著的規定性。**存在是絕對超越的東西（das transcendens）**。若最徹底的個體化之可能性與必然性就在於此在存在的超越性，這種超越性就是某種不同凡響的超越性。存在的每一開顯，它作爲超越的東西（des transcendens）的存在所開顯的，乃是**先驗的（transcendentale）知識。現象學的眞理（存在的開顯狀態）就是先驗的眞理（veritas transcendentalis）。」【26】這種作爲根據的存在者之存在既是最初的，又是最終的，它的全部優越性在於，一切存在者在它那裡還都只是一種可能性（Moglichkeit），按照海德格爾的理解，「比現實性更高的是可能性。現象學的理解，僅僅在於將現象學的理解作爲可能性來把握。」【27】「可能性」不僅在邏輯上先於一切現實性，先於一切已經顯現的存在者，它還表徵了此在存在的籌畫本質，因此是最始源、最根本的本體論規定。此在的籌劃可能性基於存在的超越性，正因其「超越」，才能夠不受現實性和物質性的束縛而擁有多種可能，體現了此在內在地蘊含著的豐富性，而現實性的東西只是這多種可能性中的一種。在此意義上，現實的東西遮掩著存在的眞實狀態，換言之，它掩蓋了此在的籌畫本質，現象學之所以是必須的，就因爲它能夠借助於現象學的還原而穿越占據著

主導地位的掩蔽狀態之通道，進入此在存在的可能性領域。

此在的現象學由此進入了存在者之存在的可能性領域，在這一領域中，現象學正就是詮釋學。海德格爾提醒我們注意區別三種「可能性」：一是空洞的（leeren）邏輯上的可能性，這種可能性置身於存在的豐富的自身關聯之外，僅僅表現爲一種邏輯的抽象；二是「某種現成東西的可能性（Kontingenz）」，它只是表明某種東西借助這個現成事物而有可能發生，它永遠不會成爲必然的東西，這樣的可能性在本體論上是低於現實性和必然性的；三是作爲生存論環節的可能性，這種可能性「是此在的最始源的與最終的積極的本體論規定性」。【28】唯有作爲生存論環節的可能性才高於現實性，從根本上說，此在本身即爲一種可能性，是一種「爲了最切己的可能存在而自由存在（Freiseins）的可能性」。【29】然而本體論上的可能性並不意味著渺無根據的任意性，此在在生存論上本是可能之在，它作爲「此之在」本質上是現身的此在，因此它總是已經遁入了某些可能性，這些可能性不是別的，它們乃是此在委身於自己的可能性，同時也是它重又發現自身的可能性。因此，此在作爲能在的存在方式已包含在理解中，換言之，「此在作爲實際的此在一向已經把它的能在置於理解的一種可能性中」，它總是已經從某種可能性來理解自身。這也表明了此在於其存在者狀態上是不同凡響的，它比所有其他存在者在本體論上更爲優先，因爲它作爲生存的可能性中的存在者而先於一切存在者【30】。從某種意義上說，詮釋學就是整理出所有本體論探究之所以可能的條件。

理解是此在能在的生存論意義上的存在，可能性則是此在可能存在、亦即理解的根據。「理解作爲開顯始終與『在─世界之中─存在』的整個基本狀態相關。作爲可能存在，『在之中─存在』（In-Sein）便是能夠存在於世界之中（Seinkönnen-in-der-Welt）。這不僅是指，世界是作爲可能的意蘊（Bedeutsamkeit）而展開的，而且是說，內在於世界中的東西本身之敞開，也自由地提供給存在者以諸種可能性。……境況整體性（Bewandtnisganzheit）乃是作爲可到手的東西（Zuhandenem）之關聯可能性的範疇整體而顯露出來的。甚而各種各樣的現成事物（Vorhandenen）之的『統一』，亦即自然，也唯有基於其可能性的展開才能被揭示出來。」【31】顯然，這裡的可能性概念既不是純粹邏輯意義上的，也不是現成事物的闡釋，而是構成此在生存論的環節的可能性，「自然」因成爲現成在手的事物而獲得了這種可能性，它作爲此在的基本現象而處於世界的整體關聯之中，展現著此在的意義。

在此在那裡，意義的展現和理解是同一的，就此而言，理解就是此在的展開狀態；一旦存在進入此在的理解，理解存在的意義就是理解存在本身，意義是在

理解中展開的，或者反過來說，在理解之前是沒有意義的，就此而言，理解即此在。因此，此在存在可能性，實質上就是作爲理解的此在向著可能性籌畫它的存在，並由於此在唯有在存在可能性的籌畫中存在，此在的存在可能性因而表現爲理解的可能存在，而作爲能在的理解本身就具有諸種可能性，這就不難理解，爲何「依據在理解自身中可開顯的東西的一切實質性的維度，理解始終楔入了諸種可能性之中。」【32】

以此觀之，「可能性」概念是海德格爾此在詮釋學的一個極爲重要的範疇，然它常常爲詮釋學家們所忽視。如果說「此在」是他的哲學大廈的基石，那麼構成這塊基石的前導性工作就是廓清作爲此在生存論環節的「可能性」概念。

三、理解與理解的前結構

在「此在」概念中包含著存在理解，這種理解是此在存在的基本樣式，它始源地構成此在的「此之在」。「此之在」意即「存在於世界之中」，亦即與他者同在，正因如此，所謂此在之世界就是共同世界（Mitwelt），就此在與他者同在而言，此在便是共同此在（Mitdasein）。在世界之中存在的展開狀態便是理解。因此，「在世界之中存在」是此在的基本結構，就是說，它不存在於人們的意願中，而是進入了存在者的理解關係，它可以在不同的理解視域中漫遊，卻不可能置身於意義和存在的理解關係之外。理解的整體視域和單一的對象性視域是可以轉換的，這種可轉換性乃基於此在的理解之基本結構，基於思維的普遍性，並通過轉換確定了此在各自的存在關係。海德格爾認爲，理解總是關係到「在世界之中存在」的整個基本狀態，因此在思維領域裡，實際狀態就體現了無所不在的普遍性，由於在世界之中的存在者之開顯不可分割地與它的「諸種可能性」聯繫在一起，所理解的就不僅僅是顯現出來的單一東西，更不是其隱藏在背後的關係，特殊的理解視域無不以其思維的普遍性「在世界之中」確定著單一的東西之存在關係，並把單一的意義當作世界整體意蘊的展開而納入世界整體之中，這無非是說，一切單一的東西不僅是「在世界中存在」，並構成了它所棲身於其中的「世界」。由此可見，普遍性與特殊性是相互聯結的，單一的東西，此在，是構成「在世之在」的存在基礎，另一方面，惟在世界中存在，單一的東西才表現出它自己的特殊性。

視域的可轉換性並不意味著此在之特殊視域消融在普遍性中，相反地，轉換恰恰是此在自己的視域之確證。沒有可以確定的特殊視域，也就不存在所謂的「轉換」。此在「在世界中存在」意味著此在總是寓於某處，這個「某處」就是

「它者」，它構成了此在的「遭際」狀態，在不同的遭際狀態中，此在獲得了自己在意蘊視域中的獨特的意向結構，就此而言，此在總是在自己的意蘊中的存在。它的存在依賴於當下實際擁有的意蘊視域，這種「實際擁有」取決於此在與存在可能的關係，通過它所遭際的對象性狀態而得以實現。此在正是在自己所擁有的意蘊視域中理解著，在它自己的存在中開放著自身，並由於這種開放而不斷地超越自身，展示並開啓著意義。這個基於它自己所擁有的意蘊視域而展示的意義是它自身的意義，不只如此，它通過自己的意義之展現而展示了世界意蘊的不同意蘊向度，更爲確切地說，普遍的世界意蘊是通過此在的意蘊之展現而實現的。

此在「在世界之中存在」，因此是寓於它者的存在。對於此在來說，它者是被給定的存在，並作爲此在的對立面構成此在的對象性狀態，成爲此在所遭際的具體情境；對象性的存在是被給定的，卻又構成此在生存論的環節，此在在與對象性的存在之關聯中展示自身的意義，也就是對象性的存在作爲世界通過此在展現世界之意蘊。在這裡，世界被意義化而納入了存在之中，它作爲始源意義上的世界意蘊，又結構著此在。在海德格爾看來，唯有這樣理解人與世界，才能最終地擺脫傳統的那種主體與客體二元論思想之對立，到達理解的本體論。主體與客體的對立被理解爲此在視域與世界意蘊的相互作用，共同構成了的意義之源。

但「意義之源」並不是意義本身，它只表明了意義的可能存在，意義必須展現出來。這個展現過程就是理解。海德格爾認爲，「如果內在於世界之存在者隨同此在之在被揭示，就是說，隨同此在之存在而達到理解，我們就說，它具有意義。但嚴格的說，所理解的不是意義，而是存在者，或者更確切地說，是存在。意義是某種東西之可理解性賴以棲身的場所。在理解的開顯中可以清晰表達的東西，我們稱之爲意義。」【33】理解展現、而不是發現意義，這種獨特的理解觀意味著什麼呢？它意味著理解本身已被確定爲理解理論的核心，在此在詮釋學中，理解不再是此在的一種功能，毋寧說是此在存在的基本樣式，它包含有此在之所以能夠存在的的存在方式，結構著此在。換言之，理解就是此在本身在自己能夠存在意義上的存在，此在的意義——亦即整個世界的意義——不是被理解後才呈現在理解者面前，而是隨著理解被展開；不是說，理解發現了這些早已存在於某處的意義，而是隨著理解的展開而「生成」了意義【34】。就此而言，理解與意義一樣，對於此在都具有本體論的性質，此在的意義乃是理解之開顯的本體論基礎。

海德格爾一方面確定了理解的本體論性質，另一方面又對詮釋學家們一直深感內疚的「解釋」概念做了新的探索。在前面我們看到，「解釋」與「理解」

曾被狄爾泰被硬性割裂，它們被視爲適用於不同科學的不同方法，並以這樣的劃分奠定了他的「精神科學」之理解原則。這在當時被視爲精神科學的唯一出路，在今天看來卻多有偏頗。最令人遺憾的是，被自然科學排除在外的「理解原則」似乎成了一切不精確、不明晰、不嚴密的理解之代名詞。海德格爾在此在的基礎上塡平了理解與解釋之間人爲造成的鴻溝。解釋並非自以爲是地把某種「意義」強加於被解釋的對象上，而只是將在理解中展開的東西解釋出來；理解在解釋中也並不成爲別的什麼東西，而正是它自身，解釋乃是理解造就自身的活動。因此，在生存論上，解釋植根於理解，它不是要對被理解的東西有所認知，而是把理解中所籌劃的可能性整理出來；它們是不可分割的，「對理解有所裨益的一切解釋，必然已經對被解釋的東西（das Auszulegende）有所理解」【35】；就它們與此在的關係而言，它們都是此在的規定性，理解展示了此在的意義，解釋將此意義昭顯於世，用海德格爾的話說，「解釋不是好像把一種『意義』擲向裸露的現成東西上，並非給它貼上一種價值，而是隨著內在於世界的相遇的東西本身，就已經擁有了在世界之理解中所開顯出來的境況，這種境況通過解釋而被展示出來。」【36】

理解展開了此在，這種「展開」是以籌劃（Entwurf）方式完成的。作爲理解的存在向著它自己的可能性籌劃它的存在，並在籌劃中被理解，因此，對自己的在世進行籌劃，就其本質而言，乃是此在這種存在者的存在方式，此在正是在理解的籌劃中獲得了它的建構，就理解的展開狀態而言，「鑒於理解的此（Da）作爲可能存在的此之開顯性，理解的籌劃特徵（Entwurfcharakter）乃建構著在世界中的存在。籌劃乃是實際上的可能存在之活動空間的生存論意義上的存在規定（Seinsverfassung）。此在作爲被拋擲的東西，被拋向進行籌劃的存在方式（Seinsart）中。⋯⋯它作爲此在已經對自己進行了籌劃。只要此在還存在著，它就籌劃著。」【37】在籌劃的存在方式中，此在被凸顯出來。籌劃的先驗性質使它自己與一切現有的結構區別開來，這就說，籌劃與依籌劃而進行的行爲樣式是不同的，「此在依據構想出的計畫安置自己的存在，這與進行籌劃的情況毫無關係。⋯⋯理解本身並不將它爲之而籌劃的東西，亦即諸可能性，作爲主題來把握。此種把握正是消解了被籌劃的東西的可能性特徵，將其降爲一種已被給定、有所指的現存東西，而籌劃在拋擲中把可能性作爲可能性拋到自己面前，並且讓可能性作爲可能性來存在。作爲籌劃的理解乃是此在的存在方式，於其中，此在是它的作爲諸可能性的諸可能性。」【38】

在理解的籌劃中，此在向著它的可能性展開了，由於此在的存在可能基於它所遭際的世界，因此籌劃活動只是在世界之中、並向著世界進行的，換言之，在

世界之中的存在者都是向著意蘊整體被籌劃的，正因如此，理解與籌劃並非是可以隨心所欲的，它們爲一種先行存在的結構所引導，這種「前」結構乃是被理解的存在者之存在方式，此在的種種可能性，理解的可能籌劃，都基於這種作爲存在者的存在方式之先在結構。

「前結構」（Vorstruktur）是理解自身的結構前提，海德格爾通過理解的解釋領域闡明了這一結構。雖然前結構具有形式的特徵，它是每一理解與解釋的基礎，但海德格爾的分析卻不純粹是爲了勾劃這種形式的特徵，他更多的是將前結構當作理解的結構要素來揭示。這些結構要素構成了理解的基本樣式，理解的可能性便存在於這種基本樣式的作用之可能性中。因此，對前結構的理解，乃是對理解自身的反思，以把握它自己的結構前提和基本樣式。據海德格爾，構成前結構的東西是「前擁有」（Vorhabe）、「前見解」（Vorsicht）和「前把握」（Vorgriff）。

理解是依賴於「先在意見」的，即便是對對象性的東西「純粹」事實性的「斷言」，無不基於現有的理論框架，依賴於理解之前的「預見」，理解總是處於被「預見」所指引的狀態之中，對於此在來說，這種預見可以是清晰可見的，也可能是自我耽迷於其中的非澄明狀態。由於理解只能在預見的領悟之前提下成爲可能，人們在理解之前總是已經有所「知曉」，「有所知曉」使人們擁有了在本質上可以被理解清晰表達的東西，亦即使此在成爲可能的意義之因素。前擁有、前見解和前把握就標誌著最終的意義預見的結構要素，它們是爲了此在的根本預見，結構著理解向之籌劃的「爲何之故」，在理解的生存論意義而言，它們是理解的「指引狀態」。前擁有、前見解和前把握是理解的可能性條件，然它還是理解得以實現的條件，在理解的過程中，這些可能性條件相互滲透著，上升爲理解中的具體關係。

前擁有是此在自己向著被指引狀態的關係存在，它指向最初始的意義，作爲每一「此時此地」的、每一經驗的前提而結構著此在，在前擁有中奠定了作爲意義展開狀態的解釋意向，解釋的實現及其實現意向，因此不可分割地與意義的先在性聯繫在一起，此在在充盈於前擁有中的先在意義那裡獲得了源於經驗的表達之組建能力；前擁有屬於此在，這是就它構成作爲理解的此在之結構因素來說的，但同時它又不屬於此在，這是指它自身的構成基礎並不存在於在此之在的此在之視域，而屬於另一情境關聯，對於此在來說，它是先驗的存在著的，若使前擁有進入此在自己的視域，把前擁有的情境關聯與此在自己的情境聯繫連接起來，就須把前擁有轉化爲此在的前見解。前見解乃是指引性的意義狀態之實現，它是通過對前擁有的反思完成的，並通過反思，前擁有才上升到概念的高度，把

前擁有的情境關聯納入此在的情境之中，在此意義上，前見解表明了此在自身的情境聯結之獨立性，在這裡，此在的具體主體性起著決定性的作用，一切理解的籌劃，便基於這種主體性，理解只是在主體性和當下的情境之相互作用中才是可能的；前擁有和前見解構成了前把握，前擁有作爲攜帶著意義的預見，否定了一切其他的意義始源發生的設想，它自身表明爲意義之源，前見解連接著這種始源意義與此在，前把握則基於具體的主體性而對其做出了價值判斷，形成了此在自己的立場。

海德格爾認爲，包含著前擁有、前見解和前把握的理解之前結構乃是理解的結構化了的前提，解釋著的理解本質上是通過這個前結構而完成的。理解從來都不是一種「無前提」的把握，任何理解的解釋活動之初，都必然有著作爲前提的「先入之見」，它們是在解釋之前已經給定了的，具體地說，是在此在的前擁有、前見解和前把握中給定了的。

前結構作爲籌劃的「爲何之故」表明了一種指引關聯，指引關聯屬於因緣整體，由於指引關聯，被指引的和所指向的東西得以聯結，因此，此在總是從這個因緣的整體方面理解與解釋著，「可到手的東西總是已經基於境況整體性而被理解。……境況整體性是日常的、審愼的解釋之本質基礎。此種解釋每每奠定於**前擁有**（Vorhabe）中。作爲理解著的存在之理解占有（Verständniszueignung），解釋向著業已被理解了的境況整體性而運動。……解釋每每奠定於**前見解**（Vorsicht）中，它基於某種可解釋性，『解剖』在前擁有中獲取的東西。前擁有中保存的、並『謹愼地』（vorsichtig）瞄準了的被理解的東西，通過解釋而成爲可理解的東西。……一如既往地，解釋總是已經確鑿無疑地、或者有條件地選定了某種概念性：解釋奠定於一種**前把握**（Vorgriff）之中。」[39]

理解的前結構是作爲此在的生存論環節之理解所固有的，它使理解成爲可能，並不可避免地滲透到理解中，現在的問題是，我們如何保證這種前結構本身的正確性？事實上，這種未予證明的前結構可能是正確的，也可能是「流俗之見」，正因爲它是未予證明的，它的正確與否，尚是一個未知數，把它作爲理解的前提結構，也就存在著這樣一種可能性，即把理解建立在「流俗之見」的基礎之上，這又何以保證理解的正確性？海德格爾以理解的「循環結構」解決了這一難題。

四、理解的循環

「理解循環」是理解詮釋學的關鍵性概念之一。現代詮釋學的所有經典作家

都對它有過重要論述，他們的觀點雖不盡相同，但在這一點上是一致的：循環被視爲詮釋的理解之基本特徵。循環的理解理論並不是起源於、也不是止於海德格爾，然他對循環結構的解釋卻是最富有成效的。

循環的理解理論與傳統的理解理論有著本質上的區別，爲說明這種區別，我們先回顧一下傳統的理解觀。從個別到達一般、由部分進入整體，是傳統的理解理論所描繪的理解模式，此一模式爲近代科學的發展圖景所支持，並演繹爲一套完整的認識體系。自文藝復興以降，自然科學有了長足的發展，人們在眾多的研究領域獲得了突破性的進展，不過它們的總體聯繫卻在人們的視野之外。但是，這一切卻不能歸咎爲科學家們的忽視或無知，毋寧說，此乃歷史之必然，人們沒有揭示部分間的內在聯繫以給出一個整體的世界圖景，是因爲這個整體中的某些部分還未被充分的揭示，使整體的理解缺少了必要的「中介環節」。隨著科學的發展，這些空白點逐漸被填補了，終於有這麼一天，比如說達爾文，在經過長期地考察之後，將不同的生物物種按照發展的順序連接成一根鏈條，創立了生物進化論，使整個生物界呈現爲一個發展著的有機整體。在人文科學中亦是如此，當我們閱讀一篇「文本」或理解某一語句的時候，必須首先對單個的語詞有所了解，才能把握它們的整體意義。中國的古文字考訂工作爲此提供了一個範例。在閱讀一篇古代典籍時，人們往往會因爲不了解或誤解其中的某些語詞而無法理解文本，一旦這些語詞的意義被考證出來，全文的意義便豁然貫通。

上述的理解模式無不表明了這一點，它是遵循從部分走向整體的理解原則的。這一原則是傳統的理解理論之基石。在這裡，部分的理解被視爲整體的理解之基礎，理解的途徑乃是由部分向著整體的單向運動過程。部分決定整體，這樣一種從人類的理解實踐中提煉出來的理解原則難道不是合理的嗎？如果它是合理的，卻爲何稱之爲理解的誤區呢？

黑格爾的理論爲此提供了一把鑰匙。他指出，人類的認識發展史表明，認識的過程乃是一個圓圈式的運動過程，在這個圓圈上的任何一點或一個線段，都可看成是一條直線。任何時代個人都是站立在自己所處的那一點或線段來觀照世界的，他所直接觀察到的，只能是那一點或線段，就好像站在地球上的人觀察到的地球永遠是平面的和直線的一樣。就此而言，人類認識是直線型的，直線運動是個別的、階段性認識的特徵之一。但是，如果人們以此推及到整個人類認識，將它化爲認識唯一的、普遍的特徵，將認識中相對的直線運動絕對化，便陷入了形而上學的泥潭。顯然，傳統的理解理論之失誤不在於揭示了認識的直線性，而在於以孤立的、靜止的觀點來對待這種直線性，它既未考察現存的認識之來源，又沒有考慮認識將向何處去，自然看不到認識的那種「回到出發點」的圓圈式運

動【40】。

這一失誤造成了傳統理解理論的三個誤區：其一，它認為理解是從部分出發、並逐漸走向整體的，事實上，理解的開端是整體，它的終點是作為部分與整體的統一體之整體；其二，它認為部分的理解決定整體的理解，整體是部分之和，事實上在理解中部分與整體是相互作用的，任何部分的突破，無不影響著對整體的理解，反之，對整體理解深化，必然形成一種新的境界，它將重新審視一切部分的理解，並對部分與部分、部分與整體之間的關係做出相應的調整；最後，它認為理解過程是從部分到達整體的直線、單向運動，但就理解的總體特徵而言，理解過程中部分與整體所完成的實際上是一個圓圈式的雙向循環運動。

詮釋學的詮釋循環理論為克服傳統理解理論之誤區做出積極的探索。

循環論的理解觀點起源於《聖經》解釋。神學家們在《聖經》解釋的過程中注意到了單個的語詞與文本的關係，他們從語義分析的角度總結出了詮釋理解的一個基本規則：單個的語詞只有置於文本的整體之中才能被正確理解。不過這種關係不是單向的，被正確理解的語詞複又深化了對文本整體的理解，在語詞（部分）和文本（整體）之間形成了一個詮釋的循環。他們認為，唯有通過此一循環，才能揭示經典中所隱含著的「神聖絕對」的意義。

然而，這種古典的詮釋理解原則潛藏著一個深刻的危機，此一危機是由於它忽略了文本和整個基督教義的關係所引起的。施萊爾馬赫在《新約》翻譯和整個《聖經》的註釋過程中看出了這一問題。他指出，《聖經》是由諸多單獨的、為不同的人在不同時期完成的「文本」合編而成的，根據語義學的規則的解釋與根據「教義學」所得到的理解常常相互抵牾。但是，人們絕不能因此而懷疑「神喻」的真理性和一致性，引起矛盾的只是人的理解，是理解中的主觀隨意性。施萊爾馬赫相信，我們可以通過另一個更大範圍的循環，即文本（部分）與歷史語境（整體）之間的循環來解決這一難題，在他看來，通過歷史語境的制約作用可以克服理解的主觀性，化解文本與文本、經典與共同的宗教信仰之間的矛盾，對它們到達一種和諧化的理解【41】。

施萊爾馬赫在某種程度上緩解了古典詮釋學所面臨的理解危機，卻沒有想到由此而引發了一個新的問題。根據伽達默爾，理解主體永遠不可能完全拋棄自己的主觀立場，全身心地投入「歷史語境」中，以實現文本——歷史語境的理解循環。他指出，能被理解的東西只是語言，這無非是說，理解是以語言為媒介而得以實現的。理解的本質就在於，主體將自己所掌握的、所熟悉的語言投射到被理解的對象上，融入其中，到達對陌生的對象語言的理解，就此而言，理解所實現的乃是主體在自己的語言系統對對象的重新構建。我們再來考察理解主體，毫

無疑問，主體是生活在他那個時代的語言系統之中的，這個語言系統表徵著一定的世界觀念，它們構成了主體獨特的視域。主體的視域是先於理解的一種「前理解」，它雖然常被斥之爲必須摒棄的「偏見」，卻是理解的必要前提。這樣，作爲「媒介」的語言就含有另一層意義，這就是說，語言不是作爲純粹的理解工具進入被理解的對象，進入歷史的，它還包含有理解主體的視域，從而使理解永遠不能徹底地擺脫主體的主觀性。問題在於，我們如何防止這種主觀性滑入主觀任意性。伽達默爾認爲，這一問題可以通過一個新的理解循環來解決，這就是主體和整個歷史傳統的大循環。由於理解主體的視域是指向當代的，因此這一循環實質上意味著當代和歷史傳統的循環。它們的作用同樣是雙向的，不只是當代進入歷史，而且還將歷史融入現在。在這個循環中，歷史和當代融爲一個整體，構成了「效果歷史」的運動。

　　自此，我們已大致勾畫出了詮釋的循環理論的發展線索與循環的三種狀態，爲簡明起見，我們以下例圖表說明它們的關係：

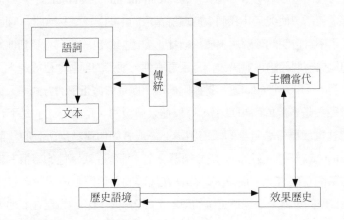

　　圖表中，每一方框表示一個循環，箭頭代表作用方向。如圖所示，在西方詮釋學理解理論中存在著三個詮釋循環，在其中，參與每一循環的雙方都是相互作用、互爲前提的。

　　根據詮釋學，「循環」是理解的基本特徵之一。但是，雖然人們的每一理解和解釋活動都表明了這個循環的存在，更多的人仍希望能避免陷入這個「循環」。通常，我們在動手做任何一件事情、或者理解任何一個對象時，總是有一起點的，然而，詮釋學卻聲稱在理解中部分與整體構成了沒有起始點的循環運動，不是違背了形式邏輯嗎？如果循環只是意指部分的理解依賴於對整體的理解、對整體的理解複又依賴於對部分的理解，這種循環難道不是一種「惡性循

環」？再者，如果因「對部分的理解依賴於對整體的理解」而導出理解的整體主義原則的話，又爲何不能從「對整體的理解依賴於對部分的理解」中得出「部分主義」原則呢？施萊爾馬赫和狄爾泰對解決這一問題做了很多努力，都未能如願，考其原因，他們都只是熱衷於描述這一循環，海德格爾的貢獻在於，他從此在出發揭示出循環存在的根據，並闡明了循環的運作機制。

海德格爾指出：「理解中的『循環』屬於意義結構。意義現象植根於此在的生存論狀態與解釋的理解。爲其存在本身而作爲在世界之中的存在的存在者，具有本體論上的循環結構」【42】，這個循環結構表現在，作爲此在的展開狀態之理解，從一開始就置身於一種前擁有、前把握、前見解的境域之中，唯有這種「前」結構，才使理解成爲可能。這種前結構絕不是思辨家們的虛構，伽達默爾指出，在學校的教育、民族的精神文化生活、倫理道德之規範、語言的環境中，已爲理解主體提供了這種前結構，亦即先於理解的前理解，我們正是通過這種已經擁有的「前」結構進入理解的「循環」的。皮爾士的一句名言道出了這一循環的實質：「我們處於事物的中間」（We are in the middle of things）。以詮釋的觀點來理解這句話，便成了「我們處於理解循環的中間」。正因如此，理解的循環論特徵成了不言自明的理解之本體論前提，海德格爾也許沒有意識到他的理論中已包含的這樣一個結論：無論人們是否意識到，他們的理解便已經進入了循環。他告誡人們，「關鍵性的問題不是擺脫循環，而是依據正確的方式進入循環」。這一忠告顯然是多餘的，事實上，這種進入循環的「正確方式」是不存在的，如果人們註定已攜帶著自身的「前結構」、或者如伽達默爾所說的「前判斷」（Vorurteil，或譯爲「偏見」）處於循環之中，那麼「決定性的事情」就不是尋找進入循環的正確方式，而是人們如何在理解的循環運動中清除自己的「前判斷」中不合理的東西，以到達正確的理解，如伽達默爾和他自己在其他場合所說的那樣。

海德格爾指出，「理解的循環（Zirkel）不是一個圓圈（Kreis），任憑某種隨意的認識方式活動於其間。循環乃是此在本身的生存論上的前結構之表達。不能把這個循環降低爲一種惡性循環（vitiosum），而且即便降低爲一種可以容忍的惡性循環也不行。在這一循環中隱含著最始源的認識的一種積極可能性。」【43】理解的循環具有本體論的性質，因此它是不可捨棄的。本體論的循環完全不同於邏輯上的惡性循環，在邏輯的循環中，論據是需要進一步證明的，然它已被當作前提；與科學不同，文本意義的解釋，在此在視域的意義整體性之先行認識中，已開放了展開其部分與細節的可能性，對部分的分析研究就成了預見性的意義整體之試金石，整體性的先行認識只是完成了判斷的一種可靠的、或者將被拋棄的

理解基礎；與科學不同，作爲理解前提的前結構，在理解中並不是僅僅作爲前提
而游離於理解過程之外，它本身也被理解著，並通過這種理解被修正著。在海德
格爾看來，唯有通過以下方式才能獲得正確理解：「解釋業已理解到，它的最
初的、持續的與最終的任務始就是，不是通過偶發奇想與公眾概念（Volksbeg-
riffe）而給出那時具有的前擁有、前見解與前把握，二是從事情本身出發來厘定
前擁有、前見解與前把握，以保障科學的主題。」【44】

理解與事物的當下情境有關，它是此在在具體的意蘊關聯中的展現，因此理
解的循環從根本上說是此在生存論上的循環結構之轉換，更具體地說，是此在
所預見的意義整體之內在結構與它的具體的對象性關聯結構之轉換。據此，理解
的循環無論如何不能從邏輯的意義上去理解，它是此在的本體論結構中所蘊含著
的自我實現的固有形式，理解的本質就在於：進一步重新塑造先行接受的意義整
體。循環是其唯一的形式。人們大可不必爲理解的前結構可能攜帶的「流俗之
見」以及循環理解的非邏輯規則性而感到內疚，精神科學也不因此而被「逐出嚴
格認識的範圍之外」，自然科學的嚴格性和精神科學的「非精確性」之區別應在
此在關係的區別上來理解，後者的「非精確性」應在此在存在的可能性籌劃中加
以說明。海德格爾甚至認爲，「由於理解在其生存論的意義上正是此在本身的可
能存在（Seinkonnen），因而，歷史知識的本體論前提從根本上超越了最精確的
科學之嚴謹觀念。數學不比歷史學更爲嚴謹，而是就其重要的生存論基礎之範圍
而言，數學比較狹窄。」【45】至此，理解的循環才獲得了完整的、積極的意義。
循環論的理解理論和理解的整體主義原則，這兩個看上去相互矛盾的東西，在詮
釋學家們的不懈努力下，達到了某種程度的統一，正是這種統一，使詮釋的循環
避免陷入了「惡性循環」。

伽達默爾高度評價了海德格爾的循環理論，他指出，從海德格爾的存在分析
出發，理解的循環結構重新獲得了一種全新的意義。據伽達默爾，以往的關於
詮釋學的循環結構之探討，都局限於整體與部分的形式關係，意在消除文本所具
有的陌生性，以達到正確理解。而「海德格爾詮釋學的反思之頂點，並非在於證
明這裡存在著一種循環，而更多的是證明了此一循環所具有的本體論的積極意
義。……所有正確的解釋都必須避免那種突發奇想的隨意性，避免難以覺察的思
維習慣之束縛，而將目光對準『事實本身』。」【46】

五、歷史性和時間性

海德格爾通過理解之前結構的分析，證明了理解的循環結構，在循環中，一

切前結構與理解著的此在表現爲一種歷史的關聯，把歷史上曾發生的與正在發生的以及將要發生的東西連結起來，此在就存在於這種歷史的關聯之中；此在在歷史的關聯中存在著，表明了它是一個歷史的存在，因而「歷史性」是此在的生存論上的條件。

在分析此在的歷史性時，有必要先釐清存在的「歷史性」概念。這裡的存在概念是一個普遍性概念，它是一切在時間中、歷史中具體化了的存在者的根據，因此它自身是超越的和先驗的。然而這並不是說，存在是排除歷史性概念的，「在此在之中將獲得關於存在的理解與其可能的解釋之視域。但這個存在者本身是『歷史的』（geschichtlich），因而對存在者的最獨特的本體論透視必然成爲一種『歷史學的』（historischen）詮釋。」【47】正是這種闡釋突入了作爲普遍性的存在概念，使具體存在者的歷史性昇華爲一種普遍性。海德格爾賦予歷史性以超越的和先驗的特徵，這種歷史性不是用來確定在歷史存在的「事實」，而只是意味著「歷史」的基本作用，它從形形色色的「歷史事實」中解放出來，而被視爲存在的基礎要求。歷史和歷史的反思被海德格爾納入了先驗的關聯之中，在他看來，只有通過先驗的視域才能發現「歷史事實」的存在可能性，詮釋學的任務就是，在本體論上完善作爲歷史可能性的本體論條件之存在的歷史性。

在海德格爾看來，「歷史」（Geschichte）一詞有四種含義：(1) 歷史是指過去已發生的、而同時又有後效的事情，「過去」表明了它附著於「較早的時間」，然它又構成現在的存在，諸如文物和古蹟等，它就是在這個意義上被稱爲歷史的；(2) 歷史主要意味著源於此一過去的淵源，意味著貫穿過去、現在和將來的事件聯繫和作用聯繫；(3) 歷史還意指「在時間中」變遷的存在者之整體，它著眼於人的本質規定性，通過「精神」、「文化」把存在者領域與自然區別開來；(4) 歷史意味著流傳下來的事物本身。將這四種含義概而言之，「歷史是生存著的此在在時間中發生的事件（Geschehen），甚而在特別強調的意義上，在相互共在（Miteinandersein）中『過去的』並且同時又『流傳下來的』與繼續發生作用的事件被當作歷史。」【48】

這四種含義具有一種聯繫，即都關係到作爲事件主體的人。因此，歷史在確定的意義上是屬於此在的存在。歷史性作爲此在的生存論條件，植根於此在的時間性中。時間性是此在整體性的存在意義，它不是「存在者」，而是意指「到時間」，過去、現在與將來是時間性的「綻出」，時間性就是作爲這諸種「綻出」的統一之「到時」。理解著和解釋著的此在在時間中「曆事」，這種「曆事」本質上就包含著理解與解釋的展開；曆事是「到時」的，它雖然是當前的活動，卻植根於「曾在」和將來，奠基於從境域中綻出的時間性之統一中，這種統一因此

理所當然地成爲理解的基礎和前提。由此可見，此在不是因爲在歷史中存在而是時間性的，相反地，只因爲時間是其存在的根據，此在才歷史性地存在著。「此在的歷史性之生存論籌劃，僅僅是用以揭示業已隱含在時間性的到時（Zeiti-gung）之中的東西。」【49】時間性的「到時」證明了此在之「此」及其歷史性。

正如海德格爾的代表作《存在與時間》的書名所表明的，他的哲學大廈是在存在與時間的關係基礎上建立起來的。他強調，在解析存在之意義的過程中，一切本體論問題的中心在於對時間的正確理解，此在的存在唯有在時間性中才能發現其意義，這個時間性也就是存在的歷史性成爲可能的條件，或者反過來說，歷史性是此在的時間性之存在方式。海德格爾這樣寫道：「須將時間始源性地解說爲源自時間性——時間性乃理解著存在的此在之存在——的存在理解（Seinsver-ständnisses）之視域。」【50】

在時間性綻出的統一性中，「將來」擁有優先地位，此在向著「爲其自身之故」籌劃自己，也就是向著將來籌劃自己。它把將來到時的存在認作自己本眞的存在，在當下的可能性中籌劃著自己，並從這種可能性中走向自身。由於「死亡」是此在不可逾越的界限，在終極意義上，此在向著將來的籌劃就是向著死亡的籌劃。在此意義上，此在是對死亡有所理解、有所預期、並向著自己的終結的存在，亦即向著死亡的存在，籌劃就是先行到死。毋庸置疑，死亡屬於此在的必然性，它是必須接受的，是此在的生存論現象，因而必須從生存論上加以說明。死亡是此在的終結，並作爲此在的終結，結構著此在的整體性。我們要注意的是，海德格爾這裡所說的「死亡」與生命的「結束」是不同的，它是向著終結的存在，是此在的存在方式。此在的歷史性就基於這種向著死亡存在，即此在之時間性的有終結性，「唯有在其存在中本質上存在於未來的存在者，並因而能夠自由地直面死亡將其粉碎、並回擲於其事實上的此，這便是說，唯有能作爲未來的、並同樣是源始的曾經存在的存在者，能夠把自己繼承下來的可能性傳承下去，接受其被拋擲狀態，並且能當下地成爲『它的時代』之存在。唯有自身的時間性、且同時又是有終點的時間性，才使得如同命運這樣的東西、亦即使自身的歷史性成爲可能。」【51】

六、海德格爾與詮釋哲學

在現代詮釋學的發展史中，海德格爾無疑是最具獨創性和影響力的哲學家之一。他的《存在與時間》被毫無疑義地列爲詮釋學的經典著作，雖然該書表達方式的艱深晦澀堪稱「世界之最」，人們對它的研究興趣卻有增無減。饒有趣味

的是，海德格爾本人卻拒絕承認自己的學說是「詮釋哲學」【52】。在他較晚時期的著作中，他轉而認爲詮釋學是「膚淺的」，並斷然拋棄了他早期的這種「膚淺的」思想，爲避免可能的誤解，他甚至申明不在使用「詮釋學」一詞。在他看來，詮釋學不過是他的思想旅途中的一個「驛站」。儘管如此，學術界對海德格爾的自我表白採取了十分謹慎的保留態度，在後人研究詮釋學的論著中，他的思想始終被公認爲詮釋學史上極爲重要的環節。

從前面的分析中我們不難看出，海德格爾對於詮釋學的貢獻是劃時代的，雖然他以「普遍的現象學本體論」，而不是以詮釋學來命名自己的哲學，但實質上——正如海德格爾自己所概括的——他的哲學「是從此在的詮釋學出發」，並且是徹底詮釋的。在此基礎上生長起來的伽達默爾語言詮釋學，是這一判斷的極好印證。他的分析是如此之深刻，以至人們很難將詮釋學與「膚淺」一詞聯繫在一起。當然，這並不意味海德格爾在後來就不會「拋棄」詮釋學。事實上，海德格爾是想「拋棄」它。他的較晚時期的著作中所表現出來的思想轉變，是與他對詮釋學的態度之轉變分不開的。我們現在的問題是，海德格爾是否象他所說的那樣徹底拋棄了詮釋學？如果這種「拋棄」並不是「徹底」的，那麼他是在哪些方面、何種程度上拋棄了詮釋學呢？

我們有必要先勾劃出海德格爾早期詮釋思想的要點，再與他的晚期思想作一比照，方能回答上述問題。

德雷伐斯（Hebert Dreyfus）將海德格爾的早期詮釋思想歸納爲六點，現簡述如下：

(1) 人類存在是一種自我解釋的行爲，此乃詮釋關係；

(2) 此種行爲與人類對存在意義的理解相關，正是在這種理解所開啓的空間中，人們得以與客體、情境和其他人類存在相遭遇。社會的所有成員分享著對這種解釋的前本體論理解；

(3) 日常實踐和日常意識在這一空間內部發生，這一空間決定了人們對什麼信以爲眞；

(4) 每個人在某種深層次上都意識到，在日常世界中信以爲眞的東西僅僅是一種解釋，並不存在於某種我們的實踐與之相符的終極現實；

(5) 人類狂熱地陷身於他們的日常實踐，而對他們並不擁有終極的妥當性故意視而不見；

(6) 詮釋的循環剝去了我們的僞裝，昭明了對存在的本體論理解：作爲無家可歸的（unheimlich）存在展示了我們的眞實處境【53】。

德雷伐斯認爲，在上述六點中，晚期海德格爾只保留了前三種，而摒棄了後

三種。他的分析是不無道理的。不過，更概括、更準確地說，結論當是：晚期海德格爾堅持的是他的本體論思想，放棄的是其理解中的循環理論。這一揚一棄，反映了海德格爾思想過程的深刻變化。

　　海德格爾之所以拋棄詮釋循環的觀點，並不是因為人們一再指責循環論的觀點不合邏輯，是「惡性循環」，而是他感覺到循環方法並非達到詮釋關係的最佳方法。他認為，為了從某個特定時代的日常實踐中引出對該時代的存在理解而在一般描述和特定細節之間來回奔忙，循環往復，不免流於一種令人啼笑皆非的「膚淺」。循環並不能像人們所期待的那樣使理解進入更深的層次，它僅僅浮於表面，此其一；循環論的思想忽略了「實踐」，對現實的歷史理解之實現就在於人類對理解的分享，這就要求把所達到的理解集中地、明確的展示於實踐者，而令人眼花繚亂的循環運動很難使人把握任何確定的東西。此其二；最後，也是最為重要的，循環論的思想缺乏歷史感。此在總是歷史的存在著的，如果說存在的自我解釋行為是一種詮釋關係，那麼循環恰恰是在抹煞了這種關係的歷史性。

　　在《尼采》（1961）一書中，海德格爾批評了自己早期「詮釋－先驗」問題的見解，開誠布公地說它「未能從存在的歷史出發來作思考」。它不討論在特定文化和歷史時期的存在的意義，而是要給出自我解釋的存在的一般特徵，並適用於一切時間和地點。晚期海德格爾的研究重心顯然已轉移到特定文化和歷史時期的存在的意義，依筆者推測，這可能是海德格爾不再續寫《存在與時間》第二部的原因之一。他在該書第七版（1953）的序言中說，「時隔四分之一世紀之後，第二部將不再續補了，除非我們打算重寫第一部」。他一直未重寫第一部，而他的《形而上學導論》（1953）則被視為《存在與時間》的第二部分。然兩者的主旋律是不協調的，如果把後者當作《存在與時間》的第二部分，也只可看作是對《存在與時間》的匡正，而不是補充。

　　晚期海德格爾不再認為人們行為的詮釋關係背後存在著一個為它自身所解釋的絕對之物——即構成一般存在的真理；存在如此存在著，乃是基於它對特定文化、歷史的理解。因此，問題的關鍵不是什麼東西是「真」的，而是什麼東西被理解為「真」的，被「信以為真」的，只是被「信以為真」的東西才構成現實的存在。正是這種在不同歷史時期特定文化中被「信以為真」的東西中，展示了特定存在的歷史性和現實性。如是，對希臘人而言，現實乃是開放其自身並將人引入其中的存在，因而現實的開放性是內在的、屬人的，在這個特定方式中，人們注重的是人的美貌和權力，人被劃分為詩人、英雄、政治家等等。對中世紀的基督徒來說，現實乃是上帝的存在，人的現實性通過神的現實性表現出來，表現為對神的信仰和屈從，現實的人被劃分為聖徒和罪人。我們當代人則用「技術」

取代了上帝，人們不僅把客體看成被主體控制和組織起來的滿足於自己需要的東西，並且，伴隨著科學技術的全面發展，世間一切事物，連同人類自身，都被當作為實現技術、增進效益的可供利用的資源來體驗。例如，在技術的世界中，人變成了實現技術的人才資源，河流被攔截起來進入發電廠，成了水利的供給者。由此，當代人普遍陷於一種失落感，實踐帶來的懲戒性後果愈來愈嚴重，實踐者卻並不知道技術的負面影響而沉晦其中，所引發的只是普遍的「憂煩」。需要注意的是，此種「憂煩」並不是因都市化、人性被抑制或超負荷工作所致，像社會學或心理學指出的那樣，毋寧說，它乃是人對當代工業化世界之無根據性的一種特定反映。

上述見解與海德格爾的早期思想已大異其趣，存在在歷史中存在著，而不再被歸結為存在的那種先驗的、在純粹的「時間性」中綻露出來「歷史性」；恰恰相反，它是因為首先在歷史中存在著才獲得了歷史性。他的存在本體論由此而被深化和具體化了。現在，「煩」已不是存在的一般特徵，它與人類的實踐也不具有某種必然的聯繫，如在《存在與時間》中所描述的那樣；它表徵的只是當代社會之無意義和主體失卻根基的無所歸宿，正因如此，當今無意的世界向主體透露了一線光明，我們所遭際的技術世界不是不證自明和不可避免的，我們可以改變我們「信以為真」的東西，通過借鑒過去的歷史籌劃未來。海德格爾對此深感興趣：前蘇格拉底時期的希臘人是怎樣領悟習俗環境和存在之間的關係的？他們何以能擺脫「憂煩」陰影的籠罩而在他們的世界中找到歸宿？他甚至希望能從中發現某種啟示，使我們能為自己的世界找到根基，使主體不再「無家可歸」。海德格爾提出了自己的設想：那個寄託著我們所希望的未來世界，恰恰是存在在歷史中的最初存在方式，我們的任務就是要重新獲得以改變了的形式出現的舊的、現在正在訊速消失的根基。為達此目的，目前我們要走的第一步，就是弄清楚技術的世界是如何運作以及它對我們的影響，從中篩選出適合我們走向未來、同時也是恢復到存在的原初狀態的過去所需要的東西。在嚴格意義上，恢復到「原初狀態」的思想仍是循環論的，但卻不是本來意義上的「詮釋循環」了。

上述分析表明了一個確證無疑的事實，即晚期海德格爾拋棄了詮釋循環的思想；然而同樣確證無疑的是，存在本體論仍被置於它的學說的中心，鑒此，我們有理由相信，在海德格爾與詮釋學的關係問題上，學術界的看法可能比海德格爾本人所表白要準確、客觀。帕爾默的概括是中肯的，「海德格爾思想的詮釋學特徵，在其後期著作中呈現在其他維度上，但它是變得更多而非更少詮釋學的，甚至在這個意義上，亦即當其從事經典解釋時也變成詮釋學的了。他的主題依然是：存在如何能夠被理解，以及用穩固不變的與本質主義者的術語表述出來，但

詮釋的對象從一般化地描述此在日常接觸的存在轉移到了形而上學和詩歌。他日益轉向文本詮釋；西方哲學史上，很少有思想家對文本、尤其是古代殘篇作過註釋，像海德格爾那麼多的註釋經典以至於成爲他們哲學化的方式之一部分。即便海德格爾在《存在與時間》中並未對理解理論做出自己具有決定性意義的哲學貢獻，他仍然可被稱爲西方哲學家中最具『詮釋學性的』哲學家。」【54】

第十二章

語言詮釋學

　　哲學詮釋學家伽達默爾屬於世界最有影響的當代哲學家之一，師承海德格爾且深得其師之精髓。如果說，海德格爾深邃的思想因其極爲晦澀的的表達方式而常常令人望而生畏的話，那麼伽達默爾則因其語文學的功底而以文筆優美、流暢易懂見長，雖然他們採用的同是現象學的描述方法。就思想淵源而言，伽達默爾的詮釋學體系中有三塊理論基石支撐起他的理論大廈：柏拉圖的對話理論、黑格爾絕對觀念的辯證法以及海德格爾的基於此在本體論。質言之，伽達默爾對詮釋學過程的結構之論證，來自柏拉圖從對話出發來思考語言的思想；黑格爾的觀念辯證法啓發了他確立語言的本體論以及語言本身的辯證運動來闡明詮釋性的精神世界；而其理論進路，則追隨早期海德格爾在弗萊堡時期所開闢的路線——生存論的詮釋學【1】。伽達默爾完全贊同他所闡發的、被視爲實現了對傳統的本體論之突破的新本體論——理解本體論。他寫道，「我認爲，海德格爾的人類此在的時間性之分析，很有說服力地指出了這一點：理解不是主體的諸行爲方式中的一種方式，而是此在自身的存在方式。」【2】理解，因被視爲對現實的問題之回答而具有了生命力，被理解的東西不再是某種知識，而成爲關於我們自身的問題。在這個意義上，可以說他們兩者是以同一塊基石來建立不同的思想大廈的。但是，如果我們從更深的層次考察這塊基石，會發現伽達默爾除了接受了「此在」的基本思想外，還做了進一步的發展，此一發展使他的哲學獲得了自己獨特的風貌。而貫穿於伽達默爾整個學術思考的主題線索，乃是對亞里斯多德所揭示的「Phronesis」（實踐智慧）持續探索，我們甚至可以在其晚年作品《詮釋學綱要》（*Hermeneutische Entwurfe*, 1998）中聽到此一主旋律的迴響：追求一種生命的體驗與智慧，而非理性知識。

一、理解的語言性

　　亞里斯多德認爲人是具有「邏各斯」的生物，西方哲學傳統把人定義爲理性動物，這些提法都是力圖通過理性、觀念來把握人的特徵。但據伽達默爾考證，希臘語「邏各斯」的本初含義乃是語言【3】，與其他一切相比，語言才是最基礎的東西，唯在語言中才有所謂的思想、觀念等等。因此，伽達默爾把人定義爲具有語言的存在【4】。也正是由於作爲具有語言的存在，人才能夠被理解。伽達默爾曾多次強調這樣一個論斷：「能被理解的存在就是語言。」【5】據伽達默爾，這句話不能被理解爲理解者是存在的絕對主宰，它只是指，一切理解都是發生在語言之中，因爲只有進入了語言的世界，理解者才與被理解的東西形成某種關係。古典哲學的那種純粹客觀的「自在之物」對人來說不具有可被理解的意義。

綜上所述，我們可以得到這樣一個結論：語言在伽達默爾的詮釋學中已獲得了本體論的地位，是一種以語言本體論為核心的哲學【6】。根據這一特徵，伽達默爾的學說被稱為「語言詮釋學」。

在伽達默爾看來，語言具有普遍性，它不是與另一個不可言說的領域相對的自我封閉的可言說的領域，而是包容一切的。語言也不是一件稱手的工具，我們可以用它來描述世界，世界體現在語言中，在語言中蘊含人類的各種世界觀念和文化建構。如同在這個世界中存在一樣，我們同時在語言中存在；然而並不是因為我們在世界中存在而具有語言性，而是語言使我們獲得了在世界中存在的共同性，惟在語言中，「我」與世界相互聯結，構成了世界整體，就此而言，語言代表了一種「世界性」。因此，語言不是一種把意識和世界聯結起來的手段。同樣地，語言詮釋學也不是科學方法論意義上的技術，人們得以用它來消除謬誤和獲得知識；相反，就終極意義而言，語言正就是人類的本質和寓所，是科學、歷史和文明之母。語言是一切理解的基礎，理解只是意味著對語言的理解，語言是理解本身得以實現的普遍媒介。伽達默爾認為，在本世紀的哲學中，語言問題無疑是一個中心問題。但與傳統的洪堡語言哲學和一般語言科學或語言學不同，「我們將語言問題獲有中心地位，歸功於對實踐的生活世界的重新確認」，這一重新確認過程發生在現象學的研究和英語國家的實用主義思想傳統中，人們從中達到了這樣一種見解：語言在本質上屬於人的生活世界，是「全體的古老的形而上學問題」的基礎。「在這種情況下，語言並不只是一種工具，或者只是人類天賦所有的一種特殊能力；寧可說它是中介，我們一開始就作為社會的人生活在這種中介之中，這種中介展示了我們生活於其間的那種全體性」【7】。基於這個基礎，作為理解理論的詮釋學堅定地把語言置於中心的地位，從詮釋的觀點看，語言不僅是一種傳達的工具，「而且與在交往中表達出來的理性之潛在的公共性處於一種特別的關係」，如果我們排除語言為上帝所創的假設，這裡所表達的乃是人的一切創造活動，從根本上說，「在我們的世界中存在的語言性，最終表達了全部的經驗範圍」【8】。

如果語言表達著人類的全部經驗，那麼，它所表達的就毫無疑問地包含著「科學」。這不僅僅是說，科學的理論同樣須借助語言表達出來，更重要的是，只是在語言中，科學的方法論才獲得了它的合法性。科學是在某種方法論的基礎是被建立起來的，基於此種方法論理想而對科學本身的反思永遠不能超越特定方法論的限制，從而達到普遍的結論。在伽達默爾看來，科學的自足性是純粹的幻想，科學何以成為科學，科學及其方法論的合法性，只能在歷史的關聯中被理解，它必須擺脫特殊的科學概念性之狹隘性的束縛，在歷史中揭示持續地產生著

影響的科學規範之形成以及形成的條件。就形式而言，科學在確定自己的規範時似乎是超情境的，但這種規範所達到的是特定對象的結構要素，並未回答「科學何以成爲可能」的問題。而回答這一問題就必須把科學置於情境關聯之中，這樣，科學就首先表現爲對社會具有「重要意義」，它植根於人的社會生活，是人根據自己所認爲的「重要意義」選擇了科學的方向，一切科學的實踐都依賴於人的這種「選擇性」；就科學發展的邏輯來說，人們或可認爲科學具有某種合乎邏輯的選擇性，但這種選擇最終卻不是立足於它自身對確定問題的綜合判斷，它更多的是在具體化了的、對象的關係中進行的，這裡被確定爲科學「問題」的，正是人在這種具體化了的對象關係中所面臨的問題；另一方面，科學的「問題」之確定還依賴於對「前科學」的理解，前科學是一切科學所從出發的基礎，由於這種關係，科學表明了自身是「歷史」的，並置身於歷史的關聯之中。與一切「理解」現象都攜帶著理解的前結構一樣，科學內部也攜帶著隨同前科學而來的「前知識」，科學的進步現實形式就存在於不同的科學規範轉換之中。

人通過語言來理解，並做出選擇，在這種選擇中，科學作爲有「重大意義」的科學行爲而被納入了人類世界的意義整體之中；前科學唯有作爲理論形態、即語言系統才呈現在我們面前，成爲我們科學研究所必須的基礎。這樣，在科學的領域裡，只要我們追問「科學何以成爲可能」的前提條件，語言就起著主導作用，科學不再是獨立的、自給自足的，科學的基礎問題惟在語言中才得以澄清。在此意義上，一切科學都包含有詮釋學的組成部分。科學的基礎與結構，最終以一種形式化了的科學語言與自然語言保持著密切的關係，規範的轉換基於語言的傳達和交流；科學在社會生活中的「重要意義」，也是爲語言的交流所引導的，是從語言中所理解到的意義，這種意義複又通過社會關聯中的語言媒介作用，影響著人們對「重要意義」重新規定和選擇。

伽達默爾對語言的理解表明了當代詮釋學家所追求的理想，在狄爾泰機械地割裂精神科學和自然科學以後，他們試圖重新建立一種「統一科學」，這種「統一」卻不是向實證主義的回溯，而是以精神科學爲「統一」的基礎。在伽達默爾看來，詮釋學的問題不僅從起源的意義上超越了現代科學方法論的範圍，並且，理解與解釋顯然組成了人類的整個世界經驗；理解現象不僅滲透到人類世界的一切方面，而且在科學領域也有其獨特的意義。他的代表作《真理與方法》一書的根本宗旨就是：在現代科學範圍內抵制對科學方法的普遍要求，「在經驗所及的一切地方和經驗尋求其自身證明的一切地方，去探尋超越科學方法論作用範圍的對真理的經驗」【9】。「真理的經驗」乃是指「哲學經驗、藝術經驗和歷史經驗」。這些觀點充分地表達了他最終以精神科學爲基礎建立統一科學的傾向。就

此而言，我們也許可以說，伽達默爾回到了自柏拉圖、亞里斯多德以來所開闢的道路上去了。

二、對話的辯證法

語言（Sprache）的原形動詞爲言說（sprechen）。「言說」不是「我」向自己描述被提及的事物，它是面向聽者「你」的。因而，「在語言中理解」表現爲「你」和「我」的對話結構。然當我們說，理解只在「你」和「我」之間發生，這種說法已表明很大程度上誤解了對話結構。事實上，這裡不存在「你」和「我」，而只是在「我」之中的「你說」以及與之相對的「我說」。因此，「我」理解的根本不是「你」，而是向「我」所述說的東西，是「你」的語言。當然，伽達默爾所說的「你」決不是一個簡單的人稱代詞，它實際上涵蓋著包括文獻、藝術品、歷史，亦即整個文化傳統、乃至整個世界等等一切與理解者發生關係的對象。顯然，這裡的理解不再是某種主體的行爲向著所設定的客體的運動，不是主體作爲純粹的旁觀者去認識特定的外在客體，而是通過對話——諸如傳統與現實，過去與現在，自我與他者等等之間的對話——通向效果歷史的運動。眞理也不是超驗的東西，不是黑格爾所設定的「絕對精神」，理解作爲眞理和意義的顯示，只能存在於對話雙方的關係之中；眞理不是被發現的，而是一個發生過程，此一過程便是對話過程。對於伽達默爾而言，詮釋學的嘗試，就是從對話出發思考語言，而這一點，最終意味著通過對話而對每一種語言僵化用法的超越，並在這種超越中開啓新的意義[10]。

毫無疑問，對話的整個過程是語言性質的，語言是兩個人在所談的對象上取得一致看法、並由此而相互理解的共同擁有的中間區域。在這個區域裡，對話雙方都向著對方開放著自己，他人向我展示的是他自己的體驗，表明了他人的意見是一個無可否認的合法存在，它已經存在著；我從中領悟了它，說明我們在對話的主題上已取得了一致，我對它做出自己的判斷，或贊同，或反對，這種判斷表達了我對所言及的事物的理解；這種理解雖然是我自己的，卻是通過他人才成爲清晰可見的。這就是說，我是通過他人才認識了自己，理解了自己。因此，對他人的理解同時就是自我理解。正如我們所看到的，通過對話結構達到理解，表明伽達默爾和施萊爾馬赫、狄爾泰在理解問題上的本質區別：理解不是基於理解者進入被理解者的「內心」，不是在內心中重新體驗被理解者的經驗，以到達他們在心靈狀態上的神祕交流與重合，事實上，這也是不可能的，我們不能想像，歷史學家在理解不同的歷史人物時，竟需要在心理上承擔起扮演各種人物角色的任

務：理解的首要任務是確定對話所言及的對象，即被討論的事物之「主題」，從而分享其公共的意義。

對話在本質上是開放的。在對話中，我所說的是直接指向「你」的，「你」的意見乃是向我提出的問題，我的意見就是這一問題的回答，另一方面，我的回答同時也是向「你」所提出的問題，一切對話就是這樣地圍繞著「提問─回答」結構展開的，對話主題的一致性就首先表現爲對所提問題的的理解，正因如此，對話雙方都是爲對方所引導的，是「你」的言談引出了我的言談，反之也一樣，結果竟是這樣，「雖然我們說我們『進行』一場談話，但實際上愈是一場眞正的談話，它就愈不是按照談話者的任何一方的意願而進行。因此，眞正的談話絕不可能是我們意想進行的談話。」【11】我們無法預見對話的結果，無法預見那個被稱爲「眞理」的東西，它只是在對話的過程展現開來，只要對話還在進行，它就繼續展現著，眞理由此而表現爲一個過程，即在對話中顯現自身的過程。「這一切都證明，談話具有其自己的精神，並且在談話中所運用的語言也在其自身中具有其自己的眞理，這也就是說，語言能讓某種東西『顯露出來』（entbirgen）和湧現出來，而這種東西自此才有存在。」【12】

在此分析的對話已預先假設了一個前提，這就是他們都使用著同一種語言。這個「同一種語言」不可理解爲「同一的語種」，乃至「同一母語」，而是指在同一的此在關係中形成的語言，因此這是一個純粹的假設。此在關係乃是特定此在的自身的關係，是在特定的情境中形成的關係，這種情境上的區別決定了此在在語言理解上的差別，對他人的理解，因此必須是把他人的語言納入自己的生活語境中加以理解才有可能，就是說，要把他人的語言「翻譯」成自己的語言。爲能說明問題，我們不妨從現實意義上的「翻譯」入手，把對話理解爲使用不同語種的人之間的對話。伽達默爾認爲，借助翻譯完成的不同語言之對話過程，對我們特別有啓發。兩種語言之間存在著一條天然的鴻溝，這不僅是說它們是用不同的符號系統表達著，而且還意味著對所言及的對象獨特理解，這是在特定的生活語境中形成的。這裡有一個現成的例子。「走狗」一詞在漢語中含有明顯貶義的成分，但在西方人眼裡，跑動起來的狗是尤其可愛的。因此在翻譯中，僅僅指出另一種語言所指涉的對象是不夠的，人們還必須把握它的意蘊。翻譯的任務，就是盡可能保持原意的把一種語言轉換成另一種語言，通過另一種方式重新表達出來，就此而言，翻譯就是解釋，把所理解的東西解釋出來。正因爲翻譯不僅是「再現」，而且還是「解釋」，是翻譯者對語言在理解的基礎上的重新塑造，這就使得翻譯的東西呈現出一種新的風貌，在某種意義上，翻譯就是再創造。翻譯雖是一個極端的例子，但翻譯者和對話者的處境從根本上說是相同的，如果進一

步擴展開來,他是與一切「文本」的解釋者的處境相同的,「翻譯者再創造的任務同一切文本所提出的一般詮釋學任務並不是在質上有什麼區別,而只是程度上有所不同。」【13】

與前人相比,伽達默爾立足於「對話」對理解的分析更能體現詮釋的精神。人們常常忽視對話特殊的結構功能,現實的對話呈現爲「提問─回答」的結構模式(即使在純粹的閱讀中,也要求把被閱讀的文本當作對話的一方),正是這一結構,確保了對話雙方主題的一致性,因爲回答只是展開了的提問。這是理解的重要前提,這無非是說,唯有雙方在談論同一的事物時,對話以及對話的理解才是可能的,並且,這樣的理解因其避免了主觀任意性而具有客觀意義;對話本質上是平等、寬容的,它要求承認對立意見的合法性,才能使對話成爲平等的語言交流;它要求任何一方都不能拘泥於自己成見傾聽對方,使對方的體驗進入「我」的體驗之中而成爲「我」的理解重要方面,反之也一樣,並由於這種互相滲透,各自的視域不斷趨向融合【14】;對話本身還是一種開放性的結構,這種開放不僅意味著對它者的開放,使「你」能夠進入「我」之中,還意味著對歷史、傳統的開放,使歷史進入現代,並與現代一起構成「我」的新視域,一同走向未來。從中證明了伽達默爾的一個重要論斷:「理解從來都不是一種達到給定的『對象』之主體的行爲,而是屬於效果歷史,這便是說,屬於被理解的東西之存在。」【15】它不把歷史認作是已經逝去了的陳跡,而是肯定它對現代所持續產生的作用,它作爲「傳統」、作爲理解的「前結構」,推動且又限制著當代人的理解,並在這基礎上把自己的影響延伸到未來。

伽達默爾進一步揭示了對話之所以能被理解的根據。他指出,溝通對話雙方的橋樑乃是「體驗」。據伽達默爾,是黑格爾首次使用了這個詞,經由狄爾泰,這個詞才獲得一種概念性的功能,而到了伽達默爾,這一概念變得至關重要了。與自我意識之反思(比如黑格爾哲學)相對立,這一概念適用於一種「濃縮著的、強化著的意義」,它所指向的是通過上述凝結了的意義而聚合成的統一的「感知整體」。此種「感知」要求對構成意義的東西追溯到它最初的源頭,即那個在意識中最初被給定的東西。在這個源頭上,體驗作爲感知的整體表現爲體驗的統一體。可見,能被稱爲體驗的不是某個現實的自我體驗的特殊性,也不單純是在意識生命之流中短暫流逝的東西,它溶化在生命運動的整體中,並由於生命的運動而成爲不斷更新的統一體。從中顯示了理解的眞正奧祕:理解者感知著語言所展示的被理解的經驗和體驗,通過此一感知達到構成意義的源頭,這個源頭便是一切理解的共同基礎,不同理解者對這一最初構成意義的東西之再體驗因之而具有某種共同性,並且,就體驗而言,理解者通過語言與已逝去的意義構成物

形成一種直接性關聯，一種新的體驗統一體。「我們」能夠相互理解的祕密便在於此——我們的體驗超越時空的在構成意義的源頭上達到了統一。

伽達默爾從對話中提煉出來「提問—回答」的結構，如上所述，這個「對話」須得在一個更為廣泛的意義上來理解，即把一切對「文本」的理解都看作是文本與理解者的對話，這樣，這種問答式的結構就表現為整個詮釋現象所包含的一種普遍結構，成為一種「問答的邏輯」。在這個結構中，文本被視為向解釋者所提出的問題，正因為它提出了問題，才成為理解的對象，而理解文本也就是理解這個問題。我們的理解乃是對所提問題的回答，在回答問題中，我們敞開了自己的意義，即我們所理解到的東西。

但是，我們所面對的文本並沒有向我們直接提出問題，相反地，它的存在首先是作為一種回答，確切地說，是作為以前所提出的問題之回答。因此，我們在此所回答的問題，乃是我們自己提出的，但這並不意味著，我們可以隨心所欲地提出問題，而只是「重構流傳物好像是其回答的問題」【16】，在這個意義上，我們與文本回答的是同一個問題，或者說，繼續回答文本所回答的問題。然此一「重建」是我們自己在重建，這意味著，重建的問題已不是處於其原來的視域中，而是在我們的視域中重建的問題，由於視域的不同，重建的問題必定與原初的問題有著某種區別，這種區別表明了一切「重建」都變成了我們在自己視域中的提問。不言而喻，我們的回答是針對被重建的問題，因此，我們對文本意義的理解，作為對重建的問題之回答，就打上了理解者的烙印。在這裡，「提問與理解之間所表現的密切關係給予詮釋學經驗以其真正的向度」【17】，它植根於文本之中，無論是問題的重建還是對重建的問題理解，都是以文本為基礎的，一切理解，歸根結柢都是對文本的理解，所理解的是文本向我們敞開的意義，就此而言，它不同於單純的重新創造意義；但理解又不是純粹的再現文本的意義，它通過問題的重建融入了新的意義，也就是在新的視域中所理解的意義，就此而言，理解過程就是意義的創造過程。

伽達默爾認為，「遊戲」是對話的具體化形式，「對於語言來說，遊戲的真正主體顯然不是那個除其他活動外也進行遊戲的東西主體性，而是遊戲本身。」【18】通過對遊戲的分析，我們能夠更為深刻地領會對話的實質。如同在「深入根本的對話」中的對話過程擺脫了對話者的主觀意志一樣，「……遊戲具有一種獨特的本質，它獨立於那些從事遊戲活動的人的意識。所以，凡是在主體性的自為存在遊戲也就存在於，甚至真正地存在於這樣一種境界中，在這境界裡，沒有一個主體性的自為存在（Fürsichsein）限制了主題視域的地方，凡是在不存在任何進行遊戲行為的主體的地方，就存在遊戲，而且存在真正的遊戲。遊戲者不是遊

戲的主體，而遊戲只是通過遊戲者才得以表現。」【19】在遊戲中，遊戲本身即為主體，它超越了一切遊戲者而成為主宰，向他們展示了自身的魅力，將遊戲者吸引進來。

自我表現（Selbstdarstellung）是遊戲的存在方式，「遊戲的自我表現就這樣導致遊戲者彷彿是通過他遊戲某物而達到他自己特有的自我表現」【20】。遊戲活動者把遊戲作為一種超越他的真實性來感受，並且在遊戲中超越自己。伽達默爾指出，只在「觀照遊戲」中，遊戲才獲得了完整的意義。在這裡，遊戲者雖然是一如既往的自我表現著，但卻同時是為了觀者的表現，遊戲者與觀者組由此而構成了遊戲的整體，觀者並未直接出現在遊戲活動中，卻參與著遊戲，從根本上說，遊戲是由觀者去感受的。由於觀照遊戲是為觀者而存在的，這就表明，「遊戲自身蘊含某種意義內容，這意義內容應當被理解，因此也是可與遊戲者的行為脫離的。在此，遊戲者和觀賞者的區別就從根本上被取消了，遊戲者和觀賞者共同具有這樣一種要求，即以遊戲的意義內容中去意指（meinen）遊戲本身。」【21】

藝術作品、乃至一切文本就是遊戲，這無非是說，它們與遊戲一樣的是在其表現中獲得其真正存在的，同時，這也意味著，遊戲是像作品一樣的創造物。作為創造物，遊戲獲得了它的觀念性，成為一種意義整體，並作為意義整體被重複地表現著，反覆地被理解著，就如同呈現在我們面前的文本一樣。

三、傳統與理性

「傳統」始終是近代啟蒙運動以及自然科學所極力抨擊的對象，與之相反的，伽達默爾卻是「傳統」的堅強捍衛者。其分歧的焦點，乃在於對傳統與理性之關係的理解上的差別。在這裡，「前判斷」（Vorurteil）是一個重要概念。「前判斷」一詞的德語形式為Vorurteil，常被譯為「成見」、「偏見」。不過，把它譯為「成見」或「偏見」可能是不準確的。在漢語中，成見或偏見含有這樣一層意思，即它們是「不正確」的先入之見，當然，Vorurteil這一概念包含著這層意義，但是，它包含的並不只是這一點，換言之，它還包括了那些「正確」的先入之見。正因如此，在某些需要特別加以說明的場合，伽達默爾用「真的」Vorurteil和「假的」Vorurteil來表明不同的先入之見的區別，唯有前者才是使理解得以進行的條件，後者則易於使我們產生誤解【22】。顯然，Vorurteil本身是一個中立的表達，它只是意指在我們自己做出判斷之前存在著的那個判斷。據此，將它譯為「前判斷」似更為妥當一些。

　　浪漫主義和自然科學堅持理性的立場，把克服前判斷視爲自己義不容辭的任務。爲保證理論研究的科學性，就應將理論的出發點置於正確的基礎之上，這個基礎就是理性。它們相信，理性是裁決一切前判斷的最高法院，它是自我確證的，是人類自足性的象徵。人們選擇了理性，這就意味著他們不再爲前判斷所左右，而基於理性的自足性建立科學的大廈。伽達默爾認爲，對前判斷的懷疑和捨棄之前提就是把理性和傳統對立起來，並在它們之間虛構了一個兩難選擇。但是，浪漫主義和自然科學都沒看到，這樣的作法已經割裂了歷史和傳統的延續性，將歷史化解爲孤立存在的片斷或「原子」，以此而建立的理論大廈無異於空中樓閣。在伽達默爾看來，這種把理性絕對化的觀點並不是高揚理性，恰恰相反，它否認了理性的現實存在。絕對理性不具有歷史的可能性，理性是現實的、歷史的，它不是自我主宰的，而是永恆地被給定的。浪漫主義和自然科學試圖以理性來清除前判斷，急於從前判斷那裡脫身，本身已表明爲一種前判斷，這種前判斷是在自文藝復興以來的歷史環境中生長起來的，人們通過否認神性確立了人的理性之統制地位，把理性視爲衡量一切的標準。因此，它們清除的只是滲透著神性的前判斷，而這種清除工作，又恰恰表明了它們與這種前判斷不可分割的聯繫，它們是在這個前判斷的氛圍中脫胎而出的，在此意義上，沒有中世紀，也就沒有近現代的理性主義。

　　製造理性與傳統的兩難選擇乃出於對理性和傳統的深刻誤解。證明這一點並不困難，我們可以說，理性主義在某種程度上已經成爲傳統，把一切都置於理性法庭的批判之下的口號說明了這一傳統巨大力量。但這還沒有從理論上說明理性與傳統的統一。伽達默爾認爲，正是在前判斷中，理性和傳統達到了它們的效果統一性。前判斷不是被人們隨意地選擇出來的，就其實質，它乃是歷史的沉澱下來的理性。它被視爲前判斷，只是因爲它所賴以形成的基礎、即它自己的「爲何之故」已經消失了，相對於現代，它是「前」的，即先在的；但它仍以觀念的形態延伸到現代，成爲我們所從出發的基礎，構成了我們的理解之環節，就此而言，它又是屬於當代的。我們的理解通過前判斷把傳統納入當代之中，理論思維的自我理解，從根本上說，就是「傾聽」已經在傳統被展示的東西之「訴說」，並以一種新的經驗方式繼續展示著。現實的思維是向著傳統所開闢的方向展開的，一切理性的表達都是以傳統爲基礎的，無論是對傳統的贊同還是反對，都以此爲出發點。

　　但另一方面，我們的理解活動，乃是按照我們自己的意義預期（die Antizipation von Sinn）所指引的方向而展開，這裡所指的「意義預期」，乃是爲那種將我們與傳統聯結在一起的共同性（Gemeinsamkeit）所規定的。但這種共同性，

並不只是我們業已具有的前提條件，而且還是我們自己生產出來的，因而我們的理解也就參與、規定著傳統的過程【23】。這一切都表明了在歷史形成的傳統與當代中存在著雙向作用：傳統作為當代的基礎而影響著當代，進入了當代，並在當代中繼續向前延伸；正因為傳統進入了當代，進入了我們的理解視域，傳統就在我們的理解中被重新構建起來。由於這種雙向作用，傳統與當代才聯結為一個整體，構成了歷史。在歷史的關聯中，傳統與當代是互相從屬的，傳統屬於當代，它是當代所理解的傳統；當代屬於傳統，它基於傳統並且是傳統的進一步展開。

觀念化的傳統之現實形態就是前判斷，這個前判斷與海德格爾理解的前結構是一脈相承的。所不同的是，理解的前結構在伽達默爾對前判斷作用的分析中被具體化了。前判斷發生作用的主要領域之一就是教育。在這裡，前判斷具體化為所傳授的一切現成知識系統，它在我們自己的反思之前被接受了，構成了受教育者的前判斷。這意味著，傳統借助教育而使自身在現實中合法化、穩定化了。就此而言，我們正是生活在傳統之中，或者更確切地說，生活在傳統與現實的交織狀態之中。前判斷的作用還表現在社會的道德領域中，人們從孩童時期起，就潛移默化地接受了社會的倫理道德規範，即被傳統所確認的價值觀念體系。傳統之不可忽視的意義在於，它在當代生活中被當作權威，引導著我們的生活，儘管它的「權威性」在生活中常常產生一種負面影響。

毫無疑問，對於我們來說，傳統是被給予的。這種被給定性通過我們接受的前判斷得以證明，然它又在我們的理解中被重新規定著。我們並不是簡單接受了傳統，而是在理解中完成著對傳統的持續塑造，理解的首要任務便在於此：在我們所接受的前判斷中區別出「真」的前判斷和「假」的前判斷，把真的前判斷融入理解的再造過程中。所謂真的前判斷就是與我們的理解相一致的前判斷，它是一種「合理的和增長知識的前判斷」，它能夠使我們在所遭遇的傳統中擴展和精確化我們自己的理解；假的前判斷屬於使我們產生誤解的流俗之見。在我們所接受的前判斷中，它們是未予區分的交織在一起的，我們就不可能為避免誤解而有所選擇的只接受真的前判斷，相反地，我們只有承認前判斷在總體上的合法存在，並充分發揮其作用，才能辨其真假。由此看來，伽達默爾極力為前判斷存在的合法性而辯解，是不無道理的，事實上，前判斷的合法性中奠定了人類認識的可能性，儘管前判斷中包含著種種流俗之見。

伽達默爾的哲學詮釋學是以語言為本體的。對於這樣一種語言本體論學說，一切理解與解釋最終都落實在語言上。因此無論在什麼領域裡分析傳統的作用，都歸根柢地表現為語言的作用。這是因為進入當代的傳統並不是一個物質性的存在，它是通過語言留存下來的觀念系統。伽達默爾特別強調了這一點。在他看

來，傳統的存在形式當然不是直接感性的，它就是語言，現代和傳統的交往乃是一種語言的交往，它們是在語言中相互滲透，傳統是通過語言對現代產生作用的。

四、理解、解釋與應用

關於理解與解釋的關係問題，此前我們已在闡述狄爾泰的體驗詮釋學中做了分析。為使詮釋學能從實證主義的困擾中解脫出來，狄爾泰嚴格區分了理解與說明（解釋），並把尖銳地對立起來，最後，以「說明」被驅逐出詮釋學領域而告終。海德格爾反對這種見解，這不僅是因為解釋是詮釋學必不可少的構成要素，就是說，所理解的東西最終都須被解釋出來才能實現，它還在根本上決定了詮釋學能否成為「科學的」；放棄了解釋，也就意味著在詮釋學中所展示的一切都將永遠沉陷於晦暗不明的狀態，缺乏任何理論思考所必備的明晰性和確定性。換句話說，理解只能是「模糊不清」的。海德格爾把理解與解釋視為此在生存論狀態上的本質規定，從而，在此在本體論上闡明了理解與解釋的統一。

在這一問題上，伽達默爾的基本立場是與海德格爾一致的。所不同的是，伽達默爾更進一步地提出了「應用」（Anwendung, Applikation）概念：「在理解中這樣產生的意義經驗，總是包含著應用（Applikation）」[24]。

伽達默爾把理解過程視為對話過程，並且，從根本上說，在對話中的理解不是對參與對話的主體之理解，而是理解他們所說的語言。現在的問題是，人們怎樣才能理解對方所說的語言呢？伽達默爾認為，唯有借助解釋才能實現理解。「你」在向「我」訴說著，但訴說的不是「赤裸裸」的意義，而是語言符號，雖然這些符號是意義的載體，但它本身卻不直接就是意義。毫無疑問，「我」所聽到的只是語言符號，我的任務因此首先就是，把這些符號解釋出來，把符號重新轉換為它所表達的意義，我們理解的正是經過符號的解釋而展現的意義。在被解釋之前，這些符號究竟有沒有意義，有什麼意義，都還是未知數。我們不妨比照一下密碼的解讀過程，這個過程對於我們澄清理解與解釋的關係更具典型意義，因為它放大、並分解了我們的理解過程，從而使我們更易於把握理解與解釋的關係。呈現在「我」面前的密碼是一連串文字符號（相當於「你」所訴說的語言符號），假定「我」並不懂密碼，就要靠另一個人把這些符號解釋出來，「我」才能理解密碼中的意義，在這裡，解釋者的作用就是解釋。在正常的對話情況下，解釋者就是理解者，因而，就可以說，當我們解釋了這些符號，也就理解了它們。在此意義上，一切解釋都是理解，解釋是理解的完成方式，它是以語言為基

礎的，「一切解釋都通過語言的媒介而進行，這種語言媒介既要把對象表述出來，同時又是解釋者自己的語言。」【25】

但是，解釋與理解的關係並不就是簡單的「解釋→理解」，它還表現爲一個相反的過程，即「理解→解釋」。海德格爾已從生存論的角度揭示了這一點。他認爲，就生存論而言，解釋植根於理解，而不是理解源於解釋。解釋自身並不認識到什麼，而是把理解中所籌畫的可能性整理出來。伽達默爾對此深表贊同，他強調說，我們絕不能把解釋當作理解的補充和偶然附加的行爲，只是我們在有所不理解時才需要它，事實上，在理解中已包含了解釋，一切理解都是解釋。因此，在伽達默爾看來，在解釋與理解之間存在著相互作用、互爲前提、雙向運動的關係，在理解過程中，任何解釋都是對有所理解的東西的解釋，而理解則是對解釋的理解，這樣，理解與解釋便構成了一個循環。

不過，就理解與解釋本身來理解它們的關係還是不完整的，與之相關的，還有「應用」。詮釋理論中的應用要求並不是伽達默爾首先提出的，早在虔誠教派A. H.法蘭克和蘭姆巴哈的詮釋學中，已經在理解和解釋之外「附加」了應用作爲詮釋學的第三個要素，以此突出歷史文本的當代意義：「它們在其關於理解與解釋（Explizieren）的解釋理論（Auslegungslehre）中，還附加上應用（Applika-tion），從而凸顯了『文獻』與當代之關聯。這裡隱含著詮釋學的中心動機：詮釋學要眞正地嚴肅對待人的歷史性。顯然，唯心主義詮釋學——特別是貝蒂通過『意義相符規則』（Kanon der Sinnentsprechung）——也考慮到這一動機。然而，唯有明確承認前理解概念和效果歷史原則，更確切地說，發揮效果歷史意識之作用，才能提供一個充分的方法論基礎。」【26】

在法學詮釋學中，應用贏得了舉足輕重的地位。法律的普遍性和個別事件的具體性之間的差異，使應用問題凸顯出來，而法律的應用與人們對法律的理解與解釋是密切相關的，尤其是在基督教世界，對羅馬法律的理解與解釋必須要考慮到能否應用於近代文明世界，乃是一個並不可忽視的問題。對這一切的反思終使人們意識到，理解、解釋與應用原是不可分割的聯繫在一起的。同樣的還有神學詮釋學，對「神聖」的經典文本之理解與解釋不純粹是理論性的，被理解到、並解釋出來的意義，直接化爲當代人的信仰，成爲人們的「世界觀念」，這就是應用，從根本上說，那些經典的意義，只是在通過理解與解釋而成爲人們的信仰時，亦即被應用時，才眞正實現了。誠然，這裡的應用包含著這樣一層意思，即被做了這樣或那樣理解與解釋的法律規則之執行，然而對於詮釋的反思來說，所達到並不止這一點，在伽達默爾看來，應用不是理解之外、之後的行爲，而是理解本身的一個要素【27】，理解與解釋本身就是應用，並且，只是在應用中才構成

整體。

視語言爲本體的伽達默爾，是從語言出發分析理解與解釋的相關性的，並從中突出了「應用」原則，由此而產生了理解與解釋和應用之間的關係問題。在他看來，能被理解的只是語言，能用於解釋的也是語言，理解與解釋的過程是語言的「運用」。因此，在語言層次上，理解、解釋與運用是「統而爲一」融爲一體的，理解是對語言的理解，解釋是語言的解釋，它們在語言的運用過程中才得以完成【28】。

五、效果歷史意識和視域融合

效果歷史意識（Wirkungsgeschichtliches Bewusstsein）的理論「標誌著伽達默爾對『精神科學』基礎進行思考的最高成就」【29】。效果歷史意識概念不是從歷史研究的方法論中產生的，它本身也不是一個方法論概念；它的產生得益於對歷史研究方法論的反思，因此它超越了方法論而成爲方法論的基礎。作爲基礎，效果歷史意識所指向的不是「我們所從事的東西，也不是我們應從事的東西，而是超越了我們的意願和所作所爲（Tun）而與我們一同發生的東西。」【30】在這種意識中，歷史不再是可供我們研究的客觀化對象，不是那種所謂不依賴於認識主體而自在的存在著的「自在之物」，而是一種「效果歷史」（Wirkungsge-schichte），它是過去與當代相互作用的歷史，這就是說，歷史不能僅僅理解爲過去已發生事件，把歷史研究的任務規定爲客觀的再現歷史事件，並從中勾劃出歷史發展行程的長鏈。相反的，「眞正的歷史對象根本就不是對象，而是自己和他者的統一體，或一種關係，在這種關係中同時存在著歷史的實在以及歷史理解的實在。一種名副其實的詮釋學必須在理解本身中顯示歷史的實在性。因此，我就把所需要的這樣一種東西稱之爲『效果歷史』（Wirkungsgeschichte）。理解按其本性乃是一種效果歷史事件。」【31】從而，歷史的眞實性應在這個意義上來理解：它是歷史的演變著的存在，歷史作爲傳統，表明了我們形成於歷史之中，亦即當代植根於歷史；但在另一方面，正因爲歷史參與了當代的形成，便在當代中找到了它存在的根據，由此而進入了當代；然對我們發生影響的、構成著我們的歷史乃是我們所理解到的歷史，在理解中，歷史被重新塑造了，它是基於我們的視域、基於我們自己的經驗而被理解的歷史，這樣，我們通過對歷史的理解融入了歷史，成爲歷史的構成要素。在確定的意義上，歷史就是向著我們打開的文本，是與我們進行著對話的另一方，歷史的意義就在這對話過程中展現出來。顯然，這種展現不是重複，對話中的「提問─回答」結構表明，一個重建的「問

題」永遠不會處於它原來的視域之中，因此，我們的理解作為回答，就必定會超出此前所理解的歷史，歷史就是以這種方式發展著。

在伽達默爾看來，這一點是確定無疑的：歷史之所以能夠成為歷史，依賴於它所產生的「效果」，而這種效果始終是我們所理解的歷史之效果，由於我們在理解歷史中事實上重新規定著歷史，我們因此對歷史也產生著某種作用，即效果。真實的歷史正就是構成歷史的諸種要素相互作用的歷史，這就是效果歷史。現在我們意識到了這種效果歷史，這種意識就是效果歷史意識。效果歷史意識要求我們在歷史之中理解歷史，同時也就是創造歷史。但這並不是說，效果歷史本身是因被我們意識到而存在的，相反，「在一切理解中，不管我們是否明確意識到，這種效果歷史的力量總是在起作用。……效果歷史的力量並不依賴於對它的承認。歷史高於有限人類意識的力量正在於：凡在人們由於信仰方法而否認自己的歷史性的地方，效果歷史就在那裡獲得認可。」【32】但是，這並不意味著，效果歷史的意識就如同黑格爾所說的「絕對知識」，它已先在的隱含了一切將被展示出來的東西，相反的，「效果歷史的意識乃是理解活動本身的一個要素，而且正如我們將看到的，在取得正確探問過程中，它就已經在起著作用。」【33】

據伽達默爾，效果歷史的意識首先是對詮釋學境域（Hermeneutische Gelegenheit）的意識。這個境域概念表明了我們與傳統的關聯，是我們與傳統的遭際狀態，這就是說，我們是在我們所遭際的境域之中理解。毋庸置疑，我們的理解從一開始就受到了際遇的限制，它規定了我們可以視見的區域，即「視域」（Horizont），它標誌著理解的界限。境域概念的一個基本要素就是視域概念，理解者的視域就是他從自己特殊的、占主導地位的觀點出發所能看到的一切，「詮釋學處境的作用就意味著對於那些我們面對流傳物而向自己提出的問題贏得一種正確的問題視域。」【34】

人們常以為所謂「客觀」的理解歷史就是基於過去的歷史本身來看待歷史，即根據已成為過去的歷史視域所呈現的歷史來考察歷史，而不是根據我們現時代的標準和前判斷來勾劃歷史，這乃是對歷史的誤解，也是不可能的：我們永遠是在自己的視域中理解著，不是把歷史當作純粹的、已發生過的「事件」之鏈條，而是揭示其向我們這個時代所開啓的意義，歷史因此表明了與我們的一種意義關聯，它乃是效果歷史。但這是不是意味著我們就完全否定了在過去的歷史視域中所呈現出來的歷史呢？甚或從根本上否認它的存在呢？詮釋學並沒有走得這麼遠。據伽達默爾，歷史理解任務也包括獲得特定的歷史視域。把特定的歷史視域首先當作一個確定的視域，繼而把自己投入其中，以便完成理解，這種理解觀點在某種意義上是「詮釋學的」，施萊爾馬赫和狄爾泰的學說要證明的就是這一

點。他們試圖通過心理移情「忘我」地投入到作者的視域中，揭示作者在文本中所要表達的「原意」。不過，這不是伽達默爾的觀點，誠然，他與施萊爾馬赫和狄爾泰同樣承認歷史視域的存在的合理性，同樣要求理解主體應將自身置於歷史之中理解，但是，在怎樣「置入歷史」這一點上卻包藏著重大的區別：施萊爾馬赫和狄爾泰把理解主體置於歷史之中意味著忘我的境界，即要求主體摒除一切自己的主觀性而進入作者的視域；但在伽達默爾，進入歷史視域的主體必不可免地攜帶著自己的前判斷，這就是說，進入歷史視域並不意味著主體自己的視域之消失，純粹以歷史的視域作爲自己的視域，而是主體在歷史的視域中充分發揮自己的前判斷之作用，從而眞正形成一種「效果歷史」。

如是，在伽達默爾看來，實際上存在著兩個視域，一個是理解主體自身的視域，另一個則是特定的歷史視域。歷史事件及一切歷史流傳物在這兩個視域中所蘊含的意義是不同的，伽達默爾對此有過一個很好的說明，「一尊古代神像，過去豎立於神廟中並不是作爲藝術品而給人以某種審美的反思性快感（ästhetischen Reflexionsgenuß），當它現在陳列在現代博物館立於我們面前之時，仍然包含著該神像由之而來的宗教經驗的世界。此一神像就具有了富有意義的效果，即它的那個世界也屬於了我們的世界。詮釋學宇宙便包含了這兩個世界。」【35】這樣被理解的歷史就是效果歷史，它是在歷史視域和我們的視域中所展現的不同意義相互作用的歷史。因而，在效果歷史的意識中就包含了對不同的視域所展現的不同意義的意識，當然也包含了對這兩個視域本身的意識，從而把作爲理解主體的我們與被我們意識到的它者、即歷史區別開來；當然這不是效果歷史意識的全部，它還包括對兩個視域相互作用的意識，即著眼於它們所產生的效果，這就是說，從我們自己的視域出發而並不取消歷史的視域，反之，尊重歷史也不是意味將主體的主觀性化爲虛無，這就是伽達默爾不同於其他的歷史理解理論、不同於施萊爾馬赫和狄爾泰的心理移情說的原則區別之一。

如此，歷史就不再是可以讓人隨意打扮的姑娘，以至於人們可以無視於它自己的意見；歷史也不是愚頑不化的固執己見者，總是一如既往地存在著。正因如此，伽達默爾就能夠把歷史理解納入他所衷愛的對話結構。理解歷史就是與歷史對話，我們彼此「傾訴」著，「傾聽」著，坦誠而又不固執己見地交流著，並由於這種交流而使雙方都有所改變，在對對方的贊同中我們有所理解，這便是一次對話成功的標誌。當然，像其他文本一樣，歷史不會自己向我們講話，這裡適用的仍是對話中的「提問—回答」結構，即通過重建「問題」而使歷史講話。

與歷史對話，就意味著我們與歷史存在著某種聯繫，意味著我們已把自身置於歷史的視域之中，但「這種自我置入（Sichversetzen），既不是一個個性移入

另一個個性中，也不是使另一個人受制於我們自己的標準，而總是意味著向一個更高的普遍性的提升，這種普遍性不僅克服了我們自己的個別性，而且也克服了那個他人的個別性。」【36】我們能夠獲得這種普遍性的根據就在於，當我們進入歷史時，我們的視域或歷史視域並不因之而被消解，相反地，而是構成了一個更為廣闊的視域，它乃是包容了歷史和現代的整體視域，伽達默爾將此稱為「視域融合」（Horizontverschmelzung）。毫無疑問，在歷史和現代的整體視域中所獲得的理解更具普遍性意義，一切特殊的東西都在整體中被重新審視，特殊視域中所包含的不真的前判斷將根據這種更全面的視域被修正，從而達到歷史視域與我們的視域之一致性，這種一致性就是普遍性的根本保證。

　　視域融合標誌著新的更大的視域之形成，這個新視域的形成無疑是一個不斷發生的過程，在這個過程中，一切理解的要素、進入理解的諸視域持續地合成生長著，構成了「某種具有活生生的價值的東西」，正是因為它們是在一種新的視域中被理解到的，因此，融合的過程同時也就意味著對我們所籌畫的歷史視域之揚棄，我們通過籌畫歷史視域使歷史與我們區別開來，融合就是揚棄歷史視域特殊性，從而使之與我們合成一個新的統一體：融合同時也是對為我們自己的前判斷所規定的視域之揚棄，我們現在所擁有的實際上是包含著歷史視域的新視域。這便是理解的真諦，理解最後所達到的，就是獲得以視域融合為標誌的新視域。在伽達默爾看來，「……這些視域共同地形成了一個自內而運動的大視域，這個大視域超出現在的界限而包容著我們自我意識的歷史深度。事實上這也是一種唯一的視域，這個視域包括了所有那些在歷史意識中所包含的東西。」【37】當然，這並不是說，業已達到的視域融合是理解的終點，相反地，它只是人類理解過程的一個階段。就此而言，新的視域同時又是我們將所從出發的傳統，成為我們將展開的新理解過程之前判斷，理解正是這樣一個過程，它在不斷的自我揚棄中實現自身。「那種被認為是圍住一種文化的封閉視域也是一種抽象。人類此在的歷史運動在於：它不具有任何絕對的立足點限制，因而它也從不會具有一種真正封閉的視域。視域其實就是我們活動於其中並且與我們一起活動的東西。」【38】視域在運動中變化著，這不僅是指我們自己的視域總是在理解中轉化為新的視域。同樣地，歷史視域也不會由於我們的某一次理解而被固定，只要歷史視域根源於我們的籌劃，它就必將隨同我們視域的變化而變化，在新的理解過程中被重新理解。效果歷史意識就立足於這種視域的可變化性，並且是對視域的可變化性的意識，從根本上說，效果歷史的作用就體現在變化著的視域之中，視域融合乃是這種可變化性的實現。

六、時間間距

在現代詮釋學中，「間距」（Abstand, Distanz）是一個極為重要的概念，事實上，沒有「間距」就沒有現代詮釋學。間距意識在現代詮釋學的創始人施萊爾馬赫及其後繼者狄爾泰的理論中起著十分重要的作用，施萊爾馬赫詮釋學的心理學規則和循環理論，狄爾泰的「心理移情」，無不建立在主體的心理間距基礎之上。伽達默爾曾多次使用過「間距」概念，尤對「時間間距」（Zeitenabstand）作過深刻的分析。他的「視域融合」（Horizontverschmelzung）（存在著間距的不同視域之融合，融合意味著間距的縮短、乃至融為一體）和「效果歷史」（Wirkungsgeschichte）（在歷史間距條件下發生的歷史，它的「效果」是在間距中產生的，基於間距的效果性）的思想可以說是對當代詮釋學最重要的貢獻之一，而其所從發的基礎正是「間距」。利科爾在其《解釋學與人文科學》一書中揭示的「間距的解釋學功能」，著眼於話語、書寫文本、讀者和情境的相互關係探討間距化的形成和間距對於理解的意義。對於哈貝馬斯來說，交往理論本身就意味著間距中的交往。換言之，沒有間距也就不需要交往。理解的困難就是出自巨大的文化間距，以及時間或社會的差距，而日常交往中的主體間性，便是使理解者超越間距而實現溝通的橋樑【39】。對於伽達默爾來說，時間間距問題更具有不容忽視的意義。

對於「間距」，在現代詮釋學中有三種不同態度。

其一，在歷史主義學派與現代詮釋學早期那裡，時間間距是在阻礙理解的意義上被重視的。它們認為，由於時間間距的作用，歷史上曾發生的事件、歷史流傳物不斷地被疏遠化了，對於我們來說，它已成為一種陌生的東西。為能達到客觀的理解歷史，讀者就必須克服時間間距，追溯到歷史流傳物賴以發生的那個時代，把握其時代精神，並投入其中，以那個歷史視域來理解歷史流傳物，否則，就難免陷入主觀臆斷。在施萊爾馬赫和狄爾泰的心理主義詮釋學那裡，也已經意識到了間距的存在。但間距在他們那裡是從純粹心理和主觀的意義上來理解的，表現為心理上的差異。在他們看來，間距是理解現象上的一道鴻溝，將理解者和被理解的東西割裂看來，理解的任務就是跨越這一鴻溝，通過「心理移情」使理解者進入作者創作作品時的心靈狀態，體驗作者曾經經歷過的心理歷程，才能把握作品的「原意」。因此，他們認為唯有克服「間距」才能達到理解，心理移情就是克服間距的行之有效的方法。

其二，以利科爾為代表的間距理論。利科爾通過對間距的四種形式之分析而得出一個重要結論：被理解的「文本」脫離作者而具有獨立性。如果說，在施萊

爾馬赫和狄爾泰那裡割裂理解者與作品的間距仍可通過某種方式得以克服的話，那麼在利科爾的理論中，間距則成了真正不可逾越的鴻溝，不過這一鴻溝並未橫亘在理解者和文本之間，它隔斷的是作者和作品。這一點，構成了利科爾詮釋學的根本特徵，即人們無須考慮作者想說什麼，真正要理解的是作品本身向我們訴說著什麼。因此，對於他來說，間距只是其理解理論之前提，一旦人們開始理解，間距便悄然退隱，不再發生作用；既不是理解的障礙，也不是理解的環節。就是說，它並不出現在理解過程中【40】。

最後，伽達默爾所代表的立場。這種立場視「間距」為理解的必要前提和條件。理解活動的終點是「視域融合」，「融合」的前提便是因間距化而形成的「視域」之差異，唯其是相異的，才需要融合。然而融合卻不是兩個相異的東西簡單相加，事實上，在融合過程中，我們對相異的東西總是有取有捨的，或取或捨，取決於間距的過濾作用；經融合而形成的新的「視域」，不僅包含了經由間距的過濾而存留的「真的前判斷」，還包括在間距中生成的新的意義。以此觀之，伽達默爾對間距的態度與第一種態度正相反，它不僅否認間距是理解必須克服的障礙，而且把間距當作理解基本的、積極的要素。當施萊爾馬赫說我們對文本的理解甚至能超過文本作者時，就已經隱含了時間間距的生產性作用，由於這種作用，那後來的理解才得以超越原初的作品，成為「優越的理解」。但是，據伽達默爾，這樣來理解時間間距的作用是不夠的，因為所謂「優越的理解」總是帶有某種偶然性，從而，時間間距「在以往的詮釋學中全然處於邊緣地帶」，如果我們深入地考察理解現象，它將「必然被置於突出的地位上」。這一轉折始於海德格爾，從《存在與時間》一書的書名就可看出他對時間問題的重視。海德格爾把時間性規定為此在生存論上的存在方式，時間間距的重要性才被人們所理解。伽達默爾堅持認為，時間間距「是理解的一種創造性的生產性的可能性」【41】。這一點可從兩個方面加以說明：首先，文本的意義必然超越於它的作者，伽達默爾借用克萊鄧尼斯的話說，作者無需知道他所寫的東西的真正意義，因此，解釋者便可以，且常常必須比作者理解更多些。這就說明了，為何理解不是單純的「複製」，而始終是「生產性」的，這種生產性歸功於時間間距而形成的新視域；第二，唯有時間間距才使合理的理解成為可能。伽達默爾認為，在時間間距沒有給出確定的尺度時，我們是難以對歷史的東西進行有效地判斷的。我們能更好的理解歷史流傳物，就是因為我們已經從時間間距中獲得了一個確定的尺度，這句話的潛臺詞就是，人們很難對自己的時代創做出的作品做出更有價值的判斷。這是因為，我們的理解總是在一定「前判斷」、一種特定的視域中進行的，而「這些前見和前提能夠賦予當代創造物以一種與其內容和真正意義不相適應的過分反響

（Überresonanz）。只有當它們與現時代的一切關係都消失後，當代創造物自己的真正本性才顯現出來，從而我們有可能對它們所言說的東西進行那種可以要求普遍有效性的理解。正是這種經驗在歷史研究中導致了這樣一種觀念，即只有從某種歷史距離出發，才可能達到客觀的認識。的確，一件事情所包含的東西，即居於事情本身中的內容，只有當它脫離了那種由當時環境而產生的現實性時才顯現出來。」【42】

伽達默爾側重於「間距」的功能與作用來闡明間距的本質，他的「間距」概念主要含有以下三層意思：

1. 間距是中介

我們試圖理解的歷史流傳物具有「陌生性」（Fremdheit）和「熟悉性」（Vertrauntheit），這個兩極性就是詮釋學工作的基礎。流傳物是一對象性的存在，它屬於過去，屬於歷史，它日漸枯萎而失去了生命力。就此而言，它對於我們具有一種「陌生性」。然在另一方面，流傳物由於進入了語言而成為這樣的對象，它向我們訴說著什麼，並以此種方式與理解者的傳統相聯結，在此意義上，它對於我們具有一種「熟悉性」。間距就是指陌生性與熟悉性的兩極性之間的中間地帶。換言之，就是流傳物作為對象性的存在與通過語言進入傳統的存在之間的那個領域。作為對象性的存在，流傳物是「死」的，由於時間的磨損，使得它面目全非，即使是完好無缺的歷史文獻，其意義也因情境之變遷而變的模糊不清；然它通過語言進入了傳統，綿綿流傳至今，它無疑又是「活」的，它的生命力為時間間距所維繫，而這一點卻常為世人所忽視，直到我們「理解得以發生的條件」是什麼時，時間間距——一度屬於理解的邊緣地帶、甚而是割裂歷史與理解者的因素——必然被置於一個突出的位置上。間距的作用就在於，它事實上連接著陌生性與熟悉性，成為已成過去的歷史與理解者所生活的時代之中介【43】。

2. 間距是篩檢程序

關於間距的「過濾」作用，我們有時也會察覺到。比如對於某一重大的歷史事件，它的意義何在，其同時代人往往為此爭論不休，最後，人們不得不寄希望於歷史來做出正確的判斷。在現實中，人們做出這樣的選擇，半是出於理智，半是出於無奈。然伽達默爾卻從中看到了一種必然性，真正的哲學家與其他人的區別之一，就在於他能夠從這種個別的、人們偶而為之的情況中洞察到其中的普遍性，使之上升為哲學。他指出，對於一切歷史的流傳物（包括歷史事件、文物、作品等），在時間間距沒有給出「確定的尺度」時，我們的判斷是無能為力的。這是因為與歷史事件的發生、作品的創作處於同一時代的人，不是直接參與了它

們的形成，就是受到了其影響，最重要的，還因為他們的見解與這些作品、事件具有一種外在的共鳴，這些共鳴並不就符合它們的真正內容和它們的真正意蘊。唯有通過時間間距才能過濾、篩選構成這種具有特定性質的理解之「前結構」，剔除那些使人們產生誤解的「假的前判斷」，並不斷的展示其新的意義因素，才能達到正確的認識。因此，對於理解者來說，時間間距是必須的，間距使得事件、作品擺脫了它們賴以形成的那個短暫的情境，在歷史中獲得了一種普遍的意義，使它們自身所擁有的特殊性上升為普遍性【44】。

3. 間距是意義的生長域

　　文本的意義為何總是超越它的作者？為什麼能超越作者？對這些問題的回答涉及到海德格爾對詮釋學所作的本體論變革。文本的意義超越作者的基本前提就是理解的本體化。把理解視為此在的存在方式，而理解是對意義的理解，意義則是理解到的意義。因此，此在是什麼，取決於它理解到的意義。如果以理解為本體，那麼文本的意義就不能僅僅被當作作者所賦予的意義，它應當主要是在理解過程中所呈現的意義，亦即此在在時間中所理解到的意義。在分析「間距是篩檢程序」時，已經指出了這一點，即由於作者與作品所具有的「共鳴」，它們有著共同的前判斷，作者的意見並不直接就是作品的真正意蘊。作品的真正意蘊是在時間中展開的，人們所理解正就是這種在時間中展開的意義。因此，在伽達默爾看來，理解永遠不只是一種複製，而始終是生產性的。他指出，「對一個文本或一部藝術作品的真正意義的汲舀（Ausschöpfung）是永無止境的，它實際上是一種無限的過程。這不僅是指新的錯誤源泉不斷被消除，以致真正的意義從一切混雜的東西被過濾出來，而且也是指新的理解源泉不斷產生，使得意想不到的意義關係展現出來。促成這種過濾過程的時間距離，本身並沒有一種封閉的界限，而是在一種不斷運動和擴展的過程中被把握。」【45】

　　綜觀性地反思上述關於「間距」的論述，我們可以得出以下結論：

　　1. 伽達默爾通過「間距」論證了意義的流動性和生長性，這是應予肯定的。但不同意他的結論，認為不同的理解具有同等的合理性，無所謂「優劣」之分，實質上是一種相對主義的觀點。另外，他強調時間、文化、種族等是「超主觀的因素」、亦即它們的客觀性的方面，是有失偏頗的。其實間距具有一種主觀與客觀的雙重結構，說它是客觀的，乃是指間距內在地含有客觀意義上的時空差異，即不同的歷史時代、不同區域的文化、種族、等級之間的現實差異；說其是主觀的，是指上述差異在理解中最終是以主觀的方式呈現出來，表現為「主體間性」。

2. 利科爾通過間距的「間距化」作用指出了文本的獨立性，對此我們可以有所保留地接受。他的失誤在於將這種獨立性絕對化，我們雖不能奢望完全準確地把握作品的「原意」，卻可通過對作者的生平和創作意向的了解，與作品相互印證，幫助我們理解作品，同時也有助於我們理解作者。在這裡，施萊爾馬赫和狄爾泰的「心理移情」可以作為一種輔助方法。

3. 以往的間距理論最大的失誤是忽視了實踐範疇。在我們看來，間距的之所以產生作用的基礎便是實踐。與其說是間距給出了判斷的「確定的尺度」，還不如說是人們的社會實踐提供了這一尺度。間距中的意義生成同樣依賴於實踐，實踐推動了歷史的發展，並為人們提供了新的經驗，使人們得以在一種新的視野中觀照歷史流傳物，賦予它以新的意義。

由於本節主要探討伽達默爾的間距理論，在此就有必要對他的思想進行深入的分析。毋庸置疑，伽達默爾對時間間距的理解是深刻的，這一點，我們只有通過對歷史的深入反思以及對現狀深刻反省，才能體會到。平心而論，我們對歷史人物、歷史事件尚能比較客觀、冷靜地思考與分析，超然地評價其功過是非，但對我們自己和我們這個時代的一些重大事件，卻很難做到這一點。究其原因，乃是因為我們與我們這個時代享有著共同的前判斷，或者更確切的說，這個時代本身就是我們這個社會一切成員的共同視域之構成基礎。我們總是直接或間接地參與了這些重大的歷史事件，我們與這些歷史事件有著千絲萬縷的聯繫，甚或切身的利害關係，我們參與這些事件時立場無疑會影響我們對它們的理解。所以，這些事件、乃至我們自己的功過是非當由後人評說，按照伽達默爾的說法，只有在這些事件能與其現在的含義的各種意見保持距離時，當它們的產生基礎之一切聯繫都隨著時間間距的作用而逐漸消失殆盡時，人們才能比較客觀地加以評價。

在我們談論伽達默爾的時間間距概念時，有一點須特別注意。在他看來，時間間距對於理解的作用不是在「優越的理解」意義上講的，也不是說，隨著時間的距離增大，理解就會不斷的「進步」，愈來愈「優越」。他認為，歷史的距離所造成的只是解釋者和作者的不可避免的差異。時間間距的生產性並不意味著一種優越的理解，「實際上，說理解不是完善理解，既不是由於具有更清楚的概念因而有更完善的知識這種意思，也不是有意識性對於創造的無意識性具有基本優越性這個意思。我們只消說，如果我們一般有所理解，那麼我們總是以不同的方式在理解，這就夠了。」【46】

伽達默爾的這一番自白確實給伽達默爾思想研究者們留下了一道難題，從他的思想本身來看，他似乎相信理解是發展的、進步的，它雖然沒有「終點」，並且可能存在著諸種不同的取向，但它總不像在宇宙空間中漂遊的星體，無論向

什麼方向飛去，都無所謂上下來去，也無所謂前後左右吧。如果真是如此，又何以有「視域融合」一說？如果融合的視域不比單一的視域更為「優越」，融合的意義又何在？如果我們將他的觀點再延伸一下，理解不是發展、進步著的，是不是意味著人類社會也不會發展與進步了？嚴格地說，這個問題不是純粹「延伸」出來的，而是理解地包含在他的結論之中，因為對他來說，理解具有本體論的意義，它就是「此在」，是人類生活世界本身。拋開這一切疑問不談，他的這一觀點無疑為理解理論重又籠罩上了一層相對主義的陰影，這是詮釋學始終力圖避免、卻又一再陷入其中的陷阱。很多人都注意到了伽達默爾詮釋學的「阿喀流斯之踵」。伽達默爾對此做了種種辯解：以理解的妥當性或合理性替代超越的絕對的「真理」；提出「效果歷史」的概念來確保我們的知識的一致性，因為從「效果歷史」中能引申出對「主題」的理解，從而借助主題的共同性」達到對文本理解的限定；把讀者閱讀文本化為讀者與文本的對話，如此等等。這些辯解不無道理，卻也不是無懈可擊的。證明理解的有效性和合理性固然為理解的相對性提供了合法存在的理由，堵住了通向黑格爾式的「絕對」之路，卻仍無力阻止這種相對性滑入相對主義，如果這種相對性本身被絕對化的話。另外，效果歷史只能保證人們對主題理解範圍的一致性，卻不能擔保他們對主題本身判斷的一致性，從根本上說，「效果歷史」的意識本身已多元化了，因此用「主題」限制「文本」的意義無異於以讀者的主觀性為基礎理解文本，而主觀性是不可能限制自身的，如果相對性是以主觀性的差異性為基礎的話，那麼，這種主觀性將會把它引向相對主義。出路何在？或許我們可以在哈貝馬斯、利科爾等人對伽達默爾的批判中發現一線光明？

七、真理與方法

　　伽達默爾沒有像施萊爾馬赫和貝蒂那樣提供一套詮釋理解的、可以操作的方法規則，這是不爭的事實。這或許正是伽達默爾的獨特之處，正如他自己所表白的，他的研究目的並不是要提供一種關於解釋的一般理論和對解釋方法的獨特說明，更不是創造理解的技法或技術，創立一套人文科學方法論程序的規則大全，而是要揭示所有的理解方式所共有的東西。他所真正關心的是哲學問題，是對一切方法論基礎的反思，是對康德提出的「理解何以可能」問題之探索。在他看來，「這是一個這樣的問題，即先於所有主體性的理解行為、也先於理解的科學的方法論及其規範與規則所提出的問題。」【47】在這一方面，伽達默爾懷著與狄爾泰幾乎相同的使命感：反對在近現代科學研究中形成的占統治地位的方法論理

想。他力圖證明精神科學的理解現象之優越性，「在現代科學的範圍內抵制對科學方法的萬能要求」【48】。怎樣才能超越科學方法論呢？這本身不是一個方法論問題，也不是依靠建立完善的精神科學方法論所能解決的，事實上，當我們試圖以制定精神科學的方法論規則來抵制科學方法論時，就已經陷入了科學方法論的窠臼，換言之，我們仍圍於科學方法論視域勾畫著精神科學的方法。爲此，伽達默爾不懈地探尋超越科學方法論作用範圍的對眞理的經驗，專注於理解現象，這乃是詮釋學的世襲領地，他以此爲立足點，在科學方法無能爲力的地方，奠定了理解的基礎，這就是構成此在存在的語言。與施萊爾馬赫不同，他不是著眼於語法規則而把語言僅僅當作實現理解的一種工具，在他看來，語言乃是構成存在的本體論存在的東西；與狄爾泰不同，他不把精神科學的基礎僅僅當作精神科學的基礎，而將它視爲人類的一切理解與認識之基礎，從而確立了理解本體論對於一切科學方法論的優先地位。

伽達默爾反覆申明，他的詮釋學是一種本體論學說，他不想構建一套理解的方法論程序，用以指導精神科學的研究；他將原本關於對象的理解理論轉化爲關於讀者的自我理解的理論，以說明人類精神現象的生成性和生存性。細細考之，在伽達默爾那裡，理解過程具有雙重的建構性意義：首先是建構理解主體。伽達默爾指出，「海德格爾將理解概念深化爲生存論意義上的概念，成爲一種人的此在範疇的基本規定，這對我來說尤其重要。」【49】這意味著，不能把「理解」視爲主體指向理解對象的行爲方式，它乃是此在本身的存在方式，換言之，此在是在理解中被構建起來、並隨著理解而展開，在這個意義上，作爲主體的人的本質就是理解，主體便是在主體的理解活動中所呈現出來的東西；其次是建構理解對象。在伽達默爾詮釋學中，作爲理解對象的文本，不可視爲語法學和語言學的意義上的作品，亦即它不是一件成品（Endprodukt），而僅僅是中間產品（Zwischen-produkt），是理解事件中的一個階段【50】，正是通過理解與詮釋，它才成爲眞正的被給定物，而文本的意義，是在文本與理解的關聯中才得以形成。

這雙重意義上的構建，在理解過程中融而爲一，質言之，理解不僅是此在的在世之在本身的存在狀態，同時也將作爲認識客體的文本轉化爲理解對象，成爲此在的自我塑造與確證之中介。如此，文本的訴說被視爲對「我」的訴說，其意義成爲對「我」而言的意義，亦即被讀者所理解到的意義，或者說，是此在的本己存在之意義。正是在這個意義上，伽達默爾稱其詮釋學揚棄了主一客觀的分裂與對立。從中我們亦可看出伽達默爾所從出發、繼而超越了的那個起點，即胡塞爾現象學原則：「……每一種原初給與的直觀都是認識的合法源泉，在直觀中原初地（可說是在其機體中的現實中）給與我們的東西，只應按照如其被給與的那

樣，而且也只在它在此被給與的限度之內被理解。應當看到，每一理論只能從原初被給與物中引出其真理。」【51】胡塞爾稱之爲「一切原則之原則」。這種「原初的給與」的東西，就是通過本質觀看而獲得的關於對象的意識。反思的任務，就是把握被經驗到與「被意識到」的東西【52】。不是相對於主體的客體本身，而是人們與客體相遇時的「被意識到」的東西，即顯現於我們的意識之中的東西，構成了伽達默爾詮釋學的基礎。

毋庸置疑，被胡塞爾稱爲真正的和正確的「第一哲學」的現象學之主旨仍是認識論的，他賦予直接被給與的、亦即在意識中被構建起來的東西以絕對「純粹的明證性」，認爲事物在本質上只是以其被構造的方式表現出它們之所是，他力圖建立的「形而上學的科學」根本宗旨就是揭示認識的本質與對本質的認識，揭示的是「絕對經受住檢驗的真理」【53】。胡塞爾和伽達默爾的區別正在於此：胡塞爾雖然不接受屬於自然科學的任何一條公理，哪怕它有著「完全的明證性」，也依然堅持實證主義的信念，以心理經驗的「可重複性」、「可實證性」【54】作爲其科學性的證明【55】。而在伽達默爾的理解理論中，建立在被構造起來的、意識中的東西，不再是認識的對象，而是標誌了理解者自身的存在狀態，由此出發，伽達默爾的下列論斷就顯得順理成章了：「**如果我們一般有所理解，那麼我們總是以不同的方式在理解，這就夠了。**」【56】我們可以把這種表達當作本體論詮釋學區別於傳統認識論之旨趣的分界線。認識論以「客觀真理」爲圭臬，以爲正確的認識是對客體的真實反映、「複製」，如其所是的那樣指明認識對象。雖然人們不能說某種認識絕對準確的把握了客體，但還是能夠在其「逼真」的程度上判斷知識的高下優劣；伽達默爾主張理解的建構性，理解所表明的是此在的存在狀態，因此任何一種理解，就其是此在的展開而言，都有其存在的合理性與合法性，而並無完善與不完善、正確與不正確之分。

按照伽達默爾思路，確實沒有必要再探討理解的方法論了。事實上，一旦引入方法論概念，詮釋學研究必然要返回到它所從出發的起點：如何正確理解文本。所以，伽達默爾清楚地表明了自己的觀點：「如果人們把詮釋文本的任務置於現代科學理論的偏見、依據科學性的標準之下，真正是目光短淺的。詮釋者的任務，事實上從來都不僅僅是從邏輯—技術上查清任何一種言談的意義，這樣做就會完全忽略所說的話語的真理問題。」【57】他指出：「方法（Methodos）便是『跟隨之路』（Weg des Nachgehens），就如人們在行走時總是能夠跟隨其後的那樣，這就是方法，它標誌出了科學的操作過程。但是，如此就必然會限制伴隨著真理的要求而出現的東西。」【58】

無可否認，對於伽達默爾所堅持的、作爲「自我顯現」的「真理」而言，方

法論非但不能有所幫助，而且阻礙著眞理的實現，它的作用基本上是消極的。這也就是諸多學者認爲伽達默爾反對方法論的原因。但是，伽達默爾又爲何聲稱自己被誤解了呢？如果我們深入思考他的辯解，就會發現這種辯解本身所傳達出來的深刻含義，它使所有伽達默爾以爲已經解決了的詮釋學問題重又成爲爭論的焦點，這裡面包括了對伽達默爾學說本身的理解問題。

自伽達默爾的《眞理與方法》問世以來，遭遇到哲學界的激烈批評。但是在伽達默爾看來，所有這些批評都出於對他的理論的「誤解」：「我重新採用承載著古老傳統的詮釋學這一術語，已經導致了誤解。我的目的並非要建立像比較古老的詮釋學那樣的關於理解的『技藝學』（Kunstlehre）。我不想制定一套技藝規則體系（System von Kunstregeln）來描述、甚或指導精神科學的方法論程序。」【59】在另一文中，他這樣寫道：「若有人指責《眞理與方法》這樣的口號，以爲這裡忽略了現代科學的方法嚴格性，這顯然是一種淺薄的誤解。」【60】伽達默爾的自我表白，是對貝蒂、F·維亞克爾等人批評所做出的回應【61】。不過，人們並沒有接受伽達默爾的辯解，利科爾、圖克（H. Turk）曾將矛頭直指《眞理與方法》，認爲伽達默爾主張眞理與方法的對立，並在此對立中選擇了眞理而拋棄了方法【62】。爲此，利科爾甚至認爲《眞理與方法》改爲《眞理或方法》更爲恰當【63】；而布泊納（R. Bubner）則將其理解爲「眞理與非方法」（Wahrheit und **nicht** Methode）【64】。赫施也撰有專文《伽達默爾有關解釋的理論》批評伽達默爾，認爲伽達默爾的態度，是以爲「實際上不會有任何一種解釋文本的方法論的存在，因爲，解釋在根本上不是一門具有客觀和穩定認識目標的學科」。在赫施看來「只要我們提出這個簡單的問題：一個正確的解釋存在於何處？那麼，這樣也就拋開了對伽達默爾的理論必須關注的難點和矛盾的有說服力的論證。」【65】阿佩爾也明確地說，「伽達默爾否認了在詮釋學科學中對意義有可能進行在方法有進展的客觀化，因爲這種客觀化導致了對歷史的閹割」，他否認眞理問題的方法論詮釋學的意義，走得「太遠了」【66】。這些批評並非無的放矢，事實上，若除去《眞理與方法》的再版的「序言」與「後記」中所作的辯解，僅就該書的正文所表達的主張而言，其他讀者也極有可能對該書的觀點做出與圖克相同的概括——最沒有價值的（unfruchtbarste）東西就是方法【67】。

面對哲學界的責難，伽達默爾在再版《眞理與方法》時對文本並未進行修改，這表明他依然堅持自己的觀點；但在另外一方面，他試圖通過新的序言與後記重新闡明自己的主張，使之更有說服力，獲得更大程度上認同感。這裡面就包含著對「方法」的態度之重新表達或修正。伽達默爾意識到，現代科學自身的內在發展規律、科學的方法論依然是不可或缺的，人文科學的研究也需要按照一定

的方法進行，有鑑於此，他告誡讀者應在這個意義上來理解《真理與方法》的主旨：即書中所展開的問題本質上就不是方法之爭，而是關涉對「真理的經驗」。他所研究的是理解本身，而不是理解的方法論。伽達默爾提醒人們注意到這一點，詮釋學現象本來就不是一個方法問題，因此「存在的不是方法之差異，而是認識目標（Erkenntnisziele）之差異。這裡所提出問題，乃是想揭示出、並意識到某種東西，這種東西爲方法論之爭所掩蓋與忽略了。它並非限定或限制了現代科學，而更多的是那種先於現代科學並使之達到其目標成爲可能的東西。」【68】如此，伽達默爾就繞過了由來已久的自然科學和人文科學之間的方法論之爭的雷區，直接走進真理【69】的理解領域。

但是，伽達默爾學說如此普遍地被「誤解」，其原因可能並不像伽達默爾自己所說的那樣簡單，以爲他之被誤解是因爲啓用了「詮釋學」這一術語，或者是以「真理與方法」作爲書名所致，其最深層的原因，顯然與伽達默爾詮釋學本身的特徵有關。當伽達默爾說，他的《真理與方法》只是不研究方法，但並不否定方法，這似乎只是避免引起爭端的權宜之計。事實上，他後來在其「自述」（作於1975年）中，在說明他的哲學詮釋學與狄爾泰的精神科學方法之區分時，又一次表明了自己的立場：「有許多人以往、並且現在仍然在這種哲學詮釋學中看到了對方法合理性的拒絕（Absage）。還有許多人，……誤用詮釋學這個詞，誤解了我所把握的這個詞的意涵。他們反向而行，在詮釋學中看出了某種新的方法論，他們實際上是以這種方法論來賦予方法上的非明晰性或掩飾意識形態以合法性。」【70】正是在類似的表達中，使我們得以隱隱約約地觸摸到了伽達默爾被普遍「誤解」的原因。既然「許多人」看到了伽達默爾哲學詮釋學對方法合理性的拒絕，何以又有「許多人」在他的理論中看出某種「新方法論」？在我看來，這種不一致性，恰恰反映了伽達默爾學說內在地包含著一個深刻的衝突，即理解本體論意義上的真理與方法論的矛盾。

關於「真理」何以無須借助「方法」而得以自我呈現的問題，伽達默爾已經說得很多了，也具有一定的說服力。但是，問題恰恰在於，他對自己觀點的整個論證過程，卻與方法論緊緊地纏繞在一起。正如我們所看到的，伽達默爾雖然沒有（或不屑於）構造方法論，卻不得不在已有的方法中選擇適合於自己的方法，這就是現象學。伽達默爾在自述其詮釋學研究中所受到的影響時說，他得益於三個人的思想，即胡塞爾的現象學（現象學的描述之意識）、狄爾泰的歷史視域以及將這兩者結合在一起的海德格爾的思想【71】。然而認眞說來，應該還包括黑格爾的辯證法。他曾這樣評價黑格爾：「黑格爾的偉大之處在於，事實上他並不設定，這種古希臘人的方式同近代的反思模式相比，是一種遺留下來的錯誤方式，

而承認那種方式乃是作爲存在本身的一個方面。他正是在邏輯的範圍內,明確承認了這種存在的基礎,它聚集、支撐著那些從對立方向中開掘出來的東西,這就是他的『邏輯學』的巨大成就。」【72】我們只要回顧一下伽達默爾的對話辯證法,他對歷史與當代、自我與他者的對話結構之分析,就不難發現,他的方法與黑格爾的思想是一脈相承的。當然,毫無疑問,就方法論而言,伽達默爾理論所從出發的基礎是現象學,正如他自己所說的,「我這本書就其方法論而言是建立在現象學基礎上的」【73】。他認爲現象學證明的原則適用於揭示詮釋學問題,因此,他「對遊戲或語言的分析是純粹現象學意義上的。遊戲並不出現於遊戲者的意識之中,因而就超出了某種主觀的態度。語言並不出現於言語者的意識之中,因而語言也超出了某種主觀的態度。正是這一點被描述爲某種主體的經驗,它與『神話學』或『神祕化』根本無關。」【74】這裡所指的「主體的經驗」就是理解應把握的主體對於真理的經驗。這一過程在本質上是辯證的,因爲人們唯有對立面中才能理解自我,從而使與我對立的他者成爲我的本質規定。自我理解須從「你」的經驗出發,「因而『你』的經驗指明了這樣一種悖論,即立於我對立面的東西維護著其自身的權利,而且要求絕對的承認——這種東西正是由此而被理解的」【75】。顯然,伽達默爾的這種觀念與論證方式,源出於黑格爾的思辨辯證法。

立足於理解本體論,伽達默爾主張消解理解領域的方法論,但是這一主張,卻與其思想深處所隱含的那種根深柢固的觀念——對於理解中的「客觀意義」之訴求——相互衝突。在對伽達默爾理解本體論之理解上,無論是贊同者還是反對者,並沒有實質性的分歧。問題在於,我們究竟在什麼程度上可以說,伽達默爾背離了他的主張而「訴求客觀意義」?顯而易見,當伽達默爾指責別人「誤解」了他的學說時,已經隱含了這樣一個結論,即他承認有某種可以被稱爲作者「原意」的東西,也承認對於理解對象有「正解」或「誤解」。爲被誤解而作辯解,表明了伽達默爾與其他思想家一樣有著相同的願望:其理論能被「正確」地理解與接受。然而,根據伽達默爾自己的主張,對於理解作品而言,作者的原意本身就是一個無足輕重的因素。伽達默爾曾說,「藝術家的自我解釋顯然都是很成問題的」【76】,這句話當然也適用於作爲哲學家的他本人;在他那裡,作品的意義,歸根到底乃是作品「說出的東西」在讀者的視域及其所預期的意義方向上的展開,是視域融合的結果。此中所隱含的內在矛盾,可能是伽達默爾本人也未曾意識到的。

正是由於伽達默爾思想中隱含著對於「客觀意義」的訴求,因而他雖然主張消解(或者如他自我辯解時說的並不試圖構建)理解理論中的方法論,但是他

的詮釋學體系本身具有方法論的意義。具體地說，他關於「時間間距」和「效果歷史」等思想的重要論述，實際上是在闡述他的方法論觀念。他寫道：「時間間距通常能使詮釋學的眞正批判性的問題得以解決，這就是說，才能區分出我們進行理解的眞的前見（die wahre Vorurteile）和導致我們產生**誤解**的**假**的前見（die falsche Vorurteile）。」【77】他認爲，在時間間距尙沒有給出確定的尺度時，人們根本沒有能力做出判斷，只有當作品所述說的事件與讀者生存於其中的時代的一切關係都消失後，才能對其進行普遍有效的理解，才能理解作品的「眞正」的意義。就此而言，時間間距具有一種過濾「假的前見」的方法論功能，同時也具有實現作品眞正的意義之功能。

在伽達默爾那裡，時間間距並不是指文本與讀者之絕對間隔，而是指向在時間的過程中產生的新的東西，一種新的「理解源泉」，其中也包含了對於被理解的事件的各種意見，由於它們的出現，才有可能使讀者經過比較而區分眞的或假的前見。因此，時間間距本身恰恰表明了理解事件的連續性，亦即歷史性，從中引出了著名的「效果歷史原則」。歷史不再被視爲孤立的歷史事件之集合體，而成了通過述說與再述說而流傳下來的流傳物，在時間間距中產生的一切新因素都在影響、改變著歷史的流傳物。流傳物本身代表了一個已經逝去的、即流傳物得以形成的視域，讀者所擁有的是他置身於其中的時代之視域，理解就是這兩個視域的融合；通過這一融合，讀者獲得了更大的視域，或者說，被提升到一個具有更高的普遍性的視域。伽達默爾的「視域融合」思想，經常被用作理解本體論的合理性證明，用以說明歷史在理解中的被構建性與此在的生成性，但是，它同樣具有方法論的意義。正如伽達默爾所說：「獲得一個視域，我們學會了超出近在咫尺的東西去觀看，但這不是爲了避而不見這種東西，而是爲了在一個**更大的整體中按照一個更正確的尺度去更好地觀看這種東西**。」【78】

主張任何一種方法論，其依據不外乎是認爲這種方法論能夠「更好」、「更準確」地把握對象；主張任何一種本體論，必然包含著對這一本體論的合理性與優越性之證明。這種證明的過程，正是作者有意、或無意地運用某種方法進行論證的過程。在上述從方法論角度理解伽達默爾學說的分析中，並非是我們刻意挑選出來的特例，眾所周知，在海德格爾與伽達默爾那裡備受重視的「詮釋學循環」，其方法論意義其實更甚於本體論意義【79】。因此毋庸置疑，本體論詮釋學也具有方法論的意義，在詮釋實踐中，特別是當其被運用於文學批評時，也確實被當作一種新的方法論來理解【80】，儘管伽達默爾極力本人反對將他的理論視爲某種方法論學說。

如果從方法論的角度來概括伽達默爾學說，它就是一種讀者中心論的觀點。

讀者中心論作爲方法論服務於伽達默爾理解本體論，理解的多元合理性、眞理在理解過程中自我呈現與生成均可通過這種方法論得以說明。但是讀者中心論的觀念也明顯的與上述訴求客觀眞理的方法論相抵牾，這表明，伽達默爾學說中同時也內在地包含著一種方法論意義上的衝突。

八、伽達默爾詮釋學與理解的讀者中心論

判斷伽達默爾的理論立場一直是一個複雜的問題。他曾說：「我們在一部藝術作品中所眞正經驗到的和所指望得到的，其實是這作品的眞實性如何，也就是說，我們如何在其中更好的認識和再認識事物和我們自己本身的。」[81] 堯斯（另譯「姚斯」）據此而將伽達默爾的理解觀念視爲「『認識』的『模仿』概念」[82]；在論及伽達默爾關於「流傳物」論述時，堯斯甚至說是「唯物主義在他（指伽達默爾——筆者注）在他的歷史闡釋中故態復萌」[83]。在堯斯看來，伽達默爾指出「流傳物」（即文本、藝術作品等）本身向我們提出了問題，我們乃是就此一發問進行理解與解釋，這種觀點是「唯物主義」的[84]。另一方面，伽達默爾也曾明確指出：「唯有從詮釋的概念出發，文本概念才能作爲語言性結構的中心概念建立起來；這標明了文本概念的特徵，它唯有與詮釋相聯繫、並從它出發，才表現爲眞正的被給定之物（Gegebene）、要理解之物（zu Verstehende）。」[85] 他強調：「只有從**藝術作品的本體論**出發——而不是從閱讀過程中出現的審美體驗出發——文學的藝術特徵才能被把握。」[86]

上述所引表明，伽達默爾乃以文本（歷史流傳物）爲「本體」，文本自身所提出的問題成爲理解的出發點，人們通過對問題的理解進而理解文本，把握文本的意義。准此，便可得出以下結論：伽達默爾認爲文本既是「本體」，又是理解活動的出發點和對象，因此他的詮釋學是「文本中心論」的；若將文本——而不是審美體驗——視爲詮釋活動的本體與核心，就其哲學而言便具有「唯物主義」的性質；站在這一立場上，伽達默爾詮釋學也就包含了對於認識的某種客觀性要求：了解文本的眞實性，更好地認識文本和我們自己。

這樣的推論難道還有問題嗎？確實如此。無論是堯斯出於讀者中心論的立場而對伽達默爾進行的反駁，還是依據伽達默爾自己的論述做出的結論，其實都忽略了一個關鍵性的問題，這就是伽達默爾學說的現象學前提：對遊戲或語言的分析，純粹是在現象學意義上的分析。立足現象學，理解對象就不再是某種客觀意義上存在的東西，而是在意識中被構建起來、並被我們意識到的東西。在此意義上，「文本」作爲理解對象，正就是呈現於讀者的意識之中的意識現象。只有從

這一前提出發，才能眞正理解伽達默爾學說獨特性質。

首先要說明的是伽達默爾的「文本」概念。如果我們像通常那樣將「文本」理解爲對應於主體、先於主體的理解活動而存在的理解對象，那麼從上述徵引伽達默爾的話中確實可以引申出「文本中心論」以及「認識論」的結論。但是，在伽達默爾那裡，「文本」概念恰恰不是在通常意義上被使用的：其一，「文本不是一個被給定的對象，而是理解事件之過程中的一個階段。」【87】這就是說，文本不是獨立於讀者的閱讀而存在的，換言之，它在理解中被構造出來，並通過其被構造而被理解；因此，其二，文本的意義不是預先給定的，而是在詮釋中被創造出來的，是對於讀者而言的意義。伽達默爾追隨的是海德格爾早期在弗萊堡時期開創的路線，他同意德里達的觀點，認爲後期海德格爾並未破除形而上學的邏各斯中心論（Logozentrismus），在他追問眞理的本質或者存在的意義時，他所說的還是一種形而上學的語言，將意義視爲現成在手的、可以被發現的東西【88】；其三，「所有這種理解最終都是自我理解（Sichverstehen）。……誰理解，誰就知道按照他自身的可能性去籌劃自身。」【89】如此，「此在在它的存在和它的世界中進行的理解也絕不是和某種認識客體打交道，而是它的在世存在（In-der Welt-Sein）本身。」【90】循著這一線索，我們可以清楚地看出伽達默爾理論所從出發的基礎和歸宿，即立足於讀者中心論的立場理解文本，最終將文本的理解（而非文本本身）當作此在的自我理解與其眞實的在世之存在。

伽達默爾的「對話」與「視域融合」理論經常被當作他超越於主—客體兩分的理解理論之證明。「對話」是日常生活中普遍存在的現象，它發生於進行對話的主體之間。在對話中，「我」的表達並不是獨白，乃是對「你」的話語的理解與回答，反之亦是如此。故而伽達默爾特別強調「傾聽」，積極的對話之所以可能，就在於能傾聽對方的言說。由於對話雙方都爲對方的話語所導引，並且自身表現爲一種以提問與回答方式展開的對話邏輯，所以它被視爲「客觀的」，因爲對話過程與結果超越了任何一方的主觀意願【91】；它是眞實的，因爲這裡所表達的是在對話者的意識中眞實發生的東西。「視域融合」也在此得以說明。對話的每一方都擁有自己獨特的視域、以及通過這一視域所達到的理解，通過相互傾聽，實現了彼此的相互理解，不同的視域也由此而實現了「融合」。

如果我們的分析到這裡爲止，那麼無論如何也不能將伽達默爾歸結爲「讀者中心論者」。但是，一旦我們深入伽達默爾他所描述的理解過程，從他創導的理解之「應用性」（實踐性）來思考他的理論，就會得到一個我們意想不到的結論。「詮釋學現象本身也包含了談話的原始性質和問答的結構」【92】，伽達默爾如是說，並由此而順利地從「對話」轉入對「文本」理解的分析。問題恰恰出

現在這裡，與「我」進行對話的「你」，難道可直接等同於讀者意欲理解「文本」？須知，在伽達默爾那裡被極度擴展了「文本」，乃是包括了一切語言性和非語言性的對象，諸如圖畫、歷史流傳物、文學作品等等。在「我」與「你」真實進行的對話中，彼此是相互敞開的，可以因對方的提問或回答做出相應的調整，做出回答或進一步追問。但是，某個被理解的文本，其本身卻是確定的、已經完成了的東西，即便是某些未完成構想、不完整的殘篇，當我們理解它們時，總是把它們當作一個現存的、有待於理解的整體。在此意義上，它的述說就是「獨白」，除了它已經述說過的，它不可能再述說或追問什麼。它無奈卻又很固執，一如既往地如其所是的那樣重複自身，如果讀者反覆閱讀某一文本的話。

以此觀之，與文本進行對話似乎是根本不可能的。可是伽達默爾仍然成功地構建起了這樣一種對話理論。其前提是，將理解本體論化，把對作品的理解轉變為作品對於讀者而言所開顯的意義，把「你」（文本）的述說轉變為「我」（讀者）所理解到的東西，進而成為構成閱讀主體本身的東西。伽達默爾正確地指出，文本是作者對某個問題的回答，因此要理解某一文本，就要首先理解作者所關注的、意欲回答的問題。只有找出文本作為其回答的那個問題，才能理解文本【93】。因此，對伽達默爾而言，問題乃優先於陳述【94】。困難在於，文本常常並未指明它所要回答的問題，這個問題是讀者通過閱讀文本、參諸其他文獻以及歷史背景而重構出來的。正是通過對於問題的「重構」之分析，伽達默爾詮釋學體系中的隱含著的讀者中心論凸顯出來。由於讀者只能在自己的視域中重構作者在撰寫文本時要回答的「問題」，被重構出來的問題於是「變成了我們自己的提問」【95】，被視為作者所面臨的問題，其實是我們反思自己置身於其中的現實情境而意識到的問題；文本也就變成了我們所提的問題之回答，或者確切地說，我們試圖從中找出自己所提的問題之回答。惟基於此，文本意義的多義性和生成性才能得到合理說明。讓我們梳理一下伽達默爾思維進路：理解的起點為讀者的「前見」，基於此「前見」重構出文本之問題，並且通過問題的重構而規定了文本意義的方向（意義預期），最終將人們對文本的理解定位為「自我理解」——這是此在本身之存在的規定性，因為在理解中被構造的東西本身與構造者同時作為一種真實的存在【96】。所有這一切，都是基於「讀者」的立場而展開的，一言以蔽之，對於伽達默爾而言，理解過程始於讀者（理解主體）之前見，終於讀者之自我理解。伽達默爾著名的「視域融合」理論也與此同屬一脈。雖然，視域融合被表述為作者（歷史、傳統）的視域與讀者（當下）的視域之融合，但事實上，在伽達默爾那裡，並不承認各自獨立存在的「歷史視域」或「現在視域」。歷史視域無非是在讀者的理解過程中被建構起來、被讀者視為不同於他自己的視

域的東西，在它被構建的同時，就已經融入了讀者的當下視域。因此，存在的只是這樣一個「唯一的」、始終「運動著的」視域【97】。

在我們看來，這足以表明，隱含於伽達默爾學說中的基本理念，歸根結底是一種讀者中心論的觀點。正如他自己所表白的那樣：詮釋學的立場「就是每一個讀者的立場」【98】。現在我們再回到堯斯對伽達默爾的批評。堯斯指責伽達默爾在論述歷史闡釋時具有唯物主義傾向，他「所死守的古典主義藝術的概念」是認識論意義上的「模仿」，不能「成爲接受美學的普遍基礎」，指責他承認柏拉圖的圖式會導向某種非時間性的眞理。堯斯顯然更爲強調讀者「積極的接受意識的參與」、亦即理解的「創造性功能」【99】。但是，在我們看來，所有這些批評都出於對伽達默爾理論的誤解【100】，而形成這些誤解的根本原因，是堯斯忽略了伽達默爾本體論詮釋學所從出發的理論基礎——現象學。如前所述，當伽達默爾談論「傳統」、「文本」等時，根本不是那種作爲先於理解活動而存在的認識對象。相反地，它們乃是在讀者的意識之中顯現出來的、被意識到的東西；它們在理解過程中被構建起來、並伴隨著理解的深入而不斷地被重構。重構不是人們一種方法，人們憑藉它來再現文本的意義、並由此而達到對文本的認識；它本身是一種創造活動，從根本上說，「所有理解性的閱讀始終是一種再創造和解釋」【101】，並標誌了此在的存在狀態。正是在這個意義上，伽達默爾宣稱：「想像（Phantasie）是學者的決定性任務。」【102】這表明，伽達默爾在否定傳統認識論上表現得比海德格爾更爲徹底，他通過否定方法而貶低知識【103】，與當代的反邏各斯中心論、反人類中心論、反本質主義遙相呼應。以此觀之，伽達默爾詮釋學是現代哲學向後現代轉化的中介環節。

因此，雖然堯斯對伽達默爾多有指責，但是他們在基本觀點上保持了一致性，這就是堯斯所說的：「我力圖以接受美學爲基礎建立一種可能的文學史，伽達默爾的影響史（另譯「效果歷史」——筆者注）原則的終點在於把古典主義概念提高到過去與現在的歷史調節的原型層次上去，我們的觀點基本上一致。」【104】如果堯斯沒有忽略這一點，即伽達默爾「效果歷史」的意識——這種意識被利科爾譽爲伽達默爾對精神科學基礎進行思考的最高成就——與「文本」概念以及「視域融合」等有著共同的現象學基礎，堯斯就會意識到，他的接受美學與伽達默爾詮釋學沒有實質上的區別。然而，正是通過對伽達默爾的批評，堯斯闡述了他更爲徹底的那種讀者中心論的「接受美學」之主張。從中也顯示出了他們在某種程度上的區別：堯斯立足於審美體驗，一種純粹的主觀感受；而伽達默爾畢竟考慮到了「文本」對於讀者的作用，雖然「文本」被視爲讀者重構出來的意識之中的存在，但是這種重構活動也受到了文本自身因素的影響，這

種影響，是我們在閱讀任何一部有影響力的作品時都能夠感受得到的。由於堯斯的批評，也使人們注意到了在伽達默爾表述中若隱若現的「認識論」。不過，伽達默爾的認識論並不是表現在堯斯所指出的地方，其實，當伽達默爾爲自己理解理論何以不是一種「相對主義」的立場做出辯解時，才眞正表現出了一種認識論的傾向。而在這時，他已將「效果歷史」、「詮釋學循環」、「時間間距」等轉換成詮釋的方法論，用以證明，在理解中所構建的東西，亦即在讀者的意識中所呈現的東西，爲何超出了理解者的個人意願，而表現出一種客觀性。

正因如此，在伽達默爾理論的主旋律中便出現了一些不協調的音符：若根據伽達默爾讀者中心論的主張，將一切理解最終歸結爲「自我理解」，當然可以捨棄方法論，因爲「自我理解」所指向的是理解者各自不同的理解，而不是那種需要通過恰當的方法得到的正確理解；另一方面，他又不得不採用某種方法論，以避免陷入爲人所詬病的相對主義泥潭，於此處，他的論述明顯的表現出了對理解的客觀性之訴求，其立場也轉向了文本中心論——由讀者的「自我理解」轉向了對文本的「更好」理解。以此觀之，在伽達默爾的理論內在地包含了雙重的衝突，其一是讀者中心論與文本中心論的衝突，其二，與此一衝突相應的，是消解方法論與立足於新方法論的衝突。我們在前面已經指出，伽達默爾主要傾向是讀者中心論的，這也是從他的本體論基礎——亦即把理解視爲此在（在閱讀過程中也就是讀者）的構成與呈現——出發可以得出的合乎邏輯的結論，而消解方法論的主張，其實是這種本體論的副產品。有鑒於此，上述的雙重衝突，就其實質而言，可概括爲伽達默爾所高揚的理解本體論（自我的理解與生成）與傳統的認知方法論（對文本的正確理解）的衝突。這就是說，那個伽達默爾力圖揚棄的東西，亦即方法論，重又進入了伽達默爾的思想中，成爲他的新本體論的對立面。

無論如何，伽達默爾的詮釋學所取得的成就是空前的。所有這一切都得益於他所堅持的辯證方法。在他那裡，黑格爾的思辨辯證法仍保持著一種經久的意義。他對於語言、對話、遊戲、藝術作品的理解問題的精闢見解，表明了他繼承了德國古典哲學的優秀成果——辯證法。然而他又超越了黑格爾，在黑格爾力圖以辯證法來構建一個封閉體系的地方，他堅持了徹底的辯證法，創立了語言詮釋學——一個永遠開放、不斷更新的理解之理論體系。

下篇 ｜ 詮釋觀念的衝突與反思

　　本書「中篇」的各章主要分析了以德國詮釋學爲主導線索的詮釋學思想，更確切地說，分析的是自施萊爾馬赫到伽達默爾的詮釋傳統，在某種意義上，我們可以說它乃是詮釋思想之主流。但是，隨著詮釋學逐漸發展爲一種國際性的思潮，它自身也開始分化，朝著不同的向度發展了。其中，影響較大的有義大利的E. 貝蒂（Emilio Betti）、法國的利科爾（Paul Ricoeur）和德里達（Jacques Derrida）以及美國的赫施（E. D. Hirsch）等人的詮釋學說，在德國本土，還有哈貝馬斯（J. Habermas）、阿佩爾（K. -O. Apel）等。以伽達默爾爲代表的德國詮釋傳統遇到了他們強有力的挑戰，他們的觀點雖不盡相同，卻有著一個共同的焦點：克服理解中的相對主義。當然，德國的詮釋學對於理解中可能出現的相對主義危險並非毫無察覺，相反地，說它對此曾予以高度重視或更爲恰當。施萊爾馬赫在心理移情的基礎上增設了「語法規則」，他和他的後繼者們不斷地充實與修訂的「詮釋循環」、伽達默爾的「對話結構」，如此等等，或多或少地起著防範相對主義的作用。然而在他們的批評者看來，這一切努力都未能徹底地解決問題。顯然，這些來自內部的批評不完全是無的放矢。如果我們把這些不同詮釋學流派作爲一個整體來看，那麼，這些不同的意見倒是眞正相互補足的。

第十三章

方法論詮釋學

一、貝蒂：作爲精神科學一般方法論的詮釋學

貝蒂的詮釋學屬於旨在正確解讀客觀心靈的詮釋方法論，在精神科學諸方法論體系中，貝蒂的體系可謂龐大、深入而又複雜。在德國詮釋傳統一統天下的詮釋學領域裡，義大利哲學家貝蒂是獨樹一幟的詮釋學家。他執著地沿著施萊爾馬赫與狄爾泰開闢的方法論詮釋學的道路前行，與海德格爾、伽達默爾所代表的本體論詮釋學分庭抗禮。貝蒂將方法問題當作詮釋學的基礎，在他看來，唯有方法論的前提才能使理解避免陷入似是而非的相對主義。貝蒂認爲伽達默爾等人的詮釋學缺乏一種理論的徹底性，由於他們把施萊爾馬赫、洪堡、狄爾泰等思想家視爲不可逾越的正統權威，從而關閉了詮釋學自身發展的道路。但這並不是說，貝蒂是絕對拒斥德國詮釋學的，事實上，他與伽達默爾的分歧同樣的也存在於伽達默爾與施萊爾馬赫、狄爾泰之間，就此而言，貝蒂可以說是繼承了施萊爾馬赫和狄爾泰的詮釋傳統，認爲詮釋學主要是指向精神科學領域的一種理解方法。

然而從總體上看，德國詮釋傳統未能解決理解過程及其結論的客觀性問題，沒有提供一套行之有效的方法，用以防止理解中的相對主義。就此而言，貝蒂立足於方法論研究詮釋學，既是對德國詮釋傳統的發展，同時又是對它的矯正。伽達默爾雖然與貝蒂在理論上有著重大的分歧，並爲此展開過激烈的論戰，但還是中肯地給予貝蒂的詮釋學研究以很高的評價：詮釋學問題最近由貝蒂的重要研究而得到了探索性和系統性的整理。作爲法學理論家，貝蒂完全避免了天眞的歷史客觀主義的危險，也同樣避免了過高估價主觀意見。「貝蒂在所有理解的客觀與主觀因素之間尋找一個中心點。他闡述了詮釋規則之整個規範，矗立在其頂端的，是文本的意義自主（Sinnautonomie），緊隨其後的是意義，亦即從文本自身中獲得作者的意見。他同樣堅決地強調理解的現實性原則，或者更確切地說，與理解對象的相符原則。這意味著，他發現解釋者的立場束縛性（Standortgebundenheit）是詮釋學眞理的不可或缺的因素。」[1]

(一) 詮釋學的方法論意蘊

按照Josef Bleicher的梳理，貝蒂的學說被歸入「詮釋學理論」，屬於施萊爾馬赫、狄爾泰一脈，在章節安排上也緊緊銜接著狄爾泰，而被置於海德格爾之前[2]。不過，貝蒂詮釋學的理論基礎無疑是早期的胡塞爾現象學，意在建立「科學的」精神科學方法論。對於貝蒂來說，詮釋學的根本宗旨就是正確解讀文本之原意，這種「原意」乃是讀者對文本的悉心分析中得出的。他不能容忍諸如海德格爾、伽達默爾等人的看法，認爲文本[3]的意義在理解中生成，而非文本本身所固有。

貝蒂的詮釋學思想主要見於*Zur Grundlegung einer allgemeinen Auslegungs-lehre*（一般解釋理論之基礎，Tübingen 1954），*Allgemeine Auslegungslehre als Methodik der Geisteswissenschaften*（作爲精神科學方法論的一般解釋理論，Tubingen 1967）與*Die Hermeneutik als allgemeine Methodik der Geisteswissenschaften*（作爲精神科學一般方法論的詮釋學，Tubingen 1962）。於其中，被視爲詮釋學經典著作的*Allgemeine Auslegungslehre als Methodik der Geisteswissenschaften*最初以義大利文發表於1955年。這部煌煌巨著的篇幅大於伽達默爾的《眞理與方法》，但因其爲義大利文，加之內容浩瀚、論證繁複，使該著作未在學術界產生應有的影響。這一情況得以改變，得益於1967年出版的德文譯本。雖然該譯本是由他人翻譯的，但經過貝蒂本人的審閱，因而被認爲是一個可靠的譯本。爲能更爲簡練地表達自己的思想，他於1972年出版了*Die Hermeneutik als allgemeine Methodik der Geisteswissenschaften*，該書乃是*Allgemeine Auslegungslehre als Methodik der Geisteswissenschaften*的縮寫本，以一種濃縮扼要的方式表達出了他的方法論詮釋學的核心思想與基本框架。德國學術界所閱讀、徵引的大都是1967年的德譯本，這就使得很多讀者產生了這樣的印象，似乎貝蒂的著作是對伽達默爾詮釋學的批評性的回應，而事實上他的這部巨著在伽達默爾的《眞理與方法》（出版於1960年）問世前5年就已經發表了[4]。

從上述列舉的貝蒂著作的標題上即可做出判斷，他的詮釋學研究的主旨是構建詮釋學方法論。Hermeneutik這一概念本身，可以在兩個向度展開，一是作爲方法論（如施萊爾馬赫和狄爾泰），另一是作爲本體論（海德格爾與伽達默爾），貝蒂詮釋學取法方法論，並在其標題上明確用Allgemeine Auslegungslehre（一般解釋理論）取代Hermeneutik，或者以allgemeine Methodik（一般方法論）界定Hermeneutik，都意在鮮明地表明自己的根本立場[5]。

貝蒂詮釋學植根於施萊爾馬赫與狄爾泰的詮釋理論，這種建構理解與解釋的方法論之努力，在胡塞爾那裡被發展爲思辨、深刻的哲學現象學體系。這就是貝蒂所從出發的基礎，他也一直被視爲屬於浪漫主義傳統的、具有行動訴求特徵的觀念論之理論陣營的思想家。貝蒂的理論貢獻在於，他的研究並未因襲前輩們的思維進路，而是力圖克服他們的認識論的心理主義傾向。在他看來，心理主義的立場並不能爲「客觀知識」提供保障。爲此，貝蒂回到了康德，接受了康德對於知識的界定：知識不是認識主體對實在的被動反映，它的對象是由我們理解他們的方式決定的[6]。他反對狄爾泰的精神現象之認識論過分依賴心理學的「移情」作用、依賴於讀者對作者心理活動的「再體驗」，而贊同康德所闡發的知識的理性構建性主張。他建構的方法論的目的，就是意在阻止解釋者的主觀性侵入

解釋過程，以便得到對精神的客觀化物的客觀認識。

(二) 富有意義的形式

　　何謂精神的客觀化物？質言之，就是「富有意義的形式」（die sinnhaltige Form），所有富有意義的形式共同形成了人類文明的統一體。在此，「形式」乃是他人的心靈向我們訴說、傳達的形式，應理解爲「一種統一的結構關聯（Strukturzusammenhang），於其中，諸多可感覺的因素相互聯繫。它甚而是這樣一種東西，它適合於保存它所創造的、或者它所體顯的精神特徵。」【7】諸如文字、密碼數位、藝術的象徵、語言與音樂表象、面部表情和行爲舉止方式等，均爲富有意義的形式，亦即精神顯自身、從而成爲能得以被辨認的客觀化物。這種客觀化物可以在實際知覺裡被給予，也可通過我們的記憶而獲得。它乃是能夠使我們得以進入我們的精神關聯、進而理解存在於此關聯中的精神對象之中介。於此處，要特別注意客觀化物與其所負載的意義內容之區分：客觀化物是屬於「物理層次」的，它所攜帶的意義內容屬於精神性的。所謂精神現象的認識，就是通過客觀化物而把握精神、亦即客觀化物所承載的意義內容。但是，若是將客觀化物、亦即的形式化的東西理解爲某種外在的軀殼或包裝物，以爲它們的轉換將會影響到其中所包含的思想之轉換，便是一種「嚴重的唯物主義偏見」：「事實上，人們得以相互理解，並不是通過交換事物的物質符號、也不是因爲他們自動地相互傳遞物質符號而產生了相同的思想，而是通過相應的因素在他們自己的表象世界與概念世界的鏈條內的運動，並且撥動了其自身的精神樂器之同樣的音鍵，以激發與講話者相符合的思想。此乃因爲，精神之門只能從內在出發、並出自一種自發的衝動而開啓，從外界接受的東西，僅僅激發了共振與共鳴。」【8】

　　廣義上理解的「富有意義的形式」，還包括了表達了人們的思想的「實踐活動」，這種活動乃是「一種中介或某種觀看和思維方式的含蓄表現」，以它作爲解釋對象，可推知作者的思想活動、行爲的動機。此即表明，通過人的實踐行爲可以了解作者的創作風格或生活風格，重新辨認出人的客觀的思想活動。

　　根據貝蒂的看法，布林特曼（Rudolf Bulttman）和伽達默爾對詮釋結果的客觀性甚至是持反對態度的。爲維護意義的客觀性，貝蒂嚴格區分了「解釋」與「富有意義的形式」。「解釋」乃是理解主體的行爲，而「富有意義的形式」則是精神客觀化了的存在。在他看來，精神科學範圍內的人文現象基本上是人的主體性具有「富意義的形式」之表現，這個富有意義的形式就是主觀心靈的客觀形式，亦即人的主觀性投射到外在對象上的客體化存在。在此，所謂「主觀性的投射」乃是達到對象的一種方式，在此一投射中對象所呈現的形式，映現在主觀

性中便是「富有意義的形式」。在貝蒂看來，「富有意義的形式」就是精神的客觀化。客觀化精神的這種形式上的確定性是與它的現實存在聯結在一起的，換言之，在富有意義的形式中，意義和意義載體是相互吻合的。一切解釋都只是對富有意義的形式的解釋，通過解釋，把握這種形式中所包含的意義。由於富有意義的形式將精神客觀化了，從而克服了特定主體與精神之關係的那種直接性，將過去所發生的意義呈現在我們面前；正因如此，富有意義的形式實質上乃是一中介，這種中介作用使主體間的普遍交流成爲可能，理解的普遍性與客觀性便基於這種由富有意義的形式所開啓的主體間性（Intersubjektivitat）。

雖然富有意義的形式特別適用於精神科學，但它的作用卻不局限於此，在貝蒂看來，這種形式具有一種普遍意義。他認爲，日益分化的意義世界和自然界在本質上是統一的，因此富有意義的形式所指向的是這兩個世界的統一整體，這個形式表達的是一個統一的結構關聯，在其中，各種可感覺的因素相互作用，實現了意義領域和自然界的互相交叉和滲透【9】。

貝蒂對富有意義的形式所具有的普遍性沒有做出令人信服的說明。在他那裡，這一切可能還是一種初步的構想。不過，真正的問題還不在於此，貝蒂沒有意識到，對於他的思想樂章來說，這一構想彈奏出的乃是一串極不和諧的音符。如前所述，貝蒂堅持認爲理解基於主體間的交流，基於富有意義的形式所開啓的主體間性，在他看來，一切理解所實現的都只是主體的意向性，因爲被客觀化的意義最終是這種主體的意向性之表達，從根本上說，知識的客觀性也只能在意向性中達到。

(三) 客觀性：解釋與理解

基於意義的客觀化理論，貝蒂重新界定了「理解」與「解釋」及其關係。他認爲，解釋是主體的行爲，而理解則是這種行爲的目的，解釋因而是朝向理解的過程，其任務就是讓某物得以理解，其性質是解決理解的認識論問題【10】。在貝蒂看來，解釋朝向理解的過程就是詮釋學所云的「理解現象」，這一現象是一種「三位一體」的過程。在此「三一」結構中，「主動的、能思的精神之解釋者」與「被客觀化於富有意義的形式裡的精神」構成了對立的兩極。但是它們之間並不直接發生聯繫，而是要通過「富有意義的形式」這個中介才產生了相互的關聯，換言之，惟在此一富有意義的形式中，解釋者才直接面對凝結在形式中的精神。認識論中的主體與客體，在詮釋學中轉換爲解釋者與富有意義的形式。所不同的是，在認識論中，主體與客體直接面對，認識的目的乃是直接把握客體，而在詮釋學中，則是以客觀化物爲中介來深究凝結於其中的思想、精神，這就是

說，形同於客體的「客觀化物」並非解釋的目標。解釋者的任務，因此乃是重構他人的思想（Gedankengut），並內在地將其作爲某種自我形成的東西重新創造出來。儘管這種東西將成爲他自己的，他仍應同時將其作爲一個他在的東西，作爲某種客觀的與他人的東西。因而此處乃處於一種衝突之中，一方面是無法與理解的自發性相分離的主觀性，另一方面則是須釐清的意義之他在性的客觀性。此兩者的辯證關係乃是一切解釋的出發點，理解便是溝通此兩者的橋樑：「理解在此就是對意義的再認識（**Wieder**erkennen）和重構（**Nach**konstruieren），並且是對通過它的客觀化形式而被認識的精神的再認識和重構。這個精神對一個思維著的精神──一個與它有著共同人性的親緣關係之精神──訴說：理解是一種溝通的拱橋，將這些形式與其內在整體──此整體曾創造了它們，而它們又與之相分離──重新結合與統一起來；這些形式的內在化──儘管這些形式的內容存在於一種他在的形式中──使原本不同的主觀性得以轉換。」[11]

　　顯然，無論是對意義的重新認識還是重新構造，對於貝蒂而言，通過解釋所理解的意義應當是確定的，是對富有意義的形式的直接的、單義性的理解。這意味著，對於那種富有意義的形式中的意義之重新構造必須盡可能地符合其原本蘊含的、亦即作者的思想表現所意欲意表達的意義內容。這就要求解釋者首先要了解作者的思考與想像的方式、風格，即一切促成作者的思想表現得以形成的因素。但是另一方面，意義的客觀重建又必須依賴於解釋者的主觀性，也就是說，對意義、對想像方式的把握不能依靠簡單收集由富有意義的形式直接提供的東西而完成的，而是一種要求解釋者「在自身之內借助他的卓越直覺重新認識和重新構造的東西」，它取決於解釋者能夠具有與作者相應的理解能力，需要解釋者自己的洞察力與創造性的思考能力，才能使另一主體的創造性產物轉換成解釋者自己的。問題在於，這種不同的主體性之間的轉換又如何保證其客觀性？我們知道，在狄爾泰那裡，是借助於「心理移情」、「重新體驗」來實現這種轉換的，它也是達到客觀地理解一個他在的精神的基本保證。而貝蒂明確反對「心理移情」，那麼解釋與理解的客觀性以什麼爲擔保呢？貝蒂所提供的理由是：由於我們共同分享人性，我們的精神具有同質性，因而解釋者的精神能夠客觀的理解另一主體性的精神之訴說，理解其訴說的意義[12]。

　　對於理解來說，實際上存在著兩個環節，一是意義的客觀化，二是理解主體對其所蘊含的主要意義之「複製」，亦即使客觀化的東西重新回歸到主觀化。在這裡，客觀化和回歸主觀化，嚴格地說並不是前後相繼的兩個階段，而是相互轉換著的兩個作用環節。意義的客觀化從一開始就受到了回歸主觀化的可能性條件的制約，正因如此，在客觀化的結構中，就已經預示了回歸主觀化之結構的可能

性。理解便意味著相互轉換的客觀化和回歸主觀化的之「吻合」。解釋的作用在於，它從富有意義的形式中分析出客觀化了的精神，並呼喚著主體，即活生生的和思考著的精神，通過生命實際狀態的不同旨趣，促成主體的理解意願[13]。

貝蒂所宣導的「客觀解釋」之主張以及爲其主張所提供的證明，對於推動認識論向度的詮釋學有著重大的積極意義。他也清楚地意識到，從認識論的立場出發建立詮釋學，追求理解與解釋的知識性，基於解釋者的主體性而達到對另一主體的客觀意義之客觀理解。在這裡，至爲關鍵的問題就是：精神科學領域的知識之客觀性。知識的客觀性理想本出於自然科學，但是，若根據自然科學對於「客觀性」界定，按照貝蒂所列舉的布林特曼（R. Bultmann）的見解，在精神科學——比如歷史學——知識中，從未可能達到過。因此，貝蒂所說的「客觀性」是完全不同於自然科學所揭櫫的「客觀性」概念。在自然科學那裡，研究對象與我們自身的東西有著本質的區別，而精神科學的對象恰恰是由主體建立起來的，是精神的客觀化表現。

由此共同的起點出發，貝蒂卻展開了一條與布林特曼不同思維進路。在布林特曼看來，解釋之所以可能，乃基於文本直接或間接提供了與文本的意向相符的文本主題，它可以通過以下方式獲知：(1) 心理學：通過對個人、群體或宗教方面的心理學的考察，並從心理學方面研究語言、藝術、法律，對過去的歷史完成重構；(2) 審美的興趣：「審美興趣使文本隸屬於一種結構分析」，並研究藝術作品的內在形式；(3) 歷史的興趣：作爲人類存在活動的富有生氣的領域之歷史，所涉及的是作爲自我存在模式的人的存在問題，其中就包含了哲學的、宗教的、詩歌的文本研究。有見於此，布林特曼認爲，由於每一歷史現象隸屬於與研究者有著親緣關係的不同的研究類型，它之所以能夠成爲某種「研究」，皆出於主體的選擇，因此所有的「研究」在其本質上都是「主觀的」。他由此得出這樣的結論：最「主觀」的解釋，就是最「客觀的」解釋，也只有被他自己的存在問題所激動的人，才能傾聽文本的要義，眞正理解文本；也只有對未來負有責任而開啓歷史現象的歷史學家才能夠理解歷史[14]。貝蒂極力反對布林特曼的見解，因爲布林特曼對「客觀性」的理解事實上取消了貝蒂所堅持的解釋的知識性、客觀性。貝蒂並未一概反對「歷史知識的客觀性是不可達到的」這一說法，他承認，就絕對的、最終的知識意義而言，歷史知識的客觀性確實是不可能抵達的。但是，如果就認識現象本身而言，這種觀點否認了歷史現象的「自在存在」，就顯然不正確了。誠然，解釋的任務有賴於理解的現實性，因而詮釋學的任務永遠不可能終極性的完成，文本所包含的意義永遠是隨生命而生、並在重生之鏈中不斷變化，但是，「這並不能排除這一事實，即，在客觀化了的意義內容中，他人

創造力的客觀化仍然存留下來,因而解釋者就不能隨意的、而是要依據可控制的規則去探尋其關聯。在此,他者的心靈並非直接對我們言說,而是跨越了空間和時間,經由承載精神的材料之轉換,使我們得以可能接近構成物(Gebildes)的意義,因爲他是人類精神中的某種精神,或者(用胡塞爾的話說)它出自同一個先驗的主觀性;但是,由於這種他者的精神已經客觀化其自身於富有意義的形式這一事實,它保留其爲一種與我們相對立的、穩固不變的、駐足於其自身之中的他在。」【15】

毫無疑問,爲保障理解的客觀性,就需要制定一套「可控制的規則」。這也是方法論、認識論的詮釋學始終不渝地努力的方向。施萊爾馬赫提出了語法學(語義的客觀解釋)與心理學(作者的心理重建與解釋者的內在經驗,此中強調的是解釋中的主觀因素)規則之結合,狄爾泰進而主張「體驗」(解釋者重新體驗作者的心理活動),都旨在爲「客觀理解」提供各自的指導原則。但是,在貝蒂看來,他們的嘗試是不成功的,因爲在他們的理論體系裡有賴於心理學因素,依賴於情感因素。貝蒂堅持認爲,「只要情感(Gefuhle)未轉化爲確定地表達出來的、可驗證的判斷,亦即未轉化爲形成概念的經驗,訴諸於『情感』就是在戲弄科學的證實性。」【16】它充其量不過是證明歷史學家進行假設的心理起源,這種主觀的和情感上推定的思辨解釋,並不構成歷史知識。

以此觀之,貝蒂詮釋學確實有著科學主義的傾向,從他所制定的詮釋四原則中我們也能覺察到科學主義的印記。

(四) 詮釋的四原則

貝蒂的詮釋學一個重要特徵,就是他力圖爲自己的詮釋理論提供了一套可供操作的方法。他將其概括爲詮釋的四個原則。這些原則可分爲兩類,一類指向解釋的對象(客體),另一類指向解釋的主體。以下分述之:

1. 詮釋學對象的自主性(Autonomie)原則

這裡的詮釋學對象乃是指「富有意義的形式」。由於解釋活動所直接面對的東西就是這種「富有意義的形式」,因此被列爲第一個基本原則。「富有意義的形式」之自主性要求,表明被理解的「文本」是獨立存在的。文本的獨立性意味著,它的意義不僅不依賴於理解者,而且不取決於它的作者。雖然作品凝結了作者的主觀性,它的形成過程爲作者的主觀意向所制約,但它一經形成,並作爲人們的理解對象,便具有獨立的意義。文本在理解者面前只是一個客觀的對象,它的意義存在於它的內在結構之中,因而評價一種解釋是否「客觀」,其標準內在於文本之中。意義的客觀性之根據便在於此。貝蒂強調被理解對象的內在意義,

他認定對象獨立於理解者，任何被理解的「文本」，都有其「客觀意義」，「本質上是精神的客觀化物並特別是某種思想內容的表現」。理解從主體的參與入手，達到的是客體化的建構。因此，解釋者所能夠完成的，只是闡明富有意義的形式本身蘊含的內容，他應排除自己的旨趣和意向中的隨意性，尊重文本所賴以形成的時尚和倫理價值觀，尊重它自身發展的邏輯、它們所具有的聯繫，在其自身的「必然性、融貫性和結論性」中進行理解，以把握事實真相，而不能迎合其他任何外在的目的來進行理解。但在另一方面，貝蒂注意到了文本與闡釋者之間可能存在的間距，它使兩者的人類學基本狀況發生「偏離」，因此，理解中的主觀性實質上意味著詮釋的創造性。貝蒂劃分了理解中的兩種創造性，即模仿（複製）的創造性和「補充、轉化、深化」的創造性。

2. 意義圓融性原則（整體原則，Kanon der Ganzheit）

這一原則所指向的是意義整體之預見，假定任何思想的表現均由統一的精神而來，並且朝向統一的精神於意義。唯有通過對意義整體的預期性認識，才可能確定單一的意義，從而進一步達到意義整體之確定。意義的整體性基於被理解對象的整體性，而對象的整體性則是因為它是某種「統一的精神」之產物，並因此而表現為「統一的精神和意義」[17]。在其中所顯示的單一的意識都是從屬於這個統一體的，因此，各個單一意義的實現不會危及意義的統一性。整體性原則要求闡明一切參與構成富有意義的形式的因素，由於這些因素是服務於整體意向的，它們就會和諧一致的實現整體意義，意義整體性（Sinntotalitat）寓於它們的相互聯結之中。

在這裡，整體與部分的關係是一種相互轉換和循環的關係：整體的意義從它的個別元素中推出，個別的元素通過它置身於其中的整體而得以理解。在現代詮釋學史中，是施萊爾馬赫首先對整體與部分的循環現象做出了深入的探索和比較系統的表達。在他的《詮釋學與批判》一書指出，在一部作品中，整體與個別元素、不同的諸個別元素之間存在著內在的統一關係[18]。這一原則的進一步擴展，每一文本都可被視為一根鏈條上的一個環節，只有在更大的意義語境中才能被理解。此一擴展可以從兩個方面來理解，就作者生命的主觀方面而言，個人的整體生命為一整體，他的每一行為都可通過生命的整體性來理解；就客觀方面而言，一部作為整體的作品，又從屬於一個更大的整體——文化系統，成為這個大系統的一個環節。在詮釋的過程中，它們的作用是相互依存的，若要理解文化系統，必須深入地理解作為文化系統的構成部分的作品，反之，理解一部作品，離開了對作品形成於其中的文化系統的了解也是不可能的。

　　儘管整體與部分處於一種互相依存、相互作用的關係，但施萊爾馬赫還是將這一原則確定爲「整體原則」。若將貝蒂的思考結合一起，就比較容易理解這一點了。貝蒂稱這一原則爲「意義圓融性原則」，而主張「意義圓融」前提就是預設了意義之整體性，意義圓融無非是指，諸多作爲個別的意義和諧融貫地構成了一個有機的整體意義。因此貝蒂將這兩種名稱不同的原則視爲同一種原則。

　　上述兩個原則旨在保障達到所解釋出來的意義之客觀性要求。但詮釋活動本身又是發自主體的活動，因而理解與解釋必然有詮釋主體的主觀性參與其中。因此在制定了關乎詮釋客體的原則之後，還須制定對於主體的指導原則，以實現主體要求介入詮釋的要求，亦即實現詮釋的主觀性與能動性。在貝蒂看來，試圖拋棄主觀性來保證理解的客觀性是毫無意義的，也是不可能的。

3. 理解的現實性原則（Kanon der Aktualität des Verstehens）

　　這一原則所指向的乃是解釋者的主體性，具體地說，是主體之詮釋功能。貝蒂認爲，「……解釋者的任務，是在其內在性中回溯創造過程，內在地重構創造過程，將他者的思想、過去的片段、一個記憶的體驗，內在地重新回置於自己的生活現實之中；亦即，在創造者自己的經驗框架內的創造過程，因基於同樣的綜合，而將能夠創造過程通過一種轉換得以適應與植入解釋者自己的精神視域（Geisteshorizont），通過這種轉換，解釋者能夠重構與重新認識這一創造過程。」[19] 於此中，我們的心靈所獲得的東西進入了我們的表象和概念的結構中，每一新的經驗，都經過調整轉換成了我們心理宇宙的一部分。由此可知貝蒂所說的「現實性」（Aktualität）概念的含義：意義在理解主體那裡，通過主體主動的模仿和「補充、轉化、深化」的雙重創造性，通過重新構建文本的意義而得以重新「實現」。這意味著，此前被客觀化的意義重新被喚醒，回歸到主觀化，回歸到主體活生生的精神世界。然這「回歸」運動卻不是純粹主觀的，而是以客觀化的意義爲依據而實現的主觀重構，所以，現實性要求的乃是指客觀的實現，要求主體自身去體驗、認知客觀網路關係中的意義，在主觀中完成客觀意義的重構。在這裡，認識表現意義的語言、亦即文本的語言系統和歷史語境是必備的條件。

4. 詮釋意義之符合原則（Kanon der hermeneutischen Sinnentsprechung）

　　詮釋意義之符合原則是最後一條原則，貝蒂也稱之爲「理解的意義正確性原則」或「意義和諧一致原則」。此一原則的理論前提乃是這樣一種預設：如果只有心靈能對心靈訴說，那麼也只有同樣狀態與同構性質的心靈，能借助富有意義

的形式以一種意義上正確的方式接近和理解另一心靈。整個文化世界都是心靈的產物，是心靈客觀化物、亦即富有意義的形式，我們就能夠通過它來把握人的精神存在之總體。「和諧」在此不僅意指解釋出來的意義本身和諧一致，並與解釋對象符合一致，還表明了解釋者的一種積極、坦誠的態度，一種在道德和理論上的反省的態度，採用最合適的立場主動追求、創造和諧一致的觀念。使解釋者於被解釋者「以一種和諧一致的方式相互協調、共鳴」【20】。

貝蒂區分了「法理的探究」（quaestio juris）和「事實的探究」（quaestio facti），具體的主體性在它們之間起著一種協調作用，旨在使「法理的探究」中表現為主體間的主觀因素和「事實的探究」中所表現的客觀性相互吻合，和諧一致，使闡釋者自己當下的具體性與整個詮釋的效果融為一體。為了在這種「協調」過程中不損害客觀化意義的自足性，詮釋者應盡量排除自己的先入之見，綜合考慮到相關的各種因素，並給予作者以最大的信任，讓主體與代表作者主觀意向的客觀對象之間產生一種同感作用，以求理解的客觀公正。這一原則可視為對「文本的自主性原則」的補充。

正是基於文本意義的獨立性和客觀性，關於詮釋的循環問題在貝蒂那裡也被賦予一種新的解釋。貝蒂認為，理解所追求的乃是文本的客觀意義，但是，施萊爾馬赫卻在詮釋的循環中加入了作者的主觀性，伽達默爾又將理解主體的主觀性融入其中，都未能把文本當作真正的客觀對象來理解，就不可能杜絕理解的相對主義。貝蒂指出，作為客觀對象的文本是一個獨立的存在，他把「文本」的獨立性確定為詮釋四原則中的第一原則。此一獨立性意味著，文本的意義是不依賴於讀者的，它在讀者面前只是一個純粹的客體，其意義只存在於文本的語詞、語法規則和總體結構的相互關係之中，無論理解主體發生什麼變化，文本結構總體所蘊含的意義是不變的；另一方面，文本的獨立性還意味著它獨立於作者。雖然作品凝結了作者的主觀性，它的形成過程為作者的主觀意向所制約，但它一經形成，便成為一種不再受制於作者的客觀存在，獲得了獨立的意義【21】。一旦文本獨立於作者和讀者，施萊爾馬赫和伽達默爾所提出的「循環」就不僅是多餘的，而且是對理解的一種誤導，鑒於此，部分與整體的循環之唯一合法形式，便是「語詞——文本」的循環。這一循環立足於文本自身所蘊含的意義，為不同的理解提供了一個共同的客觀標準，真正避免了詮釋循環陷入理解的相對主義。

我們引證貝蒂的一段話作為本節的結束語，這段話表明了貝蒂詮釋學所追尋的境界：「唯有當人類精神面對客觀意義而建立起一種更高的、不同的意義以推動生命時，人類的精神才能完成這一過程（即人類獲得自我認識的過程——引者註）。唯有通過這種向著意義的迂回力量，我們的精神才有可能返回自我知識：

因而歷史知識不僅僅是人走向自身的道路，而且同時也是走向某種更高的東西之道，按照偉大的歌德話來說，是走向遠遠超出單一個人的東西之道」【22】。

二、利科爾：文本詮釋學

利科爾詮釋學很難定位，它涉及到幾個學科領域，與結構主義、現象學、心理學、存在主義哲學等均有緊密的關聯。利科爾深入考察了出自不同立場的詮釋理念與方法，力圖消解存在於它們之間的張力，調和各種似乎是相互矛盾與對立的詮釋體系，從中找到對於解釋現象的一種新的理解。在他所闡明的各種解釋觀念中，有著一個他所從出發的、穩固的基礎，這便是「文本」（Text），故而被稱爲「文本詮釋學」。

(一) 利科爾詮釋學的特徵

試圖在更大的範圍內整合各種詮釋學所涉及的學科，構成了利科爾的詮釋學的一個特點。他的《詮釋的衝突》（Le conflit des Interprétations, 1969）一書，不僅力圖勾畫出不同的詮釋理念之衝突，而且也試圖通過進一步的理論反思努力化解衝突。基於這樣的思考，在其《詮釋的衝突》中著重梳理了五對關係，分別爲：(1) 詮釋學與結構主義；(2) 詮釋學與心理分析；(3) 詮釋學與現象學；(4) 所詮釋的惡之象徵（對象徵符號的詮釋與哲學的反思）；(5) 宗教與信仰。其結果，不外乎對這些看上去表現爲對立的研究方式進行適度的調解，盡其可能地將它們綜合、整合起來，使之成爲一個具有更爲廣泛的包容性的整體。他將不同的研究進路，視爲不同的「策略層次」，不同策略層次都具有自己的合法性和正當性。一旦超出其適用的範圍，就須轉接到與之相應的研究領域。而詮釋學所代表的乃是「文本層次」。總體上看，利科爾的詮釋學具有比較明顯的結構主義傾向，同時也相當關注弗洛伊德的心理分析。他所堅持的乃是那種原初形態的結構主義，亦即起源於索緒爾語言學結構主義：「結構的觀點因此在整體上於發生的（genetic）觀點對立。它同時也集結了共時性（語言狀態對其歷史的優先性）、有機體的觀念（語言是由各種包含著部分的整體所組成的統一體）、以及組合物的觀念（語言是各種抽離單位的一種有限秩序）。」【23】作爲我們的研究對象的語言，利科爾的理解也是一種綜合性的，它涵蓋了兩個方面：(1) 他承認語言是經驗科學經驗處理的客體，這種客體完全是由支配其構造的程序、方法、預設以及結構來界定的。由此出發，便引向了貝蒂追求客觀意義的方法論詮釋學。若我們的認識僅限於此，就會將語言現象看作是絕對的。但是，(2) 言談的雙方都

擁有自己的語言經驗，此中顯露出它的某種存在模式，因而，語言也就具有了它的另一方面的規定性，「對於在說話的我們而言，語言不是一客體，而是一種中介。語言是我們通過它、藉著它而表達自我、表達事物的東西。」[24]視語言爲「中介」而表達自我的觀點，與德國的伽達默爾語言本體論如出一脈。

他的理論具有論戰的性質，而且是一種多向度、調和性的論戰。比如，他贊同貝蒂的觀點——他們的詮釋學後具有認識論的性質——致力於對客觀化的精神之詮釋提供適用而又周密的規則。但是他又堅持認爲，貝蒂所提供的規則體系的適用範圍只是文字性的「文本」之詮釋，而非所有的精神之客觀物、亦即呈現在人類社會中的文明與文化的所有形式；這種觀點與他對於「詮釋」的理解有關：「詮釋是思想的工作，這工作在於對表面意義裡的隱藏意義加以解讀，在於開展蘊含在字面意義下的意義層次。」[25]他雖然反對伽達默爾理論中所表現出來的理解的相對主義傾向，卻也肯定了伽達默爾的對於「文本的自主性」主張。如此等等。這種情況，使得研究者在把握他的思想時很難清理出其中一以貫之的中心線索。

在方法論上，利科爾嘗試超越與調解狄爾泰所揭櫫的「說明」與「理解」的方法論對立。他借助於皮爾士的符號理論中所闡發的「符號」、「詮釋物」和「對象」三合一之關係，用來論證的客觀詮釋之可能性。符號指向某種表象，作爲特定心靈作用的產物之表象表徵了事物的特徵，具有這種特徵的東西被稱爲「表象物」（representamen）亦即「詮釋物」（interpretant），它所替代的東西就是「對象」。正是「符號」、「詮釋物」和「對象」三者的內在關聯，使我們得以獲得客觀的詮釋。文本對我們所述說的乃是關於我們自己的事情。據Josef Bleicher對利科爾觀點的概括，「這個解說可能帶有結構分析的形式，提供了從素樸向著批判或者『深層』詮釋、以及向著作爲適用的詮釋之進展的方法；此兩者乃是詮釋學之弧（hermeneutic arch）的兩根支柱，是溝通說明與理解的橋樑，是眞理與方法的中介。」[26]不過他堅持認爲，以這種方式來化解說明與理解的對立，仍然被伽達默爾的「視域融合」所籠罩著，所有的技術性手段雖然有助於揭示意義，但也有其適用範圍，不能過於理想化。

爲避免陷入「詮釋的哲學」和「結構性科學」之間的衝突，利科爾嘗試通過協調運用分析的方法與綜合的方法來解決這一問題：「從分析的方法，我們發現意義的元素，這些元素與被稱說的事物不再有任何關係；藉由綜合的方法，指意的功能乃得以彰顯，此即言詮，而終究地，是『顯露』。」[27]「詮釋的哲學」和「結構性科學」通過它們的方法論上互補消融了其對立與衝突，被整合爲一個更爲完善、更具有包容性的整體。

(二) 現象學、存在論、結構主義的詮釋學

利科爾詮釋學所汲取的理論資源，包括了存在論、現象學、結構主義等諸多學科領域。在他的論著標題中，有不少是用「與」字來表明兩個學科的聯結，對它們的相互影響、互攝互動之關聯進行深入的分析。如《詮釋學與人文科學》（*Hermeneutics and Human Science*, 1981），類似的情況還出現在《詮釋的衝突》中的以下篇章：「存在與詮釋學」、「詮釋學與結構主義」、「詮釋學與心理分析」、「詮釋學與現象學」等。有人稱利科爾的理論為「現象學的詮釋學」【28】，乃是因為利科爾認為當代哲學的研究與發展必須建立在現象學方法論的基礎之上，才能使之具有科學性，他的這一主張我們很容易理解。但是，如果我們就據此來斷定利科爾主張科學主義，仍是有失偏頗的。他一如既往地表現出了他特有的論證風格，力圖給人以公正、周全的理論形像，表明他對問題的另一方面也有著充分的思考：「現象學不可避免地還是要預設詮釋學理論」。此乃因為，(1) 科學性的理想在理解的存在論條件裡受到了其自身的基本限制；(2) 胡塞爾所說的「直觀」尚停留在認識論的層次上，而詮釋學通過揭示詮釋學的循環而證明了理解的普遍性。並且，由於「文本」被創作出來後就獲得了自主性，其意義也不可能局限於它的創作者，其意義在閱讀中表現為開放的、無限的伸展過程【29】；(3) 通過心理學與意識形態批判所提供的限制性條件，證明主體性並不包含終極性的基礎；因而(4) 主體性是「文本」的一個門徒，而非其主人，它只是一個中介，而詮釋學通過這種中介卻可以達到自我理解，如此等等【30】。

准此，現象學與詮釋學的關係就是一種互為基礎、或互為預設之前提的關係，它們處於詮釋學的循環之中，經由此一循環，兩者融而為一。在利科爾看來，現象學（早期胡塞爾）關注的是「科學世界」，詮釋學（晚期胡塞爾、海德格爾、伽達默爾）取向「生活世界」，兩者均各執一端，而此兩者原本都是不可或缺的，因而，必須綜合考慮現象學與詮釋學通過各自方式獲得的經驗，才能在一個更為廣闊、完整的視域中合理地安頓作為兩者合一的整體之經驗。生活經驗不斷地開拓著新的意義領域，實現意義的增長，而現象學方法——於此處起到的作用是解釋（Auslegung）、註釋（exegesis）、說明（explication）、詮釋（interpretation）——則使人們對所呈現的意義的清晰把握成為可能【31】。

在現象學的層面上思考詮釋學，「存在」問題獲得了一個新的視域。現象學中的存在概念所指向的乃是「意識」之中的「存在」，把握此種存在的方式就是反省，是自我理解。各種對立的詮釋學都在以自己的方式理解著存在，建構著自己的存在論根據，此即表明了自我對於所從屬的存在之依賴性，同時也表明唯有在自我那裡才能領悟存在。

　　詮釋學的心理學分析依據主體考古學（archaeology of the subject），其中所發現的存在是「欲望」的存在，就此而言，存在即欲望和努力。而當我們理解了這一點，我們就獲得了我們欲求存在或努力存在的意義。甚至語言本身，也深深地植根於欲望、生命的本能衝動裡。精神哲學的詮釋學揭示了另一種意義的起源——一種代表意識之預設的詮釋學，它催生了黑格爾的《精神現象學》，它的詮釋模式與心理分析正相對立。據利科爾，「心理分析給我們一條朝向遠古的回溯歷程；而精神現象學為我們提供一個在其中每一階段的表象都找到自身意義的運動」。這一精神運動的最終目的是確定的——朝向絕對精神的運動。此中所表達的是一種主體的目的論，它與主體的考古學思維進路相對立：主體考古學是回溯性質的，回溯到存在的起源（arché），而主體目的論是向前行進的，是向著最終的目的（telos）之運動。與上述兩者不同，宗教現象學在神聖的記號裡顯示存在，並通過這些記號理解存在自身，其基礎是末世論。在這裡，主體的考古學之起點（the alpha）與所有目的論之終點（the omega）都被超越了，因為這起點與終點是主體無法自由支配的，它們為神所規定，神通過對人的召喚而顯示自身，並通過召喚而命令人的存在，規定了他是有欲求的、努力的存在【32】。

　　在考古學、目的論與末世論中都呈現出了自己的存在論結構，以此觀之，存在總是被詮釋出來的存在。利科爾要追問的是，能否將這些不同的「存在」統一在「一元」的圖式中？海德格爾的《存在與時間》的第二部分所作的探索試圖解決這一問題，雖然這一問題在海德格爾那裡仍然是懸而未決的，但卻給我們帶來了解決這一問題的希望：「就在考古學、目的論和末世學的辯證裡呈現一種存有學的結構，它可以將這些不協調的詮釋學重新聚合在語言學的層次上。……只有一種象徵圖式指導的詮釋學才能顯示這些屬於同一難題的存在模態，因為這些複雜的詮釋之統一在最後只有通過最豐饒的象徵才能被保證。」【33】他提供了關於象徵的狹義的定義：「我定義『象徵』為任何表意的結構，於其中，一個直接、源初、字面的意義附加地指示另一個間接、引申、比喻的，並且只有通過前者始能被領悟的意義。這樣以雙重意義對表現的定義便正當地構成詮釋學之領域。」【34】

　　結構主義無疑是利科爾詮釋學的重要思想資源之一。他所說的「結構主義」源出於索緒爾語言學【35】。其起點是語言學模式的應用研究，後來發展到人類學，進而擴展到一般的人文科學。索緒爾結構主義語言學顛覆了歷史主義語言學觀念。從歷史主義出發，就應當循著語言的演變歷史，了解其形成、演化的過程來理解語言。但索緒爾的結論是，我們首先只能在語言「既有狀態裡的排列秩序或系統的組織」理解語言。據此，語言的共時性（synchronic）之重要性和優先

性就必然超過歷時性（diachronic），甚或歷時性必然要從屬於共時性，不僅如此，這兩種思維進路還不能同時進行。按照這一思路，處於某一共時性的語言系統都是一個封閉的體系，於其中根本無變化可言，換言之，在其自身之中的任何「變化」都是不可理解的。所謂歷時性，無非是指從一種系統狀態過渡到另一種系統狀態【36】。發展到斯特勞斯（Levi-Strauss）的結構人類學，也沿襲索緒爾的思路，將神話當作語言的存在來處理，將神話分解為建構神話的最小單位的「神話素」（mythemes），類似於語言中「語素」（phonemes），構詞素（morphemes）和語義素（semantemes）。他通過對這些元素的組合方式之分析，建立了人類在種種表達上有效的內在邏輯【37】。利科爾對結構主義的方法頗為中意，他這樣寫道：「結構主義是科學的角色，而我在目前還看不到在理解本身的層次上，有什麼比結構主義更嚴格或更豐碩的進路。」【38】相比之下，以「嚴格」、「精密」的科學自詡的胡塞爾現象學，在利科爾眼裡都似略遜一籌了。不過，由於這種特別重視「內在邏輯」具有強烈的排他性，還是引起了注重理論綜合與協調的利科爾的不滿，他的理論宣導一種兼及共時性與歷時性的客觀審視。他批評道：「《原始心靈》（The Savage Mind）【39】代表達到某種限度，即一種終極的系統化，它操之過急地要求定立錯誤的二分選擇，在幾種理解方式之間或幾種可理解性之間的選擇。我認為這在原則上是荒謬的；為了避免事實上落入陷阱，結構主義必須被視作一種解釋，它起初是有限度的，然後根據問題本身的指導方針而逐漸地擴展。」【40】

顯然，利科爾所理解的「結構主義」不同於索緒爾，他認為任何對於結構的分析都涉及到詮釋學的理解與構成語義學的領域，而任何意義之重建也同樣需要結構性的理解，對他而言，「結構」乃是處於「素樸的象徵性與詮釋學理解之間的必要的仲裁者」。在此，「素樸的象徵性」意指自然的象徵思想、歷史形態學所提供的東西。在自然的象徵思想之中心，樹立著一種可見的、「外在性」的圖式，如在亞當神話中，會說話的蛇便是萬惡之源的象徵。詮釋學的理解就是要將其中隱含的思想（比如從中引發出關於人的「原罪」、繼而關於人的「救贖」之道的思想）。從象徵到詮釋的過程，也就成了從可見的世界（可以感覺到的外部世界）進入不可見的內在精神世界的過程，就此而言，「結構」在這一過程中的角色並非如利科爾所說的那樣，是一個「仲裁者」，確切地說，乃是一個必要的「中介」。此外，利科爾嘗試將後結構主義語言觀納入「結構」概念，他轉引喬姆斯基的話表達了自己的觀點：「任何有意義的語言學理論都必須注意的中心事實是：一個成熟的說話者，可以在適當的情況下為他的語言創造新的語句，而其他人可以立即理解，……很明顯地，一套語言理論若忽略掉語言的『創新性』層

次，則沒有多少價值。」【41】利科爾認為，這種以結構為有規則的、語言發生之動力的思想，超越並涵攝了傳統的、致力於結構性描述的結構主義。

(三) 文本與話語

「文本」（Text）概念是利科爾詮釋學的基礎概念，他正是通過對這一概念系統闡述，才完成了從語義學到詮釋學的轉變。利科爾將「文本」定義為「任何由書寫所固定下來的任何話語」【42】。僅從文字上理解這一定義並不困難，但要真正把握它所包容的含義卻非如此簡單。

首先，利科爾為什麼要說文本固定的是話語（discourse），而不是語言（la langue）呢？在他看來，語言與話語是不同的，具體地說，它們的區別在於：(1)「話語常常被暫時和現實地實現，而語言系統是現實的並且是超時限的」；(2) 話語是談話者借助一個複雜的指示系統如人稱代詞進行的，而語言缺乏主體；(3) 話語總是關於某一事件的，「它涉及它要求描寫、表達或表現的領域」，語言符號只涉及相同系統中的其他符號，並因此缺乏一個語境，語言的符號功能是在話語中實現的；(4) 在話語中資訊被相互交換，而語言只是為交流提供符號條件【43】。正是因為文本固定的是話語，話語區別於語言的特徵同時也就構成了文本的特徵，即在文本中凝結的是轉瞬即逝言說行為，惟其會消失才需要固定，文本標誌了話語的持久性；在話語中，「句子通過各種各樣的主觀的和個性的指示系統表現它的說話者」，因此，文本不言而喻的具有主體性，它表達的是說話者的意圖及其所意指的意義；話語所涉及的領域是整個世界，這個世界構成了文本的境域。此乃因為，話語是在交談中實現的，在交談過程中所出現的一系列因素——如交談者的「心理生理學效果、個體的踐履、與自由組合」等——也都被歸諸於話語。所以在索緒爾的語言學中，「把用以建構符號的規則、通行於語言社群的制度、以及交談之自由組合所能選擇之實體集合」，都賦予了語言，語言也因之成為現代意義上的經驗科學的對象；而話語則分散在生理心理學、心理學、社會學種種範疇之間，不能成為某一特定科學的唯一對象【44】。

現在的問題是，當利科爾說文本是固定了的話語，是不是僅僅意味著文本是話語的記載呢？換言之，這裡所指的「固定」是什麼意思呢？利科爾的回答是否定的。他認為，文本是話語的標記，但又不純粹是標記，不能把它理解為一種言談後的記錄，毋寧說，文本與話語是處於同等的地位的，只不過文本用書寫的方式表現出來，而話語則是「一個個別談話者產生的個別發音」。在此意義上，「只有在文本不被限制在抄錄先前的談話、而是直接以書寫字母的形式銘記話語的意義時，文本才是真正的文本」【45】。利科爾主張用文本代替話語，這是因為

文本不僅僅是話語的固定化了的形式，在他看來，話語一經固定，就被賦予一系列新的、更為優越的特徵。正是固定化才使文本遠離了言談話語的實際情境和所指的對象，在這個意義上，固定就意味著「間距化」。利科爾指出了間距的四種形式：

1. 存在於所說的話語和話語所表達的事件之間的間距

事件是對象性的，現在卻與說話的人聯繫在一起；事件是在一個特定的情境中實現的，話語則因揭示了其中的意義而超越了特定情境中事件，並因話語能被書寫下來，從而使人們能在事件及其特定情境消失後持續地探索其意義。事件於意義的關係，它們的間距化產生了一種張力，「這種張力導致了作為一個作品的話語的產生、說和寫的辯證法，和那個豐富間距概念的文本的全部其他特徵」。

2. 存在於作品和作者之間的間距

書寫的文本因其獨立於作者而獲得了自主性，使文本所指的意義與作者的意圖不再一致。這是因為作者在創作時，處在一特定的語境關聯之中，而作品被閱讀時，卻與讀者形成了一種新的語境關聯，讀者是在這種重建的語境關聯中理解的，這樣，讀者理解的作品與作者的創作意圖必定是不同的。作品與話語的區別在於，說話者在說話時，他是面對聽眾的，他與聽眾實質上處於一種對話結構中，這種結構也就是一個特殊的情境，制約著聽者對話語的意義之理解。然話語一經書寫，便成為文本、作品，從而把話語從這種特殊的情境中解放出來，它面對一切讀者，由此而獲得了一種普遍性，就是說，它們「超越了它們自己產生的心理學——社會學條件」，而使自己可以無限地被閱讀。在這裡，間距化的結果，就是它割斷了作品與作者的聯繫，以便讀者能從作品本身來理解的其意義。

3. 存在於文本語境和日常語境之間的間距

作品與作者分離，使作者特定的指稱完全處於一種未決的、敞開的狀態。我們知道，在對話結構中，說話者與聽者處於共同的時空關係中，話語所指向的東西對於雙方是共同的。而在作品中，這樣的語境被破壞了，代之而起的是「意欲語境」，意欲語境是不確定的，它只是一種可能性，憑藉它，讀者才得以理解到作品在當代所展示的意義。但這並不意味著作品中不含有所指之物，而只是說，作品中的所指物與日常語言的所指物並不是「連續」的和直接吻合的。而讀者是在日常語境中理解的，因此，文本語境和日常語境的間距，可以說是詮釋學必須解決的一個重要問題。

4. 存在於讀者與其自身之間的間距

　　讀者理解文本，其實質在於理解自己，質言之，讀者以文本爲中介理解自己。這一點標誌了讀者的主觀性。另一方面，「作品爲自己開放讀者，因而創造了自己的主觀性」【46】。這兩種主觀性處於辯證的關係之中，就作品而言，作品的主觀性同時又是被動的。在閱讀過程中，讀者從作品的「意欲語境」中發掘出與讀者相關的「最密切的可能性映射」；就讀者而言，它借助文本理解自我時，得到的卻是一個「放大了的自我」。這個在理解中實現的「放大了的自我」與初始的「自我」是不同的，從形式上說，它的實現標誌著「自我」的喪失，在此意義上，讀者在理解過程中首先「喪失自我才能發現自我」。正因如此，在面對文本時，讀者的「主觀性」便隨同「自我」一同喪失了，或者，按照利科爾的說法，它原本是一「不確定的、未實現的、潛在的」主觀性，而其現實的主觀性正就是那個「放大了的自我」。這樣，從作品與讀者的關係中便產生出間距的最後一種形態，即存在於「潛在的主觀性」和「現實的主觀性」、讀者與其自身之間的間距【47】。

　　對於利科爾的詮釋學來說，間距化的這四種形式具有決定性的意義。前兩種間距化表明了意義超越事件以及所表達的意義與言談主體的分離，這意味著文本的「客觀意義」不再是由作者的主觀意向所規定的，對於文本的理解來說，作者的意圖沒有任何獨特的作用，換言之，意義只存在於文本自身之中，文本的這種自主性構成了文本詮釋學的基礎；後兩種間距化的形式表明了文本已擺脫了言談者和言談情境的束縛，據利科爾，「文本從口頭情境中解放出來才引起了語言和語境的關係、和語言與各種有關的主觀性（作者的主觀性、讀者的主觀性）之間的關係的眞正大變動」【48】。在這裡，對話被中止了，談話中指稱、向著顯示行爲的運動被截斷了，對話所依賴的那個特殊情境也因之退隱了，展現在讀者面前的，只是文本自己所展示的「視界」，它構成了文本的語境，利科爾稱之爲「准語境」。這就是文本的理解與解釋的語境。通過理解與解釋，被文本中斷的各種關係以一種新的形式重又展現出來，正是這一點，清除了建立文本詮釋學的最後障礙。

(四) 文本的理解與占有

　　文本因脫離了作者而獲得了自主性。現在，讀者無須從文本中揣摸作者的意圖，也無須從作者的意圖中推測文本的意義，如果作者的意圖對於文本的意義來說是無關緊要的，讀者何苦在這兩者之間疲於奔命呢？我們要理解的不是深藏在文本背後的東西，而是文本向著我們所展示出來的一切；也不是早已凝固於文

本之中的建構，而是這個建構所開啟的可能世界。就文本而言，這個世界是文本的世界；就讀者而言，它又是讀者的世界。從根本上說，文本的世界即讀者的世界，文本的世界是通過讀者的世界而表現出來的。在這個過程中，文本的意義重又轉向它的指謂，過渡到言談所說明的事件；當然不在言談所發生的語境中，而是在讀者的視界裡。這一過程之所以可能，乃是因為文本業已解除了一種特殊的語境關聯，形成了自己的准語境，這使得它能夠在一種新的情況下進入其他語境，重建語境關聯，閱讀行為就是這種新的語境關聯之重建。「閱讀就是把一個新的話語和文本的話語結合在一起。話語的這種結合，在文本的構成上揭示出了一種本來的更新（這是它的開放特徵）能力。解釋就是這種聯結和更新的具體結果」【49】。在閱讀過程中，文本符號的內部關係和結構獲得了意義，這個意義是通過閱讀主體的話語實現的。對於利科爾來說，理解到這一點是至關重要的，他的詮釋學定義就是從中引申出來的，「我採用詮釋學的如下暫行定義：詮釋學是關於與文本相關連的理解過程的理論。其主導思想是作為文本的話語的實現問題」【50】。它在本質上是反思的，並且由於它的反思性，文本意義的構成同時就是理解主體的自我構成。

詮釋學的方向從根本上被扭轉了。從施萊爾馬赫起，人們便孜孜不倦地追求著理解文本的真實含義，在利科爾那裡，傳統的理解文本變成了文本理解，沿著文本自己所開啟的方向運動，而這一方向是被讀者所規定的，因此，文本理解便成了讀者在文本面前的自我理解。就此而言，我們可以說，利科爾重又回到了海德格爾的理解本體論，他們的區別在於，利科爾把符號化的文本世界當作讀者自我理解的媒介，而海德格爾則試圖通過理解的可能性籌劃展示存在的意義，籌畫的「為何之故」表明了籌劃的可能性基於世界的可能性存在，並為其所引導。在利科爾看來，在文本面前的自我理解之「頂峰」就是「占有」（Aneignung）。他指出，詮釋學的目的之一便是同文化間距作鬥爭，這種間距源於時間上的疏遠化和意義上的疏遠化，同其他詮釋學家一樣，他認為疏遠化並不是消極的東西，也不是我們用之於理解的方法論的東西，從根本上說，由疏遠化產生的間距本身具有某種建設性，它不僅是闡釋的條件，而且還是意義之創造性的源泉。但這一切在間距化那裡還只是一種可能性，它要通過間距化的克服才得以實現，「占有」就意味著種間距化的克服，真正地創造出原先被疏遠化的東西。占有是與疏遠化相對立的概念，真實的占有，只能被理解為獲得應屬於自己而最初又是被疏遠化、外在化了的東西過程，闡釋就是占有的形式。

據利科爾，占有是與文本的客觀化特徵辯證地聯繫在一起的，它以文本的客觀化結構為中介，而達到對文本的意義之占有。在這裡，作者的意圖已被疏遠化

過程篩除了，它不包括在占有中，文本不是達到作者的原意之中介，而是讀者的自我理解的中介。對積澱在文化記號即文本符號的理解，是理解自我所必須要走的「漫長的彎路」。這就是說，理解文本不再是理解的目的，它是進入自我理解的媒介，占有是通過建構文本的意義而實現自我構成。如是，占有便具有當下的特徵，惟在讀者的「當下」闡釋中，意義被實現了。

我們在理解利科爾的占有概念時，有一點須特別加以注意。在他看來，占有不是「擁有」（taking possesion），擁有乃是獲得現已存在的東西，而占有首先是一種「釋放」（letting go），把業已消失的東西創造性的展現出來。占有是通過讀者來完成的，但這並不意味著，「文本意義的占有應把闡釋包括在對當下讀者理解的有限能力中。……把文本的意義置於闡釋主體的支配之下」，因為在文本面前理解自我，並不是把讀者的有限理解能力強加於文本，同樣不是把自己影射到文本中去，而是在文本面前暴露自己，「從對作為闡釋的真實對象的意欲語境的理解中接收一種放大了的自我」【51】。因此，占有意味著對讀者主體性自身的突破，只有首先放棄自我才能發現自我，即獲得一種新的放大了的自我，這個放大的自我是通過占有釋放出來的，是它自己的主體性被提升了的自我。占有超越讀者主體性可從兩個方面來理解，一是讀者在開拓文本意義時開拓著自身；二是提升了讀者的認識能力，「占有是一個過程，根據它新的存在樣式的揭示，或者如果我寧願選擇維特根斯坦而不用海德格爾的話來說，即新的『生活形式』的揭示給主體以新的認識自我的能力。……讀者通過在文本自身獲得的一種新的存在樣式，映射他自己的能力也大大地提高了」【52】。

(五) 隱喻

隱喻（Metapher）構成了文本詮釋學的重要組成部分，正如我們所看到的，沒有一個詮釋學家像利科爾那樣重視原屬於修辭學傳統的隱喻問題。對此，J. 克萊施寫到，「關於『活的隱喻』的理論，是載入《解釋的衝突》中關於方法論的重大爭論的成果。隱喻的問題遠不止確立了解釋的範圍，它不僅扼要說明了解釋學理論的重大路線，而且也以某種方式闡述了哲學本身根本的選擇問題」【53】。在隱喻中，語言的創造性才充分表現出來，就此而言，它意味著新的意義和價值的生成。這一點上，詩歌語言的隱喻乃是一個典範。

在利科爾看來，我們實際上在運用兩套語言，即科學語言和詩歌語言。這兩套語言之所以是必須的，是因為語詞具有多義性。語詞的這種多義性幾乎是用不著證明的，只要我們翻開任何一部詞典，都會發現語詞的多義性是一個普遍性的現象。現實的言談，就是從這種多義性中選擇出與主題一致當意義範圍，從一

詞多義中形成一詞一義,因此在多義詞中確定某一種合適的意義是通過整體的語句、乃至文本來實現的,具體地說,是通過言談中的各語義領域的相互同化完成的。利科爾認為,詞的多義性「有非常經濟的特點,……能從辭彙列舉的實際含義的有限集合中獲得實際上數不清的現實含義」【54】,構造出多種意義的效果,然這種多義性同時也攜帶著一種危險,即產生言談的歧義性,導致誤解。對於這種言談的歧義性之不同態度促成了上述兩種不同的語言。所謂科學語言就是用來消除歧義性的,而詩歌語言則相反,它恰恰是為了保留這種歧義性,使語言能表達新穎的、獨特的非公眾的經驗。

在傳統的修辭學中,隱喻被當作一種對稱的比喻,可用來修飾性地替代原詞,而並不告訴我們什麼新的東西,利科爾指出,這樣來理解隱喻是一個極大的錯誤。他認為,隱喻在形式上是違反某種語言學規則的,它以兩個詞之間的關係作為前提,把它們連接起來,而不論它們在字面意義上是否相互矛盾。他以詩句「時間是個乞丐」為例,來說明隱喻的特徵。在我們理解這句詩時,必須要背離「時間」和「乞丐」這些詞在詞典中所標明的含義,在這裡,時間不只是意指時間間隔的度量,乞丐也不只是意指一個流浪者,我們從詩句中發現了這些詞的附加含義,依據這些附加含義,它們才得以構成意義,儘管根據詞典所作的定義,這些詞的含義是不相容的,並且,若在其他的場合,這樣的句子被認為是荒謬的。語詞在詩歌中出現的附加含義是隱喻創造出來的,這為利科爾的理論提供了一個有力的證明:「隱喻是一種語義學的創新,這種創新既是論斷上的(新的相關)又是辭彙上的(例證的偏差)」【55】。

隱喻有「死的隱喻」(如「椅子腿」)和「活的隱喻」之分。死的隱喻曾是語義的創新,這樣的隱喻雖不見於詞典,卻是已經為語言共同體所認可和採用,一但它進入詞典,就不再是隱喻了,就是說,它變成了一種日常意義,融入了語詞的多義性。「而活的隱喻情況並非如此,它是一種瞬間的言論創造物,一種完全非公眾的,前所未聞的表達。通過活的隱喻,我們知道了什麼是活生生的言語。正是活生生的言語,語言才進入了它自己的境界,因而揭示其創造力」【56】。

在利科爾那裡,研究隱喻,從根本上說是為了文本理解的。這是因為隱喻不僅存在於語詞意義的派生和擴展之中,還存在於句子在上下文的謂語的奇特應用中,就此而言,「隱喻可以被看作是文本的雛形」。在隱喻中揭示出的語義創造性,同樣適用於對文本的分析。在理解中,隱喻與文本的作用是雙向的,湯普森對此的概括清晰明瞭:「……利科爾提出了這樣一個假設,即從說明的觀點來看,對隱喻的分析是通向文本分析的一個極好的嚮導;而從闡釋的觀點來看,對

文本的分析是對隱喻分析的關鍵。一方面，爲了說明隱喻意義的形成而建立起相互作用之網的必要性促使我們把文本看作是一個有結構的整體，而它的意義也必須當作一個整體。另一方面，文本所揭示的借用方法也促使我們認識到隱喻也有某種意指範圍，也有某種力量，詩歌在對現實進行創造性的模寫時需要應用這種力量」【57】。

三、赫施：詮釋的有效性

赫施（E. D. Hirsch, Jr）的詮釋學力圖回歸施萊爾馬赫的作者中心論，他的主張，在他那個時代顯然有點不合時宜。儘管施萊爾馬赫是現代詮釋學的奠基人，但是他所宣導的「作者原意」說，除了在狄爾泰那裡得到了某種程度的回應外，在當代詮釋學界基本上被放棄了。至赫施，才又重新提出這一主張，雖然他不遺餘力地爲之吶喊，無奈應者寥寥。就赫施詮釋學的主旨——尋求客觀的、符合原意的詮釋——而言，他有可能與狄爾泰、貝蒂、利科爾結成同盟，但他事實上幾乎是孤軍作戰。狄爾泰的體驗詮釋學被他歸入了他所激烈反對的「歷史主義」；他也不同意利科爾等人的文本本體論，把作者的意圖逐出文本之外，僅僅從文本出發、通過理解文本達到自我理解的見解。不過，赫施的主要批判對象是海德格爾、伽達默爾的詮釋學，反對將理解理論本體論化與理解的歷史主義的觀點【58】。在他看來，正是此兩者，消解了「作者意圖」在詮釋學中的核心地位，甚或消除了作者。正因如此，才導致了詮釋學研究領域的混亂狀態。赫施堅持認爲，理解的真正目的，就是重建作者的意圖，把握作者通過文本所表達的原意。這個原意乃是衡量一種詮釋（Interpretation）是否有效的客觀標準。當然，要恢復作者原意說的地位並不是一件容易的事，它已經被否定，這一事實表明了這種理論本身的缺憾，要想恢復它，就必須提出新的證明。赫施高舉「捍衛作者」的旗幟，以重新釐清「含義」與「意義」概念作爲其突破口，試圖從中導出一切有效詮釋的根據。

(一) 保衛作者

赫施詮釋學的宗旨，正如他的《詮釋的有效性》（*Validity in Interpretation*, 1967）一書第一章的標題所標明的：「捍衛作者」。他列舉了幾種流行的「錯誤」觀念，分析了形成這些錯誤的根源：

1. 消除作者

此種觀念認爲文本的意義獨立於作者的主觀世界，「最好的詩歌乃是非個人

的、客觀的、自發的；它導引著自身的後續生命（Afterlife），而完全與其創作者的生命相分離。」【59】在赫施看來，在衝破舊有文學體系的時代，消除作者所產生的效果是積極的。它使人們把注意力又作者轉移到了作品上，堅持忠實於作品的原則考察文本，尋找文本獨立自足的意義，而非努力地去揣摩作者的情感、經歷等形成作品時的主觀因素。但是，在幾十年後，這種理論所面臨的困境也日益凸顯。它助長了科學批評中的「固執病和偏激病」，是導致懷疑一切客觀解釋之可能的懷疑主義得以產生的重要根源。赫施寫到：「至於學院式的這種懷疑論和混亂狀態在很大程度上出於作者無關緊要的理論之論斷，在我看來，乃是我們近來的思想史上的一個事實。一旦斷然否定了作者作爲其作品的意義之決定者，這一點才逐漸凸顯出來，即缺少了一個合適的原則來判定某一詮釋的有效性。對於『一個文本說了些什麼』這一問題的研究，就內在必然地演變成了一個文本對某一獨特的批評家而言說了些什麼的問題之研究。談論批評者的文本『閱讀』已成爲一種時尚，閱讀這個詞已開始出現在學者們的著作標題中。這個詞似乎還蘊含了這樣的意思，亦即如果作者被消除了，那麼批判者就一直存留下來，並且，批評者新穎的、固有的、彬彬有禮的或重要的『閱讀』，就包含有他自己的興趣。」【60】在這種語境中，下列看法被視爲理所當然：在法律界，認爲法律條文的意義就是各個法官所賦予它的東西；在《聖經》解釋中，以爲每一代人對《聖經》經文之意義都有新的發現；在文學批評領域，認爲文學文本的意義就是文本向我們呈現的東西。如此等等。這無疑是使讀者取代作者，或者說，使諸多讀者成爲與文本作者擁有同等權威的其他「許多作者」，對文本的唯一有說服力的規範性解釋不復存在，文本也就根本沒有可確定的意義。照此看來，唯有拯救作者，才能獲得對文本的正確解釋。

2. 文本的意義變化著

據「極端歷史主義」，文本的意義是一代一代地發生變化，「心理學」的觀點認爲，文本意義是隨著一次次的閱讀而發生變化。若文本意義確實是變化著的，就根本無需探討解釋的規範性與正確性問題。讀者在重複閱讀同一部作品時，會有不同的理解或「反應」，甚至當作者閱讀自己以前的作品時，也會產生不同的「反應」，他也可能不滿意當初的想法。在很多人看來，這表明了作品「意義」（meaning, Sinn）的變化，但是以赫施的觀點視之，意義根本不會產生變化，發生變化的是「意蘊」（significance, Bedeutung）。迄今的詮釋學理論之所以如此混亂，與未能明確區分「意義」和「意蘊」有莫大的關係。

3. 作者所意指的東西並不重要，重要的是他的文本說了什麼

赫施指出，若此一信條得以成立的話，「那麼對文本的每一種解讀都將是『有效的』，對於那個讀者而言，任何解讀都與文本之所『說』的東西相符合。」【61】此處的錯誤在於混淆了「正確的解釋」（解釋與文本所再現的意義相符合）和「創造性的解釋」（文本對於讀者的意義）。

4. 作者的意義難以企及的

由於讀者與作者並不全然相同，使讀者無法複述文本作者所意指的意義，即便我們複製了所意指的意義，也無法判斷所複製的東西是否正確。以此觀之，提出複製作者所意指的意義，從邏輯上看幾乎是不可能完成的任務。然而在赫施看來，這種觀點的失誤之處是未能區分「意義的不可複製性」與「對意義的體驗之不可複製性」；並混淆了「確切理解的不可能性」與「理解的不可能性」，把認識與正確認識相提並論。「意義」具有公共性、可傳達性，並因之而能被複述，而「對意義的體驗」則純屬個人的，不可複述的。意義可被複製只是指出了「複述」之可能性，這並不意味著完整準確、毫無遺漏地複述出作者的全部意義，因此，作為詮釋學的目標的「正確理解」，「只是大致地被達到的」。

5. 作者常常不清楚他所意指的東西

康德在《純粹理性批判》中論述柏拉圖著作的地方曾說過，解釋者對作者理解甚至比作者本人還要出色。赫施反駁道，康德的表述是不準確的，「因為康德比柏拉圖理解的更好並非柏拉圖的意義，而是柏拉圖試圖分析的主觀內容（subject matter）。康德對理念（Ideas）的理解之見解，優於柏拉圖所意指的東西，柏拉圖認為存在著主觀內容，這對於柏拉圖的意義而言是不恰當的。」【62】導致這種錯誤的原因是混淆的「意義」與「主觀內容」。不同的人，對同一「主觀內容」的理解是不同的，作者「所意指的意義」，只是作者面對「主觀內容」所意識到東西，而非「主觀內容」所蘊含的所有東西【63】。

就上述分析而言，赫施確實提出了一些很有意義的問題，他所構想的解決問題之方案，也不無可取之處。但就總體而言，尚缺乏一種理論論證所必要的說服力。赫施以為只要我們捍衛了「作者」以及「作者所意指的意義」之權威性，上述問題便能夠迎刃而解，可能將問題本身想得過於簡單化了。他所從出發的立場，類似於傳統認識論的基本模式，設定被認識對象——作者意義——是外在於理解者的客觀存在，具有其自身的真理，解釋過程有如對自然對象認識過程：不斷地接近真理。赫施將自己的詮釋學定位為貝蒂所宣導的「再認識性詮釋」（Wiedererkennende Interpretation），其中包括對作者所認識的事物之再認識。但

貝蒂詮釋學的主旨是理解文本本身，亦即對文本的語言達到正確理解，而非作者原意，因此貝蒂的論證對赫施並沒能提供實質性的幫助。可以認爲，赫施詮釋學實際上摒棄了現代詮釋學對於精神現象的理解探索與獲得的成就，幾乎重新回到了施萊爾馬赫詮釋學。除了在詮釋的技術性層面提供了一些新的思考，未能就其基礎性的根本問題做出新的論證。這也正是赫施學說沒有被詮釋學界普遍認同的原因。

(二) 意義和意蘊

　　赫施的理論基於這樣一種假設：文本的意義就是作者所意指的意義。赫施做出這一假設的推理過程頗爲奇特：解釋不能依據文本自身的本體特性，因爲對文本的解釋具有多種可能性；而正確的解釋是唯一的，衡量其標準就是作者原意，就是說，在諸種解釋中，只有符合作者原意的才是唯一正確的解釋，因爲只有它才具有普遍的可信性。正是在這個意義上，他堅持認爲「文本的意義」是（或者說「應當是」）作者所意指的意義【64】。顯然，這一番說明並不能打消人們的疑慮，因爲赫施最終沒有指明，人們怎樣才能獲得這種作爲評判標準的「作者原意」，如何才能確定被稱爲「原意」的東西？

　　由於赫施設定了文本意義就是作者所意指的意義，於是一切論證都可以從揭示作者原意轉向對語言本身的分析。赫施試圖解決的難題也從作者移向了文本。他指出了兩個易於混淆的概念，即「意義」（meaning）和「意蘊」（significance），這兩個概念的德語形式爲「Sinn」和「Bedeutung」【65】。在赫施那裡，不變的「作者所意指的意義」轉變成了文本「語詞的意義」。赫施承認，雖然「語詞意義乃出於作者或解釋者的確定意願」，但是，「語言規範也在發揮著重大作用，並且無可避免地制約著作者和解釋者的意願」，要想隨意地將任何意義加諸語詞都是不可能成功的【66】。雖然語詞意義受到了作者（或解釋者）與「語言規範」的雙重制約，但赫施的立論依據則是「語言規範」。一切語言規範的一個基本要素就是「可分有性」，這種可分有性原則亦即共有性原則，「語詞意義」便是能與他人共用、被公共語言規範所認可的意義，任何語詞意義之界定，「都是一個確定的、具有其界限的統一體，以區分出它屬於什麼，不屬於什麼。」【67】如是，按照赫施的理解，由於詞義具有確定性特點，它是一個與其自身相同的整體，是始終如此而從不發生變化的整體，因此是可以被複製（再現）、被分享的，因而通過它達到對文本的正確理解也是可能的。

　　據赫施，詮釋學中的某些廣有爭議的疑難問題，可歸咎爲對意義與意義之模糊認識，他曾這樣猜測，他自己與伽達默爾的分歧可能就源於此，即伽達默爾未

能注意到意義與意蘊區別。他指出，意義是由文本呈現出來的，即通過作者對一系列符號的使用，符號化的展示作者的意義。但「另一方面，意蘊則是指意義與某個人，或某一概念，或一種情境，亦或任何一種實際上可想像的東西之間的關聯。」【68】意義通過符號化而被固定了，構成了文本中經久不變的東西，因此，意義是詮釋中的一個穩定性要素，對於解釋者來說，意義是相同的；而意蘊是詮釋中的一個可變性要素，它隨著語境的變化而變化著。解釋者對文本的解讀實現了文本的意義，而它的意蘊則表現爲意義與解釋者經驗世界的相互作用，是意義與現實的對話結果。由於忽略了意義和意蘊的區別，當批評家們談論意義之變動不居時，實際上說的只是意蘊的變化。

區別出不變的意義和可變的意蘊，以此證明意義的確定性，爲赫施的詮釋理論奠定了基礎。然而就此而言，赫施關於他與伽達默爾分歧之原因的猜測恐有失偏頗。文本的意義確定性根源於「語言的共同性」，但語言的共同性也是伽達默爾所堅持的觀點，當伽達默爾說意義的可變性時，並不是混淆了意義和意蘊，也不是否認語言的共同性，意義的可變性基於對話的辯證結構，但意義的變化又不是隨意的，它受制於對話主題的一致性，這就是理解的基礎。因而，赫施與伽達默爾的根本分歧在於：對於理解來說，赫施借助於「語言的共同性」，而伽達默爾則借助於「主題的一致性」，赫施把意義當作一個靜態的、既有的存在，而伽達默爾則把它當作一個不斷發展的過程。

在赫施較晚期的著述中，仍然堅持對意義和意蘊做出區分觀點，認爲「meaning」僅僅與文本的語詞意義相關，而「significance」則關涉到一個更大的語境，亦即另一個心靈、時代、更爲廣泛的主題、性質不同的價值體系，如此等等【69】。

(三) 作者的意圖

意義的確定性基於語言的共同性，但確定的意義卻不是語言本身，而是作者借助語言表達出來自己的意圖。雖然，意義的確定性使理解有了客觀性的依據，從而，使有效的詮釋，亦即符合文本意義的詮釋成爲可能。但是，符號化的文本自身是不能保證意義的確定性和詮釋的有效性的，利科爾不正是從文本出發，得出了與赫施直接對立的理解之多義性的結論嗎？在赫施看來，任何一種有效的詮釋都不能無視作者的意圖，無論我們對文本的語言符號做出多少種解釋，唯有符合作者原意的才是有效的詮釋，意義的確定性是相對於作者意圖而言的：「在這一章（該書第二章──引者註）中我所強調的是作者的意願，因爲我的中心論題是語詞意義之確定性，而作者的意願又是確定性的必要條件。」【70】在赫施看

來，一切正確的理解與解釋都建立在對作者的意圖、作者所意指的東西的正確認識，所謂「更好的」理解實質上就是對文本的誤解[71]。

這裡就涉及到意圖與文本意義的關係問題。不言而喻，意圖不能直接表現爲意義，它須有一個中介，這個中介就是符號，被作者選擇出來的符號通過一定方式的排列組合，顯示出某種意義，對於作者來說，他之所以採取這種表達方式，就是因爲它表達了自己的意圖，即他想表達的東西。在這個意義上，赫施對意圖的理解與傳統的見解保持了一致，意圖被理解爲先於語言所表達的意義之存在，意義就是意圖的表達。因此，從根本上說，文本中的意義產生於作者的意識，決不超出作者的意圖。對於某些詮釋學家認爲語言符號能說出它們自己的意義的觀點，赫施譏之爲一種「神祕的觀念」。在他看來，意義是一種意識的事件，而意識的基本特徵，始終是對某種東西的意識[72]。因而意義本身終究是意識，而不是用以傳達意識的物質符號，也不是作爲意識對象的事物。進而言之，意識無非是人的意識，在文本的詮釋活動中所包含的人就是作者和讀者。讀者通過文本的理解使文本的意義得以實現，而語言則是意義之實現的基本保證與中介。事實上，正是語言的中介作用，才使得意義之再現與分享成爲可能。一旦所面臨的問題涉及到了語言，特別是當文本理解之客觀性訴求必然以語詞意義的獨立性與客觀性爲前提時，文本所傳達的意義就不僅包含著作者的意願，而且也在某種程度上受到了語言本身的限制，語言的界限必然是意義表達的界限，同樣也是理解的界限。文本之任何意義，都不可能超越語言所能表達的意義之可能性，不可能超越語言本身的界限。

就此而言，赫施又明顯地表現出對傳統的意圖概念的某種偏離，它不純粹是內在於作者心靈中的目的或意向，在某種程度上，它具有文本的特徵。霍埃（D. C. Hoy）察覺到了赫施「極大地改變了意圖的概念」。在赫施那裡，意圖概念已不是施萊爾馬赫和狄爾泰所援用的心理學概念，而是一個語言學術語，它具有基本是可以共用的文字意義[73]。但意圖概念本身卻是與心理學纏繞在一起的，赫施並不想否認這一點，他只是避免過於注重理解中的心理學因素，而最終又走向了心理學。「最近E.D.赫施承認他是同情狄爾泰的移情概念的，而且他還原了心理學重建的原則。赫施主要是想形成一種理論，這種理論使我們能談及闡釋的有效性。赫施面臨著他所認爲的那種在哲學詮釋學和實際批評中走向相對主義的當代危險傾向，他認爲有必要尋求一種使詮釋能夠有效的標準。然而他感到，人們只能在基本詮釋對象——該對象必定是詮釋理解的基本目標——即是作者意圖的條件之下才能運用這種標準。」[74]正是在探求有效詮釋的標準中，赫施完全站到了施萊爾馬赫和狄爾泰一邊。在他看來，雖然詮釋必定通過語言才得以實現，

但有效、正確的詮釋之標準最終涉及到心理結構。解釋者的基本任務就是再現作者的整個世界，因此，解釋者要分析的就不只是符號化的文本，當然還包括作者的「邏輯」，他的態度及文化素養等等，總之，一切在施萊爾馬赫的心理學規則和狄爾泰的心理移情理論中所要求的東西。

(四) 樣式與類型

「樣式」（Type）這個詞是《詮釋的有效性》的核心概念，赫施非常明確的指出了這一點【75】。「語言規範」之作用，最終是要通過把握「樣式觀念」（type idea）才得以實現。對於「樣式」概念，赫施做出了這樣的界定：「我把樣式視爲一個精神客體（mental object），或者若如果人們願意的話，將其視爲一個觀念。樣式觀念的本質特徵就在於，它能含攝一個以上的經驗，並因而能表現一個以上的經驗。當然，樣式觀念的含攝與表現功能，對語言而言是本質的與基礎的功能。此乃因爲，若沒有此種功能，就沒有人能夠用同一個詞來含攝與表現兩個不同的實體（entities）。如此，若『樹木』這個詞能含攝或表現一棵以上的樹或關於樹的經驗，『樹木』之意義便由之而成，若這個詞具有這種功能，那它必然是樣式觀念。」【76】據赫施，再認識或回憶活動是最基本的樣式構成形式的具體表現。人們看到一個特定的客體，以後又看到了它，儘管人們不能確定這是否是同一客體，還是將其視爲同一客體。這裡出現了兩次不同的「觀看」，在第一次觀看到此一客體的體驗（原初體驗）與第二次觀看的體驗（回憶或再認識的體驗）是有差異的，能夠溝通這兩個不同的經驗的東西，就是「樣式觀念」。在這裡，兩次觀看到的是不是同一個客體，這是無關緊要的；關鍵是兩種不同的經驗，通過回憶與再認識而被認作是對同一客體的經驗，這些經驗被劃歸爲同一樣式，由此而形成了樣式觀念，它成爲對相似的東西進行判斷的基礎。而作爲赫施詮釋學之根據的「不變」的、能被複製的、並因而能被分享的詞義，就是那種源於以往經驗而又能含攝以後經驗的樣式觀念【77】。

在赫施看來，樣式觀念不僅具有不可或缺的啓迪性功能（將被認識對象的局部特徵與某種熟悉的「樣式觀念」聯結起來），還具有某種建構性功能（通過樣式觀念獲得認識，知識乃是樣式觀念之實現）【78】。由於樣式觀念涵括了諸經驗對象的同類特徵，成爲聯結諸對象的橋樑，從而將「意義的個別性與解釋的社會性」聯繫在一起。意義之所以能被傳達和理解，乃因它從屬於某一可認識的、能被分享的樣式。相對於個別事物的特徵，樣式乃爲一整體，作爲整體，它指明了自身的界限，此界限規定了「語詞意義」，同時也規定了「語詞意義」所指向的事物是否從屬於某一樣式。

某一獨特語義受到樣式的制約，歸屬於某種樣式，而其潛在的意義或特徵被稱爲「意涵」（Implikation），「意涵」所歸屬的樣式就是「表述的意義」。涵蓋了某種表述整體意義的東西，被赫施稱爲「類型」（Genre）【79】：真正的類型「是這樣一種整體意識，借助於它，一個解釋者能夠正確地理解每一部分的確定意義。」【80】在赫施的理論體系中，「語言準則」是不確定的、變化著的，因此根據語言準則所做出的解釋也是變動不居的；「類型」的獨特準則是穩固不變的，保證了具有個別性的意義的穩定性。他認爲，通過「類型」概念，就能解決穩定不變的「意義」與變化無常的解釋之矛盾。

赫施關於「類型」與「樣式」的思考顯然受到了施萊爾馬赫詮釋學的影響，在施萊爾馬赫的一般詮釋學中，理解是通過整體與部分的循環得以不斷推進的。對整體的理解實際上提供了一個指引性的意義預期，將人們對文本的理解引向被預期的意義領域。對部分的理解乃是沿著這個意義預期所開啓的方向展開的，就此而言，對整體的理解規定著對部分的理解；對部分的理解，一方面充實了、具體化了對整體的理解，另一方面，通過對部分的理解所得到的結論，又可能與原先對意義的整體預期相互抵牾，於是需要對原先的意義預期做出修正。在施萊爾馬赫那裡，正是通過這種循環方式來達到對文本的正確理解。赫施在某種程度上接受了這種觀點，他的「類型」觀念相當於「整體」，詞義乃是其「部分」，他承認：理解本身取決於類型，這是因爲詞義的表達與解釋都依賴於類型，爲類型所制約，正因如此，「……解釋者預先擁有的文本之類型概念，便確定了他此後理解的所有東西。」【81】但是，僅僅這樣來理解赫施對詮釋學循環的關係，是不準確的。當我們說赫施在「某種程度上」接受了施萊爾馬赫的觀點，就已經預示了他們的區別。赫施認爲，詮釋學循環的「古典形態」所闡明的那種整體與部分的相互依存關係——對部分的理解以對整體的理解爲前提，對整體的理解以對部分的理解爲前提——是一種「無意義的同義反覆」，並未說明「理解」本身何以能被實現。他主張用「類型」和「個體特徵」取代「整體」與「部分」來界定詮釋學循環，認爲這「不僅更準確地描述了詮釋過程，而且也解決了那個棘手的悖論。」【82】不過，在我們看來，赫施用「類型」和「個體特徵」取代「整體」與「部分」的理由是十分牽強的，其實「類型」即使在赫施那裡也是被視爲一種「整體」或「整體意識」，相對於它，「個體特徵」具有局部性意義。爲了表明與傳統的循環理論之別，他提出了「真正的類型」概念，而他所說的「真正的類型」與「類型」本身沒有實質性的區別，其區別在於這樣一種假設，「真正的類型」設定陳述者與解釋者處於相同的意義預期的系統中，採用相同的語言運用方式，凝聚著共同的體驗，在此前提下，解釋者就能理解文本、亦即作者的真實意

圖【83】。儘管赫施言之鑿鑿，但是他將其理論建立在這種難以實現的假設的基礎之上，缺乏令人信服的說服力。

(五) 詮釋的有效性

對於某些詮釋學家來說，他們並不是要刻意反對作者意圖對文本意義的制約作用，畢竟，文本的創作過程始終滲透著作者的意圖，就作者而言，文本不外是他意圖的表達，這是毋庸置疑的；在闡釋者這一方，最理想的當然是能夠精確理解文本原意，如果有什麼創新，不妨直接歸之於自己的名下，既可一掃曲解之嫌，自己的創見也不會因之而被抹煞。然而問題是，回歸到作者原意的那種理解是否可能？即便是作者所聲稱的意圖也無濟於事，就以赫施所舉的「撒謊」為例，赫施認為作者本人無疑是知道自己在撒謊的，這就是作者的意圖，意欲隱瞞什麼。可是讀者怎樣才能判斷出，在作者的陳述中，哪些是作者的本意，哪些又是謊言呢？因此，人們似有理由相信，回歸到作者意圖是不可能的，溫姆薩特（W. K. Wimsatt）和比爾茲利（M. C. Beardsley）甚至認為連作者本人都不知道自己的真正意圖是什麼。

赫施堅決反對這種反意圖論的觀點。固然，重建作者的世界是很複雜的，而證明這種被重建的作者世界的正確性尤為困難，但這並不意味著人們可以繞過這一片沼澤地而談論理解，毋寧說，這是理解的必由之路。捨棄作者的意圖，文本的意義就無法確定，從而有效的闡釋也就無從談起，任何武斷的臆說都可自命為正確的闡釋，由於不存在一個意義標準，事實上要證明這些臆說的錯誤都是不可能的。既然文本的意義不是作者的，闡釋者自然有權力賦予它自己所認可的意義，在理解產生分歧的地方，人們似可求助於所謂的公眾意見，不過，這也是無濟於事的，公眾意見至多也只是公眾對文本的一種理解，這種理解的正確與否，仍是尚待證明的。由此可見，只要我們希望達到一種有效的、正確的理解，就必不可免地回歸到作者的意圖那裡，在某種程度上我們可以說，赫施提出闡釋的有效性問題已經內在地包含了它的答案，這就是回溯到文本的創作意圖。

嚴格的說，赫施所執著的「意圖」對於文本的理解並沒有實質性的作用，在理論上也少有創新，如果創作意圖是通過諸如作者傳記等材料被領悟的那麼意圖本身就變成了類似於作者傳記的理解的背景材料——這一點在施萊爾馬赫和狄爾泰的心理學理論中已有過詳盡的論述；如果文本意義是作者意圖的表達，我們須通過分析文字符號的意義來把握意圖，那麼這裡的意圖只是一個預先設定，就是說，在我們理解文本的意義之前，根本不知道作者的意圖是什麼，如是，任何對文本的闡釋都可聲稱是符合作者意圖的，人們可以說，他所理解的意義是作者

的原意，這就重又回到了反意圖論的立場。這後一點顯然不是赫施想要得到的結論，事實上，這正是他要避免的結果。他堅持意圖說的本意在於，從意圖中導出意義的確定性和不變性，以有效的闡釋來防止理解中的相對主義。這樣，在本質上是一個假設的意圖便成了有效闡釋的眞實前提，說意圖是假設的，是因爲在文本被理解之前，誰也不清楚作者的意圖是什麼，對於理解過程來說，它不啻是一種預設，但這一假設的根據是這樣的堅實，以至於誰也無法駁倒它，儘管我們無法弄清作者的意圖，它曾經眞實地存在著乃是一個無可否認的事實。

現在，赫施可以理直氣壯地談論闡釋的有效性了。符號化的文本表達了意圖，它便具有兩個相互聯繫的特徵，一是再現性，文字符號是可以再現的；二是確定性，它爲意圖所規定，並且構成了再現的必要條件。「可再現性（Reproducibility）是語詞意義的一個特徵，它使詮釋成爲可能：若意義是不能再現的，它就不可能在另一個人那裡被實現，並因而也就不能被理解或詮釋。另一方面，確定性是意義的一個特徵，需要通過它來再現某種東西。確定性是任何可分享的意義之必要屬性，因爲不確定的東西是不能被分享的。若一個意義是不確定的，它就沒有界限，沒有自我同一性，因而也就與他人所具有的意義沒有同一性。」[84] 按照赫施的理解，這個確定的、保持著自我同一的意義是灰姑娘的水晶鞋，不同的解釋者是參與競爭者。誰是灰姑娘呢？只要用鞋來試試她們的腳就行了。當然，實際的理解和證明過程要比確定灰姑娘複雜的多，但其本質上是一樣的：存在著一個衡量灰姑娘或有效詮釋的標準。對於解釋者來說，現在所面臨的問題就是，究竟從哪裡能夠找到這雙「水晶鞋」？怎樣確定它就是我們所需要的水晶鞋？如果把它規定爲作者的意圖，那麼這仍然是一個懸而未決的問題。如上所述，意圖是通過文字符號表達爲意義的，一旦闡釋者從文字符號中追尋作者意圖，每個解釋者都會找到適合於自己的詮釋的水晶鞋，這等於說，誰也沒有找水晶鞋，雖然它的存在是不容置疑的，但要證明它卻幾乎是不可能的。

赫施沒有對上述問題做出令人信服的回答，也許在他看來，這個問題根本無須回答。意圖的假設僅旨在說明文本意義的確定性，從而證明他提出有效闡釋的合理性，達到這一點就足夠了，眞正有效的詮釋是通過別的途徑實現的，這就是：猜測與證實的辯證法。就此而言，各種闡釋都可視爲不同的猜測，「儘管永遠無法確定我們的詮釋所猜測的是正確的，但我們知道它們可能是正確的，而詮釋的目的，作爲一種訓練便是持續不斷地去增進其正確的可能性。」[85] 確保正確猜測的規則是不存在的，我們卻擁有使我們的猜測有效的方法，即證實猜測的方法，具體地說，就是迄今所揭示的各種詮釋方法。然歸根結蒂，闡釋的正確性取決於證據。由於證據不可能被擴括無遺，赫施承認絕對的正確與確定是可望

而不可及的，問題並不在於使某種特定的闡釋成為絕對正確的闡釋是否可能，而是確立一切闡釋向之而去的目標是否必要。赫施寫道，「無論如何，某種詮釋的當前有效性（這一點能夠確定）和最終的正確性（這是永遠達不到的）之間的區別，並非隱含地認可了正確的詮釋是不可能的。正確性正是詮釋的目標，並且是實際可能抵達的目標，即便我們永遠不可能知道我們已經抵達了這一目標。我們可以把握真理而無法確定我們已經把握了真理，並且，在未確定的情況下，我們可以擁有知識——一種可能的知識。」【86】至此，問題得以明朗化了，這裡所顯示的一切分歧，歸根到底，乃是可知論和不可知論之間的分歧，在元哲學的意義上，都涉及到一個古老卻又一再引起現實爭議的重大問題：有限和無限的關係問題。關於這一點，我們也許可在黑格爾那裡找到更有說服力的解釋。

第十四章

基於「交往」的詮釋理論：
阿佩爾與哈貝馬斯

現代德國自伽達默爾以來的詮釋學研究，基本上是沿著德國古典哲學所開啓的主題——觀念論——而展開的。黑格爾的觀念辯證法，成爲奠定伽達默爾學說的三塊理論基石之一，哈貝馬斯的批判詮釋學，顯然受到了康德、黑格爾的影響，並經由馬克思——他完成了從思辨唯心主義向實踐的、歷史的唯物主義之轉折——而建立聚焦於社會生活的「交往行爲理論」。德國現代詮釋學的另一代表阿佩爾，有著與哈貝馬斯共同的關注重心，所不同的是，「交往」概念在阿佩爾那裡首先指向一種「交往共同體」，它乃是社會科學的先驗前提，依據先驗交往共同體而建立的詮釋學被稱爲「先驗詮釋學」。

一、阿佩爾：先驗詮釋學

阿佩爾的詮釋學思考與他從根本上改造哲學之努力是合爲一體的。他在其代表性著作《哲學的改造》英譯本的「前言」中表明自己的宗旨：「這個標題既標示一種對當代哲學中出現的改造過程的解釋學重構，又標示一個作者依循語言先驗解釋學或先驗語用學的線索制定出來的（先驗）哲學改造方案的概要。」【1】「先驗」成了阿佩爾學說的標誌性概念，他的出發點是「先驗」問題，他對哲學的改造乃是基於對一系列的學科先驗化而得以完成的。正如我們所看到的，諸如「先驗詮釋學」（the transcendental hermeneutics）、「先驗符號學」（the transcendental semiotics）、「先驗語義學」（the transcendental semanticism）、「先驗語用學」（the transcendental pragmatics）等等，頻繁地出現在阿佩爾的著述中。阿佩爾正是通過對它們的分析與整合，構建起了方法論意義上的「先驗哲學」（the transcendental philosophy）之理論大廈。

(一) 三次理論主題之轉折及其整合

阿佩爾建構理論的基本方式就是反思與重建，重建的不僅僅是某種理論，而且也包括對理論本身發展史的重構，並通過重構來整合不同的思想資源，建構自己的思想體系。阿佩爾坦言其學說的形成之理論背景與現代的理論主題之三次轉折相關：

1. 哲學的語言學轉向（the linguistic turn）

此一轉向始於早期維特根斯坦的《邏輯哲學論》（Tractatus logico-philosophicus）。在維特根斯坦那裡，語言學轉向明顯的變成了一種「先驗—語義學」轉向【2】。阿佩爾指出，「對語言意義的理解是《邏輯哲學論》的關心所在，這種語言意義並非某個歷史的具體文本的完整意義或作者有意無意地貫徹在文本中的

意圖；而根據解釋學的預設，文本的意義和作者的意圖必定在每一個句子中得到表達。前期維特根斯坦把『意義』理解爲語言命題的資訊內容。」[3]據阿佩爾，維特根斯坦將語言意義與其被理解的可能性歸結爲兩個絕對的預設：「(1)語言和世界具有共同的『邏輯形式』，它規整著語言符號的句法組合，並同時規定著被描述世界的事實範疇形式。(2)『對象』作爲『名稱』的『意義』，即命題的組合因素的意義，構成世界的形式『實質』。」[4]在這種語境下，對「意義」的認識問題被消解了，轉化爲對語言本身的邏輯分析。在先驗語義學中，這種語言的邏輯形式，就是對所有人來說都是相同的、對世界理解的先天結構，它是主體之間得以相互溝通與理解的基礎。維特根斯坦由此斷定，傳統形而上學關於哲學問題的闡述——諸如主體、主體之意向、靈魂、世界觀等等——都是多餘而又沒有意義的，因爲大多數哲學家所提出的問題，都出於對語言邏輯的不理解，換言之，若他們理解了有意義的語言之邏輯形式標準，就不會提出這樣沒有意義的問題。如阿佩爾所說：「維特根斯坦認爲他能夠用對『這種』語言形式的邏輯分析來替代對個體意見的前概念或前觀念的理解。如果一個文本的意義，舉例來說，一個形而上學文本的意義，不能與上面提到的語言邏輯意義標準（證實原則）相一致，那麼它就要被『懷疑爲是無意義的了』。」[5]

准此，詮釋學所提出的意義理解問題都屬於「無意義」的問題，比如在施萊爾馬赫與狄爾泰那裡，所關注的是活生生的個體之生命意向，對語言意義的理解之標準，乃是作者或言說者的意圖。人們可以用那種在邏輯上並不完備的形式，借助於在文本的陳述之外的資料而進行歷史學與心理學重建，來揭示這種隱含在作者的語言陳述背後的意圖。照此看來，維特根斯坦的「先驗語義學」是與詮釋學背道而馳的，不過它對詮釋學而言卻極有啓發意義：它揭示了一種「語言的存在」，就對世界之意義的闡釋而言，個體（民族、文化等等）之間能夠進行溝通，便基於此一語言存在，它規定了關於世界的私人性經驗是屬於主體間的，因爲這種經驗在結構上是以語言的一種邏輯形式爲媒介的。受之啓發，狄爾泰感到需要恢復康德的先驗主體，或使之具體化；海德格爾感到必須把胡塞爾的「先驗意識」轉換成人類「此在」，或「在世界之中存在」的實際性[6]。

阿佩爾認爲，從維特根斯坦《邏輯哲學論》的「句法學—語義學框架」（syntactico-semantical frameworks）到卡爾納普（Carnap）邏輯語義學中的「准先驗觀念」（quasi-transcendental conception）的失誤在於，它未能援引先驗語用學觀念，而正是這一觀念，能夠借助於語言解決關於語言的反思性交往的主體間性之先決條件問題。由此而產生了邏輯語義學的另一個失誤：此一失誤起先與《邏輯哲學論》的所指的「實在」（the real）相關，隨後延伸到了卡爾納普的術

語「證實」概念中，這一問題也超越了塔爾斯基（Tarski）用於闡明真理概念而建構的語義學體系之範圍。這其實是一個對真理概念的評判標準的先驗語用學解釋之問題，它理應作為驗證的方法論之基礎，但他們都未能看出這一點。阿佩爾嘗試通過先驗符號學的框架內探討先驗的語用學來解決這一問題，展開了他所說的第二次「轉向」──

2. 內在於先驗符號學的意義理論之實用主義轉向（the pragmatic turn）

這一轉向旨在克服先驗語義學的缺陷，也是作為先驗的實用主義轉向的語言學轉向之完成。莫里斯（W. Morris）在其《符號理論的基礎》（Foundations of the Theory of Signs）已經著手解決這一問題，他提供了一種包含了句法學、語義學和語用學（研究符號與符號使用者的關係，它標誌著發端於皮爾士的美國實用主義符號學的出發點）的三重維度之符號學[7]。不過這樣的實用主義方案，並不能反思性地在實用主義維度上建立起對世界的經驗描述之句法─語義學構架[8]。

阿佩爾認為，在符號功能或符號學具有三位元關係結構的情況下，首先應消除表現在語義學中的兩個方面──即「符號─指涉」（sign-reference）與「符號─運用」（sign-use）──之不足。關於語義學維度的「符號─指涉」方面，應通過整合語義學與（先驗）語用學予以完善。在分析哲學的發展過程中，其興趣中心經歷了這樣一個過程：從句法學轉向語義學，複又轉向語用學。句法學研究的是符號之間的關係，它構成了現代數理邏輯在語言分析和科學哲學中的出發點；而語義學則研究符號與符號所表達的語言之外的客體或事態之關係，乃是現代經驗主義的科學邏輯出發點。不過，在邏輯經驗主義的領域內，通過構造抽象的科學語言的「邏輯句法」或「邏輯語義學」並不能解決意義的經驗標準問題。即使人們將其設定為抽象的前提，但是這樣一來，經驗的標準問題已變成了經驗科學家對理論的證實或證偽問題，這意味著，它是一個關於理論或語言系統的語用應用和解釋的問題。在此情況下，用唯一的形式化語言進行唯一的世界演算，被證明為是一個烏托邦，認為有一個純粹句法─語義學的科學概念的核心思想，也從根本上被推翻了。邏輯經驗主義不得不拋棄這種信仰，轉而贊同認為語言結構要在語用上得到檢驗的約定論。在狹義的語言分析哲學內，關於對語言意義的解釋問題，也離開「邏輯原子主義」的句法─語義學模式，走向了徹底語用化的「語言遊戲」模式，亦即走向了在受規則指導的「生活形式」語境中的語言使用模式[9]。如此等等，均表明了從句法─語義學轉向語用學（研究符號與符號使用者的關係，它標誌著發端於皮爾士的美國實用主義符號學的出發點）乃基於一

種理論發展的內在必然性。正如阿佩爾所指出的：「句法學和語義學只有作爲對一般指號（亦譯爲「符號」——引者註）過程的部分作用的抽象思考才是可理解的。正是語用學才分析整體作用；而在這個整體作用的語境中，對語言系統或科學系統的句法—語義學分析才可能是有意義的。因此，唯有指號語用學才能使當代語言分析的科學邏輯變得完整。」【10】

　　關於實用主義維度的「符號—運用」方面，應通過整合語義學與先驗語用學來解決其不足。於此處，要思考的是作爲詮釋共同體之一員的詮釋者對符號的使用，以及在此一語境中所具有自我指涉功能的意向性。據阿佩爾，「符號—指涉」維度之不足是忽略了從實用主義的角度去整合語義學，而「符號—運用」維度之不足，則在於忽略了從語義學的角度去整合語用學，亦即忽略了「語言—行爲」（speech-acts）的「意義—意向性」（meaning-intentionality）的語言學面向。

3. 實用主義轉向之翻轉（the overturning of the pragmatic turn）

　　有鑒於上述所揭示的實用主義轉向之不足，阿佩爾強調指出，我們必須重申哲學的語言學轉向之觀點，主體間的有效性、意義不能被還原爲前語言學的意向（prelinguistic intentions），意義乃眞正的「意義—意向」之公共表達，從經驗—發生學的立場看，此乃意義之源。爲此，阿佩爾反對當時重新流行的「哲學心理學」（philosophical psychology）或「心智哲學」（philosophy of mind），反對塞爾（John Searle）的心理主義轉向，亦即反對將意義還原爲前語言學的意向【11】。這構成了阿佩爾所云的第三次轉折之主題。在阿佩爾看來，通過釐清前語言學與前交往（precommunicative）再現的意向性狀態，晚期塞爾似乎陷入了一種被阿佩爾稱爲從笛卡兒到胡塞爾的心智哲學或意識哲學的「方法論的唯我論」（methodological solipsism）。若比較塞爾的觀點與皮爾士、路易斯（Lewis）等人的所開啓的那種「交往理論」，兩者正相對立。後者借助於語言的行爲間性之策略性遊戲理論（strategical game theory）整合了「約定理論」（theory of conventions），這種理論並未將意義還原爲心靈的前交往狀態，而是還原爲某種超越交往的（transcommunicative）行爲之目的。這兩種向著語言或符號運用的「意義—意向」之實用主義轉向，已經與語言學轉向達到的哲學思考相抵牾。在這兩種情況中，語言的先驗準則之功能，亦即通過語言之外的行爲而建立主體間有效意義的功能被忽略了【12】。

　　通過上述分析，阿佩爾想證明，三次轉向中的前兩次、亦即依據「哲學的語言學—語義學轉向」與「實用主義轉向」而建構的理論，都無法實現第一哲學的先驗功能。按照阿佩爾的觀點，只有在先驗符號學的框架內，根據先驗—語用學

而完成的語言學轉向，才能實現第一哲學的先驗功能【13】。在這裡，我們似乎看到了黑格爾辯證法的影子，他與黑格爾在這一點上保持了一致：借助於一種哲學上的綜合完成理論體系的構建，這種綜合的方式就是否定之否定，亦即把對立面的因素視為互補的；並且，惟其是對立的，才具有互補性。正因如此，它們就能在一個更高的層面上被綜合，在形式上回歸到最初被否定的東西。

(二) 先驗詮釋學

阿佩爾對哲學的改造有兩條思維進路，一是對當代哲學的詮釋學重構，二是依循語言先驗詮釋學或先驗語用學改造哲學。雖然此兩者都涉及到了詮釋學，但前者所依據的是自施萊爾馬赫的詮釋學傳統，而後者主要側重於語言分析哲學。在阿佩爾看來，從德國精神科學傳統發展出來的詮釋學哲學與英美分析哲學的方法論進路之對立，「……將導致分析哲學三個階段的歷史重構：邏輯原子論（logical atomism）、邏輯實證主義和語言分析哲學。在第三個階段的審視中，分析哲學與詮釋學哲學兩者的多方面之融合（convergence）將變得顯而易見。但是——作者（即阿佩爾——引者註）的主要論點亦在於此——同樣顯而易見的是，有必要超越這兩種哲學，並且在語言的主體間之『理解』方法與行為的客觀『說明』方法之間進行辯證的調解。」【14】阿佩爾試圖構建的「先驗詮釋學」乃是兩種思維進路的綜合，他將「對科學主義語用學的抉擇，也即對科學主體的行為主義還原的抉擇，稱為先驗詮釋學」【15】。其中心問題是旨在釐清：就符號作用的主體問題而言，在語用學符號中是否存在著一個非科學主義的、先驗詮釋學的回答之出發點。

1. 理解與意義

西方詮釋學是沿著兩個方向展開的：歐洲大陸的詮釋學，從施萊爾馬赫、德羅伊生（Droysen）到狄爾泰的歷史哲學或精神科學，直至後海德格爾的詮釋現象學，其核心概念是理解（understanding）；與之相反，在英美哲學領域關於詮釋學之探討，所注重的是意義（meaning），與後－維特根斯坦【16】（post-Wittgensteinian）、後－弗雷格（post-Fregian）的語言分析哲學密切相關，在上節中所勾述的現代哲學三次轉向——從語言－語義學轉向到語用學轉向，最後又重新回歸到語言學的轉向——便是語言分析哲學的發展過程之縮影。按照阿佩爾的描述，語言分析哲學與精神科學哲學之發展，表現出了兩條平行的線索，它們相互間幾乎沒有什麼接觸。正是由於維特根斯坦和海德格爾的語言學的轉向，重新強調語言，將語言視為主體間的相互理解、以及人們對世界的詮釋之中介【17】，語言分析哲學與精神科學哲學開始交融匯合。

但這並不是說，在此之前，詮釋學只討論「理解」而漠視「意義」，或者換個角度，語言分析哲學只專注於「意義」而無關乎「理解」。事實上，理解與意義在它們那裡都是非常重要的概念，其區別在於對這兩個概念之關聯的理解。從詮釋學的立場出發，對「意義」的理解乃是精神科學的認識論：「這種解釋學哲學總是預先假定，宗教、哲學和文學傳統中的偉大文本都具有不可替代的活生生的意義，關鍵在於利用語文學批評的所有手段和方法，使這種意義重新在當代世界中展現出來。……作爲一種『表達』，意義完全回到了生活的多面性上。因此，從路德到狄爾泰，作品本身的意義和眞理要求，仍舊是衡量所有解釋學理解的尺度，從而也是衡量關於解釋學理解之可能性的先決條件這個哲學問題的尺度。」【18】這表明，詮釋學對於理解提出了「意義」與「眞理」的雙重要求，亦即不僅理解文本的意義，而且要求把握文本所蘊含的「眞理」。顯然，這種要求乃是繼承了詮釋學所由從出的《聖經》註釋學，在這裡，文本的眞理性是毋庸置疑的。在認識論向度的詮釋學中，解經學之「眞理」變身爲「眞相」，認爲文本表達了作者所意欲表達的東西，亦即作者意圖；或者，文本的語言本身所指向的東西，即文本含義。無論是作者意圖或文本含義，都表明了在語言的表達中有著某個客觀存在著的「意義」，對語言的正確理解，便意味著達到對隱含於語言的客觀意義的理解。由於語言學轉向的影響，詮釋學發展到海德格爾、伽達默爾階段已經不再具有認識論性質，「理解」與「意義」趨於同一化：理解過程被視爲意義的生成與展現過程，同樣也是「此在」（理解者的存在）的形成過程。在此一語境中，經由理解所達到的結論就不再有對錯眞假之別，它只是標誌了理解者的存在狀態：存在者乃如其所是地存在著，此即存在之眞理。

在語言分析哲學那裡，意義與眞理（或眞相）的這種內在必然聯繫遭到質疑，主張在命題的意義和命題的眞理之可能性前提之間，必須做出明確的劃分。阿佩爾寫道：「在維特根斯坦看來，理解問題與眞理問題之間的區別乃在於：在一種通過邏輯上完美的方式構造出來的語言中，我們必須假定已經把對象作爲意義賦予給語詞了；但是我們卻不能先天地假定語言中的陳述是與事實相關聯的。」【19】這便是說，我們可以理解某個命題的意義，但無法知曉這一命題之眞假，亦即語言陳述與事實是否相符合。

比較詮釋學與分析哲學關於「理解」與「意義」的理論分歧，此中呈現出一種複雜的關係。我們可以借助於狄爾泰關於精神科學方法論之特徵的闡述來釐清這種複雜關係。在狄爾泰看來，「自然需要說明，人則必須理解」【20】。精神科學所指向的是人類的精神現象，是生命的意義，從中獲得的結論，既不能被駁倒，也不能被證實，因此其方法在本質上是「理解」的。而在自然科學領域，乃

通過某種確定的符號結構來說明、解析被觀察的對象，旨在獲得關於認識對象的客觀知識，其方法是「說明」（Erklaren, Explanation）【21】。但這並不是說，對晦暗不明的生命意義之理解本身也是晦暗不明的，使理解具有某種程度的明晰性之方法，就是「解釋」（Auslegung, Explanation）【22】。在狄爾泰的詮釋學中，「理解」與「說明」是各司其職、相互對立的。顯然，基於科學主義的語言分析哲學，就其方法論的性質而言，與「說明」同屬一道，立足於對符號所指涉的意義之清晰、合乎邏輯的「說明」，而與詮釋學的「理解」理論處於對峙狀態。

在阿佩爾建構先驗詮釋學的努力中，嘗試將此兩者結合在一起：「自然科學家不可能（作為孤立的自我）（als solus ipse）獨自說明某一個東西。即便僅僅是為了知道他應當說明『什麼』，他也須就這一『什麼』與他人達成共識。……主體間性層面的相互理解決無可能被客觀科學的處理方式所代替，這正是因為這種相互理解是客觀科學〔science〕可能性的條件；並且，我們在此碰到了任何一個客觀說明性的科學綱領之絕對界限。對於人們所意指的、以及所意願的東西達到語言性的相互理解，在上述已界定的意義上，乃是對客觀科學的補充。」【23】正因如此，以主體間關係為前提的詮釋學也就具有了它的可能性與必然性。在阿佩爾看來，一旦我們考慮自然科學本身之可能性和有效性的語言條件問題，並在人類學意義上徹底思考其邏輯推論，就能看清詮釋學的理解活動與自然科學的說明活動的互補性。自然科學不僅以研究共同體為前提，而且就科學得以產生的基礎來說，它有賴於前科學的人類交往形式以及由此而形成的語言。這兩種認識方向表徵了兩種相異且又互補的兩種認知旨趣：「(1) 由一種以自然規律之洞見為基礎的技術實踐必然性所決定的認知旨趣；(2) 由具有倫理意義的社會實踐之必然性決定的認知旨趣。」在此，具有倫理意義的理解認知目標乃是人之間的交往，包括同時代人的交往和以傳統中介化方式與以往時代的人交往，它乃是技術實踐的前提【24】；而從另一個角度看，當語言成為純粹的符號工具時，意義的理解不再依賴於對生動表達的具體解釋，而僅僅取決於對某個符號系統的（句法與語義的）規則之常規固定的參與，符號工具在此就是「意義理解」的工具。正是在這個意義上，「『理解』不能被看作是一種與『說明』相對的競爭事業，而是一種與客觀事實的科學知識構成互補的認知現象。這互補的兩者實際上包含在以指號為中介的關於某物作為某物的知識中，也即以世界解釋為形式的主體與客體的中介化以及以語言解釋為形式的人類主體之間的中介化。這兩種以指號為中介的認識型式甚至在它們的起源上也是互補的，也即它們是相互補充也相互排斥的。」【25】此一構想的立論基礎，就是阿佩爾所揭示的「交往共同體」（communication community）。

2. 作爲先驗詮釋學之前提的交往共同體

由於立足於主體─客體關係的描述性、說明性的科學與建立在主體間性基礎上的詮釋學都具有各自的可能性與現實性，且具有不可替代性，阿佩爾斷言它們二者應當具有互補性。若此互補性得以實現，那麼原先表現爲兩個互不相干的知識領域也就能在一個更高的層面上整合爲一個人類知識總體。在阿佩爾看來，這樣的一個目標是完全可能實現的：「我們提出的關於科學學和解釋學的互補關係的斷言歸根到底是從這樣一個事實出發的：一個交往共同體的存在是一切在主體─客體維度中的知識前提；這個共同體本身乃是對世界材料的的客觀描述和說明的主體間性元維度，其作用能夠而且必須成爲科學知識的一個主題。」【26】以此觀之，設定先驗的交往共同體是阿佩爾構建先驗詮釋學的前提。所設定的共同體包含兩個方面：(1) 某個實際存在的交往共同體（real communication community），參與論辯之人都已通過社會化過程而成爲此一共同體的成員；(2) 某個理想交往共同體（ideal communication community），此一共同體基本上能恰當地理解論辯者的論據之意義，並能以一種確定方式對這些論據的眞實性做出判斷【27】。前者所指向的，是論辯者對於在歷史形成的那種現實存在的交往共同體之歸屬關係；並且，由於他歸屬於現實存在的交往共同體，也就獲得了歸屬於理想的交往共同體之資格，他有能力以一種合適的方式理解、判斷交往夥伴的觀點與論據。

雖然，阿佩爾很謹愼地將「交往共同體」表達爲一種先在設定的東西，但他其實已經認定這是一個無可選擇的事實。在他看來，自我認同已經內在包含對先驗交往共同體的認同。唯有如此，人們的自我知識和世界直接知識的意義有效性才能被認可與被證實。這意味著，就符號作用的主體問題而言，在語用學符號中存在著一個先驗詮釋學的回答之出發點──交往共同體。從中亦可看出阿佩爾與早期維特根斯坦之區別，維特根斯坦力圖通過確立句法─語義學而完成語言學轉向，將認識論引向語言邏輯分析，而阿佩爾則認爲，以符號爲中介的知識活動，乃是在人類交往共同體中展開的。

「交往共同體」乃是就「共同體」的最廣泛意義而言的。在阿佩爾那裡，存在著諸種不同的共同體。基於學科分類，在精神科學研究中，旨在獲得關於精神世界的知識的共同群體被稱爲「詮釋共同體」（community of interpretation）；而自然科學家則歸爲「研究共同體」（community of investigation），或符號解釋共同體、實驗共同體。若依據研究者來劃分，前者被稱爲「詮釋者共同體」（community of interpreters），後者則是「研究者共同體」（community of investigators）。就「共同體」本身而言，其基本的規定性取決於主體間的相互理解、

溝通與認同，因此，所有形式的「共同體」，都表徵了某種主體間性。在以精神
科學為取向的詮釋共同體中，作為傳統中介的主體間之溝通，乃成為一切客觀知
識的（包括前科學知識）之可能性與有效性的先驗詮釋學之條件；即使在研究共
同體（亦即符號解釋共同體）中，起作用的仍然是主體間性。此乃因為，惟當符
號的意義能被經驗所闡明、且能被他人分享時，才能被證明為有意義符號。以此
觀之，皮爾士的看法似不無道理：在自然科學的實驗研究過程與人類詮釋共同體
中的溝通過程之間，沒有任何區別【28】。

　　基於上述洞見，阿佩爾便將先於人類一切認識過程的交往共同體確立為認
知的主體，以此來克服「方法論唯我論」【29】。我們可以這樣理解阿佩爾的觀
點，方法論的唯我論是造成傳統知識論體系都有所偏失之根源。傳統的詮釋學在
方法論上無疑是唯我論的，它將被認識與理解的對象——另一主體及其交往活動
——視為認知的客體，「一個充其量可以通過移情作用加以把握的客體」；晚期
胡塞爾也陷入了方法論唯我論；維特根斯坦《邏輯哲學論》中立足於「句法—語
義學」的語言學轉向也未能擺脫方法論唯我論；語言分析理論的新實證主義統一
科學的方法論前提——「科學邏輯」——是方法論唯我論的；至於海德格爾，儘
管他強調「共在」，但在方法論上仍陷入了一種唯我論的生存論本體論之變種。
在被設定為基礎的理解統一體中，即在「我」的「在世界之中存在」的展開狀態
中，以語言為中介的關於世界的公眾解釋狀態與我的世界經驗之間的張力未予充
分思考；甚至物理主義的客觀主義統一語言這一假定，也是以方法論唯我論為前
提的【30】。如此等等，不一而足。在阿佩爾看來，唯有將交往共同體視為認知的
主體，才能克服方法論的唯我論，並超越由此而造成的知識論上的「相對主義」
與「客觀主義」之對立。

　　交往共同體奠定了先驗詮釋學的基礎，阿佩爾寫道，「為了對一般科學作
一種先驗的基礎論證，就必須求助於無限的理想交往共同體的批判性話語。只
有憑著對這樣一個共同體的一致性共識的參照，科學的真理觀念才能得到界
定。」【31】當然，作為哲學家的阿佩爾，關注的重點依然是人文科學、社會科學
的認識問題：「隨著人或者社會及其歷史成為研究課題，是否會出現一個原則上
是新的科學哲學意義上的問題情境。如果對這一問題的回答是肯定的，而社會被
當作一個首先必須被『理解』的科學的主體和客體，那麼，我想把這一立場稱為
科學哲學的『解釋學—辯證法』立場。」【32】基於此一立場，阿佩爾致力於對不
同的詮釋與認識觀念進行辯證的綜合，它們——人文科學詮釋性的「理解」與自
然科學的客觀「說明」——之互補性，惟在辯證綜合中才能得以實現，而交往共
同體正是實現這種綜合之基本的先驗前提。

據阿佩爾，將交往共同體設定爲先驗詮釋學的基礎，以此克服「方法論唯我論」，對於遏制一直困擾著人文科學研究的相對主義傾向具有重要的意義：

其一，阻止詮釋性的「理解」陷入相對主義。針對伽達默爾否認詮釋學科學中那種對意義系統的、累進客觀化的意義和可能性，並以此來拒絕自然科學的方法論理想【33】，阿佩爾指出：「如果我們把歷史性互動共同體，而不是把具有科學主義局限性的實驗家解釋共同體，看作是指號解釋的主體，那麼看來甚至在這裡——儘管現在解釋以不可逆轉的方式與一種改變著某種境況的活動交織在一起了——我們也就能夠發現可能的無限進步的一個規整原則。依我之見，這裡所說的規整原則就在於關於那個無限的解釋共同體實現的觀念之中，而這個解釋共同體作爲一個理想的控制機構則是參與批判性論辯的每一個人（也即思想著的每一個人）的前提條件。因爲，如果我們考慮到，實在的交往共同體——它是在有限情境中從事批判性論辯的個體的前提條件——絕對不是與那個無限解釋共同體的理想相符合，而是服從於那些由在不同民族、階級、語言遊戲和生活方式中的人類顯示出來的意識和旨趣的限制，那麼，從這一在解釋共同體的理想與現實之間的對照中也就出現了實踐進步的規整原則。解釋的進步可能而且理當與這種實踐進步交織在一起。解釋與人類主體——它本身乃是歷史性的，同時憑其解釋不可逆轉地改變著某種境況——的不可否認的關係也就用不著把規範性解釋學拱手交給一種相對主義的歷史主義；相反，它本身作爲可能進步的一個維度能夠在主體間溝通水準上得到思考。要是我們無權設想一種向著主體間交往共同體的實現邁進的實踐進步（我們必須反事實地搶在這個理想的交往共同體之先進入所有溝通努力中），那麼我們實際上就不得不與伽達默爾一起得出結論：在解釋學的理解中也不可能有眞正的進步，而只有『差異性的理解』。」【34】確實，在伽達默爾看來，由於理解者都囿於自己所承繼的傳統、基於某個特定的視角進行理解，因而只有不同的理解，沒有更好的理解。這種表述難免有相對主義之嫌，儘管他自己竭力否認這一點。阿佩爾認爲，由於在互動的交往共同體之中，解釋與實踐交織在一起的，因而實踐的進步（這是毋庸置疑的，因爲它爲共同體之理想所推動而不斷發展）是完全可能導致一種「更好的」理解的。

其二，抑制主張價值中立的倫理學相對主義傾向。人文科學與倫理學的價值中立之主張，與科學主義闡發的關於自然科學價值中立性（客觀性、無價值傾向性）之立場遙相呼應。在科學主義那裡，用達爾文「生存競爭」來解釋人類的個體或群體間的爭鬥（如戰爭），通過驅逐弱小者實現擴張的目的，是理所應當的。在這種情況下，科學的發明往往被視爲達到自己的目標利器而被推崇。但是，當科學發明了原子彈等大規模殺傷性武器被發明直接威脅到整個人類的生存

之時，當工業化社會的科技發展導致嚴重的環境污染毀滅著地球的生態環境之時，人類就不得不共同面對科學目標的倫理學難題。只有在這時，人們才會認真地思考這一問題：科學與我們存在的意義之關係，應任憑人的理性盡其所能地發展科學，還是將這種發展置於人的存在意義之終極目標制約之下。這裡所涉及的問題，不僅是自然科學的倫理學問題，同時也是倫理學理論本身的問題。

維特根斯坦式的「語言分析」的「元倫理學」是主張價值中立的、客觀描述性的倫理學。無論是運用數理邏輯的推論形式還是運用對事實的歸納推論，都不可能推導出規範或價值的判斷。因此，所有的道德規範或價值判斷，都被歸入主觀性領域。這就是說，它們不具有客觀的普遍性。因此，要想構建一種普遍倫理學是不可能的。在邏輯的意義上，任何具體的規範倫理學都是不適合的，因為人類在實踐中確立或遵循的道德規範，都受到了某種教條或意識形態的制約，具有文化的與時代的局限性。對於分析的「元倫理學」，阿佩爾做出如下界定：「總得說來，是將它自己視為對語言的用法，或者，對所謂『道德話語』（moral discourse）的邏輯規則進行無價值傾向的（value-free）、科學—理論式的描述」【35】，而廣義上的分析哲學正是對這種無價值傾向之合理性的表達。元倫理學因此不提供任何規範的、終極的基本道德規範準則，它無非「讓每一事物如其所是」【36】。在這裡清晰地表明瞭，元倫理學價值中立的立場何以最終導向一種倫理學相對主義。以此反觀以契約論為基礎的倫理學、乃至實證主義的「歷史主義」等等，與元倫理學在價值中立的觀念上如出一轍。觀之社會生活，在西方以自由主義為主導觀念的社會中，道德問題僅限於私人生活領域，道德的論證及其原則已經從法律賴以建立的基礎中被清除，因而在公共生活的領域，以實用主義的論證——由專家基於可客觀化的科學技術規則所提供——取代了實踐（praxis）上的道德辯護【37】。

通過對上述諸觀點的分析，我們發現了一個共同點：在所有持價值中立立場的理論中，都缺少了對於基礎的、「終極的」價值規範的思考，或者說，消解了作為終極目標的普遍有效的道德準則。也正因如此，才會最終走向倫理學的相對主義。之所以如此，無非出於兩個方面的考慮：(1) 此類問題沒有研究價值；(2) 無法確定所謂基礎的價值規範。然而，在阿佩爾關於倫理學的思考中，卻力圖向我們證明，在他的「交往共同體」理論中，能夠找到問題的答案。在阿佩爾看來，所有自詡為價值中立的理論，都根本無法做到真正「中立」的。這裡所涉及到的第一個問題就是「評價」問題。展開對某一論點的論證，無可避免地涉及到對選用材料的理解與評價。比如一個歷史學家，即便他站在實證主義的「歷史主義」觀念的立場上，也會首先在浩如煙海的歷史文獻中篩選有「深遠意義而獨

具魅力的歷史事件」，這就已經包含了基於某種價值立場（被伽達默爾成爲「前見」或「偏見」）對這些用於建構理論的材料「評價」。無論如何，聲稱「無價值傾向」的理論本身所依據的「客觀性」，依然是以道德規範的主體間的有效性爲前提的。違背這一前提，他的理論就沒有被認可的可能性，甚至不能被理解。因此，像元倫理學這樣的學科，在其構造自身的對象時，「肯定在某種程度上爲一種能夠在交往中實現的約定（engagement）——此約定不僅具有方法論意義上的規範性、而且也具有道德規範性——所決定的」【38】。對於上述第二個問題，阿佩爾給出了自己的答案，答案關鍵字就是「理想交往共同體」：「我以爲，在我們自己的反思性自我理解中實現理想交往共同體的可能批判，就是這種可能的道德的自我超越原則。」【39】在他看來，「在今天頗有爭議的諸學科，通過假設理想交往共同體之實現，就獲得了它們在一種由非－主觀獨斷的價值判斷而奠定的基礎上的方法論和倫理－規範意義上的規範性原則。因而，它們可服務於對歷史境況的經驗與規範的重構，從而可服務於公共觀點的『形成』。」【40】正是基於理想交往共同體的反思，阿佩爾導出了對每個人都長期有效的兩個根本的規範性原則（fundamental regulative principle）：(1) 人的所有「作爲」與「不作爲」，應確保實際存在於交往共同體的人類之生存；唯有基於此，才可能導出(2)，在實際存在著的交往共同體中實現理想的交往共同體【41】。要而言之，作爲整體的「人類生存」之目標，被設定爲制定一切道德準則的終極目標，在這個意義上，它既是現實的，又是自我超越的，因而是終極普遍有效的。

二、哈貝馬斯：批判詮釋學

　　哈貝馬斯的批判的詮釋學屬於哲學詮釋學，但它與伽達默爾哲學詮釋學卻有著根本的分歧。伽達默爾詮釋學立足於語言本體論，哈貝馬斯雖然將語言視爲基礎和事實，但最終卻把人的社會交往當作一切理解的基礎。就此而言，哈貝馬斯在很大程度上受到了馬克思主義的影響，這與他的哲學基本立場是一致的，衆所周知，他曾一度是法蘭克福學派的主將。他嘗試發展馬克思主義，在他看來，雖然在馬克思那裡可以找到一種徹底化了的認識論批判（radikalisierten Erkenntniskritik）的所有因素，但是馬克思自己沒有將其綜合起來，建立唯物主義認識論【42】；並撰有*Zur Rekonstruktion des Historischen Materialismus*（1976），以期重建歷史唯物主義。在哈貝馬斯看來，由於馬克思在「社會實踐」的名義下混淆了「勞動」（Arbeit）和「交互行動」（Interaktion），使得「人的科學」等同於「自然科學」而變得模糊不清【43】。而他對兩者的區分被視爲對馬克思主義的新

貢獻【44】。哈貝馬斯對於詮釋學的思考，與阿佩爾有相近之處，這主要是指他們的理論均立足於「反思」與「交往」概念。哈貝馬斯的「交互行動」概念，所指向的正是「交往行為」（kommunikative Handeln）。

(一) 交往與語言的社會功能

「交往」是批判詮釋學的核心概念，它構成了哈貝馬斯的意識形態批判理論所從出發的基本點。但哈貝馬斯的交往（Kommunikation）概念與馬克思的交往（Verkehr）同樣有著不容忽視的區別。「Verkehr」所指的那種「交往」之覆蓋面要比「Kommunikation」廣泛的多。對於「Verkehr」，馬克思在一封寫給安年柯夫的信（1846年12月28日）中有過明確的說明：「為了不喪失已經取得的成果，為了不致失掉文明的果實，人們在他們的交往（commerce）方式不再適合於既得的生產力時，就不得不改變他們繼承下來的一切社會形式。——我在這裡使用『commerce』一詞是就它的最廣泛的意義而言，就像在德文中使用『Verkehr』一詞一樣。」【45】具體地說，「commerce」或「Verkehr」可廣泛的意指存在於人類社會的一切交往形式，諸如人們的思想上、語言上的交流、溝通，人與自然的交往（實踐）關係，人與人的物質關係，甚或兩性關係等等。而哈貝馬斯的「Kommunikation」概念是以語言的詮釋學為基礎，並藉此進而延伸到社會生活各領域的。正是在這個意義上，我們說交往理論是哈貝馬斯批判詮釋學的核心。

哈貝馬斯認為，詮釋學的潛在力量乃是人類學的基本特徵，它是一種人的能力（Fähigkeit），憑藉這種能力，人們理解著語言和非語言的象徵系統中蘊含的意義。由於非語言的象徵系統須通過語言性的轉換、並通過語言表達出來，才能進入理解領域，因此，從整體上說，詮釋的能力是不能超越語言性的。人的詮釋能力是與語言相關的，但這並不是說，這種能力是為語言所決定的；它乃基於作為人類學的最初結構之「交往能力」（die kommunikative Kompetenz）。哈貝馬斯根據交往能力的不同作用將其劃分為三個階段：第一階段作用於人們對生命世界的一種樸素的理解，這時的交往尚不是嚴格意義上的公共交往，用以表意的「前語言符號」不僅帶有濃厚的感情色彩，而且與特定的情境緊密地結合在一起，因此，原始符號的含義在很大程度上是私人化的，沒有進入語法規則的系統之中，也不具有語言的邏輯性，邏輯上相互矛盾的東西同樣可以構成意義整體；在第二階段，交往功能已發展為一種詮釋藝術的技能；第三階段則表現為哲學詮釋學，在這裡，交往的潛能完成了普遍的反思，走向了批判。這種批判負有一個特殊的使命，即確定自然語言的作用和界限，闡明交往結構中的理論因素和實踐

因素的關係。它否認自然語言是理解的終極性條件，把作爲語言的理解理論之哲學詮釋學轉變爲社會行爲的及交往理論。

與伽達默爾不同，哈貝馬斯在對語言進行考察時首先注意的是語言的社會功能。他認爲，言談（Rede）概念體現了語言的社會功能。言談是在社會的關聯中形成的，它本身包含有理論的和實踐的兩個方面。言談總是希望證明什麼，這裡包含著理論的因素；同時，言談在本質上是受人的行爲，準確地說，是受人的行爲意願支配的，表明了它與實踐關係。作爲人類的基本特徵之交往是承載理論性和實踐性的基礎。語言交往也是一種交往，言談內在地包含著這層意思，就此而言，伽達默爾的對話結構正是語言自身的交往結構。但在哈貝馬斯看來，由於對話結構所涵蓋的領域過於狹窄，以至於遺漏了一個重要方面，這就是「獨白」。哈貝馬斯指出，現代科學完全有理由宣稱，它靠著滔滔不絕的獨白，靠形成以獨白方式構造的、由受控觀察支持的形式化理論，就可以對事物做出眞實的判斷。因此，「詮釋學意識起源於我們內在於自然語言的運動之反思，於其間，對於生命世界的科學詮釋而言，須在自然語言和獨白式的語言系統之間實現調解。這種轉換過程（Übersetzungsprozeß）超越了修辭學—詮釋學藝術的界限，這種藝術只是與日常語言所構建的、並流傳下來的文化相關。若要超越這種產生於每一種藝術的反思性的練習詮釋學意識，詮釋學當有必要釐清使之成爲可能的條件：它同時能擺脫日常語言的對話結構，爲嚴格的理論建構與組織有目的的合理活動以獨白的方式使用語言」【46】。

立足於社會功能考察語言，就會發現理解的解釋模式總是與特殊的實踐領域之交往結構密切相關的，而能夠表達這種相關性的就是日常語言的解釋模式。哈貝馬斯認爲，一種詮釋的理論性是充滿了實踐性的，它包含了社會的「交互行動」（Interaktion）以及由此而產生的多樣性判斷，語言的社會功能便在於它事實上推動著意志的形成過程，並影響著這個過程的走向，最終使人們在社會的行爲規範上達到某種一致性。日常語言的解釋模式正是把實踐的關係納入了自己的理論性結構中的解釋模式，它不僅依賴於「交互行動」，而且也同樣規定著「交互活動」，日常語言的解釋模式之實踐意義便在於此。正是這一點，使它得以與嚴格的修辭學、語言學區別開來。語言學是純粹理論性的，最完美的語言分析也只是精確的同義反覆，而不考慮這種語言表達本身是否完美；它旨在建構語言分析的規則系統，注重的是語法和語義問題，而不研究「交往的能力」，語言如何實現其社會功能問題，即在實踐中的應用問題，不言而喻的是在它的視野之外的。相反地，哲學詮釋學所要揭示的正是言談者在將「語言轉變成語言的實用方面」的創造性的經驗，這種經驗是在主體運用其交往能力時獲得的。語言因其被

「實用」而產生了具有社會意義的規範作用，也就是說，獲得了一種實踐意義。在哈貝馬斯看來，語言與行為是相互詮釋的，「若沒有語法之規定、及其與規範協調的交互行為的關聯，沒有與之相隨的、或斷斷續續的體驗表達，日常交往不只是不完整，而是不可能的。語言與行為是相互詮釋的：這一點，當然是在維特根斯坦的語言遊戲——它同時又是生活形式——的構想中發展出來的。在完整的生活實踐之意義上，語言遊戲的語法不僅規定著符號是結合，而且同時規定著通過行為和表達對語言符號的詮釋。」【47】

社會行為的規範屬於實踐的領域，規範的判斷直接構成著社會的狀態，語言與行為的相互解釋，意味著理論與非理論的實踐之整合，並因之而防止了判斷上的隨意性，這是因為行為本身必定會產生一種「社會後果」，這種「後果」便是衡量一切判斷的天然標準。這一標準同樣適用於對伽達默爾所說的「前判斷」中提供的東西進行選擇，而無須不加區別的全盤接受。哈貝馬斯指出，把語言具體化為生活方式與傳統之「主體」是一種唯心主義的臆想，它基於這樣一種前提，即認為「語言性地表達出來的意識，規定著生活實踐（Lebenspraxis）的物質存在」。事實上，「社會行為的客觀關聯，並不產生於主體間臆測的、與符號流傳的意義之領域中。社會語言的基礎，乃是一種關聯因素，這種關聯，正如其總是以符號為媒介，乃通過現實性的強制（Realitätszwänge）而建立起來的：通過外部自然的強制而成為技術利用的方式，並且，通過內在的自然之強制而映射了社會的暴力鎮壓之關係。這兩個強制範疇不僅是詮釋的對象；它們在語言的背後也影響著語法規則本身，而我們就是依據這些規則來詮釋世界的。客觀的關聯——我們唯有通過它們才能理解社會行為——產生於語言，尤其是產生於勞動和統治」【48】。誠然，可以把語言理解為一切社會制度都依賴的「元制度」（Metainstution），因為社會行為形成於日常語言的交往中。然而這種元制度又依賴於社會過程，成了統治和社會勢力的媒介，正因如此，語言就變成了意識形態的東西。鑒此，問題就不是語言中包含著欺騙，而是化為意識形態的語言的概念系統本身就意味著欺騙。在哈貝馬斯看來，詮釋學的經驗已說明了語言對實際關係的這種依賴性，從而，詮釋學的經驗就成了「意識形態批判」。

語言依賴於社會過程，表明了它的可改變性。據哈貝馬斯，人們可以根據自己的經驗給予一種語言解說以活力，也可以運用強制手段來改變傳統的解說模式。在能夠改變語言傳統的種種因素中，哈貝馬斯特別注意到了生產方式的作用，他指出，「非規範性的強制力，作為元制度進入語言中，此強制力不僅根源於統治體系，而且也根源於社會勞動。在這種工具性的、能有效控制行為的領域中，被組織起來的經驗，明顯地推動著語言的詮釋，並能在行為的強制之下改變

傳統的詮釋模式。生產方式的改變，會導致語言的世界圖像的結構變化。……眾所周知，物質生活的再生產條件根本變革，一方面是以語言爲媒介的；然而，一種新的實踐不僅是通過一種新的詮釋而得以實現，而且，舊有的詮釋模式，也會通過新的實踐而『從下面』受到衝擊並被改造。」【49】在這裡，科學處於一個舉足輕重的地位：「在科學—技術發展逼迫下的制度性變革，將以同樣的方式對語言的世界觀模式產生間接的影響，正如生產方式對它所產生的影響那樣；因爲科學已經變成了生產力中的第一生產力。」【50】

(二) 詮釋學與實證科學

在取法自然科學的實證主義君臨天下之時，將一切科學納入自然科學的研究模式之呼聲也日甚一日。爲捍衛精神科學的合法性與獨立性，狄爾泰嚴格區分精神科學與自然科學。伽達默爾的詮釋學則更進一步，主張以語言爲本體的詮釋學來統一自然科學與精神科學。在這一點上，哈貝馬斯一方面站在狄爾泰的立場上，明確反對實證主義以自然科學模式統攝精神科學的觀念；另一方面，他也反對科學研究方法論上的二元論，反對將精神科學與自然科學的方法論視爲並存而互不相干的兩種方法論；最後，他同時也反對伽達默爾的「反方法論」立場。哲學詮釋學作爲日常語言的結構理論，始於某種單一的科學，即語言科學，然在它的自我反思性中卻潛在地包含著這樣一個要求，使自己突破單一科學的性質，上升爲一種普遍的元理論，使某種單一的結論和方法昇華爲一般化的、普遍適用的東西。要實現這一要求，僅僅圍於對某種單一科學、乃至整個人文科學的進行反思是不夠的，因此，哈貝馬斯把「批判」的觸角伸向了實證的科學。他認爲，哲學詮釋學不僅影響著社會科學，對於實證的自然科學也具有重要意義，同時，由於實證科學在技術上支配著自然，對於天然的生活環境對人的實際狀況的制約性有著深刻的領悟，這種發展著的人與自然的關係，必然會反過來影響社會制度上的聯繫，從而改變語言。

哈貝馬斯指出，哲學的詮釋學意識已經表明了作爲精神科學的詮釋學與其他各門科學的關聯性。關於詮釋學對實證科學的影響，哈貝馬斯做了以下四點概括：

(1)「詮釋學意識摧毀了傳統精神科學的那種客觀主義的自我理解」。理解的實在性（Sachlichkeit）不是通過對前意見（Vormeinungen）的抽象而得以保證的，而唯有通過效果歷史關聯——它聯結了認識的主體及其對象——之反思才能獲得。哈貝馬斯贊同伽達默爾的效果歷史關聯理論，認爲精神科學的客觀性只存在於效果歷史的結構狀態之中。客觀性因此不能僅僅被視爲主觀性的對立面，它

更多的是傳統關聯中的客觀性意向的具體化，哲學詮釋學有責任盡一切可能意識到客觀性意向的歷史具體條件，在事件之歷史—發生的意義上證明解釋對象的客觀性，克服主觀化和客觀化之間的那種非此即彼的選擇。

（2）「此外，詮釋學意識提醒社會科學注意到這樣的問題，亦即在它們的對象領域之符號的前結構活動（Vorstrukturierung）中所產生的問題」。在社會科學的對象領域之符號的前結構活動中，資料的獲取是通過日常語言的交往為媒介的。這意味著，社會科學雖然屬於社會的技術性領域，卻並不表明它作為整體是從屬於精密的自然科學方法論，並且不能超出社會的技術界限。從根本上說，社會科學乃是對社會的生命關聯整體性的抽象，在此，社會領域的經驗是其前提，這種經驗在人們日常語言的交往中表達出來。因為此種經驗是「前科學」的，社會理論的預見性範疇就具有某種特殊性，即這種範疇的確定性依賴於「前科學積累的經驗」，依賴於有關社會對象及其多樣性表達高度綜合的前知識，因此，社會交往範疇意義上的預見意味著社會科學對象領域符號的前結構化，在此，對象和範疇以某種方式相互規定著，使範疇的選擇和修正成為可能。

（3）「詮釋學意識還影響了自然科學的那種科學主義的自我理解，當然，這不是指自然科學的方法論。自然語言對一切形式語言之理論始終起著『最後的』元語言（Metasprache）之作用的洞見，說明了日常語言在研究過程中的認識論上的基準價值（Stellenwert）。」日常語言雖不能決定自然科學的研究方法論模式，但顯而易見的是，一切研究模式或原則都是以日常語言為媒介勾畫出來的，換言之，是在自然語言的條件下實現的，因此與自然語言的語境和日常交往的解釋形式密切相關，依賴於語言在交往中的含義。哲學詮釋學才能解答這一問題：「為何在這種元理論層面上達到合理促成的、而非專斷的一致性（Konsensus）是可能的」。

（4）「最後，詮釋的領域在今天獲得了這樣一種社會現實意義，還沒有一種其他意識，像詮釋學意識那樣提出了這種要求，亦即把富有成效的科學資訊翻譯成社會生活世界的語言」。科學對策的確定依賴於生命世界的關聯，並同時推動著這種關聯的形成；就語言而言，科學的陳述依賴於交往的自然語言，同時又促進自然語言的形成與發展。在哈貝馬斯看來，我們現在的一個迫切任務，就是將科學的陳述轉化成自然語言，以便為再一次把科學的經驗和我們一般人的生活經驗一體化開闢道路。科學的社會功能便在於此，即在於「技術上可用的知識和生命世界實際知識」合理的聯結【51】。

哈貝馬斯的理論是一種重構性的理論，而這種重構立足於「反思」或「批判」。在他看來，反思性的經驗乃是德國唯心主義留給後人的永恆遺產，它即能

證實、也能否定一切教條，包括傳統的規範和權威。惟在反思中才能清除暴力強制，以合理的判斷取而代之【52】。據伽達默爾，啓蒙運動詆毀一切權威造成了一種偏見，導致權威概念被曲解。事實上，權威「……最終不是基於某種服從或拋棄理性的行動，而是基於某種承認和認識的行動——即承認和認識到他人在判斷和見解方面超出自己，因而他的判斷領先，即他的判斷對我們自己判斷具有優先性。」【53】而在哈貝馬斯看來，權威與認識是不一致的，雖然認識植根於傳統，與有限的條件聯繫在一起，但是，回溯性的反思工作也具有其反作用力，能清除盲目服從權威勢力。如語言遊戲的語法（Sprachspielgrammatiken）曾被認作是世界觀與行爲的規則而具有了某種強制性，而這種強制性正是在反思中才得以被清除。

　　以此觀之，詮釋學的問題在於，它並沒有對自己的「界限」、亦即其有效性的範圍進行反思，因此它本身也並不完善。在哈貝馬斯看來，伽達默爾詮釋學停留在語言的層面，是一種「語言學唯心主義」，它忽略了這樣一個問題：語言不僅作爲交往的手段調節著人們關於世界的經驗，而且還是社會權利和從屬支配制度的中介【54】。

　　實證主義否認反思，放棄了對整個認識論的反思論證之要求。哈貝馬斯認爲，追問可能認識的條件之先驗的邏輯問題，乃旨在闡明認識的意義。但是，實證主義取消了這一問題，因而標誌著認識論的終結，繼而以知識學（die Wissenschaftstheorie）取而代之【55】。伴隨著這樣一種轉折，認識的主體也發生了根本的變化。在認識論中，認識的主體是人、自我（Ich）、精神或類（Gattung），對於認識的可能性條件的研究，目的均在於說明主體如何才能獲得正確的知識。而知識學則將注意力集中在科學本身，亦即作爲命題與處理方式體系的科學本身，它以形式邏輯與數學的有效性爲自身的前提。在這裡，規則保證了所獲得的知識正確性，按照這些規則進行活動的主體，對於認識而言，是無關緊要的【56】。反之，在認識論中，對於主體認識能力、認識的可能性條件以及認識對象的形成之反思則是必須釐清的問題，所有這些問題只有通過對認識主體的形成過程的——包括實證的自然科學對於主體的認識能力之影響——考察才能得以解決。於是，對認識論問題的探討，便擴展到了對人類社會的文明與文化史、人類的精神史和科技史的發展過程反思，也擴展到了對人本身的認識潛能、以及作爲實現這種潛能中介的語言反思。正是通過上述反思，人們才清楚地意識到，科學的探索、理論性活動之意義，都必須置於社會、歷史的關聯中才能被理解。如果我們在這種關聯中考察科學，那麼以實證主義形式表現出來的科學技術，一旦被表達爲技術決定論時，就已經成爲一種意識形態，爲「特殊階級的利益」所支

配，阻礙著其他階級的解放要求。

在哈貝馬斯那裡，「反思」具有一種解放的力量，清除意識形態加諸我們的意識之種種桎梏。而對於反思的解放性力量的經驗，乃是在主體的形成過程中才逐漸清晰起來：「反思經驗，就其內容而言，表現在形成過程的概念中；就其方法而言，反思經驗導向了這樣一種立場，從這一立場出發，理性與理性意志獲得了非強制性的同一性。在自我反思中，為了認識之故，認識與興趣達到了成熟的一致性；因而，進行反思乃是一種解放運動。理性同時服從理性的興趣。我們可以說，理性所遵循的是一種解放的認識興趣，這種興趣所指向的，便是作為這種解放的認識興趣之反思的實現。」【57】

立足於反思，「興趣」（Interesse）概念的重要性得以凸顯出來。哈貝馬斯將「興趣稱之為基本導向（Grundorientierungen），它附著於某種既定的、可能的人類再生產與人類自身形成的基本條件，亦即附著於勞動和交互行動。因而每一基本導向所指向的，不是滿足直接的經驗之需求，而是從根本上解決系統問題。」【58】哈貝馬斯區分了兩種認識興趣，即「實踐的認識興趣」（das praktische Erkenntnisinteresse）與「技術的認識興趣」（das technische Erkenntnisinteresse）。前者為精神科學所引導，著眼於生活關聯，旨在維護理解之主體間性，而只有在主體間性的視域之內，現實性才能作為某種東西顯現出來；後者則為實證的自然科學所引導，目的在於把握客觀化的現實。正因如此，關注生活關聯的詮釋學與經驗—分析的科學（實證科學）就具有了一種互補性：經驗分析的處理方式盡可能地利用技術把握真實，詮釋學的方法則用共同的規範來確保日常語言交往與行動中的理解主體間性。詮釋學的所維護的主體間性為經驗分析提供了可能性，但詮釋學作為精神科學的作用也須通過客觀認識的科學性才能得以實現【59】。

(三) 心理分析與元詮釋學

哈貝馬斯的批判詮釋學具有心理學的特徵，與施萊爾馬赫一樣，他賦予心理學的解釋以終極的有效性。但批判的詮釋學絕不是施萊爾馬赫詮釋學的簡單複歸，它所借鑒的，乃是弗洛伊德的元心理學。據哈貝馬斯，預先將「元心理學」（Metapsychologie）設定為基本假定（Grundannahmen）——設定日常語言和交互行動的病理學關聯，此關聯可在以語言理論為依據的結構模式中得以表達——是很有幫助的。在他看來：元心理學「涉及的不是一種經驗理論，而是一種元理論（eine Metatheorie），或者更為恰當地說，是一種元解釋學（die Metahermeneutik），它闡明心理分析的認識之可能性條件。元心理學展開了分析性談話境

況中的解釋的邏輯。」【60】以此觀之，元心理學與自然科學、精神科學的方法論同屬一個層面。與自然科學和精神科學之方法論一樣，元心理學反映了分析性認識的先驗框架、亦即作爲有組織的研究過程——在元心理學那裡，它同時又被稱爲「自我研究過程」（Selbsterforschungsprozessen）——之客觀關聯。進而言之，元心理學與自然科學、精神科學的方法論，雖說同處一個層面，但心理學獨特意義卻在於，它事實上集自然科學與精神科學與一身，或者說，乃是後兩者的交匯點：心理學的分析性認識與自然科學方法論並無二致；然就認識的對象而言，心理分析所指向的是人本身，所關注的是人的自我認識，因而在其本質上是精神科學的領域。正因如此，哈貝馬斯才將心理學、尤其是佛洛伊德的心理學視爲一切科學研究的範例：「對於我們而言，心理分析乃至關重要，在科學所訴求的方法論的自我反思中，它是唯一可理解的例子。」【61】佛洛伊德揭示的心理分析，使得這一點成爲可能：在方法論上打通了通向被實證主義所捨棄的精神領域之道路。不過弗洛伊德本人並未實現這一目標，因爲他對心理分析所作的唯科學主義的解釋重又封閉了這一通道。

　　對於心理現象的認識而言，還是應回到不同於「說明性的」自然科學的精神科學之「理解」上來，這裡所適用的，仍是詮釋學。但是，在哈貝馬斯看來，以往的精神科學詮釋學模式並適用於心理分析的解釋。精神科學的詮釋學目的是整體的符號關聯之理解。在這裡，語言符號及其規則的有效性是獲得理解的保障，其最深層的基礎則是有效的「主體間性」。但是，在進行心理分析的特殊情境中，患者由於受到某種症狀的壓抑，其語言的表達方式被畸形化，游離於正常社會交往的表達方式之外，因而無法被他人所理解。但是，這並不意味著患者的思維是沒有邏輯可循、從根本上不能被理解的，而心理分析的目的正是解釋這種被畸形化的表達方式，將之轉化爲有效的社會交往表達方式。按照哈貝馬斯的見解，這裡所適用的乃是心理分析的詮釋學，所需要的是理解活動的自我反思，揭示被畸形化的表達方式的形成之根源，達到治療的目的。

　　通過對被畸形化的表達方式形成之根源的分析，追溯到社會交往——造成一切壓抑的根源。於是，心理分析理論的意義就遠遠超出了治療心理疾病的初衷，而向著重塑社會文化的生活方式——建立理想的交往共同體——之探索擴展開來，成爲一種政治理念的表達。

　　哈貝馬斯的交往理論和元心理學構成了「深層詮釋學」（Tiefenhermeneu-tik）之基礎。對兩種有區別的交往形式的洞見，使哈貝馬斯向著深層詮釋學邁出了決定性的一步。他認爲，我們所說的「交往」在總體上可劃分爲兩類：正常的日常交往和一貫被扭曲的交往。我們以往的分析基本上是以正常的日常交往爲對

象的，只是在弗洛伊德心理學揭示了一貫被扭曲的交往後，這種畸型的交往才進入了詮釋學的領域。哈貝馬斯指出，以往的詮釋學是有效的，但它的有效性只限於正常的交往，就是說，它無法解釋那些「特殊的不可理解的生命現象」。在他看來，正常的日常交往具有以下結構條件：

(1) 符號化表達的語言、行為和軀體語言這三個交往層次上表達的一致性，並且，從元交往（metakommunikativ）方面講是相互補足的，即使出現矛盾，也可通過語言分析而得以揭示和理解；

(2) 「正常的日常語言遵循主體間的有效規則：它是公眾的。被傳達的意義，對於一個語言共同體的所有成員原則上都是相等的」，這就是說，語言在交往中的含義對於每一語言遊戲參加者都保持了同一性；

(3) 語言的符號、意義內涵和所指對象已做出了明確的區分，並且，言談者由此而意識到主體與客體、實在和對象的區別；

(4) 借助日常語言所進行的交往，使主體獲得了主體間性，這種主體間性確保著彼此相互認識的個人同一性，個人的同一性證明了「我」和「你」是絕非同一的；而「反思性語言運用，則保障了言談的主體與某個語言共同體之間的關聯」，「我」和「你」被某種共同的東西、亦即集體聯結在一起，從而也就把這個集體與其它的集體區別開來，並因之而形成了一種「集體層次」上的關係；

(5) 「正常言談的特徵是：實體與因果性、空間與時間的意義，乃根據這些範疇是用於世界中的對象、還是用於言談主體以語言構成的世界本身而被區分開來」，換言之，這些範疇的模式化，是以不同的方式在不同的視界中形成的。如因果性概念，用於事件的經驗推斷可導出物理學上的原因概念，而用於分析人的有意向的行為，則會導致動機概念[62]。

哈貝馬斯認為，正常交往的結構條件表明了日常語言分析的有效性，同時也表明了這種分析的界限，無論如何，它對於一貫被扭曲的交往領域是無能為力的。一貫被扭曲的交往乃是一種「偽交往」（Pseudokommunikation）。在偽交往中，不惟語言缺乏邏輯性，而且，被列為正常交往的第一個結構條件，即交往的三個層次之一致性被徹底破壞了，並由此而產生了「特別不可理解的表述」。這種情況，在神經系統患有疾病的人那裡表現的最為典型，弗洛伊德將這類現象的「標準模型」歸結為「夢」。無疑，神經健康的人當然會做夢，並在夢中完成了情境的移植、縮略、倒錯，總之，一切不可思議、相互矛盾的東西，都可在夢中以整體的形式表現出來。神經健康的人與精神病人的區別在於，對於前者，當他從夢中醒來的時候，他便意識到那是夢，而對於後者，恰恰是在其貌似清醒的時候做「夢」，他們的行為和思維之所以特別不可理解，便在於他們的言行具有

夢的特徵。

　　哈貝馬斯不是醫生，而是一個哲學家，因此，他的意圖並不在於說明醫生如何通過夢的解析治療患者。相反地，他更多地注意到了這種心理學理論所表達的一般意義。這主要表現在兩個方面，即認識論意義和社會意義。我們先分析第一方面。哈貝馬斯指出，「佛洛伊德在其對夢的分析中已經注意到了邏輯關係的缺失。他特別指出，對立的語言（Oppositionsworte），仍然在語言層面上保存了意義統一體發生意義上早期特徵，即，它是在邏輯上不相容的、亦即相互矛盾的意義之統一體。」【63】誠然，我們是在精神病患者那裡發現了這種交往和思維上的混亂，然在語言、符號發生的意義上，這種現象表徵了人類對符號進行組織的早期階段。在這一階段中，用於交往的「原始符號」不具有正常語言的任何屬性，它直接指向從相互影響中獲得的經驗，與特定的情感、情境不可分割的聯繫在一起，因此，原始符號的意義很不穩定，而且私人化的程度很高，這裡存在的只是很微弱意義上的主體間性，尚不足以保護意義的同一性。儘管如此，原始符號是成熟的符號組織的基礎，這就意味著，通過對「夢」的分析不僅使人們有可能理解那些「特別不可理解的表達」，還可以洞察人類社會交往的早期階段。

　　關於第二方面。哈貝馬斯認為，我們可以把正常語言中的混亂「理解成較早的交往階段被迫倒退」。由於「固定不變的和強迫的行為，以及意味深長的內容和固定的情境之聯繫」，強制性地使主體退縮到「原始符號」階段；就主體而言，這種倒退毋寧是一種自我防護，用排除充滿矛盾的現實關係來緩解由此而產生的心理衝突。因此，在社會學意義上，只要社會意識形態對人實施著壓迫，那麼受壓抑的主體被扭曲是不可避免的，就此而言，一貫被扭曲的交往乃是現代社會的普遍現象。哈貝馬斯寫道，「佛洛伊德在其關於文化的著述中，擴展了系統化被扭曲的交往（systematisch verzerrter Kommunikation）之範圍，並且，把從臨床現象中獲得的洞見，當作解決偽規範性（Pseudonormalität）、亦即整個社會系統掩飾的病理學之關鍵」【64】。他指出，精神分析學和意識形態批判都研究主體難以確認其意圖的行為，這些行為是一貫被扭曲的交往部分，它們唯在病態的日常交往之一般條件被認識到的範圍內才能被理解。但是，我們絕不能把意識形態批判局限於某種醫療作用，在深層詮釋學中，「導致徹底的理解之解釋，始終是政治上的」【65】。對於一貫被扭曲的交往，只要我們的分析不是停留在表面現象上，而是深入其中地揭示荒謬的被扭曲的交往之起源，就會發現這種交往與作為權威的傳統、與現實的社會制度有著某種必然的聯繫。正因如此，哈貝馬斯極力反對伽達默爾恢復傳統的權威的見解。他贊同A.韋爾默（A. Wellmer）對伽達默爾的批評：伽達默爾所要求的對話是在傳統的語境中展開的，而傳統的語境正是

統治的語境，就此而言，平等的對話就根本不是對話，人們必須意識到，傳統的語境不惟促成可能的眞理與事實的一致，而且同時還是「事實上的非眞理與持續強制的場所」。這種抑制力量迫使主體間性變形，扭曲了日常交往，伽達默爾所要求的「贊同」、「意見一致」就打上了被壓抑的僞交往烙印。

　　得益於佛洛伊德的「深層詮釋學」（Tiefenhermeneutik），哈貝馬斯對伽達默爾詮釋學所強調的通過對話達到「意見一致」提出了不同的見解。伽達默爾假定，對權威的合理承認、並在此基礎上達到的意見一致是能夠不受強制而自由的產生和發展的，其實，這裡的「自由」是從屬於「權威」的，對權威的認可只不過是以一種表面上的非強制性來實施其強制和壓迫罷了，從根本上說，沒有任何一種權威是合法的。哈貝馬斯認爲，人們有理由懷疑「每一種意見一致」，因爲這種「一致性」很可能是通過「無效交往」或「僞交往」而被迫產生的結果。傳統的語境已經受到了各種抑制力量的制約，這些抑制力量促使主體間性變形，扭曲了日常交往，它實際上是在一種統治者的「語境」中的交往。有鑒於此，哈貝馬斯提出了另一種「眞正的意見一致」，理性便是這種「未受控制的普遍的意見一致」的基石。主體唯有基於理性中所展示的「期待」，亦即爲自己所期待的未來所引導，而不是迫於既有的傳統，才能實現眞正無限制的、沒有壓迫的自由交往，從而達到名符其實的意見一致。在這一點上，哈貝馬斯與阿佩爾一樣，堅持認爲：「只有將詮釋學的理解置於可調節的原則之下，它才能同時有益於批判性的確定眞理：在無限制的詮釋共同體（Interpretationsgemeinschaft）的框架中得出普遍理解。亦即，唯有這一原則才能保證，在洞察到強制性的意見一致中的欺騙、以及似乎是偶然誤解中的系統扭曲之前，詮釋學的努力不會終止。如果意義理解（Sinnverstehen）不應繼續對眞理觀念漠不關心的話，我們就須先行設定這樣一種眞理概念：它是以在無限制的與無控制的交往中所獲得的理想化的一致意見來衡量自身的眞理性，同時在無強制性的交往中建立共同生活之結構。」[66]換言之，只有在非強制性的生活方式中獲得的一致意見，才具有普遍性與眞理性。

　　不過在我們看來，哈貝馬斯的這種見解確實過於理想化了，幾乎沒有實現的可能。他所關注的僅僅是「無強制性的交往」，事實上，由於我們的認識之局限，我們也會在某種情況下達到並非出於強制的「意見一致」。每一時代都有著、並且不斷地形成著新的「偏見」，達到「意見一致」的偏見依然是「偏見」；此外，即便在某一交往共同體中達到一致意見，與普遍達成的一致意見仍相去甚遠，除非我們能夠設想，全世界的不同的種族、民族、階級、國家能夠眞正聯合成爲一個無限制的平等交流的、理想的「詮釋共同體」。准此，哈貝馬斯

的這一斷言是可以被普遍承認的：詮釋學的努力不會終止。但這也意味著，在詮釋學的實踐中，人們根本不能指望獲得具有普遍真理性的「意見一致」。或許我們只能將「一致」的意見視爲解決某種實際問題的策略，無論如何，它本身與「眞理」並無直接的關係。

第十五章

馬克思主義的唯物主義詮釋學

現代的西方馬克思主義者在建構馬克思主義詮釋學方面的理論成果遠遜於其他哲學流派。其中重要原因，就是前蘇聯等其他的社會主義國家的馬克思主義者的詮釋學研究被打上了深刻的意識形態的烙印，對詮釋學基本上採取了排斥的態度，很少有建設性的意見。關於這一點，我們從以下的論斷中可略見一斑：「如果解釋學可以使意識形態的內戰得到緩和或者結束，那將是罕見的。而且，如果意識形態的內戰不是進步勢力和保守勢力以及反動勢力之間的內戰，那麼，這種內戰到底是什麼呢？在這場鬥爭中，資產階級的解釋學早就表明了自己的立場。它不是對一場意識形態的內戰的回答，而是對社會進步向資產階級世界挑戰的回答。」[1] 基於這種研究立場的結果，正如施萊特爾所說：「就馬克思主義同當代的解釋學所展開的爭論來說，晚期資產階級的解釋學批判總的說來，成績甚微。」[2] 美國詮釋學家Josef Bleicher所撰寫的Contemporary Hermeneutics-Hermeneutics as method, philosophy and critique（當代詮釋學——作爲方法、哲學與批判的詮釋學）一書，將「馬克思主義詮釋學」或「唯物主義詮釋學」列爲單獨章節評價，是在詮釋學研究著作與詮釋學史著作中極很少見的。正是在這本書中，作者對馬克思主義詮釋學的重要理論家所提供的詮釋理論之構想與論證的評價，總體說來是負面的：對H. J.桑德庫勒（H. J. Sandkühler）的「唯物主義詮釋學」（die materialistischen Hermeneutik）的評語是：「它可能註定要失敗」；對創立「『唯物論的』（引號爲羅倫策自己所加）詮釋學的羅倫策（Alfred Lorenzer）的評價：未經反思就支持馬克思主義」，「未經批判就依據歷史唯物論的核心原則」，是一個潛在的獨斷論者[3]。

一、馬克思與詮釋學

暫且不論西方學界對馬克思主義詮釋學的評價是否具有意識形態的因素，馬克思主義理論陣營較之於現代西方哲學的其他各流派，對詮釋學領域的理論貢獻甚少當是一個事實。造成這一狀況的一個重要原因，就是在馬克思本人的著述中很少論及詮釋學。爲說明這一點，我們有必要對馬克思的哲學與詮釋學在整體上作一比較。首先，我們注意到，馬克思的哲學與作爲學派的詮釋學幾乎不存在什麼聯繫，甚至在批判意義上的聯繫也沒有發現。一個明顯的事實，根據桑德庫勒統計，在馬克思主義創始人的所有經典著作中，只有一次使用過「詮釋學」（Hermeneutik，或譯爲解釋學、釋義學、闡釋學）的字樣。在1858年致恩格斯的一封信中，馬克思在批評拉薩爾時只是偶爾順帶的、並略含貶義提到了「詮釋學」：「die juristische Gewohnheit der Hermeneutik」（直譯爲「詮釋學的法學

習慣〔作法〕」）幫助拉薩爾得以對某些字句進行解釋和比較【4】。正因如此，桑德庫勒說，人們不能指望援引馬克思主義經典作家的話來闡明唯物主義詮釋學【5】，換言之，在我們所見到的關於馬克思主義詮釋學的理論構思中，在馬克思的著述中找不到文本學意義上的直接依據。

我們可以設想，在卷帙浩繁的馬克思的著述中，僅有一次「略帶貶義的」提到過「詮釋學」，那麼「詮釋學」對他來說到底意味著什麼呢？從馬克思使用過這一個詞來看，馬克思顯然已接觸到了詮釋學，至於它為什麼沒有在經典著作中有所反映，可能的解釋便是，對於馬克思而言，詮釋學既沒有「吸收」的價值，也沒有批判的必要，就是說，無論對於理論建設還是革命實踐，它在當時都是沒有意義的。倘若如此，我們亦可從中看出馬克思主義經典作家對詮釋學的基本態度。

馬克思主義哲學與西方詮釋學，從整體上說，有一個非常重要的區別：在理解和解釋的出發點上，兩者存在著根本的分歧。恩格斯《在馬克思墓前的講話》中的一段話非常明確的表明瞭他們的看法：「直接的物質生活資料的生產，因而一個民族或一個時代的一定的經濟發展階段，便構成為基礎，人們的國家制度、法的觀點、藝術以至宗教觀念，就是從這個基礎上發展起來的，因而，也必須由這個基礎來解釋」【6】。但西方詮釋學主流絕不認為經濟基礎是理解歷史世界的鑰匙，否認經濟能決定思想。雖然他們也承認「歷史條件」制約著思維，但這一「歷史條件」只在很弱的意義上才含有「經濟」，它主要是指傳統、習俗和語言。反映在理論形態上，馬克思主義的詮釋觀念是「唯物主義的」，總是試圖在精神現象背後找到其「物質的」、客觀化了的社會基礎，以此作為解釋的出發點；而西方詮釋學其他各流派的內核是「觀念論的」，其理論背景是自康德以來的德國古典哲學。因此他們的詮釋學探索，無論其立場是主觀唯心論還是客觀唯心論，都視精神為推動世界發展的內在動力，世界只是精神的外化、客觀化，力圖從精神自身發展的線索中找到答案。就學術進路而言，馬克思致力於人類的解放，堅持社會「進步」的觀點，在「理解」問題上，它必然堅持「理解」「進步」和發展的觀點，認為認識是不斷接近「絕對真理」的過程。而作為當代詮釋學主流傾向的哲學詮釋學和詮釋哲學，在理解問題上或多或少的帶有理解相對主義（或理解的相對性）印記。特別是在基於德國浪漫主義而發展出來的伽達默爾一脈的詮釋學那裡，從未將一般意義上的「理解」與「進步」聯繫在一起，對「進步」觀點持否定態度，他們甚至認為相信「人類進步」的哲學是一種「壞的形而上學」。他認為每一時代的理解都是不同的，但沒有一個時代的人有權力說他們自己的理解是更好的。准此，我們就不難想像，在馬克思建構唯物主義哲學

體系時，由於思維取向上根本分歧，在當時的詮釋學那裡他所可資利用的思想資源實在微乎其微。

二、馬克思主義詮釋學

儘管馬克思本人與詮釋學毫不相干，但這並不意味著他沒有自己的詮釋思想。爲了表達自己的信念，馬克思也需要「解釋」世界，如晚期的海德格爾所說，從存在的歷史觀方面來看，在共產主義學說中，已經確定表達出「對有著世界歷史的意義的東西的基本體驗」。由於馬克思通過對異化的體驗達到了本質性的歷史向度，所以他的歷史觀優於胡塞爾和薩特的歷史觀。因此在歷史理解上，現象學與存在主義均未能達到可以與馬克思主義展開創造性對話的深度【7】。毋庸置疑，馬克思雖未建立詮釋學體系，他的詮釋觀念卻在他理解與解釋世界、歷史的具體論述中體現出來。基於此，在詮釋學名聲日隆的時代，不僅馬克思主義的文本成了學界所關注的「解釋對象」，被人們從不同的立場出發重新解讀，於是出現了存在主義（晚期海德格爾）、結構主義（法國結構主義）、解構主義（里安）等等的馬克思主義【8】。以爲結構主義問題包含在同一個馬克思主義意識形態之內；馬克思主義與解構主義的批判原則和目標是一致的。如此等等。

不僅如此，馬克思主義經典文獻內在的所隱含的詮釋思想也漸而成爲討論的「話題」。據布萊西的分析，傳統詮釋學所具有的觀念論基礎，在馬克思主義者的理論中，主要發展出的形式就是批判的詮釋學。按照他的界定，馬克思主義詮釋學與唯物主義詮釋學不是同一的，哈貝馬斯的詮釋學被認爲是馬克思主義的，但不屬於唯物的，而羅倫策和桑德庫勒詮釋學則是馬克思主義的唯物主義解釋理論。哈貝馬斯的批判詮釋學中隱含著一種近乎「語言學」的轉向：「哲學詮釋學不是規則指導下的實用技能，而是一種批判；經過反思的決定帶給意識有關我們語言的體驗，這些語言體驗是我們在運用我們溝通能力的過程中，也就是靠在語言中的運動獲得的。」【9】他的「規則性理念」（regulative ideas）也具有先驗思辨的性質。

羅倫策早先贊同哈貝馬斯的理論立場，將精神分析視爲一種「主體的批判理論」之模型。他後來離開哈貝馬斯的原因之一，就是認爲哈貝馬斯的理論缺少對「歷史」向度的考慮。他試圖在詮釋學中加入「歷史」這一因素，精神分析理論也因此轉變成了一種唯物論的社會化理論。它特別關注各種被扭曲的東西的互動結構，以及個人因這種扭曲結構而帶來的痛苦。哈貝馬斯提供解決問題的途徑，是「把外在於溝通的互動形式重新導入公眾的語言裡」，使接受治療者能夠接

受這種經過詮釋的互動形式。而羅倫策則視主體的結構爲社會化的實踐—辯證過程的產物。這種實踐的辯證關係乃是作爲主體的個人「內在本性」與其外部環境的「外在自然」的中介，借助於此一中介，個人被引入了他的「世界」的社會實踐，而社會條件的種種影響，也會通過這個中介而進入個人的主觀結構中。借助此番論證，羅倫策想說明，作爲精神分析對象的個體的主觀結構，是歷史過程的結果，而不是被某種反歷史的東西所決定的。這種基於互動關係的精神分析被認爲是一種「唯物論的」詮釋學，於其中，內在於各種無法以理性來把握的行爲形式裡的客觀化意義，並非是從某個自主性意識所產生出來的，而是某種屬於社會化過程產物的互動形式之結果。在社會化過程中，不僅外在的自然成爲歷史轉化的對象，而且此中還表現出一種辯證關係，即，人的自然化與自然的人性化【10】。就這樣，羅倫策通過對弗洛伊德心理學的重構，在分析個體的主觀結構時加入了對各種物質的、歷史的因素之考慮，完成了詮釋學的唯物論化的轉化。

　　在馬克思主義詮釋學的構建中，還應當特別指出的是H. J. 桑德庫勒的研究工作。他對建構馬克思主義的「唯物主義詮釋學」（die materialistischen Hermeneutik）傾注了很大的精力。他於1973年出版了 *Praxis und Geschichtsbewußtsein*（實踐與歷史意識）一書，其副標題就是「唯物主義的辯證法、認識論與詮釋學研究」。在「Zur Begrundung einer materialistischen Hermeneutik durch die materialistischen Dialektik」（通過唯物辯證法創立唯物主義詮釋學）一文中，他已明確提出，唯物主義詮釋學乃是「實踐的科學」（praktische Wissenschaft）以及物質的、歷史的生產中意識生產過程之一部分。他不同意以往馬克思主義者的這一觀點：認爲詮釋學與唯物辯證法根本不相容，詮釋學是資產階級的唯心主義和非理性主義的東西而必須予以拒斥。他指出，範疇之歷史的與邏輯的演繹法是唯物主義詮釋學的基礎，辯證認識論是唯物主義詮釋學前提。概而言之，我們應經由唯物辯證法而走向唯物主義詮釋學【11】。這裡所遇到的困難是，如何界定唯物辯證法和黑格爾辯證法。此兩者，除了本體論的預設截然對立之外，它們在主要的內容與形式方面的闡述，包括對規律、範疇、範疇之間的關係之論證，唯物辯證法與黑格爾辯證法具有高度的一致性。這也使得唯物辯證法始終爲唯心辯證法所纏繞，爲擺脫這種困境，馬克思主義者努力尋找兩者之間的原則區別，若有所得，總是將這種差別歸結於馬克思對黑格爾哲學的批判與倒轉，而其最終的落腳點仍無外乎作爲它們前提的本體論之別。就辯證法形態本身而言，馬克思主義辯證法與黑格爾辯證法的本質區別究竟是什麼，馬克思主義理論陣營仍未提出有說服力的論證。

　　據桑德庫勒，詮釋學與馬克思主義是在不同的分類層次上的兩種概念。他認

為，詮釋學乃是先驗地排除了「社會全體」的精神科學的方法論，而馬克思主義則是個體的經驗論。這一點，似與海德格爾的思想一脈相承，海德格爾曾說，共產主義學說是馬克思對有著「世界歷史意義的東西的基本體驗」之表達。但是，建構唯物主義詮釋學不能以修正某些馬克思主義中的本質性的理論元素來適應詮釋學，而是要按照馬克思主義的唯物辯證法來創立它。在他看來，馬克思的《政治經濟學批判》就是詮釋學的一種範例，其中所表達的，是一種自我理解，一種對資本主義生產方式所做的範疇式的反省，並對它們做出了解釋。唯物主義詮釋學基本要旨，就是對通過歷史文獻而發現的史實進行理智的反思，通過重建它們的創造過程來「詮釋」它們，以獲得對實際歷史過程的洞見【12】。

　　桑德庫勒所要建立的詮釋學是一種認識論詮釋學，唯物論的反映論就是這種詮釋學的認識論基礎。其基本前提就是認定「物質」在本體論和認識論意義上都優先於「精神」、「意識」，因此它必定反對形形色色的觀念論立場，反對在主體與客體之間有任何「純粹心靈的」內在關係。套用唯物論的反映論來建立詮釋學，藉此在詮釋學中貫徹唯物論的立場，確實是相當困難的。「反映論」的認識論立場，乃基於人的、個體的感覺經驗（按照桑德庫勒的界定，馬克思主義是「個體經驗的理論」），它被認為是有效的、科學的，乃因為它具有實證主義意義上的可重複性，可驗證性。問題在於，詮釋學所指向的領域是精神現象，其本身恰恰不是一個可以感覺、反映的感性對象，並且（在感覺經驗的意義上）是不可重複、不可驗證的。這一切，在狄爾泰對自然科學與精神科學區別的論證中已有過充分的說明。狄爾泰為了證明精神科學合法性，為它擬定了獨特的方法論，他沿襲施萊爾馬赫的思路而將「心理移情」的心理學方法引入詮釋學，借助於「移情」來把握被理解對象、亦即另一個主體的精神。羅倫策則援用佛洛伊德的「精神分析」，了解個人心理痛苦的原因，並將之歸咎於意識形態的衝突，而造成這種衝突最深刻的根源，乃是現實社會的種種衝突。桑德庫勒強調從歷史資料中發現真實的歷史，通過對真實的歷史之反省，重建其被創造的過程來理解歷史。就詮釋理論而言，這些論點幾乎是施萊爾馬赫和狄爾泰詮釋學的翻版，這就是說，它們的區別不是詮釋的理論本身，而是在於理論最終希望實現的目標：施萊爾馬赫和狄爾泰詮釋學之目的在於獲得對文本的正確理解，而羅倫策與桑德庫勒把詮釋學當作一種「意識形態」的武器，推動無產階級的階級意識之發展，以改造社會，改變世界【13】。可以認為，在認識論的層面上，羅倫策與桑德庫勒的理論尚未達到狄爾泰所達到的高度。將「反映論」作為詮釋學的基礎，看來也並不是成功的。

　　以此觀之，馬克思主義的詮釋學之構建還得另闢蹊徑。相對於羅倫策與桑德

庫勒所提供的構想，當今哲學界對海德格爾式的解讀馬克思（存在論的馬克思主義）有著更多的認同感；而解構主義的馬克思主義（如德里達、羅蒂）視馬克思為解構思想先驅，將批判與自我批判、並最終導向對現存社會結構的解構理解為解構精神的基本特徵【14】。這一點被解構主義視為理所當然：解構主義的閱讀方式——仔細閱讀、反覆重讀——「具有重大的政治功能」。據德里達的理解，對文本的反覆重讀，會使文本的意義不斷被擴展、延伸，最終必然會將文本的「圓環」拉長成為「橢圓」，直至破裂。在德·曼那裡，閱讀就是一個無窮的自我顛覆過程，用這種方式就能擺脫傳統的形而上學觀念，實現解構主義政治觀念之革新。對此，伊格爾頓（Terry Eagleton）分析道：「後結構主義無力動搖國家政權的結構，於是轉而在顛覆語言的結構當中尋得可能的代替。」【15】

所有這些，在理論上與政治上都產生了不可忽視的影響，但是它們卻也都不可能再歸入「唯物主義詮釋學」了。

第十六章

後現代主義詮釋學

一、德里達：解構主義詮釋學

解構主義（deconstructionism）所開啓的新思路，啓發了當代許多哲學家。然它本身卻還未定型，仍處於不斷變動與發展中。據羅蒂（Richard Rorty）的分析，促成解構主義形成的有三個主要泉源，即：德里達提供的哲學綱領、福科（Michel Foucault）提供的左傾政治觀點和保羅・德・曼的文學批評。其中，德里達的早期著作對解構主義的形成影響最大【1】。德里達的論著晦澀難懂，因其那種「跳躍」性思維（從一個研究領域突然躍入另一個領域），給人留下「博學」的印象，也使人難以梳理他思想的「痕跡」【2】。

(一) 德里達與解構主義

解構主義的源起可追溯到1966年。那一年，德里達在霍布金斯召開的結構主義大會上宣讀了題爲《人文科學論說中的結構、符號和表演》的論文。該文很快被當作「解構主義」產生的標誌。

然而「解構主義」一詞並不是德里達爲其思想體系所選擇的標籤，「解構」（deconstruction）一詞，在德里達的著作中也並不顯得特別重要。在比利時盧汶大學教授布洛克曼（J. M. Broekman）於1971年出版的《結構主義》（Structuralism）一書中，對結構主義做了比較系統的介紹和分析。雖然書中已勾畫出了德里達思想的主要特徵，但他的思想仍被當作一種「結構主義」的哲學思考，並未注意到他的哲學的「後結構」或「解構」的反建構主義性質。在布洛克曼看來，德里達思想表明的只是結構主義內在分歧，他說：「甚至連由結構主義背景所產生的一些比較專門的構想，也沒有打通一條一致的哲學結構主義之路，而只不過是限於研究結構主義哲學思考的概觀而已。這種情況可以說明巴黎哲學家雅克・德里達。」【3】

然而，德里達的解構主義思想卻很快引起了英語國家的追隨者——文學批評家，而不是哲學家——的興趣，這些文學批評家們想從中發現閱讀、理解文本的新方法，其結果，令德里達本人也甚感吃驚地被追隨者們貼上了「解構主義」的標籤。爲此，德里達曾一度表白，他本人並不特別偏好「解構」這個詞，他甚至抱怨這個詞被用的過濫。事實上，「destruction」與「deconstruction」——儘管它們已被人們當作海德格爾和德里達思想的分野之標誌，本來卻是同義詞：「當我選擇這個詞（即「deconstruction」——引者註）時，或者說它出現在我面前時（我想那是在《論文字學》中），我並沒有把它看作當時我所討論問題的中心。我只是希望有一種恰當的譯法爲了我的目的去翻譯海德格爾的Destruktion 或者Abbau。」【4】他認爲法語的「destruction」明顯地含有「annihilation」（滅絕、

殲滅）之義，非常接近尼采的「demolition」（拆毀）概念，與德里達所理解的海德格爾Destruktion概念之含義有所不同【5】，故而選擇了「deconstruction」作為其譯名。就翻譯本身而言，德里達的譯法是規範的、恰當的，毫無別出心裁、標新立異的意思。但是，被選擇用來翻譯「Destruktion」的「deconstruction」，最後被認為是德里達哲學區別於海德格爾哲學的的標誌，其理由亦相當充足【6】。

德里達一度追隨海德格爾，《關於人道主義的通信》之發表，使海德格爾聞名於法國。《關於人道主義的通信》反對當代哲學中人類學、人道主義（確切地說，應翻譯為「人本主義」）和以主體為取向的各類哲學，反對以「人類本質」為核心作為哲學思考的起點和準則。這種思想對德里達產生了深刻的影響。德里達自認為是海德格爾的嫡傳弟子，並批判性地繼承和創造性地發揮了這位大師的學說。德里達對海德格爾的「存在─神學」的批評給人們留下了一種解構主義的印象。「存在」問題是海德格爾整個哲學生涯所關注的主要問題之一。他用「Destruktion」（解析，或譯為摧毀）一詞來表明他反對「形而上學」的態度，他希望「解析」這種自柏拉圖以來而逐步現成的西方形而上學傳統。在他看來，正是由於這種形而上學，才將本真的「存在」掩蓋了、遮蔽了、遺忘了。海德格爾為自己規定的任務，就是揭示已被遮蔽的「存在」之起源，還其本來面目並使之重新回歸家園。海德格爾的這一思想，對德里達的研究工作產生了很大的影響，德里達承認，「沒有海德格爾提出的問題，我想做的工作是不可能的」，但是，「正是由於我這樣受惠於海德格爾的思想，我才要在海德格爾的著作中尋找其屬於形而上學或他所謂的存在─神學的印記。」【7】

在「解析」並擺脫傳統形而上學以及由此而產生的種種「二元對立」──諸如真的與假的、客觀的與主觀的、源始的與派生的等等的對立──方面，德里達與海德格爾到達了一致的見解，所不同的是，德里達認為海德格爾所做的一切還不夠徹底。海德格爾要解析的只是柏拉圖主義傳統的形而上學，以期建立一個新的形而上學體系，這個新形而上學體系的基石，就是「……前蘇格拉底哲學家曾隱約感到，但後來隨著西方逐漸滑向尼采的權力崇拜和為工具理性與技術支配的文化而漸漸被人忘卻的神祕的存在觀念。」【8】這個「神祕的存在觀念」表明了海德格爾並未徹底擺脫傳統的形而上學和諸種二元對立的糾纏，他所精心描述的「本體論差異」便是他被「形而上學支配」的明證【9】。在海德格爾看來，「在哲學上，建構必然是解析，即是說，對傳統觀念的解構以向傳統的歷史複歸的方式進行。」【10】就是說，要建構新的本體論必須解析傳統本體論的內容，揭去層層覆蓋物，「直達到那些原初的體驗為止」，最終將傳統的形而上學語言還原為

古希臘意義上的生活語言，以便按照眞理原初的、本來的面貌重構本體論。正因如此，解析傳統本體論的過程才表現爲「向傳統的歷史復歸」。由此可見，在海德格爾那裡，「解析」原是爲了「建構」的，他的「Destruktion」已內在地包含著形而上學的重建。

在海德格爾止步的地方，德里達卻義無反顧地一直走了下去。他所說的「deconstruction」，不僅要解析傳統的形而上學，解析那個被遮蔽、遺忘並繼續被遮蔽著的「存在」，而且要徹底的解析「存在」本身，還包括海德格爾所說的始於希臘，中經出走、流浪，終又回歸家園的「存在」。在他看來，海德格爾的「本體論——神學」的起源史概念本身就是應當被摧毀的。

通過這一番徹底的「解構」，德里達將一切作爲本體論之證明的所謂「在場」的存在，化爲不斷流動、時隱時現的「痕跡」（trace），西方形而上學的傳統，統治了哲學界幾千年的傳統本體論，至此徹底終結了。

(二) 文字學

德里達雖追隨海德格爾，但是他們出發點是不同的，如果說，海德格爾「用其前工業時代農民生活世界那種感傷而富有田園色彩的圖景來裝扮他的存在歷史宿命論的話，那麼，德里達則首先是生活在遊擊鬥爭的混亂世界中——連存在的寓所他也想予以拆除」[11]。由此而造成了他們不同的理論進路，據哈貝馬斯：「對海德格爾來說，語言構成了存在歷史的中介。語言世界圖景的法則主導著時刻都占據統治地位的前本體論的存在的理解。當然，海德格爾僅僅滿足於寬泛地把語言描述爲存在的寓所。儘管他賦予語言以優越的地位，但他從未對語言進行過系統的研究。而這正是德里達的著手點。索緒爾的結構主義所掀起的學術風氣激勵著德里達把語言學用於形而上學批判。於是，他在方法論上也從意識哲學轉向語言哲學，並用他的文字學開闢了一片研究和分析領域，而這是海德格爾在存在歷史水準上所無法獲得的。」[12]

文字學（Grammatologie，或譯爲書寫語言學）是德里達自創的一門新學科，德里達反西方傳統的邏各斯中心主義之理論就是以此爲基礎建立起來的。整個西方傳統哲學，包括以反傳統自居的結構主義，奉行的都是一種邏各斯中心主義。重音聲而輕文字，是這一傳統的特徵。亞里斯多德就說過，訴諸音聲的言語是心靈的符號，而文字則是言語的符號。這就是說，口語表達了「心靈的經驗」，表明了一種「音義」的聯結，文字只是這種「聯結」的物化表現。顯然，拼音文字的「形義」聯結已被完全割斷，成爲純粹的記載聲音的符號，所以在亞里斯多德的《詮釋篇》中，未涉及「形義」聯結方面的內容。索緒爾則將自己的

研究嚴格的「限於表音系統」【13】，因爲語言學的對象只是言說的語詞，而非文字，文字存在唯一理由就是記錄話語。這種邏各斯中心主義的傳統主張，「言語與存在絕對貼近，言語與存在的意義絕對貼近，言語與意義的理想性絕對貼近」【14】，認爲心靈是思想、意義之源，而思維則追隨著理性與邏輯。在德里達看來，一切西方哲學的最終目標都是由邏輯性來決定的，這種邏輯性存在於語言之中，它既是言語的結果又表現爲言語的前提。因而，所謂的邏各斯中心主義（logocentric）在本質上乃是言語中心主義的思想。

在德里達看來，索緒爾（F. de Saussure）的語言學是邏各斯中心論的【15】，然而他對語言符號的分析，卻已暗示了言語中心論的解體。無論是言說的音聲，還是書寫的文字，都只是「符號」，用什麼符號（能指）表徵何種概念（所指），完全是約定俗成的【16】。就此而言，音聲符號（言語）並不比書寫符號（文字）與意義的聯結更爲直接，更爲優越。索緒爾證明，某一符號所表達的意義並不是本身就自足的，其意義存在於與其他符號的對立與差異中。而這樣一來，索緒爾也就走向了邏各斯中心論的反面。由於一個符號和其他無數多的符號形成差異，因此這個符號的意義也就在這無數多的差異與對立中變的遊移不定。這就是說，符號應當是多義性的。不過，在傳統的哲學中，從多義性的語言中確定單義的理解，追求語言的單義性，是從亞里斯多德以來就建立起的堅定信念，邏各斯中心論表徵的正是這種信念。德里達建立「文字學」的目的，就是要「消解將科學性的概念、規範，與本體神學—神學、邏各斯中心主義（Logocentrism）和語音中心主義（Phonocentrism）聯結起來的一切東西」【17】，超越形而上學的實證主義和科學主義，以及以邏各斯爲中心的封閉體系的任何東西。

德里達的文字學就是在對索緒爾語言學的批判和發揮的基礎上建立起來的，它的鋒芒直指言語中心論。在索緒爾那裡，儘管已指出了符號的意義源於符號間的差異與對立，但他的語言學本身仍是根據西方語言學傳統，即根據音聲言語的中心論來構建的。他接受了這樣的觀點：書寫文字並不十分重要，因爲言語比文字更適合於意義的傳達。與之相反，德里達則將其理論的基點置於文字上。當然，他所說的並不是傳統意義上的文字，而是被他賦予了特殊意義的「écriture」，可稱爲廣義的「文字」。與傳統的、狹義的那種記錄語詞的文字不同，廣義的文字泛指一切視覺的、空間的符號系統，它的基礎就是「延異」。「延異」（différance）一詞是德里達改造「差別」（différence）而自創的新詞【18】。他將「différence」的「e」改成「a」，兩者發音相同，而書寫有異，用以表明「différance」和「différence」的區別與聯繫，標明他的文字學與傳統的語言學和海德格爾的此在本體論的不同之處。詳言之：其一，「différance」與

「différence」都含有空間上的「差別」之義，說明了此兩者的內在關聯；但更重要的是，其二，後者兼有形成或實現「延異」之義，延異的實現是一個過程，這一過程表明了「differance」所具有的時間性意義（故可譯為「分延」）。將「延異」時間化或過程化，意味著徹底解析了那種「在場」的存在。包括海德格爾的「此在」在內的一切存在，都是在延異的過程化中一再被延宕「出場」的時間，以至於從未「在場」。在此意義上，所謂的解構主義無非是化結構為過程，或曰結構過程化；其三，「différance」是延異、以及延異之痕跡和「間隔」（spacing）的系統遊戲，通過「間隔」，要素之間才得以建立聯繫，因此「間隔」是「生成空間」（becoming-space），生成空間使得文字、及其與聲音之間的協調一致成為可能，也使所有的傳達能由此及彼；其四，這兩個詞字形不同，含義有別，但其發音卻相同，由此而顯出書寫文字對於「意義」而言，應比語音更為重要。

德里達顯然對他自己生造的詞頗為自得：「différance」（延異）所包含的「a」所包含的積極性或生產性在延異遊戲中指涉生成運動，它不是處在一個封閉的系統中，也非處於一個共時性和分類學的活動所研究的靜態結構中。延異是變形（transformation）的結果，它產生出系統的和有規則的轉變，這些轉變在某一點上能夠為結構科學留下地盤。它發展了「結構主義」最合理的原則要求[19]。

儘管德里達對漢語與漢字的知識極為有限，但他確實從對漢字的表意作用的反思中得到了啓發，他認為中文模式「明顯地打破了邏各斯中心主義」[20]，甚至認為，「拼音文字作為表音文字更刻板、更可鄙，更具有派生性。」[21]雖然德里達對漢字情有獨鐘，然而他並不是要刻意反對西方的拼音文字，只是在他看來，漢字的體系為他的文字學理論提供了最好的證明，唯有漢字才能更好地說明以「延異」——從不「在場」的存在——為基礎而建立的解構主義理論。不過，他的文字學並不是真正以表意文字、當然更不是以拼音文字為基礎的。在他看來，在狹義的文字出現之前，文字早已在使人能開口說話的原初文字中出現了，文字是原始的言語，「是一種法則，一種自然律」[22]，它所指向的就是「延異」，亦即語言的形成過程[23]。這種「延異」本身並非是一切時間上的（聽覺）和空間上的（視覺）意義上的存在，然「它使符號自身在相同的抽象秩序（如語音文本或文字文本）中或在兩種表達秩序之間的相互結合成為可能。它也使言語與文字的結合成為可能……。」[24]它表徵著相互區別的符號之間的關聯，並且憑藉這種關聯，表現出了各種因素之間的差別，「使它們如此顯現並構成文本，構成系列和痕跡系統」。任何「文本」，都可視為一個「痕跡系統」，

是有差別的符號之鏈。痕跡本身是不在場的、虛無的，但卻是「一般意義的絕對起源」【25】。在他看來，孤立的符號並不含有意義，意義寓於「延異」之中，寓於文本中符號間的差異與聯繫，然文本自身也不是獨立存在的，這就是說，出現在某一文本中的符號還必然與文本之外的符號相聯繫，與其他的文本相關聯，因此，不存在一個超然的、內在的文本之結構來確定符號的意義。符號系統本身是一個流動、變化的網路，它沒有中心，或者反過來說，任何一處都可視爲中心。如此，文本的意義便是全方位開放的，它向著各個方向擴散，沒有固定的秩序，沒有中心的結構，沒有確定的意義，像一個沒有目的地、純粹以流浪爲目的而雲遊四海的流浪者。邏各斯中心主義的那種追求單一的、終極的意義之理想，它保持了幾千年的權威，對這位流浪者沒有絲毫的引導和制約作用。

　　不過，德里達這裡所說的「文字」並不直接等同於漢字。漢字雖然與西方拼音文字有著重大的區別，但至少在這一點上是共同的：即在起源意義上，口語必定先於書寫文字而存在，就像兒童總是先學會說話再學寫字一樣。然而德里達堅持認爲，「在狹義的文字出現之前，文字早已在使人能開口說話的延異即原初文字中出現了。」【26】人們不能認爲德里達忽略了口語先於文字這樣一個毋庸置辯的事實，事實上，他所說的「文字」是不同於爲常識認可的書寫文字，而是一種「原初文字」（archi-écriture），即「延異」本身。換言之，人們已約定俗成的「文字」只是記錄口語音聲的符號，它表明的是一種音義的聯結（西方拼音文字），這種文字要通過語音的轉換才能抵達「意義」。此種文字無疑是邏各斯中心主義的。而「原初文字」所指向的是「延異」，亦即形成語言東西。

　　上述分析表明，德里達所關注的是一般（即包括聽覺和視覺意義上）的符號，他爲表意文字所做的辯解，也旨在將所有符號還原爲「延異」、「痕跡」，爲他文字學奠定本體論的基礎，從根本上摧毀語音中心論。就德里達的文字學而言，漢字的確優於西方拼音文字。眾所周知，漢字不同於拼音文字的特徵在於它內在地蘊含著「形－義」和「音－義」的雙重關聯，它乃是表徵著形、音、義整體聯結的符號【27】。令德里達感興趣、並且是拼音文字所不具備的，是漢字的「形－義」關聯。此一關聯爲德里達解構「存在」、化「存在」爲「痕跡」起到了關鍵性的作用。這種意義，可以通過「痕跡」理論得以解釋，但是，德里達未意識到的，漢字特有的這種「形－義」關聯，更爲直接地與中國特有的書寫與詮釋傳統相關。漢字的書寫方式是以不斷增添的筆劃來改變字形的空間與結構，像是在持續地刪去舊字而書寫新字。然而被刪去的舊有的字本身亦含有意義，只不過它的意義在新字出現時被隱去了。這樣，整個書寫過程便成了不斷流動的意義之「痕跡」。譬如說「天」字，拆開來看，「一」當然有其本義，加上「人」，

原來的「一」的含義隱去了，新字轉為「大」義，意指天大地大「人亦大」或「一人（君王）為大」[28]。再加上「一」為「天」，轉為至高無上之義。我們看到，被分解的符號「一、人、大、天」各有差異，這些是在書寫過程中實現的，符號的意義也就在這個過程中不斷的生成、消隱，彷彿是流星劃過夜空，只留下一條倏忽一現、稍縱即逝的的光鏈。按照德里達的說法，「沒有純粹在場的經驗，只有延異的鏈條。」[29]他所沒有看到的是，在延異的鏈條中的意義沉澱，以及解釋者的「世界觀念」對於意義理解的導向性作用；未看到不確定的「鏈條」中確定的東西以及在場與不在場的統一性。

(三) 德法之爭

「德法之爭」是一個哲學界熟悉的標籤，意指在1981年4月25至27日期間發生於巴黎的一場論戰，論戰雙方的主角是伽達默爾與德里達，就此而言，「德法之爭」實質上就是伽達默爾與德里達之爭。我們在這裡所展開的討論，也屬於「德法之爭」，但是雙方的陣容有所變化，在法方，依然是德里達孤軍作戰，而在德方，卻是胡塞爾、海德格爾、伽達默爾、哈貝馬斯。論戰的實質是：德里達的解構主義對德國現代哲學傳統的挑戰和回應。

德里達以「解構」為其理論進路，似可以反映出學說的「叛逆」性質，他所主張的，是一種「全面的改造」，而非某個人靈機一動的發現。但是，要說明德里達的思想起點並不容易，這可能與他的「逆向」的思維方式有關。

在進入巴黎高師之前，德里達就已經開始讀薩特的書，為薩特思想所引導，不過，他對薩特的斷言卻是：「惡毒的和災難性的模範，然而又是我所愛戴的模範。」為了反對薩特，他閱讀了胡塞爾和海德格爾等人的論著。發現薩特「以他自己的方式排斥或誤解他那個時代如此眾多的理論的和文學的事件」，而居然能成為統治文化領域的極受歡迎的偉大人物。造成這種現象的社會究竟會是怎樣一個社會呢？要改變這種狀況，就須重新定義「文化」與國家的關係，他告誡人們，「國家文化（state culture）總是表現出最嚴肅的危險，在這方面人們永遠再怎麼警惕都不會太過份。」[30]

1. 德里達與胡塞爾

雖然，德里達的思想形成受惠於胡塞爾、海德格爾以及其他包括尼采、佛洛依德、索緒爾等人在內的思想家，但是，其哲學研究所從出發的起點是胡塞爾，確切地說，是對胡塞爾的意義理論之批判。他最初發表的兩本著作——《幾何學起源》（1962）與《聲音與現象：胡塞爾現象學中的符號問題導論》（1964）——都是研究胡塞爾的。這表明，德里達最初關注的是符號問題。這也是理解

「德法之爭」和德里達與哲學詮釋學之爭的關節點。恩斯特·貝勒爾（Ernst Behler）指出，德里達的立場不是源於一種危機狀態下所進行的存在分析，「而是源於他的有關符號、寫作、差異、無中心的結構、可替代性、無限指稱以及主動解釋理論。」【31】根據哈貝馬斯的概述，胡塞爾的意義理論採用的不是語義學方法，而是符號學方法。他在《邏輯研究》中區分了符號（Zeichen）和純粹的信號（Anzeichen，或譯為「指號」）。符號是語言表達，表達出了語言的意義，它所具有的「先天的語言結構」，能使其自身的意義根據一種「理想的語境」而被確定；而信號（如旗幟、徽章等）所喚醒的是對一種事態的意識，使人們「聯想」到某種東西。胡塞爾賦予語言表達以一種優先的地位：語言表達不僅有意義，而且還涉及到某些對象，提供關於對象之感覺的內在經驗之符號，它是獨立於語境的；而「信號」沒有區分關涉對象與預設內容，因而也就無法擺脫對語境的依賴。如此，胡塞爾便將語言意義（主觀表達）與涉及真實性的客觀表達聯繫在一起，強化了其認識功能，因為表達乃有助於我們獲得知識。正是在這裡，德里達發現了胡塞爾「邏各斯中心主義的徵候」【32】。

胡塞爾這種以理性限定語言，用知識限定意義的形而上學方法，引起了德里達的不滿，他的批評主要見於他的《聲音與現象：胡塞爾現象學中的符號問題導論》：「胡塞爾只是在理性方面對語言發生興趣，從邏輯出發規定邏各斯，實際上，他從最終目標（telos）的普遍邏輯性出發已經規定——並且是以傳統方式——語言的本質。」【33】在該書中，德里達指責胡塞爾現象學的全部話語已經陷入一種在場的形而上學圖式，使語言成了在場的存在。他指出，胡塞爾的形而上學假設寓於其從一開始就提供的真理概念之自明性，若接受這一假設，我們就不得不把存在看作是一種「在場」或現實性。在這裡，胡塞爾最關鍵的論證是賦予「言語」（Rede）對於「表達」的專門權利。與語言（Sprache）不同，言語是付諸聲音的，聲音雖然短暫易逝，但卻是作為主體的言說者在場的鐵證，也是對在言說中所「表達」的意義的確證。這便是德里達所批評的「語音中心主義」之基礎，現象學賦予言語以表達意義的特權，就是肯定在邏各斯和音素（phone）之間的本質聯繫，以此觀之，「語音中心主義」和「邏各斯中心主義」實為一體。

對於德里達來說，這一點是顯而易見的：若不顛覆語音中心主義所支撐的那種在場的優先性之形而上學，他所有的、與之相悖的理論思考都將毫無意義。德里達選擇一個很好的突破口：文字學。「文字」在西方語言學傳統中被弱化的，在這一方面，索緒爾《普通語言學教程》具有一種典型的意義。索緒爾直接將「文字」排除在語言學研究之外，認為語言學對象僅僅是口語，在他看來，「語

言和文字是兩種不同的符號系統，後者唯一存在的理由是在於表現前者。」【34】德里達以「文字學」作爲切入點，確實很適宜。首先，他希望「解構」西方的傳統，而索緒爾的理論正是代表著西方現代語言學的主流；其次，他對於符號學有著比較深入的了解，用以處理文字的符號問題更得心應手。

正因如此，德里達受到了這樣質疑，認爲他取道胡塞爾向語言進發，等於賦予符號概念、而非活生生的對話詞語以特權，這種作法導致了他以胡塞爾來解讀海德格爾。伽達默爾稱這一作法對德里達的詮釋學理解產生了致命的後果，「這裡伽達默爾彷彿說，要想眞的發現語言中的『延異』，你就必須向口語話語後退。在這個意義上說，伽達默爾哲學解釋學比解構論還要解構（out-deconstruct-ing deconstruction）」【35】。

2. 德里達與海德格爾

據哈貝馬斯，德里達對胡塞爾眞理確定性概念的批判，和海德格爾對胡塞爾現象概念的批判如出一轍。准此，我們可以設想，德里達經由海德格爾而清算了胡塞爾，不過，他並未駐足於海德格爾所開闢的道路上，而是一如既往地「解構」著矗立在他的理論探索之途上障礙【36】，海德格爾也是其中的目標之一。

評論海德格爾對尼采的解釋乃是德里達全面批判詮釋學的起點。德里達選擇海德格爾論尼采爲突破口，乃出於這樣考慮：當代德國哲學界開始把德里達、福科、利奧塔等法國哲學家與尼采緊密地聯繫起來，而尼采的理性批判以及自我哲學的批判，則是對理性與哲學本身的攻擊，被德國哲學界視爲一種根本的威脅。爲此，哈貝馬斯曾撰文回應上述三位法國作家「從新結構主義理性批判的角度發起的挑戰」【37】。以此觀之，德里達選擇這一突破口希望實現的是雙重的目的，一是清算海德格爾，二是對德國哲學界的批評之反駁。不過，此外哈貝馬斯還表達了一種不同的見解。哈貝馬斯把德里達刻畫成一個「猶太教神祕主義者」，認爲他繼承了列維納斯的觀點，受到了猶太教對傳統理解的啓發，推斷他的立場可能與他一直親近猶太教神祕主義有某種關聯：「德里達的文字學所提出的原始書寫概念，其蹤跡愈是模糊不清，就愈是多解；他復活了作爲永遠延異的啓示事件的神祕主義傳統概念。宗教權威只有在遮蔽自己眞正的面目並激發起解釋者破譯的熱情時，才能保住力量。急於解構，是一種傳統的悖論工作，其中，救贖的力量只有在枯竭之後才能重新釋放出來。解構工作使解釋的垃圾堆愈來愈高，而解構本來恰恰想要清除這個垃圾堆，以便揭示其飄搖不定的基礎。」【38】根據這種分析，「德里達實際上是回到了神祕主義轉向啓蒙主義的歷史時刻」。假如德里達「親近」猶太教，那麼他反對海德格爾可能就多了一層政治上考慮：反對

海德格爾從納粹主義角度解讀尼采及其政治學，還說要記住「海德格爾這個例子」【39】。這或許也是哈貝馬斯的弦外之音。

　　德里達的哲學思想之形成在很大程度上受益於胡塞爾、海德格爾和黑格爾。於其中，海德格爾對他產生的影響最為持久。德里達頗為讚賞海德格爾在克服與解構希臘形而上學所作的努力，尤其是海德格爾在存在問題上對柏拉圖主義的質疑與批判、以及對於語言的存在論意義之闡發，都激勵著德里達對本體論問題進行深入的探討。他在與烏德賓的會談中坦承：「我確實認為，正如在你的提問中所提到的，對我而言海德格爾的文本是極為重要的。它在全部批判性的資源中所達到的新穎的、不可逆轉的進步，我們還遠未能挖掘出來。」【40】通過胡塞爾和海德格爾，德里達意識到確立一個終極的、普遍性的開端是不可能的，若無法確定終究有一個絕對的開端，傳統的形而上學也就再無立足之地了。胡塞爾雖曾竭力探索過超越一切語言、歷史的先決條件之純粹直觀，亦即對永恆本體之直觀，想藉此而建立作為精密科學的哲學，但最後也不得不放棄這一理想，在其晚期思想中轉向了生活世界。而海德格爾，雖然具有一種強烈的「解構」傾向，他在《存在與時間》中貫穿始終的主旨，也是嘗試克服西方傳統的形而上學關於存在問題的偏見。

　　但是所有這些，對於站在一種更為徹底的「解構」立場的德里達來說，海德格爾式的「解構」還是不夠的。這表現在海德格爾一方面力圖「解構」傳統的形而上學，另一方面又在建構「存在論」的形而上學：「作為差異的最終規定的存在者－本體論的差異──無論它對這一階段來說如何必要與具有決定性作用，在我看來，它仍然以一種奇特的方式為形而上學所控制。」【41】按照德里達的見解，海德格爾追尋「存在的意義」（Sinn von Sein），認為探尋「存在的意義」是一切思想必須優先提出的問題，雖然突破了傳統的、邏各斯中心主義的形而上學，但是還停留在一種「在場」的形而上學之內，因為「存在的意義」通常被規定為在場的，是通過主體的自我反思、理解而呈現出來的。若考慮到德里達是用邏各斯中心主義來形容「在場」的哲學，亦即以一種當下在場的方式理解存在，就此而言，海德格爾仍舊未能擺脫邏各斯中心主義，是存在－神學的一種形式。

　　「文字學」就是德里達賴以建立一種「不在場」的哲學之基石。德里達所說的「文字」之含義頗令人費解，他稱之為「原初文字」（archi-écriture）。它包含了狹義的「文字」（我們通常所說的「文字」）和言語兩者，又優先於此二者；它所指向的是書寫的過程，其中只有無處不在的「痕跡之差異」。「痕跡」具有始源的性質，可稱為「原始痕跡」（archi-trace）：「痕跡事實上是一般意義的絕對起源。這無異於說，不存在一般意義的絕對起源。痕跡乃是分延，這種

分延展開了顯象和意指活動。當痕跡將有生命的東西與一般無生命的東西，與所有重複的起源、理想性的起源結合起來時，痕跡既非理想的東西也非現實的東西，既非可理解的東西，也非可感知的東西，既非透明的意義，也非不傳導的能量，沒有一種形而上學概念能夠描述它。」【42】這就是說，「痕跡」既非實在的，又不是觀念的；既不是感性的，又不是理性的；不能被聽到和看到，它根本不是在場的哲學可以說明的【43】。

德里達的「文字」概念多義性和晦澀性，使他感到經常被誤解，也遭到激烈批評。哈貝馬斯就將德里達的「文字」理解爲日常用語中的「文字」概念，用一種近乎尖刻的語氣批評道：德里達首先關注的是，「書面形式把文本從發生語境中分離出來。書寫使言詞獨立於作者的精神，也獨立於接受者和言語對象的在場性。書寫媒介賦予文本一種冷漠的自主性，使之脫離了一切生動的語境。它消除了文本與單個主體以及具體語境之間的特殊聯繫，而且讓文本具有可讀性。書寫文本保證了一個文本在任意一種語境下都能反覆得到閱讀。德里達所著迷的，就是這樣一種『絕對可讀性』觀念：即便是所有可能的讀者都不在場，即便是一切智慧生命都已滅絕，書寫依然還用高度的抽象性，讓讀物超越一切內在的東西，而不斷得到閱讀。由於書寫消除了言詞的生動關聯，因此，即便有朝一日所有能說能寫的人都慘遭屠殺，書寫也能挽救語義學內涵：『一切書寫在本質上都具有遺囑的特徵』。」【44】他指責德里達，「對德里達來說，世界中的語言中介過程紮根於一個預設一切的世界觀語境當中。它們被宿命般地交付給了難以控制的文本創造過程，並淹沒在原始書寫所展示出來的詩性—創造性的變化語境當中，注定有局部性。」【45】德里達自己也未能意識到，他竭盡全力「解構」形而上學，但最終的結果竟是這樣，「德里達未能擺脫主體範式的束縛。他想超越海德格爾，但無法迴避那種失去一切眞實性要求的眞理事件的疑難結構。德里達超越了海德格爾所顛覆的基礎主義，但未能走出海德格爾的窠臼。」【46】如果我們把德里達深奧莫測的、作爲一般性意義之絕對起源的「原初文字」與海德格爾的「存在的意義」對照一下，就他們追問根源性的存在而言，頗有相似之處，准此，哈貝馬斯對德里達的批評也就不無道理了。

3. 德里達與伽達默爾

如果說，德里達對胡塞爾與海德格爾的批判都是單向的，在這裡沒有被批判者的回應與反駁，那麼與德里達展開眞正「形式」意義上的論戰的是伽達默爾。菲力浦・福格特（Philippe Forget）在巴黎組織的題爲「文本與詮釋」的硏討會（1981年4月25至27日）給他們提供了直接對話的機會。蜜雪兒菲爾德（Diane

Michelfeld）和帕爾默（Richard Palmer）合編的《對話與解構》（*Dialogue and Deconstruction*）一書之「導論」，對這一場辯論有比較比較詳細的說明。根據該書「導論」和收入在書中的其他文章的描述，我們得到這樣一種印象：這場爭論實際上失敗了，而失敗的原因要歸咎於德里達，因為德里達不願意進行一場對話【47】。因此，在巴黎會議上所發生的，按照達梅爾（Fred Dallmayr）說法，是一次「非對話」。伽達默爾對這一說法也表示贊同。根據伽達默爾的對話邏輯，若沒有共同語言，交談雙方只就自己的目的講話，根本無法向真正的相互理解邁進。

　　討論會上，伽達默爾首先做了題為「文本與詮釋」【48】的演講，其中批評了德里達對尼采與海德格爾的評析。之後，德里達對伽達默爾的演講提出了三個問題，整理出版時冠名為「善良的強力意志」，其要點是：(1) 伽達默爾將「善良意志」作為追求相互理解的「絕對約束力」，而這種善良意志乃基於康德意義上的「尊嚴」，以此推論，表明伽達默爾預設了「意志」是無條件的形式。這種預設屬於「意志形而上學時代」的東西。(2) 伽達默爾建議將精神分析的詮釋學整合到一般詮釋學，但這是不可能的。伽達默爾詮釋學主張語境的、體系的（或包括非體系的）連貫性（Kohärenz），但是，詮釋的語境必然有一種「斷裂」或「重構」。「善良意志」在此無能為力。(3) 接著上述第二個問題，德里達進一步追問，善良意志能否作為理解的條件？德里達以為是不可能的。因為作為理解的條件更多的是關聯斷裂，而非伽達默爾所聲稱的「一種連續展開的關聯」。最後，德里達強調，他以即興方式提出的問題和評論，讓人見到了「一種對文本的不同思考」【49】。

　　德里達提出三個問題都與「善良意志」有關。雖然伽達默爾也就此問題做出了回應，也指出了德里達對他誤解之處，說明伽達默爾的「善良意志」不是源於康德，而是出自柏拉圖的「善意的決斷」，並重申，哲學詮釋學的任何東西都不依靠康德的「善良意志」【50】。但是，問題的癥結根本不在這裡，事實上，善良意志在伽達默爾的演講中只是一帶而過的問題表明了伽達默爾對於對話的態度，他認為，對話的每一方都願意開放地面對他人要說的一切東西，才是通過對話達成理解的前提。這顯然與伽達默爾演講題目的主旨——釐清文本與詮釋的關係，文本如何表現了意義——無關，所以蜜雪兒菲爾德和帕爾默認為，德里達的回應似乎弄錯了方向。顯然伽達默爾自己也被德里達的提問弄的懵懵懂懂，在他回應德里達提問所撰寫的文章——《然而：善良意志的強力》——裡寫道：「要理解他向我提出的這些問題是吃力的。不過，像每一個願意理解他人或者願意為他人所理解的人那樣，我將費勁去做。我絕對弄不明白的是，這樣一種努力與形而上

學時代有什麼干係，甚或與康德的善良意志概念有什麼關係。」【51】伽達默爾堅持認爲「善良意志」是達成相互理解的前提，並以德里達爲例來證明自己的觀點：「誰開口說話，都想得到人們理解。要不然，他既不會說也不會寫。而且最後，我其實還有一個優越的證據來支持我：德里達向我提出問題，就必定同時預設了我是願意理解他的問題的。」【52】就論辯技術本身而言，伽達默爾的說辭確實很高明，不過德里達對這一問題，也包括後來伽達默爾後來撰寫的三篇回應性文章【53】，均未予回覆。

由於那場名義上的論戰沒有一個交集點，似乎只是在同一舞臺上各自演奏自己的曲目，那麼對論戰本身進一步的理論性分析，也就沒有什麼必要了。要了解爲眾人所期待的論戰爲何終於以失敗而告終，這個謎底只有在一個更爲廣泛的理論背景中才能揭曉。蜜雪兒菲爾德、帕爾默的「《對話與解構》導論」給我們指示了一條線索：「海德格爾認可語言的優先性，然後，這種認可就以兩種極其不同的方向在伽達默爾與德里達的文本中得到發展。在伽達默爾那裡，這一方向導向一種對意義和意義之中的一體性的強調，導向（如此看來）一種對各種文本之眞理與權威的強調和對傳統的強化。另一方面，在德里達那裡，它卻導向對意義的不可簡化的含混不明與不可決定性的突出，甚而明白地導向對意義本身的概念的質疑。」【54】伽達默爾追求相互理解，因此堅持語言的可理解性與意義的一體性，在他看來：語言是相互理解的橋樑，「只要思考著的人信賴語言，亦即如果他在對話中與其他思考著的人、以及與其之所思進行交往，那麼就沒有一種概念語言（Begriffssprache）、當然也包括海德格爾所說的『形而上學語言』，會成爲思想無法破解的迷障。」【55】對於德里達，語言是一種藩籬，會限制我們，限制我們完全說出和傳達我們自身的能力。因此他從根本上反對「對話」概念，更遑論「相互理解」。以此觀之，似乎從一開始就註定了德里達與伽達默爾之間所展開的，是一場「不可能的對話」，因爲對話者對於對話的基本態度相距甚遠。伽達默爾積極尋求相互理解之道，而德里達的態度，據約瑟夫·西蒙（Josef Simon）：「在德里達看來，想要達到一種共有理解的這種虛假的『善良意志』其實只是一個欺騙，最終是一個自我欺騙。」【56】拉波特（Herman Rapport）的話更是幾近刻薄：德里達對伽達默爾的天眞無辜進行了「蓄意破壞」。他調侃道，伽達默爾也有不足之處，他不僅未能敏感地領悟德里達「令人耳裂的」話，還著力宣揚「所有人都以同樣的耳朵聽講」【57】。

作爲這場論戰的旁觀者，傾向於伽達默爾的立場是可以理解的。就一般而言，談話的參與者總希望正確理解他人的話，自己的意見也希望被正確理解，此乃人之常情。德里達自己也曾在不同場合抱怨人們對他的「誤解」，比如將他的

理論視爲「虛無主義」、「反人道主義」，其實他正嘗試把解構定義爲一種肯定性的思考【58】。這表明，德里達本人也渴望被正確理解。以此觀之，德里達在這一對話中所表現出來的，也是一個「特例」，反映他對「對話」的基本立場，而且在他看來，這種立場與伽達默爾所主張的對話理論具有不可調和的性質。有鑒於此，我們也可反觀伽達默爾所主張的「善良意志」之局限，它不具有普遍的意義，至少，當伽達默爾追隨者遭遇持德里達立場的人，「善良意志」就根本不起作用，對話也無法正常進行。設若我們調整一下伽達默爾「相互理解」概念，可能會導向另一種結果：在伽達默爾那裡，「理解」（Verstehen）首先是指「相互理解」，這個詞的名詞形式爲「Verständnis」，具有相互「認同」或「贊同」（Einverständnis）之義，其中包含了「同意」（Verständigung）【59】。如果我們不是從被伽達默爾發揮了的「理解」概念之引申意義上定義理解，亦即其中並不必然地包含相互的「認同」或「贊同」之義，而是僅僅作爲對對方的觀點了解。經過相互的了解，對話者再各自做出自己的選擇：「贊同」或者「反對」。事實上，所有選擇一種反對性立場的，也恰恰是出於對對方的理解。若是如此定義「理解」，或許就不會令德里達視「對話」爲畏途，爲避免誤入「圈套」而拒絕對話了。

二、羅蒂：新實用主義視野下的詮釋學

　　羅蒂基於新實用主義立場對詮釋學思考與德里達解構主義詮釋學的有著某種相似之處。他將解構主義比作掀動著幾乎整個人文科學領域的一陣強烈的旋風，他寫道，「現在，『解構』是一個在政治科學、歷史、法律和文學研究中流行的術語。在所有這些學科中，它指的是一個徹底動搖的計劃。對於這些學科中的保守主義者來說，這個詞暗示了一種對傳統價值和制度的虛無主義態度。在他們眼裡，『解構主義』與『以一種莫名其妙、令人費解的語言對大家接受的觀點進行任意批評的政治激進主義者』，基本上是同義詞。」【60】其實，羅蒂所說「主流哲學」對他也有類似批評。無論如何，羅蒂哲學在世界範圍內引起了廣泛的注意。他的學說得到了部分學者的高度讚譽，也招致了其他學者更爲激烈的批評。羅蒂自己則坦言，新實用主義哲學對於非哲學專業的學者更具有吸引力。而在哲學領域內，他卻受到左派與右派的夾擊。右派指責他提倡相對主義和非理性主義、以及「憤世嫉俗和虛無主義的觀點」，促使美國大學生更加「傻頭傻腦」；左派則認爲他是一個「自鳴得意」之人，「只關心自己所屬悠閒且有教養的精英思想界勢利小人」，美國社會的阿諛奉迎者【61】。他的代表作

《哲學與自然之鏡》備受學界關注，已被譯為十六種文字，卻被一家保守的英文雜誌Intercollegiate Review（〔高〕校際評論）評為二十世紀最糟糕的五十本著作之一【62】。

羅蒂堅持新實用主義立場，因此否認他自己的學說中有一個「哲學基礎」。不過這種自我辯解並沒有說服力，如果我們深究其理論的出發點和基礎，就會同意這樣的結論：羅蒂哲學的基礎就是「偶然性」概念，這一概念也是其學說的核心。傳統哲學執著於揭示客觀真理以及歷史發展的規律，是因為它堅信凡事物皆有其本質，歷史之發展有其必然性。羅蒂通過對偶然性概念的深入分析，從根本上顛覆了傳統哲學的認識論、方法論與本體論，體現了當代以解構為目標的反本質主義、反邏各斯中心主義的思維特徵。按照羅蒂的見解，正是偶然性的彰揚，才使人們揚棄了傳統哲學而進入了「後」哲學文化時代，一種無根基、無本質、無核心的多元化時代。羅蒂詮釋學便打上了這種新實用主義哲學的深刻烙印。

(一) 從認識論到詮釋學

羅蒂對詮釋學的理解主要取法於海德格爾、伽達默爾、德里達的詮釋學，這就是說，認知性詮釋學，如施萊爾馬赫、貝蒂等人對於詮釋學方法論的探討，是在他的視野之外的。本節的標題「從認識論到詮釋學」取自於他的《哲學與自然之鏡》第七章的標題，從其名稱就可以得知，他將詮釋學理解為在現代認識論之後發展出來的、用以匡正傳統認識論或彌補其不足的理論形態。

何謂詮釋學？羅蒂並未提供一個定義。他的解釋只是說明了「詮釋學」不是什麼：它不是一門學科的名字，也不是達到認識論未能達到的那種結果的方法，更不是一種研究綱領。反之，詮釋學表達了這樣一種希望，詮釋學不是用以填補我們在放棄了傳統的「基礎認識論」之後所留下的「文化空間」。在這裡，放棄「基礎認識論」乃是解構「邏各斯中心主義」的另一種表達。不同的認識論都旨在提供我們賴以獲得「知識」的基礎，一個判定客觀知識的標準，並認為有某種哲學能夠提供足以顯示其「結構」的永恆中性構架。能夠建立一種認識論的假設，就是以存在著這樣一種「共同基礎」之假設為前提的。在傳統哲學中的「邏各斯」，就是被設定為「共同基礎」的東西。不過，羅蒂將共同基礎之假設落實在語言的層面上：「對某一話語的一切參與活動都是可公度的」【63】。他用「可公度的（commensurable）」這個詞來表明這樣一種認識論立場：通過一組規則，建立一個理想的情境，以解決陳述中的爭端，達成合理的協定；出現在非理想情境中的分歧，屬於「非認識論的」，或只是暫時性的，可以通過繼續協商予以解決；可以同意分歧的存在，但分歧應「同時滿足於彼此的合理性」；在需

要達成協定的地方，須具有合理性，要「充分合乎人性」。如此等等。基於這樣的立場建設一門認識論，就是要去找到「與他人共同基礎的最大值」。羅蒂對認識論立場的陳述中沒有提到諸如「邏各斯」等概念，但是他所說的「永恆中性構架」、「公度性」、「合乎人性」等等，均可視為對「邏各斯」的解說。在羅蒂看來，「詮釋學就是反對這一假設而進行的一種鬥爭」【64】。

對於認識論與詮釋學的區別，羅蒂的解說是很獨特的。他區分了哲學家發揮其作用的兩種方式：第一種是「博愛的愛好者、廣泛射獵者和各種話語間的蘇格拉底式調解者」所起的作用，在各學科和話語中的分歧，在談話過程中被調和或超越；第二種是「文化監督者」的作用，他如同柏拉圖的哲學王那樣知曉人人共同依據的基礎，具有做出客觀、公正的陳述與裁決之可能性。據羅蒂，上述的第一種作用適合於詮釋學，而第二種作用適合於認識論【65】。由於作用之不同，認識論與詮釋學在其行進的過程中，在觀念上表現出以下區別：

(1) 詮釋學將各種話語間的關係看作某一可能的談話中各線索的關係，不設定統一的、有約束性的談話模式，談話者之間的一致性只在於彼此達成一致的希望；認識論把達成一致的希望看作是「共同基礎」存在的徵象，無論談話者是否知道這一點，此一「共同基礎」已經把談話者統一於共同的合理性之中。

(2) 對於詮釋學而言，成為合理的就是擺脫認識論（認識論認為存在著一套「特殊詞語」，能夠涵蓋談話的一切組成部分）；對於認識論而言，成為合理的，就是去發現一組適當的詞語，談話的一切組成部分都要轉譯成這一組詞語。

(3) 對於詮釋學來說，研究是慣常的談話。對於認識論來說，談話是含蓄的研究。

(4) 詮釋學將談話者視為統一在「社群」（Societas）中的個體，社群中個人的道路在生活中結合起來，而非基於某種「共同基礎」結合起來；認識論將談話者當作統一在「整體」（universitas）——在追求共同目的中有相互利益統一起來的團體——對話者。

(5) 詮釋學是關於我們對不熟悉的事物所做研究的描述，認識論是關於我們對熟悉事物所做研究的描述【66】。

(6) 認識論關心嚴肅的和重要的「認識的」部分，詮釋學關心其他各部分。

在羅蒂那裡，詮釋學與認識論這兩個詞所表徵的就是上述觀念的對立【67】。不過，這種比較只具有形式上的意義，按照羅蒂的構想，詮釋學並非是與傳統認識論不同的另一種認知方式，亦即不是與（科學性、預測性）「說明」（explanation）相對立的「理解」（understanding）（對精神現象的理解）所指向的那種認知方式，它其實是「另一種對付世界的方式」【68】。這種表達，似乎避免捲

入了發生在詮釋學（理解性的）與認識論（說明性的）之間的那場曠日持久的論戰。從認識論的立場出發，「理解」不過是「說明」的能力，是摸索某些說明假設的最初階段；站在詮釋學的立場，說明以理解為前提。羅蒂認為，雙方都很正確，各有千秋。他贊同阿佩爾的觀點：「『理解』的（即精神科學的）擁護者總是在背後攻擊說明理論的（如客觀的社會科學的或行為科學的）支持者，反之亦然。『客觀的科學家』指出，『理解』的結果只有前科學的、主觀啟示性的正確性，因此它們至少應當以客觀的分析方法來核對總和補充。另一方面，理解的擁護者堅持說，在社會科學內獲得任何材料（以及因此獲得對假設的任何客觀的檢驗），都以對意義的……『實際理解』為前提。」【69】

　　儘管羅蒂承認兩種對立的觀念都擁有各自得以成立的理由，但是他自己是明確的站在詮釋學的立場上的：「我一直強調，我們不應企圖獲得一種接替認識論的學科，而寧可企圖使自己擺脫認為哲學應當以發現永恆研究構架為中心這樣的想法。我們特別應當使自己擺脫這樣的看法，即哲學可說明科學留下來的未予說明的東西。按我的觀點，發展一種『普適語用學』或『先驗詮釋學』的企圖，是極其可疑的。」【70】他批評哈貝馬斯和阿佩爾，在「現象學」或「詮釋學」的庇蔭下提出了一種新的先驗觀點，使人們能夠完成類似康德企圖做的事，又不會墮入科學主義或歷史主義。以此觀之，羅蒂所真正贊同的是伽達默爾的立場，這一點，也可在他對伽達默爾詮釋學的分析中清楚地看出，他們（包括海德格爾、德里達在內）的基本共同點在於，力圖解構傳統的形而上學。羅蒂將哲學分為兩大類，即系統哲學與教化哲學。系統哲學的基礎是主體與客體、事實與價值之二元劃分，認為人具有一個本質性，即他必須去發現各種本質，人的主要任務就是在人自身的「鏡式」本質中準確地映現周圍世界，諸如科學主義、實證主義的哲學都歸之於它的麾下。教化哲學的標誌性體系是伽達默爾的哲學詮釋學。它未向笛卡兒的二元論讓步，也未向「先驗構成」概念讓步，而是「以Bildung（教育，自我形成）概念，取代了作為思想目標的『知識』概念。」【71】羅蒂是這樣理解「自我形成」的：若我們讀得更多、談得更多、和寫得更多，我們就改造了自己，便成為不同的人。按照教化的觀點，談論事物的方式，比具有真理更為重要。

　　於是，哲學家也據此被劃分為兩大類。羅蒂的對哲學家的劃分頗為奇特：「我將把主流哲學家稱作『系統的』哲學家，而把周邊的哲學家稱作『教化的』哲學家。這些周邊的重實效的哲學家，首先懷疑的是系統的哲學，懷疑普遍公度性的整個構想。在我們時代，杜威、維特根斯坦和海德格爾都是偉大的、教化型的周邊思想家。」他們何以稱得上「偉大」？羅蒂接著寫道：他們都取笑於關於

人的古典圖畫，「這幅圖畫包含著系統的哲學，即用最終的詞彙追求普遍公度性的那種努力。他們鍥而不捨地強調這樣一種整體論觀點，字詞是從其他字詞而非借助自身的再現性來取得意義的，由此必然得出，詞彙是從使用他的人而非從其對現實的透明性關係取得自己的特殊優越性的。」[72]

　　反主流哲學的羅蒂自然站在了「外國的哲學家」一邊，他沿著他們所開闢的方向繼續走下去，而且走得比他們任何一位都更遠，更爲極端。因爲他的整個思想，都是圍繞著「偶然性」這一核心而展開的。

(二)　「偶然性」概念與真理

　　羅蒂哲學被稱爲「新實用主義」，確有其新穎之處。

　　首先，他實現了實用主義的語言學轉向，將傳統哲學的「共同基礎」擱置一邊，認爲不同哲學體系的分歧之根源，只是所採用的語彙與表達方式的不同，即便是教化哲學著眼於人的形成與改變，也無非是改變了人們原有的語言與表達方式而產生的結果。正如哈貝馬斯對羅蒂所作的評論：「按照羅蒂的理解，科學與道德、經濟與政治以及藝術與哲學，都離不開一個語言創造出來的美妙過程。和湯瑪斯‧庫恩的科學史一樣，解釋在語言革命化與規範化之間有節奏地變換。在一切文化生活領域，羅蒂都發現了兩種不同語境的上述變換：『一種情形是人們就所想要的東西幾乎達成共識，並正在商談如何以最佳的方式獲得時碰上的。在這種情形中，無須去談論非常陌生的東西，因爲爭論一般是涉及斷言的真實性，而不是辭彙的效果。另一種情形是任何事物在其中都可立即得到──在其中，討論的動機與術語是爭論的核心主題……在這些階段，人們開始對舊詞進行翻新，插入偶然性的新詞，由此鍛造出一個新的用法，這一用法起初引起對它的關注，然後才投入使用。』」[73]

　　其次，他對我們的整個世界、包括語言本身的看法，都立足於「偶然性」。爲論證自己的觀點，他著重分析了三重偶然性。第一種偶然性就是語言的偶然性：「我們的語言和我們的文化，跟蘭花及類人猿一樣，都只是一個偶然，只是千萬個找到定位的小突變（以及其他無數個沒有定位的突變）的一個結果。」[74]語言的形成與發展純粹偶然的結果。某個人所說的語言，只是他所做出的書寫或聲音記號，可以拿來和我們的記號相互對照，這對於預測和控制他的行爲是一種有用的技巧[75]。從根本上說，語言本身與世界及其所謂的本質並沒有什麼關聯，是語言使用者純粹的記號與雜音。在這種情況下，語言究竟是什麼呢？它只是一種與描述的對象之本質毫無關聯的「隱喻」。隱喻不是隱射一個需要我們去猜測的本義，它本身也不具有意義，並且不可轉述（unparaphrasability），不可化約，而是一種不同於通常語言的新的描述方式，它根源於人們的想像力。隱喻本身就是一套新的語彙。按照羅蒂，「每一個特殊的理論觀點都被視為只是另一套語彙、另一個描述」，因而真正重要的恰恰是語彙的改變，而非信念的改變。在羅蒂看來，所謂思想史就是隱喻史，是從一種隱喻領域轉向另一種隱喻的歷史。如果我們「把人類歷史視為一個接著一個隱喻的歷史，會讓我們了解到詩人──廣義而言，新字詞的創制者，新語言的構成者──乃是人類的前衛先鋒。」【76】

第二種偶然性是自我的偶然性：德國觀念論者追尋人類必然的實在本性，一旦認識了人類之本性真理，就「突破了時間、現象、個人意見的世界，進入了另一個世界──永恆的真理世界」，達到了生命的極致與永恆。而羅蒂則追隨尼采，以為柏拉圖的「真實世界」實屬子虛烏有，人的自我認識就是自我創造。在羅蒂看來，人類的自我從心靈到軀體都是偶然地產生的，心靈是自然演化過程中偶然發生的事件，而軀體「打從精子與卵子交會的一剎那開始，與我們生命有關的每一件事物，事實上都是機緣」【77】。所以「自我」乃是純粹由偶然所構成的機體組織。人們用語言描述自己，也就是建構了自己的心靈，而創造自己的心靈，也就是創造自己的語言。換言之，我們對自己的偶然和原因的追索是與創造一個新的語言的、新的隱喻同一的過程。一般人缺乏這種創造力，使自己的心靈範圍局限於他人所遺留下來的語言界限，只能成為一個語言的、某種意識形態的標本之複製品。唯有詩人才能真理體悟其偶然性，有能力使用前所未用的文字訴說自己。他們是天才，是「強健的創造者」，而強與弱的分野，就是使用慣常而普通的語言與製造新的語言兩者之分野【78】。

第三種是自由主義社會的偶然：據羅蒂所述，「自由主義社會的核心概念是：若只涉及言論而不涉及行動，只用說服而不用暴力，則一切都行。……所謂自由主義社會，就是不論這種自由開放的對抗的結果是什麼，它都贊成稱之為『真理』。」【79】之所以要培養這樣一種開放的胸襟，並不是因為相信偉大的真理或神意必將戰勝一切，而是因為這種胸襟本身就是目的。羅蒂設想，「一旦我們把我們的語言、我們的良知，和我們最崇高的希望視為偶然的產物，視為偶然產生出來的隱喻經過本義化的結果，我們便擁有了適合這理想自由主義國家公民身份的自我認同。」【80】他們知道這個社會的創建者，只不過在「偶然間」為他們的幻想找到了符合「其他人隱約感受到的需要」字詞而已。他們對道德考慮所用的語言、對他們的良知與社會，都「抱持著一種偶然的意識」。

雖然羅蒂並不把自己的分析當作一種「證明」──按照新實用主義，沒有任何東西是可以「證明」的──而只是試圖通過自己的語言創造來創造自己，但

是，既然他希望說服我們接受他的理論，希望我們成為理想的自由主義國家的合法公民，實現他所云的理想社會，我們還是將其視為一種頗有吸引力的證明。他所說的三種偶然性構成了一條環環相扣的證據鏈。這裡最基礎的東西則是語言的偶然性。正是語言的偶然性，才從根本上捨棄了一切普遍有效性的信念，其中包括諸如上帝、理性、絕對精神、人和世界的本質、邏各斯、真理等等柏拉圖、康德、黑格爾式的理念。人的存在以及社會的存在由於是語言的產物而必然具有偶然性。

　　站在這樣一種偶然性的立場上，羅蒂提出了自己獨特的真理理論。傳統認識論之要旨，就是獲得關於認識對象的真理性知識，這個對象可以是心理的、精神的，也可以是物理的。認識論之前提就是：預設了認知對象背後有著一個本質，正確的認識就是與對象之本質、亦即實在符合一致；真理在某處客觀地存在著，有待於我們去發現；無論是誰、在任何情況下，所發現真理都是同一的；發現真理取決於正確的方法，這方法是真理本身所規定的。羅蒂並沒有一般地反對這樣的真理觀，也不想與之爭辯，他的方法論特點是消解問題或問題域，而非爭勝。他首先指出「真理」是一個意義含混的詞，我們應區分出「大寫的」真理與「小寫的」真理。大寫的真理是「人們可以全心全意地熱愛的目標和標準、即最終關懷的對象」專有名詞，而小寫的真理「指的是句子或行為和狀況的性質」【81】。大寫的真理就是認識論所追求的永恆真理，它乃是一種有等待發現的客觀存在，與人的狀況和行為無關，是屬於另外一個世界的或神的真理。羅蒂新實用主義放棄了大寫的「真理」，這不僅是因為我們無法知道這種可望而不可及的真理是什麼——即便我們把握了所謂的「真理」，也無法斷定這就是真理——，而且從根本上說，這一問題是沒有意義的，因為它是「非人的」真理【82】，絲毫無助於我們的實踐。

　　羅蒂關注的只是屬人的小寫的真理。這種真理並不事先存在於某處，而是人在其所處的情境中為解決問題而製造出來的。所謂「真」的信念，「是其使持此信念的人能夠應付環境的功用問題，而不是其摹寫實在本身的的存在的方式問題。」真理應當服務於我們，而只有當它對我們有用時才被稱為「真理」。因此，「我們的信念和願望形成了我們的真理的標準。」【83】

　　羅蒂的觀點很容易被人們貼上「相對主義」的標籤。但在他看來，相對主義乃是指在對立的觀念中超越雙方的對立而保持中立，其表達方式為：某觀念對於甲為真，而對於乙為假，或者相反。這種表達已經陷入了傳統認知主義的窠臼，並且，只有在這種語境中它才是相對主義的，質言之，它沒有給出一個關於某種觀念是真或假的正確答案。羅蒂並不是這種意義上的相對主義者【84】，他根本不

想探討什麼是「眞」的、或曰「正確的」，而將其注意力集中於什麼東西是「正當的」。在我看來，區分出信念的「正確」與「正當」，是理解羅蒂關於小寫的眞理之關鍵。羅蒂爲此提供了一個很好例子：原始社會的農民可能相信太陽繞地球轉，此信念適合於他預見節氣及諸神祭祀的目的；一個十六世紀的天文學家可能相信地球圍繞太陽轉，目的是要勾畫出一個融貫的天體物理系統，給出一個能夠整合有關星球運動的廣泛材料並爲這些運動提供說明的系統[85]。

在評價兩者的信念時，羅蒂顯然贊同後者而不採納前者的信念，但這並不意味著後者的信念是「正確的」，而前者的信念是錯誤的，因爲我們並沒擁有一個高於兩者的「客觀」標準來衡量它們。之所以同意後者，完全是因爲實用主義者認爲使自己處於後者的地位比處於前者的地位更容易。前者的地球中心主義信念也完全是「正當的」，其正當性在於，此信念與前者的其他的信念和行爲的有效性是一致的，這種一致性表明了此信念的眞理性。「對於實用主義者來說，眞理的首要標準是其與一個人的其他信念的一致」[86]，羅蒂如是說。

由此可見，當羅蒂說到「眞理」時，所指向的根本不是一個認識論的目標，而僅僅是對於「我們解決問題方式的信念的一個讚美詞」，眞理只是「將在滿足人類需要方面發揮最佳作用的一組信念的名稱」[87]。羅蒂就是以這種特殊的論辯方式消解了客觀知識與眞理，他無須證明傳統認識論的錯誤而消解了認識論，無須在各種眞理觀——如主觀眞理與客觀眞理、眞理的主觀性與客觀性、康德與黑格爾等等——之間費力地判斷其是非曲直，而消解了整個有關大寫的眞理的問題域。據羅蒂，只有通過反對（大寫的）哲學，放棄（大寫的）哲學之前提，一個人才能成爲哲學家[88]。

這樣一種眞理信念與偶然性信念當然是一致的。在羅蒂看來，無論是大寫的還是小寫的眞理，都是源於某種機緣的偶然產物，只不過是持大寫的眞理信念的人沒有意識到這一點，而將其絕對化、永恆化了。

羅蒂認爲他的新實用主義找到了一條最終擺脫人類困境的道路。在他看來，人與語言的產生是偶然的，而各種不同信念的形成更是純粹偶然的結果。語言本身只是一種記號或雜音，它根本不能表達與再現對象；作爲記號，語言僅僅是一種與被表達對象以及本質沒有內在聯繫的隱喻。它被創造出來並賦予獨特內涵，完全是人的想像力使然。職是之故，我們所持的任何信念、眞理，都只是出於某種機緣而偶然地想像出來的。包括統治了人們數千年的神或理性、我們的歷史，也都是幻想的產物，是從一個隱喻到另一個隱喻的鏈條，根本不具有所謂的普遍性與必然性。但這並不是說，我們的信念就由此而變得不那麼重要了，事情恰恰相反，因爲信念指導著我們的行爲。如果我們能想像出一套新的語詞，也就能改

變我們的信念，並由此而改變我們的世界，如果這個世界並不令人滿意的話。羅蒂的語言學轉向的意義便在於此。他堅持認為，想像力是文化發展的動力，思想或道德之進步源於想像力增長。其途徑就是想像出新的語詞和新的表達方式。未來的理想社會就是能夠充分發揮想像力的作用、並且使各種想像力都有平等實現機會的社會。

由於萬事萬物之產生均有偶然性，我們的思想也深刻地打上偶然性的烙印，我們就根本不能指望從中發現什麼精確的、正確的、普遍性的東西。因此羅蒂宣導保持理論的模糊性，對各種信念採取寬容的態度，回避無謂之爭（比如何為真理之辯）。如果世界根本沒有他所說的「大寫的」真理，又何必為此干戈相向、徒生事端。對於他來說，至關重要的是在非扭曲、非強制的條件下通過平等交流與溝通達到共識，而以這種方式得到的任何結論都是正確的，都可以被稱為真理。

如果我們在羅蒂的真理標準上談論真理，那麼他的新實用主義確實具有無可置辯的真理性：它乃是一組保持了內在一致性的重要信念，它們可以概括為反認識論中心主義。這些信念包括了(1) 反本質主義（「人類同其他任何東西一樣不再有本質」【89】）；(2) 反邏各斯中心主義（羅蒂認為，接受反邏各斯中心主義的好處就是可以使人們避免做出「有爭議的形而上學斷言」，而且它與一個民主社會的習慣和目的具有一致性）；(3) 反方法論與反本體論（捨棄了對客觀知識與真理的追求，方法與本體也就成了多餘的東西）。

(三) 詰問與反思

同屬後現代的詮釋學思考，與德里達「令人耳裂」的表達方式截然相反，羅蒂的話語卻表現出了那種難能可貴的廣泛的寬容性。羅蒂主張：「我們所認同的團體由寬容論者、多元主義者、和民主主義者構成。這些人的核心目標就是，容許盡可能多的不同的個人目標得到實現，以增加人類的幸福。」【90】對於一系列棘手的政治與社會問題，不能採取強制性的手段，而是「想辦法使它們變得盡可能地靈活和空洞」，人們不應說不存在道德問題或宗教問題的真理，而只是說，你要盡量想辦法不提道德問題和宗教問題」，以避免爭執來增加達到共識的機會【91】。對於羅蒂來說，對意識形態的批判只是在社會鬥爭中的有用的策略性的武器，並不意味著被批判的對象錯誤性。他們所以去除理論中神話色彩，並不是因為其「荒謬性」，而只是為了避免遭受科學之批評【92】。若爭論無助於解決問題，就用「無所謂的態度」面對責難【93】。

正因如此，對於試圖弄清楚羅蒂學說的人來說，羅蒂的話語表現出了令讀者

難以承受的那種模糊性。羅蒂不說什麼是正確的或錯誤的，而是說他「更喜歡」什麼、某種觀念「更適用」或可以經常被使用；他也直言不諱稱自己為「模糊主義者」，認為如果不「模糊」的話，就會變得「不像我們現在那麼友好、寬容、心胸開闊」。在他看來，較少地談論精確性，才可能更多地談論創造性，我們的任務不是把事情搞清楚，而是使事情變新【94】。為此之故，羅蒂認為，「我們不一定要把知識設計得高於幻想。」【95】不過，這已經是他對於要求精確性知識的特別寬容的表達方式。因為在他心目中所推崇的只是想像力，他堅持認為，不能將「思想進步或道德進步看作更接近於大寫『真』、大寫的『善』或大寫的『正確』，而是看作想像力方面的某種增長」，是想像力推動了文化的「進化」。哲學的作用就在於，它有益於解放我們的想像力，這是它能夠帶來的所有政治好處。由此可見，羅蒂哲學所強調的學術「寬容」，乃是以理論的模糊性、以迴避問題息事寧人為代價的。

羅蒂顯然遵循了杜威「哲學的目的是批判性的而非建設性的」之教導，他將哲學工作的重點放在了對傳統哲學批判上。事實上，羅蒂並沒有為他的未來理想社會提供更詳細的正面闡釋，關於這樣的社會和哲學，我們所知的只是：希望整個文化能夠詩化，而不像啟蒙運動那樣使文化理性化或科學化，放棄以理性取代激情或幻想的希望，以便個人獨特的幻想有平等實現的機會；使更多的人獲得更多的自由和幸福，盡可能地減少痛苦【96】；在這裡，人人平等，男女區分也「已經沒有多大意思」；在哲學上，「把形而上學清除了出去，以便讓想像力去利用烏托邦未來的諸多可能性」【97】。如此等等。正如我們將看到的，羅蒂哲學之要義需從其進行的批判中來理解，羅蒂實質上是在對傳統的批判中描述了自己的哲學觀念。羅蒂對傳統哲學的基本信念進行了徹底的清算，這番大刀闊斧的清除工作的矛頭直接指向傳統的認識論以及支撐著它的一系列範疇，如真理、本質、理性等，藉此掃清通向未來哲學的道路，以便使人們能夠接受並運用他的「語彙」來思考。

但是，對於現實的反思使我們不得不重新審視羅蒂新實用主義賴以建立的哲學基礎，這就是偶然性與語言性。

首先考察偶然性。關於這個概念，在黑格爾的辯證法中已有詳細的闡述。我們至今承認他的分析是有說服力的。偶然本身是相對於必然而言的，不存在純粹的、孤立的偶然或必然事物；從認識論的角度看，必然乃基於對偶然的認識，說某個事物是必然的，意味著我們知道其產生的原因。不過羅蒂肯定了解這種關於必然與偶然的陳舊觀念，並且已經明確的捨棄了這一觀念。羅蒂不承認語言是約定俗成的，而是人的偶然創造物。如果事實真如羅蒂所說，那麼我們的語言又

何以能被理解？如果他和我都是一純粹偶然的存在，他憑什麼可以指望我們能理解和接受他的新實用主義？如果他所推崇的、通過想像力創造的新語彙與現存的語言系統沒有意義上關聯，我們又依據什麼來理解這些新語彙？如果它們之間有關聯，那麼關聯的根據是什麼？如果語言表達中沒有普遍性的、共性的東西，那麼人們根據什麼來構成具有共同信念的群體，或者成為羅蒂希望的「自由主義社會」的成員？所有這些問題，都把我們引向了對於偶然性及其與必然性、普遍性的關係來重新思考。

由於羅蒂站在「偶然性」立場否定傳統形而上學，其結果便是：「我們沒有辦法辯論是保持康德的『構架』，還是將其拋棄。對於那些把科學和教化分別看作『合乎理性的』和『非理性的』人，和那些把客觀性探求看作在效果歷史意識中應予考慮的諸種可能性之一的人而言，並不存在可為雙方通過共同的公度性基礎的『正常』科學話語。」【98】因此我們的分析顯然不能援引先哲的論述，對於羅蒂而言，它們缺乏必要說服力；也不能從所謂的「事實」出發，因為對於羅蒂來說，「事實」無非是用語言表達出來的、與「事實」本身毫無關係的、充滿了偶然性的「隱喻」。在此情況下，找到一個共同的基點，也許是使我們與羅蒂對話得以進行下去的唯一有效的方法。羅蒂反對「大寫的」真理（客觀真理），堅持認為真理取決於我們的信念，他甚至為這種「小寫的」真理提供了一個標準：某個信念，如果與持有此信念的人的其他信念協調一致，它便是真理。因此，如同日心說對於新實用主義者一樣，地心說對於一個古代的、有宗教信仰的農民就是「真理」。換言之，如果一個理論不是內在地自洽的，便不是真理，或者至少在某些方面出了問題。我們以此作為我們與羅蒂的共同出發點。

成中英已就羅蒂的偶然性理論做了分析，並指出了他闡述三種偶然性中所包含的三重內在的矛盾對立【99】。要而言之，就是羅蒂奠基在偶然性上的「反」理論雖然以消解傳統形而上學的二元對立為主旨，卻又處處以此對立為前提：既認為事物具有偶然性，有相對的有效性，又認為某種東西更為重要：在理性與欲望的對立中強調後者；在個人主義與社群主義的對立中推崇個人主義。儘管羅蒂對理論之爭採取一種超然的、「無所謂」的態度，但是他終究無法全然拋棄他由之而來、所從出發的基礎，就像一個人不可能拽著自己的頭髮離開地球一樣。他的所有論述，包括反理性主義、反邏各斯中心主義等等，都是一種理性的表達，這裡面有著與我們的語言系統的意義上的關聯，有著某種使兩者得以相互理解的共同性與普遍性，否則他根本不能指望我們能夠理解他的論述，更遑論能夠說服我們——對於實用主義這樣的教化哲學、對於羅蒂這樣的教化哲學家，這是至關重要的：通過「說服」完成教化——接受他的信念以實現自由主義社會。

其實在羅蒂的論斷中已經透露了這種普遍性的祕密。他曾說：「一旦我們把我們的語言、我們的良知，和我們最崇高的希望視為偶然的產物，視為**偶然產生出來的隱喻經過本義化**的結果，我們便擁有了適合這理想自由主義國家公民身分的自我認同。」【100】正是由於**隱喻的本義化**，使得偶然形成的東西轉化為具有共性、普遍性的東西，使得我們獲得了一個在任何理論探索中認知性的尺度，儘管這個尺度不是絕對有效的，或許其中還包含了誤解的成分，卻也是不可或缺的。沒有這個尺度，我們無論談論什麼本質主義或反本質主義、邏各斯中心主義或反邏各斯中心主義、柏拉圖主義或黑格爾主義等等一切哲學命題、流派都是毫無意義的。可以設想，如果某人將羅蒂歸結為唯物主義者，那麼無論是羅蒂本人還是其他學者，一定會以為他是癡人說夢。就此而言，尺度便是一種區分。區分乃基於我們對所談論的對象的本質以及非本質的方面的認知。所以，即便羅蒂可以在起源的意義上將任何一種理論形態、包括新實用主義看作是出於偶然的隱喻，但在我們探討它們時，顯然已不能再將其視為可以由我們任意想像的隱喻，換言之，我們是從它的「本義」出發的。我們並不否認想像力在創建理論體系時的作用；但同樣不可否認的是，想像力的產物也是在某種程度上可以確認的。每一理論都有其內在規定性，根據這種規定性我們將其命名為某種主義。雖然我們可能並不贊同這種主義，但對這種主義的理解應當與它的創始人以及其他人的理解基本一致，否則就不會有真正的對話。

依我之見，羅蒂在這一問題上的失誤就在於他極度誇大了偶然性的作用，將其哲學建立在純粹的偶然性上，堅持了徹底的反理性主義、反認知主義的立場，以至於使他陷入了難以自拔的兩難困境：如果羅蒂所述的純粹偶然性理論是正確的，我們便根本不能理解他的學說；如果他希望我們理解並接受他的新實用主義，那麼他關於純粹偶然性的論斷就是不可信的，因為這種理解本身就以語言的共性、普遍性為前提。

現在我們轉向對語言性的思考。這一思考包含有兩個方面：

其一是語言的偶然性問題。在上面的分析中，我們已經證明了羅蒂把語言視為純粹的偶然性產物的失誤之處，在此無須累牘；

其二是作為世界的根源和發展推動力的語言性。與我們不同，羅蒂並不把語言視為人的心靈或思想的表達，或者是關於對象的客觀摹寫，而只是隱喻式的重新描述（metaphoric redescription），只是一種本身沒有意義的隱喻符號或「雜音」。一個隱喻被創造出來，當然是由某個業已存在的東西所引起的，但並不表現（express）這個東西。隱喻是想像力的產物。我們理解某個語言，也就是理解這個隱喻，當然不是理解隱藏在這個隱喻背後的本義，而是借助於此隱喻來構建

自己的隱喻，所依據的仍然是想像力。世界就是在這富有想像力的隱喻中描述出來的【101】。准此，語言對於我們來說似乎是無足輕重的。難道羅蒂僅為了這種毫無意義的雜音而轉向語言學？當然不是。在他看來，語言的重要性在於它可以刺激人們的想像力，持續不斷地創造新的語彙和隱喻，從而構造我們的新信念體系。當實用主義把語言看作是「社會實踐」時，本是無可厚非的。因為我們確實通過語言而建立起信念、改變著我們的世界觀；在此基礎上進而指導著我們的行為。問題在於，羅蒂將一切都最終歸結於語言，以為語言的世界就是現實的世界，人類歷史就是語言或隱喻的發展史。這種語言本質化的必然結果，就是把通過想像創造新語詞視為歷史發展的根本動力。他如此推崇「強健詩人」的原因就在於此。強健詩人具有比常人更為豐富的想像力，為了使詩歌能夠新穎而不落俗套，極力擺脫陳規陋習而刻意追求新的語詞、新的表達方式，由此而推動了語言——也就是世界的發展。

作為證據，羅蒂引用了法國大革命。他認為，法國大革命已經顯示，社會關係的全部語彙，和社會制度的整個譜序，可以幾乎在一夕之間被取代。這個先例使我們可以去施行烏托邦政治，即把關於上帝意志和人性等一切信念紛爭暫時束之高閣，而努力去夢想創造一個前所未知的社會形式【102】。這樣來理解法國革命真正是一種富有想像力的創造。但是，如果我們回顧一下1789年發生在法國的革命，我們所了解到的恰恰是這樣的情景：革命的起因是政治信念的衝突，在革命者與貴族都不願讓步時轉化為暴力衝突，並且以攻占巴士底監獄和紅色恐怖著稱於世。

或許我們現代人可以理智地聽從羅蒂的勸誡了。我們可以設想，假如現在生活在這個世界上的所有人都接受了羅蒂的語彙和信念；假如大家都能平心靜氣地進行溝通，在溝通中表現出溫文爾雅的紳士氣度，以豐富的想像力來共同創造能引起我們共鳴的新語彙，達到共識，這個世界自然會變得美妙無比，實現人類大同。但是，這種設想只是建立在若干的「假如」之基礎上，我們所了解到的迄今的人類歷史，已經證明這種設想的虛幻性質。發生於當代世界的種族、信仰之間的爭鬥，非但沒有因為有了新實用主義的語彙而有所減弱，反而愈演愈烈，國際恐怖主義幾乎使得現實的世界秩序陷入了失控的狀態。難道西方國家沒有試圖與某些伊斯蘭國家和組織溝通？不希望在溝通中達到某種程度的共識？這種溝通之所以鮮有成效大概不能完全歸咎於參加交談的人缺乏紳士風度和想像力，以及創造新語詞的能力。究其原因，應歸結為根本利益上的對立，包括物質的和文化的利益之對立。若有哪怕是暫時的共同利益，即便是死敵也可以達成共識、締結協定。二戰時期的納粹德國與蘇聯便是一例。或許羅蒂已經意識到了這一點，他才

特別強調其哲學是屬於未來的希望哲學,或者換個說法,他的政治理念正如他自稱的「烏托邦政治」。

在我們看來,語言可以被認為是行為,但不是行為的全部;語言屬於生活世界,也非世界的全部。以為我們只要拋棄了理性,全憑想像力創造新語詞來達成新的共識,就能化解現實社會的紛爭、推動歷史發展、建立世界大同,是不著邊際的幻想,至少我們至今沒有看到它的可能性與可行性。

但這不是說,羅蒂新實用主義對我們的哲學思考沒有任何幫助。事實上,正是羅蒂對偶然性功能過度誇張,使我們在一種放大的效果中看到了偶然性的真正作用。在傳統的形而上學語境中,我們對文化、歷史、社會的研究注重的是揭示其中的普遍性、必然性的東西。如果說,新實用主義之弊端是偏執於偶然性、特殊性,而無視必然,那麼我們理論則是偏重了必然而或多或少地淡化了偶然。在語言問題上,羅蒂對語言的本質化、絕對化的處理,雖有失偏頗,但語言的作用也由此得以凸顯。如果重新審視我們現存的歷史觀、世界觀這些觀念大都以為某種占絕對優勢的因素主宰著世界的發展,我們可能會更傾向於接受一種多因素互動互補的觀點。綜而言之,雖然我們並不能完全贊同他的新實用主義,然他的新的思維方式、那種注重實踐與未來的理論精神,對於我們的啓迪意義遠勝於被人們不斷重複的「真理」。

詮釋學發展到後現代的、解構主義的形態,似乎連詮釋學本身也被「解構」了。這是否意味著詮釋學的終結?抑或所有的理論體系的終結?當代的理論家們,包括羅蒂在內,顯然不會無條件地同意這一結論。我們同意羅蒂的一個觀點,即理論問題的核心是協調(accommodation)【103】,以此作為解決理論分歧、推動其進一步發展的方式。但是我們同時也不贊同羅蒂以「理論的模糊性」作為「協調」理論分歧的潤滑劑與黏合劑。對於此一問題的追問,把我們的目光重新引向了黑格爾處理哲學分歧的基本立場。黑格爾哲學的偉大之處不在於它所得出的結論,而在於黑格爾辯證法中的那種廣泛包容的綜合力量。他認為歷史上曾經存在的各種觀念體系均有其自身的合理性,並努力將它們整合到更高一級的概念中。這樣一種思維進路,應當成為我們今後反思哲學問題的基本取向。

餘論：批評與反思

綜觀西方詮釋學史，我們不難發現這一事實：每一詮釋學體系，都不是詮釋學家們純粹出於各自理論興趣的思辨抽象之產物，它們在本質上是指向一種精神、社會領域中的實踐的，旨在解決那一時代的人所面臨的理論與實踐問題，建構人的精神家園，爲人類精神找到安身立命之所；每一時代的詮釋觀念都具有其內在的合理性，並因此不言而喻地成爲後世的詮釋學之發展的積極的思想資源，於是我們所看到詮釋學史，無論在其內容上還是在形式上，都表現出一種不斷地趨向深化、拓展與完善的趨勢。如果人類註定是一個精神的存在，那麼理解——通過對對象的理解達到自我理解——問題就必將伴隨人類始終。這也正是詮釋學的生命力之所在。

毋庸置疑，任何詮釋理論都不可能達到那種終極意義上完美，這不僅是說，它不可能解決它所面臨的所有問題，更是因爲由於時代的發展會持續地湧現出新的問題。這意味著，對於希望推動詮釋學發展的研究者來說，他應具備這樣的品格：具有開放的胸襟與視野，以一種中肯積極的態度，通過整合與綜合的方式來展開自己的理論反思[1]。就此而言，當代的一些詮釋學大家對詮釋學反思所採取的立場是值得借鑒的，如伽達默爾的「視域融合」理論、利科爾協調「詮釋的衝突」之努力，都已經站在了一種批判與整合的立場來反思詮釋學。這也是我們的反思所從出發的起點。

一、歷史與詮釋學的實踐向度

西方詮釋學在中國學界的影響日漸增強，似可以被稱爲當代西學東漸的典範。它首先引起了我國文藝批評界的關注，其後不久，便向著哲學、歷史、法學、宗教學、文學等諸多精神、社會科學領域理論延伸，成爲一時之顯學。甚至連「詮釋」（Interpretation）這個詞，也從原先比較冷僻的專業術語變成了媒體上常出現的詞，儘管很多人事實上並不了解這個詞的確切含義。就哲學界而言，俞吾金等學者建構馬克思主義詮釋學之努力，可視爲我國馬克思主義理論界對西方詮釋學的積極回應，對於豐富與深化馬克思主義研究有著不可忽視的重要意義，也表明了馬克思主義本身所應當具有的與時俱進的品格。詮釋學爲我們所重視，自然與它所提供的新的方法及其方法論理念有關。但是，如果我們的認識僅限於此，對於詮釋學的理解就依然是非常表面化的和技術化的，對於我們來說，它依然只是一套適用的、可以使我們「更好地」理解文本的方法。在這種意義上理解的詮釋學就無法說明下列現象：作爲詮釋學方法論基礎的現象學在我國學術界甚至有更大的影響，卻爲何很少有人提出建構「馬克思主義現象學」[2]？其

他的西方哲學流派的情況也大抵如此。惟當我們追問此類問題時，詮釋學在其深層次上的獨特意蘊才得以凸顯出來。這個問題，雖然是在我們的當代視域中被意識到的，卻需要通過對詮釋學史的考察與反思才能找到其答案。

在西方思想史上，詮釋問題曾幾度被人們所關注，皆處於重大的歷史轉折時期：

1. 亞歷山大時期

在這一時期，亞歷山大城的學者對翻譯、整理、考訂廣泛流傳的《荷馬史詩》、《神譜》等神話表現出了濃厚的興趣，包括《聖經‧舊約》在內的一批典籍被確立為經典。於其時，雖然希臘諸神的創造者和信仰者、亦即希臘民族在社會生活的各個領域都占有統治的地位，但是希臘諸神卻在猶太人的耶和華面前退隱了。事實上，通過對古代典籍詮釋，希臘人的思想完成了兩個重要轉變：(一)是倫理道德意義上的昇華。他們所信奉的諸神可愛而不可信，具有種種不足稱道的頑劣惡習，比如挑起血腥的特洛伊戰爭、諸神之間的爾虞我詐、宙斯的風流荒淫等等。正是在詮釋過程中希臘人建立了基於理性的「正義」、「善良」、「自由」、「崇高」等範疇，並賦予其永恆的價值。正因如此，導致了(二)，人們信仰上的轉變。《聖經‧新約》承繼的不是強有力的希臘諸神，而是相對弱小的猶太民族之聖典（《舊約》）。《新約》被普遍接受表明了希臘人對具有更完美神格的耶和華之認同，耶穌的形象既是對上帝耶和華的詮釋，也是對其進一步的完善。如果說耶和華是以其絕對的權力與嚴厲將人們像羊群般的攆入天國的話，那麼在耶穌那裡表現出來的，則是以廣博的仁愛精神將世人引入天國。

2. 十六世紀的基督教宗教改革

這一改革乃是詮釋學史上的一個重大事件。引發宗教改革有政治上的原因（教會兼有一些政府職能，由此而陷入政治糾紛）、經濟上的原因（教會積聚了大量財富，並因此導致了神職人員的腐敗）。而以購買贖罪券的方式免罪，更是違背基督教教義。馬丁‧路德於1517年萬聖節發布了他的《九十五條論綱》，抨擊教會及其教義上的荒謬，拉開了宗教改革的序幕。其精神的支柱，卻是來自於對《聖經》的重新詮釋。眾所周知，中世紀的神學乃是拉丁語的世界，不僅《聖經》是拉丁語的，就是對《聖經》的權威解釋也都是用拉丁語寫成的。在這種情況下，拉丁語就不純粹是一種表達方式，而且是代表了基督教神學的一整套僵化了的教義體系。由於基督教世界的大多數信眾並不精於拉丁語，掌握了這套語言的事實上擁有絕對的解釋權。可以說，路德所面臨是真正的聖戰，是一場爭奪

《聖經》解釋權的戰爭。路德成功地採用了一種迂回戰術，他避開了拉丁語文獻的纏繞，而直接回到了更爲權威的古代文本。1522年9月，路德與他人合作，將希臘語的《新約》翻譯成德語並出版。1534年，路德又將希伯萊文的《舊約》翻譯成德語。此舉具有三重意義：其一，德語版的《聖經》譯自希臘語與希伯萊語的經典，其權威性不亞於同樣爲古代典籍的譯本的拉丁語版本，能夠被人們所接受；其二，借助於德語而得以被重新詮釋。一套語言系統本身隱含著某種世界觀念的體系，以此出發解釋經典，能夠使人們擺脫舊有的教義學之束縛，而生發對經典的新的理解；最後，將《聖經》譯爲德語而使之「俗語化」，民眾可以直接閱讀經典（當然，印刷術的發展也起到了重要的推動作用），由此而擺脫了一切難以理解的諷喻和思辨性解釋而形成自己的理解，爲個人的思考贏得了更大的空間。如此一來，爲教會所壟斷的教義解釋開始轉變爲所有信眾的權利。

無須累贅，於上述分析中我們就已經不難看出「詮釋」的眞正奧祕。詮釋學在某一歷史階段之興盛，從來都不是出自某種純粹的理論興趣，質言之，它首先是被我們稱爲「詮釋的困境」之產物。「詮釋的困境」所指向的是這樣一種境況，於其中，人們爲雙重衝突所困擾而不知所從。第一種衝突內在於觀念之中，是對於經典的不同理解之間的衝突。長期流傳的經典在不同歷史時期被不同的讀者群所閱讀，由此而產生了不同的理解，乃是不可避免的。第二種衝突則表現在理論與現實生活的衝突。經典所由之而出的時代精神以及它所表達的信念，因歷史的疏遠化作用而與人們的現實生活漸行漸遠，於是在它們之間便形成了某種程度的矛盾與衝突。「詮釋」的作用就在於，通過對文本的重新詮釋，而消除人們所信奉的經典與現實生活中之信念的緊張關係，從而達到一種新的協調和平衡，其實質，就是借助於對經典的重新理解爲現實生活開闢道路[3]。

以此觀之，詮釋學理論本身就具有一種實踐向度，並因此而具有一種強烈的歷史使命感。一種詮釋的新視野，每每爲新的時代精神所引導、並映射出時代精神。

二、從認識論到認知性詮釋學與本體論詮釋學

赫拉克利特（Heraclitus，約西元前540～前480）用「邏各斯」的概念來標誌萬物生滅的依據及其共同性與普遍性，是哲學史上最初建立眞正的「知識」原則之嘗試。他以爲邏各斯在本質上是屬於靈魂的[4]，因此知識只能取決於神性。智者學派則首先將人當作認知著、感覺著的個體，以此作爲知識的基點，普羅塔哥拉斯（Protagoras，約西元前485～前410）提出了「人是萬物的尺度」

這一命題。這樣一種觀念，從積極的意義上說，是凸顯了知識構建中的主體性作用，但因其未能合理地安頓個體之總體（人類）、知識的對象（客體），不可避免地打上了知識相對主義的記印。相對主義的知識論導致了人們對普遍有效的共同知識之懷疑，西方知識論中懷疑論傳統由此而萌生。懷疑論者並不懷疑來自於經驗的知識，而是懷疑知識的基礎或根據，它所質疑的是理性的普遍有效性之形而上學論證。如康德所言：由於各種形而上學「不是在主張上，就是在主張的證明上，總是互相矛盾的，……以至懷疑論不是從別處，而恰恰是對理性的最重要的嚮往得不到滿足而感到完全灰心失望這一點上產生的。」[5] 而整個的西方知識論傳統，就是在「對懷疑論進行理性批判」的過程中形成的[6]。亞里斯多德在「科學」的意義上進一步發展了知識概念。在他看來，科學的目標就是關於原因與論證的必然性知識[7]。通過論證，將真正的知識與經驗區分開來。經驗只知道某物，而不知此物何以如此的原因，缺乏一種概念性（邏各斯）和原因的認識[8]。只有通過對諸多單一事物的感覺之記憶，在諸多相同或相似的印象中把握其共同性，才能形成抽象的經驗，進而在經驗之普遍性中產生出「原則」。亞里斯多德知識論的基礎是感覺經驗，其前提是主體與客體的分離與對立，並且堅持認識客體先於、外在於主體的認識活動而存在。所謂「真理」，就是排除主觀性的干擾，而獲得與客體符合一致的客觀知識。如此，認識客體本身也就成了判斷「真理」的標準。這種真理的觀念乃是奠定西方知識論主流傳統的基石，其影響持續至今。

　　羅蒂（Richard Rorty）曾說：「自從啓蒙時代以來，特別是從康德以來，自然科學一直被看作知識的範型，文化的其他領域必須依照這個範型加以衡量。」[9] 這種觀念通過實證主義而得以強化、體系化，獲得了牢不可破的權威。知識的基礎，乃是實證的、經驗的事實。如此，以往的精神科學的研究就不是科學，或者說，如果它想成為科學，就必須走實證之路。事實上，孔德、約翰・斯圖爾特・密爾等，就試圖借助自然科學的原則與方法來解決歷史世界之謎[10]。康德雖然試圖以自然科學的知識論模式建立一種「科學的形而上學」，但在休漠對因果必然性的質疑之啓發下，對傳統知識論模式的基礎進行了徹底的改造[11]。在康德看來，因果必然性表明的是事物的本質聯繫，而我們的感覺只能止步於現象，因此，諸如事物的本質等東西是我們的感覺所不能企及、因而是不可認識的。按照這種見解，知識就與認知客體的本質全然無涉，而是出於感性世界與理性的先驗形式之結合。眾所周知，康德所說的感性世界並非是「客體」（Objekt），而是「對象」（Gegenstand），是因自在之物作用於我們的感官時而呈現在我們的感官中的現象（Erscheinung），表象（Vorstellung）則是我們心

中的、內在的現象【12】。因此，當康德說，我們所能認識的只是現象時，其實是指在我們意識之中的表象。所謂自然界，也只是表象之總和，它的普遍秩序與統一性，乃是先於對象而存在的、通過理智先天認識到的範疇（形式）所賦予的，範疇體系不是對象的規定性，而是純粹理智自身的規定。如此一來，對外部世界的認識問題就完全轉變成了對思維（主體）自身的探索，認識論的首要任務轉變成了「純粹理性批判」。

康德的知識論對後世產生了深遠的影響。他的先驗批判哲學體系可視爲通向知識詮釋學的中介環節。康德反對將知識當作是主體獲得的與客體符合一致的認識，而是將其視爲一種主體的理性構建，強化了主體性在認識中的作用，已開始超越了傳統的知識論框架。費希特（1762～1814）從這裡出發，將康德的純粹理性批判加以徹底化，而構築了自我思辨哲學體系。他堅持將一切非我，包括物理世界、一切實在性範疇，都置於自我之內，認爲它們的實在性都是自我所賦予的【13】，就從根本上消解了客體。康德的「自在之物」不可知的困境，也在這樣一種徹底主觀化了的知識論中煙消雲散。自我設定非我，也就是創造了自己的對立面，繼而綜合這兩者，在意識中達到統一，並且，它們應當是統一的，因爲非我本身是自我的產物，是在自我之內的東西。因此，費希特所謂的認識，實質上是以一種迂回的方式完成了作爲絕對主體的自我認識。

黑格爾哲學是費希特「自我」思辨哲學路線的反動。黑格爾不滿費希特將知識論的基礎立足於主體意識之上，他一如既往地希望達到「客觀知識」，而費希特的知識論恰恰缺少這種客觀性。在認識方法論上，黑格爾試圖通過他的《邏輯學》來揭示「唯一的眞正的與內容相一致的方法」【14】。他將理念視爲一個發展的過程，此一過程的各個階段都有與之相應的概念、範疇形式。理念的過程因此就是範疇體系的邏輯過程，其終點爲「絕對理念」；自然界是理念發展到一定階段的外化【15】，從本體論上完成了從費希特的主體意識到一元化的客觀理念之轉變，這一轉變對於知識論的實質性意義在於，理念通過創造對象來完成自我認識，也就是認識了眞理，從而解決了康德認爲「自在之物」不可知的知識論上的不徹底性問題；眞理是客觀性與概念相符合，但不是指外界事物符合我的觀念，當然更不是指我的觀念符合認知對象，而是指認識對象依據並符合絕對理念。眞理的客觀性便在於此。

綜觀德國古典哲學認識論，就其仍然追求著類似於自然科學的那種精確的、確定的、具有實證性的知識而言，遵循的基本上是傳統的認識論路線；所不同者，就是它充分肯定了主體性對於知識的意義：認識對象不再是評判「知識」之眞僞的唯一標準，眞理與我們的「意識」密切相關。這種對於認知的主體性作用

之自覺，在對精神科學的科學性及其獨特的方法論之反思中走向了詮釋學意識，正是在這種意識中，知識的詮釋問題才引起了人們的關注。

在施萊爾馬赫、阿斯特、狄爾泰等人的詮釋學思考中，都已充分注意到了精神科學有別於自然科學的特殊性。作為精神科學研究對象的精神世界，它雖然先於、並外在於認知主體而存在，卻不是像純粹的自然對象那樣的客觀存在，而是由另一主體建立起來的語言性的存在。這樣，對作為理解對象的理解，本質上是通過語言對另一主體（作者）的理解。由此，對精神世界認識完全轉化為對語言的理解，其對象便是承載語言的「文本」。詮釋學的方法論研究就是圍繞著如何正確解讀文本而展開的。詮釋學家們希望構造出一套適用於精神科學的原則，來理解我們的精神世界，這種理解被要求達到像自然科學那樣的精確性、明晰性、單一性。這在傳統知識論追求實證知識的語境下，不失之為一種值得嘗試的構想。

具有實證性質的語法學首先被施萊爾馬赫當作正確理解文本的基礎，其前提是，作者絕對正確的使用了語言，而讀者也完全把握了語言。他相信，「所有我們的客觀的或主觀的假定，都可以以語言為標準來檢驗。」【16】但是，單獨地使用語法學規則來解讀文本很快地暴露了其局限性，施萊爾馬赫在翻譯柏拉圖的著作和解釋《聖經》的實踐中已經意識到，即便作者與讀者都精確地掌握了語法學知識，且都正確地使用了語言，對語言的理解仍然具有多義性與歧義性，因為語詞的意義本身是多義的，甚至其基本意義也會隨著時間而改變。再者，語言的表達風格、潛藏於字裡行間的隱含意蘊等因素，也無不影響著我們對文本的理解。為了能從多義性的文本中辨認出單一的、符合作者與文本原意的意義，施萊爾馬赫引進了心理學，將其作為確定語義的輔助方法。後來，心理學的方法在施萊爾馬赫詮釋學體系中的地位愈來愈重要，成為與語法分析方法並重、進而又高於它的方法。心理學的作用就是重構作者創作文本時的心理過程，以便讀者能夠通過心理移情，在作者創作文本的當下即刻之心理狀態中解讀文本。語法學與心理學由此而共同構成了施萊爾馬赫詮釋方法論的基礎，他明確的說：「如果沒有關於語言的最一般的知識，我們也不能理解所講的話，同時，如果我們沒有理解個人所想的和獨特地被表達的東西，我們也不能理解所講的話。」【17】他要求讀者，在理解之前先要完成「客觀和主觀」方面的重構：「基於客觀方面的重構，我們獲得了作者所使用的那種語言知識，這種知識甚至必須比原來的讀者所具有更為精確」；「基於主觀方面的重構，我們獲得了作者內心的和外在的生活知識。」【18】完成了這雙重重構，我們便與作者處於同等的位置，唯有如此，我們才能實現「心理移情」，我們的理解亦因之而具有可靠性與客觀性。

　　狄爾泰進一步發展了施萊爾馬赫詮釋學，並將之提升爲哲學的詮釋學。他認爲精神科學乃是與自然科學並列的獨立體系，作爲科學，它們有著共同的宗旨，即它們都以精確、客觀、單義的知識爲圭臬。自然科學的巨大成功似乎已證明了它的方法之有效性，現在的問題是，精神科學如何才能獲得這種精確的知識？可否直接借用自然科學的方法研究精神科學？在狄爾泰看來，這是完全不可能的。他明確指出，任何「使歷史實在適合於自然科學的概念和方法」的觀點，都是「對這種實在進行了刪節和肢解」【19】。這句話不能僅僅簡單地理解爲自然科學的方法不適用於精神科學，他的論斷還包括了對傳統的自然科學方法論基礎之反思：「所有科學都是從經驗出發的；但是所有經驗都必須回過頭來與它們從其產生出來的意識條件和意識脈絡聯繫起來，都必須從這樣的條件和脈絡之中把它們的有效性推導出來——也就是說，它們必須與我們的本性所具有的總體性聯繫起來、它們的有效性必須出自這樣的總體性。」【20】這個總體性就是我們存在的總體性，在其中，外部世界和我們的精神世界乃作爲我們的生命的組成部分而一同被給定，關於它們的知識也因此是同等有效的。它們的區別在於，外部世界是在我們的外部感知中給定的東西，而精神世界則是內在的世界，它通過人們對精神事實的領悟而呈現出來【21】。正是這一區別，決定了兩種科學在方法論上的差別。由於精神科學所研究的精神世界，是在持續地精神創造過程中存在的，它轉瞬即逝，不再重複，不可驗證，因此需要獨特的方法才能把握。

　　狄爾泰孜孜不倦地探索著適用於精神科學的獨特方法，這種方法就是「理解」：「理解過程與解釋過程是各種精神科學研究始終在運用的方法，而且，這種方法把所有各種功能都統一在自身之中了。它包含了精神科學研究的所有各種眞理。」【22】如果說，在自然科學中所追尋的始終是具有普遍性的知識，那麼，精神科學的理解正是始終以個別的東西爲其對象，「在精神世界中，個別的東西就是一切自我價值，甚至是我們可以無疑地確定的唯一的自我價值。」【23】在狄爾泰看來，精神世界是由「客觀精神」和個人的力量共同構成的。客觀精神乃是客觀化於感覺世界中的個人之共同性，其範圍包括人們在其生活共同體中所建立的生活方式、交往形式以及道德、法律、宗教、藝術等各種客觀化了的精神的形式。在客觀精神的內在關係中包含了穩固的、有規律的結構，個人的生命歷程在這個結構中展開、並成爲此一結構的構成因素【24】。對個別的生命表現的理解之可能性就在於此：讀者通過對客觀精神的了解而達到對作者個體生命的總體理解，進而將自己置身於作者所處的情境關聯（客觀精神）之中，就能夠正確理解作品、亦即作者的生命表現。施萊爾馬赫提出的「心理移情」，由此而被狄爾泰視爲理解原意的可靠方法，與施萊爾馬赫不同的是，他將之提升爲精神科學一般

方法論，從而使他的詮釋學具有了哲學的性質。

施萊爾馬赫與狄爾泰堅信可以通過合適的方法，像認識自然界一樣揭示作者的原意。正是在這個意義上，他們的詮釋學被稱爲**認知詮釋學**，一種在傳統的認知論框架中發展出來的詮釋學。但是問題在於，一旦人們開始理解，所面對的恰恰是曾經客觀地存在的作者之主觀性，它是不可重複與再現的主觀的、個別性的東西，如果人們事先並不知道作者主觀的「客觀意義」是什麼，又如何確定所重建的東西是「客觀」的呢？確定正確的「重建」的標準又是什麼呢？對於這些問題，「心理移情」也是無能爲力的，且不說作者的心理過程比任何東西都難以確定，就其要求讀者爲達到移情而在心中扮演各種不同的社會角色，已無異於天方夜譚。

由於認知詮釋學內在地包含了在詮釋的目標、對象及方法之間難以調解的矛盾，它幾乎從一開始就陷入了一種難以自拔的困境。如果作者的「原意」可望而不可及，那麼，我們究竟理解什麼？對這一問題的追問，又產生了一個更爲根本的問題：理解是什麼？詮釋學從認知性理解的方法論體系轉向一種新型的本體論學說，就基於對上述兩個問題的探索。這項任務是海德格爾與伽達默爾完成的，但其最初的動力卻源自認知詮釋學。在我看來，施萊爾馬赫與狄爾泰注重詮釋中的心理學因素，就已暗示了對上述問題的回答。他們已注意到，由於讀者可能具有比原作者更爲豐富的知識與體驗，因此可以比原作者更好地理解文本，理解到作品背後的、作者也未意識到的意義[25]，體驗表達的東西比作者意識中存在的東西更多[26]。狄爾泰甚至明確地說，理解是建立在「一種特殊的個人創造性」基礎之上的[27]，它的創造性，表現在主體的心理與被理解的對象永恆地處於一種互動過程中。這些言論表明，他們已經開始偏離認知詮釋學追求「客觀知識」（原意）的宗旨，而在一定程度上肯定了讀者的創造性理解之合理性。依此觀之，詮釋學的重心從對作者原意的把握轉向讀者所領悟的意義，可視爲認知詮釋學自身發展的內在要求。不過，在詮釋學完成本體論的變革之前，這種要求始終具有認知的性質，它只能作爲認知方法的補充。

傳統的知識論在精神科學研究領域遇到了難以逾越的障礙，這固然是引起本體論變革的重要原因，但此一變革的根本目的，卻不是通過確立一種新的本體以完善傳統的知識論，來滿足人們獲得關於精神世界的精確知識的願望，而是徹底地顛覆傳統的認知方式。知識論的形而上學基礎是本體論，然而本體自身也是認知的對象，惟在知識體系中才得以確立，就此而言，知識論與本體論是相互依存、互爲基礎的。正因如此，本體論的變革就具有一種普遍性的意義，它內在地包含了對認知方式以及知識的性質之反思。傳統的知識論所關注的乃是存在者

（業已具體存在著的東西）及其本質，而不追問它們之所以存在的根據，亦即存在本身。「存在」不是任何一種存在者，然對它的追問，卻關涉到一種「不同凡響」的存在者，即「此在」。此在的與眾不同之處在於，它是為了自己的存在本身而存在【28】。此在的存在方式就是理解，它之所以成為「此之在」，是為它對存在的理解而規定的。在理解中所呈現的東西就是「意義」。因此，從根本上說，此在並非是一個「客觀」存在的主體，它所指向的是一種意義關聯。不是說，事先客觀地存在著某種「意義」，有待於人們去發現，它本質上是在理解過程中產生的。在海德格爾看來，意義、理解、此在的展開乃是同一過程，此在不是別的，正就是對存在的意義的理解，並伴隨著理解而展開。理解因此而獲得了本體論的意義，它不再是一種認知方式，人們憑藉它來把握精神的世界，而是此在乃至整個精神世界的存在方式。如此，海德格爾的詮釋哲學開啓了一個新的詮釋學向度，其宗旨並非提供此在如何正確理解的方法，而是闡明形形色色的理解何以構成了此在。理解的表達方式就是「詮釋」：「通過詮釋，存在本身的意義與存在自身的結構就宣示了屬於此在本身的存在理解（Seinsverständ-nis）。」【29】

通過本體論變革，海德格爾將一直作為精神世界的認知方法論的詮釋學轉變為此在的本體論學說，這使他超越了精神科學知識的「客觀性」難題。面對人們對精神科學的客觀性之質疑，他甚至認為，歷史知識，就其本體論的前提而言，超越了最精密的科學之嚴謹觀念【30】。海德格爾這番申述的用意在於為精神科學作為「科學」的合法性而辯護。但以知識「精確」的程度來作為衡量「科學」的標準，說明他的思想深處仍或多或少地存留著傳統知識模式的信念。

在海德格爾所開闢的道路上，伽達默爾顯然走的更遠、更徹底。海德格爾關於「意義的世界」的表述可能使人們這樣的理解，即在它之外還有一個「客觀的世界」，即所有被胡塞爾置於括弧中存而不論的東西。在伽達默爾那裡，則直接將「世界」認作「視域」（Horizont）。視域乃我們的目力所及、並引起我們的注意與反思的領域。一切「視而不見」的東西，就沒有進入我們的「視域」，也不構成我們存在於其中的世界。同一的現象，在不同的視域中呈現出不同的意義，其意義取決於與主體的關聯方式。一件古代文物，當人們在不知其文物價值而當作一件普通器皿使用時，它在這個特定的視域中就只是普通器皿。伽達默爾所關注的那種在人們視域中所呈現出來的東西，在本質上乃是一種意識現象，在這一點上，他與胡塞爾、海德格爾是一脈相傳的。在伽達默爾看來，對於任何歷史流傳物的理解，從理論上說，都存在著兩個視域及其相互作用【31】。

伽達默爾承認，「一切文字性的東西實際上是更主要的詮釋學對象」【32】，

它對於詮釋學現象具有中心意義。用文字固定下來的文本已與作者完全分離，因而擺脫了一切表達和傳告的情感因素，使自己成爲一種獨立於作者的此在【33】。這使得對文本的閱讀與理解得以擺脫作者意願的束縛，按照文本自身所承載的意義來理解文本，但是，文字的文本無非是「言談」（Rede）的記錄，是其異化了的（entfremdete）方式，從而「使意義也遭受到了一種自我異化，因此把文字符號轉換成講話和意義就提出了眞正的詮釋學任務」【34】。如此，閱讀過程必須被視爲文本與讀者對話的互動過程，而不是讀者單方面的投向文本的行爲。對話的「原始程序」就是提問與回答。在伽達默爾看來，流傳下來的文本，作爲理解的對象，乃是向讀者提出的一個問題，文本就是對所提的問題之回答。要理解文本，就須先瞭解所問的問題是什麼？它何以成爲「問題」？然文本並未直接給出這個「問題」，它是通過我們追問文本背後的東西而重新構建起來的。這個問題規定了文本的意義方向。值得注意的是，所有這一切都是在我們自己的視野中進行的：所提出的問題，也是基於我們對文本的理解而重構的，因而是我們自己的提問，文本也就成了對我們自己的提問的回答【35】。通過這種問答式的對話結構，文本的意義才漸次展開，不過這裡所指的「意義」，既非作者的「原意」，也非文本的「原義」，它本質上是讀者所理解到的意義。誠然，理解具有主觀的性質，但卻不是隨意的，它是一種有所依據的重構。在理解過程中，事實上存在著兩個視域：作爲歷史流傳物的文本的歷史視域與讀者的當今視域。完成了的理解乃是這兩種視域的融合。伽達默爾強調，在對話中展開了內在的客觀一致性，在其中眞理所出現的東西是邏各斯，這種邏各斯既不是你的，也不是我的，它遠遠地超出了談話雙方的主觀意識【36】。

理解的最後結果，就是歷史的視域與理解者的視域、他人的視域與我們的視域之融合，並因之而形成了一個更大的視域，這個視域是「來自內在的、運動的視域，它超越了現在的界限而包含著我們自我意識的歷史深度（Geschichtstiefe）。事實上這是一種唯一的視域，在它自身之中包括了一切在歷史意識中所包含的東西。」【37】**唯一的視域**，這才是伽達默爾眞正要想說的東西。其實，對於伽達默爾來說，那個在理解者之外的、客觀的「歷史視域」實際上並不存在，這個視域乃是讀者基於自己的視域而重構出來的，也就是說，是讀者所理解的那種歷史視域。這樣一來，所謂的「歷史視域」與讀者的視域的區分，實質上轉化成了「唯一的視域」（讀者的視域）中內在的兩種因素。理解則表現爲這兩種因素內在張力的平衡。理解的客體由此而主體化，在傳統認識論中主客體間的關係問題，在伽達默爾的詮釋學理論中演變成了主體間的內在關係。

伽達默爾由此而消解了傳統知識論意義上的「客觀知識」、「眞理」等概念

以及與之相關的方法論問題。他唯一關注的是「眞理」，但不是我們通常意義上所說的作爲「客觀知識的」眞理。在他那裡，眞理是alētheia，它不是事先存在於某處而有待於我們去發現、認識，而是在我們的理解過程中逐漸生成的東西，是在我們的意識中被經驗到的存在。這種存在就是語言。人們通常認爲，伽達默爾這樣一種「眞理」的觀念只適用於精神科學，但問題一旦深入到「語言」，它就獲得了一種普遍性的意義，即它同樣適用於對自然對象的理解。因爲自然科學的對象雖然是外部的世界，然它作爲科學，仍必須通過語言表達出來。狄爾泰曾爲了論證精神科學的合法性而將它與自然科學從本體論到方法論加以徹底割裂，伽達默爾以理解爲本體的詮釋學則重又表現出了建立一種「統一科學」的傾向，不過這種「統一」不是回歸到實證的自然科學之立場，而是基於「語言」的統一。

三、關於認知與詮釋及其關係問題

很久以來，實證的自然科學一直被奉爲知識論的典範。它的目標是實證的知識，是唯一、排他的眞理，這種知識（眞理）具有普遍性，它不受任何時間、地點和觀察者的變化之影響而放之四海而皆準。這種認知理論有兩個重要的基點：其一，認識對象先於、外在於認知主體而存在，關於對象的知識是被發現出來的；其二，這種知識是可靠的，是可以重複驗證的。隨著科學探索的深入發展，它的典範意義終於受到了質疑。在一般情況下，科學只對被稱之爲「普遍的事實」感興趣，這裡所說的「普遍」之含義，就是可重複、再現。雖然實驗者的經驗是個別的，但它的描述應當具有一種普遍性，唯有如此，實驗者的才能被傳達、被他人分享。只要我們對所觀察的對象之判斷是正確的、並用恰當的語言陳述了我們基於經驗直觀的判斷，他人就可以分享其意義，並通過實驗來證明這種論斷。

直到科學發展深入到了微觀的世界，我們才眞正注意到自然科學研究中的語言難題。在微觀世界中，所有的事物都具有二象性，它們既像粒子有像波。而據我們現在所達到的知識，在波動現象（如光和無線電波）和粒子現象（如電子和質子）之間本來存在著一種基本區別。事實上，人們並未觀察到某種既是波、又是粒子的東西。它們顯示爲波或粒子，取決於「提給它們的問題」[38]。海森堡（Werner Heisenberg）測不準原理告訴我們，不可能同時測量粒子的位置和動量，因此它的運動是無法追蹤的。既然無法追蹤，我們也就無法識別它們的再現[39]。儘管如此，我們還是建立起了量子理論。它雖然被稱之爲科學，但根本沒有科學所要求的那種可重複性、可驗證性特徵。從量子理論的角度來重新提

出這樣一個問題：究竟何爲科學的眞理？如果把「眞理」界定爲對實際發生過程的陳述，那麼它不適用於微觀世界。第一，因爲能夠確定什麼東西實際發生乃取決於我們的經驗，而我們的經驗確實是有限的，如「基本粒子」就不是我們的觀察所能確定的；第二，眞理涉及到對眞理的表達，就不得不考慮到我們所使用的語言表達能力的界限。這兩者綜合在一起，就形成了對我們傳統的眞理觀的強有力的衝擊。這種衝擊如此有力，使得不少科學家改變了對科學的根本看法。玻爾（Niels Bohr）總表示對實在性不感興趣而將重點放在語言上，認爲人類從根本上依賴於言辭，其結論是：「不存在什麼量子世界。只存在一種抽象的量子力學描述。」【40】海森堡也持有類似觀點：「每一種現象實驗及其結果的描述，都依賴於作爲唯一的交流手段的語言。」【41】我們說語言表達了經驗，這是指經典物理學，但在量子力學中，我們既沒有那種經驗的直觀，也沒有適用於它的語言，我們就只能無可選擇地用「經典」的日常語言來表達量子力學。在此情況下，微觀科學的眞理就不再是那種「經驗的」、「實證的」關於對象的客觀知識，量子世界不是被直接經驗到的，而是被「意識」到的，說到底，它乃是一個語言性的存在。因此，對於它本身還有一個被理解與解釋的問題。量子力學好像是一個極端的例子，然而通過它，我們可以看出一個普遍性的原則：任何通過語言來表達的理論，無論是自然科學還是精神科學，它們作爲知識都存在著通過語言而對語言的詮釋與理解問題。

值得注意的是，玻爾的思考並未止步於量子世界，他將波粒二象性和海森堡的測不準原理「納入了一個巨大的新的互補性原理中，按照這個原理，天底下的一切事物都具有二元性，其互補性不能被同時看見。」【42】准此，我們關於非經驗的量子世界的反思就獲得了某種普遍性的意義。這便是：基於經驗的自然科學理論體系，在某種程度上具有精神科學的那種非經驗的、非確定、非客觀的因素，並且，由於它們必須借助語言來表達，也就必然滲入了語言自身所攜帶的主觀性。在這裡，我們找到了自然科學與精神科學的交匯點，它們的共同性。我一直相信存在著這樣的共同性，因爲無論是自然科學還是精神科學，都是人的科學認識活動，科學理論都是這些活動的語言表達。正因如此，它本身也要求被理解，而這一要求是科學本身不能解決的，伽達默爾由此將對科學理解納入詮釋學的理解領域之內。他還通過對「理論」（theoria）一詞的原初意義——參加祭祀活動——的分析，將研究者的觀察活動視爲「眞實地參與一個事件」【43】，或者說，與被觀察對象共同構建某個事件。在這個意義上理解科學，它就成了主體與對象互動互攝的過程。從這一思路延伸下去，科學本身就不再是人作爲旁觀者而對對象的純粹客觀的直觀觀照，而是一種基於此在的自我建構和自我理解。

在我看來，伽達默爾是正確的，自然科學可以合理地在伽達默爾的意義上被理解。但是，伽達默爾的哲學詮釋學畢竟忽略了某種重要的東西：他強化了詮釋中的「意義」之發生，卻忽略了基於認知立場的「知識」。毫無疑問，後者也應當是人們了解世界的一個不可或缺的視角。爲了建立理解的、語言的本體論，伽達默爾堅決反對在近現代科學中相對的占統治地位的方法論概念，「在現代科學的範圍內抵制對科學方法的萬能要求」【44】。如果說，「整整兩個世紀中，直到黑格爾和謝林逝世，哲學實際上是在面對科學進行自衛中被構建的」【45】。伽達默爾所言自然沒錯，我們則可進一步說，這種「自衛」是從兩個方面展開的。一個是從康德追問「形而上學的知識是否可能」開始，用力於建立適合於形而上學的科學研究方法論，以使精神科學也具有「科學的」性質，從而合法地躋身於科學之列；另一則是海德格爾的此在本體論爲標誌的意義理論，以「存在的意義」之探索取代對對象的認知。伽達默爾屬於後者。他的策略是繞過作爲實證知識的基石的「方法論」，希望達到哲學與科學的調解【46】。他承認，科學方法論精神已滲透到一切領域，不過他在內心深處是輕視「方法」的。在他晚年的自述中清楚地寫道：「方法在多大程度上爲眞理提供了擔保？哲學必須向科學和方法提出這樣的要求，它們要認識到，它們在人類存在及理性的整體中乃是微不足道的（Partikularität）。」【47】在當今世界，科學及其方法論在我們的生活中扮演了一個極爲重要的角色。他的本意是反對科學主義、實證主義君臨天下的絕對統治【48】，然他聲稱科學與方法論在理性整體中是微不足道、試圖通過貶低科學與方法論來贏得精神科學的合法性、權威性時，畢竟走的太遠了【49】。

在我看來，「眞理」概念事實上內在地包含了兩個向度：一是對事物發生了的過程的客觀陳述，從中我們獲得了具有「客觀性」的知識；另一是伽達默爾意義上的「眞理」，即在理解中所展開的「意義過程」本身，是「此在」的呈現過程。兩者各自的眞理性與合理性都已得到了充分的闡述，眞正的困難在於處理兩者的關係。在哲學上存在著三種不同的觀點：(1) 站在實證科學的立場上否定形而上的意義論，或者將其納入實證的軌道（實證主義）；(2) 執著於「存在的意義」而消解知識與方法（伽達默爾）；(3) 將兩者截然兩分，使其各司其職（狄爾泰）。這些見解都是有失偏頗的，其錯誤並不在於各自所表達出來的「眞理」，而是那種執於一端、排斥異見的思維方式。事實上，它們的眞理性只有在兩者的統一與互補中才能眞正體現出來。這就對哲學提出了一個更高的要求，以使兩者都能得到合理的安頓。

在黑格爾的《邏輯學》體系中，已經向著這一方向邁出了重要的一步。在他那裡，眞理既是認識的對象，又是存在本身。前者作爲知識而存在，後者呈現的

則是作為本體的絕對理念之存在方式。他認為，「在一種科學中是真理的東西，是通過和借助於哲學才如此」【50】，惟在哲學中，才提供了真理之所以成為真理的根據。在他看來，真理即「理念」，它「在自身中展開其自身」【51】。就認知的角度而言，「真理應是客觀的，並且應是規定一切個人信念的標準，只要個人的信念不符合這標準，這信念便是錯誤的。」【52】因此認識的目標就是達到「思想與經驗的一致」、「主觀性與客觀性的統一」、「客觀性與概念相符合」【53】。但是，由於認知的主體本身就是「絕對理念」，所謂認識乃是理念的自我認識，從中所顯示的就不僅僅是關於理念的知識，而且直接就是理念自身的發展歷程。黑格爾的《邏輯學》就具有這雙重意義：它既是對絕對觀念不斷深化的認識，同時也是絕對觀念自身顯現、發展的過程。在其中，每一階段所達到的認識都具有自身的合理性，同時也表明了它在存在意義上的合理性。在絕對理念的王國裡，思維方式即存在方式，知識不惟是關於真理的知識，而且直接就是真理、亦即理念本身。伽達默爾顯然沒有給予這種知識的本體論意義以充分的注意，以至於將科學與方法排除在真理之外。他捨棄了對「知」的追求，固執於存在的意義，以這種方式揭示「存在的意義」無疑忽視了人的存在的理性方面，此中之「真理」意味著理性的缺失。科學活動，如同其他的理解活動一樣，也是此在的存在方式，這是毋庸置疑的。

儘管如此，黑格爾未能將自己在《邏輯學》中對知識與真理的灼見上升為一種詮釋的意識，他的哲學在整體上仍然是認知主義的思辨哲學。他預先設定了一個絕對的本質、即絕對觀念，它外化為自然，在自然的演化的最高階段產生了具有意識的「人」。絕對觀念乃通過人的意識來完成自我認識。在這樣的體系構架中，無論就人的認識、還是就絕對觀念的自我認識而言，作為認識對象的理念及其真理都是先於認識主體而存在，認知活動所獲得的無非是關於對象的純粹客觀的知識。這種知識的真理性在於排除主觀性因而與認知主體的存在狀態全然無涉，它只是昭示理念而非構成理念本身的東西，因而不具有本體論的意義。從詮釋的角度看，黑格爾哲學設定了一個絕對的本質、理念、真理，並因其思辨的性質而貶低了人類日新月異的生活世界，一切發展都被視為已經在絕對觀念中被預先設定了的東西，這種觀念無疑阻滯了知識與（存在論意義上的）真理的多元化展開及其永恆的辯證發展之路，因而具有封閉的性質。

《莊子·德充符》中有言：「自其異者視之，肝膽楚越也；自其同者視之，萬物即一也。」異者各有所是，各是其所是，同者以萬物為一是。此異同之間，原本是因視角上的差異所致。我們應知其異而不固執於一己之見，知其同而不排斥異。著眼於知識而注重認知方法是一個特定的視角，強調存在的「意義」而用

力於眞理之詮釋是另一視角。它們都擁有自身的合理性，因此從以知識、認知方法爲一方與以眞理、意義詮釋爲另一方的對峙中看出它們的統一，在一個融合兩者的更大的視野中考察它們，並通過兩者的內在互動而使雙方都得以提升，是擺在我們面前的一項新任務。伽達默爾顯然沒有完成這一任務，他甚至根本沒有這方面的思考。他的學說乃是對傳統中的「科技知識主導」觀念的反動，同時也是對形成這種觀念的方法論基礎之揚棄。從積極的意義上說，這是爲了達到某種正確理論的「過正矯枉」【54】，但他的「過正」理論的直接後果，也導致了人們對知識與方法的虛無主義態度。伽達默爾似乎忽略了這一點，他的詮釋學雖然冷漠了方法，卻也是以現象學的方法建立起來的。

黑格爾指出，「眞理就是全體」，此一「全體」所意指的是關於理念全部的、體系化了的知識【55】，它已預先被設定在絕對觀念之中，因而伽達默爾的生存論意義上的「眞理」是被排除在這一「全體」之外的。伽達默爾則反其道而行之，貶低了知識的意義。我們是否必須做出非此即彼選擇？事實上，在黑格爾辯證法和伽達默爾效果歷史意識中已經「超越」非此即彼的思維模式，而在他們止步的地方正是我們思考的起點。在一個更高的層面上考察作爲「全體」的眞理，應將其視爲包含了知識論（關於對象的客觀知識）與本體論（存在的意義）兩重意義上的眞理之統一，也是認知與詮釋兩種獲得眞理的方式的統一。在我看來，作爲整體的「眞理」，就是在認知與詮釋的相互激盪、互動中得以提升的。關於兩者的區別，哲學家們已多有論述，無須累贅。我們關注的重點是它們的統一與相互滲透、互動：

(1) 知識與意義互爲前提。任何一種意義詮釋無不以掌握一定的知識爲基礎；而知識本是爲著解決問題的，這些問題是人們在生活實踐中基於對自己的生命的理解而形成，就此而言，存在的意義之理解規定了知識發展的方向。

(2) 從知識的角度看，作爲眞理的呈現之意義固然是在意識中發生的眞實過程，但它同樣也是我們知識探索的對象，從中發展出一種「**詮釋的知識**」；我們所領悟到的「意義」，唯有轉化爲知識、並且只有作爲知識才能被理解、傳達與分享。

(3) 從存在的意義角度看知識，知識雖然是關於對象的認知，然而對於主體而言，仍不外是主體所意識到了的東西，也是人的存在的構成部分；因而認知性的、科學的活動也是人的本質之展現的一種方式，正如馬克思所指出的：「工業的歷史和工業的已經產生的**對象性的**存在，是人的本質力量的打開了的書本。」【56】

(4) 任何一種知識體系，都是通過語言表達出來的，因此也必然通過對語言

的詮釋與解釋而被理解。量子理論中關於微觀世界描述，並非是我們在自然科學中精心挑選出來的一個特例，用以證明「客觀事實」與語言表達在某些特定的場合具有相關性；如果我們必須以借助語言而對語言進行理解的方式來把握任何科學知識，那麼這種相關性就是普遍的。知識的語言性表明了知識本身仍須詮釋，通過詮釋而呈現其「意義」的方面，此所謂「**知識的詮釋**」。

通過上述分析，我們達到了這樣一種見解：作為「整體」的真理，存在於知識與意義、認知與詮釋的統一之中。此一「統一」呼喚著一種具有更高的綜合能力的哲學，在其中，精神世界與外部世界、主體與客體、存在論與方法論、認識論與詮釋學，如此等等，都被置於一種整體互動的方式中加以思考，真理探索的認知向度與詮釋向度能夠彼此相容互攝，真正成為一個多元開放的真理「整體」。

四、理解與解釋

由於哲學詮釋學的興起，理解（Verstehen）與解釋（Auslegung）或說明（Erklären）的性質、功能及其關係問題引起了人們的關注，漸而演為哲學界議論的熱點問題之一，最後竟導致了一場曠日持久的論戰。顯然，論戰已遠遠超出了理解與解釋這對概念本身，其更為深層的理論意義在於尋求從方法論到本體論、從相互區別的精神科學和自然科學到「統一科學」等重大問題的解決途徑。就理解與解釋的關係而言，各種不同的觀點可大致概括為以下三種取向：A. 理解與解釋（說明）相互對立，乃分別指向精神科學與自然科學（狄爾泰）；B. 兩者相互統一，但此種統一是以解釋為基點的，理解只是「提供動機假說的、與心理學相關的助發現方法」（亨普爾、奧本海姆）；C. 以理解為基點的相互統一，視解釋為理解的展開說明和外化（海德格爾、伽達默爾）。

准此，現代詮釋學界對於這一問題的回答至少有三種取向。就目前理論研究狀況，觀點A已多為數人所不取，但是，觀點B或觀點C是否就給出了令人滿意的答案了呢？它們之間所展開的論戰這一事實，已對此做出了否定的回答。要想解決這一難題，我們必須從整體上對這一場論戰作一番認真的思考，我們的選擇最終取決於對下列問題的回答：當初狄爾泰為何要提出觀點A？他是如何證明這一觀點的？觀點B和觀點C對此進行反駁的理由是什麼？只有在弄清楚這些問題以後，我們方能知道，觀點B和觀點C究竟在多大程度上解決了狄爾泰當初所面臨的難題？我們應在多大程度是接受它們？

現代哲學對「理解」與「解釋」所作的一切思考，確切地說，把它們作為相

關的一對概念來思考，其最初的動力都是來自狄爾泰。狄爾泰的時代已經結束了，這一場論戰卻繼續向著縱深發展，正如事實所表明的，狄爾泰的功績是提出、而不是解決了理解與解釋的關係問題。狄爾泰的那種視理解與解釋為對立的兩極的見解，已明顯的暴露了其不合理性，為諸家所不取。在實證主義傳統一方，亨普爾以其新的「科學邏輯」再度崛起，認為語言源於物理世界的結構，因而也具有物理世界結構的同樣性質，在這個前提下，一切被討論的文獻、文化都可以分解，並精確地加以測定和解釋，不再為神祕的理解所困惑；在詮釋哲學一方，則反對狄爾泰的「理解」或「解釋」（說明）的對立模式，致力於理解和解釋的相關性的探討。對它們的相關性的回答大致分為兩種意見，伽達默爾和利科爾分別為其主要代表。下面分述之。

伽達默爾的見解基於海德格爾對哲學所作的本體論變革，這一變革的重要標誌，就是不再把理解僅僅當作人的認知方法，而且主要的不在於此；它直接就是此在的存在方式，生命的意義並不抽象地存在於別的某個地方，它就在理解之中，是被理解到的意義。正因如此，理解就具有本體論的性質。伽達默爾進而指出，一切理解無非是對語言的理解，它是在語言中發生、並在語言中實現的，因此，就終極意義而言，語言才是人類的本質和寓所。在這裡，一切理解都是對語言的理解，同此，一切解釋也都是對語言的解釋，因而，不僅是理解與解釋、而且全部的精神科學和自然科學，都在語言的基礎上統一起來。

與伽達默爾著眼於語言本體論來考察理解與解釋相比，利科爾則在意義、語言、方法三個層面展開了他的分析。他指出，在我們探究一部作品的意義時，「解釋和理解是在不斷地相互滲透、相互作用；然而，解釋是屬於方法範圍內的。對整個作品的解釋而言，理解本身不是一種方法，但卻與屬於方法的解釋結合在一起。理解產生、伴隨、完結著解釋，因而也包容著解釋。解釋反轉過來又以分析、展開的方式推進著理解。」[57] 在同一頁中，他還對理解與解釋的不同作用做了具體的分析：「在解釋說明中，我們展開了意義與命題的層次；而在理解中，我們由綜合從整體上把握或理解了各個部分的意義」。無可否認，利科爾的分析是比較全面的，他不僅注意到了伽達默爾所強調的本體論意義，還指出了伽達默爾所忽視的方法論意義。但是，如果我們把上面所引的兩段話聯繫起來看，就會發現裡面隱含著一個矛盾。在第一段話中，利科爾實質上表達了這樣一種思想，即解釋是屬於方法論的東西，而理解則屬本體論範圍；然而在第二段話中，解釋與理解都被視為認知的方法，它們性質相同，但作用相異，在其中，解釋是分析的，它將整體分解為部分，並揭示部分和細節的意義。理解則是綜合的，將部分結合為整體，重建各部分的總體關聯。現在我們有理由向利科爾提出

這樣一個問題，既然理解與解釋都被規定爲意義的理解與解釋，爲什麼解釋是屬於方法論而不是本體論，或者反過來說，理解是屬於本體論而不是方法論呢？若要消除這一矛盾，利科爾似應做出這樣的結論：理解與解釋，就其是獲得意義的途徑和形式而言，它們都是方法論的；就其是意義的存在方式而言，它們又都是本體論的。雖然此一結論看上去更爲徹底，但利科爾本人沒有這樣說，筆者提出這一點，似有越俎代庖之嫌。筆者擬將此作爲一面鏡子，以反照出伽達默爾和利科爾兩人的見解的特點與不足：就理解與解釋及其關係而言，伽達默爾堅持了本體論上的徹底性，但不全面，沒有給予方法論以應有的重視；利科爾的觀點則較全面，但不徹底，在全面中包含了矛盾。

然而，無論在伽達默爾和利科爾之間有著多麼大的分歧，他們在根本的出發點上卻是一致的，這種一致性反映了當代詮釋學家的一種新的共同立場：以「理解與解釋（或「說明」）」的模式取代狄爾泰的「理解或解釋」的模式。就此而言，伽達默爾和利科爾關於「理解與解釋」論戰的意義就不能簡單地歸結爲論戰本身所得到的結論；事實上，此一論戰更爲深層的動因乃是抵禦從「理解或解釋」的模式所引發的理解的相對主義危險。解釋進入理解過程使理解具備了解釋的某些特徵，從而使被理解的東西獲得了某種確定性，避免滑入相對主義的泥潭。

自狄爾泰以後，哲學家們對他的學說表現了濃厚的興趣，其間貶褒抑揚，或取或棄，難有定論，但在這一點上卻保持了基本的一致：對狄爾泰理解理論的相對主義傾向表示了高度的警惕。從狄爾泰對自然科學和精神科學的區別所作的分析中，尤其是他視理解與解釋爲截然對立的方法，已將理解置於相對主義的危險之中，狄爾泰本人也意識到了這一點，他反覆強調，理解所攜帶的是一種必不可免的、合理的相對性，並且，由於理解是基於人類共同的生命體驗，這種人類體驗的共同性便保證了這一相對性不會導致相對主義。後來，他又借助胡塞爾精神生活的意向性思想來論證相互聯繫的概念之一致性，用以遏制相對主義的蔓延。平心而論，狄爾泰的辯解是無力的，因而當他聲稱要尋求一種「普遍有效的相對性」時，更多的人毫不猶豫地將其歸入了相對主義【58】。此後的詮釋學家爲克服理解理論的相對主義傾向做出了不懈的努力，以期解決這一詮釋理論的生死攸關的難題。以「理解與解釋」取代「理解或解釋」乃是從理解的結構模式角度提出的解決方案，解決此一難題的另一條途徑就是優化理解過程。海德格爾試圖在詮釋的循環中加入理解的前「結構」來限制理解，並通過「循環」提高理解的精確度。伽達默爾則將理解化爲「對話」過程，他認爲對話中「提問—回答」的辯證法保證了對話雙方主題的一致性，使理解得以沿著正確的方向進行。對於防止相

對主義來說，這些見解不失爲有價值的構想，但都未能從根本上解決問題。理解的前「結構」作爲理解者的「視域」，本身具有某種主觀性；而立足於「對話」更是以對話一方的主觀性來限制另一方的主觀性，顯然，無論是海德格爾還是伽達默爾，都是試圖以主觀性來限制主觀性，因而也就不可能從根本上避免理解中的主觀隨意性，而主觀隨意性則是通向相對主義的直接通道。

相比之下，利科爾的見解似更有說服力，在某種意義上，他幾乎說出了作爲一個詮釋學家所能說的一切。與前者不同，利科爾把目光轉向了「文本」，其理由很簡單，卻又很充足：作品是理解的原動力。不言而喻，「文本」是作者主觀性的產物，並凝集了作者的主觀性，然它一旦作爲「文本」、「作品」呈現在讀者面前，便獲得了獨特的意義。他認爲這四個特徵在整體上構成了「文本」的客觀性。在面對「文本」時，傳統詮釋學力圖把握的是隱含在「文本」背後的作者的「原意」，包括他的動機等等，這就使理解從屬於心理學的法則，唯借助「心理移情」才得以完成。至於這種理解是否符合作者的「原意」，永遠是一個斯芬克斯之謎，因爲在這裡我們找不到任何「客觀化」的東西作爲參照物，理解之所以必不可免地陷入相對主義之根源便在於此。以此觀之，能否避免滑入相對主義泥潭的關鍵在於：在理解結構中，我們究竟能不能找到這樣一個「客觀化」的東西？貝蒂和利科爾的回答是肯定的，對於貝蒂而言，它就是「含有意義的形式」，亦即極爲廣泛意義上的全部的人類文明與文化世界。而在利科爾看來，這個「客觀化」的東西不是別的，正是「文本」自身。客觀化了的「文本」構成文本的「客觀性」：文本與作者相分離，不再爲作者的意圖所左右，使文本獲得了類似於自然對象的「客觀性」；其中的意義固定在文本的結構中，此一結構可使我們辨別出「多義性的詞所表達的單一性的意向」；讀者要尋求的也不再是文本背後的作者之「原意」，而是作品本身所展現的意義。利科爾由此證明了一個不同於作者主觀意圖的「客觀」意義的存在，一旦理解植根於文本，不再流連於遊移不定的作者與讀者的主觀性，相對主義便無隙可入了。

這樣一來，理解與解釋就進入了純粹的語言學領域，成爲對文本的語言的理解與解釋。惟在這裡，理解與解釋才消除了它們的對立，因爲解釋的模式已不再是從自然科學那裡借來的工具，它和理解一樣地出自語言自身，正因如此，不僅精神科學和自然科學的對立不再有效，而且精神與自然的對立已不再有效，在利科爾看來，「文本」這一概念可延伸到一切被理解的對象，就理解的對象自身向理解者傳遞著大量的資訊而言，一切對象和關係都可通過象徵和比喻轉換爲符號和符號的關係體系，構成一套語言系統，在語言的結構中被理解與解釋。

依我之見，狄爾泰在某種程度上正確地釐清了精神科學和自然科學的區別，

而對它們之間及其認知方法（理解和說明）及關係做出了形而上學的理解，將它們機械地割裂開來；利科爾則在一定程度上揭示了理解與解釋的辯證關係，卻忽略了精神科學和自然科學的差異與聯繫，使其雙雙消融在「文本」中，達到一種無差別的統一。這兩種見解的片面性是顯而易見的，爲克服狄爾泰的二元論所導致的相對主義，利科爾走到了另一極端。

我們原則上同意利科爾關於理解與解釋統一的觀點，但對此須加以重新說明。理解與解釋的統一乃基於人類知識的本性。如果說在精神科學中，奎因以其的「譯不準」原則強化了精神科學中理解與解釋的相對性和非確定性的話，那麼符號指涉的條件性則表明了知識在既定系統中的相對確定性；而在另一方面，即在自然科學中，海森堡的「測不準」原理已徹底拆除了以知識的「確定性」和「非確定性」、「一般性」和「個別性」爲基礎的橫亙在精神科學與自然科學、理解與解釋之間的高牆。無論是精神科學還是自然科學，就其同爲人類的知識而言，確定性與非確定性，一般性與個別性，乃是其共同特徵，它們之間的關係，唯有基於徹底的辯證法——把絕對與相對、確定與非確定、一般與個別等等視爲對立面的統一——才能得到合理的說明。理解與解釋也不再是分屬於精神科學和自然科學的對立方法，而是在這兩個領域中共同執行著認識的使命。不惟如此，精神科學和自然科學本身也是相互制約、交互作用的，精神科學提供的「世界觀念」表明的無非是某種特定的世界觀和方法論，它指示了包括自然科學在內的人類活動的價值取向和與之相關的方法，構成了自然科學研究的前提，成爲一切科學發展內在的、恆久的阻力或動力。而自然科學的每一「劃時代發現」無不促進了精神科學的發展，修正著既有的「世界觀」。

然這並不是說，在理解與解釋的統一面前，精神科學和自然科學研究方法的差別也消解了：雖然對於它們兩者，理解與解釋都是不可或缺的，但是其結構模式卻是不同的。我們可以用簡潔的公式來表明它們的區別。精神科學：理解→解釋；自然科學：解釋→理解。具體地說，在前者，是從理解走向解釋；而在後者，則是從解釋走向理解。當然，我們在這裡只是指出了理解與解釋在兩個科學領域中的一般走向，並不否認它們在具體地認識過程中是交織在一起作循環運動的。換言之，在精神科學中，對象整體先於解釋而被理解，或者更確切地說，乃是對意義整體之預測性理解，解釋乃是理解的展開，重又在更高的層次上回歸到整體性的理解；而在自然科學中，對象先於理解而被解釋，通過對部分的解釋達到整體的理解。

毋庸置疑，利科爾在「文本」語言結構的層次上對理解與解釋的分析表明，雖然他尚未意識到它們在不同的科學領域中表現爲不同的結構方式，但是對理解

與解釋本身的辯證關係業已達到一定程度的自覺；然而正由於他的分析停留在語言的層次上，並將其視爲理解與解釋統一的基礎，說明他還未能眞正深入到這一問題的實質與核心——實踐。事實上，語言與實踐是相互作用的，一方面，語言的產生和發展基於人們的交往實踐，另一方面，理論、語言過去和現在都一直實實在在地影響著社會的交往關係。衆所周知，但凡一種在歷史中產生過影響的理論，它的形成不僅有其實踐意義上的社會基礎，而且也促成了現實的社會運動，改變著人們的行爲和交往關係。要想理解這些理論或運動，單靠理論是不行的，完全依賴實踐也是不夠的，理論和實踐的交互作用這一事實，決定了一切理解與解釋都必須從理論與實踐的相互關係中尋找答案。語言的共同性乃基於社會交往的普遍性，語言的意義與人的行爲有著不可分割的聯繫，唯有通過語言和實踐的相互詮釋才能顯示出來。准此，在我們看來，這就是在理解與解釋的統一問題上除了上述三種取向之外的第四種取向——一種更有說服力的積極取向。

五、方法論詮釋學：返回文本中心論

對於詮釋學三要素——作者、文本、讀者——在詮釋過程中的功能與作用之判斷，形成了三種不同取向的詮釋學，即作者中心論（強調作者原意）、文本中心論（著眼於文本原義）與讀者中心論（立足於讀者接受之意）的詮釋學。

考之漫長的詮釋學史，從其發萌階段的前詮釋學（古希臘的語文學、語法學、修辭學）直至現代詮釋學早期形態（施萊爾馬赫、狄爾泰詮釋學），其主流傾向是揭示作者原意，屬於作者中心論。理解這一點並不難，因爲在這一時間跨度的詮釋學，原本就是解經學、源於解經活動的詮釋思考，其本意是通過解經把握神的意圖。儘管路德曾提出過「文本自解原則」，其前提卻是文本的眞實意義就是神的旨意，並且在解經過程中將人們對神的信仰作爲先決條件，從中發展出來的現代詮釋學打上了解經學的深刻烙印，實在是具有某種必然性。如果考慮到施萊爾馬赫首先是一個新教神學家，然後才是詮釋學家，那麼他沿襲了解經學的根本旨趣而建立現代詮釋學，就不會使人感到意外了。若將詮釋學的宗旨定位於解讀作者原意，那麼建立一套有效的理解規則就成爲其根本任務。沿著這一思路，施萊爾馬赫構建了他的理解方法論體系，並在引入了心理學方法之後達到其頂峰。在狄爾泰的推動下，心理學方法始成爲詮釋學方法論的核心部分。但是，由於人的心理活動實際上比語言的意義更難確定，借助於心理學的詮釋方法確定作者意圖的理論路線也走到了它的盡頭，事實上，在施萊爾馬赫與狄爾泰之後，追求作者原意的方法論詮釋學就一直在走下坡路。雖然赫施曾不遺餘力地爲之吶

喊，出版了《詮釋的有效性》，但他所提供的新的論證甚少，誠如他自己所說，「我的整個論證，都可以被視爲在胡塞爾認識論和索緒爾語言學中奠定狄爾泰的某些詮釋學原則」【59】，因而應者寥寥。

與此同時，人們對施萊爾馬赫一脈的詮釋學之批評卻不絕於耳，日甚一日。正是這種批評，催生出兩個具有積極意義的成果，它們代表了當代詮釋學發展的兩種不同的思維進路。

1. 以讀者的理解爲中心的海德格爾和伽達默爾的本體論詮釋學

這裡所高揚的「本體」概念，並非基於某種認識論立場而提出的一種作爲認識對象、並成爲這種認識論之基礎的「本體」，而是在理解過程中自我展開與形成的東西。他們對傳統理解理論的批判，乃是他們批判傳統認識論的一個示例，並試圖以此爲突破口，完成對整個認識論的超越。伽達默爾的理論貢獻就在於他所闡發的理解本體論上。在他那裡，理解問題屬於「精神科學」研究領域，這一領域的研究對象不是客觀世界，而是人類精神世界，亦即廣泛意義上的「文本」（包括語言性與非語言性的「文本」在內的一切理解對象）。顯然，「文本」也可以被當作認知對象，施萊爾馬赫和狄爾泰的認知性詮釋學之目的，就是建立一套合適的方法論來正確把握作者或文本的原義。與此不同，伽達默爾理論的目標設定並非揭示「文本」的真正原義，在他那裡對「文本」的理解只是一個「中介」，理解者乃是通過對「文本」的理解而達到自我理解與持續的自我塑造【60】。此乃本體論詮釋學與認知詮釋學的根本區別之所在。理解作爲本體顯然不同於傳統哲學的任何一種本體範疇，以往本體概念乃是標誌著終極的、穩固不變的、外在於認知主體的、隱匿於現象背後的實體或本質性的東西，而理解卻是在整個理解過程中變動不居、並伴隨著理解的深化而不斷地被重構的東西。按照伽達默爾的說法，理解不是主體切近被理解對象的行爲方式，而是主體自身的自我塑造。

毫無疑問，在伽達默爾那裡已經清晰地表達出了一種讀者中心論的立場。正是基於此一立場，他才可能說，沒有更好的理解，只有不同方式的理解【61】。由於消解了詮釋中認知目標，一切旨在獲得關於理解對象的客觀知識的方法論最終被放逐了。正是在這個意義上，本體論詮釋學乃成爲認知性質的現代哲學向後現代哲學轉化的中介，因此具有現代性與後現代性的雙重特徵：就其主張的新本體論觀念而言，已經奠定了後現代非認知性哲學的反本質主義、反邏各斯中心論的基石，否認哲學是知識的一種形式，凡此種種，都表明了它已經具有了後現代哲學的性質【62】；就其以一種新的本體論來取代傳統本體論而言，仍然打上了傳

統形而上學的記印。於是，在後現代哲學家看來，由於海德格爾一直使用著「存在」概念，力圖在「存在」與「存在者」之間做出「存在論區分」，表明他未能徹底擺脫傳統形而上學的桎梏【63】；而另一些哲學家則從不同的認識論角度批評詮釋學的相對主義傾向。哈貝馬斯基於語言共同性、經驗和在正常的日常交往形成的主體間性，指出了達到某種普遍有效的、正確的理解之可能性，而伽達默爾推崇的「意見一致」很可能是無效交往的結果【64】，哈貝馬斯贊同阿佩爾的見解，認爲「眞理獨特地具那種向著非強制性的普遍認同的強制力」【65】。

詮釋學在經由海德格爾、伽達默爾的本體論變革之後，學界逐漸形成了這樣一種觀點，以爲方法論詮釋學是被本體論詮釋學所超越的、揚棄了的、沒有生命力的舊有傳統，因而只具有思想史的價值。這表明，我們眞正誤解了旨在獲得正確理解（或消除誤解）的詮釋學。正如我們所看到的，詮釋的方法論研究在貝蒂的理解理論中得到了長足的發展。

2. 以文本原義爲中心的貝蒂方法論詮釋學

貝蒂所堅持的是一種認識論的立場，認爲解釋過程（Auslegungsprozeß）在根本上就是「解決理解中的認識問題」【66】。在貝蒂看來，作者原意說中所堅持的認識論信念卻是無論如何不可捨棄的；外在於理解主體的對象有其客觀的意義，這種意義是我們通過合適的方法能夠獲得的。但是貝蒂並不想徒勞無益地復活作者原意說，他力圖把握某種客觀的意義。在認識論的框架中談論詮釋學，如果人們不得不放棄作者原意、並出於同樣的理由不得不放棄讀者領悟之意的話，那麼剩下來的唯一選擇就是文本意義了。在這裡，我們看到了詮釋學從作者原意說向文本原義說轉化的必然性。與無可捉摸的作者原意不同，文本作爲思想——通過書寫而固定下來的思想之言語表達——的客觀化了的對象，畢竟使人們的理解有了某種可以稱爲客觀依據的東西。此外，無論人們如何堅持作者原意說，他們主要解釋的對象仍然是語言性的文本，他們在尋求作者原意的方法論時比較可信可行的部分，也主要是語言學的方法，因此，認識論方向的詮釋學，從作者中心論轉向文本中心論，幾乎是不可避免的；若著眼於理解本體論，則轉向了讀者中心論，就像伽達默爾的詮釋學所表明的那樣。據此，我們就可從兩個角度來表達它們的關係：

一方面，就方法論詮釋學與本體論詮釋學的分野而言，作者原意說與文本原義說同屬方法論詮釋學，具有認知的性質，在這個意義上，後者是前者在同一方向上的延伸。而本體論詮釋學則是對方法論詮釋學的否定（按照諸多詮釋學家的斷語），或者是與方法論無涉的東西（按照伽達默爾的自我辯護）。

　　另一方面，詮釋學中的作者說、文本說與讀者說，雖然各自站在自己的立場上旗幟鮮明地反對其他的主張，但並不絕對排除其他的因素。在我看來，現代詮釋學眞正研究的是詮釋學三要素之間的關係，這些要素是任何詮釋學理論都無法回避的，只是在側重點上有所不同。比如，施萊爾馬赫詮釋學追尋作者原意，但其方法論的第一部分便是與文本意義有關的語法解釋，第二部分才是指向作者原意的心理學規則，雖然施萊爾馬赫後來將心理學的規則漸而上升爲主要的方法，但始終沒有放棄語法學方法。他也坦言讀者可能比作者更好地理解文本【67】；利科爾強調文本原義，也曾斷言，我們通過文本所理解到的是一個放大了的自我【68】；伽達默爾對視域融合、（文本與讀者的）對話之分析，也已說明了作者與文本對於理解的作用。如此等等，不一而足。

　　如果我們從整體上反思詮釋現象的內在三要素，就可以對它們的關係做出下列兩種描述：

　　按照三要素出現的先後順序，則是：

作者——→文本——→讀者

　　而在理解過程中，則爲：

讀者——→文本 ⎰ 作者原意
文本意義
讀者領悟之意

　　由此不難看出，無論從什麼視角出發，文本在解釋過程中始終是處於中心地帶。文本乃作者的精神客觀化於其中的意義形式，詮釋者通過閱讀進入這一意義形式而與作者相逢，寓於此形式中的意義，也由此被移入與其創作者不同的另一主體——詮釋者——之中。以此觀之，文本事實上是聯結作者與讀者的橋樑，也是一切理解的起點。正因如此，雖然主張讀者中心論的本體論詮釋學在目前大行其道，但詮釋學本身的前提與核心問題仍然是文本的詮釋問題。沒有對於文本在某種程度上正確的理解，一味談論作者原意或讀者的領悟，都是缺乏依據的。關於作者原意說，由於已經逐漸淡出了人們的視線，我們暫且存而不論；在我看來，伽達默爾立足於讀者的學說的可質疑之處，並不在於他使用了容易使人產生誤解的「詮釋學」一詞，而是混淆了「理解」與「贊同」或「接受」在詮釋現象中的區別。顯然，伽達默爾在闡明「Verstehen」（理解）一詞時，機智地通過對一些與之有語源關聯的詞的聯想性分析，得到了他所需要的結論。按照他

的分析，「Verstehen」首先是指「相互理解」，這個詞的名詞形式爲「Verstän-dnis」，其含義首先是相互的「認同」或「贊同」（Einverständnis），其中包含了「同意」（Verständigung）【69】。伽達默爾由此想證明，理解中總是包含著贊同或同意，而我所贊同的東西就是構成我自己的此在之在的東西，正如海德格爾所說的，理解是此在的展開狀態【70】，或者如伽達默爾一再強調的，理解是此在本身的存在方式【71】。這種論述方式頗有說服力。我們可以設想，通常人們說某人是某某主義者，實際上是說他「贊同」、或「同意」、或「信仰」某某主義，某某主義成爲他的生活方式與思維方式，他所贊同的某某主義就是成其爲所是的東西。但是，這只是問題的一個方面，而不是全部。依我之見，「理解」首先意味著一種「區分」，這種「區分」也就是對不同的理解之界定，它是建立在有所「認識」的基礎上的；基於區分與界定，才有可能進一步做出「選擇」。根據我們自己的閱讀經驗，「理解」並不必然地意味著「贊同」，事實上，我們所反對的東西，也是出於對它的理解。進而言之，即使是在伽達默爾的意義上，所謂「贊同」也不是「自我贊同」，而是「相互」贊同，是對外在於我的某種觀念的贊同，它首先包含了對所「贊同」的東西之認識，也就是認識論意義上「理解」。「贊同」無非是我們「選擇」的結果，而不是懵懵懂懂地與「理解」同一的東西。

如果文本始終處於詮釋過程的中心地帶，那麼在我們的詮釋學思考中，就有理由將文本作爲詮釋理論之核心以及所從出發的基礎。其理由可以概括爲以下三點：

(1) 「理解問題」產生的前提：(A) 首先是相信文本有其客觀的意義。若文本無客觀意義可循，我們費力地解讀文本從根本上說是徒勞無益的；(B) 我們對文本有所理解，當然也有所誤解或不解。在完全理解或根本不理解的地方，都不會產生理解問題。按照伽達默爾的說法，詮釋學的眞正位置就在於「流傳物對於我們所具有的陌生性和熟悉性之間的地帶」【72】。我們還可以補充說，「理解問題」就產生於我們將陌生的東西轉化爲熟悉的東西的過程之中。而只有綜合運用詮釋學的各種方法，才能實現這一轉化。准此，以把握文本意義爲宗旨的方法論詮釋學就其必要性。方法論具有普遍、積極的意義，這是毋庸置疑的，即使是在伽達默爾主張消解理解方法論的學說中，方法論仍然是其不可或缺的要素，而海德格爾的存在論的本體論，就其方法論而言，乃是一種唯我論【73】。

(2) 我們的閱讀經驗表明，通過閱讀文本通常可以在某種程度上正確地理解文本，達到某種共識，此乃基於語言本身所具有的意義之傳達作用，容易引起「誤解」、或可能產生多重理解的地方，事實上可以作爲「特例」來處理，儘管這些「特例」可能頻頻出現，但也不能因此而否認我們能夠在某種程度上達到正

確的或者共同的「理解」。即便是伽達默爾，也不會斷然否認這一點，否則他就根本沒有必要寫作《眞理與方法》，更沒有必要在遭到批評後作自我辯解。因而，儘管我們無法絕對無誤地還原文本的意義，依然可以將其設爲一個努力追尋的目標，以期獲得「更好的」理解；

(3) 我們所說的理解，首先是指對某一文本（泛指一切伽達默爾意義上的理解對象）的理解，即使是在我們論及作者原意和讀者所領悟之意時，也主要是通過閱讀我們意欲理解的文本以及與之相關的文本來實現的。以「文本」爲中心，並不是說將「文本」視爲詮釋的唯一因素，而是指，以文本爲基礎來合理地安頓作者與讀者。只有在對文本有了某種程度的正確理解的基礎上，讀者的體悟和義理發揮才具有合理性與合法性的基礎。我雖然不贊成赫施追尋作者願意的主張，但贊同他必須區分文本的意義與我們自己受其啓發而引申、發揮出來的意義之見解。就文本理解而言，我們要恪守意義的客觀性原則（亦即貝蒂所說的文本的自主性規則），盡量避免主觀臆測，這是對於讀者的要求。不能因爲我們不可能完全排除主觀性、不可能達到對文本的絕對認識而聽憑自己的主觀性任意馳騁，有意曲解文本。

基於上述思考，我們主張返回作爲理解方法論的文本詮釋學，重新確立詮釋學的認知性意義與作用，以修正時下流行的本體論詮釋學的過正矯枉之弊，這對於我國學界詮釋學研究的狀況而言，顯得尤爲必要。

六、中、西詮釋思想之融合：經典詮釋學

由於詮釋學本身具有實踐性、應用性的品格，因而對於中國學者來說，這一點被視爲理所當然：借鑒西方詮釋學的思想資源，以建構中國的詮釋學體系[74]。然而細細想來，詮釋學的重建不惟是我們借鑒西方的詮釋學思想，如果我們成功地重建了中國詮釋學，那麼對於作爲整體的詮釋學必然是一種重大的貢獻，也會成爲西方詮釋學家所借鑒的思想資源。毋庸置疑，詮釋學的形成與發展及其特徵，依賴於我們的閱讀與理解經驗。由於中國的形意文字與西方的拼音文字體系有著重大區別，由此而產生的閱讀經驗也必然大異其趣。對於西方學者而言，它同樣可以起到它山之石、可以攻玉的效果。這就是我們在德里達那裡看到的情況。在他看來，西方的邏各斯中心論、言語中心論、語音中心論與拼音語言系統密切相關。爲解構傳統的形而上學的邏各斯中心論，德里達求助於漢字的表達方式，因爲中文模式明顯的打破了邏各斯中心論[75]。德里達對「漢字模式」的理解是否正確，它是否像德里達所說的那樣打破了邏各斯中心論，姑且存

而不論，我們可以確定的是，就是它確實對於德里達的思考起到了啓發作用。

在我看來，借鑒某種思想資源，與其說是爲了發展自身所採用的有效方法，或者說是一種權宜之計，還不如說是一種必然。我曾嘗試梳理朱熹的詮釋思想【76】，儘管我刻意從「純粹」中國哲學的角度來分析朱熹，文中未提及西方詮釋學，也沒有引用任何外文資料，但有論者指出這是「以『洋格義』方式來談論中國傳統詮釋理論」【77】。顯然，在我的整個論證過程中暗含著對於西方詮釋學的理解，這就是海德格爾與伽達默爾所說的理解之「前結構」，無論我們是否意識到，它總是在發生作用。反之亦如此。如果我們對中國的詮釋傳統有著深入的理解，那麼當我們審視西方詮釋學時，也必然攜帶著我們自身先於理解的那種「前結構」而進入理解過程。

伽達默爾向我們展示了一個考察本體論問題的獨特視角，這就是眞正地站在主體的立場來探討作爲主體的人的存在問題。在傳統的認識論中，人乃是作爲客觀意義上的認知對象，先於認知過程而存在，作爲認知主體的人與作爲認知對象的人，一如既往地被置於主、客二分的框架中，作爲認知對象，人在這裡與其他任何東西沒有本質上的區別，也就是說，都是認知的客觀對象。研究對象的不同，所適用的方法也不同。適用於作爲客體的人的研究方法確實是獨特的，但是，再完善的方法論也不能改變其作爲「客體」的性質，事實上，傳統認識論所缺失的東西就是「主體性」。對於研究者而言，在認識過程中應盡可能地避免自己的主觀意願之干擾，以便能客觀、嚴謹地進行觀察與分析，唯有如此才被認爲是科學的研究；至於被認識的對象，則永遠是客觀的、業已存在的東西，即便人在探討「主體性」，也一定是將其視爲人的不依賴於認知主體爲轉移的客觀屬性，才能發現關於「主體」或者「主體性」的客觀知識。而在伽達默爾那裡，所有的對象性的存在及其性質，都已轉化爲構成人的存在之內在要素。作爲理解對象的文本，其意義並非獨立、客觀地存在於文本之中，而是在與理解主體的互動中被賦予的。就此而言，理解不是正確把握文本、發掘隱含於文本中的固有意義的一種方式，而是意義的創造與生成。此意義直接匯入了理解主體的生命洪流之中，構成了人的存在方式。

這樣一種理解觀念，與中國傳統的思維方式有某種相似之處，這也許就是伽達默爾的思想能夠在中國得到比較廣泛的理解與認同的原因了。我首先想到的是在中國哲學中的一個重要概念，即「流行」。用「流行大化」來指「道」之化生萬物，並育萬物而使之各得其所，是其一義；另外一義，見於《明儒學案》：「心不是別物，就是大化流行」【78】，朱熹也曾說，「曾點之學，蓋有以見夫人欲盡處，天理流行，隨處充滿，無少欠闕。……其胸次悠然，直與天地萬物上

下同流」【79】，乃是從主體的層面來談論「流行」。此二義有一個共同的指向：「流行」乃是「道」或「心」或「理」的化育之功能。而在王陽明那裡，心、理與良知，更是合而爲一【80】。正是出於這樣的「前理解」，在國人接觸到伽達默爾的學說就會產生一種親切感，這種親切感來自於理論上某種相似的立場：與西方傳統哲學立足於主體與客體、精神與物質的二元劃分與堅硬對立相反，而主張兩者的互攝互動。

檢視中、西方哲學思維理路，王陽明（1472～1529）之心學與伽達默爾詮釋學最爲相契。王陽明認爲，「天地感而萬物化生，實理流行也。聖人感人心而天下和平，至誠發見也，皆所謂貞也。觀天地交感之理，聖人感人心之道，不過於一貞。」【81】「天地交感之理」與「聖人感人心之道」雖爲「一貞」，然其「一貞」之根源，卻又落實於「心」。他這樣說道：「一友指岩中花樹問曰：『天下無心外之物，如此花樹，在深山中自開自落，於我心亦何相關？』先生曰：『你未看此花時，此花與汝心同歸於寂；你來看此花時則，此花顏色一時明白起來，便知此花不在你的心外。』」【82】所謂「心外無物」，顯然不是指在心外沒有「他物」之存在，而是說，我們所能談論的只是「心內之物」。據王陽明，未見花時，「花」與「心」乃「同歸於寂」；待到見著花時，兩者方一時俱顯，從中所顯現出來的是一個作爲整體的意義世界。若轉換到伽達默爾詮釋學的語境中，可以這樣表達：「花」（廣泛意義上文本）之形、色，無非在我們的意識中呈現之物，它是被構造出來的意識現象，一個眞實的、在我們的意識之中的存在。從唯物主義反映論的角度看，意識之中的存在乃是對客體的一種反映；而在伽達默爾，意識現象本身就是構建起來的東西，是一種創造物。因此，他的詮釋學理論從來不是爲了提供正確理解文本的方法論，他所關注的不是客觀意義上的、作爲理解對象的文本，而是呈現於意識之中、在意識中被構建起來的文本。如此地被構建起來、被理解的文本之意義，不是別的，正是——按照利科爾的說法——一個「放大了的自我」【83】。如此說來，文本的意義並不是先於理解的存在於文本之中，而是在理解過程中被創造出來的，這就是說，文本因理解而獲得了意義，此意義是理解者所賦予的、隨著理解而展開的，並標誌著理解者自身存在的意義。就此而言，「意義」表徵著一種生命的關聯。漠然寂處之「花」，乃至整個對象性世界，由於進入了我們的精神世界而鮮活起來，與我們融而爲一，我們也因之不斷得以充實與昇華。

若就「意識之中」的存在來界說「花」的意義，就完全不同於它作爲認識對象而被認識的「花」。作爲一種精神現象，「花」的意義與人的存在之意義構成了一個整體。由花開感悟到美與勃勃生機，而觀葉落而悲秋，表達出來的恰恰是

人的生命體驗及其存在狀態。正因如此，伽達默爾稱，「此在在它的存在與它的世界中進行的理解，並非是指向某種認識客體的行爲，而是其在世之在（In-der Welt-Sein）本身。」[84] 由於主體在其存在關聯上的差異性，被理解對象在意識中的呈現也會因人而異，這便是此在的在世之在的差異性。

就理解方法論而言，在中國的解經史上，學者們一向注重的是對經典的具體解釋，而朱熹（1130～1200）是第一個相對集中地談論過閱讀和解釋的方法論的學者，也是中國學術傳統關於理解方法論理論的標誌性理論家。毋庸諱言，儘管朱熹的方法論思想非常豐富，但是在其理論體系的建構上，與西方詮釋學相比仍相距甚遠。不過這樣的比較恐有失公允，因爲朱熹的方法論思考，早於現代西方詮釋學方法論的集大成者貝蒂的體系達八百多年之久。因此，我們將此兩者進行比較只是就此而言：他們代表了各自文化傳統關於理解方法論思考的最高成就，說兩者「相距甚遠」，也只是就其理論的體系化而言。眾所周知，貝蒂的代表作《作爲精神科學方法論的一般解釋理論》*Allgemeine Auslegungslehre als Methodik der Geisteswissenschften* [85] 是一部近八百頁的煌煌巨著，此外他還有多部論著以詮釋學爲主題。而朱熹的詮釋思想則散見於其著述與談話中，根本未形成一個系統化的體系。

由於他們的詮釋學思考採取的是相似的思維進路，因而在其基本特徵上表現出了某種相似性，亦即「格物致知」的認識論取向。貝蒂的學說可參閱本書第十三章第一節，此處不再累贅。朱熹的詮釋思想之主旨，我概括爲一體化的三重目標：

1. 文本原義

從中國的詮釋傳統形成之初期，其內部就存在著解釋宗旨上的分歧。漢代今文學與古文學的劃分，是根據它們所依據的經典的不同版本而做出的。不過這兩個版本的經典之區別不是很大的，因此，這兩個學派的分歧的實質並不在於它們所依據的不同版本的經典，而是在於對經典的解釋趣旨與方法之不同。今文學家依據的今文經典，閱讀並不困難，其解釋的重點則在於，如何發掘在文本之後的作者意圖，以及其對當今社會的指導意義。這種解釋自然要參雜解釋者的發揮；而古文學家所依據的古代文本，是用先秦文字書寫而成，只有受過專門訓練的學者才能辨認，因此，其解釋的重點則在於文字考據，以期解釋文本的原義。訓詁學就是在這個基礎上發展起來的。今文學與古文學的對立持續了很長時間，其間各有興衰，爭論的主題也時有所變化，但基本上可視爲這種對立的延伸。

朱熹的獨特之處在於，他試圖擺脫門戶之見，將上述對立的解釋方向視爲解

釋的兩個方面，任何執其一端的解釋都是有失偏頗的，他指責說：「秦漢以來，聖學不傳，儒者惟知章句訓詁之爲事，而不知復求聖人之義，以明夫性命道德之歸。至於近世，先知先覺之士始發明之，則學者有以知夫前日之爲陋矣。然或乃徒誦其言以爲高，而初又不知深求其意，甚者遂至於脫略章句，陵籍訓詁，坐談空妙。」[86] 在朱熹看來，文本原義與聖人之原意都應求解，並且應當通過對文本的理解與解釋來達到對聖人的理解：「唯本文本意是求，則聖賢之指得矣。」[87]

因此，對文本的意義的解釋被朱熹視爲解釋經典的第一個目標。在他看來，文本的原義只在文本之中，從文本之外來尋求文本原義是不可取的[88]。爲此，「解書須先還他成句，次還他文義。」[89] 這就是訓詁的功夫。所以他解釋《論語》、《孟子》，「訓詁皆存」，且「字字思索到」，連所謂的「閑慢處」也無不用心[90]。只要將文本「剖析得名義界分，各有歸者，然後於中自然有貫通處，」[91] 正如錢穆所說，朱子解釋經典的最大用心處是爲每一個重要的字都定界說[92]。

爲能理解文本的意義，上述的訓詁學方法作爲理解與解釋的技術性方法是必須的。但憑這些還不夠，朱熹又提出了幾條解釋的方法：一，反覆閱讀。要「逐章反覆，通看本章血脈。全篇反覆，通看一篇次第。終而復始，莫論遍數。令其通貫浹洽。」[93] 用以把握上下文的關聯，以求文本之大旨；二，每次閱讀「只就那一條本文意上看，不必又生枝節。」[94] 因文本的內容或所指往往比較豐富，難以一次釐清，諸義兼顧，反而會引起混亂，「固願學者每次作一意求之」[95]；三，相互詰難。若自己的見解與他人不同，或其他解釋者之間各有異見，就應當以相互詰難方式，將各方的見解推論至極處，所謂「窮究其辭」，如此，「兩家之說既盡，又參考而窮究之，必有一眞是者出矣。」[96] 此種「詰難」不僅可以在自己的思考中完成，也可通過與他人的討論達到目的[97]。

如果讀者客觀、公正的態度閱讀文本，並正確使用了訓詁學的方法，能否理解文本的原義？朱熹的答案是肯定的。朱熹將對文本的理解視爲一個相對獨立的過程，對作者的原意的理解，則是建立在對文本理解基礎上的深化，在分析了文本的意義之後必須進入對作者原意的探索。

2. 作者原意

文本實際上可以做出多種解釋，且各種解釋也都有著訓詁學與文字學的根據。朱熹就曾指責有些人以道家和佛家的觀點來解釋儒家經典，乃是以其「之似以亂孔孟之實」。這些人其實「本要自說他一樣道理，又恐不見信於人，偶然窺

見聖人說處與己意合，便從頭如此解將去」【98】，並「直以己意強置其中」，「只借聖人言語起頭，自演一片道理。」這與其說是在解經，還不如說是在「說殺」經典【99】。即便是按照儒家的思想解釋儒家經典，甚或解釋同樣一句話，在不同的作者那裡，其含義仍是有差別的：「如元亨利貞，文王重卦只是大亨利於守正而已。到了夫子卻自解分作四德。看文王重卦，當看文王意思。到孔子文言，當看孔子意思。」【100】以此觀之，理解文本的意義只能被視爲理解作者的原意基礎，一種對文本意義的解釋是否就是作者的原意，還須考查作者的思想之整體，他的所言所行。

在朱熹看來，儒家經典的作者之原意是不難理解的。因爲「聖人立言，本自平易。而平易之中其旨無窮。」只因許多解說者巧言穿鑿，將聖人之言解釋的玄而又玄，高深莫測，支離蔓衍，才變得難懂。只要人們「從淺近平易處理會，應用切身處體察，漸次接續」，便能領會其無窮之意趣【101】。用現代語言表達，也就是在自己日常生活中去理解聖人的原意。但這裡的「應用切身處體察」與現代西方詮釋學（施萊爾馬赫和狄爾泰）所主張的「心理移情」是不同的，事實上，朱熹是明確反對用「心理移情」的心理學方法來理解作者願意的，在他看來，「生乎千百載之下，欲逆推乎千百載之上聖人之心」是不可能的，「況自家之心又未如得聖人，如何得知聖人肚裡事。某所以都不敢信諸家解。除非得孔子還魂親說出，不知如何？」【102】「應用切身處體察」所得到的理解乃是讀者根據自己的體驗、並以文本爲媒介而對作者原意的理解【103】。

人們的「日常生活」只是理解聖人之言的原意之基礎，對於讀者、即理解之主體來說，要想理解聖人原意（也包括理解文本）還必須遵守一個規則，即排除一切「先入之見」。在朱熹看來，「先入之見」乃是理解的障礙：「某如今看來，唯是聰明人難讀書，難理會道理。蓋緣他先自有許多一副當，聖人意思自是難入。」【104】排除了先入之見，讀者或解釋者就會具有一種客觀、公正的態度，此乃正確理解的前提。所謂「客觀的」態度，是指：「讀書且要虛心平氣，隨他文義體當，不可先立己意，作勢硬說，只成杜撰，不見聖賢本意也。」【105】若不能排除「己意」，一味以自己的道理見識來理解聖賢之言，甚或與之爭衡，「其爲害反甚於向者之未知尋求道理。」【106】讀者應當暫時做一個不知不會的人，虛心依傍文義，推尋句脈，「如與古人對面說話，彼此對答，無一言一字不肯相可」【107】，才能做到「客觀的」理解隱含於文本的聖人之原意。所謂「公正的」態度，乃是指排除讀者個人的好惡，如朱熹所說，「先儒舊說，莫問他是何人所說，所尊所卑，所憎所惡，一切莫問，而唯本文本意是求，則聖賢之指得矣。若於此處先有私主，便爲所蔽，而不得其正。」【108】

3. 讀者所悟之義

　　中國詮釋理論本不是純粹爲了解釋文本的意義與作者原意的，而是力圖通過對經典的解釋而解釋出一套理想化的社會倫理秩序和個人行爲規範之觀念。這表明，中國的詮釋傳統具有一種強烈的實踐傾向，這就是解釋的應用。在朱熹的詮釋思想中，關於解釋的應用性要求見之於他對讀者所領悟的意義的闡述。文本的意義和作者的原意是屬於文本和作者的，對於讀者來說，它們可歸結於意義的客觀性層面；而讀者經由此而領悟到的意義，則屬於讀者，可歸結爲讀者的主觀性層面，是讀者在文本意義以及作者原意基礎上，通過觀照自己體驗，而做出的進一步的運用與發揮。這是解讀經典的最終目的。

　　朱熹認爲，「大抵聖賢之言，多是略發個萌芽，更在後人推究，演而伸，觸而長，然須得聖賢本意。不得其意，則從那處推得出來。」[109] 聖賢所說，蓋是對其眼前所發生之事有感而發，而並非直接就是「天理」[110]，就此而言，經典所述乃是個別事件的描述，代表了一種個別性，因此，「解釋聖人之言，要義理相接去，」[111] 悟出其中所蘊含之「義理」，從個別性的事件中提煉出一般性的「理」；而聖人身邊所發生之事與讀者所經歷的事又是不同的，因而讀者在反觀自己的日常生活理解「義理」時總會融入一些新的因素，因此，所謂「義理」也不是一成不變的定則，聖賢之所以能成爲聖賢，主要原因之一，就是因爲他們能把握經義大旨而根據當前的境況作適當的「變通」，既不同於前代聖賢，又不與之相悖，此所謂自古「無不通變的聖賢」[112]。這裡的「通變」，是「義理」在新的境況下的運用，並在運用中實現「義理」的發揮與發展。所以朱熹認爲，歷代聖賢之言，只是「略發個萌芽」，在這裡，給出的只是「大法正當的道理」[113]，一種精神要義，後世讀者應當循著這一精神所開啓的方向繼續探索，充實和發展義理。

　　將聖人之言視爲「萌芽」的另一層含義是，聖人所言的意思只是個人領悟的出發點，領悟之所得被成爲「意味」。在朱熹看來，「大抵文義，先儒盡之。古今人情不相遠，文字言語只是如此。但有所得之人，看得這意味不同耳。」[114] 讀者所得之「意味」不僅因人而異，而且同一讀者在不同的階段也會有所不同。他引證伊川的讀書體會說，「吾年二十時，解釋經義，與今無異，然思今日意味，覺得與少時自別。」[115] 所得之意味是一種切身的體驗，它不僅是對聖人之言的反思，更重要的是按照聖人之言勉力而行之，「見善必爲，聞惡必去，不使有頃刻悠悠意態。」[116] 唯有通過個人的踐履，將聖人之言「反之於身」，從個人的體驗中反覆體會，方知聖人之言眞切無虛。如果讀書只是爲了「聞道」，而不去修行，文勝其質，言浮於行，沒有積累的功夫與之相證，就

不能說是理解了聖人之言的本旨,更遑論那種深刻的個人所悟之「意味」了。朱熹以這樣的一句話概括了他的閱讀之原則:「讀書之法,要當循序而有常,致一而不懈。從容乎句讀文義之間,而體驗乎操存踐履之實。然後心靜理明,漸見意味。」【117】

綜觀朱熹的詮釋思想,我們可以清楚地看出,現代西方詮釋學中分別以文本、作者或讀者為核心的三種思維進路,在朱熹的思想中達到的一種統一,成為一體化的三重依次遞進的目標:首先是對文本的意義之把握,第二是理解作者的意圖,進而,第三,乃是讀者的領悟之義,在原義的基礎上有所發揮。其中最重要的是第三項,閱讀和理解經典只是達到讀者自我領悟和修養的手段:「借經以通乎理耳。理得則無俟乎經。」【118】

通過對上述在本體論與方法論兩個向度的中西比較,我們發現兩者出了在理解的方法與方法論上不僅有著許多共同之處(如追求理解的客觀性、理解的循環等等),在理解本體論上也可以找到某種契合點(如理解本體論與心學本體論)。但是,在此我們更感興趣還是其不同之處。特別值得注意的是,中西方兩者無論是本體論還是方法論思考的最大區別,都集中在一點上:詮釋的價值取向。

王陽明與伽達默爾理論的交叉點,從王陽明哲學的角度看就是「感」或「交感」這一概念。伽達默爾所說的意識之中的呈現,實質上就是一種由「感」而發的意識創造物。而「感」從何來?其動力之源是「心」。雖然,意義之實現有賴於「心」與「客體」之互動,但「心」無疑是絕對的主宰。王陽明與伽達默爾的區別正在於此:王陽明將「心」設定為終極的本體,它是宇宙的本原,主宰著萬物之化生,更為重要的,它同時又是道德與價值之本體。作為後者,它便是「良知」。言其「更為重要」,是因為王陽明的「心學本體論」乃以道德論來涵攝宇宙論,直接將「良知」認作「天理」。這就意味著,在王陽明那裡,「感」是有一個價值取向的,這個取向是「心」所規定的,如此,「感」的真正功用正是「心」或「理」或「良知」的「流行大化」;而在伽達默爾的理解理論中,並不直接包含這樣一種道德與價值向度,他想說明的是理解如何構成了此在的在世之在,即便在他關於「教化」論述中,所側重的依然是主體如何被塑造,而未指明根據什麼來塑造,因為他堅持認為只有不同的理解,而不承認有什麼更「優越」的理解。誠然,伽達默爾的「德法之爭」中也反覆提到「善良意志」,將其視為達到「相互理解」的前提。即便是在這裡,「善良意志」也只是使那種通過對話而達成相互理解的輔助性條件,而非理解本身的目標。

就方法論而言,貝蒂詮釋學希望建立的是一種關於理解的「科學」,以指導

人們如何正確理解文本。而在朱熹那裡，理解最終指向的是對「天理」的理解，他認爲天下之理「要妙精微，各有攸當」，不可移易，唯有古代的聖人能領悟其精深奧妙，聖人之言也已一再被歷史所證實，「順之者爲君子而吉，背之者爲小人而凶」，這一切，都載於書籍史冊之中。此乃「窮理所以必在乎讀書」【119】之原因。朱熹將對文本的閱讀與理解視爲一種高尚的使命，一種爲人處世之道。因而它不僅要求一種正確的理解，還要求對所理解到的東西切己應用，沿著聖人之言所開示的方向的進一步發展與落實，以提升自我的道德境界，換言之，要通過對聖人之言的理解、對聖人之言的「切己應用」而達到自我昇華與完善。由於對天理的理解與踐行關乎人之吉凶，就絲毫不容懈怠。儒家解讀《易經》「震卦」，觀「洊雷威震之象」而懷「警懼憂患之心」，時時反身自省，揚善去惡，此即推天道以明人事。

以此觀之，在理解與解釋問題上，現代西方詮釋學表現出了一種道德價值取向的缺失，而在中國詮釋傳統中，則以價值取向爲其核心與基礎。當然，我並不是說，在西方的思想中就根本沒有關於價值問題的思考，而只是意在表明，現代西方詮釋學並未將詮釋問題與價值問題作爲一個整體予以思考，來揭示兩者的內在關聯。

准此，我們就爲建立一種新型的詮釋學提供了一個新的視角：以詮釋的價值性爲導向，整合中西不同視域中的詮釋思想。我將這種新型詮釋學暫名爲「經典詮釋學」（The Classic-Hermeneutics）。這種主張難免會受到質疑，特別是對於了解詮釋學史的學者來說，此一主張無疑是一種倒退。眾所周知，現代詮釋學源出於解經學（exegesis），它原本就是用於經典解釋的方法體系，現代詮釋學之產生，乃是對解經學的揚棄或提升，使之成爲一種適用於解讀所有文本的方法論詮釋學。於此不難看出，就其形式而言，主張回到經典詮釋似乎倒退到了前施萊爾馬赫的古典詮釋學。但是，對於詮釋學的發展來說，此一回歸有其必要性。其實，理論探索的回歸之路與其經歷過的發展之路並不是同一條路。回歸，乃是對理論的出發點及其整個發展歷程的反思，這一反思是在一個新的、更爲廣闊的視野中進行的，因此就必然包含著某一理論原本並不具有的新因素。在經典詮釋學中，包含著對當前西方詮釋學領域處於對峙狀態的本體論與方法論詮釋學的整體思考，嘗試在一個整體中合理地安頓此兩者；也包含著對中西不同的詮釋理念之綜合反思，以期在一個更爲廣闊的視野中完成此兩者的整合。

但是，我們要構建的爲何是「經典」的詮釋學，而不是某種意義更爲寬泛——比如說「文本」——的詮釋學呢？倡言「經典」的第一層用意，就是著眼於經典不同於一般性文本的作用，它在建構我們的精神世界的過程中具有一種典範

性功能。不言而喻，「經典」本身對於一個民族的精神傳統之形成起到了至關重要的作用，它乃是人類智慧之樹上結出的碩果。它們被視爲「經典」並通過持續不斷的「詮釋」而流傳於世，這一事實本身已說明其存在的意義與重要性：它們構成了歸屬於某種文化的那個集體的自我意識之核心，也是一個民族的精神傳統之形成與發展的主線。因此，立足於經典的詮釋，實質上已經包含了一種被社會所認同的道德與價值取向，在其引導之下，詮釋活動的實踐功能（「大化流行」、「教化」等）獲得了積極的、正面的意義，有益於社會在精神層面的提升。倡言經典的第二層用意，就是考慮到「經典」本身不僅是嚴格意義上文本，而且可以說是文本中的範本。縱觀歷史，經典對於人們的影響不僅是觀念上的，甚至也包括了人們的思維與表達方式。對於解讀一般意義上的文本所需要的技術性層面的東西，均可以包含在指向「經典」的詮釋理論中。因而毋庸置疑，詮釋學研究的真正用力點應當是經典詮釋。事實上，在整個詮釋學史上，對於經典的詮釋一直占據著中心的位置，古今中外，概莫能外。

准上所述，在中國的學術語境中，「經典詮釋學」的研究要旨可以簡略地作如下概括：

(1) 本體論的部分應是王陽明的心學理論與伽達默爾詮釋學之綜合，通過此一綜合，提煉出「經典詮釋學」的詮釋理念：一，理解在本質上是意義的創造活動，是理解主體的自我塑造與實現，也是我們的精神世界之構建；二，理解內在地包含著一個被社會所認同的價值取向，通過理解，達到個體與集體的精神境界之昇華。此即體現了詮釋學的實踐性之宗旨：「流行」、「教化」。

(2) 社會成員的共同信念最集中的表現在被認可的「經典」中，唯有通過正確地解讀經典才能使之明晰起來。如此，理解的方法論便成爲詮釋學研究中必不可少的一個環節。雖然西方詮釋學在理解方法論研究方面已得到長足的發展，然到了貝蒂那裡，已裹足不前；特別是他的理解方法論中並不包含中國悠久的詮釋實踐，是否直接適用於解讀中文經典，仍是一個有待深入研究的問題。因此，對於我們而言，建構適用於中國經典的理解方法論，不僅要借鑒、消化西方詮釋學現有的方法論體系（特別是貝蒂的方法論詮釋學），而且必須對中國解經傳統中的詮釋經驗進行深入的反思。只有兩者的結合，才能建立更爲完善的方法論體系。就此而言，中國解經傳統的詮釋經驗，將是推動止步不前的詮釋方法論進一步發展的重要思想資源與動力。鑒於任何方法論體系都不足以對詮釋的真理性要求做出擔保，詮釋方法論應定位於盡可能地提供有「說服力」的解釋，而非「真理性的」或「正確的」解釋。

後記

　　我研習西方詮釋學二十餘年，一直有個心願，希望爲國人撰寫一部「西方詮釋學史」。雖然我對這一研究課題的思考持續了很長時間，但囿於多種因素的限制一直未能動手寫作。促使我將這些構想付諸實施的直接動因，是國家哲學社科基金接受了我的項目基金申請（項目批准號：03BXZ038）。在寫作過程中，還得到了華東師範大學馮契基金會、香港漢語基督教文化研究所的「道風研究基金」的大力支持，在它們的資助下才使我得以完成這項研究。在此謹向所有對我的研究提供幫助的基金會和學者致以誠摯的謝意。書稿最後還請了鮑永玲、孫義文、吳瑤、張鵬騫等校閱，在此一併致謝。

　　說來慚愧，這項研究按預定計劃本應早已完成，但因受冗務之拖累，特別是因爲隨著研究的深入，在其深度與廣度上已經遠遠超出原先的計劃，須處理的德文與英文材料又多，致使整個研究拖延至今才得以完成。

　　因本人學識所限，拙著中恐難免有疏漏之處，還望識者不吝賜教。

潘德榮
2010年春於上海寓所

補記

　　拙稿《西方詮釋學史》被「國家哲學社會科學成果文庫」收入，並在2013年於北京大學出版社出版。北京大學出版社的張鳳珠女士和王立剛先生爲拙著的出版付出了辛勤的勞動，特在此表示誠摯的謝意。拙著出版後，臺灣中研院文哲所的林維傑先生向臺灣五南圖書出版有限公司的陳姿穎主編推薦了拙著。《西方詮釋學史》能在臺灣出版繁體字本，我首先要感謝他們。應我的請求，出版社將繁體字版的清樣寄給我再次校閱。眾所周知，在簡體字版轉換爲繁體字版時會產生大量意想不到的問題。我請了我的朋友，上海古籍出版社的資深編輯羅顯先生幫助校閱繁體字文本，又請了我的博士生白德龍（Nicolae Doru Berbec）先生校閱外文。在校定繁體字版二校樣時，方強、王子廓、顧毳、高春林、孫義文五位博士生也幫我審讀了書稿。他們極爲認眞，不僅指出了在簡體字文本轉換爲繁體字文本中出現的問題，也糾正了不少原簡體字文本中的訛誤之處。在臺灣版的《西方詮釋學史》即將出版之際，特向他們謹致謝忱。

2014年7月

註釋

前言

【1】 湯一介曾四論創建中國詮釋學，撰有〈能否創建中國的『解釋學』」〉（《學人》，1998年第3期）、〈再論創建中國解釋學問題〉（《中國社會科學》，2000年第1期）、〈三論創建中國解釋學問題〉（《新興學科》，2000年第4期），此外還有一次關於這一主題的演講：俞吾金的《實踐詮釋學》（雲南人民出版社，2002年）提出了「馬克思實踐詮釋學」之概念。

【2】 Vgl. Heidegger: *Sein und Zeit*（存在與時間），Max Niemeyer Verlag Tübingen, 1986, S. 153。

【3】 直到現在爲止，Hermeneutik一詞的譯名尚未統一，它被譯爲：詮釋學、闡釋學、釋義學等。

【4】 特雷西：《詮釋學‧宗教‧希望》，馮川譯，上海三聯出版社，1998年，第113頁。

【5】 Mußner, *Geschichte der Hermeneutik: von Schleiermacher bis zur Gengenwart*, Freiburg, 1979.

【6】 Maurizio, *History of Hermeneutics*,（原文爲義大利文，英譯本譯者是Luca Somigli），New Jersey, 1996。

【7】 Ronald Kurt, *Hermeneutik-Eine sozialwissenschaftliche Einführung*（詮釋學——社會科學導論），UVK Verlagsgesellschaft mbH 2004。

【8】 Jean Grondin, *Introduction to Philosophical Hermeneutics*（哲學詮釋學導論），Yale University Press, 1994。

【9】 Josef Bleicher, *Contemporary Hermeneutics-Hermeneutics as method, philosophy and critique*（當代詮釋學——作爲方法、哲學與批判的詮釋學），Routlege, London and New York, 1980。

【10】 Palmer, *Hermeneutics*（詮釋學），Northwestern University Press, Evanston, 1969.

導論

【1】 參見《辭源》，商務印書館，1979年版，第四卷，第2891頁。

【2】 See *Webster's Third New International dictionary*（詮釋學辭條）。

【3】 Vgl. *Philosophisches Wörterbuch*（哲學小辭典）, Herder Freiburg, 1980, S. 119.

【4】 Vgl. Joachim Ritter und Karlfried Gründer（hg.）, *Historisches Wörterbuch der Philosophie*（哲學史辭典）, Darmstadt, 1989, Bd. 7, S. 553～554.

【5】 Ebd. Bd.3.

【6】 馮契主編：《哲學大辭典》（2001年修訂本），上海辭書出版社，上卷。

【7】 M. Heidegger: *Sein und Zeit,* Max Niemeyer Verlag Tübingen, 1986, S.37.

【8】 這一定義顯然與他把「文本」視爲詮釋學的核心有關。參見利科爾：「解釋學的任務」（李幼蒸譯），載《哲學譯叢》，1986年，第3期。

【9】 R. Palmer（帕爾默），*Hermeneutics*（詮釋學），Northwestern University Press, Evaston, 1969, pp. 33～45.

【10】 Luis Alonso Schökel（舒科爾），*A Manual of Hermeneutics*（詮釋學指南），Sheffield Academic Press, 1998, p. 13.

【11】 關於詮釋四原則的內容，可參見Betti: *Die Hermeneutik als allgemeine Methodik der Geisteswissenschaften*（作爲精神科學一般方法論的詮釋學），Tübingen, 1962, S. 14～20, 53～55.

【12】 參見利科爾：《解釋學與人文科學》，河北人民出版社，陶遠華等譯，1987年，第148頁。

【13】 參見同上，第206～207頁。

【14】 同上，第150頁。

【15】 對於這種觀點，黑格爾曾作過詳細的說明。參見黑格爾：《小邏輯》，商務印書館，1980年，§13與§86。

【16】 參見利科爾：《解釋學與人文科學》，

第14～15、144～150頁。

【17】 參見特雷西：《詮釋學‧宗教‧希望》，第16、46頁。

【18】 以上參見R. E.帕爾默：〈解釋學〉，載《哲學譯叢》1985年，第3期。

【19】 G. Scholtz（舒爾茨）: Was ist und seit wann gibt es "Hermeneutische Philoso-phie?"（什麼是、並從何時起才有「詮釋哲學」？）, in: Dilthey-Jahrbuch（狄爾泰年鑒）, 1990/91。

【20】 同上。

【21】 Gadamer, "Die Hermeneutik und die Dil-theyschule"（詮釋學和狄爾泰學派）, in: Philosophische Rundschau（哲學評論）, 1991, Bd. 38, S. 174.

【22】 F. Rodi（F.羅蒂）, Erkenntnis des Erken-nten（認識的知識）, Frankfurt a.M., 1990, S.91～92。

【23】 G. Scholtz（舒爾茨）,「Hermeneutische Philosophie」（詮釋哲學）, in: His-torisches Wörterbuch der Philosophie, Darmstadt, 1989, Bd. 7, S. 752.

【24】 我顯然是在利科爾的啓發下做出此一劃分的。他在「解釋學任務」一文中，已將詮釋學「從認識論到本體論」作爲其中一節專門論述（參見利科爾：「解釋學任務」，載《哲學譯叢》，1983年，第3期）。我進而基於這種詮釋學歷史演化過程的描述來界定不同類型的詮釋學。

上篇　古典詮釋學

第一章　古代希臘：從神蹟到智慧

【1】 參見阿瑞格提（Graziano Arrighetti）：「赫西俄德與詩神們眞實的賜福和語言的征服」，載居代‧德拉孔波（Pierre Judet de la Combe）等編：《赫西俄德：神話之藝》（Le métier du mythe. Lec-tures d'Hésiode）, 吳雅凌譯，華夏出版社，2004年，第9頁。

【2】 See M. Ferraris（芬拉裏斯）, History of Hermeneutics（詮釋學史）, New Jersey, 1996, p.1。

【3】 See R. Palmer, Hermeneutics, p. 13.

【4】 參見伽達默爾：「詮釋學」，載《眞理與方法》（洪漢鼎譯），上海譯文出版社，1999年，下卷，第714頁。

【5】 赫西俄德：《工作與時日》和《神譜》合訂本（張竹明、蔣平譯），商務印書館，1997年，第26～27頁。

【6】 荷馬：《伊利亞特》（陳中梅譯），北京燕山出版社，1999年，第3頁。

【7】 宙斯爲懲罰普羅米修士盜火之罪、同時也是爲了懲罰人類，命火神赫准斯托斯創造了美少女潘朵拉，令赫爾墨斯將她送往人間。

【8】 See M. Ferraris, History of Hermeneutics, Humanities Press International, Inc., 1966, p. 3～4。

【9】 參見費舍（M. W. Fischer）：「作爲生活方式的詮釋學？」，載費舍：Her-meneutik und Strukturtheorie des Rechts（詮釋學和法律結構理論）, Stuttgart, 1984。

【10】 參見雅格〔H. E. H. Jaeger〕：《詮釋學的早期歷史研究》，載：Archiv für Begriffsgeschichter（概念史文獻）13（1974）。

【11】 Palmer, Hermeneutics, p.15.

由此亦可知，詮釋在古代主要是指口頭詮釋（oral interpretation）。西方詮釋學家一般認爲書面語言缺乏口語的原始表現力，因此像《荷馬史詩》那樣的作品須通過大聲吟誦才能重新獲得這種表現力。但是迦達默爾提出一種不同看法，他從亞里斯多德《形而上學》第一段的幾句話中得出了這樣的結論：在古代希臘「觀」具有相對於其他一切感覺的優越性。這便是希臘人著名的視覺性，它所承載的概念性，在某種意義上爲我們整個人文主義文化立下了遺囑。」（見迦達默爾：《論傾聽》（Über das Hören）, 潘德榮譯，載《安徽師範大學學報》，2001年，1期）我不同意這

樣的見解。更多的證據表明，與「觀」相比，希臘人更為注重「傾聽」。這與「詮釋」最初的言說性密切相關。事實上，亞里斯多德也曾強調說，「口語是心靈經驗的符號，而文字則是口語的符號。」（亞里斯多德：《範疇篇　解釋篇》方書春譯，商務印書館，1986年，第55頁。）書面語言可視為口語失去了活力了的異化形式。由此而開創了西方詮釋學的語音中心論傳統。在《聖經》中，我們看到這樣的告誡：「這道離你不遠，正在你口裡，在你心裡。」（《聖經·羅馬書》10：8）

【12】 Palmer, Hermeneutics, p. 24.

【13】 See Palmer, Hermeneutics, p. 20～25.

【14】 See Palmer, Hermeneutics, p. 27.

【15】 凱倫·阿姆斯壯(Keren Armstrong)：《神的歷史》(A History of God)，蔡昌雄譯，湖南出版社，2001年，姆斯壯（Keren Armstrong）：《神的歷史》（*A History of God*），蔡昌雄譯，湖南出版社，2001年，第15頁。

【16】 參見凱倫·阿姆斯壯（Keren Armstrong）：《神的歷史》，第12頁。

【17】 參見澤特蘭（Froma I. Zeitlin）：「女人的起源與最初的女人：赫西俄德的潘朵拉」，載居代·德拉孔波（Pierre Judet de la Combe）等編：《赫西俄德：神話之藝》（*Le métier du mythe. Lectures d'Hésiode*），華夏出版社，2004年，第125頁。

【18】 內斯契科（Ada Neschke）：「赫西俄德的人類起源神話中正義的詩歌哲學」，載居代·德拉孔波（Pierre Judet de la Combe）等編：《赫西俄德：神話之藝》（*Le métier du mythe. Lectures d'Hésiode*），華夏出版社，2004年，第59頁。

【19】 希臘神話與《聖經》對人類起源的敘述上有相近之處：
1. 它們都認為人是神創造的；
2. 在創造的順序上男人先於女人：在希臘神話中，真正意義上作為女人、亦即作為男人的妻子的女人潘朵拉是宙斯命諸神創造出來送給厄庇米修斯的禮物，潘朵拉是沒有父母的；在《聖經》中是上帝取出亞當的一根肋骨造成夏娃，因此並絕對地依附於男人；
3. 女人是人類罪惡和災難之源：潘朵拉給人類帶來了「一萬種不幸」，遍布大地與海洋；夏娃唆使亞當偷食禁果，終被上帝逐出伊甸園。

希臘神話與《聖經》所述的神異故事具有很大的差異，但其最根本的區別，在我看來有以下兩點：其一，關於至上神的觀念：希臘神話中的宙斯並非完美無缺，也非根源性的存在，他雖然擁有最高的權力、最強的暴力（雷霆），但依然處處受制於其他的神，特別是天后赫拉與命運女神；而《聖經》的上帝不僅是至上的，而且是唯一的、根源性的存在，他至美至善、無所不能。其二，在於對人類最終歸宿的理解。在希臘神話中，人類是無助與無望的，《聖經》則指出了人類的救贖之路。兩者相比，上帝似更有資格成為人類崇拜的對象，《聖經》所指出的救贖之路對人類也具有更大的吸引力。

【20】 參見亞里斯多德：《形而上學》，吳壽彭譯，商務印書館，1995年，第247～248頁。

【21】 參見亞里斯多德：《形而上學》，吳壽彭譯，商務印書館，1995年，第248頁。

【22】 荷馬：《伊利亞特》，陳中梅譯，北京燕山出版社，1999年，第99頁。

【23】 荷馬：《伊利亞特》，第101頁。

【24】 參見荷馬：《伊利亞特》，第18～19頁。

【25】 由此不難看出，神話在很大程度上是借助於其內在的審美價值而得以傳播與接受、並實現其社會教化功能的。

【26】 這本是一個非常簡單的事實，但是哲學家們還是從中發掘出了更深的含義。亞里斯多德視口語為心靈的符號，而心靈則與神相通；詮釋學家強調「詮釋」的

本義就是言說、宣告。他們均以此來證明言語在語言中的核心地位。

【27】 第一次的兩塊法板是耶和華在西奈山交給摩西的。頒布十誡的場面莊嚴而又驚心動魄：「在山上有雷轟、閃電和密雲，並且角聲甚大，營中的百姓盡都發顫。摩西率領百姓出營迎接神，都站在山下。西奈山全山冒煙，因為耶和華在火中降於山上，山的煙氣上騰，如燒窯一般，遍山大大的震動。角聲漸漸的高而又高，摩西就說話，神有聲音答應他。」（《聖經・出埃及記》19：16～19。）由於以色列人很快地偏離了耶和華的道，崇拜牛犢，摩西怒將法板摔碎。為拯救以色列，摩西懇請耶和華重新在石板上寫下「十誡」。

【28】 荷馬：《伊利亞特》，第22頁。

【29】 赫西俄德：《神譜》，載《工作與時日》和《神譜》合訂本，張竹明、蔣平譯，商務印書館，1997年，第27頁。

【30】 荷馬：《伊利亞特》，第43頁。

【31】 參見赫西俄德：《神譜》，載《工作與時日》和《神譜》合訂本，第29頁。

【32】 拉刻（André Laks）：「國王的複本：赫西俄德作品中的哲人先王例」，載居代・德拉孔波（Pierre Judet de la Combe）等編：《赫西俄德：神話之藝》（*Le métier du mythe. Lectures d'Hésiode*），吳雅淩譯，華夏出版社，2004年，第19頁。

【33】 拉刻（André Laks）：「國王的複本：赫西俄德作品中的哲人先王例」，載居代・德拉孔波（Pierre Judet de la Combe）等編：《赫西俄德：神話之藝》（*Le métier du mythe. Lectures d'Hésiode*），吳雅淩譯，華夏出版社，2004年，第21頁。

【34】 參見荷馬：《伊利亞特》，第10～12頁。

【35】 赫西俄德：《工作與時日》，載《工作與時日》和《神譜》合訂本，第7頁。

【36】 赫西俄德：《工作與時日》，載《工作與時日》和《神譜》合訂本。

【37】 亞里斯多德：《詩學》，陳中梅譯，商務印書館，1999年，第163頁。

【38】 亞里斯多德：《詩學》，第168頁。

【39】 亞里斯多德：《詩學》，第169頁。

【40】 赫西俄德：《神譜》，載《工作與時日》和《神譜》合訂本，第27頁。

【41】 赫西俄德：《神譜》，載《工作與時日》和《神譜》合訂本，第27頁。

【42】 赫西俄德：《工作與時日》，載《工作與時日》和《神譜》合訂本，第20頁。在《伊利亞特》也有類似的表達：居住在奧林波斯的繆斯，你們是女神，當時在場，知道一切，而我們只據傳聞，於事不甚了了。（《伊利亞特》第2卷484～492行。參見陳中梅中譯本第39頁。）

【43】 呂達爾（Jean Rudhardt）：「《神譜》開篇：詩人的使命　詩神的語言」，載居代・德拉孔波（Pierre Judet de la Combe）等編：《赫西俄德：神話之藝》（*Le métier du mythe. Lectures d'Hésiode*），華夏出版社，2004年，第79頁。

【44】 赫西俄德：《工作與時日》，載《工作與時日》和《神譜》合訂本，第6～7頁。

【45】 參見赫西俄德：《工作與時日》，載《工作與時日》和《神譜》合訂本，第1～2頁。

【46】 參見赫西俄德：《工作與時日》，載《工作與時日》和《神譜》合訂本，第8～9頁。

【47】 宙斯的懲罰並不公正，普羅米修斯欺騙宙斯，但宙斯並未直接懲罰他，而是懲罰了他的欺騙行為的受益者人類。如果人們相信神的懲罰是公正的，那麼這一懲罰只能解讀為：任何欺騙行為終究不能得逞，欺騙必將招致災難性的後果。如赫西俄德所言：「害人者害己，被設計出的不幸，最受傷害的是設計者本人。」（《工作與時日》）

【48】 參見柏拉圖：《理想國》，郭斌和、張竹明譯，商務印書館，1997年，第70

頁。

【49】 Vgl. Aristoteles, *Philosophische Schriften*, Bd. 4, Felix Meiner Verlag, Hamburg 1995, S. 298.（即亞里斯多德：《政治學》，第8卷，第7章，1341b第31行至1342a第4行。）

【50】 《簡明不列顛百科全書》，第3卷，中國大百科全書出版社（北京‧上海），1985年，第727頁。

【51】 西元前332年，亞歷山大大帝擴建了古城拉庫提斯，名之為亞歷山大城（Alexandria），該城遂成為希臘的貿易和文化中心之一，聚集了許多著名的學者。亞歷山大時代的學者對希臘神話表示出了濃厚的興趣，據傳亞里斯多德曾親自為亞歷山大大帝校訂過一本《伊利亞特》。

【52】 也許可以援引荷馬的名字之義為旁證：「Homers在希臘語中即盲人的意思。」（李詠吟：《原初智慧形態——希臘神學的兩大話語系統及其歷史轉換》，上海人民出版社，1999年，第59頁。）

【53】 Vgl. Platon, *Sämtliche Dialoge*, Band II, Felix Meiner Verlag, Hamburg 1998, S.103～104.（即柏拉圖：*Phaidros*, 275。）

【54】 「根據希臘文史家的研究，有關荷馬史詩的紀錄共有三類抄本：一是個人抄本，二是城市抄本，三是通俗的民間抄本。」（李詠吟：《原初智慧形態——希臘神學的兩大話語系統及其歷史轉換》，上海人民出版社，1999年，第54頁。）

【55】 阿拉米文（Aramaic alphabet，一譯「亞蘭文」）是從北閃米特文字派生出來的。阿拉米人據說是希伯來人的近族，自西元前十六世紀起生活在敘利亞北部哈蘭附近。《舊約》的《但以理書》和《以斯拉記》中各有一部分是用阿拉米文寫成，據傳耶穌和他的使徒說的是阿拉米語。

【56】 其中的律法書譯成的時間接近西元前三世紀，其餘各卷譯成於西元前二世紀。

〔參見《簡明不列顛百科全書》，第6卷，中國大百科全書出版社（北京‧上海），1985年，第571頁。〕

【57】 參見約翰‧德雷恩（John Drane）：《舊約概論》（*Introducing the Old Testament*），許一新譯，北京大學出版社，2004年，第226頁。

【58】 《舊約》中明確申明：「你們中間……不可有占卜的、觀兆的、用法術的、行邪術的、用迷信的、交鬼的、行巫術的、過陰的。凡行這些事的，都為耶和華所憎惡。」（《聖經‧申命記》18：10～12）

【59】 《聖經‧以賽亞書》45：5。（本書引自《聖經》的譯文均採用中國基督教三自愛國運動委員會、中國基督教協會出版的2002年版本。）

【60】 《聖經‧何西阿書》11：1～4。

【61】 《聖經‧以西結書》20：5～6。

【62】 羅伯特‧M．塞爾茨：《猶太人的思想》，趙立行、馮瑋譯，上海三聯書店，1994年，第23頁。

【63】 約翰‧德雷恩：《舊約概論》，第31頁。

【64】 《聖經‧詩篇》82：1～7。

【65】 《古蘭經》：馬堅譯，中國社會科學出版社，1981年版，第318頁。（即《古蘭經》32：23～24。）

【66】 《古蘭經》稱：「我禁止猶太教徒享受原來准許他們享受的許多佳美食物，因為他們多行不義，常常阻止人遵循主道，且違禁而取利息，並借詐術而侵蝕別人的錢財，我已為他們中不通道的人而預備痛苦的懲罰。」（《古蘭經》4：160～161）

【67】 《聖經‧哥林多後書》12：12。

【68】 如耶和華對摩西說，他要將「亞瑪力人的名號從天下全然塗抹了」。秉承他的旨意，約書亞殺了亞瑪力王和他的百姓。（《聖經‧出埃及記》17：13～14）耶和華只對守他誡命的人廣施慈愛，而對恨他的人，則毫不猶豫地滅絕之。（《聖經‧申命記》7：9～11）以

色列人違約崇拜金牛犢觸怒上帝，摩西遵照上帝的吩咐命利未人的子孫殺了「約有三千」自己的「兒子和弟兄」。（《聖經・出埃及記》32：27～28）爲能使摩西帶領以色列人順利逃出埃及，上帝要親自「把埃及地一切頭生的，無論是人是畜生，都擊殺了，又要敗壞埃及一切的神。」（《聖經・出埃及記》12：12）

【69】 依迪絲・漢密爾頓：《希臘精神》，葛海濱譯，遼寧教育出版社，2003年，第212頁。

【70】 參見柏拉圖：《理想國》，郭斌和、張竹明譯，商務印書館，1997年，第418～426頁。

【71】 柏拉圖：《理想國》，郭斌和、張竹明譯，商務印書館，1997年，第426頁。

【72】 參見柏拉圖：《理想國》，第277頁。

【73】 Aristoteles, *Philosophische Schriften*, Bd. 5, Felix Meiner Verlag, Hamburg 1995, S.223.（即**Metaphysics**，1064b，引文可參見吳壽彭《形而上學》譯本，商務印書館，1995年，第222頁。譯文據德譯本有改動。）

【74】 Aristoteles, *Philosophische Schriften*, Bd. 5, S.263.（即*Metaphysics*, 1074b.）

【75】 Aristoteles, *Philosophische Schriften*, Bd. 5, S.262～263.（即*Metaphysics*, 1074b.）

【76】 參見趙敦華：《基督教哲學1500年》，商務印書館，1997年，第293～299頁。

【77】 參見柏拉圖：《理想國》，郭斌和、張竹明譯，商務印書館，1997年，第75頁。

【78】 參見柏拉圖：《理想國》，第75～76頁。

【79】 Vgl. Polaton, *Ion*, 534 St. in Polaton, *Sämtliche Dialoge*, Bd. III, Verlag von Felix Meiner, 1998, S. 113～114.

【80】 荷馬：《伊利亞特》，陳中梅譯，北京燕山出版社，1999年，第253頁。

【81】 See M. Ferraris, *History of Hermeneutics*, Humanities Press International, Inc., 1966, p. 4.

【82】 參見柏拉圖：《理想國》，郭斌和、張竹明譯，商務印書館，1997年，第234頁。

【83】 不過柏拉圖的對話理論卻在當代詮釋學，確切地說，在伽達默爾哲學詮釋學那裡引起了強烈的迴響。伽達默爾詮釋學體系的標誌性概念「視界融合」與「效果歷史」，就是以對話結構爲基礎而建立的。此外，對話結構還被他視爲克服理解中的相對主義之良藥。他從對話結構中發展出了對話的辯證法，即使是在理解歷史流傳物，包括各種書寫文本，他也採用一種擬對話的方法，把閱讀過程看作是讀者通過文本而與不在場的作者對話過程，以讀者和作者之間的雙向交流來保證主題的一致性，以限制理解中的歧義發生。

【84】 B.斯特萬：「解釋學的兩個來源」，王炳文譯，載《哲學譯叢》，1990年，第3期。

【85】 見同上。

【86】 Grammatiker, see Aristoteles, Organon I. In: *Philosophische Schriften*, Felix Meiner Verlag, Hamburg 1995, Bd. 1, Kapitel 1, S. 1.

【87】 See Aristoteles, Organon I . In: *Philosophische Schriften*, Bd. 1, Kapitel 5, S.9.

【88】 參見亞里斯多德：《範疇篇》與《解釋篇》合訂本，商務印書館，1986年，第19頁。

【89】 參見同上，第55頁。
對於口語和文字的這種看法，是那一時代的學者之共識。柏拉圖也曾這樣說過，文字是僵死的，而話語是「活生生的」，文字只是話語的影像。〔參見，《柏拉圖全集》（第二卷），王曉朝譯，北京：人民出版社，2003年，第199頁）這種觀點存留至今，伽達默爾這樣寫道：「與言語性相比，文字性顯然是第二性的現象。文字的符號語言總要歸結到眞正的講話語言。」（伽達默爾：《眞理與方法》，下卷，洪漢鼎譯，上海譯文出版社，1999年，第501

頁〕

【90】 參見同上,第56頁。

【91】 參見同上,第58頁。

【92】 參見伽達默爾:《真理與方法》,洪漢鼎譯,上海譯文出版社,1999年,第27頁;參見《簡明不列顛百科全書》,第9卷,中國大百科全書出版社(北京·上海),1985年,第239頁。

【93】 參見《簡明不列顛百科全書》,第9卷,中國大百科全書出版社(北京·上海),1985年,第239頁。

【94】 Vgl. Joachim Ritter und Karlfried Gründer (hg.): *Historisches Wörterbuch der Philosophie*, Bd. 7, S. 553～554.

【95】 Vgl. Ebd. Bd. 7, S. 553～554.

【96】 See Maurizio Ferraris, *History of Hermeneutics*, p.7.

【97】 See Maurizio Ferraris, *History of Hermeneutics*, 1996, pp. 8～9.

【98】 F. A. Wolf, *Vorlesung über die Alterthumswissenschaft*, zitiert in, Joachim Ritter und Karlfried Gründer (hg.): *Historisches Wörterbuch der Philosophie*, Bd. 7, S. 561.

【99】 應該說,伽達默爾首先是一位「古典語文學家」,他於1927年通過了該課程的國家考試,並且在1928/29年獲得大學授課資格。(Vgl. Gadamer, "Selbstdarstellung Hans-Georg Gadamer", in Gadamer, *Gesammelte Werke*, Bd. 2. J. C. Mohr (Paul Siebeck), 1986, S. 448。

【100】 Gadamer, *Gesammelte Werke*,Bd. 2., S.383.

【101】 Gadamer, *Gesammelte Werke*,Bd. 1., S.202～203.

【102】 伽達默爾強調,流傳物通過被理解而合法地產生其影響,迄今一直環繞著我們的視域也由此被改變。(Vgl. Gadamer, *Gesammelte Werke*, Bd. 1., S.489.)

【103】 據伽達默爾,「理解藝術(詮釋學)的理論工具在很大程度上是從修辭學借用過來的。」(伽達默爾:《哲學解釋學》,夏鎮平、宋建平譯,上海譯文出版社,1994年,第24頁)。

【104】 Vgl. Polaton, *G orgias*,449 c. In Polaton, *Sämtliche Dialoge*, Band I, Verlag von Felix Meiner, 1998, S. 28～29; *Phaidrios*, 260 c. In: ebd. S. 80.

【105】 柏拉圖:《斐德羅篇》,載《柏拉圖全集》,第二卷,王曉朝譯,人民出版社,2003年,第194～195頁。

【106】 參見柏拉圖:《理想國》,郭斌和、張竹明譯,商務印書館,1997年,第234頁。

【107】 參見柏拉圖:《斐德羅篇》,載《柏拉圖全集》,第二卷,第177～190頁。

【108】 參見亞里斯多德:《修辭術·亞歷山大修辭學·論詩》,顏一、崔延強譯,中國人民大學出版社,2003年,第162頁。

附注:《修辭術·亞歷山大修辭學·論詩》如書名所示包含三部作品,其中《亞歷山大修辭學》一書是否屬於亞里斯多德的作品尚存疑問。如尼采就認為此書與亞里斯多德毫無關係,很可能是阿那克西美尼(Anaximenes)的著作。(參見尼采:《古修辭學描述》,屠友祥譯,上海人民出版社,2001年,第008頁。)

【109】 參見亞里斯多德:《修辭術·亞歷山大修辭學·論詩》,顏一、崔延強譯,中國人民大學出版社,2003年,第15頁。

【110】 參見同上第8頁。

【111】 參見同上第11頁。

【112】 參見同上第8頁。

【113】 參見同上,第9頁。

【114】 諸如二戰時期希特勒對於德國民眾的演講等。

【115】 參見亞里斯多德:《修辭術·亞歷山大修辭學·論詩》,第9頁。

【116】 參見伽達默爾:《哲學解釋學》,上海譯文出版社,1994年,第25頁。

【117】 伽達默爾:《哲學解釋學》,第25頁。

【118】 參見同上,第26頁。

【119】 參見同上,第24～25頁。

【120】 參見同上,第24頁。

第二章　屬靈的語言與屬人的語言

【1】　B.斯特萬：「解釋學的兩個來源」，
　　　《哲學譯叢》，1990年，第3期。

【2】　參見《範疇篇》與《解釋篇》合訂本，
　　　商務印書館，1986年，第1頁。

【3】　B.斯特萬：「解釋學的兩個來源」。

【4】　《新約·哥林多前書》2：12～13。

【5】　柏拉圖：《理想國》，第77頁。

【6】　柏拉圖：《理想國》，第76頁。

【7】　《新約·約翰福音》14：6。

【8】　《舊約·出埃及記》33：9。

【9】　《舊約·民數記》18、19。

【10】　《舊約·約書亞記》1：1；3：7。

【11】　《舊約·撒母耳記下》2：1。

【12】　《新約·約翰福音》1：18。

【13】　《新約·馬可福音》1：11；《新約·
　　　路加福音》9：35。

【14】　《新約·約翰福音》1：1。該語英譯
　　　為：「In the beginning was the Word, and
　　　the Word was with God, and the Word was
　　　God.」德譯為：「Am Anfang, bevor die
　　　Welt heschaffen wurde, war Er, der'das
　　　Wort'ist. Er war bei Gott und in allem Gott
　　　gleich.」

【15】　參見：《舊約·創世記》1：1～26。

【16】　《新約·約翰福音》1：14。

【17】　「從來沒有人看見神，只有在父懷裡的
　　　獨生子將他表明出來。」（《新約·約
　　　翰福音》1：18。）

【18】　《新約·路加福音》24：45。

【19】　《新約·約翰福音》3：18。

【20】　為避免與基督教的《聖經》混淆，「猶
　　　太學者們儘量避免使用《舊約》（Old
　　　Testament）這一基督教概念來指稱猶
　　　太人的《聖經》，因為這使人聯想到
　　　《新約》（New Testament）這部純粹
　　　的基督教經典。猶太教的《聖經》通常
　　　被稱為『塔拿克』（Tanakh），它是由
　　　猶太聖經三部分的希伯來名稱首字母縮
　　　合而成，這三部分分別是：Torah（律
　　　法書）、Nevi'im（先知書）和Ketuvim
　　　（作品集）。（羅伯特·M·塞爾茨：
　　　《猶太的思想》，趙立行、馮瑋譯，上

　　　海三聯書店，1994年，第5頁。）

【21】　即《舊約》的前五卷，篇目為：《創世
　　　記》、《出埃及記》、《利未記》、
　　　《民數記》和《申命記》。這是為猶太
　　　教首批確立的《聖經》各卷。根據猶太
　　　傳說，這五卷書是上帝通過摩西所宣布
　　　的「律法」，故稱為「律法書」。這些
　　　書卷的內容，主要是：猶太人關於世界
　　　和人類的由來的傳說；猶太民族早期歷
　　　史情況的傳說故事；所記載各項律法條
　　　文。它們構成了猶太教的基本教義與教
　　　規，並為後來的基督教所採納，作為
　　　《舊約》的組成部分而成為基督教的經
　　　書。

【22】　參見羅伯特·M·塞爾茨：《猶太的思
　　　想》，趙立行、馮瑋譯，上海三聯書
　　　店，1994年，第167頁。

【23】　參見《簡明不列顛百科全書》，中國大
　　　百科全書出版社（北京、上海），1985
　　　年，第8卷，第446～447頁。

【24】　亞伯拉罕·柯恩：《大眾塔木德》（蓋
　　　遜譯），山東大學出版社，1998年，第
　　　167～168頁。

【25】　參見顧曉鳴：《猶太——充滿「悖論」
　　　的文化》，浙江人民出版社，1990年，
　　　第112頁。

【26】　這也許與摩西十誡的第三條誡命「不可
　　　妄稱耶和華你神的名」（見《舊約》的
　　　《出埃及記》20：7；《申命記》5：
　　　11）有關。人們為遵循這一誡命而避免
　　　讀出神的名，結果正確的讀法也被遺忘
　　　了。猶太學者認為人們是誤解了這一誡
　　　命，其本義應當是人們不可以指著上帝
　　　的名「YHWH」起假誓。在《新約》
　　　中還告誡人們不可起誓，不可指著天、
　　　地、耶路撒冷和自己的頭起誓。（《新
　　　約·馬太福音》5：34～36）

【27】　*Die Bibel*, Deutsche Bibelgesellschaft,
　　　1982.

【28】　參見顧曉鳴：《猶太——充滿「悖論」
　　　的文化》，第112頁。

【29】　參見《舊約·創世記》2：18。

【30】　《舊約·創世記》1：3。

【31】 《舊約·以賽亞書》9：7。

【32】 《舊約·以賽亞書》11：2～4。

【33】 《舊約·但以理書》9：25。

【34】 詳見《人類尋求真神》，Watch Tower Bible and Tract Society of Pennsylvania, Brooklyn, New York, U.S.A. 1990年，第245頁。

【35】 《舊約·出埃及記》21：23～24。類似的表達還可參見：《舊約·利未記》24：13～22；《舊約·申命記》19：12、21等處。

【36】 《新約·馬太福音》5：38～44。

【37】 《舊約·創世記》17：10～12。

【38】 《新約·歌羅西書》2：11。

【39】 《舊約·申命記》24：1～3。

【40】 參見《新約·馬太福音》19：3～11。

【41】 《新約·馬太福音》10：34～36。

【42】 參見《舊約·馬太福音》12：46～50。

第三章 斐洛：從敘事到隱喻

【1】 參見《簡明不列顛百科全書》，第3卷，第84頁。

【2】 參見奧爾森：《基督教神學思想史》（吳瑞誠、徐成德譯），北京大學出版社（北京），2003年，第45頁。

【3】 黑格爾：《哲學史講演錄》，賀麟、王太慶譯，商務印書館（北京），1981年，第162～163頁。

【4】 參見羅伯特·M·塞爾茨：《猶太的思想》，趙立行、馮瑋譯，1994年，第214～215頁。

【5】 參見同上，第208頁。

【6】 參見斐洛：「論惡人攻擊善人」，見斐洛：《論凝思的生活》，石敏敏譯，中國社會科學出版社（北京），2004年，第76～77頁。

【7】 參見同上書，第77頁。

【8】 參見同上書，第77～78頁。

【9】 見同上，第78頁。

【10】 《舊約·出埃及記》20：21。

【11】 《舊約·出埃及記》33：21～23。

【12】 參見《舊約·出埃及記》33：20。

【13】 斐洛：《論名稱的變化》15。轉引自羅納爾德·威爾遜（Ronald Williamson）：《希臘化世界中的猶太人》（徐開來、林慶華譯），華夏出版社，2003年，第85頁。

不過，斐洛聲稱上帝無名被常為後人所病詬，也與《聖經》所記載相矛盾。在《聖經·詩篇》83：18就記載了這樣話：「使他們知道，惟獨你，名為耶和華的，是全地以上的至高者。」《聖經·以賽亞書》42：8也明確地說：「我是耶和華，這是我的名。」這些都是出自《舊約》的篇章，斐洛應當非常熟悉這些話，可能是為了闡發他自己的哲學，使《聖經》與柏拉圖哲學相容不悖，斐洛對類似的表達都視而不見了。這在非斐洛哲學信徒的基督徒看來也是有悖於《聖經》教導的，正是斐洛極力推崇的摩西在談到上帝的律法時明確地說：「所吩咐你們的話，你們不可加添，也不可刪減，好叫你們遵守我所吩咐的，就是耶和華你們的神的命令。」（《聖經·申命記》4：2）因此他們認為，斐洛對經義的詮釋、發揮，或「刪減」，或許是出於尋求真正的神旨之願望，但在實際上起到了相反的作用，由於他任意揣測《聖經》中的神意，使得原本清晰的東西變得模糊不清了，妨礙人們理解神的旨意。

【14】 參見羅納爾德·威爾遜（Ronald Williamson）：《希臘化世界中的猶太人》，徐開來、林慶華譯，華夏出版社，2003年，第38頁。

【15】 參見同上，第38頁。

【16】 斐洛：「論該隱的後裔並他的流放」，見《論凝思的生活》，第129頁。

【17】 斐洛：「論亞伯的出生及亞伯與他的兄弟該隱的獻祭」，見斐洛：《論凝思的生活》，第26頁。

【18】 參見斐洛：「論亞伯的出生及亞伯與他的兄弟該隱的獻祭」，見斐洛：《論凝思的生活》，石敏敏譯，中國社會科學出版社，2004年，第27頁。

【19】 參見羅伯特·M·塞爾茨：《猶太的思

想》，第209頁。

【20】 「在耶和華造化的起頭，在太初創造萬物之先，就有了我。從亙古，從太初，未有世界之前，我已被立。」（《聖經·箴言》8：22～23）《箴言》第8節的標題為「智慧頌」，這裡的「我」所指的是「智慧」。

【21】 《聖經·出埃及記》4：10。

【22】 《聖經·出埃及記》4：16。

【23】 斐洛：「論惡人攻擊善人」，見斐洛：《論凝思的生活》，第54～55頁。

【24】 見同上，第55頁。

【25】 見同上，第54頁。

【26】 《聖經·創世記》3：4～5。

【27】 See M. Ferraris, *History of Hermeneutics*, pp. 7～8.

【28】 羅納爾德·威爾遜（Ronald Williamson）：《希臘化世界中的猶太人》，第133頁。

【29】 參見羅伯特·M·塞爾茨：《猶太人的思想》，第207頁。

【30】 參見斐洛：《論該隱的後裔並他的流放》，見《論凝思的生活》，第91～92頁。

【31】 斐洛：「論惡人攻擊善人」，見《論凝思的生活》，第83頁。

【32】 斐洛：《論亞伯的生出及亞伯與他兄弟該隱的獻祭》，見《論凝思的生活》，第4頁。

【33】 羅納爾德·威爾遜：《希臘化世界中的猶太人》，第132頁。

【34】 斐洛：「論沉思的生活或懇求者」，見《論凝思的生活》，第275頁。

【35】 見同上，第285頁。

【36】 羅納爾德·威爾遜：《希臘化世界中的猶太人》，第95頁。

【37】 參見《聖經·詩篇》33：6、9。

【38】 參見羅納爾德·威爾遜：《希臘化世界中的猶太人》，第96～97頁。

【39】 斐洛：「論亞伯的生出及亞伯與他的兄弟該隱的獻祭」，見《論凝思的生活》，第23頁。

【40】 斐洛：《「創世記」問答》II.62。轉引自羅納爾德·威爾遜：《希臘化世界中的猶太人》，第109頁。

【41】 《聖經·哥林多後書》13：14。

【42】 斐洛：「論惡人攻擊善人」，見《論凝思的生活》，第66頁。

【43】 參見羅伯特·M·塞爾茨：《猶太的思想》，第213頁。
斐洛在其《論亞伯拉罕的遷移》、《論天使》和《誰是神物的後裔》等文中曾多次描述自己受啓示而充滿靈感的寫作，其時，思緒如陣雨般地從上方降落，在處於對其他任何事情都毫無知覺的「瘋狂的迷亂」中，在這種情況下，他獲得了對語言、觀念、光的享受，最敏銳的視力，對對象透徹的區別。

【44】 斐洛：「論沉思的生活或懇求者」，見《論凝思的生活》，第275頁。

【45】 《聖經·民數記》8：24～25。

【46】 斐洛：「論惡人攻擊善人」，見《論凝思的生活》，第61頁。

【47】 斐洛：「論沉思的生活或懇求者」，見《論凝思的生活》，第282頁。

【48】 《聖經·利未記》4：16～17。

【49】 《聖經·利未記》26：21。

【50】 羅納爾德·威爾遜：《希臘化世界中的猶太人》，第105頁。

【51】 「小圓物」指的是拉丁文的「manna」（在《聖經》中譯爲「嗎哪」），意爲「天降之食物」。《聖經·民數記》11：7言其像芫荽子（俗稱香荽子），又像珍珠。

【52】 《聖經·出埃及記》16：21。此處「消化」一詞，當作「融化」解。在德文版《聖經》中，該詞被譯爲「zer-schmolz」（完全融化），可能更爲妥帖。

【53】 《聖經·利未記》26：10。

【54】 參見斐洛：「論亞伯的生出及亞伯與他的兄弟該隱的獻祭」，見《論凝思的生活》，第26～27頁。

【55】 以上所述的四點，可參見斐洛：「論亞伯的生出及亞伯與他的兄弟該隱的獻祭」，載《論凝思的生活》，第25～29

【56】 斐洛：「論美德」，見《論凝思的生活》，第137～138頁。

【57】 斐洛：「論美德」，見同上，第175頁。

【58】 「從亙古，從太初，未有世界以前，我（指智慧——引者注）已被立。」（《聖經·箴言》8：23）

第四章 從舊約到新約——詮釋與經典

【1】 參見《聖經·馬太福音》1：18～23；2：7～11。

【2】 參見《聖經·馬太福音》3：16～17。

【3】 參見《聖經·馬太福音》4：1～11。

【4】 參見《聖經·路加福音》2：41～47，52。

【5】 參見《聖經·馬可福音》13：32。

【6】 參見《聖經·馬可福音》8：29；14：66～72。

【7】 《聖經·馬太福音》27：46～50。

【8】 《聖經·路加福音》23：46。

【9】 《聖經·約翰福音》19：30。

【10】 《聖經·約翰福音》13：21～27。

【11】 《聖經·馬太福音》13：10～13。

【12】 《聖經·馬可福音》4：10～12。

【13】 參見《聖經·馬太福音》8：33～34；9：32～34。

【14】 《聖經·約翰福音》20：30～31。

【15】 《聖經·馬太福音》9：16～17；又見，《聖經·馬可福音》2：21～22；《聖經·路加福音》5：36～38。

【16】 《聖經·馬太福音》7：12。

【17】 《聖經·馬太福音》：5：38～45。

【18】 《聖經·約翰福音》1：17。

【19】 《聖經·馬太福音》5：17～20。

【20】 《聖經·希伯來書》8：6～8。

【21】 詳見本書第一章的第一節。

【22】 《腓立比書》3：5～11。

【23】 參見《聖經·使徒行傳》7：60；8：3；9：2。

【24】 參見《聖經·使徒行傳》9：11；16：18；19：12等處。

【25】 《聖經·羅馬書》11：13。

【26】 《聖經·羅馬書》15：15～20。

【27】 《聖經·約翰福音》14：6。

【28】 斐洛：「論美德」，見《論凝思的生活》，第141頁。

【29】 斐洛：「善人皆自由」，見《論凝思的生活》，第242頁。

【30】 《聖經·加拉太書》3：23～25。

【31】 《聖經·希伯來書》3：5～6。

【32】 《聖經·希伯來書》8：13。

【33】 《聖經·羅馬書》14：1～6。

【34】 《聖經·羅馬書》2：25～29。

【35】 《聖經·加拉太書》3：10～13。

【36】 《聖經·羅馬書》4：13～15。

【37】 《聖經·羅馬書》7：7～10。

【38】 《聖經·哥林多前書》9：19～23。

【39】 《聖經·加拉太書》3：26～28。

【40】 《聖經·羅馬書》13：8～10；另見《聖經·加拉太書》5：13～14。

【41】 《聖經·哥林多前書》1：19～23。

【42】 《聖經·詩篇》94：11。

【43】 《聖經·馬太福音》11：25。

【44】 此處所論，與老子《道德經》的表達，如「絕聖棄智」（第19章）、「絕學無憂」（第20章）、「如嬰兒之未孩」（第20章）等，實有異曲同工之妙。

【45】 Kant, *Kritik der reinen Vernunft*（Vorrede zur zweiten Auflage）, in Kant, *Werke in zwölf Bänden* III, Insel Verlag Wiesbaden 1956, S. 21.

第五章 奧利金：信仰與知識

【1】 哲羅姆為早期教會中學識淵博的教父，曾將希伯來文《舊約》和希臘文《新約》譯成拉丁語，世稱《聖經》通俗拉丁文本。

【2】 勒奧尼德為著名的殉道者，按照通常的說法，他是奧利金的生父（對此學界尚有爭議，可參見章雪富：《聖經和希臘主義的雙重視野》，中國社會科學出版社，2004年，第11頁。）勒奧尼德的堅定信念、直至最後成為殉道者，對奧利金產生了極為深刻的影響。准此，也就

不難理解，爲何青年奧利金爲逃避肉欲誘惑、以便輔導新入教的婦女而自閹，以及支持其父殉道，甚至欲效仿其父而殉道了。此種種驚世駭俗之舉，無非循乃父之道，獻身基督之信仰。奧利金曾因爲「自閹」而被控觸犯教規，不過，奧利金此舉卻並不有違於《聖經》，《聖經》記載了耶穌這樣的話：有些人「爲天國的緣故而自閹」（《馬太福音》19：12）。這足以表明：(1) 奧利金的信仰之堅定，對於《聖經》所告誡之事，身體力行；(2) 年輕時的奧利金拘泥於對《聖經》文本的字面意義的理解。

【3】 參見《簡明不列顛百科全書》，第一卷，第359頁。

【4】 章雪富提供了奧利金的主要英譯著作表。可參見他的《聖經和希臘主義的雙重視野》，中國社會科學出版社，2004年，第309～311頁。

【5】 參見《簡明不列顛百科全書》，第一卷，第359頁。

【6】 在西元170年前後，已出現了《新約》經目，但並沒有被普遍接受，由於神學觀念上的不同，一些有影響的神學家也在制定經目，如奧利金、德爾圖良等，都有自己的經目。這些經目所列經書，有同有異。直到西元300年左右，關於經目的分歧才日漸縮小。此後，由於帝國皇帝的敦促，在397年的迦太基會議上制定了《聖經》全書的經目（其中《舊約》四十六卷，《新約》二十七卷），並在419年的迦太基會議上得以被確認，才終止了《聖經》經目之爭。

【7】 阿奎那（Aquila，生活於西元2世紀），於西元140年前後完成此譯本，這一譯本現在僅有片斷存世。

【8】 西馬庫斯（Symmachus，活動時期爲西元2世紀末～3世紀初），據優西比烏（Eusebius），他屬於伊比奧尼（Ebionite）派，因而是基督教信徒，但是愛比芳涅烏斯（Epiphanius）認爲他是撒馬利亞人，故而信奉猶太教。

【9】 迪奧多蒂翁（Theodotion，活動時期爲西元2世紀），希臘化時期的猶太學者和語言學家。

【10】 關於《六文本合參》的具體版本來源，有諸種不同的說法。如《簡明不列顛百科全書》「奧利金」條目中提到了五個版本，即希伯來文本以及四個譯本（七十子譯本、阿奎那譯本、西馬庫斯譯本和迪奧多蒂翁譯本），而《詩篇》則另附以兩種譯本（似應合併計算爲一個譯本），總計六個文本。章雪富的《聖經和希臘主義的雙重視野》一書中，將奧利金後來在巴勒斯坦發現的兩個譯本當作第五和第六個譯本。筆者在這裡採用的是John F. Fenlon在"Origen's Hexapla"一文中的觀點，他認爲六個文本是(1) the Hebrew text in Hebrew characters（希伯來文本）；(2) the Hebrew text transliterated into Greek characters（希臘字母拼寫本）；(3) the version of Aquila（阿奎那譯本）；(4) the version of Symmachus（西馬庫斯譯本）；(5) the version of the Septuagint（七十子譯本）；(6) the version of Theodotion（迪奧多蒂翁譯本）（資料來源：http://mbsoft.com/believe/txv/hexapla.htm）。奧利金後來又發現了《聖經》的某些篇章的其他希臘語譯本，他將之補充進《六文本合參》中，所以這個合參本的某些篇章就有七個、或八個甚至九個版本，也因之被稱爲Heptapla（七文本合參）、Octopla（八文本合參）、或Enneapla（九文本合參）。

【11】 有些學者在著述中將該書書名譯爲《原則論》、《原道》或《論原理》，我這裡採用石敏敏的中譯本書名：《論首要原理》，（香港）道風書社，2002年。

【12】 在柏拉圖那裡，常用這個詞的形容詞名詞化形式，用以指稱「最初的哲學家」，而亞里斯多德則更明確的用它來稱呼前蘇格拉底哲學家；在指向事物時表示「命名」和「言及」；該詞也常在「源初的生命形式」的意義上被使用。

【13】 對應於「substantia」的「essentia」並不存在於在希臘日常用語中，這個詞可能是爲西塞羅（Marcus Tullius Cicero，西元前106～前43年）所造的新詞。

【14】 Vgl. Platon, "Protagoras" (349 b), in: *Sämtliche Dialoge*, Verlag von Felix Meiner (Hamburg) 1998, Bd. I，S. 99.

【15】 Vgl. Platon, "Charmides" (168 d), in: *Sämtliche Dialoge*, Bd. III，S.45.

【16】 Vgl. Joachim Ritter und Karlfried Gründer (hg.), *Historisches Wörterbuch der Philosophie*, Bd. 2. S. 753.

【17】 如果說在亞里斯多德的《範疇篇》中「ousia」的詞義尚不甚明確的話（時而指個別事物，時而泛指存在），那麼在他的《形而上學》中則基本上用於泛指存在。探討這種「存在」本身、即一切現實之存在的基本特徵的學說，被稱爲「Ontology」（本體論）。不過，Ontology這一概念在十七世紀才出現，它最早見於德國哲學家郭克蘭紐（Rudolphus Goclenius, 1547～1628）、克勞堡（Johann Clauberg, 1622～1665）和法國哲學家杜阿姆爾（Jean－Baptiste Duhamel, 1624～1706）等人的著作中，後因德國哲學家沃爾夫的使用而得以流行。它的含義與亞里斯多德的形上學、亦即第一哲學大致相同。由於形上學的研究對象還涉及宇宙論、心理學等等，故而創造了Ontology一詞用以明確所探討的「存在」問題。現在使用的「本體」（noumenou）概念經康德的應用而逐漸被固定並得以流行。它的基本含義取自「essentia」一詞，意指那種不可思議、不可進入、永恆不變的本質存在，即「自在之物」（Ding-an-Sich），千變萬化的現象源於它，而它卻並不爲之而有所動。在這一點上，與中世紀神學的本體概念「上帝」相去不遠。上帝作爲純粹的存在（即本體）創化著一切，它本身是非創造的、自在的、最高的存在，保持著絕對的自我同一性。

【18】 See Tertullian, *Against Praxeas*, Chapter 2.

【19】 在他們的著作中使用的是與「hypostasis」同源的詞「hypokeimenon」。「hypokeimenon」在柏拉圖、亞里斯多德著作中頻頻出現，而「hypostasis」則多見於希臘化時期的著述。兩者在含義上沒有區別。

【20】 見《聖經・希伯來書》（1：3：3：14：11：1）等。參見Joachim Ritter und Karlfried Gründer (hg.), *Historisches Wörterbuch der Philosophie*, Bd. 3. S. 1526。

【21】 Origen, *De Principiis*, Book I, Chapter II: On Christ, 2.

【22】 參見章雪富《兩希文明的交替與Being的語義學》，資料來源：www.zjskw.gov.cn。

【23】 Origen, *Commentary On John*, Book II, 6.

【24】 Origen, *De Principiis*, Book I, Chapter I: On God, 3.

【25】 參見奧爾森（Roger E. Olson）：《基督教神學思想史》（The Story of Christian Theology），吳瑞誠、徐成德譯，北京大學出版社，2003年，第108頁。

【26】 Joachim Ritter und Karlfried Gründer (hg.), *Historisches Wörterbuch der Philosophie*, Bd. 2. S. 753.

【27】 《聖經・加拉太書》4：22～29。

【28】 《聖經・哥林多前書》1：25。

【29】 《聖經・哥林多前書》1：17。

【30】 See Origen, *Against Celsus*, Book I, Chapter VI.

【31】 Origen, *Against Celsus*, Book I, Chapter LXVIII.

【32】 Origen, *Against Celsus*, Book I, Chapter IX.

【33】 《聖經・箴言》18：15。

【34】 《聖經・箴言》24：5。

【35】 奧爾森：《基督教神學思想史》，第97～99頁。

【36】 Gadamer, "Klassische und philosophische Hermeneutik", in: *Gesammelte Werke*, J. C. B. Mohr (Paul Siebeck) Tübingen 1986, Bd. 2. S. 94.

【37】 不過，安提阿學派並不完全否認隱喻解經法，承認它是「一種溝通眞理的合法方式」，但其前提是，必須有很好的理由使人們相信文字按其字面意義所陳述的故事具有寓意的目的，或者文本本身對此有清晰的指示，否則就不能撇開字面意義而去尋求其屬靈的意義。（參見奧爾森：《基督教神學思想史》，第209頁。）

【38】 See Origen, *Against Celsus*, Book III, Chapter LXXII. 奧利金引用《聖經》的話可參見 *Die Bibel*（Deutsche Bibelgesellschaft Stuttgart 1982）的 *Das Buch der Weisheit*（智慧書）7：25。《智慧書》被劃歸在「Spätschriften des Altten Testaments」（《舊約》後期文獻），中國基督教三自愛國運動委員會與中國基督教協會刊發的中譯本《聖經》（2003年版）中無此書。

【39】 See Origen, *Against Celsus*, Book V, Chapter LXXII.

【40】 Origen, *De Principiis*, Book IV.1.

【41】 Origen, *De Principiis*, Rufinus: Preface 4.

【42】 Origen, *De Principiis*, Rufinus: Preface 5, 8.

【43】 Origen, *De Principiis*, Book IV.11.（筆者在《聖經‧箴言》中未查找到奧利金引證的相關的內容。）

【44】 《聖經‧哥林多前書》2：6～7。

【45】 Origen, *De Principiis*, Book IV.11.

【46】 Origen, *De Principiis*, Book IV.11.

【47】 Origen, *De Principiis*, Book I. Chapter I.5.

【48】 Origen, *De Principiis*, Book I. Chapter III.8.

【49】 B.斯特萬：《解釋學的兩個來源》，《哲學譯叢》，1990年，第三期。

【50】 Franz Schupp, *Geschichte der Philosophie im Überblick*, Felix Meiner Verlag 2003, Bd.2. S.31.

【51】 奧爾森：《基督教神學思想史》，第99頁。

【52】 Origen, *De Principiis*, Book IV.12.

【53】 《聖經‧哥林多前書》2：6～7。

【54】 參見章雪富：《聖經和希臘主義的雙重視野》，中國社會科學出版社，2004年，第131～132頁。

第六章　奧古斯丁：神聖的光照與真理

【1】 語出《羅馬書》13：13～14。

【2】 Augustine, *Confessions*, 8: 12.

【3】 參見布魯斯‧雪萊：《基督教會史》（Church History in Plain Language），劉平譯，北京大學出版社，2004年，第136頁。

【4】 參見奧爾森：《基督教神學思想史》，第269頁。

【5】 Vgl. Gadamer, "Vorwort zur 2. Auflage"（第二版序言）, in Gadamer, *Gesammelte Werke*, Bd. 2. S. 443.

【6】 Augustine, *Confessions*, 1: 7.

【7】 《聖經‧羅馬書》11：7～8。

【8】 參見奧爾森（Roger E. Olson）：《基督教神學思想史》（The Story of Christian Theology），吳瑞誠、徐成德譯，北京大學出版社，2003年，第268～289頁。

【9】 Augustine, *The Soliloquies*, Rose Elizabeth Cleveland的英譯本（Boston, 1910）1: 8: 15。

【10】 《聖經‧創世記》1：3～5。

【11】 《聖經》有云：「耶和華是我的亮光，是我的拯救。」（《聖經‧詩篇》27：1）「耶和華卻要作你永遠的光，你神要爲你的榮耀。」（《聖經‧以賽亞書》60：19）「因爲在你那裡有生命的源頭。在你的光中，我們得見光」。（《聖經‧詩篇》36：9）

【12】 「他的光亮一發，誰不蒙照呢？」（《聖經‧約伯記》25：3）

【13】 《聖經‧哈巴谷書》3：4。

【14】 《聖經‧以賽亞書》51：4。

【15】 《聖經‧何西阿書》6：5。

【16】 《聖經‧詩篇》119：130。

【17】 《聖經‧約翰福音》8：12。

【18】 《聖經‧希伯來書》1：3。

【19】 《聖經‧約翰福音》1：9。

【20】 《聖經‧出埃及記》34：29。

【21】 《聖經‧但以理書》12：3。

【22】 參見《聖經‧約翰福音》1：6～10。

【23】 參見周偉馳《記憶與光照》，社會科學文獻出版社，2004年，第28頁。

【24】 《聖經‧約翰福音》12：35～36。

【25】 《聖經‧約翰福音》3：19～20。

【26】 《聖經‧約翰福音》12：35～36。

【27】 《聖經‧約翰福音》1：6～9。

【28】 奧古斯丁：《上帝之城》（上卷），王曉朝譯，人民出版社，2006年，第338頁。順便指出，了解現代詮釋學的學者會很熟悉這種表達方式，如果將其中的「信仰」代之以「理解」的話。可以說，海德格爾、伽達默爾的理解本體論就是其現代迴響。

【29】 見同上，第337～388頁。

【30】 見同上，第388頁。

【31】 奧古斯丁明確的說：「父是光，子是光，聖靈是光，但他們一起卻非三光，而是一光。」（奧古斯丁：《論三位一體》，第201頁）

【32】 See Agustine, *Confessions*, 12: 15: 20.

【33】 奧古斯丁：《論三位一體》，周偉馳譯，上海人民出版社，2005年，第386頁。

【34】 見同上，第408頁。

【35】 見同上，第363頁。

【36】 見同上，第334～335頁。

【37】 《聖經‧約翰福音》1：9～10。

【38】 奧古斯丁：《論三位一體》，第322頁。

【39】 參見同上，第322頁。

【40】 如果將奧古斯丁領悟上帝的前提與胡塞爾的現象學意義上的「意識現象」或海德格爾與伽達默爾的理解本體論作一區分的話，奧古斯丁所云的「心內」之物只是領悟上帝的前提，而不具有本體論意義，在他那裡，被視為「本體」的仍舊是上帝。而在胡塞爾、海德格爾與伽達默爾那裡，在意識中呈現的東西具有本體論意義。

【41】 參見同上，第380頁。

【42】 見同上，第333頁。

【43】 參見同上，第334、283頁。

【44】 參見同上，第334、326頁。

【45】 見同上，第95頁。

【46】 見同上，第364～365頁。

【47】 見同上，第375頁。

【48】 參見同上，第374頁。

【49】 見同上，第405頁。更詳細的說明參見該書第218～220頁。

【50】 見同上，第429頁。

【51】 語出《聖經‧哥林多後書》4：16：「外體雖然毀壞」。

【52】 參見奧古斯丁：《論三位一體》，第285～286頁。

【53】 見同上，第290頁。

【54】 見同上，第292頁。

【55】 見同上，第293頁。

【56】 見同上，第278頁。

【57】 見同上，第279頁。在寫作《三位一體》期間，奧古斯丁在西元412年給馬色林（Marcellinus）的信中對神的「恩典」的有關論述，可以作為這一問題的補充說明。問題起源於對信仰與自由的關係之思考：對於上帝之信仰是出於上帝本身的恩賜，還是人們本有的自由意志？如果說信仰不是源於神的恩賜，便與《聖經》的教導——有信的意志是「領受」來的——相違。而無神者也會說，他們之所以不信神，是因為上帝未賜予他們這種意志。對此，奧古斯丁寫道：「造物主在我們的理性靈魂裡賦予了自由意志，這意志是一種中性的能力（media vis），它既可轉向信仰，也可轉向不信。因此，一個人若沒有得到他由以信靠上帝的意志，我們就不能說他有了這意志；因為這是出自上帝對自由意志的召喚，這意志本是人受造時自然地得到了的。上帝無疑希望普天之下的人都得救，獲得真理的知識；但仍不致取消他們的自由意志，因為自由意志的善用惡用乃是他們受最公義審判的憑據。倘是這樣，不信者在不信主的福音時，就實際上與上帝的意志相違

了。……輕蔑地對待他的仁慈不信他的人，都將難逃上帝權柄的處罰。」（奧古斯丁：《論原罪與恩典》，周偉馳譯，香港道風書社，2005年，第64～65頁；參見同書第63～68頁。）

【58】 參見同上，第390頁。

【59】 參見奧古斯丁：《論三位一體》，第428～432頁。

【60】 Augustine, *Confessions*（懺悔錄）, Book Seven, X.

【61】 見《聖經·出埃及記》15：25。

【62】 Augustine, *On Christian Doctrine*, Book II, Chap. 2.

【63】 奧古斯丁的顯然受到了亞里斯多德的影響。亞里斯多德認爲：「文字是口語的符號」。（見其*De Interpretione*, §.1.）

【64】 Augustine, *On Christian Doctrine*, Book II, Chap.3.
此處的「words」應是指「話語」。緊接這段話的後面，奧古斯丁說：「But because words pass away as soon as they strike upon the air, and last no longer than their sound, men have by means of letters formed signs of words.」（由於話語「words」遇到空氣後便立即消失了，持續的時間不長於其音聲，因而人們通過文字的方式造出話語的符號）。顯然，這裡的「words」不包括書寫文字。

【65】 See M. Ferraris, *History of Hermeneutics*, p. 15.
根據伽達默爾，奧古斯丁貶低了外在語詞的價值，而專注於內在語詞：「外在語詞（äußere Wort）就如只能內在地複製外在語詞一樣，都同某種確定的舌頭相聯繫（lingua）。在每一種語言中語詞（verbum）都有不同的發音這一事實已說明，語詞不能通過人類的舌頭表明它的真實的存在。奧古斯丁完全用柏拉圖那種貶低感官現象的方式說：non dicitur, sicuti est, sed sicut potest videri audirive per corpus（我們不能說出事物本身是什麼，而只能說出事物就我們肉

體所看和所聽是什麼）。『真正』的語詞, das *verbum cordis*（內心中的語詞）是完全獨立於這種感性現象的。語詞既不可外在地表現出來（prolativum），又不可用與聲音的相似性去思考（cogitativum in similitudine soni）。因此，這種內在語詞（innere Wort）詞就是上帝語詞的鏡子和圖像。當奧古斯丁和經院哲學研究語詞問題，以便獲得概念工具去解釋三位一體的祕密時，他們唯一所討論的只是這種內在詞、內心的語詞及其與理智（intelligentia）的關係。」（伽達默爾：《真理與方法》，第537頁。引文據德文原文略有改動。）

【66】 Augustine, ***On Christian Doctrine***, Book I, Chap. 6.

【67】 See M. Ferraris, ***History of Hermeneutics***, p. 15

【68】 Augustine, ***On Christian Doctrine***, Book VI, Chap. 17.

【69】 Augustine, *On Christian Doctrine*, Book VI, Chap. 18.

【70】 Augustine, *On Christian Doctrine*, Book VI, Chap. 19.

【71】 See Augustine, *On Christian Doctrine*, Book VI, Chap. 22.

【72】 See Augustine, *On Christian Doctrine*, Book VI, Chap. 26.

【73】 See Augustine, *On Christian Doctrine*, Book VI, Chap. 28.

【74】 Augustine, *On Christian Doctrine*, Book VI, Chap. 11.

【75】 See Augustine, *On Christian Doctrine*, Book VI, Chap. 12.

【76】 See Augustine, *On Christian Doctrine*, Book VI，Chap. 5; Chap. 6.

【77】 See Augustine, *On Christian Doctrine*, Book VI, Chap. 28.

【78】 詳見本書第一章，第四節，第2小節：「修辭學」。

【79】 奧古斯丁關於探究智慧之步驟的論述，參見Augustine, *On Christian Doctrine*, Book II, Chap. 7.

【80】 See Augustine, *On Christian Doctrine*, Book I, Chap. 37、39.

【81】 《聖經・哥林多前書》13：13。

【82】 See Augustine, *On Christian Doctrine*, Book I, Chap. 39.

【83】 Augustine, *On Christian Doctrine*, Book I, Chap. 42.

【84】 Augustine, *On Christian Doctrine*, Book I, Chap. 37.

【85】 Augustine, *On Christian Doctrine*, Book II, Chap. 9.

【86】 奧古斯丁列出的權威書目，見於《舊約》的有：《創世記》、《出埃及記》、《民數記》、《利未記》、《申命記》、《約書亞記》、《士師記》、《路得記》、《列王紀》（四卷）、《歷代志》（兩卷）、《約伯書》、《多比傳》、《以斯拉記》（兩卷）、《猶滴記》、《馬加比傳》（兩卷）、《詩篇》、《箴言》、《雅歌》、《傳道書》、《所羅門智訓》、《便西拉智訓》等。加上其他的一些先知書共計四十四卷；載於《新約》的有：《馬太福音》、《馬可福音》、《路加福音》、《約翰福音》、十四篇保羅的書信、《彼得前書》、《彼得後書》、《約翰一書》、《約翰二書》、《約翰三書》、《猶大書》、《雅各書》、《使徒行傳》、《啓示錄》。（See Augustine, **On Christian Doctrine**, Book II, Chap. 8.）

【87】 Augustine, *On Christian Doctrine*, Book II, Chap. 9.

【88】 Augustine, *On Christian Doctrine*, Book III, Chap.28.

【89】 Augustine, *On Christian Doctrine*, Book II, Chap. 2.

【90】 Augustine, *On Christian Doctrine*, Book II, Chap.3.
此處的words一詞，指的是言說的語言，故譯爲「話語」。在這段引文後，奧古斯丁接著說：「由於words遇到空氣後便會消失，持續的時間不長於它們的聲音，人們便借助於字母作爲words的符號。」（同上，Chap.4）按照亞里斯多德的觀點，口語是心靈經驗的符號，而文字則是口語的符號。這種觀點產生了深遠的影響，在西方的思想傳統中，話語是意義之源，文字本質上是一種有助於記憶的輔助工具，因此在一般意義上談論語言時，首先是指「話語」。

【91】 Augustine, *On Christian Doctrine*, Book II, Chap. 16.

【92】 See Augustine, *On Christian Doctrine*, Book II, Chap. 12.

【93】 See Augustine, *On Christian Doctrine*, Book IV, Chap. 8; Chap. 6.
奧古斯丁在《上帝之城》中重又強調了這一點：「聖言的晦澀在這個意義上是有益的，可以引發許多對眞理的看法，使之受到知識之光的照耀，就好比對同一段話，一位元讀者以一種方式理解，另一位元讀者以另一種方式理解。……以這樣的方式，通過對幾種解釋的考察，我們就可以得知經文作者的眞實含義，如果得不到，也能引向對這一晦澀段落的深度考察，引發一系列其他對眞理的陳述。」（奧古斯丁：《上帝之城》（上卷），王曉朝譯，上海人民出版社，2006年，第467頁。）

【94】 Augustine, *On Christian Doctrine*, Book II, Chap. 12.

【95】 See Augustine, *On Christian Doctrine*, Book II, Chap. 12.
奧古斯丁認爲，譯者在讀《聖經》時不可能對文本的理解大相徑庭，沒有一點共同的看法，因而，他們的理解雖有不同，但都是對《聖經》的不同角度的理解，揭示其不同方面（深度）的意義。對於多樣性解釋的這種理解，顯然是一種理想化了的理解。其前提是，譯者都有著堅定的基督教信仰。對於宗教而言，更爲常見的情況是，理解上的分歧往往會促成內部的紛爭、甚或分裂。

【96】 Vgl. Heidegger, **Sein und Zeit**, Max Nie-

meyer Verlag Tübingen, 1986, S. 403～
405, 411～415.

【97】 Augustine, *Confessions*, Book eleven, 10, translated by R. S. Pine-Coffin（Penguin Grup, 1961）, p. 261.

【98】 Vgl. Heidegger, *Sein und Zeit*, Max Niemeyer Verlag Tübingen, 1986, S. 404.

【99】 Vgl. Aristoteles, *Philosophische Schriften*（哲學文集）, Felix Meiner Verlag, 1995, Bd. 6. S.120.（*Physik*, Buch IV. Kapitel 14. 220a.）

【100】 Vgl. Heidegger, *Sein und Zeit*, Max Niemeyer Verlag Tübingen, 1986, S. 414.

【101】 奧古斯丁：《上帝之城》（下卷），第1158頁。

【102】 Augustine, *Confessions,* Book eleven, 14, translated by R. S. Pine-Coffin（Penguin Grup, 1961）, p. 264.

【103】 Augustine, *Confessions,* Book eleven, 13, pp. 262～263.

【104】 Vgl. Heidegger, *Sein und Zeit*, Max Niemeyer Verlag Tübingen, 1986, S. 428（Fußnote 1.）

【105】 Vgl. Heidegger, *Sein und Zeit*, S. 426～427.

【106】 See Augustine, *Confessions,* Book eleven, 20, translated by R. S. Pine-Coffin（Penguin Grup, 1961）, p. 269.

【107】 Augustine, *Confessions,* Book eleven, p. 269.

【108】 Vgl. Aristoteles, *Philosophische Schriften*, Bd. 6. S.116.（*Physik*, Buch IV. Kapitel 14. 223a.）

【109】 Augustine, *Confessions*, Book eleven, 26, p. 274.

【110】 Augustine, *Confessions,* Book eleven, 27, p. 276.

【111】 黑格爾：《歷史哲學》，王造時譯，上海書店出版社，2000年，第75頁。

【112】 黑格爾：《歷史哲學》，第56頁。

【113】 參見黑格爾：《歷史哲學》，第64頁。

【114】 參見黑格爾：《歷史哲學》，第2～9頁。

【115】 Augustine, *The City of God against the Pagans*, Book VIII, 10, edited and translated by R. W. Dyson（Cambridge Universiyu Press, 1998）, p. 327.

【116】 Augustine, *The City of God against the Pagans*, Book XXII, 30, edited and translated by R. W. Dyson（Cambridge Universiyu Press, 1998）, p. 1182.

【117】 《聖經·創世紀》2：2～3。

【118】 Augustine：*The City of God against the Pagans*, Book XXII, 30, p. 1181.

【119】 See Augustine, *The City of God against the Pagans*, Book XV, 1, edited and translated by R. W. Dyson（Cambridge Universiyu Press, 1998）, pp. 622～623.

第七章　從宗教改革運動：詮釋學與人文主義精神

【1】 參見黑格爾：《哲學史講演錄》（第三卷），賀麟、王太慶譯，商務印書館1981年，299～300頁。

【2】 生於西元1270年，死於1349年。

【3】 See M. Ferraris（芬拉里斯）, *History of Hermeneutics*（詮釋學史）, New Jersey, 1996, p. 16.

【4】 See M. Ferraris, *History of Hermeneutics*, p. 17.

【5】 路德：《路德文集》，第一卷，上海三聯書店2005年，第433頁。

【6】 特利恩特宗教派（Tridentinum）是在1546至1563年間特利恩特宗教會議形成的宗教派別。其基本立場是擁護教廷，反對宗教改革。

【7】 伽達默爾：《眞理與方法》，（上卷），第226頁。

【8】 路德：《路德文集》，第二卷，上海三聯書店2002年，第193頁。

【9】 路德：《路德文集》，第一卷，上海三聯書店2005年，第63頁。

【10】 此前已有一個拉丁文《聖經》的低地德語（Low German）譯本。路德譯本是從希臘文直接翻譯成高地德語（High Geman，即Hochdeutsch，意爲德語的普通

話）。由於這個譯本譯自希臘原文，其
可信度更大；也由於它用德語的普通話
寫成，加之路德精於修辭，因而讀者面
更廣，所以被認爲是更權威的譯本。

【11】 參見Donald K. Mckim主編：*The Cam-
bridge Companion to Martin Luther*,
Cambridge University Press, 2003,p.64～
65.

【12】 參見Martin Luther，*Sendbrief vom Dol-
metschen*（關於翻譯的公開信），資料
來源：http://www.glaubensstimme.de/re-
formatoren/luther/luther48.html.

【13】 Vgl. Ronald Kurt，*Hermeneutik-Eine
sozialwissenschaftliche Einführung*（詮
釋學——一種社會學的導論），UVK
Verlagsgesellschaft mbH，Konstanz 2004,
S. 67.

【14】 路德：《馬丁·路德文選》，中國社會
出版社，2003年，第124～125頁。

【15】 路德：《路德文集》，第二卷，上海三
聯書店2002年，第412～413頁。

【16】 路德：《路德文集》，第一卷，上海三
聯書店2005年，第7頁。

【17】 路德：《路德文集》，第一卷，上海三
聯書店2005年，第28頁。

【18】 參見路德：《馬丁·路德文選》，中國
社會出版社2003年，第204頁。（這種
見解似與老子學說中的「赤子之心」有
異曲同工之妙。）

【19】 路德：《路德文集》，第二卷，上海三
聯書店2005年，第209頁。

【20】 參見施萊爾馬赫《詮釋學講演》（1819～
1832），載洪漢鼎主編：《理解與解
釋》，東方出版社（北京）2001年，第
67頁。

【21】 路德：《路德文集》，第二卷，上海三
聯書店2005年，第210頁。

【22】 伽達默爾：《眞理與方法》，上卷，第
226～227頁。（譯文據原文略做了改動
——筆者注）

【23】 參見Ronald Kurt，*Hermeneutik-Eine
sozialwissenschaftliche Einführung*（詮
釋學——一種社會學的導論），UVK

Verlagsgesellschaft mbH，Konstanz 2004,
S. 66.

【24】 路德：《路德文集》，第二卷，上海三
聯書店2005年，第443頁。

【25】 武加大（Vulgata，意爲「通俗的」）譯
本是西元五世紀的一個拉丁文譯本。該
譯本在西元八世紀後成爲通行的譯本，
得到普遍承認。

【26】 路德：《路德文集》，第一卷，上海三
聯書店2005年，第357頁。（注：這個
詞在中譯本中譯爲「奧祕」。）

【27】 路德：《路德文集》，第一卷，上海三
聯書店2005年，第358頁。

【28】 伽達默爾：《眞理與方法》，上卷，第
227～228頁。（譯文據原文略做了改動
——筆者注）

【29】 路德：《路德文集》，第二卷，上海三
聯書店2005年，第358頁。（注：這段
引文的第一句話，在所引的中譯本中
爲「任何經文都容許推論或借喻的存
在」，根據上下文的語義關聯，此處疑
脫漏「不」字。）

【30】 路德：《路德文集》，第二卷，第440
頁。

【31】 伽達默爾：《眞理與方法》，上卷，第
227頁。

【32】 Vgl. Matin Luther, "Tischreden"（桌邊談
話），in: Ronald Kurt, *Hermeneutik-Eine
sozialwissenschaftliche Einführung*, S.
66.

【33】 路德：《路德文集》，第二卷，上海三
聯書店2005年，第310～311頁。

【34】 路德：《馬丁·路德文選》，第140
頁。

【35】 參見路德：《路德文集》，第一卷，上
海三聯書店2005年，第9～10頁。

【36】 路德：《路德文集》，第二卷，上海三
聯書店2005年，第179～180頁。

【37】 《聖經·約翰福音》8：36。

【38】 路德：《路德文集》，第一卷，上海三
聯書店2005年，第400頁。

【39】 路德：《路德文集》，第一卷，上海三
聯書店2005年，第402頁。

【40】 路德：《馬丁・路德文選》，中國社會出版社2003年，第392頁。

【41】 路德：《路德文集》，第一卷，上海三聯書店2005年，第332頁。

【42】 路德：《路德文集》，第一卷，上海三聯書店2005年，第400頁。

【43】 《聖經・哥林多前書》9：19。

【44】 路德：《路德文集》，第一卷，上海三聯書店2005年，第427頁。

【45】 路德：《路德文集》，第一卷，上海三聯書店2005年，第438頁。

【46】 Vgl. Sabine Müller, *Das Ketzerverständnis bei Sebastian Franck und Matthias Flacius Illyricus am Beispiel der Katharer*. Fußnote: 790.資料見網頁：geb.uni-giessen.de/geb/biblio.php?source_opus...ris.

【47】 Vgl. Ronald Kurt, *Hermeneutik-Eine sozialwissenschaftliche Einführung*, S. 69.

【48】 Gadamer, "Klassische und Philosophische Hermeneutik", in: *Gesammelte Werke*, Bd.2, J. C. B. Mohr (Paul Siebeck) Tübingen 1986, S. 94～95.

【49】 我們注意到，這種情況不僅發生在現代詮釋學形成之初，而且在其他時代、或其他的文化傳統中也屢屢發生類似情況，比如我國目前在大力宣導的讀經便是如此，我們的目的顯然不純粹是更好地理解經典，其深層的原因乃是希望使「典範」在當代發揮其正面的作用。正是在這個意義上，我認爲它具有普遍性。

【50】 Vgl. Ronald Kurt, *Hermeneutik-Eine sozialwissenschaftliche Einführung*, S. 69.

【51】 Vgl. Gadamer, "Rhetorik und Hermeneutik", in: *Gesammelte Werke*, Bd.2, S. 285.

【52】 See M. Ferraris, *History of Hermeneutics*, p. 31～32.

【53】 Vgl. Ronald Kurt, *Hermeneutik-Eine sozialwissenschaftliche Einführung*, S. 70～71.

【54】 此處用的詞是「I-Punkt」，即字母「i」上面所加的點，意指細微之極的東西。

【55】 Gadamer, "Rhetorik und Hermeneutik", in:

Gesammelte Werke, Bd.2, S. 286.

【56】 Gadamer, "Klassische und Philosophische Hermeneutik", in: *Gesammelte Werke*, Bd.2, S. 96.

第八章 詮釋方法論意識之覺醒

【1】 Vgl. Ronald Kurt, *Hermeneutik——Eine sozialwissenschaftliche Einführung*, S. 74.中國學界有些學者主張將「hermeneutica generalis」（包括後來德語中的「allgemeine Hermeneutik」、英語中的「generel Hermeneutics」）譯爲「普遍詮釋學」。我以爲還是將「generalis」（以及「allgemeine」、「general」）譯爲「一般」更爲合適。這個詞與「universal」（普遍）在詞義上還是有區別的：「universal」含有絕對的普遍性之意，但「allgemeine」、「general」比較側重於「一般性」、「總體性」，如我們通常所說的「一般而言」，「大體上說」（類似德語中的「im allgemeinen」）等等。

【2】 Vgl. Ronald Kurt, *Hermeneutik——Eine sozialwissenschaftliche Einführung*, S. 74～75.

【3】 Gadamer, "Logik oder Rhetorik?", in: *Gesammelte Werke*, Bd.2, S. 288.

【4】 See Baruch de Spinoza, *Theological-Political Treatise*, translated by M・Silverthorne and J. Israel, Cambridge University Press 2007, p. 59.

【5】 Baruch de Spinoza, *Theological-Political Treatise*, p. 98.

【6】 See Baruch de Spinoza, *Theological-Political Treatise*, p. 104.

【7】 該詞有「上帝要求絕對忠實與崇敬」之義。

【8】 See Spinoza, *Theological-Political Treatise*, p. 103.

【9】 Spinoza, *Theological-Political Treatise*, p. 95.

【10】 See Spinoza, *Theological-Political Treatise*, pp. 101～102.

【11】　Spinoza, *Theological-Political Treatise*, pp. 116～117.

【12】　Gadamer, "Klassische und Philosophische Hermeneutik", in: *Gesammelte Werke*, Bd.2, S. 96～97.

【13】　Vgl. Ronald Kurt，*Hermeneutik——Eine sozialwissenschaftliche Einführung*, S. 84～85.

【14】　See M. Ferraruis, *History of Hermeneutics*, p. 44.

【15】　Gadamer, "Logik oder Rhetorik?", in: *Gesammelte Werke*, Bd.2, S. 298.

【16】　Vgl. Gadamer, "Rhetorik und Hermeneutik", in: *Gesammelte Werke*, Bd.2, S. 284.

【17】　Johann Jakob Rambach, *Erläuterungen über seine eigenen Institutiones hermeneuticae sacrae*, in: M. Ferraris, *History of Hermeneutics*, pp. 44～45.

【18】　Vgl. Ronald Kurt，*Hermeneutik-Eine sozialwissenschaftliche Einführung*, S. 85.

【19】　See M. Ferraris, *History of Hermeneutics*, p. 45.
　　　　關於蘭姆巴哈詮釋學三要素的劃分，筆者這裡採用的是M. Ferraris書中的分析，但伽達默爾的觀點與此有所不同，他認為蘭姆巴哈的解釋理論裡的三要素是「理解」、「解釋」（Explizieren）和「應用」，並指出「應用」是蘭姆巴哈賦予詮釋學的、作為其第三種要素的詮釋學要素。（Vgl. Gadamer, "Klassische und Philosophische Hermeneutik", in: *Gesammelte Werke*, Bd.2, S. 105.）兩者的不同之處在於對第一要素的看法，M. Ferrars認為第一要素為「研究」，而伽達默爾則認為是「理解」（Verstehen）。筆者更傾向於將「理解」、「解釋」與「應用」視為伽達默爾詮釋學的三要素。

【20】　See M. Ferraris, *History of Hermeneutics*, p. 45.

【21】　Gadamer, "Klassische und Philosophische Hermeneutik", in: *Gesammelte Werke*, Bd.2, S. 97.

【22】　參見維柯：《新科學》，朱光潛譯，商務印書館，1989年，「英譯者的引論」第34～35頁。

【23】　維柯：《新科學》，朱光潛譯，商務印書館，1989年，第9頁。

【24】　維柯：《新科學》，朱光潛譯，商務印書館，1989年，第165頁。

【25】　參見維柯：《新科學》，第103頁。

【26】　朱光潛將「the civil world」譯為「民政世界」。在維柯那裡，其含義與民族世界（the world of nations）與人的世界（the world of men）同。（參見維柯《新科學》「英譯者的引論」，第19頁。）

【27】　參見維柯：《新科學》，第104頁。

【28】　參見維柯：《新科學》，第109頁。

【29】　資料來源：http://mythosandlogos.com/Vico.html。

【30】　參見維柯：《新科學》，第104頁。

【31】　參見維柯：《新科學》，第29、112頁。

【32】　Vgl, Heidegger: *Sein und Zeit*, Max Niemeyer Verlag, Tübingen, 1986, S. 153.

【33】　參見維柯：《新科學》，第113頁。

【34】　參見伽達默爾：《眞理與方法》，上卷，第23～25頁。

【35】　伽達默爾：《眞理與方法》，上卷，第28頁。

【36】　Vgl. Gadamer, "Klassische und Philosophische Hermeneutik", in: *Gesammelte Werke*, Bd.2, S. 111.

【37】　Vgl. Ronald Kurt，*Hermeneutik——Eine sozialwissenschaftliche Einführung*, S. 77.

【38】　Ebd. S. 78.

【39】　Johann Martin Chladenius, *Einleitung zur richtigen Auslegung vernünfutiger Reden und Schrifften*, in: M. Ferraris, *History of Hermeneutics*, p. 65.

【40】　參見伽達默爾：《眞理與方法》，上卷，第236頁；Vgl. Gadamer, "Nachwort zur 3. Auflage", in: *Gesammelte Werke*, Bd.2, S. 463.

【41】 伽達默爾：《眞理與方法》，上卷，第237頁。

【42】 伽達默爾：《眞理與方法》，上卷，第238頁。

【43】 Meier, *Versuch einer allgemeinen Ausle——gungkunst*, in: Ronald Kurt, *Hermeneutik-Eine sozialwissenschaftliche Einführung*, S. 81.

【44】 Vgl. Ronald Kurt, *Hermeneutik——Eine sozialwissenschaftliche Einführung*, S. 81.

【45】 Meier, *Versuch einer allgemeinen Auslegungkunst*, in: Ronald Kurt, *Hermeneutik——Eine sozialwissenschaftliche Einführung*, S. 83.

【46】 See Pozzo, Riccardo, *Prejudices and Horizons: G. F. Meier's Vernunftlehre and its Relation to Kant*.資料來源：muse.jhu.edu/journals/journal_of_the_history_of.../43.2pozzo.html.

【47】 Vgl. Ronald Kurt, *Hermeneutik——Eine sozialwissenschaftliche Einführung*, S. 83.

【48】 B.斯特萬：《解釋學的兩個來源》，《哲學譯叢》，1990年，第3期。

【49】 通過對世界不同的人類文化傳統比較研究，我們知道了這一宗教和法律合一的現象卻不是古代西方文明特有的現象，它存在於一切人類文化傳統的早期形態之中，只是在程度上有所差別。在信奉伊斯蘭教的民族中，《古蘭經》的作用一點也不亞於基督教中的《聖經》，它的教義同樣具有法律的效用，穆斯林教法的執行官似比基督教更爲守一徹底。相比之下，佛教表現的比較寬容，這主要是指對違背教義的信徒之懲罰而言，但在制定戒律上，它絲毫不比前兩者遜色，相傳佛陀在世時，戒律已達二百條，所謂不殺生、不偷盜、不邪淫、不妄語、不飲酒的「五戒」，是最基本的戒律，無論是出家的佛徒和在家的「居士」，都必須遵守。較早的戒律以禁欲爲第一大戒，其次爲盜、殺、妄語。觸犯者皆革除僧籍。但是這些戒律在某種具體情況下常被賦予新的解釋，也有殺人盈野而被認爲無罪的，因爲被殺的是「邪見者」，殺之如殺禽獸。

【50】 Gadamer, "Hermeneutik". In: *Historisches Wörterbuch der Philosophie*（哲學史辭典），Darmstadt, 1974. Bd. 3, S. 1060。

【51】 伯爾曼（Berman, Harold J.）：《法律與宗教》（*The Interaction of Law and Religion*），梁治平譯，三聯書店，1991年版，第69～70頁。

【52】 伯爾曼：《法律與宗教》，第71頁。

【53】 《聖經·申命記》1：16～17。

【54】 《聖經·彌迦書》4：3。

【55】 Vgl. Gadamer, "Hermeneutik", In: *Historisches Wörterbuch der Philosophie*, Darmstadt, 1974, Bd. 3, S. 1068.

【56】 Ebd. Bd. 3, S. 1069.

中篇　現代詮釋學

第九章　從浪漫主義詮釋學到現代詮釋學

【1】 在間接的意義上，可追溯到前述路德推動宗教改革時所闡發的「心靈」自由之思想。自由所指向的是人的心靈，乃是上帝賦予順從上帝之人的，人皆因信仰上帝而獲得心靈自由。而人的行爲則要受到世俗律法的約束，世俗律法乃是上帝爲塵世制定的秩序，故信徒亦應遵循世俗律法。路德所宣導的心靈自由對德國近現代思想傳統的形成產生了深刻的影響，在德國浪漫主義時能產生衆多影響深遠的思想家，其思想動力之一就是路德張揚的心靈或精神的自由。

【2】 康德：《純粹理性批判》，鄧曉芒譯，人民出版社，2004年，第116頁。

【3】 參見同上，第15、37、53頁。

【4】 參見黑格爾：《小邏輯》，賀麟譯，「第一版序言」，商務印書館，1980年。

【5】 參見黑格爾：《小邏輯》，第60、428

頁。

【6】 這樣解讀德國古典哲學，並不意味著我判定德國古典哲學本質上、或者說主要傾向是浪漫主義的。我只是想說明，德國古典哲學的經典作家們的思想中含有浪漫主義因素，特別是那些經典作家本身的旨趣有著不小的差異，大而化之的斷言顯然是不合適的。就黑格爾而言，其基本傾向甚至可以說是反浪漫主義的，他曾這樣批評德國浪漫主義的首創者施萊格爾：「這種形式——諷刺（Ironie）——以弗里德里希·封·希雷格爾為宣導人。主體知道自己在自身之內是絕對，一切別的東西在主體看來都是虛幻的、自由體自己對正義、善等所做出的種種規定，它也善於對這些規定一個一個加以摧毀。主體可以嘲笑自己，但它只是虛幻的、偽善的和厚顏無恥的。諷刺善於掌握一切可能的內容；它並不嚴肅對待任何東西，而只是對一切形式開玩笑。」（黑格爾：《哲學史講演錄》【第四卷】，賀麟、王太慶譯，商務印書館1981年，第336頁）可見，黑格爾雖然特別強調精神本身的創造性，但反對浪漫主義將傳統的、形式意義上的一切化為虛幻之物。他甚至罕見地用了三個嚴厲的貶義詞來形容施萊格爾宣導的「Ironie」：Eitles, Heuchelei, Frechheit（虛幻、偽善和厚顏無恥）。

【7】 參見康德：《純粹理性批判》，第553頁。

【8】 Vgl. Ronald Kurt, *Hermeneutik——Eine sozialwissenschaftliche Einführung*, S. 86.

【9】 參見B.斯特萬：《解釋學的兩個來源》，載《哲學譯叢》，1990年，第3期。

【10】 見同上。

【11】 伽達默爾：《真理與方法》，上卷，第259頁。

【12】 See M. Ferraris, *History of Hermeneutics*, p. 75.

【13】 參見伽達默爾：《真理與方法》，上卷，第514頁。

【14】 轉引自Ronald Kurt，*Hermeneutik——Eine sozialwissenschaftliche Einführung*, S. 88.

【15】 Vgl. Joachim Ritter und Karlfried Gründer (hg.), *Historisches Wörterbuch der Philosophie,Bd 3, S.1063.*

【16】 R. Palmer, *Hermeneutics*, pp. 82～83.

【17】 See R. Palmer, *Hermeneutics*, p. 75.

【18】 Vgl. Joachin Wach（J.瓦赫），*Das Verstehen——Grundzüge einer Geschichte der hermeneutischen Theorie im 19. Jahrhundert*，Verlag von J. C. B. Mohr (Paul Siebeck)/ Tübingen 1926, Bd. I, S. 68.

【19】 "[Die] geschriebene oder auch bloss mündlich vorgetragene Gedanken eines ander ebenso zu fassen,wie er sie gefasst haben will", in: Joachin Wach, *Das Verstehen——Grundzüge einer Geschichte der hermeneutischen Theorie im 19. Jahrhundert*, Bd. I, S. 68.

【20】 筆者這裡採用的是Wach的觀點。但帕爾默認為沃爾夫沒有陷入心理主義。他這樣說道：「詮釋是對話，是與作者的對話。表明了作品乃是旨在交流，詮釋學的目的是完美的交流，即像作者所理解的那樣理解作者的主題或觀念，也就是表明了它的確沒有陷入心理主義（注：重點號為筆者所加）。沃爾夫認為，為了向他人說明某一主題，詮釋者必須『在氣質上適合於』理解之主題。他必須具有移情於（empathizing）他人思想的普遍才能；必須具有『快速地使自己與陌生思想相協調』的『靈魂之光』。沒有對話的才能，沒有進入另一個人心靈世界的才能，說明——因此也是詮釋學——是不可能的。」（R. Palmer, *Hermeneutics*, 1969, p. 81.）但是，即便根據帕爾默的陳述，我也認為這裡已經明顯的了表明了沃爾夫的心理主義傾向。所謂「氣質上適合於」、「移情於」、「靈魂之光」等表述，正是學界常用來說明心理主義特徵的。

【21】 Vgl. Joachin Wach, *Das Verstehen——Grundzüge einer Geschichte der hermeneutischen Theorie im 19. Jahrhundert*，Verlag von J. C. B. Mohr (Paul Siebeck), Tübingen 1926, Bd. I, S. 75 (Fußnote 3).

【22】 Vgl. Joachin Wach, *Das Verstehen——Grundzüge einer Geschichte der hermeneutischen Theorie im 19. Jahrhundert*, Bd. I, S. 76～78.

【23】 Vgl. Joachin Wach, *Das Verstehen——Grundzüge einer Geschichte der hermeneutischen Theorie im 19. Jahrhundert*, Bd. I, S. 78～79.

【24】 Vgl. Joachin Wach, *Das Verstehen——Grundzüge einer Geschichte der hermeneutischen Theorie im 19. Jahrhundert*, Bd. I, S. 36.

【25】 See M. Ferraris, *History of Hermeneutics*, pp. 82～83.

【26】 Vgl. Joachin Wach, *Das Verstehen——Grundzüge einer Geschichte der hermeneutischen Theorie im 19. Jahrhundert*, Bd. I, S. 33.

【27】 參見阿斯特：《詮釋學》（1808），見洪漢鼎主編：《理解與解釋》，東方出版社，2001年，第3頁。

【28】 阿斯特：「詮釋學」（1808），見同上，第2頁。

【29】 參見阿斯特：「詮釋學」（1808），見同上，第6頁。

【30】 Vgl. Joachin Wach, *Das Verstehen——Grundzüge einer Geschichte der hermeneutischen Theorie im 19. Jahrhundert*, Bd. I, S. 37.

【31】 阿斯特：「詮釋學」（1808），見洪漢鼎主編：《理解與解釋》，第16頁。

【32】 見同上，第10～11頁。

【33】 見同上，第14頁。

【34】 見同上，第12～13頁。

【35】 見同上，第13～14頁。

【36】 關於精神的解釋之論述和引文，見同上，第16～17頁；並參見Joachin Wach, *Das Verstehen——Grundzüge einer Ge-schichte der hermeneutischen Theorie im 19. Jahrhundert*, Bd. I, S. 58～59.

【37】 見同上，第6頁。此前我們我們已概述了Fr・沃爾夫提出的三重詮釋，即語法的、歷史的和哲學詮釋。比較沃爾夫與阿斯特兩者，他們闡發的三重解釋有相似之處。所不同者是第三種解釋，在沃爾夫那裡爲哲學的解釋，而在阿斯特那裡爲精神的解釋。哲學的解釋著眼於「語言的內在邏輯」，與Chr・沃爾夫特別將詮釋學劃入邏輯學的作法相互呼應。而精神的解釋之圭臬是回歸「大一精神」，服務於教化目的。

【38】 R. Palmer, *Hermeneutics*, pp. 79～80.

【39】 在阿斯特與施萊爾馬赫之間，伽達默爾顯然更傾向於阿斯特。從施萊爾馬赫那裡發展出來的是被伽達默爾認作「比較淺薄」的方法詮釋學，通過可靠的方法揭示屬於過去的「原意」，而阿斯特的學說主張通過詮釋尋求「當前眞理」。伽達默爾寫道：「當語文學家阿斯特要求，詮釋學應在古代和基督教之間，在新發現的眞實的古代與基督教傳統之間建立一致（Einverständnis），他對於詮釋學的任務就有著非常明確的內容性的理解。……在我看來，古典文獻與基督教教義具有統一性的學說，具有一種與詮釋學現象緊密相關的眞理要素，但它在施萊爾馬赫及其後繼者那裡被捕正確地放棄了。阿斯特通過其思辨的活力，防止了在歷史中僅僅尋求過去，而非更多地去尋找當前的眞理。源於施萊爾馬赫的詮釋學在這種背景面前就顯得淺薄而流於方法論詮釋學了。」（Gadamer: "Vom Zirkel des Verstehens", in: *Gesammelte Werke*, Bd.2, J. C. B. Mohr (Paul Siebeck) Tübingen 1986, S. 58～59.）

【40】 阿斯特：「詮釋學」（1808），見洪漢鼎主編：《理解與解釋》，第18頁。

【41】 Vgl. F. D. E. Schleiermacher, *Hermeneutik und Kritik*, Suhrkamp Verlag Frankfurt am Main 1977, S. 329.

【42】 阿斯特：「詮釋學」（1808），見洪漢

鼎主編：《理解與解釋》，第9頁。

【43】 見同上，第7頁。

【44】 見同上，第2頁。

【45】 Gadamer, "Hermeneutik", in: *Historisches Wörterbuch der Philosophie*, Bd. 3, S. 1063.

【46】 Gadamer, "Klassische und philosophische Hermeneutik", in Gadamer, *Gesammelte Werke*, Bd. 2, S. 97.

【47】 See Palmer, *Hermeneutics*, pp. xi～xii.

【48】 參見利科爾：「解釋學的任務」，載《哲學譯叢》，1986年第3期。

【49】 不過，施萊爾馬赫曾於1791年5月去哥尼斯堡旅遊，順訪了康德，與他一起度過半小時，覺得康德本人對他卻並沒有什麼吸引力。（參見：F. W.卡岑巴赫（Friedrich Wilhelm Kantzenbach）：《施萊爾馬赫》（Schleiermacher），任立譯，中國社會科學出版社1990年，第31頁。）

【50】 參見F. W.卡岑巴赫：《施萊爾馬赫》，第51～52頁。

【51】 參見黑格爾《哲學史講演錄》，賀麟、王太慶譯，商務印書館1981年，第四卷，第336～338頁。

【52】 轉引自F. W.卡岑巴赫：《施萊爾馬赫》，第85～86頁。

【53】 轉引自F. W.卡岑巴赫：《施萊爾馬赫》，第89頁。

【54】 參見F. W.卡岑巴赫：《施萊爾馬赫》，第87頁。

【55】 F. W.卡岑巴赫：《施萊爾馬赫》，第119頁。

【56】 Vgl. G. Scholtz, *Die Philosophie Schleiermachers*（施萊爾馬赫的哲學），Wissenschaftliche Buchgesellschft 1984, A. Einleitung.

【57】 Vgl. Schleiermacher, *Über die Religion. Reden an die Gebildeten unter ihren Verdächtern*（宗教講演錄——致蔑視宗教的有教養者），Hamburg 1958, 5～7.

【58】 Vgl. G. Scholtz, *Die Philosophie Schleiermachers*, A. Einleitung.

【59】 Vgl. Joachim Ritter und Karlfried Gründer (hg.): *Historisches Wörterbuch der Philosophie*, Bd. 2, S. 165～166, 226.

【60】 Vgl. ebd. Bd. 2, S. 166.

【61】 Vgl. Schleiermacher, *Hermeneutik und Kritik*（詮釋學與批判），Suhrkamp Verlag Frankfurt am Main1977, S. 75.

【62】 Vgl. ebd. S. 77.

【63】 Vgl. Dilthey, *Gesammelte Schriften*（著作集），Stuttgart/Göttingen 1959, XIV/1, S. 122, 161.

【64】 皮亞傑：《結構主義》，倪連生譯，商務印書館1987年，第32頁。

【65】 Vgl. Schleiermacher, *Hermeneutik und Kritik*, S.141.

【66】 Vgl. Schleiermacher, Gelegentliche Gedanken über Universitäten in deutschem Sinn（1808）（關於德國式大學的斷想。附：論將要建立的大學），in: Fri. D. E. Schleiermacher, *Werke* (Auswahl in vier Bänden), Aalen 1967, IV.

【67】 Vgl. Schleiermacher, *Hermeneutik und Kritik*, S. 141.

【68】 Vgl. Heidegger, *Sein und Zeit*, S. 152～153.

【69】 參見B.斯特萬：《解釋學的兩個來源》，載《哲學譯叢》，1990第3期。

【70】 參見讓·格朗丹：《哲學詮釋學導論》，何衛平譯，商務印書館2009年，第118～119頁。

【71】 施萊爾馬赫：《詮釋學講演》，見洪漢鼎主編：《理解與解釋》，第59頁的「釋義」。

【72】 Vgl. Schleiermacher, *Hermeneutik und Kritik*, S. 79.

【73】 Vgl. ebd, S. 148.

【74】 施萊爾馬赫：《詮釋學講演》，見洪漢鼎主編：《理解與解釋》，第71～73頁。

【75】 Vgl. Schleiermacher, *Hermeneutik und Kritik*, S. 93～94.

【76】 Schleiermacher, *Hermeneutik*（詮釋學），hrsg. H. Kimmerle. Heidelberg 1974, S.32.

【77】 Vgl. Schleiermacher, *Hermeneutik und Kritik*, S. 83.

【78】 參見伽達默爾：《真理與方法》，上卷，第253頁。

【79】 Vgl. Schleiermacher, *Hermeneutik*, S. 16.

【80】 Vgl. ebd, S. 78.

【81】 Vgl. Schleiermacher, *Hermeneutik und Kritik*, S. 141.

【82】 Vgl. ebd, S. 101, 116, 167～170. Joachin Wach的梳理與解釋，可參見：*Das Verstehen——Grundzüge einer Geschichte der hermeneutischen Theorie im 19. Jahrhundert*, Bd. I, S. 129～142.

【83】 參見伽達默爾：《真理與方法》，上卷，第255頁。

第十章 體驗詮釋學

【1】 有些研究者把狄爾泰稱爲詮釋學之父，似不妥。施萊爾馬赫的詮釋學雖長時間的被誤解，但經過現代研究者們的努力，已將其相對完備的形態展現在人們面前，他們的研究成果表明，施萊爾馬赫才是現代詮釋學之父，因此確切地說，狄爾泰可被視爲哲學詮釋學之父。

【2】 《施萊爾馬赫傳》共有兩卷（在《狄爾泰著作集》中分別爲第十三、十四卷），第一卷發表於1870年，這裡所說的第一部重要著作就是指這一卷。

【3】 該書在《狄爾泰著作集》中爲第二十六卷。

【4】 狄爾泰著有《作爲經驗科學的心理學》（*Psychologie als Erfahrungswissenschaft*）兩卷，在《狄爾泰著作集》中分別爲第二十一與二十二卷。他對心理學的重視程度由此亦可略見一斑。

【5】 狄爾泰：《精神科學引論》（第一卷），童志奇、王海鷗譯，中國城市出版社，2002年，第22頁。

【6】 參見狄爾泰：《精神科學引論》（第一卷），童志奇、王海鷗譯，中國城市出版社，2002年，第59頁。

【7】 見同上，第5～6頁。

【8】 見同上，第23頁。

【9】 參見同上，第35頁。

【10】 伽達默爾：《真理與方法》，上卷，第78頁。

【11】 伽達默爾：《真理與方法》，上卷，第79頁。

【12】 Dilthey, *Gesammelte Schriften*（著作集），Stuttgart und Göttingen, 1968, Bd.6, S. 313.

【13】 伽達默爾：《真理與方法》，上卷，第80頁。

【14】 伽達默爾：《真理與方法》，上卷，第85頁。

【15】 Dilthey, *Gesammelte Schriften*, S. 230.

【16】 伽達默爾：《真理與方法》，上卷，第82頁。

【17】 伽達默爾：《真理與方法》，上卷，第85～86頁。

【18】 Dilthey, *Gesammelte Schriften*, S. 314.

【19】 Dilthey, *Gesammelte Schriften*, Bd.7, S. 234.

【20】 伽達默爾：《真理與方法》，上卷，第88頁。

【21】 伽達默爾：《真理與方法》，上卷，第88頁。

【22】 參見狄爾泰：《歷史中的意義》，艾彥、逸飛譯，中國城市出版社，2002年，第45～46頁。

【23】 伽達默爾：《真理與方法》，上卷，第83頁。

【24】 伽達默爾：《真理與方法》，上卷，第85頁。

【25】 利科爾：《解釋學的任務》，載《哲學譯叢》（北京），1986年，第三期。

【26】 伽達默爾：《真理與方法》上卷，第84頁。

【27】 狄爾泰：《精神科學引論》（第一卷），第15頁。

【28】 參見伽達默爾：《真理與方法》，上卷，第3頁。

【29】 參見伽達默爾：《真理與方法》，上卷，第5頁。

【30】 Gadamer, "Hermeneutik", in: Joachim Ritter und Karlfried Gründer (hg.): *Histo-*

risches Wörterbuch der Philosophie, Bd. 3, S. 1064.

【31】 Dilthey, *Gesammelte Schriften*, Bd.5, S. 139～240.

【32】 Vgl. O. F. Bollnow, *Dilthey*（狄爾泰）, Stuttgart, 1967, S. 167.

【33】 Dilthey, *Gesammelte Schriften*, Bd.5, S. 319.

【34】 Vgl. Joachim Ritter und Karlfried Gründer (hg.): *Historisches Wörterbuch der Philosophie*, Bd. 11, S. 919.

【35】 狄爾泰：《精神科學引論》（第一卷），第23頁。

【36】 參見狄爾泰：《歷史中的意義》，第40～41頁。

【37】 參見F. W.卡岑巴赫：《施萊爾馬赫》，第122頁。

【38】 根據G. Scholtz的研究，歷史主義（Historismus）可能是一個自發地形成概念，它首先出現在1800年前後，在特定的條件及處境下形成並得以傳播開來。在本世紀初直至今日所展開的關於「歷史主義」問題的焦點，是歷史實證主義與歷史相對主義這兩種最重要的歷史主義形態之間的論戰。海德格爾學派的哲學詮釋學反對「客觀的」歷史主義，伽達默爾認為，較早的歷史主義是主觀主義的，因為這種歷史主義從規範的文本中做出主觀的意見表態，而且使理解從型範的（maßgebliche）傳統轉向移情（Einfühlung）與同氣質性（Kongenialität）的事物上，因此暴露出其主觀性之傳統。這就是伽達默爾為何指責施萊爾馬赫和狄爾泰陷入了「歷史主義的困境」的原因；E. D.赫施及漢斯‧阿伯特批評伽達默爾執著於理解之歷史性主題而放棄了在文本中所指意義的客觀的、正確的認識之目標。對赫施和貝蒂而言，由海德格爾所啓迪的詮釋學也是主觀主義的，因為它放棄了正確理解的目標，且將每一種方法棄於不顧，從而打開了對於詮釋之隨意性的大門。從他們的爭論中不難看出，雙方均被導向一種根本不同的真理概念。伽達默爾被導向一種存在論的真理，而貝蒂和赫施則被導向符應性概念（Korrespondenzbegriff）（詮釋應該與文本的意義相符）。（參見：G. Scholtz, "Zum Historismusstreit in der Hermeneutik"（詮釋學的歷史主義之爭）, in: G. Scholtz主編：*Historismus am Ende des 20. Jahrhunderts-Eine internationale Diskussion*（二十世紀末的歷史主義——國際研討會文集）, Berlin, 1997.）

【39】 Vgl. *Dilthey-Jahrbuch*（狄爾泰年鑒）, 1983, Bd. 1, S. 60.

【40】 Vgl. Dilthey, *Gesammelte Schriften*, Bd.8, S. 160.

【41】 Dilthey, *Gesammelte Schriften*, Bd.5, S. 144.

【42】 Dilthey, *Gesammelte Schriften*, Bd.7, S. 208.

【43】 參見狄爾泰：《歷史中的意義》，第80頁。

第十一章　此在詮釋學

【1】 Vgl. G. Scholtz, "Hermeneutische Philosophie", in J. Ritter, K. Gründer und G. Gabriel (hrsg.): *Historisches Wörterbuch der Philosophie*, Bd. 7, S. 757.

【2】 海德格爾：「我進入現象學之路」（陳小文譯），載孫周興選編：《海德格爾選集》，上海三聯書店，1996年，第1286頁。

【3】 R. Palmer, *Hermeneutics*, p. 140.

【4】 Werner Marx, *Die Phänomenologie Edmund Husserls*（胡塞爾的現象學）, Wilhelm Fink Verlag München, 1987, S. 32～34, 36, 88.

【5】 參見胡塞爾：《現象學的方法》（*Die Phänomenologische Methode*），倪梁康譯，上海譯文出版社1994年，第86～88頁。

【6】 參見克勞斯‧黑爾德（Klaus Held），「導言」，見胡塞爾：《現象學的方法》，第19頁。「eidetische」的名詞

「Eidetik」意為心理學意義上的「遺覺」。其詞源為拉丁語「eidos」，意為德文的「Wesen」（本質），所以心理學意義上的遺覺重現還原也就是本質還原。

【7】 Vgl. Werner Marx, *Die Phänomenologie Edmund Husserls*, S. 88～89.

【8】 胡塞爾：《現象學的方法》，第171頁。

【9】 參見同上。

【10】 胡塞爾：《現象學的方法》第178頁。

【11】 參見同上，第180～181頁。

【12】 利科爾：《詮釋的衝突》（*Le conflit des Interprétations*），林宏濤譯，桂冠圖書股份有限公司（臺北）1985年，第7頁。

【13】 胡塞爾：《歐洲科學危機和超驗現象學》（*Die Krisis der europäischen Wissenschaften und die transzendentale Phänomenologie*），張慶熊譯，上海譯文出版社1988年，第58～62頁。

【14】 利科爾：《詮釋的衝突》，第7頁。

【15】 Vgl. Heidegger, *Einführung in die Metaphysik*（形而上學導論），Vittorio Klosterman GmbH, Frankfurt am Main, 1983, S. 89.

【16】 現象學是本體論詮釋學的方法論前提，只有在現象學的本體論變革的基礎上，才有海德格爾、伽達默爾的詮釋學。據此，有可能使人產生這樣一種印象，認為詮釋學是現象學的一個分支學科，或者說，是現象學在理解與詮釋領域的運用。其實這乃是一種誤解。毋庸置疑，現象學與海德格爾、伽達默爾一脈詮釋學有著某種親緣關係，按照海德格爾的說法，詮釋學一詞在其源初的含義上就是此在的現象學（Vgl. Heidegger, *Sein und Zeit*, Max Niemeyer Verlag Tübingen 1986, S. 37.）。但是，即便是海德格爾、伽達默爾的詮釋學，其本身也並不是現象學，它們最重要的區別在於：胡塞爾現象學的本體論變革乃是在傳統的知識論框架中完成的變革，他相信有某

種被稱為「本質」的東西之存在，相信通過正確的方法能夠獲得關於「本質」的普遍有效的客觀知識；而在海德格爾那裡，對於「本質」的認識論意義上的訴求已是隱約若有若無的了。言其有，只是指他還抱有這樣的信念：(1) 認為「歷史知識的本體論前提在原則上超過了最精密的科學之嚴格性觀念」（Heidegger, *Sein und Zeit*, Max Niemeyer Verlag Tübingen, 1986, S. 153.）；(2) 在解構了傳統本體論的同時，建立一種新的、此在的本體論。眾所周知，諸如「精密的科學」、「嚴格性」的表達，常常用於與人文科學的比較、以及論證人文科學非科學性，其立足點便是傳統的認識論；言其無，是指他的本體論詮釋學根本不是一種認識論，毋寧說，它是對認識論傳統的形而上學之反動，而轉向生存論的本體論。

【17】 Vgl. Heidegger, *Unterwegs zur Sprache*（走向語言之路），Verlag Günther Neske, Pfullingen 1986, S. 96.

【18】 Vgl. Heidegger, *Sein und Zeit*, S. 37.

【19】 Ebd. S. 35.

【20】 Ebd. S. 35.

【21】 Vgl. ebd. S. 35.

【22】 Ebd. S. 140.

【23】 Ebd. S. 37～38.

【24】 Ebd. S. 37.

【25】 Ebd. S. 38.

【26】 Ebd. S. 38

【27】 Ebd. S. 38.

【28】 Ebd. S. 143～144.

【29】 Ebd. S. 144.

【30】 Vgl. ebd. S. 37.

【31】 Ebd. S. 144～145.

【32】 Ebd. S. 145.

【33】 Ebd. S. 151.

【34】 Vgl. ebd. S. 143～150.

【35】 Ebd. S. 152.

【36】 Ebd. S. 150.

【37】 Ebd. S. 145.

【38】 Ebd. S. 145.

【39】 Ebd. S. 150.

【40】 參見黑格爾：《小邏輯》，賀麟譯，商務印書館，1980年，第56、59、319頁。在黑格爾那裡，認識的圓圈有兩種理解：一是經「直線式的無窮過程的圓圈化」而簡單返回其出發點，它實質上是「無思想性的」重複；二是真正的返回自身。在其邏輯學體系中，就是從理念出發最終返回理念。

【41】 Vgl. Schleiermacher, *Hermeneutik und Kritik*, Suhrkamp Verlag, Frankfurt am Main, 1977, S. 101～109.

【42】 Heidegger, *Sein und Zeit*, S. 153.

【43】 Ebd. S. 153.

【44】 Ebd. S. 153.

【45】 Ebd. S. 153. 其實海德格爾並非刻意強調「歷史學」要比「數學」更為精確、嚴謹。按照他的看法，提出這類問題本身是無意義的。即便在「科學內部」也是如此：「我們今天使用科學一詞，其意思與中世紀的doctrina〔學說〕和scientia〔科學〕是有區別的，但也是與古希臘的ἐπστήμη〔知識〕大相徑庭的。希臘科學從來都不是精確的，而且這是因為，按其本質來看它不可能是精確的，也不需要是精確的。所以，那種認為現代科學比古代科學更為精確的看法，根本就是毫無意義的看法。」（海德格爾：《林中路》，孫周興譯，上海譯文出版社，2008年，第67頁。）在他看來，由於對存在者本身的理解不同，觀察的視角與方式不同，知識的目標大不相同。伽達默爾後來強調沒有更好的理解，只有不同的理解，與此如出一轍。

【46】 Gadamer, "Vom Zirkel des Verstehens"（論理解的循環），in Gadamer, *Gesammelte Werke*（伽達默爾著作集），Tübingen, 1986, Bd. 2. S. 59.

【47】 Heidegger, *Sein und Zeit*, S. 39.對於「geschichtlich」、「Geschichte」與「historischen」、「Historie」兩組詞的翻譯，學界一直沒有定論。兩者都具有「歷史」、「歷史學」之意。此外，「Geschichte」還有「故事」之意，而「Historie」雖也有「虛構的冒險故事」之意，但屬於舊的用法。海德格爾與伽達默爾多用前一組概念。在他們那裡，所謂「歷史」乃是指在意識之中呈現或構造出來的東西，而非通常意義上的、由史實材料組成的歷史，即編年史。在《存在與時間》第五章「時間性與歷史性」（Zeitlichkeit und Geschichtlichkeit）中，主要闡發的是「Geschichte」和「Geschichtlichkeit」，而「Historie」則是在作為一門科學學科、即歷史學的意義上來理解的，它植根於歷史性（Geschichtlichkeit），並且在歷史性中成長。（Vgl. Heidegger, *Sein und Zeit*, S. 394～395.）就此而言，在詮釋學中，較之「Historie」，「Geschichte」乃是根源性的概念。

【48】 Vgl. Heidegger, *Sein und Zeit*, S. 378～379.

【49】 Ebd. S. 376.

【50】 Vgl. ebd. S. 17.

【51】 Ebd. S. 385.

【52】 G. Scholtz: "Hermeneutische Philosophie", in J. Ritter, K. Gründer und G. Gabriel (hrsg.), *Historisches Wörterbuch der Philosophie*, Bd. 7, S. 757.

【53】 See Dreyfus, "Beyond Hermeneutics: Interpretation in Late Heidegger and Recent Foucault"（超越詮釋學：後期海德格爾與近期福柯中的詮釋），in: *Hermeneutics and Social Theory*（詮釋學與社會理論）, The University of Massachusetts Press, 1984, p. 73.

【54】 R. Palmer: *Hermeneutics*, Northwestern University Press, Evanston, 1969, p. 141.

第十二章　語言詮釋學

【1】 Vgl. Gadamer, "Hermeneutik und Historismus"（詮釋學與歷史主義）, in Gadamer, *Gesammelte Werke*（伽達默爾著作集）, Tübingen, 1986, Bd. 2. S. 422.

【2】 Vgl. Gadamer, "Vorwort zur 2. Auflage",

in Gadamer, *Gesammelte Werke*, Bd. 2. S. 440.

【3】 Vgl. Gadamer, "Mensch und Sprach" (人與語言), in Gadamer, *Gesammelte Werke*, Bd. 2. S. 146.

【4】 Ebd. S. 146.

【5】 Gadamer, "Vorwort zur 2. Auflage", in Gadamer, *Gesammelte Werke*, Bd. 2. S. 444.

【6】 Vgl. G. Scholtz, "Hermeneutische Philosophie", in J. Ritter, K. Gründer und G. Gabriel (hrsg.): *Historisches Wörterbuch der Philosophie*, Bd. 7, S. 758.

【7】 伽達爾：「論科學中的哲學要素和哲學的科學特性」，姚介厚譯，載《哲學譯叢》，1986年第三期。

【8】 Vgl. Gadamer, "Hermeneutik" (詮釋學), in J. Ritter, K. Gründer und G. Gabriel (hrsg.): *Historisches Wörterbuch der Philosophie*, Bd. 3, S. 1071.

【9】 伽達默爾：《眞理與方法》，上卷，第17～18頁。

【10】 Gadamer, "Selbstdarstellung Hans-Georg Gadamer" (伽達默爾自述), in: *Gesammelte Werke*, J. C. B. Mohr (Paul Siebeck) Tübingen 1986, Bd. 2, S. 506.

【11】 伽達默爾：《眞理與方法》，下卷，第489頁。

【12】 見同上。

【13】 見同上，第494頁。

【14】 伽達默爾的思維理路與他的論證所使用的語言密切相關，而通過詞源學意義上關聯闡發哲學思想，正是德國哲學家經常採用的方法。在伽達默爾看來，任何一次成功的對話之前提，乃是相互的「傾聽」（Höhren, Zuhöhren），而傾聽本身就包含有某種「歸屬」感（Gehöhren, Zugehöhren），也就是「歸屬於」所聽到的東西；對所聽到的東西的理解（Verstehen, Verstand），本身包含著某種意義上的「贊同」（Verständnis）。在「歸屬於」和「贊同」中，對話雙方的思想相互滲透、融合。「你」的言說代表了理解對象的「視域」，

而「我」的觀點則出於理解者的主觀「視域」，對話的結果，導致了一種「視域融合」。只要對話還在進行，這種「融合」就會不斷持續下去。（Vgl. Gadamer, "Über das Höhren" (論傾聽), in: Hermeneutische Entwürfe（詮釋學綱要）, Tübingen, Mohr Siebecke, 1998）以此觀之，伽達默爾詮釋學可以被稱爲一種「傾聽」哲學。只有立足於傾聽，我們才能理解伽達默爾爲何強調那種訓練「耳朵」的實踐：「詮釋學首先是一種實踐，是理解與促成理解的藝術。它是所有講授哲學思考的課程之靈魂。在此，首要的是必須訓練耳朵，使之對存在於概念中的前規定性（Vorbestimmtheiten）、前把握性（Vorgreiflichkeiten）和前印記（Vorprägungen）有一種敏感性。我在概念史上所做出的努力就是很好的訓練。」（Gadamer, "Selbstdarstellung Hans-Georg Gadamer", in: *Gesammelte Werke*, Bd. 2, S. 493～494.）

【15】 Gadamer, "Vorwort zur 2. Auflage", in Gadamer, *Gesammelte Werke*, Bd. 2. S. 441.

【16】 伽達默爾：《眞理與方法》，上卷，第480頁。

【17】 見同上。第481頁。

【18】 見同上。第134頁。

【19】 伽達默爾：《眞理與方法》，上卷，第132頁。（此句的「thematischen Horizont」在中譯本爲「主體視域」，現據原文改爲「主題視域」。）

【20】 見同上，第139頁。

【21】 見同上，第142頁。

【22】 參見同上，第355頁。

【23】 參見同上，第376頁。（此處的「傳統」一詞爲「Überlieferung」，在中譯本中被譯爲「流傳物」。）

【24】 伽達默爾：《眞理與方法》（下卷），1999年，第490頁。

【25】 參見同上，第496頁。

【26】 Gadamer, "Klassische und philosophische Hermeneutik" (古典詮釋學與哲學詮釋學), in: *Gesammelte Werke*, Bd. 2, S.

101～102。

【27】 Vgl. Gadamer, "Vorwort zur 2. Auflage", in Gadamer, *Gesammelte Werke*, Bd. 2. S. 442.

【28】 Vgl. Gadamer, "Text und Interpretation"（文本與詮釋）, in Gadamer, *Gesammelte Werke*, Bd. 2. S. 341.

【29】 利科爾：「詮釋學的任務」，李幼蒸譯，載《哲學譯叢》（北京），1986年，第3期。

【30】 Vgl. Gadamer, "Vorwort zur 2. Auflage", in Gadamer, *Gesammelte Werke*, Bd. 2. S. 438.

【31】 伽達默爾：《眞理與方法》，上卷，1999年，第384～385頁。

【32】 見同上，第386～387頁。

【33】 見同上，第387頁。

【34】 見同上，第388頁。

【35】 Vgl. Gadamer, "Vorwort zur 2. Auflage", in Gadamer, *Gesammelte Werke*, Bd. 2. S. 441.

【36】 伽達默爾：《眞理與方法》，上卷，第391頁。

【37】 見同上。

【38】 見同上，第390頁。

【39】 Habermas, "Der Universalitätsanspruch der Hermeneutik"（詮釋學的普遍性要求）, in K.-O. Apel (Hrsg.): *Hermeneutik und Ideologiekritik*（詮釋學與意識形態批判）, Suhrkamp Verlag Frankfurt am Main, 1971, S. 121.

【40】 參見利科爾：《解釋學與人文科學》中「間距的解釋學功能」一節，陶遠華等譯，河北人民出版社，1987年。

【41】 參見伽達默爾：《眞理與方法》，上卷，第381頁。

【42】 同上，第382頁。

【43】 Vgl. Gadamer, "Vom Zirkel des Verstehens", in Gadamer, *Gesammelte Werke*, Bd. 2. S. 62～63.

【44】 Ebd. S. 63～64.

【45】 參見伽達默爾：《眞理與方法》，上卷，第383頁。

【46】 見同上，第380～381頁。

【47】 Gadamer, "Vorwort zur 2. Auflage", in Gadamer, *Gesammelte Werke*, Bd. 2. S. 439.

【48】 伽達默爾：《眞理與方法》，上卷，「導言」第17頁。

【49】 Gadamer, "Text und Interpretation"（文本與詮釋）, in: *Gesammelte Werke*, J. C. B. Mohr（Paul Siebeck）Tübingen 1986, Bd. 2, S. 331.

【50】 Gadamer, "Text und Interpretation"（文本與詮釋）, in: *Gesammelte Werke*, Bd. 2, S. 341.

【51】 胡塞爾：《純粹現象學通論》，李幼蒸譯，商務印書館，1995年，第84頁。

【52】 參見胡塞爾：《現象學的方法》，第168頁。

【53】 參見胡塞爾：《第一哲學》，上卷，王炳文譯，商務印書館，2006年，第32～33頁。

【54】 參見胡塞爾：《現象學的方法》，第183～184頁。

【55】 參見胡塞爾：《現象學的方法》，第134、198～205頁。

【56】 伽達默爾：《眞理與方法》，上卷，第381頁。

【57】 Gadamer, "Rhetorik und Hermeneutik"（修辭學與詮釋學）, in: *Gesammelte Werke*, J. C. B. Mohr（Paul Siebeck）Tübingen 1986, Bd. 2, S. 285.

【58】 Gadamer: "Was ist Wahrheit"（何謂眞理）, in: *Gesammelte Werke*, Bd. 2, S. 49.

【59】 Gadamer, "Vorwort zur 2. Auflage", in Gadamer, *Gesammelte Werke*, Bd. 2. S. 438.

【60】 Gadamer, "Nachwort zur 3. Auflage"（第三版後記）, in: *Gesammelte Werke*, J. C. B. Mohr（Paul Siebeck）Tübingen 1986, Bd. 2, S. 449.

【61】 參見伽達默爾的《眞理與方法》「第二版序言」（1965年）。他後來在該書的第三版後記（1972年）中又重申了這一點。

【62】 Vgl. Horst Turk, "Wahrheit oder Methode?"（眞理或方法）, in: *Herme-*

neutische Positionen, ed. Hendrik Birus, Göttingen: Vandenh u. R., 1982.

【63】 參見利科爾：「詮釋學的任務」，載《哲學譯叢》，1986年第3期。

【64】 Vgl. Ulrich Nassen, "Hans-Georg Gadamer und Jürgen Habermas: Hermeneutik, Ideologiekritik und Diskurs"（伽達默爾與哈貝馬斯：詮釋學，意識形態批判和辯論），in: Ulrich Nassen（Hrsg.），*Klassiker der Hermeneutik*（詮釋學經典作家），Paderborn; München; Wien; Zürich: Schöningh 1982, S. 302.

【65】 參見赫施：《解釋的有效性》，北京三聯書店，1991年，第283、292頁。

【66】 參見阿佩爾（Karl-Otto Apel）：「科學主義還是先驗詮釋學？」載：洪漢鼎主編：《詮釋學經典文選》（下），桂冠圖書股份有限公司（臺北），2002年，第102～103頁。

【67】 Vgl. Horst Turk, "Wahrheit oder Methode?", in: *Hermeneutische Positionen*, ed. Hendrik Birus, Göttingen: Vandenh u. R., 1982, S. 120.

【68】 Gadamer, "Vorwort zur 2. Auflage", in Gadamer, *Gesammelte Werke*, Bd. 2. S. 439.

【69】 「真理」一直是一個令人肅然起敬、卻又使人望而生畏的問題。對於何謂真理問題的回答，在哲學史上存在著三種不同的觀點：(1)「符合論」。這是傳統的（包括所謂的唯心主義和唯物主義的）認識論的觀點。其立論的基礎，就是設定認識對象的背後有一個永恆不變的、客觀存在著的本質，這個本質或者是精神的（比如黑格爾的「絕對觀念」）；或者是物質的（比如唯物主義者的「客觀實在」）。所謂「真理」，就是對於認識對象的描述與其本質「符合一致」。這種看上去很有說服力的、特別是唯物主義的觀點所面臨著一個難以逾越的難題：如果我們不是事先知道了某物的本質，我們又何以知道對某物的描述與其本質符合一致？對於這種「一致性」的判斷依據是什麼？(2) 建

構論與生成論。此二者均非在主客體的認知關係中談論真理問題。或許它們並不想在根本上否認「客觀真理」的存在，但由於這種真理實在是可望而不可即的，便放棄了這一認知性的目標，而試圖通過主體之理性來建構「真理」（康德），或者乾脆將「真理」視為此在（亦即人的存在）的存在狀態本身（海德格爾、伽達默爾詮釋學）。如此一來，真理就變成了在我們的意識中「真實」存在的東西。正如我們所看到的，這種真理觀很容易滑向「相對主義」。(3) 美國哲學家普特南（Hilary Putnam）的*Reason, Truth and History*（理性、真理與歷史）一書提供一條新的思路，將我們的目光從「真理性」引向了「合理性」。依他之見，在真理概念和合理性概念之間有著極其密切的關係，用以判斷什麼是事實的唯一標準就是什麼能合理地被接受。我們不能說真理是心靈對於世界的正確的摹寫，也不能說心靈構造了世界，某一陳述被視為真理，是因為它被我們認為是合理的、且被接受了。

【70】 Gadamer, ""Selbstdarstellung Hans-Georg Gadamer", in: *Gesammelte Werke*, Bd. 2, S. 494～495.

【71】 伽達默爾：《真理與方法》，上卷，「導言」，第21～22頁。

【72】 Gadamer, "On the Philosophic Element in the Sciences and the Scientific Character of Philosophy"（論科學中的哲學要素與科學中的哲學特徵），in: *Reason in the Age of Science*（科學時代的理性），Translated by Frederick G. Lawrence, The MIT Press, 1983, p. 18.

【73】 Gadamer, "Vorwort zur 2. Auflage", in Gadamer, *Gesammelte Werke*, Bd. 2. S. 446.

【74】 Ebd.

【75】 Ebd. S. 445.

【76】 Gadamer, "Klassische und philosophische Hermeneutik"（古典詮釋學與哲學詮釋學），in: *Gesammelte Werke*, J. C. B. Mohr

(Paul Siebeck), Tübingen 1986, Bd. 2, S. 104.

【77】 伽達默爾：《眞理與方法》，上卷，上海譯文出版社，1999年，第383頁（譯文據原文略有改動）。

【78】 伽達默爾：《眞理與方法》，上卷，第392頁（重點號爲筆者所加）。

【79】 伽達默爾讚賞海德格爾關於理解的循環與循環結構的論證，尤其是海德格爾對於理解的「前結構」之闡發。正是這種前結構，使理解與解釋避免了突發奇想的隨意性，只有這樣，解釋者才有可能獲得正確的理解。（Vgl. Gadamer, "Vom Zirkel des Verstehens"（論理解的循環）, in Gadamer, Gesammelte Werke, Tübingen, 1986, Bd. 2. S. 59.）

【80】 See R. Palmer, Hermeneutics（詮釋學）, Northewestern University Press 1988, Part III "A Hermeneutical Manifesto to American Literary Interpretation"（對美國文學的詮釋學宣言）。

【81】 伽達默爾：《眞理與方法》，上卷，第147頁。

【82】 參見H. R.堯斯與R. C.霍拉勃：《接受美學與接受理論》（李澤厚主編），遼寧人民出版社，1987年，第39頁。

【83】 參見H. R.堯斯與R. C.霍拉勃：《接受美學與接受理論》，第81頁。

【84】 據堯斯，問題與回答的辯證運動常常產生於人們的現實興趣，而非基於傳統所保留下來的問題。堯斯顯然是從一種主觀的立場批評伽達默爾的「唯物主義」傾向的。（參見參堯斯與霍拉勃：《接受美學與接受理論》，第82頁。）

【85】 Gadamer, "Text und Interpretation", in: Gesammelte Werke, J. C. B. Mohr (Paul Siebeck), Tübingen 1986, Bd. 2, S. 359.

【86】 伽達默爾：《眞理與方法》，上卷，第211頁（重點號爲引者所加）。

【87】 Gadamer: "Text und Interpretation", in: Gesammelte Werke, Bd. 2, S. 345.

【88】 Vgl. ebd. S. 333.

【89】 伽達默爾：《眞理與方法》，上卷，第335頁。

【90】 Gadamer, "Text und Interpretation", in: Gesammelte Werke, Bd. 2, S. 331.

【91】 伽達默爾：《眞理與方法》，上卷，第472～473頁。

【92】 伽達默爾：《眞理與方法》（上卷），第475頁。

【93】 見同上第473～474頁。

【94】 Gadamer, "Was ist Wahrheit"（何謂眞理）, in: Gesammelte Werke, J. C. B. Mohr (Paul Siebeck), Tübingen 1986, Bd. 2, S. 55.

【95】 參見伽達默爾：《眞理與方法》，上卷，第480～481頁。

【96】 Gadamer, "Was ist Wahrheit", in: Gesammelte Werke, Bd. 2, S. 55.

【97】 參見伽達默爾：《眞理與方法》，上卷，第391～393頁。

【98】 Gadamer, "Text und Interpretation", in: Gesammelte Werke, J. C. B. Mohr (Paul Siebeck), Tübingen 1986, Bd. 2, S. 341.

【99】 參見H. R.堯斯與R. C.霍拉勃：《接受美學與接受理論》，第39、81頁。

【100】 伽達默爾也曾明確指出過堯斯對他的某些誤解。可參見Gadamer, "Die Universität des hermeneutischen Problem"（詮釋學問題的普遍性）的註腳3, in: Gesammelte Werke, J. C. B. Mohr (Paul Siebeck), Tübingen 1986, Bd. 2, S. 223.

【101】 伽達默爾：《眞理與方法》，上卷，第210頁。

【102】 Gadamer, "Die Universität des hermeneutischen Problem"（詮釋學問題的普遍性）, in: Gesammelte Werke, Bd. 2, S. 227.

【103】 他曾說：「哲學必然要求科學和方法認識到它們在人類存在及理性的整體中的微不足道（Partikularität）。」（伽達默爾：《眞理與方法》，下卷，第790頁。）

【104】 H. R.堯斯與R. C.霍拉勃：《接受美學與接受理論》第38頁。

下篇　詮釋觀念的衝突與反思

第十三章　方法論詮釋學

【1】　Vgl. Gadamer: "Hermeneutik und Historismus", in Gadamer, *Gesammelte Werke*, Tübingen, 1986, Bd. 2. S. 393.

【2】　See Josef Bleicher, *Contemporary Hermeneutics——Hermeneutics as method, philosophy and critique*, Routlege, London and New York, 1980.

【3】　「Text」概念學界在諸多譯本中無統一譯法，為方便讀者，在本書中一律譯為「文本」；人名「Ricoeur」、「Derrida」、「Habermas」、「Gadamer」等譯名也不盡相同，在本書中統一譯為（依次）利科爾、德里達、哈貝馬斯、伽達默爾等。望讀者在檢視本書所引用相關段落而查閱原譯作時留意，在此也謹向本書所引文本的原譯者致歉。

【4】　Vgl. Betti, *Die Hermeneutik als allgemeine Methodik der Geisteswissenschaften*（作為精神科學一般方法論的詮釋學）一書中「Jüngste Wendung zur Geschichtlichkeit des Verstehens」（朝向理解之歷史性的新近轉向）、「Vorurteile als Bedingungen des Verstehens」（前判斷作為理解的條件）、「Frage nach der Richtigkeit des Verstehens」（理解的正確性問題）、「Historisches Verstehen als Vermittlung von Damals und Heute」（作為過去與現在之中介的歷史理解）等節。這也是一部與伽達默爾學說真正具有論戰性的作品，貝蒂在該書上述篇章中指出，伽達默爾對浪漫主義詮釋學的批判是消極的、具有偏見性的，且模棱兩可，概念混亂。伽達默爾理論的結果就是客觀性的失落，所謂時間間距的詮釋學意蘊，亦即經由時間間距的過濾作用而區分或假的前見，依賴於自我欺騙。總之，伽達默爾的理論只是讀者接近文本意義的可能性，但並不能保證其正確性。如此等等。

【5】　有譯者將allgemeine譯為「普遍」，就詞義而言沒有問題。不過，如果我們對allgemeine和universal（普遍）加以比較的話，就會發現兩者的差別。allgemeine所指的「一般」，就如漢語表達中「一般意義上」、「一般來講」的「一般」之意，這種「一般」並不涵蓋所有的相關對象，換言之，它允許有作為例外的某種東西的存在。但是universal是名副其實的「普遍」，它所指向的相關對象領域是全稱的，類似於自然科學中的普遍性概念，不允許有例外。因此，在詮釋學研究中，將allgemeine譯為「一般」可能更加妥當，這不僅可以使allgemeine與univeral的含義得以區分開來，也與作為精神科學方法論的詮釋學之本旨更為契合。

【6】　See Josef Bleicher, *Contemporary Hermeneutics——Hermeneutics as method, philosophy and critique*, Routlege, London and New York, 1980, p. 28.

【7】　Betti: *Die Hermeneutik als allgemeine Methodik der Geisteswissenschaften*（作為精神科學一般方法論的詮釋學），Tübingen, 1962, S. 8.

【8】　Betti: *Die Hermeneutik als allgemeine Methodik der Geisteswissenschaften*, S. 8~9.

【9】　Vgl. E. Betti, *Die Hermeneutik als allgemeine Methodik der Geisteswissenschaften*, S. 8.

【10】　Ebd. S. 11.

【11】　Betti, *Die Hermeneutik als allgemeine Methodik der Geisteswissenschaften*, S. 12.

【12】　Vgl. Betti, *Die Hermeneutik als allgemeine Methodik der Geisteswissenschaften*, S. 13.

【13】　Ebd. S. 11.

【14】　參閱Betti的*Die Hermeneutik als allgemeine Methodik der Geisteswissenschaften*一書「Lebensverhältnis zu der Sache und Woraufhin der Befragung」（生命關聯與主題以及研究方向）、「Frage, ob Objektivität der geschichtlichen Phänomene erreichbar sei」（歷史現象之客觀性能否

達到問題）兩節。

【15】 Vgl. Betti, *Die Hermeneutik als allgemeine Methodik der Geisteswissenschaften*, S. 28～29.

【16】 Ebd. S. 25.

【17】 Ebd. S. 16.

【18】 Schleiermacher: *Hermeneutik und Kritik*, Suhrkamp, 1977, S. 141.

【19】 Betti, *Die Hermeneutik als allgemeine Methodik der Geisteswissenschaften*, S. 19.

【20】 Vgl. Betti, *Die Hermeneutik als allgemeine Methodik der Geisteswissenschaften*, S. 53～54.

【21】 Ebd. S. 14.

【22】 Ebd. S. 63.

【23】 利科爾：《結構、文字、事件》，載於《詮釋的衝突》（*Le conflit des Interprétations*），林宏濤譯，桂冠圖書股份有限公司（臺北）1985年，第91頁。

【24】 參見利科爾：《結構、文字、事件》，載於《詮釋的衝突》，第93頁。

【25】 利科爾：《存在與詮釋學》，載於《詮釋的衝突》，第11頁。

【26】 Josef Bleicher, *Contemporary Hermeneutics-Hermeneutics as method, philosophy and critique*, Routlege, London and New York, 1980, p. 232.

【27】 利科爾：《作爲詮釋學和語意學的雙重意義問題》，載於《詮釋的衝突》，第68頁。

【28】 See Josef Bleicher, *Contemporary Hermeneutics-Hermeneutics as method, philosophy and critique*, Routlege, London and New York, 1980, p. 217.

【29】 這一點與伽達默爾學說有「相似之處」。所不同的是，利科爾認爲所揭示出來的文本之新的意義內在於文本之中，而在伽達默爾那裡，則被視爲讀者賦予以文本的。

【30】 See Josef Bleicher, *Contemporary Hermeneutics-Hermeneutics as method, philosophy and critique*, Routlege, London and New York, 1980, pp. 220～221.

【31】 See Josef Bleicher, *Contemporary Hermeneutics-Hermeneutics as method, philosophy and critique*, Routlege, London and New York, 1980, p. 221.

【32】 參見利科爾：《存在與詮釋學》，載於《詮釋的衝突》，第19～21頁。

【33】 見同上，第22頁。

象徵符號問題是利科爾特別關注的問題。在他的《詮釋的衝突》一書中，唯一收入了兩篇同名的文章爲：「象徵符號之詮釋學與哲學反思」（1和2）。）

【34】 見同上，第10～11頁。

【35】 索緒爾的語言學理論所使用的概念是「系統」，而並未提到「結構」這一概念。對於引入「結構」與「結構主義」概念的情況說明，詳見利科爾：《結構、文字、事件》，載於利科爾《詮釋的衝突》，第91頁。

【36】 參見利科爾：「結構、文字、事件」，載於利科爾《詮釋的衝突》，第89頁。

【37】 See Josef Bleicher, *Contemporary Hermeneutics——Hermeneutics as method, philosophy and critique*, p. 223.

【38】 利科爾：《結構與詮釋學》，載於《詮釋的衝突》，第29～30頁。

【39】 利科爾選擇《原始心靈》爲例，是由於該書代表了結構主義逐漸普遍化的最後階段。在這裡可以清晰地看到其理論的極端化的形式。

【40】 利科爾：《結構與詮釋學》，載於《詮釋的衝突》，第30頁。

【41】 利科爾：《結構、文字、事件》，載於《詮釋的衝突》，第98頁。

【42】 參見利科爾：《文本是什麼？解釋和理解》，載於《解釋學與人文科學》，第148頁。

【43】 參見利科爾：《文本的模式：被看作文本的有意義的行爲》，載於《解釋學與人文科學》，第206～207頁。

【44】 參見利科爾：《結構、文字、事件》，載於《詮釋的衝突》，第89頁。

【45】 利科爾：《文本是什麼？解釋和理解》，載於《解釋學與人文科學》，第

149頁。

【46】 同上，第146頁。

【47】 以上四點概括，參見利科爾：《間距的解釋學功能》，載於《解釋學與人文科學》，第133～147頁。

約翰・湯普森曾對利科爾的「間距」理論的四種形式作過進一步的說明：(1)「通過所說的意義達到所說事件的超越」，由於所說的意義是通過書寫文本的方式呈現出來的，言談行爲在言及事件時所包含的語言創造特點，通過文本而得以顯現；(2) 在言談的話語中，「說話主體的意願和所說出來的意義往往只是部分一致」，而在文本中則根本不存在這樣的一致，這就是說，文本實際上中斷了文本意義與原作者的關係；(3) 在言談的話語中，說話者所言及的事件是針對特殊的、確定的聽者的，與此相反，「書寫的話語是給予未知讀者的，潛在地給予每一個能閱讀的人。因此，文本『脫離開了』其產生的社會和歷史條件，而使自己面臨著被人們無限地閱讀」，就是說，它具有一種普遍性；(4)「第四種間距化涉及到把文本從表面指謂的限制中解救出來。而言談話語的指謂完全由言談情境中的現實所決定的」，因而產生了這樣一種可能性，即文本具有一個自己的、區別於言談話語的指謂範圍。（參見約翰・湯普森：《英文版編者導言》，參見《解釋學與人文科學》第14～15頁。）

【48】 利科爾：「文本是什麼？解釋和理解」，載於《解釋學與人文科學》，第150頁。

【49】 見同上，第162頁。

【50】 利科爾：《解釋學的任務》，載於《解釋學與人文科學》，第41頁。

【51】 參見利科爾：「占有」，載於《解釋學與人文科學》，第188頁。

【52】 利科爾：《文本的模式：被看作文本的有意義的行爲》，載於《解釋學與人文科學》，第199～200頁。

【53】 克萊施：《法國哲學家P.利科爾》，張伯霖譯，載《哲學譯叢》（北京），1986年第六期。

【54】 利科爾：《言語的力量：科學與詩歌》，朱國均譯，載《哲學譯叢》（北京），1986年第六期。

【55】 參見約翰・湯普森：《英文版編者導言》，載於《解釋學與人文科學》，第13頁。

【56】 利科爾：《言語的力量：科學與詩歌》，載《哲學譯叢》（北京），1986年第六期。

【57】 約翰・湯普森：《英文版編者導言》，載於《解釋學與人文科學》，第24頁。利科爾的有關闡述可見《隱喻和解釋學的中心問題》，見該書第176頁。

【58】 存在著兩種歷史主義，即，歷史客觀主義的歷史主義與歷史相對主義的歷史主義。赫施認爲，海德格爾與伽達默爾詮釋學屬於認識論上相對主義的歷史主義。不惟如此，他們所開啓的詮釋學還是主觀主義的，捨棄了正確理解之目標與達到此一目標的方法，打開詮釋的隨意性之大門。（Vgl. Gunter Scholtz, "Zum Historismusstreit in der Hermeneutik"（論詮釋學中的歷史主義），in: Gunter Scholtz (Hrsg.), Historismus am Ende des 20. Jahrhunderts-Eine internationale Diskussion（二十世紀末的歷史主義—國際性討論集），Berlin, 1997.）

【59】 Hirsch, *Validity in Interpretation*, New Haven and London, Yale University Press, 1967, p. 1.

【60】 Hirsch, *Validity in Interpretation*, p. 3.

【61】 Hirsch, *Validity in Interpretation*, p. 10.

【62】 Hirsch, *Validity in Interpretation*, p. 20.

【63】 上述5點的內容，See Hirsch, *Validity in Interpretation*, Chapter 1.

【64】 See Hirsch, *Validity in Interpretation*, pp. 24～25.

【65】 用漢語表達它們的區別有一定的困難。如果不在特別區分的情況下使用這兩個詞，它們都可以譯爲「意義」。一般來說，「meaning」、「Sinn」作爲「意

義」，比較接近「含義」、「含義」，而「significance」和「Bedeutung」作為「意義」則有「意味」、「意指」之義，它不是直接指向概念的內在意涵，而是表達了這種意涵與我們的關係，即它對於我們來說意味著什麼。在漢語中，「意義」一詞就同時包含了這兩層意思，比如在分析了一個複雜的語句後，我們可以說已把握了這句話的「意義」，這顯然是指它的「含義」，但是在「社會意義」、「歷史意義」中的「意義」概念表達的卻是某一文本、事件所「意味」的東西，即它對社會、歷史產生的影響，在當下情境中所具有的重要意義。為突出「意義」的這兩種含義的區別，我們將「meaning（Sinn）」和「significance（Bedeutung）」分別譯為「意義」和「意蘊」。

【66】 See Hirsch, *Validity in Interpretation*, p. 27.

【67】 See Hirsch, *Validity in Interpretation*, pp. 31～32.

【68】 Hirsch, *Validity in Interpretation*, p. 8.

【69】 See Hirsch, "meaning and Significance"（意義與意蘊）, in: *The Aims of Interpretation*（詮釋的目標）, The University of Chicago Press, 1976, p. 2.
不過在該書的另一文中他又擴展了「意義」概念，認為「意義」（meaning）所指的不僅僅是「原初意義」（original meaning），亦即作者意圖，而且也包含「在時代中嬗變」的意義（anachronistic meaning），此意義溢出了作者意圖。這兩種意義都試圖獲得獲得作為最佳意義（best meaning）的合法性，十三世紀的詮釋者認為基督教的寓意優於原意，文藝復興時期的人文主義者認為古代的原初意義優於被野蠻的中世紀文化所壓制的意義。如此等等。（參見Hirsch, "Three Dimensions of Hermeneutics"（詮釋學的三個向度）, in: *The Aims of Interpretation*（詮釋的目標）, The University of Chicago Press, 1976, pp.

77～78.）

【70】 Hirsch, *Validity in Interpretation*, p. 67.

【71】 See Hirsch, *Validity in Interpretation*, p. 21.

【72】 See Hirsch, *Validity in Interpretation*, p. 37.

【73】 參見霍埃：《批評的循環》（*The Critical Circle*），關金義譯，遼寧人民出版社1987年版，第36頁。

【74】 同上，第14頁（引文略有變動）。

【75】 See Hirsch, *Validity in Interpretation*, p. 265.

【76】 Hirsch, *Validity in Interpretation*, p. 265.

【77】 See Hirsch, *Validity in Interpretation*, p. 269.

【78】 See Hirsch, *Validity in Interpretation*, p. 272.

【79】 See Hirsch, *Validity in Interpretation*, p. 71.

【80】 Hirsch, *Validity in Interpretation*, p. 86.

【81】 Hirsch, *Validity in Interpretation*, p. 74.

【82】 Hirsch, *Validity in Interpretation*, p. 77.
此處所說悖論，就是指循環理論本身兩個相悖的論斷：一方面稱理解要從整體出發，主張整體的理解決定部分的理解；另一方面要求在對部分的理解之基礎上才能理解整體，此所謂部分的理解決定整體的理解。對理解的循環的這種表述，赫施認為是無意義的同義反覆，具有神祕性與相互矛盾性。（See Hirsch, *Validity in Interpretation*, pp. 76～77.）

【83】 See Hirsch, *Validity in Interpretation*, pp. 80～81.

【84】 Hirsch, *Validity in Interpretation*, p. 44.

【85】 Hirsch, *Validity in Interpretation*, p. 207.

【86】 Hirsch, *Validity in Interpretation*, p. 173.

第十四章　基於「交往」的詮釋理論：阿佩爾與哈貝馬斯

【1】 阿佩爾：《哲學的改造》的「英文版前言」，孫周興、陸興華譯，上海譯文出版社，1997年。

【2】 Karl-Otto Apel, "The 'Pragmatic Turn' and Transcendental Semiotics: The Compatibility of the 'Linguistic Turn' and the 'Pragmatic Turn' of Meaning Theory within the Framework of a Transcendental Semiotics"（語言學轉向與先驗符號論）, in: Karl-Otto Apel: *Selected Essays*（阿佩爾論文集）, Volume One, edited and introduced by E. Mendieta, Humanities Press, New Jersey 1994, p. 132.

【3】 阿佩爾：《哲學的改造》，上海譯文出版社，1997年，第5頁。

【4】 同上，第5～6頁。

【5】 同上，第18頁。

【6】 同上，第16～17頁。
維特根斯坦本人也意識到了先驗語義學的問題，在其後期轉變了自己的看法，如阿佩爾所指出的：「以《哲學研究》為標誌的後期維特根斯坦明確的拋棄了關於描述世界的精確語言的『邏輯形式』標準，代之以可能的語言遊戲的多元規則；這些規則的作用本質上是由『情景語境』和人類『生活形式』所共同決定的。」（阿佩爾：《哲學的改造》，上海譯文出版社，1997年，第11頁。）

【7】 參見阿佩爾：《哲學的改造》，第107～108頁。

【8】 Karl-Otto Apel, "The 'Pragmatic Turn' and Transcendental Semiotics", in: Karl-Otto Apel: *Selected Essays*, Volume One, Humanities Press, New Jersey 1994, pp. 135～136.

【9】 參見阿佩爾：《哲學的改造》，第108～110頁。

【10】 阿佩爾：《哲學的改造》，第111頁。

【11】 Karl-Otto Apel, "The 'Pragmatic Turn' and Transcendental Semiotics", in: Karl-Otto Apel: *Selected Essays*, Volume One, Humanities Press, New Jersey 1994, p.161.

【12】 See Karl-Otto Apel, "The 'Pragmatic Turn' and Transcendental Semiotics", in: Karl-Otto Apel: *Selected Essays*, Volume One,

Humanities Press, New Jersey 1994, p.171.
不過早期塞爾還是關注「言說一行為」（speech-acts）的，阿佩爾承認，正是這種早期塞爾的觀點，使他得以完成實用主義的語言學轉向。

【13】 Karl-Otto Apel, "The 'Pragmatic Turn' and Transcendental Semiotics", in: Karl-Otto Apel: *Selected Essays*, Volume One, Humanities Press, New Jersey 1994, pp. 171～172.

【14】 Karl-Otto Apel, *Analytic Philosophy of Language and The Geisteswissenschaften*（語言分析哲學與精神科學）, in: Karl-Otto Apel: *Selected Essays*, Volume One, Humanities Press, New Jersey 1994, p. 1, "Summary".

【15】 阿佩爾：《哲學的改造》，第118頁。

【16】 See Karl-Otto Apel, "Intensions, Conventions, and Reference to Things: Meaning in Hermeneutics and the Analytic Philosophy of Language"（意向、習慣、指涉物：詮釋學與語言分析哲學中的意義）, in: Karl-Otto Apel: *Selected Essays*, Volume One, Humanities Press, New Jersey 1994, p. 51.

【17】 See Karl-Otto Apel, *Analytic Philosophy of Language and The Geisteswissenschaften*（語言分析哲學與精神科學）, in: Karl-Otto Apel: *Selected Essays*, Volume One, Humanities Press, New Jersey 1994, p. 35.

【18】 阿佩爾：《哲學的改造》，第3頁。

【19】 阿佩爾：《哲學的改造》，第7頁。

【20】 Dilthey, *Gesammelte Schriften*（狄爾泰著作集）, Stuttgart und Göttingen, 1968, Bd. 7, S. 208.

【21】 詳見本書第十章，第4～5節。

【22】 由於德文的「說明」（Erklären，用於自然科學的方法）與「解釋」（Auslegung，用於精神科學的方法）在英譯中均為Explanation，因此在我們讀到由英文轉譯的德文文獻時常引起理解上困難。

【23】 Karl-Otto Apel, "Szientistik, Hermeneutik,

Ideologiekritik"（科學學、詮釋學和意識形態批判），in: Jürgen Habermas und Dieter Henrich (Hrsg.): *Theorie-Diskussion, Hermeneutik und Ideologiekritik*, Suhrkamp Verlag Frankfurt am Main 1975, S. 26.

【24】 參見阿佩爾：《哲學的改造》，第71頁。

【25】 同上，第134～135頁。

【26】 同上，第73頁。

【27】 See Karl-Otto Apel, "The a priori of the Communication Community and the Foundation of Ethics: The Problem of a rational Foundation of Ethics in the scientific Age"（交往共同體的先天性與科學時代的倫理學理性基礎問題），in: Karl-Otto Apel: *Selected Essays*, Volume One, Humanities Press, New Jersey 1994, p. 47.

【28】 參見阿佩爾：《哲學的改造》，第136頁。

【29】 「方法論唯我論」是阿佩爾在批評各種哲學流派時頻繁使用的概念。它是哲學本體論的唯我論（如貝克萊）之觀點的延伸。在本體論唯我論那裡，「存在」被視爲對「我」而言的存在，是「我」經驗到的存在，「我」的思想、意識之存在。在阿佩爾那裡，「方法論唯我論」的涵義乃是指：「即使從經驗上看人類是一種社會存在物，判斷構成和意志構成的可能性和有效性卻原則上無需一個交往共同體的先驗邏輯前提就能得到理解，也即在某種程度上能夠把這種可能性和有效性理解爲個體意識的建構性成果。在理論哲學中，上述假定導致了圍繞對自我理解和他人理解的『內省的』和『行爲主義的』（主觀主義和客觀主義的）不同論證的無望抉擇和爭論；而在實踐哲學中，它導致了對『決定論』和『自然主義謬誤』的抉擇。」（阿佩爾：《哲學的改造》，上海譯文出版社，1997年，第275頁，注釋①。）質言之，方法論唯我論就是將獨立的個人視爲認識的主體，在探討認

識方法時，圍繞著「我」如何正確的認識而展開。回答這一問題的前提是對主體—客體關係的認定。由於對主體—客體的看法不同而形成了不同的知識論取向：客觀主義與相對主義知識。阿佩爾建構先驗詮釋學的圭臬，就是超越傳統認識論的客觀主義與相對主義的對峙而建立新型的知識論。

【30】 參見阿佩爾：《哲學的改造》，第45～46、135（註釋①）、136、171、175等頁。

【31】 參見同上，第215頁。

【32】 阿佩爾：《哲學的改造》，第214頁。

【33】 參見同上，第75頁。

【34】 同上，第150～151頁。

【35】 See Karl-Otto Apel, "The a priori of the Communication Community and the Foundation of Ethics: The Problem of a rational Foundation of Ethics in the scientific Age"（交往共同體的先天性與科學時代的倫理學理性基礎問題），in: Karl-Otto Apel: *Selected Essays*, Volume One, Humanities Press, New Jersey 1994, p. 3.

【36】 Ibid., p. 11.

【37】 Ibid., p. 9.

【38】 Ibid., p. 18.

【39】 Ibid., p. 51.

【40】 Ibid., p. 50.

【41】 Ibid., p. 48.

【42】 J. Habermas（哈貝馬斯），*Erkenntnis und Interesse*（認識與興趣），Frankfurt am Main: Suhrkamp, 1999, S. 43.

【43】 Ebd.,S. 85.

【44】 在哈貝馬斯看來，兩者之區別如下：

	勞動	交互行爲
規則	獨白式的	對話的
含義	可預測的	期望的
收獲	操作指南	社會化
功能	解決問題	制度維護
約束力	無約束力	懲戒
合理性	生產力	解放

（上面的圖表參見John B. Thompson, *Critical Hermeneutics*, Cambridge University Press, 1981, p. 105.）

【45】 《馬克思恩格斯全集》人民出版社（北京）1972年，第27卷，第478頁。

【46】 Habermas, "Der Universalitätsanspruch der Hermeneutik"（詮釋學的普遍性要求）, in K.-O. Apel (Hrsg.): *Hermeneutik und Ideologiekritik*（詮釋學與意識形態批判）, Suhrkamp Verlag Frankfurt am Main, 1971, S. 120～130.

【47】 Ebd. S. 125.

【48】 J. Habermas, "Zu Gadamers Wahrheit und Methode"（評伽達默爾的《真理與方法》）, in K.-O. Apel (hrsg.): *Hermeneutik und Ideologiekritik*（詮釋學與意識形態批判）, Suhrkamp Verlag Frankfurt am Main, 1971, S. 54.

【49】 Ebd. S. 53.

【50】 Ebd. S. 53～54.

【51】 上述四點，參見Habermas, "Der Universalitätsanspruch der Hermeneutik", in: *Hermeneutik und Ideologiekritik*, S. 127～128.

【52】 Vgl. Habermas, "Zu Gadamers Wahrheit und Methode", in: *Hermeneutik und Ideologiekritik*, S. 49～50.

【53】 伽達默爾：《真理與方法》（上卷）洪漢鼎譯，上海譯文出版社1999年，第358頁。（此處的「認識」一詞為「Erkenntnis」，洪譯本譯為「認可」，引者據德文改為「認識」。）

【54】 參見威廉姆·奧斯維特（William Outhwaite）：《哈貝馬斯》（Habermas-A Critical Introduction），沈亞生譯，黑龍江人民出版社1999年，第25頁。

【55】 Vgl. Habermas, *Erkenntnis und Interesse*（認識與興趣）, Suhrkamp Verlag Frankfurt am Main, 1973, S. 88.

【56】 Vgl. ebd. S. 89.

【57】 Vgl. ebd. S. 244.

【58】 Vgl. ebd. S. 242.

【59】 Vgl. ebd. S. 221～223.

【60】 Ebd., S. 310.
哈貝馬斯經常使用冠之以「元」的概念，如元理論、元心理學、元詮釋學、元語言、甚至元元語言（Metametasprache）等等。他所說的「元」理論，乃是指對某一理論中的基本概念之闡發，這些基本概念，與經驗意義上的客體領域相關。它必須能說明認識論的某些範疇，這些範疇乃是某個經驗的一理論性的理論之基礎。（Vgl. Helga Gripp, *Jürgen Habermas*（哈貝馬斯）, Ferdinand Schöningh at Paderborn 1984, S. 109, 註腳31。）

【61】 Ebd., S. 262.

【62】 Vgl. Habermas, "Der Universalitätsanspruch der Hermeneutik", in: *Hermeneutik und Ideologiekritik*, S. 139～142.

【63】 Ebd., S. 143.

【64】 Ebd., S. 134～135.

【65】 Ebd., S. 158.

【66】 Habermas, "Der Universalitätsanspruch der Hermeneutik", in: *Hermeneutik und Ideologiekritik*, S. 154.

第十五章　馬克思主義的唯物主義詮釋學

【1】 ［民主德國］J. 施萊特爾：《解釋學——當代資產階級哲學的組成部分》，載《哲學研究》1985年，第二期。

【2】 同上。

【3】 See Josef Bleicher, *Contemporary Hermeneutics——Hermeneutics as method, philosophy and critique*, Routlege, London and New York, 1980, p. 164; p. 177.

【4】 參見《馬克思恩格斯全集》，中譯本，人民出版社，1972年，第29卷，第257頁；德文版，第29卷，第267頁。馬克思的信的原文在中譯本中為：「看樣子這本書（指艾·拉薩爾的《愛非斯的晦澀哲人赫拉克利特的哲學》——筆者注）充滿了老年黑格爾派的精神。在對某些字句進行解釋和比較時，看來解釋法律的習慣幫助了他。」在這裡，將「die juristisch Gewohnheit der Hermeneutik」譯作「解釋法律的習慣」似不

妥，「Hermeneutik」一詞在德文詞典中，並不含有「解釋」之義，它指的是一種學說，即「注疏學」、「注釋學」或「詮釋學」。因此，將它譯爲「解釋」是缺乏依據的。

【5】 Vgl. Sandkühler, "Zur Begrundungeiner materialistischen Hermeneutik durch die materialistischen Dialektik"（通過唯物辯證法創立唯物主義詮釋學），In: *Das Argument: Zeitschrift für Philosophie und Sozialwissenschaften*, Hamburg, 1972, Bd. 77.

【6】 《馬克思恩格斯全集》，第二十五卷，人民出版社，2001年版，第594頁。

【7】 Heidegger, *Brief über den Humanismus*（關於人道主義的通信），Frankfurt am Main, 1975, S. 27～28.

【8】 參見布洛克曼：《結構主義》，李幼蒸譯，商務印書館，1980年，第128頁；羅蒂：《後哲學文化》，黃勇編譯，上海譯文出版社，2004年，第137～138頁。

【9】 哈貝馬斯：「詮釋學的普遍性要求」，見洪漢鼎主編：《詮釋學經典文選》（下），桂冠圖書股份有限公司2002年，第2頁。

【10】 See Josef Bleicher, *Contemporary Hermeneutics——Hermeneutics as method, philosophy and critique*, Routlege, London and New York, 1980, pp. 167～168.

【11】 Vgl. Sandkühler, "Zur Begrundungeiner materialistischen Hermeneutik durch die materialistischen Dialektik"（通過唯物辯證法創立唯物主義詮釋學），in: *Das Argument: Zeitschrift für Philosophie und Sozialwissenschaften*, Hamburg, 1972, Bd. 77.

【12】 See Josef Bleicher, *Contemporary Hermeneutics——Hermeneutics as method, philosophy and critique*, Routlege, London and New York, 1980, p. 172.

【13】 從某些的標題中我們就可以發現他們的學說強烈的意識形態傾向：

Sandkühler: *Demokratie des Wissens. Aufklärung, Rationalität, Menschenrechte und die Notwendigkeit des Möglichen*（知識的民主。說明、理性、人權與可能的必然性），1991; *Geschichte, gesellschaftliche Bewegung und Erkenntnisprozess. Sudien zur Dialektik der Theorienentwicklung in der bürgerlichen Gesellschaft*（歷史、社會運動與認識過程。市民社會中的理論發展之辯證法研究），1984; *Praxis und Geschichtsbewußtsein. Studie zur materialistischen Dialektik, Erkenntnistheorie und Hermeneutik*（實踐與歷史意識。唯物主義的辯證法、認識論與詮釋學研究），1973; *Zum Verhältnis von Hermeneutik und Ideologiewissenschaft. Fragen einer materialistischen Interpretationstheorie*（論詮釋學與意識形態科學。唯物主義詮釋理論之探索），1972. Lorenzer: *Zur Begründung einer materialistischen Sozialisationstheorie*（唯物主義社會理論之基礎），1972; Städtebau: *Funktionalismus und Sozialmontage? Zur sozialpsychologischen Funktion der Architektur*（城市建設：功能主義與社會建構？論建築藝術的社會心理功能），1968; *Die Wahrheit der psychoanalytischen Erkenntnis. Ein historisch-materialistischer Entwurf*（心理分析的知識之眞理。一種歷史的─唯物主義的構想），1974.

【14】 在馬克思的《共產黨宣言》中傳達了這種信念：資產階級曾經是非常革命的，它本身是一個長期發展過程的產物，是生產方式和交換方式的一系列變革的產物。它推翻了舊有的封建社會之統治，不過只是代之以新的階級、新的壓迫條件、新的鬥爭形式。它的統治使生產不斷地變革，「一切社會關係不停的動盪，永遠的不安定和變動」，使「一切固定的僵化的關係以及與之相適應的素被尊崇的觀念和見解都被消除了，一切新形成的關係等不到固定下來就陳舊了。一切等級的和固定的東西都煙消雲

散了，一切神聖的東西都被褻瀆了。」（馬克思：《共產黨宣言》，人民出版社（北京），1997年，第30～31頁。）這種信念與解構主義有某種相似形，所以解構主義者將馬克思視為解構主義的思想先驅。不過大多數解構主義者並不認為自己是馬克思主義者。與之不同，里安一直試圖促成解構主義與馬克思主義的聯姻。他在《馬克思主義和解構》一書中力圖調和馬克思主義與解構主義，在他看來，被定義為一套重新產生資產階級統治的觀念和習慣的「意識形態」，作為資產階級的社會科學和硬科學的支配性範式所依賴的東西恰恰是解構主義想提出質問的東西」，而「解構為對資本主義－家長式制度的激進批判提供了必要的原則。這樣的批判不僅與那些制度相敵對，而且從內部破壞了其合法性基礎。」（里安：《馬克思主義與解構》，轉引自羅蒂：《後哲學文化》，黃勇編譯，上海譯文出版社，2004年，第138頁。）然而從總體上看，調和解構主義與馬克思主義的努力很難收到預期的效果。因為此兩者在本質上有著不可調和之處：馬克思主義在批判現實制度的同時，還提出了一種新的社會結構之構想——共產主義，這就是說，它仍然是一種「建構性」的學說，然而解構主義卻傾向於反對一切建構，表現在政治上，就是傾向於無政府主義，且表現出虛無主義的傾向；馬克思強調「批判的武器不能代替武器的批判」，而解構主義恰恰「以批判的武器代替武器的批判」，堅持認為語言學的革命就能實現政治變革。德·曼（Paul de Man）坦率地表明瞭這一觀點，他認為只有依據批判－語言學的分析，才能探討意識形態問題並擴展到政治問題。這種觀點似乎還不夠徹底，為數不少的人認為，甚至連探討意識形態和政治問題都是多餘的。「現在廣泛流行的一種觀點認為，對語言作用的研究（而不是對壟斷資本主義的機制、對作為『資產階級執行委員會』的國家的作用的研究）為激進政治開放了新的可能性。」（轉引自羅蒂：《後哲學文化》，黃勇編譯，上海譯文出版社，2004年，第137頁。）

【15】 Terry Eagleton, *Literary Theory: An Introduction*（文學理論引論），University of Minnesota Press, 1983, p.143.

第十六章　後現代主義詮釋學

【1】 參見羅蒂：《後哲學文化》，上海譯文出版社，1992年，第95－96頁。

【2】 可參見哈貝馬斯：《現代性的哲學對話》（*Der philosophische Diskurs der Moderne*），曹衛東等譯，譯林出版社（南京），2004年，第192頁。

德里達的理論給人以「博學」的印象，按照德里達自己的理解，並非出於「強調」，而是理論探索本身使然：對文本的閱讀是開放的，要考慮到過去的「軌跡」，「解密和啓封」逐漸部分地封閉了自身的寫作，因此，不人們是否願意，總是會從一個文本轉到另一文本。其結果就是，據大衛（與德里達的一個對話者）：「總之，為了讀懂你，人們不僅要對哲學有所了解，而且要對心理分析、文學、歷史、語言學或繪畫的歷史等等，有所了解。」這的確不容易做到，閱讀德里達的著述被人視為畏途，以至於當大衛宣布要採訪德里達時，一些人不無調侃地說，「採訪德里達？也許我們將終於能懂一點關於他的東西了。」德里達承認受累於此，一些潛在的可能性讀者因他的這種名聲而對閱讀他的著作失去信心。（參見德里達：「啓封」，見《一種瘋狂守護著思想——德里達訪談錄》，何佩群譯，上海人民出版社，1997年，第156～157頁。）

【3】 布洛克曼：《結構主義》，商務印書館1987年，第119～120頁。

【4】 Derrida, "Letter to a Japanese Friend"（致日本友人的信）, in: *Derrida and*

Différance（德里達與差異）, Edited by David Wood and Robert Bernasconi, Northwestern University Press, 1988, p. 1.

【5】　海德格爾對於Destruktion的解釋見於他《存在與時間》的「導論」：Destruktion的任務是：以存在問題（Seinsfrage）為主導線索，將古代流傳下來的本體論（Ontologie）遺產，向著源始的經驗（Erfahrungen）實行解構（sich vollziehende Destruktion），對存在起主導作用的規定性便是從這些源始的經驗中獲得的。（Vgl. Heidegger, *Sein und Zeit*, Max Niemeyer Tübingen 1986, S. 22.）這裡的「解構」，不僅是分解傳統的本體論，還重新建立起源始的經驗。此為「解構」中的肯定的、建構性的因素。

【6】　這表明，哲學界並不認同德里達的解釋，亦即對他以「deconstruction」來翻譯「Destruktion」的原因之說明未予采信。或許我們可以這樣理解，德里達的著述給讀者印象不同於他自己所作的說明，伽達默爾下面的話就證明了這一點：「對我們來說，『解析』（Destruktion）乃是一種拆除（Abbau），去掉被遮蔽物的遮蓋。當我們表示要『摧毀』的意思時，我們不說Destruktion，而是說Zerstörung。海德格爾在二十年代就是這樣來使用Destruktion這個詞的。我設想德里達並沒有真正了解它的用法，因而——就我的語言感受來說——選擇了一個特殊的、累贅的動詞構造〔即『deconstruction』（解構），因為他在『解析』（Destruktion）一詞上除了聽到摧毀（Zerstörung）之外，聽不到任何別的東西了。」（伽達默爾：「解釋學與邏各斯中心主義」，見《德法之爭：伽達默爾與德里達對話》，孫周興等編譯，同濟大學出版社，2004年，第111～112頁）

【7】　See Derrida, *Positions*（立場）, University of Chicago Press, 1981, pp.9～10.

【8】　羅蒂：《後哲學文化》，黃勇編譯，上海譯文出版社，1992年，第101頁。

【9】　See Derrida, *Positions*（立場）, University of Chicago Press, 1981, p. 10.

【10】　海德格爾：《現象學的基本問題》，1992年英文版，第23頁。

【11】　參見哈貝馬斯：「超越源始哲學：德里達的語音中心論批判」，見《現代性的哲學話語》，曹衛東等譯，譯林出版社，2004年，第188頁。

【12】　參見同上，第189頁。

【13】　參見索緒爾《普通語言學教程》（*Cours De Linguistique Générale*），高名凱譯，商務印書館，1999年，第51頁。

【14】　德里達：《論文字學》（*De La Grammatologie*），汪堂家譯，上海譯文出版社，1999年，第15頁。

【15】　據德里達自述，他不認為「索緒爾計畫」在整體上或原則上是「邏各斯中心主義」或「語音中心主義」。索緒爾的文本，不是同質的，只在某一層面上表現出了「邏各斯中心主義」或「語音中心主義」。（參見德里達：《一種瘋狂守護著思想——德里達訪談錄》，何佩群譯，上海人民出版社，1997年，第98頁）

【16】　參見索緒爾：《普通語言學教程》，第31頁。

【17】　德里達：《一種瘋狂守護著思想——德里達訪談錄》，何佩群譯，上海人民出版社，1997年，第84頁。

【18】　德里達自認為「différance」既非一個語詞，亦非一個概念。對這個或多或少帶有神祕性的符號，羅蒂不無揶揄地說，「德里達初次使用這個字母組合時，它當然不是一個詞，而只是一種誤拼。但到了他第三次和第四次使用它時，它已變成了一個詞。一個聲音符號或一個書寫符號變成一個詞所需的東西僅只是一種語言遊戲中的一個位置而已。到了現在它當然已成了大家熟知的詞。任何文學理論家要是混淆了分延（différance，

筆者在本書中譯爲「差異」）和區分
（difference，筆者譯爲「差別」）就
會糊裡糊塗了。」（羅蒂：《哲學和自
然之鏡》（*Philosophy and The Mirror of
Nature*），李幼蒸譯，三聯書店，1987
年，第398頁。）

【19】 參見德里達：「符號學於文字學」，見
《一種瘋狂守護著思想——德里達訪談
錄》，第77頁。

【20】 參見德里達：《論文字學》，汪堂家
譯，上海譯文出版社，1999年，第115
頁。

【21】 德里達：《論文字學》，第33頁。

【22】 德里達：《論文字學》，第23頁。

【23】 如Vincent B. Leitch所說，文字學意義上
文字、即後結構主義的文字，是指使語
言得以產生的最初過程。See Vincent B.
Leitch, *Deconstructive Criticism: An Ad-
vanced Introduction*（解構之批判引論），
New York, 1983, p. 27.

【24】 德里達：《論文字學》，第89頁。

【25】 同上，第92與107頁。

【26】 德里達：《論文字學》，第12頁。

【27】 德里達認爲，漢字的「書寫不再反映
口語，它麻痺自己遠離概念」。（See
Derrida, Margins of Philosophy,（哲學的
邊緣），trans. Alan Bass, Chicago: Chi-
cago University Press, 1982, p. 4.）

【28】 許愼：《說文解字》（釋「大」）。

【29】 德里達：《哲學的邊緣》，第320頁。

【30】 參見德里達：「啓封」，見《一種瘋狂
守護著思想——德里達訪談錄》，第
162～166頁。

【31】 恩斯特·貝勒爾：《尼采、海德格爾與
德里達》（*Confrontations: Derrida / Hei-
degger / Nietzsche*），李朝暉譯，社會科
學出版社，2001年，第171頁。

【32】 參見哈貝馬斯：《現代性的哲學對話》
（*Der philosophische Diskurs der Mod-
erne*），曹衛東等譯，譯林出版社，
2004年，第194～202頁。

【33】 德里達：《聲音與現象：胡塞爾現象學
中的符號問題導論》，杜小眞譯，商務

印書館（北京），1999年，第7頁。

【34】 索緒爾《普通語言學教程》，第47頁

【35】 蜜雪兒菲爾德、帕爾默：「《對話與解
構》導論」，見孫周興、孫善春編譯：
《德法之爭——伽達默爾與德里達的對
話》，同濟大學出版社，2004年，第
129頁。

【36】 德里達的學術傳記作者克莉絲蒂娜·豪
威爾斯（Christina Howells）在其《德里
達》（*Jacques Derrida*）一書中寫道：
「德里達著迷於弗洛伊德的『影響的焦
慮』，即弗洛伊德擔心把他的思想看
作是派生的，或更具體地說，擔心將其
思想歸功於思辨哲學的影響。」（克莉
絲蒂娜·豪威爾斯：《德里達》，張穎
等譯，黑龍江人民出版社，2002年，第
131頁。）此語或可作爲德里達爲何如
此熱衷於批判德國哲學大家的旁注。

【37】 參見恩斯特·貝勒爾：《尼采、海德格
爾與德里達》（*Confrontations: Derrida
/ Heidegger / Nietzsche*），李朝暉譯，
社會科學出版社，2001年，第179～180
頁。

【38】 哈貝馬斯：《現代性的哲學對話》
（*Der philosophische Diskurs der Mod-
erne*），曹衛東等譯，譯林出版社（南
京），2004年，第215頁。

【39】 參見恩斯特·貝勒爾：《尼采、海德格
爾與德里達》，第142～143頁。
根據一次題爲「海德格爾，哲學家的地
獄」的訪談，可以肯定，德里達確實是
將納粹主義置於海德格爾思想的中心地
位。德里達認爲納粹主義的產生，「與
歐洲的其餘部分，與其他哲學家、與其
他政治的或宗教的語言」都有關係，海
德格爾運用「精神」這個詞是一種狡猾
的策略。（參見德里達：《一種瘋狂守
護著思想——德里達訪談錄》，上海人
民出版社，1997年，第138～139頁。）

【40】 Derrida, *Positions*（立場），Continuum,
London, 2004, p. 48.

【41】 Derrida, *Positions*（立場），Continuum,
London, 2004, p. 8.

【42】　德里達：《論文字學》，第92頁。

【43】　參見克莉絲蒂娜·豪威爾斯（Christina Howells）：《德里達》，張穎譯，黑龍江人民出版社，2001年，第62頁。

【44】　哈貝馬斯：《現代性的哲學對話》（Der philosophische Diskurs der Moderne），曹衛東等譯，譯林出版社，2004年，第193頁。

【45】　哈貝馬斯：《現代性的哲學對話》，第241頁。

【46】　哈貝馬斯：《現代性的哲學對話》第194頁。

【47】　參見蜜雪兒菲爾德（Diane Michelfeld）、帕爾默（Richard Palmer）：「《對話與解構》導論」，見孫周興、孫善春編譯：《德法之爭——伽達默爾與德里達的對話》，同濟大學出版社，2004年，第130頁。

【48】　伽達默爾向會議提交的論文後收入他的Gesammelte Werke（伽達默爾著作集），Tübingen, 1986, Bd. 2.

【49】　參見德里達：「善良的強力意志」，見孫周興、孫善春編譯：《德法之爭——伽達默爾與德里達的對話》，同濟大學出版社，2004年，第41～44頁。

【50】　參見蜜雪兒菲爾德、帕爾默：「《對話與解構》導論」，見孫周興、孫善春編譯：《德法之爭——伽達默爾與德里達的對話》，同濟大學出版社，2004年，第123頁。

【51】　伽達默爾：「然而：善良意志的強力」，見孫周興、孫善春編譯：《德法之爭——伽達默爾與德里達的對話》，同濟大學出版社，2004年，第45頁。

【52】　伽達默爾：「然而：善良意志的強力」，見孫周興、孫善春編譯：《德法之爭——伽達默爾與德里達的對話》，同濟大學出版社，2004年，第46頁。

【53】　此三篇文章題爲：「致達梅爾的信」（1984）、「解析與解構」（1985）和「解釋學與邏各斯中心主義」（1986）。

【54】　蜜雪兒菲爾德、帕爾默：「《對話與解構》導論」，見孫周興、孫善春編譯：《德法之爭——伽達默爾與德里達的對話》，同濟大學出版社，2004年，第119頁。

【55】　Gadamer, "Text und Interpretation"（文本與詮釋）, in: Gesammelte Werke, J. C. B. Mohr (Paul Siebeck) Tübingen 1986, Bd. 2, S. 332.

【56】　約瑟夫·西蒙：「求理解的善良意志與強力意志——論一次『不可能的爭論』」，見孫周興、孫善春編譯：《德法之爭——伽達默爾與德里達的對話》，同濟大學出版社，2004年，第150頁。

【57】　參見蜜雪兒菲爾德、帕爾默：「《對話與解構》導論」，見孫周興、孫善春編譯：《德法之爭——伽達默爾與德里達的對話》，同濟大學出版社，2004年，第138頁。

【58】　參見德里達：「海德格爾，哲學家的地獄」，見《一種瘋狂守護著思想——德里達訪談錄》，何佩群譯，上海人民出版社，1997年，第138頁；另見德里達的「作爲一種榮譽：這事情極爲滑稽」，見同上書，第216頁。

【59】　參見伽達默爾：《真理與方法》（上卷），上海譯文出版社，1999年，第233～234頁。

【60】　羅蒂：《後哲學文化》，第87頁。

【61】　參見羅蒂：《後形而上學希望》，黃勇編，張國清譯，上海譯文出版社，2003年，第389～392頁。

【62】　參見《後哲學文化》，「譯者序」第2頁注④。

【63】　參見羅蒂：《哲學與自然之鏡》（Philosophy and the Mirror of Nature），李幼蒸譯，三聯書店，1987年，第278頁。

【64】　羅蒂：《哲學與自然之鏡》，第278頁。

【65】　參見羅蒂：《哲學與自然之鏡》，第279頁。

【66】　參見羅蒂：《哲學與自然之鏡》，第307～308頁。

【67】 參見羅蒂：《哲學與自然之鏡》，第279～280頁。

【68】 參見羅蒂：《哲學與自然之鏡》，第310頁。

【69】 阿佩爾：《語言的分析哲學和精神科學》，轉引自羅蒂：《哲學與自然之鏡》，第303頁。

【70】 參見羅蒂：《哲學與自然之鏡》，第331頁。

【71】 參見羅蒂：《哲學與自然之鏡》，第314頁。
根據羅蒂自己的說明，英語的「教育」為education，這個詞聽起來有些「淺薄」，而Bildung一詞外國味比較濃，所以後面的論述採用Edification（教化）一詞來表達Bildung.

【72】 參見羅蒂：《哲學與自然之鏡》，第321頁。

【73】 哈貝馬斯：《現代性的哲學話語》，曹衛東等譯，譯林出版社（南京）2004年，第241～242頁。

【74】 羅蒂：《偶然、反諷與團結》，商務印書館，2003年，第28頁。

【75】 參見同上，第27頁。

【76】 參見同上，第33頁。

【77】 轉引自同上，第47頁。

【78】 參見同上，第42～45頁。

【79】 同上，第77頁。

【80】 同上，第89頁。

【81】 參見《後哲學文化》，第3頁。

【82】 參見羅蒂：《後哲學文化》，第68頁；《偶然、反諷與團結》，第78頁。

【83】 參見《後哲學文化》，「作者序」第1、3頁。

【84】 關於羅蒂對於相對主義的態度以及他在什麼意義上承認有「絕對真理」，可參見黃勇在《後哲學文化》中「譯者序」的第37～40頁的詳細說明。

【85】 參見《後哲學文化》，「作者序」第1～2頁。

【86】 參見《後哲學文化》，「作者序」第2～3頁。

【87】 參見《後形而上學希望》，「前言」，第5頁。

【88】 參見《後哲學文化》，第5頁。

【89】 參見《後哲學文化》，第146～147頁。

【90】 參見《後哲學文化》，「作者序」。

【91】 參見《後形而上學希望》，第289頁。

【92】 參見《後形而上學希望》，第164頁。

【93】 參見《後哲學文化》，第5頁。

【94】 參見《後哲學文化》，第78、88～89頁；《後形而上學希望》，第288頁。

【95】 《後形而上學希望》，第30頁。

【96】 參見羅蒂：《偶然、反諷與團結》，第79頁；《後哲學文化》，「作者序」第4頁。

【97】 參見羅蒂：《後形而上學希望》，第365頁。

【98】 羅蒂：《哲學與自然之鏡》（*Philosophy and the Mirror of Nature*），李幼蒸譯，三聯書店（北京），1987年，第318頁。

【99】 Chung-Ying Cheng, "Confucian Hermeneutics versus Rortian Hermeneutics: On Three Contingencies in Richard Rorty: A Confucian Critique".（該文是成中英提交給華東師範大學哲學系召開的「羅蒂、實用主義與中國哲學」國際學術研討會的論文，2004年7月17日宣讀，並收入會議論文集。）

【100】 羅蒂：《偶然、反諷與團結》，第89頁。重點號為筆者所加。

【101】 羅蒂：《偶然、反諷與團結》，第53～55頁。

【102】 參見《偶然、反諷與團結》，第3頁。

【103】 參見《偶然、反諷與團結》，第97頁。

餘論：批評與反思

【1】 狄爾泰倡導的「移情」式的理解，可能並不適合於作為一種獲得客觀理解的方法，但如果在貝蒂所揭示的詮釋四原則中的第四原則——「意義和諧原則」——的意義上，作為對詮釋主體的要求而提出「移情」理解，使解釋者能採用一種最合適的立場主動追求、創造和諧一致的觀念，仍有其可取之處。特別是

在面臨理論的和現實的衝突時，對立雙方能採用這樣一種追求和諧理解的態度，對解決問是有所助益的。

【2】 鄧曉芒曾撰有《馬克思的人學現象學思想》（《江海學刊》1996年第3期）一文。作者申明，該文是「站在現象學方法的高度，對馬克思的人學思想進行現代解析。」文中提出，馬克思運用了「本質直觀」、「現象學還原」等現象學方法，達到了對人學的現象學唯物主義的理解。（感謝朱葆偉先生提醒我注意到這篇論文。）

【3】 據此反觀我國的理論界，就不難理解我們為何如此重視詮釋學了。毋庸諱言，我們目前正處於某種類似的「詮釋困境」之中。我們傳統的理論框架，難以容納時代的發展以及由之而產生的新的觀念。比如，就馬克思主義而言，從其創始人的經典著作問世至今，已有或者接近一個半世紀之久，其間歷史已經發生了翻天覆地的變化，同樣地，人們對馬克思著作也產生了諸多不同的理解。不惟西方形成了名目繁多的馬克思主義，就是在以馬克思主義為主流意識形態的中國，對何謂「真正的馬克思主義」這一問題也給出了不同的回答：除了傳統的馬克思主義（辯證唯物主義與歷史唯物主義），還有生存論的馬克思主義、以實踐為本體的馬克思主義、關係論的馬克思主義。如此等等。以至於有論者發出了「反對製造馬克思」這樣的不平之聲。可是我們依然無法確定，何種「馬克思」是真實的或被製造出來的。

【4】 「靈魂」為永恆的活火。參見亞里斯多德Philosophische Schriften（哲學著作集），Hamburg, 1995. Bd. 5, S. 10.

【5】 康德：《任何一種能夠作為科學的未來形而上學導論》，龐景仁譯，商務印書館，1982年，第29頁。

【6】 參見成中英：《中國哲學中的知識論》（上），載《安徽師範大學學報》，2001年，第1期。

【7】 Aristoteles, *Lehre vom Beweis*（證明定理），71b, in: *Philosophische Schriften*, Bd.1, Hamburg 1995.

【8】 Vgl. Aristoteles, *Metaphysik*（形而上學）, in: *Philosophische Schriften*, Bd. 5, S. 3, Hamburg 1995.

【9】 羅蒂：《哲學和自然之鏡》，北京三聯書店，1987年，第283頁。

【10】 參見狄爾泰：《精神科學引論》，中國城市出版社，2001年，第3頁。

【11】 參見康德：《任何一種能夠作為科學出現的未來形而上學導論》，商務印書館，1982年，第9頁。

【12】 參見同上，第50、92頁。

【13】 參見費希特：《全部知識學的基礎》，王玖興譯，商務印書館，1986年，第15、37、53頁。

【14】 參見黑格爾《小邏輯》的「第一版序言」，賀麟譯，商務印書館，1980年。

【15】 參見黑格爾《小邏輯》，第60、428頁。

【16】 施萊爾馬赫：《詮釋學箴言》，載洪漢鼎主編：《理解與解釋》，東方出版社，2001年，第23頁。

【17】 施萊爾馬赫：《詮釋學箴言》，載洪漢鼎主編：《理解與解釋》，第29頁。

【18】 Vgl. Schleiermacher, *Hermeneutik und Kritik*（詮釋學與批判）, Suhrkamp, Frankfurt am Main, 1977, S. 94.

【19】 參見狄爾泰《精神科學引論》（第一卷），童志奇、王海鷗譯，中國城市出版社，2001年，第5頁。

【20】 同上。

【21】 參見同上，第22～23頁。

【22】 狄爾泰：《歷史中的意義》，艾彥、逸飛譯，中國城市出版社，2002年，第73頁。

【23】 狄爾泰《對他人及其生命表現的理解》，載洪漢鼎主編：《理解與解釋》，北京東方出版社，2001年，第101頁。

【24】 參見同上，第97～98頁。

【25】 參見施萊爾馬赫《詮釋學演講》，載洪

漢鼎主編：《理解與解釋》，東方出版社，2001年，第61頁；狄爾泰：《詮釋學的起源》，載同上書，第91頁。

【26】 參見狄爾泰《對他人及其生命表現的理解》，載洪漢鼎主編：《理解與解釋》，北京東方出版社，2001年，第103頁。

【27】 參見狄爾泰《對他人及其生命表現的理解》，載洪漢鼎主編：《理解與解釋》，東方出版社，2001年，第106頁。

【28】 Vgl. Heidegger, *Sein und Zeit*, Max Niemeyer Tübingen 1986, S. 8～12.

【29】 Heidegger, *Sein und Zeit*, Max Niemeyer Tübingen 1986, S. 37.

【30】 Ebd. S. 153.

【31】 Vgl. Gadamer, "Vorwort zur 2. Auflage" （第二版序言），in Gadamer, *Gesammelte Werke*, Bd. 2.

【32】 伽達默爾：《真理與方法》（下卷），上海譯文出版社，1999年，第504頁。

【33】 參見伽達默爾：《真理與方法》（下卷），上海譯文出版社，1999年，第500頁。

【34】 伽達默爾：《真理與方法》（下卷），上海譯文出版社，1999年，第502頁。

【35】 參見伽達默爾：《真理與方法》（上卷），上海譯文出版社，1999年，第475～481頁。

【36】 伽達默爾：《真理與方法》（下卷），上海譯文出版社，1999年，第498頁。

【37】 伽達默爾：《真理與方法》（上卷），上海譯文出版社，1999年，第391頁。（所引譯文據原德文而略有改動）

【38】 參見羅傑·G·牛頓（Roger G. Newton）：《何為科學真理》（*The Truth of Science*: *Physical Theories and Reality*），武際可譯，上海科技教育出版社，2001年，第169～171頁。

【39】 同上，第168頁。

【40】 轉引自同上，第179頁。

【41】 轉引自同上。

【42】 參見同上，第171頁。

【43】 參見伽達默爾：《論科學中的哲學要素和哲學的科學性》，載《哲學譯叢》（北京），1986年，第3期。

【44】 參見伽達默爾：《真理與方法》（上卷）的「導言」，見該書第17頁。

【45】 參見伽達默爾：《論科學中的哲學要素和哲學的科學性》，載《哲學譯叢》（北京），1986年，第3期。

【46】 參見伽達默爾：《真理與方法》（下卷），第734頁。

【47】 Gadamer, "Selbstdarstellung Hans-Georg Gadamer"（伽達默爾自述），in: *Gesammelte Werke*, J. C. B. Mohr（Paul Siebeck）Tübingen 1986, Bd. 2, S. 496.

【48】 這種形成於近代的觀念至今還籠罩著我們，現在流行的「科技興國」說就是這種觀念的迴響。

【49】 伽達默爾學說的基本精神，是一種追求的寬容、和諧的精神，這可以在他的對話、視域融合等理論闡述中清楚地看出。他在真理與方法上所採取的對立的態度，可視為他的理論樂章中的一個不和諧音符，儘管這個音符沒有在根本上影響其主旋律。

【50】 黑格爾：《哲學科學全書綱要》（1718年版），薛華譯，上海人民出版社，2002年，第9頁。

【51】 參見黑格爾：《小邏輯》，商務印書館，1980年，第54頁

【52】 黑格爾：《小邏輯》，商務印書館，1980年，第77頁

【53】 參見黑格爾：《小邏輯》，第53、396、397頁

【54】 參見伽達默爾：《真理與方法》，第738頁。

【55】 黑格爾：《小邏輯》，商務印書館，1980年，第56頁；另參見《哲學科學全書綱要》，第7、8頁。

【56】 馬克思：《1844年經濟學－哲學手稿》，人民出版社，1979年，第80頁。

【57】 利科爾：《解釋理論》，轉引自殷鼎：《理解的命運》，三聯書店1988年，第105頁。

【58】 由於作者原意遍求不得，狄爾泰以後的詮釋學家們大都放棄了這一詮釋理念。據我所知，在著名的詮釋學家中只有赫施堅持這一立場。作者原意說幾乎是同時受到了來自兩個陣營的夾擊，其代表人物分別是伽達默爾與貝蒂。在伽達默爾看來，施萊爾馬赫的一般詮釋學破除了神學研究領域的獨斷論的和偶然性的因素，凸顯了理解過程中的語言性作用，並根據精神的同氣質性（Kongenialität）來重構原初的思想創造過程，以理解作者原意，捍衛了神學的科學性。但是他並未完全擺脫以往的文獻詮釋的書院式的習氣，同時也深受其他唯心主義思想大家的影響，在他那裡、特別是在其後繼者那裡，也深深地陷入了獨斷論的困境之中。當然，狄爾泰及其後繼者之理論處境更爲不堪，一方面，他們沉陷於歷史主義的相對主義的獨斷論，爲了歷史意識而放棄哲學眞理；另一方面又試圖通過構建「世界觀類型理論」而在一切相對性的背後發現某種穩固不變的東西，亦即可以稱之爲「原意」的東西，從而陷入了另一種獨斷論。據伽達默爾，這些未經反思的獨斷論見解，都根源於主客二分的傳統認識論基礎，只有通過海德格爾本體論變革，才能摧毀獨斷論的頑固基礎。在此在本體論的基礎上建立起來的本體論詮釋學超越了所有獨斷論的眞理學說，不再關注認識論意義上的「與對象符合一致」的眞理，拒絕將詮釋學當作理解的方法論，而把理解視爲一種積極的創造活動。貝蒂也放棄了作者原意說，不過其思維進路與伽達默爾的正好相反，他放棄的是作者原意說所賴以建立的難以捉摸的心理學基礎，而將理解的重心移置文本。與伽達默爾捨棄方法論不同，貝蒂試圖通過完善精神科學方法論來建構一種新的文本詮釋學，用以獲取文本的原義。

【59】 Hirsch, *Validity in Interpretation*, New Haven and London, Yale University Press, 1967, p. 242, footnote 30.

【60】 See Gadamer, "On the Natural Inclination of Human Beings toward Philosophy", in: *Reason in the Age of Science*, MIT_Press 1981, p. 146.

【61】 參見伽達默爾：《眞理與方法》（上卷），第380～381頁。

【62】 羅蒂的新實用主義就受到了詮釋學的影響，他坦言，「《哲學和自然之鏡》打算成爲一種解釋學的活動」，在該書的導論中還申明，他運用伽達默爾的思想來比較「系統的」哲學和「教化的」哲學。（參見羅蒂：《哲學與自然之鏡》，李幼蒸譯，商務印書館，2003年，第9、388頁。）順便指出，羅蒂對詮釋學的看法是不全面的。他「用認識論和解釋學這兩個詞來代表兩種觀念的對立」（參見羅蒂：《哲學與自然之鏡》，第300頁），表明他對於認知性的、即施萊爾馬赫和狄爾泰一脈的詮釋學缺乏深入的了解，忽略了詮釋學訴求關於精神現象的客觀知識的方面。

【63】 參見羅蒂：《後哲學文化》，上海譯文出版社1992年，第100～101頁。

【64】 Vgl. Jürgen Habermas: *Hermeneutik und Ideologie*, Suhrkamp Verlag Frankfurt am Main 1971, S. 152.

【65】 Jürgen Habermas: *Hermeneutik und Ideologie*, S. 154.

【66】 E. Betti: *Die Hermeneutik als allgemeine Methodik der Geisteswissenschaften*（作爲精神科學一般方法論的詮釋學），J. C. B. Mohr（Paul Siebeck），Tübingen 1962, S. 11.

【67】 Schleiermacher: *Hermeneutik und Kritik*, Suhrkamp Verlag Frankfurt am Main 1977, 1977, p 94.

【68】 參見利科爾：《解釋學與人文科學》，河北人民出版社，1987年版，第188頁。

【69】 參見伽達默爾：《眞理與方法》（上卷），上海譯文出版社，1999年，第233～234頁。

【70】 M. Heidegger: *Sein und Zeit*, Max Nie-
meyer Verlag Tübingen 1986, S. 152。

【71】 參見伽達默爾：《真理與方法》（上
卷），上海譯文出版社，1999年，第6
頁。

【72】 參見伽達默爾：《真理與方法》（上
卷），上海譯文出版社，1999年，第
379頁。

【73】 參見阿佩爾（Karl-Otto Apel）：「科學
主義還是先驗詮釋學？」載：洪漢鼎主
編：《詮釋學經典文選》（下），桂冠
圖書股份有限公司（臺北），2002年，
第61頁（注55）。

【74】 如湯一介極力宣導「重建中國的詮釋
學」，在1998～2004年間，曾先後四次
撰文或在演講中提出這一問題。

【75】 參見德里達：《論文字學》，汪堂家
譯，上海譯文出版社，1999年，第115
頁。

【76】 參見潘德榮：《經典與詮釋》，載《中
國社會科學》，2002年第1期。

【77】 參見李河：《從「翻譯」看「訓詁」與
「詮釋」——兼論『聖作賢述』的詮釋
原則。資料來源：http://www.docin.
com/p-6607366.html。

【78】 黃宗羲（1609～1695）：《明儒學
案》，卷五十八。

【79】 朱熹：《論語集注·先進》。

【80】 參見王陽明：《傳習錄·答顧東橋
書》，見《王文成公全書》卷三。

【81】 王陽明：「五經臆說十三條」，見《王
文成公全書》卷二十六。

【82】 王陽明：《傳習錄·黃省曾錄》，見
《王文成公全書》卷三。

【83】 參見利科爾：《解釋學與人文科學》，
河北人民出版社，1987年版，第188
頁。

【84】 Gadamer: "Text und Interpretation", in:
Gesammelte Werke, J.C.B. Mohr（Paul
Siebeck）Tuebingen 1986, Bd. 2, S. 331.

【85】 該書原文爲義大利文，1955年出版。經
作者自己校閱的德文版出版於1967年。

【86】 《朱文公文集》，卷75，《中庸解
序》。

【87】 《朱文公文集》，卷48，《答呂子
約》。

【88】 參見《朱文公文集》，卷61，《答歐陽
希遜》；卷51，《答萬正淳》；《語
類》，卷11。

【89】 《朱子語類》，卷11。

【90】 《朱子語類》，卷11。

【91】 《朱文公文集》，卷42，《答吳晦
叔》。

【92】 錢穆：《朱子新學案》，臺北三民書
局，1971年，第4冊，第331頁。
與中國的其他經典解釋者相比，朱熹比
較重視概念的界定。朱熹的老師程子曾
對「仁」有一定義，即「仁者天下之正
理」。在朱熹的學生問及這一定義時，
他回答說，「此說太寬。如義，亦可
謂天下之正理。」因此，這樣解說仁固
然不錯，「但少疏，不見仁。仁者，本
心之全德。」（參見《朱子語類》，卷
25）在他對「心」的解說中則指出了概
念的內涵因視角不同而有變化。（參見
《朱子語類》，卷62）

【93】 《朱文公文集》，卷52，《答吳伯
豐》。

【94】 《朱子語類》，卷10。

【95】 《朱子語類》，卷11。

【96】 《朱子語類》，卷11；參見，《朱文公
文集》，卷74之《讀書之要》。

【97】 《朱文公文集》，卷47，《答呂子
約》。

【98】 《朱子語類》，卷137。

【99】 參見《朱文公文集》，卷56，《答趙子
欽》；卷43，《答陳明仲》。

【100】 《朱子語類》，卷76。朱熹認爲《易
經》的卦辭和爻辭爲文王所作，而《易
傳》中的《文言》爲孔子所作，所以分
別稱文王和孔子之意。在卦辭中出現的
「元、亨、利、貞」，被朱熹解釋爲
「大亨利於守正」，在《文言》中，這
四個字被解釋成四德：「元者，善之長
也。亨者，嘉之會也。利者，義之和
也。貞者，事之幹也。」

【101】《朱文公文集》，卷54，《答胡寬夫》；卷56，《答趙子欽》。

【102】《朱子語類》，卷83。

【103】立足於「體驗」理解文本，使朱熹超越了魏晉言意之辨，如果說，言意之辨尚停留在語言層次上的理解的話，那麼體驗概念則已深入到理解何以可能的問題。從立足於語言意義的言意之辨到理解的心理學基礎的體驗概念之形成，是中國詮釋理論的一個不可低估的發展。正是在這一點上，朱熹的詮釋方法論思想已達到了現代西方詮釋學的創始人施萊爾馬赫的水準。

【104】《朱子語類》，卷139。

【105】《朱文公文集》，卷53，《答劉季章》；參見：卷55，《答李守約》；卷52，《答吳伯豐》。

【106】《朱子語類》，卷113。

【107】《朱文公文集》，卷62，《答張元德》；卷48，《答呂子約》。

【108】《朱文公文集》，卷48，《答呂子約》。

【109】《朱子語類》，卷62。

【110】《朱子語類》，卷117；卷10。

【111】《朱子語類》，卷19。

【112】《朱子語類》，卷117。

【113】《朱子語類》，卷37。

【114】《朱文公文集》，卷39，《答許順之》。

【115】《朱文公文集》，卷，39，《答柯國材》。

【116】《朱文公文集》，卷49，《答林伯和》。

【117】《朱文公文集》，卷56，《答陳師德》。漢字的「習」（「習」字）上面的部分為「羽」，指代「鷹」，下部為「自」，「習」的原義為幼鷹學習飛翔，引申為一般的「學習」之義。（參見《說文解字》，釋「習」）這樣，「習」字本身就包含有兩層意義，一為「學習」，二為「練習」，亦即朱熹所說的「踐履」。按照朱熹看法，在學習經典時，「習」的這兩個方面是不可分割的，只有在自己的「踐履」中，人們才能真正理解古代先賢的著述之義。（參見《文集》：卷49，《答楊子順》；卷45，《答歐陽慶》；卷49，《答林伯和》；《語類》：卷20；卷40）「故聖賢教人，必以窮理為先，而力行以終之。」（《文集》，卷62，《答郭希呂》）

【118】《朱子語類》，卷11。

【119】參見《朱文公文集》，卷14，《行宮便殿奏劄二》；《朱子語類》，卷10。

主要參考文獻

一、中文部分

胡塞爾：《純粹現象學通論》，商務印書館，1995年。

胡塞爾：《現象學的方法》，上海譯文出版社，1994年。

胡塞爾：《第一哲學》，商務印書館，2006年。

海德格爾：《存在與時間》，三聯書店，1987年。

伽達默爾：《真理與方法》，上海譯文出版社，1999年。

伽達默爾：《哲學解釋學》，上海譯文出版社，1994年。

伽達默爾：《詮釋學II：真理與方法》，臺灣時報文化出版公司，1995年。

伽達默爾：《論科學中的哲學要素和哲學的科學特性》，載《哲學譯叢》，1986年第3期。

黑格爾：《邏輯學》，商務印書館，1981年。

黑格爾：《小邏輯》，商務印書館，1980年。

黑格爾：《哲學史講演錄》，商務印書館，1981年。

黑格爾：《歷史哲學》，上海書店出版社，2000年。

列寧：《哲學筆記》，人民出版社，1974年。

馬克思、恩格斯：《馬克思恩格斯全集》（29、40卷），人民出版社，1972年。

奎因：《從邏輯的觀點看》，上海譯文出版社，1987年。

利科爾：《解釋學的任務》，載《哲學譯叢》，1986第3期。

利科爾：《解釋學與人文科學》，河北人民出版社，1987年。

利科爾：「言語的力量：科學與詩歌」，載《哲學譯叢》，1986年第6期。

哈貝馬斯：《認識與興趣》，學林出版社，1999年。

哈貝馬斯：《交往與社會進化》，重慶出版社，1989年。

哈貝馬斯：《交往行動理論》，重慶出版社，1994年。

哈貝馬斯：《現代性的哲學對話》，譯林出版社，2004年。

哈貝馬斯：《解釋要求普遍適用》，載《哲學譯叢》，1986年第3期。

哈貝馬斯：《詮釋學的普遍性要求》，載《哲學譯叢》，1983年第2期。

哈貝馬斯：《評伽達默爾的〈真理與方法〉一書》，載《哲學譯叢》，1983年第3期。

帕爾默：《解釋學》，載《哲學譯叢》，1985年第4期。

德里達：《論文字學》，上海譯文出版社，1999年。

德里達：《聲音與現象：胡塞爾現象學中的符號問題導論》，商務印書館，1999年。

羅蒂：《後哲學文化》，上海譯文出版社，2004年。

羅蒂：《哲學和自然之鏡》，三聯書店，1987年。

羅蒂：《偶然、反諷與團結》，商務印書館，2003年。

羅蒂：《後形而上學希望》，上海譯文出版社，2003年。

布洛克曼：《結構主義》，商務印書館，1987年。

柯林武德：《歷史的觀念》，中國社會科學出版社，1986年。

施太格繆勒：《當代哲學主流》（下），商務印書館，2000年。

索緒爾：《普通語言學教程》，商務印書館，1999年。

貝勒：「解構學與解釋學：德里達和伽達默爾論本文與解釋」，載《哲學譯叢》，1989年2期。

霍埃：《批評的循環》，遼寧人民出版社，1987年。

裴特生：《十九世紀歐洲語言學史》，科學出版社，1958年。

殷鼎：《理解的命運》，三聯書店，1988年。

斯特萬：《解釋學的兩個來源》，載《哲學譯叢》，1990年第3期。

特雷西：《詮釋學‧宗教‧希望》，上海三聯書店，1998年。

帕利坎：《歷代耶穌形像》，上海三聯書店，1999年。

洪漢鼎：《詮釋學——它的歷史和當代發展》，人民出版社，2001年。

洪漢鼎：《詮釋學經典文選》（下），臺北桂冠圖書股份有限公司，2002年。

俞吾金：《實踐詮釋學》，雲南人民出版社，2001年。

羅賓斯：《普通語言學概論》，上海譯文出版社，1986年。

懷特：《分析的時代》，商務印書館，1987年。

亞里斯多德：《範疇篇解釋篇》，商務印書館，1986年。

亞里斯多德：《形而上學》，商務印書館，1995年。

亞里斯多德：《詩學》，商務印書館，1999年。

亞里斯多德：《修辭術‧‧亞歷山大修辭學‧論詩》，中國人民大學出版社，2003年。

張汝倫：《意義的探究——當代西方釋義學》，遼寧人民出版社，1986年。

克萊施：《法國哲學家P.利科爾》，載《哲學譯叢》，1986年第6期。

Josef Bleicher：《當代詮釋學》，（臺北）永望文化事業有限公司，1990年。

利科爾：《詮釋的衝突》，（臺北）桂冠圖書股份有限公司，1985年。

居代‧德拉孔波等：《赫西俄德：神話之藝》，華夏出版社，2004年。

赫西俄德：《工作與時日‧神譜》合訂本，商務印書館，1997年。

荷馬：《伊利亞特》，北京燕山出版社，1999年。

凱倫‧阿姆斯壯：《神的歷史》，湖南出版社，2001年。

柏拉圖：《理想國》，商務印書館，1997年。

柏拉圖：《柏拉圖全集》（第二卷），人民出版社，2003年。

李詠吟：《原初智慧形態：希臘神學的兩大話語系統及其歷史轉換》，上海人民出版社1999年。

德雷恩：《舊約概論》，北京大學出版社，2004年。

《聖經》，中國基督教三自愛國運動委員會、中國基督教協會，2002年。

塞爾茨：《猶太人的思想》，上海三聯書店，1994年。

《古蘭經》（馬堅譯），中國社會科學出版社，1981年。

依迪絲‧漢密爾頓：《希臘精神》，葛海濱譯，遼寧教育出版社，2003年。

趙敦華：《基督教哲學1500年》，商務印書館，1997年。

亞伯拉罕‧柯恩：《大眾塔木德》，山東大學出版社，1998年。

顧曉鳴：《猶太——充滿「悖論」的文化》，浙江人民出版社，1990年。

奧爾森：《基督教神學思想史》，北京大學出版社，2003年。

斐洛：《論凝思的生活》，中國社會科學出版社，2004年。

羅納爾德‧威爾遜：《希臘化世界中的猶太人》，華夏出版社，2003年。

章雪富：《聖經和希臘主義的雙重視野》，中國社會科學出版社，2004年。

布魯斯‧雪萊：《基督教會史》，北京大學出版社，2004年。

周偉池：《記憶與光照》，社會科學文獻出版社，2004年。

古斯丁：《上帝之城》（上卷），人民出版社，2006年。

古斯丁：《論三位一體》，上海人民出版社，2005年。

路德：《路德文集》（第一、二卷），上海三聯書店，2005年。

路德：《馬丁‧路德文選》，中國社會出版社，2003年。

維柯：《新科學》，商務印書館，1989年。

伯爾曼：《法律與宗教》，三聯書店，1991年。

康德：《純粹理性批判》，人民出版社，2004年。

皮亞傑：《結構主義》，商務印書館，1987年。

讓‧格朗丹：《哲學詮釋學導論》，商務印書館，2009年。

狄爾泰：《精神科學引論》（第一卷），中國城市出版社，2002年。

狄爾泰：《歷史中的意義》，中國城市出版社，2002年。

赫施：《解釋的有效性》，北京三聯書店，1991年。

孫周興等：《德法之爭：伽達默爾與德里達對話》，同濟大學出版社，2004年。

恩斯特‧貝勒爾：《尼采、海德格爾與德里達》，社會科學出版社，2001年。

克莉絲蒂娜‧豪威爾斯：《德里達》，黑龍江人民出版社，2002年。

德里達：《立場》，桂冠圖書股份有限公司，1998年。

卡岑巴赫：《施萊爾馬赫》，中國社會科學出版社，1990年。

二、德文部分

Schleiermacher: *Hermeneutik und Kritik*, Suhrkamp Verlag, Frankfurt am Main, 1977.

Dilthey: *Der Aufbau der Geschichtlichen Welt in den Geisteswissenschaften*, Suhrkamp Verlag, Frankfurt am Main, 1981.

Dilthey: *Gesammelte Schriften*, Bd. 6, Stuttgart und Göttingen, 1968.

Dilthey: *Das Erlebnis und die Dichtung,* Stuttgart, 1957.

Heidegger: *Sein und Zeit*, Tübingen, 1986.

Heidegger: *Zur Sache des Denkens*, Tübingen,1984.

Heidegger: *Unterwegs zur Sprache*, Stuttgart, 1959.

Heidegger: *Brief über den Humanismus*, Frankfurt am Main, 1975.

Gadamer: *Gesammelte Werke*, Bd. 1 u. Bd. 2, Tübingen, 1986.

Gadamer: "Hermeneutik", in: *Historisches Wörterbuch der Philosophie*, Bd. 3, Darmstadt, 1974.

E. Betti: *Die Hermeneutik als allgemeine Methodik der Geisteswissenschaften*, Tübingen, 1962.

E. Betti: *Zur Grundlegung einer allgemeinen Auslegungslehre*, Tübingen, 1954.

E. Betti: *Hermeneutik als Weg heutiger Wissenschaft*, Salzburg, 1971.

J. Habermas: *Zur Logik der Sozialwissenschaften*, Tübingen, 1967.

J. Habermas: *Erkenntnis und Interesse*, Frankfurt am Main, 1999.

J. Habermas: *Der Universitätsanspruch der Hermeneutik*, in: *Kultur und Kritik*, Frankfurt am Main, 1973.

O. Pöggeler: *Der Denkweg Martin Heideggers*, Pfullingen, 1983.

O. Pöggeler: *Heidegger und die hermeneutische Philosophie*, Freiburg/München, 1983.

O. Pöggeler (hrsg.): *Heidegger und die praktische Philosophie*, Suhrkamp, 1989.

G. Scholtz: "Was ist und seit wann gibt es, hermeneutische Philosophie", in: *Dilthey-Jahrbuch*, 1992.

G. Scholtz: "Hermeneutische Philosophie", in: *Historisches Wörterbuch der Philosophie*, Bd. 7, Darmstadt, 1989.

G. Scholtz: *Die Philosophie Schleiermachers*, Darmstadt, 1984.

G. Scholtz: "Zum Historismusstreit in der Hermeneutik", in: *Historismus am Ende des 20. Jahrhunderts-Eine internationale Diskussion,* Berlin, 1997.

E. Hufnagel: *Einführung in die Hermeneutik*, Stuttgart, 1976.

H. J. Sandkühler: "Zur Begründung einer materialistischen Hermeneutik durch die Materialistische Dialektik", in: *Das Argument: Zeitschrift für Philosophie und Sozialwissenschaften*, Hamburg, 1972, No. 77.

Rodi: *Erkenntnis des Erkannten*, Frankfurt am Main, 1990.

Lorenzen: *Methodisches Denken*, Frankfurt am Main, 1974.

H. Turk: "Wahrheit oder Methode" in: *Hermeneutische Positionen*, Göttingen, 1982.

O. F. Bollnow: *Dilthey*, Stuttgart, 1967.

Pan Derong: *Ideogramm und Auslegung*, ibidem-Verlag, Stuttgart, 1999.

F. Schupp: *Geschichte der Philosophie im Überblick*, Felix Meiner Verlag, 2003.

R. Kurt: *Hermeneutik-Eine sozialwissenschaftliche Einführung*, UVK Verlagsgesellschaft mbH, Konstanz 2004.

J. Wach: *Das Verstehen-Grundzüge einer Geschichte der hermeneutischen Theorie im 19. Jahrhundert*, Verlag von J. C. B. Mohr (Paul Siebeck)/ Tübingen 1926, Bd. I.

U. Nassen: "Hans-Georg Gadamer und Jürgen Habermas: Hermeneutik, Ideologiekritik und Diskurs", in: *Klassiker der Hermeneutik*, U. Nassen (hrsg.): Paderborn; München; Wien; Zürich: Schöningh 1982.

Deutsche Bibelgesellschaft: *Die Bibel*, Stuttgart, 1982.

J. Ritter, K. Gründer und G. Gabriel (hrsg.): *Historisches Wörterbuch der Philosophie*, Schwabe & Co AG. Verlag. Basel, Damstadt, 1974-2001.

Müller, Peter: *Verstehen lernen: ein Arbeitsbuch zur Hermeneutik*, Stuttgart, 2005.

Kurt, Ronald: *Hermeneutik eine sozialwissenschaftliche Einführung*, Konstanz, 2004. Fuchs, Ottmar: *Praktische Hermeneutik der Heiligen Schrift*, Stuttgart, 2004.

Wischmeyer, Oda: *Hermeneutik des Neuen Testament: ein Lehrbuch*, Tübingen, 2004.

Pavic, Zeljko: *Hegels Idee einer logischen Hermeneutik: die Selbstauslegung des Absoluten in der sichtbaren Unsichtbarkeit der Sprache*, Sankt Augustin, 2003.

Sedmak, Clemens: *Erkennen und Verstehen: Grundkurs Erkenntnistheorie und Hermeneutik*, Innsbruck, 2003.

Kämpf, Heike: *Die Exzentrizität des Verstehens: zur Debatte um die Verstehbarkeit des Fremden zwischen Hermeneutik und Ethnologie*, Berlin, 2003.

Bongardt, Michael〔Hrsg.〕: *Verstehen an der Grenze: Beiträge zur Hermeneutik interkultureller und interreligiöser Kommunikation*, Münster, 2003. - 236 S.

Musolff, Hans-Ulrich: *Die Bildung und die Sachen: zur Hermeneutik der modernen Schule und ihrer Didaktik*, Frankfurt am Main, 2003.

George, Marion: *Die Geburt der Hermeneutik aus dem Geist der Politik: Diltheys Begründung der Philosophie als pragmatische Ordnungsmacht der Moderne*, Frankfurt am Main, 2002.

Geiger, Wolfgang: *Geschichte und Weltbild: Plädoyer für eine interkulturelle Hermeneutik*, Frankfurt am Main, 2002.

Demmerling, Christoph: *Sinn, Bedeutung, Verstehen: Untersuchungen zu Sprachphilosophie und Hermeneutik*, Paderborn, 2002.

Stoermer, Fabian: *Hermeneutik und Dekonstruktion der Erinnerung: über Gadamer, Derrida und Hölderlin*, München, 2002.

Bollnow, Otto Friedrich: *Dilthy: Eine Einführung in seine Philosophie*, Stuttgart, 1955.

Wach, Joachim: *Das Verstehen: Grundzuege einer Geschichte der hermeneutischen Theorie im 19. Jahrhundert*. 3 vols, Tuebingen, 1926-1933.

Meier, Georg Friedrich: *Versuch einer allgemeinen Auslegungskunst*, Duesseldorf, 1965.

三、英文部分

Gadamer: *Reason in the Age of Science*, Translated by Frederick G. Lawrence, The MIT Press, 1983.

R. Palmer: *Hermeneutics*, Northwestern University Press, Evanston, 1969.

R. Palmer: On the Transcendability of Hermeneutics, in: *Hermeneutics and Social Theory*, Massachusetts, 1984.

E. D. Hirsch: *Validity in Interpretation*, Yale, 1967.

E. D. Hirsch: *The Aims of Interpretation*, University of Chicago Press, 1976.

H. Dreyfus: Beyond Hermeneutics: Interpretation in Late Heidegger und Recent Foucault, in: *Hermeneutics and Social Theory*, Massachusetts, 1984.

R.H. Robins: *Dionysius Thrax and the Western Grammatical Tradition*, TPS, 1957.

Derrida: *Positions*, University of Chicago Press, 1981.

M. Ferraris: *History of Hermeneutics*, Humanities Press International, Inc., New Jersey, 1966.

Augustine: *The Soliloquies*, Boston, 1910.

D. Mckim: *The Cambridge Companion to Martin Luther*, Cambridge University Press, 2003.

Spinoza: *Theological-Political Treatise*, trans. M. Silverthorne and J. Israel, Cambridge University Press, 2007.

B. Leitch: *Deconstructive Criticism: An Advanced Introduction*, New York, 1983.

Karl-Otto Apel: *Understanding and Explanation*, MIT Press, 1984.

K. -O. Apel: *Selected Essays*, Volume One and Two, edited and introduced by E. Mendieta, Humanities Press, New Jersey 1994.

K. -O. Apel: *From a transcendental-semiotic point of view*, edited by Marianna Papastephanou, Manchester University Press 1998.

K. -O. Apel: *Understanding and Explanation*, The MIT Press, 1984.

Josef Bleicher: *Contemporary Hermeneutics──Hermeneutics as method, philosophy and critique*, Routlege, London and New York, 1980.

Luis Alonso Schökel: *A Manual of Hermeneutics*, Sheffield Academic Press, 1998.

國家圖書館出版品預行編目資料

西方詮釋學史／潘德榮著. ——初版. ——
臺北市：五南圖書出版股份有限公司，
2015.01
面；　公分
ISBN 978-957-11-7896-7（平裝）

1.詮釋學　2.歷史

143.89　　　　　　　　　　103021566

1BAP

西方詮釋學史

作　　者：潘德榮

發 行 人：楊榮川

總 經 理：楊士清

總 編 輯：楊秀麗

主　　編：蔡宗沂

責任編輯：邱紫綾

封面設計：童安安

出 版 者：五南圖書出版股份有限公司

地　　址：106臺北市大安區和平東路二段339號4樓

電　　話：(02)2705-5066　　傳　　真：(02)2706-610

網　　址：https://www.wunan.com.tw

電子郵件：wunan@wunan.com.tw

劃撥帳號：01068953

戶　　名：五南圖書出版股份有限公司

法律顧問：林勝安律師

出版日期：2015年1月初版一刷
　　　　　2023年1月初版二刷

定　　價：新臺幣520元